RAT ACBO

Reihe

Alte Tradition

Azurcelesteblueoscuro

herausgegeben

von

Joerg K. Sommermeyer & Orlando Syrg

Exemplarische Werke der Weltliteratur

herausgegeben von

Joerg K. Sommermeyer

MIX
Papier aus verantwortungsvollen Quellen
Paper from responsible sources
FSC® C105338
FSC
www.fsc.org

Über dieses Buch

Die Beziehungen zwischen Deutschland und Frankreich will der Mittler Heine objektivieren, Fremd- und Eigenbilder sollen von inadäquater Verehrung oder Abneigung gereinigt werden. Dem dienen die in erster Linie zur Unterrichtung der Franzosen bestimmten historischen Darstellungen der deutschen Geistesgeschichte und der jüngsten deutschen Literatur *»Die romantische Schule«* (über »neu-alt und alt-neudeutsche Literatur«) und *»Zur Geschichte der Religion und Philosophie in Deutschland«*, durchaus eine Einheit. In *»Verschiedenartige Geschichtsauffassung«* geht es um Kreislauf oder Fortschritt, ewige Wiederkehr, Geschichtsdialektik, das Individuelle und die Gattung, zweierlei Geschichtsschreibung.
Nixen, Feen, Elfen, Zwerge et cetera wirken überall in Heines lyrischen und prosaischen Werken. Ihnen widmet sich der Essay *»Elementargeister«*, und wo diese anzutreffen, sind die antiken Götter auch nicht weit, deren früherem mythischen Glanz und ihrem Schwinden in »Die Götter im Exil« gedacht wird.
Adelskritik. Polemiken und Pamphlete wider Zensur, Selbstzensur und verlagsinterne Zensur, unter denen Heine während seines ganzen Lebens zu leiden hatte. *»Die deutsche Literatur«* bekämpft den reaktionären nationalistischen Kritikerpapst Wolfgang Menzel. *»Über den Denunzianten«* geißelt in diesem Zusammenhang die Zensur, die Zwangs- und Verbotsmaßnahmen des Deutschen Bundes und Preußens, Heines schriftstellerische Existenz bedrohend. Der gegen die Schwäbische Schule gemünzte *»Schwabenspiegel«* befehdet deren altmodisch-konservativen Liberalismus. In *»Schriftstellernöte«* und *»Erklärung«* geht er ungeniert witzig und karikierend mit seinem Verleger ins Gericht.
Heine weiß sich zu wehren und anzugreifen in seiner unnachahmlichen Schreibweise, seinem Stil. Er gaukelt, spiegelt, simuliert, fingiert, kostümiert, verkleidet, maskiert Botschaften, camoufliert einen veritablen Gedankenschmuggel, entwickelt eine »Antizensursprache«. Was Amerika betrifft, nimmt er kein Blatt vor den Mund: *»Oder soll ich nach Amerika, nach diesem ungeheuren Freiheitsgefängnis, wo die unsichtbaren Ketten mich noch schmerzlicher drücken würden als zu Hause die sichtbaren und wo der widerwärtigste aller Tyrannen, der Pöbel, seine rohe Herrschaft ausübt! ... Der weltliche Nutzen ist ihre eigentliche Religion, und das Geld ist ihr Gott, ihr einziger, allmächtiger Gott.«* (S. 249 f.) Die Relationen seines deutsch-französischen Programms kulminieren in der Rückschau auf *»Ludwig Börne«*, nach dessen Tod. Die persönlichen Beziehungen vom ersten Eindruck bis zu den Begegnungen in Frankfurt und Paris werden geschildert, Börne ausführlich zitiert, die deutsche Opposition beschrieben, deren national-republikanische Orientierung und das Hambacher Fest 1832.

Der Autor

Christian Johann Heinrich (Harry) Heine, geboren am 13. Dezember 1797, Düsseldorf/Herzogtum Berg - gestorben am 17. Februar 1856, Paris. Kritischer, politisch engagierter Journalist, Essayist, Satiriker. Gilt als „letzter Dichter der Romantik" und als deren Überwinder. Machte mit Leichtigkeit, Grazie und Eleganz Alltagssprache lyrikfähig, Feuilleton und Reisebericht zur Kunstform. Vielfach übersetzt und vertont. Die Polemiken des Außenseiters bewundert und gefürchtet. Von Antisemiten und Nationalisten wegen seiner jüdischen Abstammung und politischen Haltung lange über seinen Tod hinaus heftigst angefeindet. Publikationsverbote. Von 1831 bis an sein Ende im Pariser Exil.

[siehe Joerg K. Sommermeyer, Biographischer Abriss Heinrich Heines, S. 221 f.]

Der Herausgeber

Joerg K. Sommermeyer (JS), * 14.10.1947 in Brackenheim, Sohn des Physikers Kurt Hans Sommermeyer. Kindheit in Freiburg. Studierte Jura, Philosophie, Germanistik, Geschichte und Musikwissenschaft. Klassische Gitarre bei Viktor v. Hasselmann und Anton Stingl. Unterrichtete in den späten Sechzigern Gitarre am Kindergärtnerinnen-/Jugendleiterinnenseminar und in den Achtzigern Rechtsanwaltsgehilfinnen in spe an der Max-Weber-Schule in Freiburg. 1976 bis 2004 Rechtsanwalt in Freiburg. Setzte sich für eine Verstärkung des Rechtsschutzes bei Grundrechtseingriffen ein (Unterbringungsrecht, Untersuchungshaft, Durchsuchungsrecht). Veröffentlichungen in juristischen Fachzeitschriften sowie Artikel in Musikblättern. Songs, Liedtexte, Arrangements, Instrumentalmusik. 7 CDs, u. a.: *Total Overdrive, Those Rocks & Lieders, Nel Cuore Romanzo Rock, Ergo, 7 Celebrities*. Prosa: Anton Unbekannt, Pathoaphysischer Antiroman, Tragigroteskenfragment, 2008/2009; Vernimm mein Schreien, 2017/2018. Lieblingsmärchen, 2017/2018. Zahlreiche Editionen.

Orlando Syrg, Berlin, 20. Juni 2019

Joerg K. Sommermeyer (Hg.)

Heinrich Heines Über Deutschland, Essays und Pamphlete

Ausgewählte Werke IV

Die romantische Schule, Zur Geschichte der Religion und Philosophie in Deutschland, Elementargeister, Die Götter im Exil, Der Schwabenspiegel, Ludwig Börne. Eine Denkschrift

Durchgesehen, revidiert und mit einem Biographischen Abriss
herausgegeben
von
Joerg K. Sommermeyer

Orlando Syrg

MMXIX

1. Auflage 2019

Orlando Syrg, Berlin **(vormals Freiburg i. Brsg.)**

Orlando Syrg Taschenbuch

ORSYTA 132019

Reihe Alte Tradition Azurcelesteblueoscuro

RAT ACBO 25

Revision, Herausgabe und Biographischer Abriss:
Joerg K. Sommermeyer

Umschlaggestaltung (unter Verwendung des Ausschnitts eines Gemäldes von Moritz Daniel Oppenheim, *Heinrich Heine*, 1831, auf der Vorderseite): JS

Lektorat, Satz und Layout: Dora Dioth, JS, Anton Kann, Waltraut Schmidt, Hans Ohnson, Karl Kristian, Nanny Bitterbau, Lars Penath, Roland König, Marga Sadau, Paul Deros, Ella Elle, Konrad Corang

Herstellung, Vertrieb, Verlag BoD - Books on Demand, Norderstedt

Made in Germany

ISBN 9783743164796

Inhalt

D i e   r o m a n t i s c h e   S c h u l e

[Hoffmann und Campe, Hamburg 1836

Vorreden zur ersten deutschen Ausgabe

Zur Geschichte der neueren schönen Literatur in Deutschland

I

Obgleich diese Blätter, die ich, für die »Europe littéraire«, eine hiesige Zeitschrift, geschrieben habe, erst die Einleitung zu weiteren Artikeln bilden, so muss ich sie doch jetzt schon dem vaterländischen Publikum mitteilen, damit kein Dritter mir die Ehre erzeigt, mich aus dem Französischen ins Deutsche zu übersetzen.

In der »Europe littéraire« fehlen einige Stellen, die ich hier vollständig abdrucke; die Ökonomie der Zeitschrift verlangte einige geringfügige Auslassungen. An Druckfehlern ließ es der deutsche Setzer ebenso wenig fehlen wie der französische. Das hier zugrunde gelegte Buch der Frau v. Staël heißt »De l'Allemagne«. Ich kann zugleich nicht umhin, eine Anmerkung zu berichtigen, womit die Redaktion der »Europe littéraire« diese Blätter begleitet hat. Sie bemerkte nämlich, »dass dem katholischen Frankreich die deutsche Literatur von einem protestantischen Standpunkt aus dargestellt werden müsse«. Vergebens war meine Einwendung, »es gäbe kein katholisches Frankreich; ich schriebe für kein katholisches Frankreich; es sei hinreichend, wenn ich selbst erwähne, dass ich in Deutschland zur protestantischen Kirche gehöre; diese Erwähnung, indem sie bloß das Faktum ausspricht, dass ich das Vergnügen habe, in einem lutherischen Kirchenbuch als ein evangelischer Christ zu paradieren, gestatte sie mir doch, in den Büchern der Wissenschaft jede Meinung, selbst wenn solche dem protestantischen Dogma widerspräche, vorzutragen: wohingegen die Anmerkung, ich schriebe meine Aufsätze vom protestantischen Standpunkt aus, mir eine dogmatische Fessel anlegen würde«. – Vergebens, die Redaktion der »Europe« hat solche subtile, tüdeske [plump deutsche; Anm. d. Hrsg.] Distinktionen unbeachtet gelassen. Ich berichte dieses zum Teil, damit man mich nicht einer Inkonsequenz zeihe, zum Teil auch, damit mich nicht gar der läppische Argwohn trifft, als wollte ich auf kirchliche Unterscheidungen einen Wert legen.

Da die Franzosen unsere deutsche Schulsprache nicht verstehen, habe ich, bei einigen das Wesen Gottes betreffenden Erörterungen, diejenigen Ausdrücke gebraucht, mit denen sie, durch den apostolischen Eifer der Saint-Simonisten, vertraut geworden sind; da nun diese Ausdrücke ganz nackt und bestimmt meine Meinung aussprechen, habe ich sie auch in der deutschen Version beibehalten. Junker und Pfaffen, die, in der letzten Zeit mehr als je, die Macht meines Wortes gefürchtet und mich deshalb zu depopularisieren gesucht, mögen immerhin jene Ausdrücke missbrauchen, um mich, mit einigem Schein, des Materialismus oder gar des Atheismus zu beschuldigen; sie mögen mich immerhin zum Juden machen oder zum Saint-Simonisten; sie mögen mit allen möglichen Verketzerungen mich bei ihrem Pöbel anklagen: – keine feigen Rücksichten sollen mich jedoch verleiten, meine Ansicht von den göttlichen Dingen mit den gebräuchlichen, zweideutigen Worten zu verschleiern. Auch die Freunde mögen mir immerhin darob zürnen, dass ich meine Gedanken nicht gehörig verstecke, dass ich die delikatesten Gegenstände schonungslos enthülle, dass ich ein Ärgernis gebe: – weder die Böswilligkeit meiner Feinde noch die pfiffige Torheit meiner Freunde soll mich davon abhalten, über die wichtigste Frage der Menschheit, über das Wesen Gottes, unumwunden und offen, mein Bekenntnis auszusprechen. – Ich gehöre nicht zu den Materialisten, die den Geist verkörpern; ich gebe vielmehr den Körpern ihren Geist zurück, ich durchgeistige sie wieder, ich heilige sie. – Ich gehöre nicht zu den Atheisten, die da verneinen; ich bejahe. – Die Indifferentisten und sogenannten klugen Leute, die sich über Gott nicht aussprechen wollen, sind die eigentlichen Gottesleugner. Solche schweigende Verleugnung wird jetzt sogar zum bürgerlichen Verbrechen, indem dadurch den Missbegriffen gefrönt wird, die bis jetzt noch immer dem Despotismus als Stütze dienen.

Anfang und Ende aller Dinge ist in Gott.

Geschrieben zu Paris, den 2. April 1833

II

Die Vorrede des ersten Teiles dieses Buches mag auch das Erscheinen des zweiten Teiles rechtfertigen. Jener besprach die Geschichte der romantischen Schule im Allgemeinen, dieser bespricht die Häuptlinge derselben insbesondere. In einem dritten und vierten Teil wird nachträglich von den übrigen Helden des Schlegelschen Sagenkreises, dann auch von den Tragödiendichtern aus der letzten Goetheschen Zeit und endlich von den Schriftstellern meiner eigenen Zeit die Rede sein.

Eindringlich bitte ich den geneigten Leser, nicht zu vergessen, dass ich diese Blätter für die »Europe littéraire« geschrieben und mich den Beschränkungen, welche dieses Journal in Hinsicht der Politik vorzeichnet, einigermaßen fügen musste.

Da ich selber die Korrektur dieses Buches besorgt, so bitte ich, eine etwa zu große Menge Druckfehler zu entschuldigen. Schon ein flüchtiger Anblick meiner Aushängebogen zeigt mir, dass ich es auch an sonstigen Versehen nicht habe fehlen lassen. Sehr ernsthaft muss ich hier berichten, dass der Kaiser Heinrich kein Enkel des Barbarossa ist und dass Herr August Wilhelm Schlegel ein Jahr jünger ist, als ich hier angegeben. Auch das Geburtsjahr Arnims ist unrichtig verzeichnet. Wenn ich ebenfalls in diesen Blättern mal behauptet, die höhere Kritik in Deutschland habe sich nie mit Hoffmann beschäftigt, so vergaß ich ausnahmsweise zu erwähnen, dass Willibald Alexis, der Dichter des »Cabanis«, eine Charakteristik Hoffmanns geschrieben hat.

Paris, den 30. Juni 1833

Vorrede

Den beträchtlichsten Teil dieser Blätter, die ursprünglich in französischer Sprache abgefasst und an Franzosen gerichtet sind, habe ich bereits vor einiger Zeit in deutscher Version, unter dem Titel »Zur Geschichte der neueren schönen Literatur in Deutschland«, dem vaterländischen Publikum mitgeteilt. In der gegenwärtigen Ergänzung mag das Buch wohl den neuen Titel »Die romantische Schule« verdienen; denn ich glaube, dass es dem Leser die Hauptmomente der literarischen Bewegung, die jene Schule hervorgebracht, aufs Getreusamste veranschaulichen kann.

Es war meine Absicht, auch die spätere Periode unserer Literatur in ähnlicher Form zu besprechen; aber dringendere Beschäftigungen und äußere Verhältnisse erlaubten mir nicht, unmittelbar ans Werk zu gehen. Überhaupt ist die Art der Behandlung und die Weise der Herausgabe bei meinen letzten Geisteserzeugnissen immer von zeitlichen Umständen bedingt gewesen. So habe ich meine Mitteilungen »Zur Geschichte der Religion und Philosophie in Deutschland« als einen zweiten Teil des »Salon« publizieren müssen; und doch sollte diese Arbeit eigentlich die allgemeine Einleitung in die deutsche Literatur bilden. Ein besonderes

Missgeschick, das mich bei diesem zweiten Teil des »Salons« betroffen, habe ich bereits, durch die Tagespresse, zur öffentlichen Kunde gebracht. Mein Herr Verleger, den ich anklagte, mein Buch eigenmächtig verstümmelt zu haben, hat dieser Beschuldigung, durch dasselbe Organ, widersprochen; er erklärte jene Verstümmelung für das glorreiche Werk einer Behörde, die über alle Rügen erhaben ist.

Dem Mitleid der ewigen Götter empfehle ich das Heil des Vaterlandes und die schutzlosen Gedanken seiner Schriftsteller.

Geschrieben zu Paris, im Herbst 1835

Erstes Buch

Frau von Staëls Werk »De l'Allemagne« ist die einzige umfassende Kunde, welche die Franzosen über das geistige Leben Deutschlands erhalten haben. Und doch ist, seitdem dieses Buch erschienen, ein großer Zeitraum verflossen, und eine ganz neue Literatur hat sich unterdessen in Deutschland entfaltet. Ist es nur eine Übergangsliteratur? Hat sie schon ihre Blüte erreicht? Ist sie bereits abgewelkt? Hierüber sind die Meinungen geteilt. Die meisten glauben, mit dem Tode Goethes beginne in Deutschland eine neue literarische Periode, mit ihm sei auch das alte Deutschland zu Grabe gegangen, die aristokratische Zeit der Literatur sei zu Ende, die demokratische beginne oder, wie sich ein französischer Journalist jüngst ausdrückte, »der Geist der einzelnen habe aufgehört, der Geist aller habe angefangen«.

Was mich betrifft, so vermag ich nicht in so bestimmter Weise über die künftigen Evolutionen des deutschen Geistes abzuurteilen. Die Endschaft der »Goetheschen Kunstperiode«, mit welchem Namen ich diese Periode zuerst bezeichnete, habe ich jedoch schon seit vielen Jahren vorausgesagt. Ich hatte gut prophezeien! Ich kannte sehr gut die Mittel und Wege jener Unzufriedenen, die dem Goetheschen Kunstreich ein Ende machen wollten, und in den damaligen Emeuten gegen Goethe will man sogar mich selbst gesehen haben. Nun Goethe tot ist, bemächtigt sich meiner darob ein wunderbarer Schmerz.

Indem ich diese Blätter gleichsam als eine Fortsetzung des Frau v. Staëlschen »De l'Allemagne« ankündige, muss ich, die Belehrung rühmend, die man aus diesem Werke schöpfen kann, dennoch eine gewisse Vorsicht beim Gebrauch desselben anempfehlen und es durchaus als Koteriebuch bezeichnen. Frau v. Staël, glorreichen Andenkens, hat hier, in der Form eines Buches, gleichsam einen Salon eröffnet, worin sie deutsche Schriftsteller empfing und ihnen Gelegenheit gab, sich der französischen zivilisierten Welt bekannt zu machen; aber in dem Getöse der verschiedensten Stimmen, die aus diesem Buch hervorschreien, hört man doch immer am vernehmlichsten den feinen Diskant des Herrn A. W. Schlegel. Wo sie ganz selbst ist, wo die großfühlende Frau sich unmittelbar ausspricht mit ihrem ganzen strahlenden Herzen, mit dem ganzen Feuerwerk ihrer Geistesraketen und brillanten Tollheiten, da ist das Buch gut und vortrefflich. Sobald sie aber fremden Einflüsterungen gehorcht, sobald sie einer Schule huldigt, deren Wesen ihr ganz fremd und unbegreifbar ist, sobald sie durch die Anpreisung dieser Schule gewisse ultramontane Tendenzen befördert, die mit ihrer protestantischen Klarheit in direktem Widerspruche sind, da ist ihr Buch kläglich und ungenießbar. Dazu kommt noch, dass sie außer den unbewussten auch noch bewusste Parteilichkeiten ausübt, dass sie durch die Lobpreisung des geistigen Lebens, des Idealismus in Deutschland, eigentlich den damaligen Realismus der Franzosen, die materielle Herrlichkeit der Kaiserperiode, frondieren will. Ihr Buch »De l'Allemagne« gleicht in dieser Hinsicht der »Germania« des Tacitus, der vielleicht ebenfalls, durch seine Apologie der Deutschen, eine indirekte Satire gegen seine Landsleute schreiben wollte.

Wenn ich oben einer Schule erwähnte, welcher Frau v. Staël huldigte und deren Tendenzen sie beförderte, so meinte ich die romantische Schule. Dass diese in Deutschland ganz etwas anderes war, als was man in Frankreich mit diesem Namen bezeichnet, dass ihre Tendenzen ganz verschieden waren von denen der französischen Romantiker, das wird in den folgenden Blättern klar werden.

Was war aber die romantische Schule in Deutschland?

Sie war nichts anderes als die Wiedererweckung der Poesie des Mittelalters, wie sie sich in dessen Liedern, Bild- und Bauwerken, in Kunst und Leben manifestiert hatte. Diese Poesie aber war aus dem Christentum hervorgegangen, sie war eine Passionsblume, die dem Blute Christi entsprossen. Ich weiß nicht, ob die melancholische Blume, die wir in Deutschland Passionsblume benamsen, auch in Frankreich diese Benennung führt und ob ihr von der Volkssage ebenfalls jener mystische Ursprung zugeschrieben wird. Es ist jene sonderbare missfarbige Blume, in deren Kelch man die Marterwerkzeuge, die bei der Kreuzigung Christi gebraucht worden, nämlich Hammer, Zange, Nägel usw., abkonterfeit sieht, eine Blume, die durchaus nicht hässlich, sondern nur gespenstisch ist, ja, deren Anblick sogar ein grauenhaftes Vergnügen in unserer Seele erregt, gleich den krampfhaft süßen Empfindungen, die aus dem Schmerze selbst hervorgehen. In solcher Hinsicht wäre diese Blume das geeignetste Symbol für das Christentum selbst, dessen schauerlichster Reiz eben in der Wollust des Schmerzes besteht.

Obgleich man in Frankreich unter dem Namen Christentum nur den römischen Katholizismus versteht, so muss ich doch besonders bevorworten, dass ich nur von letzterem spreche. Ich spreche von jener Religion, in deren ersten Dogmen eine Verdammnis alles Fleisches enthalten ist und die dem Geiste nicht bloß eine Obermacht über das Fleisch zugesteht, sondern auch dieses abtöten will, um den Geist zu verherrlichen; ich spreche von jener Religion, durch deren unnatürliche Aufgabe ganz eigentlich die Sünde und die Hypokrisie in die Welt gekommen, indem eben durch die Verdammnis des Fleisches die unschuldigsten Sinnenfreuden eine Sünde geworden und durch die Unmöglichkeit, ganz Geist zu sein, die Hypokrisie sich ausbilden musste; ich spreche von jener Religion, die ebenfalls durch die Lehre von der Verwerflichkeit aller irdischen Güter, von der auferlegten Hundedemut und Engelsgeduld die erprobteste Stütze des Despotismus geworden. Die Menschen haben jetzt das Wesen dieser Religion erkannt, sie lassen sich nicht mehr mit Anweisungen auf den Himmel abspeisen, sie wissen, dass auch die Materie ihr Gutes hat und nicht ganz des Teufels ist, und sie vindizieren jetzt die Genüsse der Erde, dieses schönen Gottesgartens, unseres unveräußerlichen Erbteils. Eben weil wir alle Konsequenzen jenes absoluten Spiritualismus jetzt so ganz begreifen, dürfen wir auch glauben, dass die christkatholische Weltansicht ihre Endschaft erreicht. Denn jede Zeit ist eine Sphinx, die sich in den Abgrund stürzt, sobald man ihr Rätsel gelöst hat.

Keineswegs jedoch leugnen wir hier den Nutzen, den die christkatholische Weltansicht in Europa gestiftet. Sie war notwendig als eine heilsame Reaktion gegen den grauenhaft kolossalen Materialismus, der sich im römischen Reich entfaltet hatte und alle geistige Herrlichkeit des Menschen zu vernichten drohte. Wie die schlüpfrigen Memoiren des vorigen Jahrhunderts gleichsam die pièces justificatives [Beweisstücke] der französischen Revolution bilden; wie uns der Terrorismus eines Comité du salut public [Wohlfahrtsausschuss] als notwendige Arznei erscheint, wenn wir die Selbstbekenntnisse der französischen vornehmen Welt seit der Regentschaft gelesen: so erkennt man auch die Heilsamkeit des asketischen Spiritualismus, wenn man etwa den Petron oder den Apuleius gelesen, Bücher, die man als pièces justificatives des Christentums betrachten kann. Das Fleisch war so frech geworden in dieser Römerwelt, dass es wohl der christlichen Disziplin bedurfte, um es zu züchtigen. Nach dem

Gastmahl eines Trimalchion bedurfte man einer Hungerkur gleich dem Christentum. – Oder etwa, wie greise Lüstlinge durch Rutenstreiche das erschlaffte Fleisch zu neuer Genussfähigkeit aufreizen: wollte das alternde Rom sich mönchisch geißeln lassen, um raffinierte Genüsse in der Qual selbst und die Wollust im Schmerze zu finden?

Schlimmer Überreiz! Er raubte dem römischen Staatskörper die letzten Kräfte. Nicht durch die Trennung in zwei Reiche ging Rom zugrunde; am Bosphoros [Bosporus] wie an der Tiber ward Rom verzehrt von demselben judäischen Spiritualismus, und hier wie dort ward die römische Geschichte ein langsames Dahinsterben, eine Agonie, die Jahrhunderte dauerte. Hat etwa das gemeuchelte Judäa, indem es den Römern seinen Spiritualismus bescherte, sich an dem siegenden Feind rächen wollen, wie einst der sterbende Zentaur, der dem Sohne Jupiters das verderbliche Gewand, das mit dem eigenen Blute vergiftet war, so listig zu überliefern wusste? Wahrlich, Rom, der Herkules unter den Völkern, wurde durch das judäische Gift so wirksam verzehrt, dass Helm und Harnisch seinen welkenden Gliedern entsanken und seine imperatorische Schlachtstimme herabsiechte zu betendem Pfaffengewimmer und Kastratengetriller.

Aber was den Greis entkräftet, das stärkt den Jüngling. Jener Spiritualismus wirkte heilsam auf die übergesunden Völker des Nordens; die allzu vollblütigen barbarischen Leiber wurden christlich vergeistigt; es begann die europäische Zivilisation. Das ist eine preiswürdige, heilige Seite des Christentums. Die katholische Kirche erwarb sich in dieser Hinsicht die größten Ansprüche auf unsere Verehrung und Bewunderung. Sie hat, durch große, geniale Institutionen, die Bestialität der nordischen Barbaren zu zähmen und die brutale Materie zu bewältigen gewusst. – Die Kunstwerke des Mittelalters zeigen nun jene Bewältigung der Materie durch den Geist, und das ist oft sogar ihre ganze Aufgabe. Die epischen Dichtungen jener Zeit könnte man leicht nach dem Grade dieser Bewältigung klassifizieren.

Von lyrischen und dramatischen Gedichten kann hier nicht die Rede sein; denn letztere existierten nicht, und erstere sind sich ziemlich ähnlich in jedem Zeitalter, wie die Nachtigallenlieder in jedem Frühling.

Obgleich die epische Poesie des Mittelalters in heilige und profane geschieden war, so waren doch beide Gattungen ihrem Wesen nach ganz christlich; denn wenn die heilige Poesie auch ausschließlich das jüdische Volk, welches für das allein heilige galt, und dessen Geschichte, welche allein die heilige hieß, die Helden des Alten und Neuen Testamentes, die Legende, kurz, die Kirche besang, so spiegelte sich doch in der profanen Poesie das ganze damalige Leben mit allen seinen christlichen Anschauungen und Bestrebungen. Die Blüte der heiligen Dichtkunst im deutschen Mittelalter ist vielleicht »Barlaam und Josaphat«, ein Gedicht, worin die Lehre von der Abnegation, von der Enthaltsamkeit, von der Entsagung, von der Verschmähung aller weltlichen Herrlichkeit am konsequentesten ausgesprochen worden. Hiernächst möchte ich den »Lobgesang auf den heiligen Anno« für das Beste der heiligen Gattung halten. Aber dieses letztere Gedicht greift schon weit hinaus ins Weltliche. Es unterscheidet sich überhaupt von dem ersteren wie etwa ein byzantinisches Heiligenbild von einem altdeutschen. Wie auf jenen byzantinischen Gemälden, sehen wir ebenfalls in »Barlaam und Josaphat« die höchste Einfachheit, nirgends ist perspektivisches Beiwerk, und die lang mageren, statuenähnlichen Leiber und die idealisch ernsthaften Gesichter treten streng abgezeichnet hervor, wie aus weichem Goldgrund; – im »Lobgesang auf den heiligen Anno« wird, wie auf altdeutschen Gemälden, das Beiwerk fast zur Hauptsache, und trotz der grandiosen Anlage ist doch das Einzelne aufs Kleinlichste ausgeführt, und man weiß nicht, ob man dabei die Konzeption eines Riesen oder die Geduld eines Zwergs bewundern soll. Otfrieds Evangeliengedicht, das man als das Hauptwerk der heiligen Poesie zu rühmen pflegt, ist lange nicht so ausgezeichnet wie die erwähnten beiden Dichtungen.

In der profanen Poesie finden wir, nach obiger Andeutung, zuerst den Sagenkreis der Nibelungen und des »Heldenbuchs«; da herrscht noch die ganze vorchristliche Denk- und Gefühlsweise, da ist die rohe Kraft noch nicht zum Rittertum herabgemildert, da stehen noch, wie Steinbilder, die starren Kämpen des Nordens, und das sanfte Licht und der sittige Atem des Christentums dringt noch nicht durch die eisernen Rüstungen. Aber es dämmert allmählich in den altgermanischen Wäldern, die alten Götzeneichen werden gefällt, und es entsteht ein lichter Kampfplatz, wo der Christ mit dem Heiden kämpft, und dieses sehen wir im Sagenkreis Karls des Großen, worin sich eigentlich die Kreuzzüge mit ihren heiligen Tendenzen abspiegeln. Nun aber, aus der christlich spiritualisierten Kraft, entfaltet sich die eigentümlichste Erscheinung des Mittelalters, das Rittertum, das sich endlich noch sublimiert als ein geistliches Rittertum. Jenes, das weltliche Rittertum, sehen wir am anmutigsten verherrlicht in dem Sagenkreis des Königs Artus, worin die süßeste Galanterie, die ausgebildetste Courtoisie und die abenteuerlichste Kampflust herrscht. Aus den süß närrischen Arabesken und phantastischen Blumengebilden dieser Gedichte grüßen uns der köstliche Iwein, der vortreffliche Lanzelot vom See und der tapfere, galante, honette, aber etwas langweilige Wigalois. Neben diesem Sagenkreis sehen wir den damit verwandten und verwebten Sagenkreis vom »heiligen Gral«, worin das geistliche Rittertum verherrlicht wird, und da treten uns entgegen drei der grandiosesten Gedichte des Mittelalters, der »Titurel«, der »Parzival« und der »Lohengrin«; hier stehen wir der romantischen Poesie gleichsam persönlich gegenüber, wir schauen ihr tief hinein in die großen leidenden Augen, und sie umstrickt uns unversehens mit ihrem scholastischen Netzwerk und zieht uns hinab in die wahnwitzige Tiefe der mittelalterlichen Mystik. Endlich sehen wir aber auch Gedichte in jener Zeit, die dem christlichen Spiritualismus nicht unbedingt huldigen, ja worin dieser sogar frondiert wird, wo der Dichter sich den Ketten der abstrakten christlichen Tugenden entwindet und wohlgefällig hinabtaucht in die Genusswelt der verherrlichten Sinnlichkeit; und es ist eben nicht der schlechteste Dichter, der uns das Hauptwerk dieser Richtung, »Tristan und Isolde«, hinterlassen hat. Ja, ich muss gestehen, Gottfried von Straßburg, der Verfasser dieses schönsten Gedichts des Mittelalters, ist vielleicht auch dessen größter Dichter, und er überragt noch alle Herrlichkeit des Wolfram von Eschenbach, den wir im »Parzival« und in den Fragmenten des »Titurel« so sehr bewundern. Es ist vielleicht jetzt erlaubt, den Meister Gottfried unbedingt zu rühmen und zu preisen. Zu seiner Zeit hat man sein Buch gewiss für gottlos und ähnliche Dichtungen, wozu schon der »Lanzelot« gehörte, für gefährlich gehalten. Und es sind wirklich auch bedenkliche Dinge vorgefallen. Francesca da Polenta [von ihrem Mann Giovanni Malatesta wegen Ehebruchs mit dessen Bruder Paolo umgebracht] und ihr schöner Freund mussten teuer dafür büßen, dass sie eines Tages miteinander in einem solchen Buche lasen; – die größere Gefahr freilich bestand darin, dass sie plötzlich zu lesen aufhörten!

Die Poesie in allen diesen Gedichten des Mittelalters trägt einen bestimmten Charakter, wodurch sie sich von der Poesie der Griechen und Römer unterscheidet. In Betreff dieses Unterschieds nennen wir erstere die romantische und letztere die klassische Poesie. Diese Benennungen aber sind nur unsichere Rubriken und führten bisher zu den unerquicklichsten Verwirrnissen, die noch gesteigert wurden, wenn man die antike Poesie statt klassisch auch plastisch nannte. Hier lag besonders der Grund zu Missverständnissen. Nämlich die Künstler sollen ihren Stoff immer plastisch bearbeiten, er mag christlich oder heidnisch sein, sie sollen ihn in klaren Umrissen darstellen, kurz: plastische Gestaltung soll in der romantisch modernen Kunst, ebenso wie in der antiken Kunst, die Hauptsache sein. Und in der Tat, sind nicht die Figuren in der »Göttlichen Komödie« des Dante oder auf den Gemälden des Raffael ebenso plastisch wie die im Virgil oder auf den Wänden von Herculaneum? Der Unterschied besteht darin, dass die plastischen Gestalten in der antiken Kunst ganz identisch sind mit dem

Darzustellenden, mit der Idee, die der Künstler darstellen wollte, z. B. dass die Irrfahrten des Odysseus gar nichts anderes bedeuten als die Irrfahrten des Mannes, der ein Sohn des Laertes und Gemahl der Penelopeia war und Odysseus hieß; dass ferner der Bacchus, den wir im Louvre sehen, nichts anderes ist als der anmutige Sohn der Semele mit der kühnen Wehmut in den Augen und der heiligen Wollust in den gewölbt weichen Lippen. Anders ist es in der romantischen Kunst; da haben die Irrfahrten eines Ritters noch eine esoterische Bedeutung, sie deuten vielleicht auf die Irrfahrten des Lebens überhaupt; der Drache, der überwunden wird, ist Sünde; der Mandelbaum, der dem Helden aus der Ferne so tröstlich zuduftet, das ist die Dreieinigkeit, Gott Vater und Gott Sohn und Gott Heiliger Geist, die zugleich eins ausmachen, wie Nuss, Faser und Kern dieselbe Mandel sind. Wenn Homer die Rüstung eines Helden schildert, so ist es eben nichts andres als eine gute Rüstung, die soundso viel Ochsen wert ist; wenn aber ein Mönch des Mittelalters in seinem Gedicht die Röcke der Muttergottes beschreibt, so kann man sich darauf verlassen, dass er sich unter diesen Röcken ebenso viele verschiedene Tugenden denkt, dass ein besonderer Sinn verborgen ist unter diesen heiligen Bedeckungen der unbefleckten Jungfrauschaft Mariä, welche auch, da ihr Sohn der Mandelkern ist, ganz vernünftigerweise als Mandelblüte besungen wird. Das ist nun der Charakter der mittelalterlichen Poesie, die wir die romantische nennen.

Die klassische Kunst hatte nur das Endliche darzustellen, und ihre Gestalten konnten identisch sein mit der Idee des Künstlers. Die romantische Kunst hatte das Unendliche und lauter spiritualistische Beziehungen darzustellen oder vielmehr anzudeuten, und sie nahm ihre Zuflucht zu einem System traditioneller Symbole oder vielmehr zum Parabolischen, wie schon Christus selbst seine spiritualistischen Ideen durch allerlei schöne Parabeln deutlich zu machen suchte. Daher das Mystische, Rätselhafte, Wunderbare und Überschwängliche in den Kunstwerken des Mittelalters; die Phantasie macht ihre entsetzlichsten Anstrengungen, das Reingeistige durch sinnliche Bilder darzustellen, und sie erfindet die kolossalsten Tollheiten, sie stülpt den Pelion auf den Ossa, den »Parzival« auf den »Titurel«, um den Himmel zu erreichen.

Bei den Völkern, wo die Poesie ebenfalls das Unendliche darstellen wollte und ungeheure Ausgeburten der Phantasie zum Vorschein kamen, z. B. bei den Skandinaviern und Indern, finden wir Gedichte, die wir ebenfalls für romantisch halten und auch romantisch zu nennen pflegen.

Von der Musik des Mittelalters können wir nicht viel sagen. Es fehlen uns die Urkunden. Erst spät, im sechzehnten Jahrhundert, entstanden die Meisterwerke der katholischen Kirchenmusik, die man in ihrer Art nicht genug schätzen kann, da sie den christlichen Spiritualismus am reinsten aussprechen. Die rezitierenden Künste, spiritualistisch ihrer Natur nach, konnten im Christentum ein ziemliches Gedeihen finden. Minder vorteilhaft war diese Religion für die bildenden Künste. Denn da auch diese den Sieg des Geistes über die Materie darstellen sollten und dennoch ebendiese Materie als Mittel ihrer Darstellung gebrauchen mussten, hatten sie gleichsam eine unnatürliche Aufgabe zu lösen. Daher in Skulptur und Malerei jene abscheulichen Themata: Martyrbilder, Kreuzigungen, sterbende Heilige, Zerstörung des Fleisches. Die Aufgaben selbst waren ein Martyrtum der Skulptur, und wenn ich jene verzerrten Bildwerke sehe, wo durch schief-fromme Köpfe, lange, dünne Arme, magere Beine und ängstlich unbeholfene Gewänder die christliche Abstinenz und Entsinnlichung dargestellt werden soll, so erfasst mich unsägliches Mitleid mit den Künstlern jener Zeit. Die Maler waren wohl etwas begünstigter, da das Material ihrer Darstellung, die Farbe, in seiner Unerfassbarkeit, in seiner bunten Schattenhaftigkeit dem Spiritualismus nicht so derb widerstrebte wie das Material der Skulptoren; dennoch mussten auch sie, die Maler, mit den widerwärtigsten Leidensgestalten die seufzende Leinwand belasten. Wahrlich, wenn man manche

Gemäldesammlung betrachtet und nichts als Blutszenen, Stäupen und Hinrichtung dargestellt sieht, sollte man glauben, die alten Meister hätten diese Bilder für die Galerie eines Scharfrichters gemalt.

Aber der menschliche Genius weiß sogar die Unnatur zu verklären, vielen Malern gelang es, die unnatürliche Aufgabe schön und erhebend zu lösen, und namentlich die Italiener wussten der Schönheit etwas auf Kosten des Spiritualismus zu huldigen und sich zu jener Idealität emporzuschwingen, die in so vielen Darstellungen der Madonna ihre Blüte erreicht hat. Die katholische Klerisei hat überhaupt, wenn es die Madonna galt, dem Sensualismus immer einige Zugeständnisse gemacht. Dieses Bild einer unbefleckten Schönheit, die noch dabei von Mutterliebe und Schmerz verklärt ist, hatte das Vorrecht, durch Dichter und Maler gefeiert und mit allen sinnlichen Reizen geschmückt zu werden. Denn dieses Bild war ein Magnet, welcher die große Menge in den Schoß des Christentums ziehen konnte. Madonna Maria war gleichsam die schöne dame du comptoir der katholischen Kirche, die deren Kunden, besonders die Barbaren des Nordens, mit ihrem himmlischen Lächeln anzog und festhielt.

Die Baukunst trug im Mittelalter denselben Charakter wie die andern Künste, wie denn überhaupt damals alle Manifestationen des Lebens aufs Wunderbarste miteinander harmonierten. Hier, in der Architektur, zeigt sich dieselbe parabolische Tendenz wie in der Dichtkunst. Wenn wir jetzt in einen alten Dom treten, ahnen wir kaum mehr den esoterischen Sinn seiner steinernen Symbolik. Nur der Gesamteindruck dringt uns unmittelbar ins Gemüt. Wir fühlen hier die Erhebung des Geistes und die Zertretung des Fleisches. Das Innere des Doms selbst ist ein hohles Kreuz, und wir wandeln da im Werkzeug des Martyrtums selbst; die bunten Fenster werfen auf uns ihre roten und grünen Lichter, wie Blutstropfen und Eiter; Sterbelieder umwimmern uns; unter unseren Füßen Leichensteine und Verwesung, und mit den kolossalen Pfeilern strebt der Geist in die Höhe, sich schmerzlich losreißend von dem Leib, der wie ein müdes Gewand zu Boden sinkt. Wenn man sie von außen erblickt, diese gotischen Dome, diese ungeheuren Bauwerke, die so luftig, so fein, so zierlich, so durchsichtig gearbeitet sind, dass man sie für ausgeschnitzelt, dass man sie für Brabanter Spitzen von Marmor halten sollte, dann fühlt man erst recht die Gewalt jener Zeit, die selbst den Stein so zu bewältigen wusste, dass er fast gespenstisch durchgeistet erscheint, dass sogar diese härteste Materie den christlichen Spiritualismus ausspricht.

Aber die Künste sind nur der Spiegel des Lebens, und wie im Leben der Katholizismus erlosch, so verhallte und erblich er auch in der Kunst. Zur Zeit der Reformation schwand allmählich die katholische Poesie in Europa, und an ihrer Stelle sehen wir die längst abgestorbene griechische Poesie wieder aufleben. Es war freilich nur ein künstlicher Frühling, ein Werk des Gärtners und nicht der Sonne, und die Bäume und Blumen steckten in engen Töpfen, und ein Glashimmel schützte sie vor Kälte und Nordwind.

In der Weltgeschichte ist nicht jedes Ereignis die unmittelbare Folge eines anderen, alle Ereignisse bedingen sich vielmehr wechselseitig. Keineswegs bloß durch die griechischen Gelehrten, die nach der Eroberung von Byzanz zu uns herüber emigriert, ist die Liebe für das Griechentum und die Sucht, es nachzuahmen, bei uns allgemein geworden, sondern auch in der Kunst wie im Leben regte sich ein gleichzeitiger Protestantismus; Leo X., der prächtige Mediceer, war ein ebenso eifriger Protestant wie Luther; und wie man zu Wittenberg in lateinischer Prosa protestierte, so protestierte man zu Rom in Stein, Farbe und Ottaverime. Oder bilden die marmornen Kraftgestalten des Michelangelo, die lachenden Nymphengesichter des Giulio Romano und die lebenstrunkene Heiterkeit in den Versen des Meisters Ludovico nicht einen protestierenden Gegensatz zu dem altdüstern, abgehärmten Katholizismus? Die Maler Italiens polemisierten gegen das Pfaffentum vielleicht weit wirksamer als die sächsischen

Theologen. Das blühende Fleisch auf den Gemälden des Tizian, das ist alles Protestantismus. Die Lenden seiner Venus sind viel gründlichere Thesen als die, welche der deutsche Mönch an die Kirchentüre von Wittenberg angeklebt. – Es war damals, als hätten die Menschen sich plötzlich erlöst gefühlt von tausendjährigem Zwang; besonders die Künstler atmeten wieder frei, als ihnen der Alp des Christentums von der Brust gewälzt schien; enthusiastisch stürzten sie sich in das Meer griechischer Heiterkeit, aus dessen Schaum ihnen wieder die Schönheitsgöttinnen entgegentauchten; die Maler malten wieder die ambrosische Freude des Olymps; die Bildhauer meißelten wieder mit alter Lust die alten Heroen aus dem Marmorblock hervor; die Poeten besangen wieder das Haus des Atreus und des Laios; es entstand die Periode der neuklassischen Poesie.

Wie sich in Frankreich unter Ludwig XIV. das moderne Leben am vollendetsten ausgebildet, so gewann hier jene neuklassische Poesie ebenfalls eine ausgebildete Vollendung, ja gewissermaßen eine selbständige Originalität. Durch den politischen Einfluss des großen Königs verbreitete sich diese neuklassische Poesie im übrigen Europa; in Italien, wo sie schon einheimisch geworden war, erhielt sie ein französisches Kolorit; mit den Anjous kamen auch die Helden der französischen Tragödie nach Spanien; sie gingen nach England mit Madame Henriette, und wir Deutschen, wie sich von selbst versteht, wir bauten dem gepuderten Olymp von Versailles unsere tölpischen Tempel. Der berühmteste Oberpriester derselben war Gottsched, jene große Allongeperücke, die unser teurer Goethe in seinen Memoiren so trefflich beschrieben hat.

Lessing war der literarische Arminius, der unser Theater von jener Fremdherrschaft befreite. Er zeigte uns die Nichtigkeit, die Lächerlichkeit, die Abgeschmacktheit jener Nachahmungen des französischen Theaters, das selbst wieder dem griechischen nachgeahmt schien. Aber nicht bloß durch seine Kritik, sondern auch durch seine eigenen Kunstwerke ward er der Stifter der neueren deutschen Originalliteratur. Alle Richtungen des Geistes, alle Seiten des Lebens verfolgte dieser Mann mit Enthusiasmus und Uneigennützigkeit. Kunst, Theologie, Altertumswissenschaft, Dichtkunst, Theaterkritik, Geschichte, alles trieb er mit demselben Eifer und zu demselben Zwecke. In allen seinen Werken lebt dieselbe große soziale Idee, dieselbe fortschreitende Humanität, dieselbe Vernunftreligion, deren Johannes er war und deren Messias wir noch erwarten. Diese Religion predigte er immer, aber leider oft ganz allein und in der Wüste. Und dann fehlte ihm auch die Kunst, den Stein in Brot zu verwandeln; er verbrachte den größten Teil seines Lebens in Armut und Drangsal; das ist ein Fluch, der fast auf allen großen Geistern der Deutschen lastet und vielleicht erst durch die politische Befreiung getilgt wird. Mehr, als man ahnte, war Lessing auch politisch bewegt, eine Eigenschaft, die wir bei seinen Zeitgenossen gar nicht finden; wir merken jetzt erst, was er mit der Schilderung des Duodezdespotismus in »Emilia Galotti« gemeint hat. Man hielt ihn damals nur für einen Champion der Geistesfreiheit und Bekämpfer der klerikalen Intoleranz; denn seine theologischen Schriften verstand man schon besser. Die Fragmente »Über Erziehung des Menschengeschlechts«, welche Eugène Rodrigues ins Französische übersetzt hat, können vielleicht den Franzosen von der umfassenden Weite des Lessingschen Geistes einen Begriff geben. Die beiden kritischen Schriften, welche den meisten Einfluss auf die Kunst ausgeübt, sind seine »Hamburgische Dramaturgie« und sein »Laokoon oder über die Grenzen der Malerei und Poesie«. Seine ausgezeichneten Theaterstücke sind: »Emilia Galotti«, »Minna von Barnhelm« und »Nathan der Weise«.

Gotthold Ephraim Lessing ward geboren zu Kamenz in der Lausitz den 22. Januar 1729 und starb zu Braunschweig den 15. Februar 1781. Er war ein ganzer Mann, der, wenn er mit seiner Polemik das Alte zerstörend bekämpfte, auch zu gleicher Zeit selber etwas Neues und Besseres schuf; »er glich«, sagt ein deutscher Autor, »jenen frommen Juden, die beim zweiten Tempelbau von den Angriffen der Feinde oft gestört wurden und dann mit der einen Hand gegen diese kämpften und mit der anderen Hand am Gotteshaus weiterbauten.« Es ist hier nicht die Stelle, wo ich mehr von Lessing sagen dürfte; aber ich kann nicht umhin, zu bemerken, dass er in der ganzen Literaturgeschichte derjenige Schriftsteller ist, den ich am meisten liebe. Noch eines anderen Schriftstellers, der in demselben Geist und zu demselben Zweck wirkte und Lessings nächster Nachfolger genannt werden kann, will ich hier erwähnen; seine Würdigung gehört freilich ebenfalls nicht hierher, wie er denn überhaupt in der Literaturgeschichte einen ganz einsamen Platz einnimmt und sein Verhältnis zu Zeit und Zeitgenossen noch immer nicht bestimmt ausgesprochen werden kann. Es ist Johann Gottfried Herder, geboren 1744 zu Mohrungen in Ostpreußen und gestorben zu Weimar in Sachsen im Jahr 1803.

Die Literaturgeschichte ist die große Morgue, wo jeder seine Toten aufsucht, die er liebt oder womit er verwandt ist. Wenn ich da unter so vielen unbedeutenden Leichen den Lessing oder den Herder sehe mit ihren erhabenen Menschengesichtern, dann pocht mir das Herz. Wie dürfte ich vorübergehen, ohne euch flüchtig die blassen Lippen zu küssen!

Wenn aber Lessing die Nachahmerei des französischen Aftergriechentums gar mächtig zerstörte, so hat er doch selbst, eben durch seine Hinweisung auf die wirklichen Kunstwerke des griechischen Altertums, gewissermaßen einer neuen Art törichter Nachahmungen Vorschub geleistet. Durch seine Bekämpfung des religiösen Aberglaubens beförderte er sogar die nüchterne Aufklärungssucht, die sich zu Berlin breitmachte und im seligen Nicolai ihr Hauptorgan und in der »Allgemeinen deutschen Bibliothek« ihr Arsenal besaß. Die kläglichste Mittelmäßigkeit begann damals, widerwärtiger als je, ihr Wesen zu treiben, und das Läppische und Leere blies sich auf wie der Frosch in der Fabel.

Man irrt sehr, wenn man etwa glaubt, dass Goethe, der damals schon aufgetaucht, bereits allgemein anerkannt gewesen sei. Sein »Götz von Berlichingen« und sein »Werther« waren mit Begeisterung aufgenommen worden, aber die Werke der gewöhnlichsten Stümper waren es nicht minder, und man gab Goethen nur eine kleine Nische in dem Tempel der Literatur. Nur den »Götz« und den »Werther« hatte das Publikum, wie gesagt, mit Begeisterung aufgenommen, aber mehr wegen des Stoffes als wegen ihrer artistischen Vorzüge, die fast niemand in diesen Meisterwerken zu schätzen verstand. Der »Götz« war ein dramatisierter Ritterroman, und diese Gattung liebte man damals. In dem »Werther« sah man nur die Bearbeitung einer wahren Geschichte, die des jungen Jerusalem, eines Jünglings, der sich aus Liebe totgeschossen und dadurch in jener windstillen Zeit einen sehr starken Lärm gemacht; man las mit Tränen seine rührenden Briefe; man bemerkte scharfsinnig, dass die Art, wie Werther aus einer adeligen Gesellschaft entfernt worden, seinen Lebensüberdruss gesteigert habe; die Frage über den Selbstmord gab dem Buche noch mehr Besprechung; einige Narren verfielen auf die Idee, sich bei dieser Gelegenheit ebenfalls totzuschießen; das Buch machte, durch seinen Stoff, einen bedeutenden Knalleffekt. Die Romane von August Lafontaine wurden jedoch ebenso gern gelesen, und da dieser unaufhörlich schrieb, so war er berühmter als Wolfgang Goethe. Wieland war der damalige große Dichter, mit dem es etwa nur der Herr Odendichter Ramler zu Berlin in der Poesie aufnehmen konnte. Abgöttisch wurde Wieland verehrt, mehr als jemals Goethe. Das Theater beherrschte Iffland mit seinen bürgerlich larmoyanten Dramen und Kotzebue mit seinen banal witzigen Possen.

Diese Literatur war es, wogegen sich, während den letzten Jahren des vorigen Jahrhunderts, eine Schule in Deutschland erhob, die wir die romantische genannt und als deren Gérants sich uns die Herren August Wilhelm und Friedrich Schlegel präsentiert haben. Jena, wo sich diese beiden Brüder nebst vielen gleichgestimmten Geistern auf und zu befanden, war der Mittelpunkt, von wo aus die neue ästhetische Doktrin sich verbreitete. Ich sage Doktrin, denn diese Schule begann mit Beurteilung der Kunstwerke der Vergangenheit und mit dem Rezept zu den Kunstwerken der Zukunft. In diesen beiden Richtungen hat die Schlegelsche Schule große Verdienste um die ästhetische Kritik. Bei der Beurteilung der schon vorhandenen Kunstwerke wurden entweder ihre Mängel und Gebrechen nachgewiesen oder ihre Vorzüge und Schönheiten beleuchtet. In der Polemik, in jenem Aufdecken der artistischen Mängel und Gebrechen, waren die Herren Schlegel durchaus die Nachahmer des alten Lessings, sie bemächtigten sich seines großen Schlachtschwerts; nur war der Arm des Herren August Wilhelm Schlegel viel zu zart-schwächlich und das Auge seines Bruders Friedrich viel zu mystisch umwölkt, als dass jener so stark und dieser so scharftreffend zuschlagen konnte wie Lessing. In der reproduzierenden Kritik aber, wo die Schönheiten eines Kunstwerks veranschaulicht werden, wo es auf ein feines Herausfühlen der Eigentümlichkeiten ankam, wo diese zum Verständnis gebracht werden mussten, da sind die Herren Schlegel dem alten Lessing ganz überlegen. Was soll ich aber von ihren Rezepten für anzufertigende Meisterwerke sagen! Da offenbarte sich bei den Herren Schlegel eine Ohnmacht, die wir ebenfalls bei Lessing zu finden glauben. Auch dieser, so stark er im Verneinen ist, so schwach ist er im Bejahen, selten kann er ein Grundprinzip aufstellen, noch seltener ein richtiges. Es fehlt ihm der feste Boden einer Philosophie, eines philosophischen Systems. Dieses ist nun bei den Herren Schlegel in noch viel trostloserem Grade der Fall. Man fabelt mancherlei von dem Einfluss des Fichteschen Idealismus und der Schellingschen Naturphilosophie auf die romantische Schule, die man sogar ganz daraus hervorgehen lässt. Aber ich sehe hier höchstens nur den Einfluss einiger Fichteschen und Schellingschen Gedankenfragmente, keineswegs den Einfluss einer Philosophie. Herr Schelling, der damals in Jena dozierte, hat aber jedenfalls persönlich großen Einfluss auf die romantische Schule ausgeübt; er ist, was man in Frankreich nicht weiß, auch ein Stück Poet, und es heißt, er sei noch zweifelhaft, ob er nicht seine sämtlichen philosophischen Lehren in einem poetischen, ja metrischen Gewande herausgeben solle. Dieser Zweifel charakterisiert den Mann.

Wenn aber die Herren Schlegel für die Meisterwerke, die sie sich bei den Poeten ihrer Schule bestellten, keine feste Theorie angeben konnten, so ersetzten sie diesen Mangel dadurch, dass sie die besten Kunstwerke der Vergangenheit als Muster anpriesen und ihren Schülern zugänglich machten. Dieses waren nun hauptsächlich die Werke der christlich-katholischen Kunst des Mittelalters. Die Übersetzung des Shakespeares, der an der Grenze dieser Kunst steht und schon protestantisch klar in unsere moderne Zeit hereinlächelt, war nur zu polemischen Zwecken bestimmt, deren Besprechung hier zu weitläufig wäre. Auch wurde diese Übersetzung von Herrn A. W. Schlegel unternommen zu einer Zeit, als man sich noch nicht ganz ins Mittelalter zurück enthusiasmiert hatte. Später, als dieses geschah, ward der Calderon übersetzt und weit über den Shakespeare angepriesen; denn bei jenem fand man die Poesie des Mittelalters am reinsten ausgeprägt, und zwar in ihren beiden Hauptmomenten, Rittertum und Mönchtum. Die frommen Komödien des kastilianischen Priesterdichters, dessen poetischen Blumen mit Weihwasser besprengt und kirchlich geräuchert sind, wurden jetzt nachgebildet, mit all ihrer heiligen Grandezza, mit all ihrem sazerdotalen Luxus, mit all ihrer gebenedeiten Tollheit; und in Deutschland erblühten nun jene buntgläubigen, närrisch tiefsinnigen Dichtungen, in welchen man sich mystisch verliebte, wie in der »Andacht zum Kreuz«, oder zur Ehre der Muttergottes schlug, wie im »Standhaften Prinzen«; und Zacharias Werner trieb das Ding so weit, wie man es nur treiben konnte, ohne von Obrigkeits wegen in ein Narrenhaus eingesperrt zu werden.

Unsere Poesie, sagten die Herren Schlegel, ist alt, unsere Muse ist ein altes Weib mit einem Spinnrocken, unser Amor ist kein blonder Knabe, sondern ein verschrumpfter Zwerg mit grauen Haaren, unsere Gefühle sind abgewelkt, unsere Phantasie ist verdorrt: wir müssen uns erfrischen, wir müssen die verschütteten Quellen der naiven, einfältiglichen Poesie des Mittelalters wieder aufsuchen, da sprudelt uns entgegen der Trank der Verjüngung. Das ließ sich das trockne, dürre Volk nicht zweimal sagen; besonders die armen Dursthälse, die im märkischen Sande saßen, wollten wieder blühend und jugendlich werden, und sie stürzten nach jenen Wunderquellen, und das soff und schlürfte und schlückerte mit übermäßiger Gier. Aber es erging ihnen wie der alten Kammerjungfer, von welcher man folgendes erzählt: Sie hatte bemerkt, dass ihre Dame ein Wunderelixier besaß, das die Jugend wiederherstellt; in Abwesenheit der Dame nahm sie nun aus deren Toilette das Fläschchen, welches jenes Elixier enthielt, statt aber nur einige Tropfen zu trinken, tat sie einen so großen, langen Schluck, dass sie durch die höchstgesteigerte Wunderkraft des verjüngenden Tranks nicht bloß wieder jung, sondern gar zu einem ganz kleinen Kinde wurde. Wahrlich, so ging es namentlich unserem vortrefflichen Herrn Tieck, einem der besten Dichter der Schule; er hatte von den Volksbüchern und Gedichten des Mittelalters so viel eingeschluckt, dass er fast wieder ein Kind wurde und zu jener lallenden Einfalt herabblühte, die Frau v. Staël so sehr viele Mühe hatte zu bewundern. Sie gesteht selber, dass es ihr kurios vorkomme, wenn eine Person in einem Drama mit einem Monolog debütiert, welcher mit den Worten anfängt: »Ich bin der wackere Bonifazius, und ich komme, euch zu sagen« usw.

Herr Ludwig Tieck hat durch seinen Roman »Sternbalds Wanderungen« und durch die von ihm herausgegebenen und von einem gewissen Wackenroder geschriebene »Herzensergießungen eines kunstliebenden Klosterbruders« auch den bildenden Künstlern die naiven, rohen Anfänge der Kunst als Muster dargestellt. Die Frömmigkeit und Kindlichkeit dieser Werke, die sich eben in ihrer technischen Unbeholfenheit kundgibt, wurde zur Nachahmung empfohlen. Von Raffael wollte man nichts mehr wissen, kaum einmal von seinem Lehrer Perugino, den man freilich schon höher schätzte und in welchem man noch Reste jener Vortrefflichkeiten entdeckte, deren ganze Fülle man in den unsterblichen Meisterwerken des Fra Giovanni Angelico da Fiesole so andachtsvoll bewunderte. Will man sich hier einen Begriff von dem Geschmack der damaligen Kunstenthusiasten machen, so muss man nach dem Louvre gehen, wo noch die besten Gemälde jener Meister hängen, die man damals unbedingt verehrte; und will man sich einen Begriff von dem großen Haufen der Poeten machen, die damals in allen möglichen Versarten die Dichtungen des Mittelalters nachahmten, so muss man nach dem Narrenhaus zu Charenton gehn.

Aber ich glaube, jene Bilder im ersten Saale des Louvre sind noch immer viel zu graziöse, als dass man sich dadurch einen Begriff von dem damaligen Kunstgeschmack machen könnte. Man muss sich diese altitalienischen Bilder noch obendrein ins Altdeutsche übersetzt denken. Denn man erachtete die Werke der altdeutschen Maler für noch weit einfältiglicher und kindlicher und also nachahmungswürdiger als die altitalienischen. Denn die Deutschen vermögen ja, hieß es, mit ihrem Gemüt (ein Wort, wofür die französische Sprache keinen Ausdruck hat) das Christentum tiefer aufzufassen als andere Nationen, und Friedrich Schlegel und sein Freund Herr Joseph Görres wühlten in den alten Städten am Rhein nach den Resten altdeutscher Gemälde und Bildwerke, die man, gleich heiligen Reliquien, blindgläubig verehrte.

Ich habe eben den deutschen Parnass jener Zeit mit Charenton verglichen. Ich glaube aber, auch hier habe ich viel zu wenig gesagt. Ein französischer Wahnsinn ist noch lange nicht so wahnsinnig wie ein deutscher; denn in diesem, wie Polonius sagen würde, ist Methode. Mit einer Pedanterie ohnegleichen, mit einer entsetzlichen Gewissenhaftigkeit, mit einer Gründlichkeit, wovon sich ein oberflächlicher französischer Narr nicht einmal einen Begriff machen kann, trieb man jene deutsche Tollheit. – Der politische Zustand Deutschlands war der christlich-altdeutschen Richtung noch besonders günstig. »Not lehrt beten«, sagt das Sprichwort, und wahrlich, nie war die Not in Deutschland größer und daher das Volk dem Beten, der Religion, dem Christentum zugänglicher als damals. Kein Volk hegt mehr Anhänglichkeit für seine Fürsten wie das deutsche, und mehr noch als der traurige Zustand, worin das Land durch den Krieg und die Fremdherrschaft geraten, war es der jammervolle Anblick ihrer besiegten Fürsten, die sie zu den Füßen Napoleons kriechen sahen, was die Deutschen aufs Unleidlichste betrübte; das ganze Volk glich jenen treuherzigen alten Dienern in großen Häusern, die alle Demütigungen, welche ihre gnädige Herrschaft erdulden muss, noch tiefer empfinden als diese selbst und die im Verborgenen ihre kummervollsten Tränen weinen, wenn etwa das herrschaftliche Silberzeug verkauft werden soll, und die sogar ihre ärmlichen Ersparnisse heimlich dazu verwenden, dass nicht bürgerliche Talglichter statt adliger Wachskerzen auf die herrschaftliche Tafel gesetzt werden, wie wir solches, mit hinlänglicher Rührung, in den alten Schauspielen sehen. Die allgemeine Betrübnis fand Trost in der Religion, und es entstand ein pietistisches Hingeben in den Willen Gottes, von welchem allein die Hilfe erwartet wurde. Und in der Tat, gegen den Napoleon konnte auch gar kein anderer helfen als der liebe Gott selbst. Auf die weltlichen Heerscharen war nicht mehr zu rechnen, und man musste vertrauensvoll den Blick zum Himmel wenden.

Wir hätten auch den Napoleon ganz ruhig ertragen. Aber unsere Fürsten, während sie hofften, durch Gott von ihm befreit zu werden, gaben sie auch zugleich dem Gedanken Raum, dass die zusammengefassten Kräfte ihrer Völker mit dabei sehr wirksam sein möchten: man suchte in dieser Absicht den Gemeinsinn unter den Deutschen zu wecken, und sogar die allerhöchsten Personen sprachen jetzt von deutscher Volkstümlichkeit, vom gemeinsamen deutschen Vaterland, von der Vereinigung der christlich-germanischen Stämme, von der Einheit Deutschlands. Man befahl uns den Patriotismus, und wir wurden Patrioten; denn wir tun alles, was uns unsere Fürsten befehlen. Man muss sich aber unter diesem Patriotismus nicht dasselbe Gefühl denken, das hier in Frankreich diesen Namen führt. Der Patriotismus des Franzosen besteht darin, dass sein Herz erwärmt wird, durch diese Wärme sich ausdehnt, sich erweitert, dass es nicht mehr bloß die nächsten Angehörigen, sondern ganz Frankreich, das ganze Land der Zivilisation, mit seiner Liebe umfasst; der Patriotismus des Deutschen hingegen besteht darin, dass sein Herz enger wird, dass es sich zusammenzieht wie Leder in der Kälte, dass er das Fremdländische hasst, dass er nicht mehr Weltbürger, nicht mehr Europäer, sondern nur ein enger Deutscher sein will. Da sahen wir nun das idealische Flegeltum, das Herr Jahn in System gebracht; es begann die schäbige, plumpe, ungewaschene Opposition gegen eine Gesinnung, die eben das Herrlichste und Heiligste ist, was Deutschland hervorgebracht hat, nämlich gegen jene Humanität, gegen jene allgemeine Menschenverbrüderung, gegen jenen Kosmopolitismus, dem unsere großen Geister, Lessing, Herder, Schiller, Goethe, Jean Paul, dem alle Gebildeten in Deutschland immer gehuldigt haben.

Was sich bald darauf in Deutschland ereignete, ist euch allzu wohl bekannt. Als Gott, der Schnee und die Kosaken die besten Kräfte des Napoleon zerstört hatten, erhielten wir Deutsche den allerhöchsten Befehl, uns vom fremden Joche zu befreien, und wir loderten auf in männlichem Zorn ob der allzu lang ertragenen Knechtschaft, und wir begeisterten uns durch die guten Melodien und schlechten Verse der Körnerschen Lieder, und wir erkämpften die Freiheit; denn wir tun alles, was uns von unseren Fürsten befohlen wird.

In der Periode, wo dieser Kampf vorbereitet wurde, musste eine Schule, die dem französischen Wesen feindlich gesinnt war und alles deutsch Volkstümliche in Kunst und Leben hervorrühmte, ihr trefflichstes Gedeihen finden. Die romantische Schule ging damals Hand in Hand mit dem Streben der Regierungen und der geheimen Gesellschaften, und Herr A. W. Schlegel konspirierte gegen Racine zu demselben Ziel, wie der Minister Stein gegen Napoleon konspirierte. Die Schule schwamm mit dem Strom der Zeit, nämlich mit dem Strom, der nach seiner Quelle zurückströmte. Als endlich der deutsche Patriotismus und die deutsche Nationalität vollständig siegte, triumphierte auch definitiv die volkstümlich-germanisch-christlich-romantische Schule, die »neudeutsch-religiös-patriotische Kunst«. Napoleon, der große Klassiker, der so klassisch wie Alexander und Cäsar, stürzte zu Boden, und die Herren August Wilhelm und Friedrich Schlegel, die kleinen Romantiker, die ebenso romantisch wie das »Däumchen« und der »Gestiefelte Kater«, erhoben sich als Sieger.

Aber auch hier blieb jene Reaktion nicht aus, welche jeder Übertreibung auf dem Fuße folgt. Wie das spiritualistische Christentum eine Reaktion gegen die brutale Herrschaft des imperial römischen Materialismus war; wie die erneuerte Liebe zur heiter griechischen Kunst und Wissenschaft als eine Reaktion gegen den bis zur blödsinnigsten Abtötung ausgearteten christlichen Spiritualismus zu betrachten ist; wie die Wiedererweckung der mittelalterlichen Romantik ebenfalls für eine Reaktion gegen die nüchterne Nachahmerei der antiken, klassischen Kunst gelten kann: so sehen wir jetzt auch eine Reaktion gegen die Wiedereinführung jener katholisch-feudalistischen Denkweise, jenes Rittertums und Pfaffentums, das in Bild und Wort gepredigt worden, und unter höchst befremdlichen Umständen. Als nämlich die alten Künstler des Mittelalters, die empfohlenen Muster, so hoch gepriesen und bewundert standen, hatte man ihre Vortrefflichkeit nur dadurch zu erklären gewusst, dass diese Männer an das Thema glaubten, welches sie darstellten, dass sie in ihrer kunstlosen Einfalt mehr leisten konnten als die späteren glaubenlosen Meister, die es im Technischen viel weiter gebracht, dass der Glauben in ihnen Wunder getan; – und in der Tat, wie konnte man die Herrlichkeiten eines Fra Angelico da Fiesole oder das Gedicht des Bruder Otfried anders erklären! Die Künstler allnun, die es mit der Kunst ernsthaft meinten und die gottvolle Schiefheit jener Wundergemälde und die heilige Unbeholfenheit jener Wundergedichte, kurz, das unerklärbar Mystische der alten Werke nachahmen wollten: diese entschlossen sich, zu derselben Hippokrene zu wandern, wo auch die alten Meister ihre mirakulöse Begeisterung geschöpft; sie pilgerten nach Rom, wo der Statthalter Christi, mit der Milch seiner Eselin, die schwindsüchtige deutsche Kunst wieder stärken sollte; mit einem Worte, sie begaben sich in den Schoß der alleinseligmachenden römisch-katholisch-apostolischen Kirche. Bei mehreren Anhängern der romantischen Schule bedurfte es keines formellen Übergangs, sie waren Katholiken von Geburt, z. B. Herr Görres und Herr Clemens Brentano, und sie entsagten nur ihren bisherigen freigeistigen Ansichten. Andere aber waren im Schoße der protestantischen Kirche geboren und erzogen, z. B. Friedrich Schlegel, Herr Ludwig Tieck, Novalis, Werner, Schütz, Carové, Adam Müller usw., und ihr Übertritt zum Katholizismus bedurfte eines öffentlichen Akts. Ich habe hier nur Schriftsteller erwähnt; die Zahl der Maler, die scharenweis das evangelische Glaubensbekenntnis und die Vernunft abschworen, war weit größer.

Wenn man nun sah, wie diese jungen Leute vor der römisch-katholischen Kirche gleichsam Queue machten und sich in den alten Geisteskerker wieder hineindrängten, aus welchem ihre Väter sich mit so vieler Kraft befreit hatten, da schüttelte man in Deutschland sehr bedenklich den Kopf. Als man aber entdeckte, dass eine Propaganda von Pfaffen und Junkern, die sich gegen die religiöse und politische Freiheit Europas verschworen, die Hand im Spiele hatte, dass es eigentlich der Jesuitismus war, welcher, mit den süßen Tönen der Romantik, die deutsche Jugend so verderblich zu verlocken wusste wie einst der fabelhafte Rattenfänger die Kinder von Hameln, da entstand großer Unmut und auflodernder Zorn unter den Freunden der Geistesfreiheit und des Protestantismus in Deutschland.

Ich habe Geistesfreiheit und Protestantismus zusammen genannt; ich hoffe aber, dass man mich, obgleich ich mich in Deutschland zur protestantischen Kirche bekenne, keiner Parteilichkeit für letztere beschuldigen wird. Wahrlich, ohne alle Parteilichkeit habe ich Geistesfreiheit und Protestantismus zusammen genannt; und in der Tat, es besteht in Deutschland ein freundschaftliches Verhältnis zwischen beiden. Auf jeden Fall sind sie beide verwandt, und zwar wie Mutter und Tochter. Wenn man auch der protestantischen Kirche manche fatale Engsinnigkeit vorwirft, so muss man doch zu ihrem unsterblichen Ruhme bekennen: indem durch sie die freie Forschung in der christlichen Religion erlaubt und die Geister vom Joche der Autorität befreit wurden, hat die freie Forschung überhaupt in Deutschland Wurzel schlagen und die Wissenschaft sich selbständig entwickeln können. Die deutsche Philosophie, obgleich sie sich jetzt neben die protestantische Kirche stellt, ja sich über sie heben will, ist doch immer nur ihre Tochter; als solche ist sie immer in Betreff der Mutter zu einer schonenden Pietät verpflichtet, und die Verwandtschaftsinteressen verlangten es, dass sie sich verbündeten, als sie beide von der gemeinschaftlichen Feindin, von dem Jesuitismus, bedroht waren. Alle Freunde der Gedankenfreiheit und der protestantischen Kirche, Skeptiker wie Orthodoxe, erhoben sich zu gleicher Zeit gegen die Restauratoren des Katholizismus; und wie sich von selbst versteht, die Liberalen, welche nicht eigentlich für die Interessen der Philosophie oder der protestantischen Kirche, sondern für die Interessen der bürgerlichen Freiheit besorgt waren, traten ebenfalls zu dieser Opposition. Aber in Deutschland waren die Liberalen bis jetzt auch immer zugleich Schulphilosophen und Theologen, und es ist immer dieselbe Idee der Freiheit, wofür sie kämpfen, sie mögen nun ein rein politisches oder ein philosophisches oder ein theologisches Thema behandeln. Dieses zeigt sich am offenbarsten in dem Leben des Mannes, der die romantische Schule in Deutschland schon bei ihrer Entstehung untergraben und jetzt am meisten dazu beigetragen hat, sie zu stürzen. Es ist Johann Heinrich Voß.

Dieser Mann ist in Frankreich gar nicht bekannt, und doch gibt es wenige, denen das deutsche Volk, in Hinsicht seiner geistigen Ausbildung, mehr verdankt als eben ihm. Er ist vielleicht, nach Lessing, der größte Bürger in der deutschen Literatur. Jedenfalls war er ein großer Mann, und er verdient, dass ich nicht allzu kärglichen Wortes ihn bespreche.

Die Biographie des Mannes ist fast die aller deutschen Schriftsteller der alten Schule. Er wurde geboren im Jahr 1751, im Mecklenburgischen, von armen Eltern, studierte Theologie, vernachlässigte sie, als er die Poesie und die Griechen kennenlernte, beschäftigte sich ernsthaft mit diesen beiden, gab Unterricht, um nicht zu verhungern, wurde Schulmeister zu Otterndorf im Lande Hadeln, übersetzte die Alten und lebte arm, frugal und arbeitsam bis in sein fünfundsiebzigstes Jahr. Er hatte einen ausgezeichneten Namen unter den Dichtern der alten Schule; aber die neuen romantischen Poeten zupften beständig an seinem Lorbeer und spöttelten viel über den altmodischen, ehrlichen Voß, der in treuherziger, manchmal sogar plattdeutscher Sprache das kleinbürgerliche Leben an der Niederelbe besungen, der keine mittelalterlichen Ritter und Madonnen, sondern einen schlichten protestantischen Pfarrer und seine tugendhafte Familie zu Helden seiner Dichtungen wählte und der so kerngesund und bürgerlich und natürlich war, während sie, die neuen Troubadouren, so somnambülisch kränklich, so ritterlich vornehm und so genial unnatürlich waren. Dem Friedrich Schlegel, dem berauschten Sänger der liederlich-romantischen »Lucinde«, wie fatal musste er ihm sein, dieser nüchterne Voß mit seiner keuschen Luise und seinem alten, ehrwürdigen Pfarrer von Grünau! Herr August Wilhelm Schlegel, der es mit der Liederlichkeit und dem Katholizismus nie so ehrlich gemeint hat wie sein Bruder, der konnte schon mit dem alten Voß viel besser harmonieren, und es bestand zwischen beiden eigentlich nur eine Übersetzerrivalität, die übrigens für die deutsche Sprache von großem Nutzen war. Voß hatte schon vor Entstehung der neuen Schule den Homer übersetzt, jetzt übersetzte er, mit unerhörtem Fleiß, auch die übrigen heidnischen Dichter des Altertums, während Herr A. W. Schlegel die christlichen Dichter der romantisch-katholischen Zeit übersetzte. Beider Arbeiten wurden bestimmt durch die versteckt polemische Absicht: Voß wollte die klassische Poesie und Denkweise durch seine Übersetzungen befördern, während Herr A. W. Schlegel die christlich-romantischen Dichter in guten Übersetzungen dem Publikum, zur Nachahmung und Bildung, zugänglich machen wollte. Ja, der Antagonismus zeigte sich sogar in den Sprachformen beider Übersetzer. Während Herr Schlegel immer süßlicher und zimperlicher seine Worte glättete, wurde Voß in seinen Übersetzungen immer herber und derber, die späteren sind durch die hineingefeilten Rauheiten fast unaussprechbar, so dass, wenn man auf dem blankpolierten, schlüpfrigen Mahagoniparkett der Schlegelschen Verse leicht ausglitschte, stolperte man ebenso leicht über die versifizierten Marmorblöcke des alten Voß. Endlich, aus Rivalität, wollte letzterer auch den Shakespeare übersetzen, welchen Herr Schlegel in seiner ersten Periode so vortrefflich ins Deutsche übertragen; aber das bekam dem alten Voß sehr schlecht und seinem Verleger noch schlimmer; die Übersetzung misslang ganz und gar. Wo Herr Schlegel vielleicht zu weich übersetzt, wo seine Verse manchmal wie geschlagene Sahne sind, wobei man nicht weiß, wenn man sie zu Munde führt, ob man sie essen oder trinken soll, da ist Voß hart wie Stein, und man muss fürchten, sich die Kinnlade zu zerbrechen, wenn man seine Verse ausspricht. Aber was eben den Voß so gewaltig auszeichnete, das ist die Kraft, womit er gegen alle Schwierigkeiten kämpfte; und er kämpfte nicht bloß mit der deutschen Sprache, sondern auch mit jenem jesuitisch-aristokratischen Ungetüm, das damals aus dem Walddunkel der deutschen Literatur sein missgestaltetes Haupt hervorreckte, und Voß schlug ihm eine tüchtige Wunde.

Herr Wolfgang Menzel, ein deutscher Schriftsteller, welcher als einer der bittersten Gegner von Voß bekannt ist, nennt ihn einen niedersächsischen Bauern. Trotz der schmähenden Absicht ist doch diese Benennung sehr treffend. In der Tat, Voß ist ein niedersächsischer Bauer, so wie Luther es war; es fehlte ihm alles Chevalereske, alle Courtoisie, alle Graziösität; er gehörte ganz zu jenem derbkräftigen, starkmännlichen Volksstamm, dem das Christentum mit Feuer und Schwert gepredigt werden musste, der sich erst nach drei verlorenen Schlachten dieser Religion unterwarf, der aber immer noch, in seinen Sitten und Weisen, viel nordisch-heidnische Starrheit behalten und in seinen materiellen und geistigen Kämpfen so tapfer und hartnäckig sich zeigt wie seine alten Götter. Ja, wenn ich mir den Johann Heinrich Voß in seiner Polemik und in seinem ganzen Wesen betrachte, so ist mir, als sähe ich den alten einäugigen Odin selbst, der seine Asenburg verlassen, um Schulmeister zu werden zu Otterndorf im Lande Hadeln, und der da den blonden Holsteinern die lateinischen Deklinationen und den christlichen Katechismus einstudiert und der in seinen Nebenstunden die griechischen Dichter ins Deutsche übersetzt und von Thor den Hammer borgt, um die Verse damit zurechtzuklopfen, und der endlich, des mühsamen Geschäftes überdrüssig, den armen Fritz Stolberg mit dem Hammer auf den Kopf schlägt.

Das war eine famose Geschichte. Friedrich, Graf von Stolberg, war ein Dichter der alten Schule und außerordentlich berühmt in Deutschland, vielleicht minder durch seine poetische Talente als durch den Grafentitel, der damals in der deutschen Literatur viel mehr galt als jetzt. Aber Fritz Stolberg war ein liberaler Mann, von edlem Herzen, und er war ein Freund jener bürgerlichen Jünglinge, die in Göttingen eine poetische Schule stifteten. Ich empfehle den französischen Literaten, die Vorrede zu den Gedichten von Hölty zu lesen, worin Johann Heinrich Voß das idyllische Zusammenleben des Dichterbundes geschildert, wozu er und Fritz Stolberg gehörten. Diese beiden waren endlich allein übriggeblieben von jener jugendlichen Dichterschar. Als nun Fritz Stolberg mit Eklat zur katholischen Kirche überging und Vernunft und Freiheitsliebe abschwor und ein Beförderer des Obskurantismus wurde und durch sein vornehmes Beispiel gar viele Schwächlinge nachlockte, da trat Johann Heinrich Voß, der alte, siebzigjährige Mann, dem ebenso alten Jugendfreund öffentlich entgegen und schrieb das Büchlein »Wie ward Fritz Stolberg ein Unfreier?« Er analysierte darin dessen ganzes Leben und zeigte, wie die aristokratische Natur in dem verbrüderten Grafen immer lauernd verborgen lag; wie sie nach den Ereignissen der französischen Revolution immer sichtbarer hervortrat; wie Stolberg sich der sogenannten Adelskette, die den französischen Freiheitsprinzipien entgegenwirken wollte, heimlich anschloss; wie diese Adligen sich mit den Jesuiten verbanden; wie man durch die Wiederherstellung des Katholizismus auch die Adelsinteressen zu fördern glaubte; wie überhaupt die Restauration des christkatholischen feudalistischen Mittelalters und der Untergang der protestantischen Denkfreiheit und des politischen Bürgertums betrieben wurden. Die deutsche Demokratie und die deutsche Aristokratie, die sich vor den Revolutionszeiten, als jene noch nichts hoffte und diese nichts befürchtete, so unbefangen jugendlich verbrüdert hatten, diese standen sich jetzt als Greise gegenüber und kämpften den Todeskampf.

Der Teil des deutschen Publikums, der die Bedeutung und die entsetzliche Notwendigkeit dieses Kampfes nicht begriffen, tadelte den armen Voß über die unbarmherzige Enthüllung von häuslichen Verhältnissen, von kleinen Lebensereignissen, die aber in ihrer Zusammenstellung ein beweisendes Ganzes bildeten. Da gab es nun auch sogenannte vornehme Seelen, die, mit aller Erhabenheit, über engherzige Kleinigkeitskrämerei schrien und den armen Voß der Klatschsucht bezichtigten. Andere, Spießbürger, die besorgt waren, man möchte von ihrer eigenen Misere auch einmal die Gardine fortziehen, diese eiferten über die Verletzung des literarischen Herkommens, wonach alle Persönlichkeiten, alle Enthüllungen des Privatlebens, streng verboten seien. Als nun Fritz Stolberg in derselben Zeit starb und man diesen Sterbefall dem Kummer zuschrieb und gar nach seinem Tode da »Liebesbüchlein« herauskam, worin er, mit frömmelnd christlichem, verzeihendem, echt jesuitischem Tone, über den armen verblendeten Freund sich aussprach, da flossen die Tränen des deutschen Mitleids, da weinte der deutsche Michel seine dicksten Tropfen, und es sammelte sich viel weichherzige Wut gegen den armen Voß, und die meisten Scheltworte erhielt er von ebendenselben Menschen, für deren geistiges und weltliches Heil er gestritten.

Überhaupt kann man in Deutschland auf das Mitleid und die Tränendrüsen der großen Menge rechnen, wenn man in einer Polemik tüchtig misshandelt wird. Die Deutschen gleichen dann jenen alten Weibern, die nie versäumen, einer Exekution zuzusehen, die sich da als die neugierigsten Zuschauer vorandrängen, beim Anblick des armen Sünders und seiner Leiden aufs Bitterste jammern und ihn sogar verteidigen. Diese Klageweiber, die bei literarischen Exekutionen so jammervoll sich gebärden, würden aber sehr verdrießlich sein, wenn der arme Sünder, dessen Auspeitschung sie eben erwarteten, plötzlich begnadigt würde und sie sich, ohne etwas gesehen zu haben, wieder nach Hause trollen müssten. Ihr vergrößerter Zorn trifft dann denjenigen, der sie in ihren Erwartungen getäuscht hat.

Indessen die Voßische Polemik wirkte mächtig auf das Publikum, und sie zerstörte in der öffentlichen Meinung die grassierende Vorliebe für das Mittelalter. Jene Polemik hatte Deutschland aufgeregt, ein großer Teil des Publikums erklärte sich unbedingt für Voß, ein größerer Teil erklärte sich nur für dessen Sache. Es erfolgten Schriften und Gegenschriften, und die letzten Lebenstage des alten Mannes wurden durch diese Händel nicht wenig verbittert. Er hatte es mit den schlimmsten Gegnern zu tun, mit den Pfaffen, die ihn unter allen Vermummungen angriffen. Nicht bloß die Kryptokatholiken, sondern auch die Pietisten, die Quietisten, die lutherischen Mystiker, kurz, alle jene supernaturalistischen Sekten der protestantischen Kirche, die untereinander so sehr verschiedene Meinungen hegen, vereinigten sich doch mit gleich großem Hass gegen Johann Heinrich Voß, den Rationalisten. Mit diesem Namen bezeichnet man in Deutschland diejenigen Leute, die der Vernunft auch in der Religion ihre Rechte einräumen, im Gegensatz zu den Supernaturalisten, welche sich da, mehr oder minder, jeder Vernunfterkenntnis entäußert haben. Letztere, in ihrem Hasse gegen die armen Rationalisten, sind wie die Narren eines Narrenhauses, die, wenn sie auch von den entgegengesetztesten Narrheiten befangen sind, dennoch sich einigermaßen leidlich untereinander vertragen, aber mit der grimmigsten Erbitterung gegen denjenigen Mann erfüllt sind, den sie als ihren gemeinschaftlichen Feind betrachten und der eben kein anderer ist als der Irrenarzt, der ihnen die Vernunft wiedergeben will.

Wurde nun die romantische Schule, durch die Enthüllung der katholischen Umtriebe, in der öffentlichen Meinung zugrunde gerichtet, so erlitt sie gleichzeitig in ihrem eigenen Tempel einen vernichtenden Einspruch, und zwar aus dem Mund eines jener Götter, die sie selbst dort aufgestellt. Nämlich Wolfgang Goethe trat von seinem Postament herab und sprach das Verdammnisurteil über die Herren Schlegel, über dieselben Oberpriester, die ihn mit so viel Weihrauch umduftet. Diese Stimme vernichtete den ganzen Spuk; die Gespenster des Mittelalters entflohen; die Eulen verkrochen sich wieder in die obskuren Burgtrümmer; die Raben flatterten wieder nach ihren alten Kirchtürmen; Friedrich Schlegel ging nach Wien, wo er täglich Messe hörte und gebratene Hendl aß; Herr August Wilhelm Schlegel zog sich zurück in die Pagode des Brahma.

Offen gestanden, Goethe hat damals eine sehr zweideutige Rolle gespielt, und man kann ihn nicht unbedingt loben. Es ist wahr, die Herren Schlegel haben es nie ehrlich mit ihm gemeint; vielleicht nur, weil sie in ihrer Polemik gegen die alte Schule auch einen lebenden Dichter als Vorbild aufstellen mussten und keinen geeigneteren fanden als Goethe, auch von diesem einigen literarischen Vorschub erwarteten, bauten sie ihm einen Altar und räucherten ihm und ließen das Volk vor ihm knien. Sie hatten ihn auch so ganz in der Nähe. Von Jena nach Weimar führt eine Allee hübscher Bäume, worauf Pflaumen wachsen, die sehr gut schmecken, wenn man durstig ist von der Sommerhitze; und diesen Weg wanderten die Schlegel sehr oft, und in Weimar hatten sie manche Unterredung mit dem Herrn Geheimrat von Goethe, der immer ein sehr großer Diplomat war und die Schlegel ruhig anhörte, beifällig lächelte, ihnen manchmal zu essen gab, auch sonst einen Gefallen tat usw. Sie hatten sich auch an Schiller gemacht; aber dieser war ein ehrlicher Mann und wollte nichts von ihnen wissen. Der Briefwechsel zwischen ihm und Goethe, der vor drei Jahren gedruckt worden, wirft manches Licht auf das Verhältnis dieser beiden Dichter zu den Schlegeln. Goethe lächelt vornehm über sie hinweg; Schiller ist ärgerlich über ihre impertinente Skandalsucht, über ihre Manier, durch Skandal Aufsehen zu machen, und er nennt sie »Laffen«.

Mochte jedoch Goethe immerhin vornehm tun, so hatte er nichtsdestoweniger den größten Teil seines Renommees den Schlegeln zu verdanken. Diese haben das Studium seiner Werke eingeleitet und befördert. Die schnöde, beleidigende Art, womit er diese beiden Männer am Ende ablehnte, riecht sehr nach Undank. Vielleicht verdross es aber den tiefschauenden Goethe, dass die Schlegel ihn nur als Mittel zu ihren Zwecken gebrauchen wollten; vielleicht haben ihn, den Minister eines protestantischen Staates, diese Zwecke zu kompromittieren gedroht; vielleicht war es gar der altheidnische Götterzorn, der in ihm erwachte, als er das dumpfig katholische Treiben sah: – denn wie Voß dem starren einäugigen Odin glich, so glich Goethe dem großen Jupiter, in Denkweise und Gestalt. Jener freilich musste mit Thors Hammer tüchtig zuschlagen; dieser brauchte nur das Haupt mit den ambrosischen Locken unwillig zu schütteln, und die Schlegel zitterten und krochen davon. Ein öffentliches Dokument jenes Einspruchs von Seiten Goethes erschien im zweiten Hefte der Goetheschen Zeitschrift »Kunst und Altertum«, und es führt den Titel »Über die christlich- patriotisch-neudeutsche Kunst«. Mit diesem Artikel machte Goethe gleichsam seinen achtzehnten Brumaire in der deutschen Literatur; denn indem er so barsch die Schlegel aus dem Tempel jagte und viele ihrer eifrigsten Jünger an seine eigne Person heranzog und von dem Publikum, dem das Schlegelsche Direktorium schon lange ein Gräuel war, akklamiert wurde, begründete er seine

Alleinherrschaft in der deutschen Literatur. Von jener Stunde an war von den Herren Schlegel nicht mehr die Rede; nur dann und wann sprach man noch von ihnen, wie man jetzt noch manchmal von Barras oder Gohier spricht; man sprach nicht mehr von Romantik und klassischer Poesie, sondern von Goethe und wieder von Goethe. Freilich, es traten unterdessen einige Dichter auf den Schauplatz, die an Kraft und Phantasie diesem nicht viel nachgaben; aber sie erkannten ihn aus Courtoisie als ihr Oberhaupt an, sie umgaben ihn huldigend, sie küssten ihm die Hand, sie knieten vor ihm; diese Granden des Parnassus unterschieden sich jedoch von der großen Menge dadurch, dass sie auch in Goethes Gegenwart ihren Lorbeerkranz auf dem Haupte behalten durften. Manchmal auch frondierten sie ihn; sie ärgerten sich aber dann, wenn irgendein Geringerer sich ebenfalls berechtigt hielt, Goethen zu schelten. Die Aristokraten, wenn sie auch noch so böse gegen ihren Souverän gestimmt sind, werden doch verdrießlich, wenn sich auch der Plebs gegen diesen erhebt. Und die geistigen Aristokraten in Deutschland hatten, während der beiden letzten Dezennien, sehr gerechte Gründe, auf Goethe ungehalten zu sein. Wie ich selber es damals, mit hinlänglicher Bitterkeit, offen gesagt habe: Goethe glich jenem Ludwig XI., der den hohen Adel unterdrückte und den tiers état emporhob.

Das war widerwärtig, Goethe hatte Angst vor jedem selbständigen Originalschriftsteller und lobte und pries alle unbedeutenden Kleingeister; ja er trieb dieses so weit, dass es endlich für ein Brevet [die Verleihungs-, Ernennungsurkunde] der Mittelmäßigkeit galt, von Goethe gelobt worden zu sein.

Späterhin spreche ich von den neuen Dichtern, die während der Goetheschen Kaiserzeit hervortraten. Das ist ein junger Wald, dessen Stämme erst jetzt ihre Größe zeigen, seitdem die hundertjährige Eiche gefallen ist, von deren Zweigen sie so weit überragt und überschattet wurden.

Es fehlte, wie schon gesagt, nicht an einer Opposition, die gegen Goethe, diesen großen Baum, mit Erbitterung eiferte. Menschen von den entgegengesetztesten Meinungen vereinigten sich zu solcher Opposition. Die Altgläubigen, die Orthodoxen, ärgerten sich, dass in dem Stamm des großen Baumes keine Nische mit einem Heiligenbildchen befindlich war, ja, dass sogar die nackten Dryaden des Heidentums darin ihr Hexenwesen trieben, und sie hätten gern, mit geweihter Axt, gleich dem heiligen Bonifazius, diese alte Zaubereiche niedergefällt; die Neugläubigen, die Bekenner des Liberalismus, ärgerten sich im Gegenteil, dass man diesen Baum nicht zu einem Freiheitsbaum und am allerwenigsten zu einer Barrikade benutzen konnte. In der Tat, der Baum war zu hoch, man konnte nicht auf seinen Wipfel eine rote Mütze stecken und darunter die Carmagnole tanzen. Das große Publikum aber verehrte diesen Baum, eben weil er so selbständig herrlich war, weil er so lieblich die ganze Welt mit seinem Wohlduft erfüllte, weil seine Zweige so prachtvoll bis in den Himmel ragten, sodass es aussah, als seien die Sterne nur die goldnen Früchte des großen Wunderbaums.

Die Opposition gegen Goethe beginnt eigentlich mit dem Erscheinen der sogenannten falschen »Wanderjahre«, welche unter dem Titel »Wilhelm Meisters Wanderjahre« im Jahre 1821, also bald nach dem Untergang der Schlegel, bei Gottfried Basse in Quedlinburg herauskamen. Goethe hatte nämlich unter ebendiesem Titel eine Fortsetzung von »Wilhelm Meisters Lehrjahren« angekündigt, und sonderbarerweise erschien diese Fortsetzung gleichzeitig mit jenem literarischen Doppelgänger, worin nicht bloß die Goethesche Schreibart nachgeahmt war, sondern auch der Held des Goetheschen Originalromans sich als handelnde Person darstellte. Diese Nachäffung zeugte nicht sowohl von vielem Geist als vielmehr von großem Takt, und da der Verfasser einige Zeit seine Anonymität zu bewahren wusste und man ihn vergebens zu erraten suchte, so ward das Interesse des Publikums noch künstlich gesteigert. Es ergab sich jedoch am Ende, dass der Verfasser ein bisher unbekannter Landprediger war, namens Pustkuchen, was auf französisch omelette soufflée heißt, ein Name, welcher auch sein ganzes Wesen bezeichnete. Es war nichts anderes als der alte pietistische Sauerteig, der sich ästhetisch aufgeblasen hatte. Es ward dem Goethe in jenem Buche vorgeworfen, dass seine Dichtungen keinen moralischen Zweck hätten; dass er keine edlen Gestalten, sondern nur vulgäre Figuren schaffen könne; dass hingegen Schiller die idealisch edelsten Charaktere aufgestellt und daher ein größerer Dichter sei.

Letzteres, dass nämlich Schiller größer sei als Goethe, war der besondere Streitpunkt, den jenes Buch hervorgerufen. Man verfiel in die Manie, die Produkte beider Dichter zu vergleichen, und die Meinungen teilten sich. Die Schillerianer pochten auf die sittliche Herrlichkeit eines Max Piccolomini, einer Thekla, eines Marquis Posa und sonstiger Schillerschen Theaterhelden, wogegen sie die Goetheschen Personen, eine Philine, ein Käthchen, ein Klärchen und dergleichen hübsche Kreaturen, für unmoralische Weibsbilder erklärten. Die Goetheaner bemerkten lächelnd, dass letztere und auch die Goetheschen Helden schwerlich als moralisch zu vertreten wären, dass aber die Beförderung der Moral, die man von Goethes Dichtungen verlange, keineswegs der Zweck der Kunst sei, denn in der Kunst gäbe es keine Zwecke, wie in dem Weltbau selbst, wo nur der Mensch die Begriffe »Zweck und Mittel« hineingegrübelt; die Kunst, wie die Welt, sei um ihrer selbst willen da, und wie die Welt ewig dieselbe bleibt, wenn auch in ihrer Beurteilung die Ansichten der Menschen unaufhörlich wechseln, so müsse auch die Kunst von den zeitlichen Ansichten der Menschen unabhängig bleiben; die Kunst müsse daher besonders unabhängig bleiben von der Moral, welche auf der Erde immer wechselt, sooft eine neue Religion emporsteigt und die alte Religion verdrängt. In der Tat, da jedes Mal nach Abfluss einer Reihe Jahrhunderte immer eine neue Religion in der Welt aufkommt und, indem sie in die Sitten übergeht, sich auch als eine neue Moral geltend macht, so würde jede Zeit die Kunstwerke der Vergangenheit als unmoralisch verketzern, wenn solche nach dem Maßstabe der zeitigen Moral beurteilt werden sollen. Wie wir es auch wirklich erlebt, haben gute Christen, welche das Fleisch als teuflisch verdammen, immer ein Ärgernis empfunden beim Anblick der griechischen Götterbilder; keusche Mönche haben der antiken Venus eine Schürze vorgebunden; sogar bis in die neuesten Zeiten hat man den nackten Statuen ein lächerliches Feigenblatt angeklebt; ein frommer Quäker hat sein ganzes Vermögen aufgeopfert, um die schönsten mythologischen Gemälde des Giulio Romano anzukaufen und zu verbrennen – wahrlich, er verdiente dafür in den Himmel zu kommen und dort täglich mit Ruten gepeitscht zu werden! Eine Religion, welche etwa Gott nur in die Materie setzte und daher nur das Fleisch für göttlich hielte, müsste, wenn sie in die Sitten überginge, eine Moral hervorbringen, wonach nur diejenigen Kunstwerke preisenswert, die das Fleisch verherrlichen, und wonach im Gegenteil die christlichen Kunstwerke, die nur die Nichtigkeit des Fleisches darstellen, als unmoralisch zu verwerfen wären. Ja, die Kunstwerke, die in dem einen Land moralisch, werden in einem anderen Land, wo eine andere Religion in die Sitten übergegangen, als unmoralisch betrachtet werden können, z. B. unsere bildenden Künste erregen den Abscheu eines strenggläubigen Moslem, und dagegen manche Künste, die in den Haremen des Morgenlands für höchst unschuldig gelten, sind dem Christen ein Gräuel. Da in Indien der Stand einer Bajadere durchaus nicht durch die Sitte fletriert ist, so gilt dort das Drama »Vasantasena«, dessen Heldin ein feiles Freudenmädchen, durchaus nicht für unmoralisch; wagte man es aber einmal, dieses Stück im Théâtre Français aufzuführen, so würde das ganze Parterre über Immoralität schreien, dasselbe Parterre, welches täglich mit Vergnügen die Intrigenstücke betrachtet, deren Heldinnen junge Witwen sind, die am Ende lustig heiraten, statt sich, wie die indische Moral es verlangt, mit ihren verstorbenen Gatten zu verbrennen. – Indem die Goetheaner von solcher Ansicht ausgehen, betrachten sie die Kunst als eine unabhängige zweite Welt, die sie so hoch stellen, dass alles Treiben der Menschen, ihre

Religion und ihre Moral, wechselnd und wandelbar unter ihr hin sich bewegt. Ich kann aber dieser Ansicht nicht unbedingt huldigen; die Goetheaner ließen sich dadurch verleiten, die Kunst selbst als das Höchste zu proklamieren und von den Ansprüchen jener ersten wirklichen Welt, welcher doch der Vorrang gebührt, sich abzuwenden.

Schiller hat sich jener ersten Welt viel bestimmter angeschlossen als Goethe, und wir müssen ihn in dieser Hinsicht loben. Ihn, den Friedrich Schiller, erfasste lebendig der Geist seiner Zeit, er rang mit ihm, er ward von ihm bezwungen, er folgte ihm zum Kampfe, er trug sein Banner, und es war dasselbe Banner, worunter man auch jenseits des Rheines so enthusiastisch stritt und wofür wir noch immer bereit sind, unser bestes Blut zu vergießen. Schiller schrieb für die großen Ideen der Revolution, er zerstörte die geistigen Bastillen, er baute an dem Tempel der Freiheit, und zwar an jenem ganz großen Tempel, der alle Nationen, gleich einer einzigen Brüdergemeinde, umschließen soll; er war Kosmopolit. Er begann mit jenem Hass gegen die Vergangenheit, welchen wir in den »Räubern« sehen, wo er einem kleinen Titanen gleicht, der aus der Schule gelaufen ist und Schnaps getrunken hat und dem Jupiter die Fenster einwirft; er endigte mit jener Liebe für die Zukunft, die schon im »Don Carlos« wie ein Blumenwald hervorblüht, und er selber ist jener Marquis Posa, der zugleich Prophet und Soldat ist, der auch für das kämpft, was er prophezeit, und unter dem spanischen Mantel das schönste Herz trägt, das jemals in Deutschland geliebt und gelitten hat.

Der Poet, der kleine Nachschöpfer, gleicht dem lieben Gott auch darin, dass er seine Menschen nach dem eigenen Bilde erschafft. Wenn daher Karl Moor und der Marquis Posa ganz Schiller selbst sind, so gleicht Goethe seinem Werther, seinem Wilhelm Meister und seinem Faust, worin man die Phasen seines Geistes studieren kann. Wenn Schiller sich ganz in die Geschichte stürzt, sich für die gesellschaftlichen Fortschritte der Menschheit enthusiasmiert und die Weltgeschichte besingt, so versenkt sich Goethe mehr in die individuellen Gefühle oder in die Kunst oder in die Natur. Goethe, den Pantheisten, musste die Naturgeschichte endlich als ein Hauptstudium beschäftigen, und nicht bloß in Dichtungen, sondern auch in wissenschaftlichen Werken gab er uns die Resultate seiner Forschungen. Sein Indifferentismus war ebenfalls ein Resultat seiner pantheistischen Weltansicht.

Es ist leider wahr, wir müssen es eingestehn, nicht selten hat der Pantheismus die Menschen zu Indifferentisten gemacht. Sie dachten: Wenn alles Gott ist, so mag es gleichgültig sein, womit man sich beschäftigt, ob mit Wolken oder mit antiken Gemmen, ob mit Volksliedern oder mit Affenknochen, ob mit Menschen oder mit Komödianten. Aber da ist eben der Irrtum: Alles ist nicht Gott, sondern Gott ist alles; Gott manifestiert sich nicht in gleichem Maß in allen Dingen, er manifestiert sich vielmehr nach verschiedenen Graden in den verschiedenen Dingen, und jedes trägt in sich den Drang, einen höheren Grad der Göttlichkeit zu erlangen; und das ist das große Gesetz des Fortschrittes in der Natur. Die Erkenntnis dieses Gesetzes, das am tiefsinnigsten von den Saint-Simonisten offenbart worden, macht jetzt den Pantheismus zu einer Weltansicht, die durchaus nicht zum Indifferentismus führt, sondern zum aufopferungsüchtigsten Fortstreben. Nein, Gott manifestiert sich nicht gleichmäßig in allen Dingen, wie Wolfgang Goethe glaubte, der dadurch ein Indifferentist wurde und, statt mit den höchsten Menschheitsinteressen, sich nur mit Kunstspielsachen, Anatomie, Farbenlehre, Pflanzenkunde und Wolkenbeobachtungen beschäftigte: Gott manifestiert sich in den Dingen mehr oder minder, er lebt in dieser beständigen Manifestation, Gott ist in der Bewegung, in der Handlung, in der Zeit, sein heiliger Odem weht durch die Blätter der Geschichte, letztere ist das eigentliche Buch Gottes; und das fühlte und ahnte Friedrich Schiller, und er ward ein »rückwärtsgekehrter Prophet«, und er schrieb den »Abfall der Niederlande«, den »Dreißigjährigen Krieg« und die »Jungfrau von Orleans« und den »Tell«. – Freilich, auch Goethe besang einige große Emanzipationsgeschichten, aber er besang sie als Artist. Da er nämlich den christlichen Enthusiasmus, der ihm fatal war, verdrießlich ablehnte und den philosophischen Enthusiasmus unserer Zeit nicht begriff oder nicht begreifen wollte, weil er dadurch aus seiner Gemütsruhe herausgerissen zu werden fürchtete, so behandelte er den Enthusiasmus überhaupt ganz historisch, als etwas Gegebenes, als einen Stoff, der behandelt werden soll, der Geist wurde Materie unter seinen Händen, und er gab ihm die schöne, gefällige Form. So wurde er der größte Künstler in unserer Literatur, und alles, was er schrieb, wurde ein abgerundetes Kunstwerk.

Das Beispiel des Meisters leitete die Jünger, und in Deutschland entstand dadurch jene literarische Periode, die ich einst als »die Kunstperiode« bezeichnet und wobei ich den nachteiligen Einfluss auf die politische Entwicklung des deutschen Volkes nachgewiesen habe. Keineswegs jedoch leugnete ich bei dieser Gelegenheit den selbständigen Wert der Goetheschen Meisterwerke. Sie zieren unser teures Vaterland, wie schöne Statuen einen Garten zieren, aber es sind Statuen. Man kann sich darin verlieben, aber sie sind unfruchtbar: die Goetheschen Dichtungen bringen nicht die Tat hervor wie die Schillerschen. Die Tat ist das Kind des Wortes, und die Goetheschen schönen Worte sind kinderlos. Das ist der Fluch alles dessen, was bloß durch die Kunst entstanden ist. Die Statue, die der Pygmalion verfertigt, war ein schönes Weib, sogar der Meister verliebte sich darin, sie wurde lebendig unter seinen Küssen, aber soviel wir wissen, hat sie nie Kinder bekommen. Ich glaube, Herr Charles Nodier hat mal in solcher Beziehung etwas Ähnliches gesagt, und das kam mir gestern in den Sinn, als ich, die unteren Säle des Louvre durchwandernd, die alten Götterstatuen betrachtete. Da standen sie, mit den stummen weißen Augen, in dem marmornen Lächeln eine geheime Melancholie, eine trübe Erinnerung vielleicht an Ägypten, das Totenland, dem sie entsprossen, oder leidende Sehnsucht nach dem Leben, woraus sie jetzt durch andere Gottheiten fortgedrängt sind, oder auch Schmerz über ihre tote Unsterblichkeit: – sie schienen des Wortes zu harren, das sie wieder dem Leben zurückgäbe, das sie aus ihrer kalten, starren Regungslosigkeit erlöse. Sonderbar! Diese Antiken mahnten mich an die Goetheschen Dichtungen, die ebenso vollendet, ebenso herrlich, ebenso ruhig sind und ebenfalls mit Wehmut zu fühlen scheinen, dass ihre Starrheit und Kälte sie von unserem jetzigen bewegt warmen Leben abscheidet, dass sie nicht mit uns leiden und jauchzen können, dass sie keine Menschen sind, sondern unglückliche Mischlinge von Gottheit und Stein.

Diese wenigen Andeutungen erklären nun den Groll der verschiedenen Parteien, die in Deutschland gegen Goethe laut geworden. Die Orthodoxen waren ungehalten gegen den großen Heiden, wie man Goethe allgemein in Deutschland nennt; sie fürchteten seinen Einfluss auf das Volk, dem er durch lächelnde Dichtungen, ja durch die unscheinbarsten Liederchen seine Weltansicht einflößte; sie sahen in ihm den gefährlichsten Feind des Kreuzes, das ihm, wie er sagte, so fatal war wie Wanzen, Knoblauch und Tabak; nämlich so ungefähr lautet die Xenie, die Goethe auszusprechen wagte, mitten in Deutschland, im Lande, wo jenes Ungeziefer, der Knoblauch, der Tabak und das Kreuz, in heiliger Allianz überall herrschend sind. Just dieses war es jedoch keineswegs, was uns, den Männern der Bewegung, an Goethe missfiel. Wie schon erwähnt, wir tadelten die Unfruchtbarkeit seines Wortes, das Kunstwesen, das durch ihn in Deutschland verbreitet wurde, das einen quietisierenden Einfluss auf die deutsche Jugend ausübte, das einer politischen Regeneration unseres Vaterlandes entgegenwirkte. Der indifferente Pantheist wurde daher von den entgegengesetztesten Seiten angegriffen; um französisch zu sprechen, die äußerste Rechte und die äußerste Linke verbanden sich gegen ihn; und während der schwarze Pfaffe mit dem Kruzifix gegen ihn losschlug, rannte gegen ihn zu gleicher Zeit der wütende Sansculotte mit der Pike. Herr Wolfgang Menzel, der den Kampf gegen Goethe mit einem Aufwand von Esprit geführt hat, der eines besseren Zweckes wert war, zeigte in seiner Polemik nicht so einseitig den spiritualistischen Christen oder den unzufriedenen Patrioten: er basierte vielmehr einen Teil seiner Angriffe auf die letzten Aussprüche Friedrich Schlegels, der nach seinem Fall, aus der Tiefe seines katholischen Doms, sein Wehe über Goethe ausgerufen, über den Goethe, »dessen Poesie keinen Mittelpunkt habe«. Herr Menzel ging noch weiter und zeigte, dass Goethe kein Genie sei, sondern nur ein Talent, er rühmte Schiller als Gegensatz usw. Das geschah einige Zeit vor der Juliusrevolution, Herr Menzel war damals der größte Verehrer des Mittelalters, sowohl in Hinsicht der Kunstwerke als der Institutionen desselben, er schmähte mit unaufhörlichem Ingrimm den Johann Heinrich Voß, pries mit unerhörter Begeisterung den Herrn Joseph Görres: sein Hass gegen Goethe war daher echt, und er schrieb gegen ihn aus Überzeugung, also nicht, wie viele meinten, um sich dadurch bekannt zu machen. Obgleich ich selber damals ein Gegner Goethes war, so war ich doch unzufrieden über die Herbheit, womit Herr Menzel ihn kritisierte, und ich beklagte diesen Mangel an Pietät. Ich bemerkte, Goethe sei doch immer der König unserer Literatur; wenn man an einen solchen das kritische Messer lege, müsse man es nie an der gebührenden Courtoisie fehlen lassen, gleich dem Scharfrichter, welcher Karl I. zu köpfen hatte und, ehe er sein Amt verrichtete, vor dem König niederkniete und seine allerhöchste Verzeihung erbat.

Unter die Gegner Goethes gehörte auch der famose Hofrat Müllner und sein einzig treugebliebener Freund, der Herr Professor Schütz, Sohn des alten Schütz. Noch einige andere, die minder famose Namen führten, z. B. ein Herr Spaun, der lange Zeit, wegen politischer Vergehen, im Zuchthaus gesessen hat, gehörten zu den öffentlichen Gegnern Goethes. Unter uns gesagt, es war eine sehr gemischte Gesellschaft. Was vorgebracht wurde, habe ich hinlänglich angedeutet; schwerer ist es, das besondere Motiv zu erraten, das jeden einzelnen bewogen haben mag, seine antigoetheanischen Überzeugungen öffentlich auszusprechen. Nur von einer Person kenne ich dieses Motiv ganz genau, und da ich diese selber bin, so will ich jetzt ehrlich gestehen: es war der Neid. Zu meinem Lob muss ich jedoch nochmals erwähnen, dass ich in Goethe nie den Dichter angegriffen, sondern nur den Menschen. Ich habe nie seine Werke getadelt. Ich habe nie Mängel darin sehen können wie jene Kritiker, die mit ihren feingeschliffenen Augengläsern auch die Flecken im Monde bemerkt haben; die scharfsichtigen Leute! was sie für Flecken ansehen, das sind blühende Wälder, silberne Ströme, erhabene Berge, lachende Täler.

Nichts ist törichter als die Geringschätzung Goethes zugunsten des Schiller, mit welchem man es keineswegs ehrlich meinte und den man von jeher pries, um Goethe herabzusetzen. Oder wusste man wirklich nicht, dass jene hochgerühmten hochidealischen Gestalten, jene Altarbilder der Tugend und Sittlichkeit, die Schiller aufgestellt, weit leichter zu verfertigen waren als jene sündhaften, kleinweltlichen, befleckten Wesen, die uns Goethe in seinen Werken erblicken lässt? Wissen sie denn nicht, dass mittelmäßige Maler meistens lebensgroße Heiligenbilder auf die Leinwand pinseln, dass aber schon ein großer Meister dazu gehört, um etwa einen spanischen Betteljungen, der sich laust, einen niederländischen Bauern, welcher kotzt oder dem ein Zahn ausgezogen wird, und hässliche alte Weiber, wie wir sie auf kleinen holländischen Kabinettbildchen sehen, lebenswahr und technisch vollendet zu malen? Das Große und Furchtbare lässt sich in der Kunst weit leichter darstellen als das Kleine und Putzige. Die ägyptischen Zauberer haben dem Moses viele Kunststücke nachmachen können, z. B. die Schlangen, das Blut, sogar die Frösche; aber als er scheinbar weit leichtere Zauberdinge, nämlich Ungeziefer, hervorbrachte, da gestanden sie ihre Ohnmacht, und sie konnten das kleine Ungeziefer nicht nachmachen, und sie sagten: »Da ist der Finger Gottes.« Scheltet immerhin die Gemeinheiten im »Faust«, die Szenen auf dem Brocken, im Auerbachskeller, scheltet auf die Liederlichkeiten im »Meister« – das könnt ihr dennoch alles nicht nachmachen; da ist der Finger Goethes! Aber ihr wollt das auch nicht nachmachen, und ich höre, wie ihr mit Abscheu behauptet: »Wir sind keine Hexenmeister, wir sind gute Christen.« Dass ihr keine Hexenmeister seid, das weiß ich.

Goethes größtes Verdienst ist eben die Vollendung alles dessen, was er darstellt; da gibt es keine Partien, die stark sind, während andere schwach, da ist kein Teil ausgemalt, während der andere nur skizziert worden, da gibt es keine Verlegenheiten, kein herkömmliches Füllwerk, keine Vorliebe für Einzelheiten. Jede Person in seinen Romanen und Dramen behandelt er, wo sie vorkommt, als wäre sie die Hauptperson. So ist es auch bei Homer, so bei Shakespeare. In den Werken aller großen Dichter gibt es eigentlich gar keine Nebenpersonen, jede Figur ist Hauptperson an ihrer Stelle. Solche Dichter gleichen den absoluten Fürsten, die den Menschen keinen selbständigen Wert beimessen, sondern ihnen selber, nach eigenem Gutdünken, ihre höchste Geltung zuerkennen. Als ein französischer Gesandter einst gegen den Kaiser Paul von Russland erwähnte, dass ein wichtiger Mann seines Reiches sich für irgendeine Sache interessiere, da fiel ihm der Kaiser streng in die Rede, mit den merkwürdigen Worten: »Es gibt in diesem Reiche keinen wichtigen Mann außer denjenigen, mit welchem Ich eben spreche, und nur solange Ich mit ihm spreche, ist er wichtig.« Ein absoluter Dichter, der ebenfalls seine Macht von Gottes Gnade erhalten hat, betrachtet in gleicher Weise diejenige Person seines Geisterreichs als die wichtigste, die er eben sprechen lässt, die eben unter seine Feder geraten, und aus solchem Kunstdespotismus entsteht jene wunderbare Vollendung der kleinsten Figuren in den Werken Homers, Shakespeares und Goethes.

Wenn ich etwas herbe von den Gegnern Goethes gesprochen habe, so dürfte ich noch viel Herberes von seinen Apologisten sagen. Die meisten derselben haben in ihrem Eifer noch größere Torheiten vorgebracht. Auf der Grenze des Lächerlichen steht in dieser Hinsicht einer, namens Herr Eckermann, dem es übrigens nicht an Geist fehlt. In dem Kampfe gegen Herrn Pustkuchen hat Karl Immermann, der jetzt unser größter dramatischer Dichter ist, seine kritischen Sporen erworben; er hat da ein vortreffliches Schriftchen zutage gefördert. Zumeist haben sich die Berliner bei dieser Gelegenheit ausgezeichnet. Der bedeutendste Kämpe für Goethe war zu jeder Zeit Varnhagen von Ense, ein Mann, der Gedanken im Herzen trägt, die so groß sind wie die Welt, und sie in Worten ausspricht, die so kostbar und zierlich sind wie geschnittene Gemmen. Es ist jener vornehme Geist, auf dessen Urteil Goethe immer das meiste Gewicht gelegt hat. – Vielleicht ist es nützlich, hier zu erwähnen, dass Herr Wilhelm von Humboldt bereits früher ein ausgezeichnetes Buch über Goethe geschrieben hat. Seit den letzten zehn Jahren brachte jede Leipziger Messe mehrere Schriften über Goethe hervor. Die Untersuchungen des Herrn Schubarth über Goethe gehören zu den Merkwürdigkeiten der hohen Kritik. Was Herr Häring, der unter dem Namen Willibald Alexis schreibt, in verschiedenen Zeitschriften über Goethe gesagt hat, war ebenso bedeutend wie geistreich. Herr Zimmermann, Professor zu Hamburg, hat in seinen mündlichen Vorträgen die vortrefflichsten Urteile über Goethe ausgesprochen, die man zwar spärlich, aber desto tiefsinniger in seinen »Dramaturgischen Blättern« angedeutet findet. Auf verschiedenen deutschen Universitäten wurde ein Kollegium über Goethe gelesen, und von allen seinen Werken war es vorzüglich der »Faust«, womit sich das Publikum beschäftigte. Er wurde vielfach fortgesetzt und kommentiert, er ward die weltliche Bibel der Deutschen.

Ich wäre kein Deutscher, wenn ich bei Erwähnung des »Faustes« nicht einige erklärende Gedanken darüber ausspräche. Denn vom größten Denker bis zum kleinsten Markeur, vom Philosophen bis herab zum Doktor der Philosophie übt jeder seinen Scharfsinn an diesem Buch. Aber es ist wirklich ebenso weit wie die Bibel, und wie diese umfasst es Himmel und Erde, mitsamt dem Menschen und seiner Exegese. Der Stoff ist hier wieder der Hauptgrund, weshalb der »Faust« so populär ist; dass er jedoch diesen Stoff herausgesucht aus den Volkssagen, das zeugt eben von Goethes unbewusstem Tiefsinn, von seinem Genie, das immer das

Nächste und Rechte zu ergreifen wusste. Ich darf den Inhalt des »Faust« als bekannt voraussetzen; denn das Buch ist in der letzten Zeit auch in Frankreich berühmt geworden. Aber ich weiß nicht, ob hier die alte Volkssage selbst bekannt ist, ob auch hierzulande, auf den Jahrmärkten, ein graues, fließpapiernes, schlechtgedrucktes und mit derben Holzschnitten verziertes Buch verkauft wird, worin umständlich zu lesen ist, wie der Erzzauberer Johannes Faustus, ein gelehrter Doktor, der alle Wissenschaften studiert hatte, am Ende seine Bücher wegwarf und ein Bündnis mit dem Teufel schloss, wodurch er alle sinnlichen Freuden der Erde genießen konnte, aber auch seine Seele dem höllischen Verderben hingeben musste. Das Volk im Mittelalter hat immer, wenn es irgendwo große Geistesmacht sah, dergleichen einem Teufelsbündnis zugeschrieben, und der Albertus Magnus, Raimund Lullus, Theophrastus Paracelsus, Agrippa von Nettesheim, auch in England der Roger Bacon, galten für Zauberer, Schwarzkünstler, Teufelsbanner. Aber weit eigentümlichere Dinge singt und sagt man von dem Doktor Faustus, welcher nicht bloß die Erkenntnis der Dinge, sondern auch die reellsten Genüsse vom Teufel verlangt hat, und das ist eben der Faust, der die Buchdruckerei erfunden und zur Zeit lebte, wo man anfing, gegen die strenge Kirchenautorität zu predigen und selbständig zu forschen: – sodass mit Faust die mittelalterliche Glaubensperiode aufhört und die moderne kritische Wissenschaftsperiode anfängt. Es ist, in der Tat, sehr bedeutsam, dass zur Zeit, wo, nach der Volksmeinung, der Faust gelebt hat, eben die Reformation beginnt und dass er selber die Kunst erfunden haben soll, die dem Wissen einen Sieg über den Glauben verschafft, nämlich die Buchdruckerei, eine Kunst, die uns aber auch die katholische Gemütsruhe geraubt und uns in Zweifel und Revolutionen gestürzt – ein anderer als ich würde sagen, endlich in die Gewalt des Teufels geliefert hat. Aber nein, das Wissen, die Erkenntnis der Dinge durch die Vernunft, die Wissenschaft, gibt uns endlich die Genüsse, um die uns der Glaube, das katholische Christentum, so lange geprellt hat; wir erkennen, dass die Menschen nicht bloß zu einer himmlischen, sondern auch zu einer irdischen Gleichheit berufen sind; die politische Brüderschaft, die uns von der Philosophie gepredigt wird, ist uns wohltätiger als die rein geistige Brüderschaft, wozu uns das Christentum verholfen; und das Wissen wird Wort, und das Wort wird Tat, und wir können noch bei Lebzeiten auf dieser Erde selig werden; – wenn wir dann noch obendrein der himmlischen Seligkeit, die uns das Christentum so bestimmt verspricht, nach dem Tode teilhaftig werden, so soll uns das sehr lieb sein.

Das hat nun längst schon das deutsche Volk tiefsinnig geahnt: denn das deutsche Volk ist selber jener gelehrte Doktor Faust, es ist selber jener Spiritualist, der mit dem Geist endlich die Ungenügbarkeit des Geistes begriffen und nach materiellen Genüssen verlangt und dem Fleische seine Rechte wiedergibt; – doch noch befangen in der Symbolik der katholischen Poesie, wo Gott als der Repräsentant des Geistes und der Teufel als der Repräsentant des Fleisches gilt, bezeichnete man jene Rehabilitation des Fleisches als einen Abfall von Gott, als ein Bündnis mit dem Teufel.

Es wird aber noch einige Zeit dauern, ehe beim deutschen Volk in Erfüllung geht, was es so tiefsinnig in jenem Gedicht prophezeit hat, ehe es eben durch den Geist die Usurpationen des Geistes einsieht und die Rechte des Fleisches vindiziert. Das ist dann die Revolution, die große Tochter der Reformation.

Minder bekannt als der »Faust« ist hier, in Frankreich, Goethes »West-östlicher Divan«, ein späteres Buch, von welchem Frau v. Staël noch nicht Kenntnis hatte und dessen wir hier besonders erwähnen müssen. Es enthält die Denk- und Gefühlsweise des Orients, in blühenden Liedern und kernigen Sprüchen; und das duftet und glüht darin wie ein Harem voll verliebter Odalisken mit schwarzen geschminkten Gazellenaugen und sehnsüchtig weißen Armen. Es ist dem Leser dabei so schauerlich lüstern zumute wie dem glücklichen Gaspard Deburau, als er in Konstantinopel oben auf der Leiter stand und de haut en bas dasjenige sah, was der Beherrscher der Gläubigen nur de bas en haut zu sehen pflegt. Manchmal ist dem Leser auch zumute, als läge er behaglich ausgestreckt auf einem persischen Teppich und rauche aus einer langröhrigen Wasserpfeife den gelben Tabak von Turkistan, während eine schwarze Sklavin ihm mit einem bunten Pfauenwedel Kühlung zuweht und ein schöner Knabe ihm eine Schale mit echtem Mokkakaffee darreicht: – den berauschendsten Lebensgenuss hat hier Goethe in Verse gebracht, und diese sind so leicht, so glücklich, so hingehaucht, so ätherisch, dass man sich wundert, wie dergleichen in deutscher Sprache möglich war. Dabei gibt er auch in Prosa die allerschönsten Erklärungen über Sitten und Treiben im Morgenland, über das patriarchalische Leben der Araber; und da ist Goethe immer ruhig lächelnd und harmlos wie ein Kind und weisheitvoll wie ein Greis. Diese Prosa ist so durchsichtig wie das grüne Meer, wenn heller Sommernachmittag und Windstille und man ganz klar hinabschauen kann in die Tiefe, wo die versunkenen Städte mit ihren verschollenen Herrlichkeiten sichtbar werden; – manchmal ist aber auch jene Prosa so magisch, so ahnungsvoll wie der Himmel, wenn die Abenddämmerung heraufgezogen, und die großen Goetheschen Gedanken treten dann hervor, rein und golden, wie die Sterne. Unbeschreiblich ist der Zauber dieses Buches: es ist ein Selam, den der Okzident dem Orient geschickt hat, und es sind gar närrische Blumen darunter: sinnlich rote Rosen, Hortensien wie weiße nackte Mädchenbusen, spaßhaftes Löwenmaul, Purpurdigitalis wie lange Menschenfinger, verdrehte Krokosnasen und in der Mitte, lauschend verborgen, stille deutsche Veilchen. Dieser Selam aber bedeutet, dass der Okzident seines frierend mageren Spiritualismus überdrüssig geworden und an der gesunden Körperwelt des Orients sich wieder erlaben möchte. Goethe, nachdem er im »Faust« sein Missbehagen an dem abstrakt Geistigen und sein Verlangen nach reellen Genüssen ausgesprochen, warf sich gleichsam mit dem Geiste selbst in die Arme des Sensualismus, indem er den »West-östlichen Divan« schrieb.

Es ist daher höchst bedeutsam, dass dieses Buch bald nach dem »Faust« erschien. Es war die letzte Phase Goethes, und sein Beispiel war von großem Einfluss auf die Literatur. Unsere Lyriker besangen jetzt den Orient. – Erwähnenswert mag es auch sein, dass Goethe, indem er Persien und Arabien so freudig besang, gegen Indien den bestimmtesten Widerwillen aussprach. Ihm missfiel an diesem Lande das Bizarre, Verworrene, Unklare, und vielleicht entstand diese Abneigung dadurch, dass er bei den sanskritischen Studien der Schlegel und ihrer Herren Freunde eine katholische Hinterlist witterte. Diese Herren betrachteten nämlich Hindustan als die Wiege der katholischen Weltordnung, sie sahen dort das Musterbild ihrer Hierarchie, sie fanden dort ihre Dreieinigkeit, ihre Menschwerdung, ihre Buße, ihre Sühne, ihre Kasteiungen und alle ihre sonstigen geliebten Steckenpferde. Goethes Widerwillen gegen Indien reizte nicht wenig diese Leute, und Herr August Wilhelm Schlegel nannte ihn deshalb mit gläsernem Ärger »einen zum Islam bekehrten Heiden«.

Unter den Schriften, welche dieses Jahr über Goethe erschienen sind, verdient ein hinterlassenes Werk von Johannes Falk, »Goethe aus näherem persönlichen Umgange dargestellt«, die rühmlichste Erwähnung. Der Verfasser hat uns in diesem Buch außer einer detaillierten Abhandlung über den »Faust« (die nicht fehlen durfte!) die vortrefflichsten Notizen über Goethe mitgeteilt, und er zeigte uns denselben in allen Beziehungen des Lebens, ganz naturgetreu, ganz unparteiisch, mit allen seinen Tugenden und Fehlern. Hier sehen wir Goethe im Verhältnis zu seiner Mutter, deren Naturell sich so wunderbar im Sohne wieder abspiegelt; hier sehen wir ihn als Naturforscher, wie er eine Raupe beobachtet, die sich eingesponnen und als Schmetterling entpuppen wird; hier sehen wir ihn dem großen Herder gegenüber, der ernsthaft zürnt ob dem Indifferentismus, womit Goethe die Entpuppung der Menschheit selbst unbeachtet lässt; wir sehen ihn, wie er, am Hofe des Großherzogs von Weimar, lustig improvisierend unter blonden Hofdamen sitzt, gleich dem Apoll unter den Schafen des König Admetos; wir sehen ihn dann wieder, wie er, mit dem Stolz eines Dalai-Lama, den Kotzebue nicht anerkennen will; wie dieser, um ihn herabzusetzen, eine öffentliche Feier zu Ehren Schillers veranstaltet; – überall aber sehen wir ihn klug, schön, liebenswürdig, eine holdselig erquickende Gestalt, ähnlich den ewigen Göttern.

In der Tat, die Übereinstimmung der Persönlichkeit mit dem Genius, wie man sie bei außerordentlichen Menschen verlangt, fand man ganz bei Goethe. Seine äußere Erscheinung war ebenso bedeutsam wie das Wort, das in seinen Schriften lebte; auch seine Gestalt war harmonisch, klar, freudig, edel gemessen, und man konnte griechische Kunst an ihm studieren, wie an einer Antike. Dieser würdevolle Leib war nie gekrümmt von christlicher Wurmdemut; die Züge dieses Antlitzes waren nicht verzerrt von christlicher Zerknirschung; diese Augen waren nicht christlich sünderhaft scheu, nicht andächtelnd und himmelnd, nicht flimmernd bewegt: – nein, seine Augen waren ruhig wie die eines Gottes. Es ist nämlich überhaupt das Kennzeichen der Götter, dass ihr Blick fest ist und ihre Augen nicht unsicher hin und her zucken. Daher, wenn Agni, Varuna, Yama und Indra die Gestalt des Nala annehmen, bei Damajantis Hochzeit, da erkennt diese ihren Geliebten an dem Zwinkern seiner Augen, da, wie gesagt, die Augen der Götter immer unbewegt sind. Letztere Eigenschaft hatten auch die Augen des Napoleon. Daher bin ich überzeugt, dass er ein Gott war. Goethes Auge blieb in seinem hohen Alter ebenso göttlich wie in seiner Jugend. Die Zeit hat auch sein Haupt zwar mit Schnee bedecken, aber nicht beugen können. Er trug es ebenfalls immer stolz und hoch, und wenn er sprach, wurde er immer größer, und wenn er die Hand ausstreckte, so war es, als ob er, mit dem Finger, den Sternen am Himmel den Weg vorschreiben könne, den sie wandeln sollten. Um seinen Mund will man einen kalten Zug von Egoismus bemerkt haben; aber auch dieser Zug ist den ewigen Göttern eigen, und gar dem Vater der Götter, dem großen Jupiter, mit welchem ich Goethe schon oben verglichen. Wahrlich, als ich ihn in Weimar besuchte und ihm gegenüberstand, blickte ich unwillkürlich zur Seite, ob ich nicht auch neben ihm den Adler sähe mit den Blitzen im Schnabel. Ich war nahe daran, ihn griechisch anzureden; da ich aber merkte, dass er Deutsch verstand, so erzählte ich ihm auf Deutsch, dass die Pflaumen auf dem Wege zwischen Jena und Weimar sehr gut schmeckten. Ich hatte in so manchen langen Winternächten darüber nachgedacht, wie viel Erhabenes und Tiefsinniges ich dem Goethe sagen würde, wenn ich ihn mal sähe. Und als ich ihn endlich sah, sagte ich ihm, dass die sächsischen Pflaumen sehr gut schmeckten. Und Goethe lächelte. Er lächelte mit denselben Lippen, womit er einst die schöne Leda, die Europa, die Danae, die Semele und so manche anderen Prinzessinnen oder auch gewöhnliche Nymphen geküsst hatte – – –

Les dieux s'en vont. Goethe ist tot. Er starb den 22. März des verflossenen Jahres, des bedeutungsvollen Jahrs, wo unsere Erde ihre größten Renommees verloren hat. Es ist, als sei der Tod in diesem Jahr plötzlich aristokratisch geworden, als habe er die Notabilitäten dieser Erde besonders auszeichnen wollen, indem er sie gleichzeitig ins Grab schickte. Vielleicht gar hat er jenseits, im Schattenreich, eine Pairie stiften wollen, und in diesem Fall wäre seine fournée [Ladung, Fuhre] sehr gut gewählt. Oder hat der Tod, im Gegenteil, im verflossenen Jahr die Demokratie zu begünstigen gesucht, indem er mit den großen Renommees auch ihre Autoritäten vernichtete und die geistige Gleichheit beförderte? War es Respekt oder Insolenz, weshalb der Tod im vorigen Jahre die Könige verschont hat? Aus Zerstreuung hatte er nach dem König von Spanien schon die Sense erhoben, aber er besann sich zur rechten Zeit, und er ließ ihn leben. In dem verflossenen Jahr ist kein einziger König gestorben. Les dieux s'en vont; – aber die Könige behalten wir.

Zweites Buch

I

Mit der Gewissenhaftigkeit, die ich mir streng vorgeschrieben, muss ich hier erwähnen, dass mehrere Franzosen sich bei mir beklagt, ich behandelte die Schlegel, namentlich Herrn August Wilhelm, mit allzu herben Worten. Ich glaube aber, solche Beklagnis würde nicht stattfinden, wenn man hier mit der deutschen Literaturgeschichte genauer bekannt wäre. Viele Franzosen kennen Herrn A. W. Schlegel nur aus dem Werke der Frau v. Staël, seiner edlen Beschützerin. Die meisten kennen ihn nur dem Namen nach; dieser Name klingt ihnen nun im Gedächtnis als etwas verehrlich Berühmtes, wie etwa der Name Osiris, wovon sie auch nur wissen, dass es ein wunderlicher Kauz von Gott ist, der in Ägypten verehrt wurde. Welche sonstige Ähnlichkeit zwischen Herrn A. W. Schlegel und dem Osiris stattfindet, ist ihnen am allerwenigsten bekannt.

Da ich einst zu den akademischen Schülern des ältern Schlegel gehört habe, so dürfte man mich vielleicht in Betreff desselben zu einiger Schonung verpflichtet glauben. Aber hat Herr A. W. Schlegel den alten Bürger geschont, seinen literarischen Vater? Nein, und er handelte nach Brauch und Herkommen. Denn in der Literatur wie in den Wäldern der nordamerikanischen Wilden werden die Väter von den Söhnen totgeschlagen, sobald sie alt und schwach geworden.

Ich habe schon in dem vorigen Abschnitt bemerkt, dass Friedrich Schlegel bedeutender war als Herr August Wilhelm; und in der Tat, letzterer zehrte nur von den Ideen seines Bruders und verstand nur die Kunst, sie auszuarbeiten. Fr. Schlegel war ein tiefsinniger Mann. Er erkannte alle Herrlichkeiten der Vergangenheit, und er fühlte alle Schmerzen der Gegenwart. Aber er begriff nicht die Heiligkeit dieser Schmerzen und ihre Notwendigkeit für das künftige Heil der Welt. Er sah die Sonne untergehn und blickte wehmütig nach der Stelle dieses Untergangs und klagte über das nächtliche Dunkel, das er heranziehen sah; und er merkte nicht, dass schon ein neues Morgenrot an der entgegengesetzten Seite leuchtete. Fr. Schlegel nannte einst den Geschichtsforscher »einen umgekehrten Propheten«. Dieses Wort ist die beste Bezeichnung für ihn selbst. Die Gegenwart war ihm verhasst, die Zukunft erschreckte ihn, und nur in die Vergangenheit, die er liebte, drangen seine offenbarenden Seherblicke.

Der arme Fr. Schlegel, in den Schmerzen unserer Zeit sah er nicht die Schmerzen der Wiedergeburt, sondern die Agonie des Sterbens, und aus Todesangst flüchtete er sich in die zitternden Ruinen der katholischen Kirche. Diese war jedenfalls der geeignetste Zufluchtsort für seine Gemütsstimmung. Er hatte viel heiteren Übermut im Leben ausgeübt; aber er betrachtete solches als sündhaft, als Sünde, die späterer Abbuße bedurfte, und der Verfasser der »Lucinde« musste notwendigerweise katholisch werden.

Die »Lucinde« ist ein Roman, und außer seinen Gedichten und einem dem Spanischen nachgebildeten Drama, »Alarkos« geheißen, ist jener Roman die einzige Originalschöpfung, die Fr. Schlegel hinterlassen. Es hat seinerzeit nicht an Lobpreisern dieses Romans gefehlt. Der jetzige hochehrwürdige Herr Schleiermacher hat damals enthusiastische Briefe über die »Lucinde« herausgegeben. Es fehlte sogar nicht an Kritikern, die dieses Produkt als ein Meisterstück priesen und die bestimmt prophezeiten, dass es einst für das beste Buch in der deutschen Literatur gelten werde. Man hätte diese Leute von Obrigkeits wegen festsetzen sollen, wie man in Russland die Propheten, die ein öffentliches Unglück prophezeien, vorläufig so lange einsperrt, bis ihre Weissagung in Erfüllung gegangen. Nein, die Götter haben unsere Literatur vor jenem Unglück bewahrt; der Schlegelsche Roman wurde bald, wegen seiner unzüchtigen Nichtigkeit, allgemein verworfen und ist jetzt verschollen. Lucinde ist der Name der Heldin dieses Romans, und sie ist ein sinnlich witziges Weib oder vielmehr eine

Mischung von Sinnlichkeit und Witz. Ihr Gebrechen ist eben, dass sie kein Weib ist, sondern eine unerquickliche Zusammensetzung von zwei Abstraktionen, Witz und Sinnlichkeit. Die Muttergottes mag es dem Verfasser verzeihen, dass er dieses Buch geschrieben; nimmermehr verzeihen es ihm die Musen.

Ein ähnlicher Roman, »Florentin« geheißen, wird dem seligen Schlegel irrtümlich zugeschrieben. Dieses Buch ist, wie man sagt, von seiner Gattin, einer Tochter des berühmten Moses Mendelssohn, die er ihrem ersten Gemahl entführt und welche mit ihm zur römisch-katholischen Kirche übertrat.

Ich glaube, dass es Fr. Schlegeln mit dem Katholizismus Ernst war. Von vielen seiner Freunde glaube ich es nicht. Es ist hier sehr schwer, die Wahrheit zu ermitteln. Religion und Heuchelei sind Zwillingsschwestern, und beide sehen sich so ähnlich, dass sie zuweilen nicht voneinander zu unterscheiden sind. Dieselbe Gestalt, Kleidung und Sprache. Nur dehnt die letztere von beiden Schwestern etwas weicher die Worte und wiederholt öfter das Wörtchen »Liebe«. – Ich rede von Deutschland; in Frankreich ist die eine Schwester gestorben, und wir sehen die andere noch in tiefster Trauer.

Seit dem Erscheinen der Frau v. Staëlschen »De l'Allemagne« hat Fr. Schlegel das Publikum noch mit zwei großen Werken beschenkt, die vielleicht seine besten sind und jedenfalls die rühmlichste Erwähnung verdienen. Es sind seine »Weisheit und Sprache der Inder« und seine »Vorlesungen über die Geschichte der Literatur«. Durch das erstgenannte Buch hat er bei uns das Studium des Sanskrit nicht bloß eingeleitet, sondern auch begründet. Er wurde für Deutschland, was William Jones für England war. In der genialsten Weise hatte er das Sanskrit erlernt, und die wenigen Bruchstücke, die er in jenem Buche mitteilt, sind meisterhaft übersetzt. Durch sein tiefes Anschauungsvermögen erkannte er ganz die Bedeutung der epischen Versart der Inder, der Sloka, die so breit dahinflutet wie der Ganges, der heilig klare Fluss. Wie kleinlich zeigte sich dagegen Herr A. W. Schlegel, welcher einige Fragmente aus dem Sanskrit in Hexametern übersetzte und sich dabei nicht genug zu rühmen wusste, dass er in seiner Übersetzung keine Trochäen einschlüpfen lassen und so manches metrische Kunststückchen der Alexandriner nachgeschnitzelt hat. Fr. Schlegels Werk über Indien ist gewiss ins Französische übersetzt, und ich kann mir das weitere Lob ersparen. Zu tadeln habe ich nur den Hintergedanken des Buches. Es ist im Interesse des Katholizismus geschrieben. Nicht bloß die Mysterien desselben, sondern auch die ganze katholische Hierarchie und ihre Kämpfe mit der weltlichen Macht hatten diese Leute in den indischen Gedichten wiedergefunden. Im »Mahabharata« und im »Ramayana« sahen sie gleichsam ein Elefantenmittelalter. In der Tat, wenn, in letzterwähntem Epos, der König Wiswamitra mit dem Priester Wasischta hadert, so betrifft solcher Hader dieselben Interessen, um die bei uns der Kaiser mit dem Papste stritt, obgleich der Streitpunkt hier in Europa die Investitur und dort in Indien die Kuh Sabala genannt ward.

In Betreff der Schlegelschen Vorlesungen über Literatur lässt sich Ähnliches rügen. Friedrich Schlegel übersieht hier die ganze Literatur von einem hohen Standpunkt aus, aber dieser hohe Standpunkt ist doch immer der Glockenturm einer katholischen Kirche. Und bei allem, was Schlegel sagt, hört man diese Glocken läuten; manchmal hört man sogar die Turmraben krächzen, die ihn umflattern. Mir ist, als dufte der Weihrauch des Hochamts aus diesem Buch und als sähe ich aus den schönsten Stellen desselben lauter tonsurierte Gedanken hervorlauschen. Indessen, trotz dieser Gebrechen, wüsste ich kein besseres Buch dieses Fachs. Nur durch Zusammenstellung der Herderschen Arbeiten solcher Art könnte man sich eine bessere Übersicht der Literatur aller Völker verschaffen. Denn Herder saß nicht wie ein literarischer Großinquisitor zu Gericht über die verschiedenen Nationen und verdammte oder absolvierte sie nach dem Grad ihres Glaubens. Nein, Herder betrachtete die ganze Menschheit als eine große Harfe in der Hand des großen Meisters, jedes Volk dünkte ihm eine besonders gestimmte Saite dieser Riesenharfe, und er begriff die Universalharmonie ihrer verschiedenen Klänge.

Fr. Schlegel starb im Sommer 1829, wie man sagte, infolge einer gastronomischen Unmäßigkeit. Er wurde siebenundfünfzig Jahre alt. Sein Tod veranlasste einen der widerwärtigsten literarischen Skandale. Seine Freunde, die Pfaffenpartei, deren Hauptquartier in München, waren ungehalten über die inoffiziöse Weise, womit die liberale Presse diesen Todesfall besprochen; sie verlästerten und schimpften und schmähten daher die deutschen Liberalen. Jedoch von keinem derselben konnten sie sagen, »dass er das Weib seines Gastfreundes verführt und noch lange Zeit nachher von den Almosen des beleidigten Gatten gelebt habe«.

Ich muss jetzt, weil man es doch verlangt, von dem älteren Bruder, Herrn A. W. Schlegel, sprechen. Wollte ich in Deutschland noch von ihm reden, so würde man mich dort mit Verwunderung ansehen. – Wer spricht jetzt noch in Paris von der Giraffe?

Herr A. W. Schlegel ist geboren zu Hannover, den 5. September 1767. Ich weiß das nicht von ihm selber. Ich war nie so ungalant, ihn über sein Alter zu befragen. Jenes Datum fand ich, wenn ich nicht irre, in Spindlers Lexikon der deutschen Schriftstellerinnen. Herr A. W. Schlegel ist daher jetzt vierundsechzig Jahre alt. Herr Alexander v. Humboldt und andere Naturforscher behaupten, er sei älter. Auch Champollion war dieser Meinung. Wenn ich von seinen literarischen Verdiensten reden soll, so muss ich ihn wieder zunächst als Übersetzer rühmen. Hier hat er unbestreitbar das Außerordentliche geleistet. Namentlich seine Übertragung des Shakespeare in die deutsche Sprache ist meisterhaft, unübertreffbar. Vielleicht mit Ausnahme des Herren Gries und des Herren Grafen Platen ist Herr A. W. Schlegel überhaupt der größte Metriker Deutschlands. In allen übrigen Tätigkeiten gebührt ihm nur der zweite, wo nicht gar der dritte Rang. In der ästhetischen Kritik fehlt ihm, wie ich schon gesagt, der Boden einer Philosophie, und weit überragen ihn andere Zeitgenossen, namentlich Solger. Im Studium des Altdeutschen steht turmhoch über ihn erhaben Herr Jakob Grimm, der uns durch seine »Deutsche Grammatik« von jener Oberflächlichkeit befreite, womit man, nach dem Beispiel der Schlegel, die altdeutschen Sprachdenkmale erklärt hatte. Herr Schlegel konnte es vielleicht im Studium des Altdeutschen weit bringen, wenn er nicht ins Sanskrit hinübergesprungen wäre. Aber das Altdeutsche war außer Mode gekommen, und mit dem Sanskrit konnte man frisches Aufsehen erregen. Auch hier blieb er gewissermaßen Dilettant, die Initiative seiner Gedanken gehört noch seinem Bruder Friedrich, und das Wissenschaftliche, das Reelle in seinen sanskritischen Leistungen gehört, wie jeder weiß, dem Herren Lassen, seinem gelehrten Kollaborator. Herr Franz Bopp zu Berlin ist in Deutschland der eigentliche Sanskritgelehrte, er ist der Erste in seinem Fache. In der Geschichtskunde hat sich Herr Schlegel einmal an dem Ruhm Niebuhrs, den er angriff, festkrämpen wollen; aber vergleicht man ihn mit diesem großen Forscher oder vergleicht man ihn mit einem Johannes v. Müller, einem Heeren, einem Schlosser und ähnlichen Historikern, so muss man über ihn die Achsel zucken. Wie weit hat er es aber als Dichter gebracht? Dies ist schwer zu bestimmen.

Der Violinspieler Solomons, welcher dem König von England, Georg III., Unterricht gab, sagte einst zu seinem erhabenen Schüler: »Die Violinspieler werden eingeteilt in drei Klassen; zur ersten Klasse gehören die, welche gar nicht spielen können, zur zweiten Klasse gehören die, welche sehr schlecht spielen, und zur dritten Klasse gehören endlich die, welche gut spielen; Ew. Majestät hat sich schon bis zur zweiten Klasse emporgeschwungen.«

Gehört nun Herr A. W. Schlegel zur ersten Klasse oder zur zweiten Klasse? Die einen sagen, er sei gar kein Dichter; die anderen sagen, er sei ein sehr schlechter Dichter. Soviel weiß ich, er ist kein Paganini. – Seine Berühmtheit erlangte Herr A. W. Schlegel eigentlich nur durch die unerhörte Keckheit, womit er die vorhandenen literarischen Autoritäten angriff. Er riss die Lorbeerkränze von den alten Perücken und erregte bei dieser Gelegenheit viel Puderstaub. Sein Ruhm ist eine natürliche Tochter des Skandals.

Wie ich schon mehrmals erwähnt, die Kritik, womit Herr Schlegel die vorhandenen Autoritäten angriff, beruhte durchaus auf keiner Philosophie. Nachdem wir von jenem Erstaunen, worin jede Vermessenheit uns versetzt, zurückgekommen, erkennen wir ganz und gar die innere Leerheit der sogenannten Schlegelschen Kritik. Zum Beispiel wenn er den Dichter Bürger herabsetzen will, so vergleicht er dessen Balladen mit den altenglischen Balladen, die Percy gesammelt, und er zeigt, wie diese viel einfacher, naiver, altertümlicher und folglich poetischer gedichtet seien. Hinlänglich begriffen hat Herr Schlegel den Geist der Vergangenheit, besonders des Mittelalters, und es gelingt ihm daher, diesen Geist auch in den Kunstdenkmälern der Vergangenheit nachzuweisen und ihre Schönheiten aus diesem Gesichtspunkt zu demonstrieren. Aber alles, was Gegenwart ist, begreift er nicht; höchstens erlauscht er nur etwas von der Physiognomie, einige äußerliche Züge der Gegenwart, und das sind gewöhnlich die minder schönen Züge; indem er nicht den Geist begreift, der sie belebt, so sieht er in unserem ganzen modernen Leben nur eine prosaische Fratze. Überhaupt, nur ein großer Dichter vermag die Poesie seiner eigenen Zeit zu erkennen; die Poesie einer Vergangenheit offenbart sich uns weit leichter, und ihre Erkenntnis ist leichter mitzuteilen. Daher gelang es Herrn Schlegel, beim großen Haufen die Dichtungen, worin die Vergangenheit eingesargt liegt, auf Kosten der Dichtungen, worin unsere moderne Gegenwart atmet und lebt, emporzupreisen. Aber der Tod ist nicht poetischer als das Leben. Die altenglischen Gedichte, die Percy gesammelt, geben den Geist ihrer Zeit, und Bürgers Gedichte geben den Geist der unsrigen. Diesen Geist begriff Herr Schlegel nicht; sonst würde er in dem Ungestüm, womit dieser Geist zuweilen aus den Bürgerschen Gedichten hervorbricht, keineswegs den rohen Schrei eines ungebildeten Magisters gehört haben, sondern vielmehr die gewaltigen Schmerzlaute eines Titanen, welchen eine Aristokratie von hannövrischen Junkern und Schulpedanten zu Tode quälten. Dieses war nämlich die Lage des Verfassers der »Leonore« und die Lage so mancher anderen genialen Menschen, die als arme Dozenten in Göttingen darbten, verkümmerten und in Elend starben. Wie konnte der vornehme, von vornehmen Gönnern beschützte, renovierte, baronisierte, bebänderte Ritter August Wilhelm von Schlegel jene Verse begreifen, worin Bürger laut ausruft, dass ein Ehrenmann, ehe er die Gnade der Großen erbettle, sich lieber aus der Welt heraushungern solle!

Der Name »Bürger« ist im Deutschen gleichbedeutend mit dem Worte citoyen.

Was den Ruhm des Herrn Schlegel noch gesteigert, war das Aufsehen, welches er später hier in Frankreich erregte, als er auch die literarischen Autoritäten der Franzosen angriff. Wir sahen mit stolzer Freude, wie unser kampflustiger Landsmann den Franzosen zeigte, dass ihre ganze klassische Literatur nichts wert sei, dass Molière ein Possenreißer und kein Dichter sei, dass Racine ebenfalls nichts tauge, dass man uns Deutschen hingegen als die Könige des Parnassus betrachten müsse. Sein Refrain war immer, dass die Franzosen das prosaischste Volk der Welt seien und dass es in Frankreich gar keine Poesie gäbe. Dieses sagte der Mann zu einer Zeit, als vor seinen Augen noch so mancher Chorführer der Konvention, der großen Titanentragödie, leibhaftig umherwandelte; zu einer Zeit, als Napoleon jeden Tag ein gutes Epos improvisierte, als Paris wimmelte von Helden, Königen und Göttern ... Herr Schlegel hat jedoch von dem allem nichts gesehen; wenn er hier war, sah er sich selber beständig im Spiegel, und da ist es wohl erklärlich, dass er in Frankreich gar keine Poesie sah.

Aber Herr Schlegel, wie ich schon oben gesagt, vermochte immer nur die Poesie der Vergangenheit und nicht der Gegenwart zu begreifen. Alles, was modernes Leben ist, musste ihm prosaisch erscheinen, und unzugänglich blieb ihm die Poesie Frankreichs, des Mutterbodens der modernen Gesellschaft. Racine musste gleich der erste sein, den er nicht begreifen konnte. Denn dieser große Dichter steht schon als Herold der modernen Zeit neben dem großen König, mit welchem die moderne Zeit beginnt. Racine war der erste moderne Dichter, wie Ludwig XIV. der erste moderne König war. In Corneille atmet noch das Mittelalter. In ihm und in der Fronde röchelt noch das alte Rittertum. Man nennt ihn auch deshalb manchmal romantisch. In Racine ist aber die Denkweise des Mittelalters ganz erloschen; in ihm erwachen lauter neue Gefühle; er ist das Organ einer neuen Gesellschaft; in seiner Brust dufteten die ersten Veilchen unseres modernen Lebens; ja wir könnten sogar schon die Lorbeeren darin knospen sehen, die erst später, in der jüngsten Zeit, so gewaltig emporgeschossen. Wer weiß, wie viel Taten aus Racines zärtlichen Versen erblüht sind! Die französischen Helden, die bei den Pyramiden, bei Marengo, bei Austerlitz, bei Moskau und bei Waterloo begraben liegen, sie hatten alle einst Racines Verse gehört, und ihr Kaiser hatte sie gehört aus dem Munde Talmas. Wer weiß, wie viel Zentner Ruhm von der Vendômesäule eigentlich dem Racine gebührt. Ob Euripides ein größerer Dichter ist als Racine, das weiß ich nicht. Aber ich weiß, dass letzterer eine lebendige Quelle von Liebe und Ehrgefühl war und mit seinem Trank ein ganzes Volk berauscht und entzückt und begeistert hat. Was verlangt ihr mehr von einem Dichter? Wir sind alle Menschen, wir steigen ins Grab und lassen zurück unser Wort, und wenn dieses seine Mission erfüllt hat, dann kehrt es zurück in die Brust Gottes, den Sammelplatz der Dichterworte, die Heimat aller Harmonie.

Hätte sich nun Herr Schlegel darauf beschränkt, zu behaupten, dass die Mission des Racinischen Wortes vollendet sei und dass die fortgerückte Zeit ganz anderer Dichter bedürfe, so hätten seine Angriffe einigen Grund. Aber grundlos waren sie, wenn er Racines Schwäche durch eine Vergleichung mit älteren Dichtern erweisen wollte. Nicht bloß ahnte er nichts von der unendlichen Anmut, dem süßen Scherz, dem tiefen Reiz, welcher darin lag, dass Racine seine neuen französischen Helden mit antiken Gewändern kostümierte und zu dem Interesse einer modernen Leidenschaft noch das Interessante einer geistreichen Maskerade mischte: Herr Schlegel war sogar tölpelhaft genug, jene Vermummung für bare Münze zu nehmen, die Griechen von Versailles nach den Griechen von Athen zu beurteilen und die »Phädra« des Racine mit der »Phädra« des Euripides zu vergleichen! Diese Manier, die Gegenwart mit dem Maßstab der Vergangenheit zu messen, war bei Herrn Schlegel so eingewurzelt, dass er immer mit dem Lorbeerzweig eines älteren Dichters den Rücken der jüngeren Dichter zu geißeln pflegte und dass er, um wieder den Euripides selber herabzusetzen, nichts Besseres wusste, als dass er ihn mit dem älteren Sophokles oder gar mit dem Aischylos verglich.

Es würde zu weit führen, wollte ich hier entwickeln, wie Herr Schlegel gegen den Euripides, den er in jener Manier herabzuwürdigen gesucht, ebenso wie einst Aristophanes, das größte Unrecht verübt. Letzterer, der Aristophanes, befand sich, in dieser Hinsicht, auf einem Standpunkt, welcher mit dem Standpunkte der romantischen Schule die größte Ähnlichkeit darbietet; seiner Polemik liegen ähnliche Gefühle und Tendenzen zugrunde, und wenn man Herrn Tieck einen romantischen Aristophanes nannte, so könnte man mit Fug den Parodisten des Euripides und des Sokrates einen klassischen Tieck nennen. Wie Herr Tieck und die Schlegel trotz der eignen Ungläubigkeit dennoch den Untergang des Katholizismus bedauerten; wie sie diesen Glauben bei der Menge zu restaurieren wünschten; wie sie in dieser Absicht die protestantischen Rationalisten, die Aufklärer, die echten noch mehr als die falschen, mit Spott und Verlästerung befehdeten; wie sie gegen Männer, die im Leben und in der Literatur eine ehrsame Bürgerlichkeit beförderten, die grimmigste Abneigung hegten; wie sie diese Bürgerlichkeit als philisterhafte Kleinmisere persiflierten und dagegen beständig das große Heldenleben des feudalistischen Mittelalters gerühmt und gefeiert: so hat auch Aristophanes, welcher selber die Götter verspöttelte, dennoch die Philosophen gehasst, die dem ganzen Olymp den Untergang bereiteten; er hasste den rationalistischen Sokrates, welcher eine bessere Moral predigte; er hasste die Dichter, die gleichsam schon ein modernes Leben aussprachen, welches sich von der früheren griechischen Götter-, Helden- und Königsperiode ebenso unterschied wie unsere jetzige Zeit von den mittelalterlichen Feudalzeiten; er hasste den Euripides, welcher nicht mehr wie Aischylos und Sophokles von dem griechischen Mittelalter trunken war, sondern sich schon der bürgerlichen Tragödie näherte. Ich zweifle, ob sich Herr Schlegel der wahren Beweggründe bewusst war, warum er den Euripides so sehr herabsetzte, in Vergleichung mit Aischylos und Sophokles: ich glaube, ein unbewusstes Gefühl leitete ihn, in dem alten Tragiker roch er das modern demokratische und protestantische Element, welches schon dem ritterschaftlichen und olympisch-katholischen Aristophanes so sehr verhasst war.

Vielleicht aber erzeige ich Herrn A. W. Schlegel eine unverdiente Ehre, indem ich ihm bestimmte Sympathien und Antipathien beimesse. Es ist möglich, dass er gar keine hatte. Er war in seiner Jugend ein Hellenist und wurde erst später ein Romantiker. Er wurde Chorführer der neuen Schule, diese wurde nach ihm und seinem Bruder benamset, und er selber war vielleicht derjenige, dem es mit der Schlegelschen Schule am wenigsten Ernst war. Er unterstützte sie mit seinen Talenten, er studierte sich in sie hinein, er freute sich damit, solang es gut ging, und als es mit der Schule ein schlechtes Ende nahm, hat er sich wieder in ein neues Fach hineinstudiert.

Obgleich nun die Schule zugrunde ging, so haben doch die Anstrengungen des Herren Schlegel gute Früchte getragen für unsere Literatur. Namentlich hatte er gezeigt, wie man wissenschaftliche Gegenstände in eleganter Sprache behandeln kann. Früherhin wagten wenige deutsche Gelehrte, ein wissenschaftliches Buch in einem klaren und anziehenden Stil zu schreiben. Man schrieb ein verworrenes, trockenes Deutsch, welches nach Talglichtern und Tabak roch. Herr Schlegel gehörte zu den wenigen Deutschen, die keinen Tabak rauchen, eine Tugend, welche er der Gesellschaft der Frau von Staël verdankte. Überhaupt verdankt er jener Dame die äußere Politur, welche er in Deutschland mit so vielem Vorteil geltend machen konnte. In dieser Hinsicht war der Tod der vortrefflichen Frau v. Staël ein großer Verlust für diesen deutschen Gelehrten, der in ihrem Salon so viele Gelegenheit fand, die neuesten Moden kennenzulernen, und als ihr Begleiter in allen Hauptstädten Europas die schöne Welt sehen und sich die schönsten Weltsitten aneignen konnte. Solche bildende Verhältnisse waren ihm so sehr zum heiteren Lebensbedürfnis geworden, dass er, nach dem Tode seiner edlen Beschützerin, nicht abgeneigt war, der berühmten Catalani seine Begleitung auf ihren Reisen anzubieten.

Wie gesagt, die Beförderung der Eleganz ist ein Hauptverdienst des Herrn Schlegel, und durch ihn kam auch in das Leben der deutschen Dichter mehr Zivilisation. Schon Goethe hatte das einflussreichste Beispiel gegeben, wie man ein deutscher Dichter sein kann und dennoch den äußerlichen Anstand zu bewahren vermag. In früheren Zeiten verachteten die deutschen Dichter alle konventionellen Formen, und der Name »deutscher Dichter« oder gar der Name »poetisches Genie« erlangte die unerfreulichste Bedeutung. Ein deutscher Dichter war ehemals ein Mensch, der einen abgeschabten, zerrissenen Rock trug, Kindtauf- und Hochzeitsgedichte für einen Taler das Stück verfertigte, statt der guten Gesellschaft, die ihn abwies, desto bessere Getränke genoss, auch wohl des Abends betrunken in der Gosse lag, zärtlich geküsst von Lunas gefühlvollen Strahlen. Wenn sie alt geworden, pflegten diese Menschen noch tiefer in ihr Elend zu versinken, und es war freilich ein Elend ohne Sorge, oder dessen einzige Sorge darin besteht, wo man den meisten Schnaps für das wenigste Geld haben kann.

So hatte auch ich mir einen deutschen Dichter vorgestellt. Wie angenehm verwundert war ich daher Anno 1819, als ich, ein ganz junger Mensch, die Universität Bonn besuchte und dort die Ehre hatte, den Herrn Dichter A. W. Schlegel, das poetische Genie, von Angesicht zu Angesicht zu sehen. Es war, mit Ausnahme des Napoleon, der erste große Mann, den ich damals gesehen, und ich werde nie diesen erhabenen Anblick vergessen. Noch heute fühle ich den heiligen Schauer, der durch meine Seele zog, wenn ich vor seinem Katheder stand und ihn sprechen hörte. Ich trug damals einen weißen Flauschrock, eine rote Mütze, lange blonde Haare und keine Handschuhe. Herr A. W. Schlegel trug aber Glacéhandschuh' und war noch ganz nach der neuesten Pariser Mode gekleidet; er war noch ganz parfümiert von guter Gesellschaft und eau de mille fleurs; er war die Zierlichkeit und die Eleganz selbst, und wenn er vom Großkanzler von England sprach, setzte er hinzu »mein Freund«, und neben ihm stand sein Bedienter in der freiherrlichst Schlegelschen Hauslivree und putzte die Wachslichter, die auf silbernen Armleuchtern brannten und nebst einem Glase Zuckerwasser vor dem Wundermann auf dem Katheder standen. Livreebedienter! Wachslichter! Silberne Armleuchter! mein Freund, der Großkanzler von England! Glacéhandschuh'! Zuckerwasser! welche unerhörte Dinge im Kollegium eines deutschen Professors! Dieser Glanz blendete uns junge Leute nicht wenig und mich besonders, und ich machte auf Herrn Schlegel damals drei Oden, wovon jede anfing mit den Worten: »O du, der du« usw. Aber nur in der Poesie hätte ich es gewagt, einen so vornehmen Mann zu duzen. Sein Äußeres gab ihm wirklich eine gewisse Vornehmheit. Auf seinem dünnen Köpfchen glänzten nur noch wenige silberne Härchen, und sein Leib war so dünn, so abgezehrt, so durchsichtig, dass er ganz Geist zu sein schien, dass er fast aussah wie ein Sinnbild des Spiritualismus.

Trotzdem hatte er damals geheiratet, und er, der Chef der Romantiker, heiratete die Tochter des Kirchenrats Paulus zu Heidelberg, des Chefs der deutschen Rationalisten. Es war eine symbolische Ehe, die Romantik vermählte sich gleichsam mit dem Rationalismus; sie blieb aber ohne Früchte. Im Gegenteil, die Trennung zwischen der Romantik und dem Rationalismus wurde dadurch noch größer, und schon gleich am anderen Morgen nach der Hochzeitsnacht lief der Rationalismus wieder nach Hause und wollte nichts mehr mit der Romantik zu schaffen haben. Denn der Rationalismus, wie er denn immer vernünftig ist, wollte nicht bloß symbolisch vermählt sein, und sobald er die hölzerne Nichtigkeit der romantischen Kunst erkannt, lief er davon. Ich weiß, ich rede hier dunkel und will mich daher so klar als möglich ausdrücken:

Typhon, der böse Typhon, hasste den Osiris (welcher, wie ihr wisst, ein ägyptischer Gott ist), und als er ihn in seine Gewalt bekam, riss er ihn in Stücke. Isis, die arme Isis, die Gattin des Osiris, suchte diese Stücke mühsam zusammen, flickte sie aneinander, und es gelang ihr, den zerrissenen Gatten wieder ganz herzustellen; ganz? ach nein, es fehlte ein Hauptstück, welches die arme Göttin nicht wiederfinden konnte, arme Isis! Sie musste sich daher begnügen mit einer Ergänzung von Holz, aber Holz ist nur Holz, arme Isis! Hierdurch entstand nun in Ägypten ein skandalöser Mythos und in Heidelberg ein mystischer Skandal.

Herrn A. W. Schlegel verlor man seitdem ganz außer Augen. Er war verschollen. Missmut über solches Vergessenwerden trieb ihn endlich, nach langjähriger Abwesenheit, wieder einmal nach Berlin, der ehemaligen Hauptstadt seines literarischen Glanzes, und er hielt dort wieder einige Vorlesungen über Ästhetik. Aber er hatte unterdessen nichts Neues gelernt, und er sprach jetzt zu einem Publikum, welches von Hegel eine Philosophie der Kunst, eine Wissenschaft der Ästhetik, erhalten hatte. Man spottete und zuckte die Achsel. Es ging ihm wie einer alten Komödiantin, die nach zwanzigjähriger Abwesenheit den Schauplatz ihres ehemaligen Sukzesses wieder betritt und nicht begreift, warum die Leute lachen, statt zu applaudieren. Der Mann hatte sich entsetzlich verändert, und er ergötzte Berlin vier Wochen lang durch die Etalage [Zurschaustellung] seiner Lächerlichkeiten. Er war ein alter eitler Geck geworden, der sich überall zum Narren halten ließ. Man erzählt darüber die unglaublichsten

Dinge. – Hier in Paris hatte ich die Betrübnis, Herrn A. W. Schlegel persönlich wiederzusehen. Wahrlich, von dieser Veränderung hatte ich doch keine Vorstellung, bis ich mich mit eigenen Augen davon überzeugte. Es war vor einem Jahr, kurz nach meiner Ankunft in der Hauptstadt. Ich ging eben, das Haus zu sehen, worin Molière gewohnt hat; denn ich ehre große Dichter und suche überall mit religiöser Andacht die Spuren ihres irdischen Wandels. Das ist ein Kultus. Auf meinem Wege, unfern von jenem geheiligten Haus, erblickte ich ein Wesen, in dessen verwebten Zügen sich eine Ähnlichkeit mit dem ehemaligen A. W. Schlegel kundgab. Ich glaubte seinen Geist zu sehen. Aber es war nur sein Leib. Der Geist ist tot, und der Leib spukt noch auf der Erde, und er ist unterdessen ziemlich fett geworden; an den dünnen spiritualistischen Beinen hatte sich wieder Fleisch angesetzt; es war sogar ein Bauch zu sehen, und oben drüber hingen eine Menge Ordensbänder. Das sonst so feine greise Köpfchen trug eine goldgelbe Perücke. Er war gekleidet nach der neuesten Mode jenes Jahrs, in welchem Frau von Staël gestorben. Dabei lächelte er so veraltet süß wie eine bejahrte Dame, die ein Stück Zucker im Munde hat, und bewegte sich so jugendlich wie ein kokettes Kind. Es war wirklich eine sonderbare Verjüngung mit ihm vorgegangen; er hatte gleichsam eine spaßhafte zweite Auflage seiner Jugend erlebt; er schien ganz wieder in die Blüte gekommen zu sein, und die Röte seiner Wangen habe ich sogar in Verdacht, dass sie keine Schminke war, sondern eine gesunde Ironie der Natur.

Mir war in diesem Augenblick, als sähe ich den seligen Molière am Fenster stehen und als lächelte er zu mir herab, hindeutend auf jene melancholisch heitere Erscheinung. Alle Lächerlichkeit derselben ward mir auf einmal so ganz einleuchtend; ich begriff die ganze Tiefe und Fülle des Spaßes, der darin enthalten war; ich begriff ganz den Lustspielcharakter jener fabelhaft ridikülen Personnage, die leider keinen großen Komiker gefunden hat, um sie gehörig für die Bühne zu benutzen. Molière allein wäre der Mann gewesen, der eine solche Figur für das Théâtre Français bearbeiten konnte, er allein hatte das dazu nötige Talent; – und das ahnte Herr A. W. Schlegel schon frühzeitig, und er hasste den Moliére aus demselben Grund, weshalb Napoleon den Tacitus gehasst hat. Wie Napoleon Bonaparte, der französische Cäsar, wohl fühlte, dass ihn der republikanische Geschichtsschreiber ebenfalls nicht mit Rosenfarben geschildert hätte, so hatte auch Herr A. W. Schlegel, der deutsche Osiris, längst geahnt, dass er dem Molière, dem großen Komiker, wenn dieser jetzt lebte, nimmermehr entgangen wäre. Und Napoleon sagte von Tacitus, er sei der Verleumder des Tiberius, und Herr August Wilhelm Schlegel sagte von Molière, dass er gar kein Dichter, sondern nur ein Possenreißer gewesen sei.

Herr A. W. Schlegel verließ bald darauf Paris, nachdem er vorher von Sr. Majestät, Ludwig Philipp I., König der Franzosen, mit dem Orden der Ehrenlegion dekoriert worden. Der »Moniteur« hat bis jetzt noch gezögert, diese Begebenheit gehörig zu berichten; aber Thalia, die Muse der Komödie, hat sie hastig aufgezeichnet in ihr lachendes Notizbuch.

II

Nach den Schlegeln war Herr Ludwig Tieck einer der tätigsten Schriftsteller der romantischen Schule. Für diese kämpfte und dichtete er. Er war Poet, ein Name, den keiner von den beiden Schlegeln verdient. Er war der wirkliche Sohn des Phöbus Apollo, und wie sein ewig jugendlicher Vater führte er nicht bloß die Leier, sondern auch den Bogen mit dem Köcher voll klingender Pfeile. Er war trunken von lyrischer Lust und kritischer Grausamkeit, wie der delphische Gott. Hatte er, gleich diesem, irgendeinen literarischen Marsyas erbärmlichst geschunden, dann griff er, mit den blutigen Fingern, wieder lustig in die goldenen Saiten seiner Leier und sang ein freudiges Minnelied.

Die poetische Polemik, die Herr Tieck, in dramatischer Form, gegen die Gegner der Schule führte, gehört zu den außerordentlichsten Erscheinungen unserer Literatur. Es sind satirische Dramen, die man gewöhnlich mit den Lustspielen des Aristophanes vergleicht Aber sie unterscheiden sich von diesen fast ebenso, wie eine Sophokleische Tragödie sich von einer Shakespeareschen unterscheidet. Hatte nämlich die antike Komödie ganz den einheitlichen Zuschnitt, den strengen Gang und die zierlichst ausgebildete metrische Sprache der antiken Tragödie, als deren Parodie sie gelten konnte, so sind die dramatischen Satiren des Herrn Tieck ganz so abenteuerlich zugeschnitten, ganz so englisch unregelmäßig und so metrisch willkürlich wie die Tragödien des Shakespeare. War diese Form eine neue Erfindung des Herrn Tieck? Nein, sie existierte bereits unter dem Volk, namentlich unter dem Volke in Italien. Wer Italienisch versteht, kann sich einen ziemlich richtigen Begriff jener Tieckschen Dramen verschaffen, wenn er sich in die buntscheckig bizarren, venezianisch phantastischen Märchenkomödien des Gozzi noch etwas deutschen Mondschein hineinträumt. Sogar die meisten seiner Masken hat Herr Tieck diesem heiteren Kind der Lagunen entlehnt. Nach seinem Beispiel haben viele deutsche Dichter sich ebenfalls dieser Form bemächtigt, und wir erhielten Lustspiele, deren komische Wirkung nicht durch einen launigen Charakter oder durch eine spaßhafte Intrige herbeigeführt wird, sondern die uns gleich unmittelbar in eine komische Welt versetzen, in eine Welt, wo die Tiere wie Menschen sprechen und handeln und wo Zufall und Willkür an die Stelle der natürlichen Ordnung der Dinge getreten ist. Dieses finden wir auch bei Aristophanes. Nur dass letzterer diese Form gewählt, um uns seine tiefsinnigsten Weltanschauungen zu offenbaren, wie z. B. in den »Vögeln«, wo das wahnwitzigste Treiben der Menschen, ihre Sucht, in der leeren Luft die herrlichsten Schlösser zu bauen, ihr Trotz gegen die ewigen Götter und ihre eingebildete Siegesfreude in den possierlichsten Fratzen dargestellt ist. Darum eben ist Aristophanes so groß, weil seine Weltansicht so groß war, weil sie größer, ja tragischer war als die der Tragiker selbst, weil seine Komödien wirklich »scherzende Tragödien« waren; denn z. B. Paisteteros wird nicht am Ende des Stückes, wie etwa ein moderner Dichter tun würde, in seiner lächerlichen Nichtigkeit dargestellt, sondern vielmehr er gewinnt die Basilea, die schöne, wundermächtige Basilea, er steigt mit dieser himmlischen Gemahlin empor in seine Luftstadt, die Götter sind gezwungen, sich seinem Willen zu fügen, die Narrheit feiert ihre Vermählung mit der Macht, und das Stück schließt mit jubelnden Hymenäen. Gibt es für einen vernünftigen Menschen etwas grauenhaft Tragischeres als dieser Narrensieg und Narrentriumph! So hoch aber verstiegen sich nicht unsere deutschen Aristophanesse; sie enthielten sich jeder höheren Weltanschauung; über die zwei wichtigsten Verhältnisse des Menschen, das politische und das religiöse, schwiegen sie mit großer Bescheidenheit; nur das Thema, das Aristophanes in den »Fröschen« besprochen, wagten sie zu behandeln: zum Hauptgegenstand ihrer dramatischen Satire wählten sie das Theater selbst, und sie satirisierten, mit mehr oder minderer Laune, die Mängel unserer Bühne.

Aber man muss auch den politisch unfreien Zustand Deutschlands berücksichtigen. Unsere Witzlinge müssen sich, in Betreff wirklicher Fürsten, aller Anzüglichkeiten enthalten, und für diese Beschränkung wollen sie daher an den Theaterkönigen und Kulissenprinzen sich entschädigen. Wir, die wir fast gar keine räsonierende politische Journale besaßen, waren immer desto gesegneter mit einer Unzahl ästhetischer Blätter, die nichts als müßige Märchen und Theaterkritiken enthielten, sodass, wer unsere Blätter sah, beinahe glauben musste, das ganze deutsche Volk bestände aus lauter schwatzenden Ammen und Theaterrezensenten. Aber man hätte uns doch unrecht getan. Wie wenig solches klägliche Geschreibsel uns genügte, zeigte sich nach der Juliusrevolution, als es den Anschein gewann, dass ein freies Wort auch in unserem teuren Vaterland gesprochen werden dürfte. Es entstanden plötzlich Blätter, welche das gute oder schlechte Spiel der wirklichen Könige rezensierten, und mancher derselben, der seine Rolle vergessen, wurde in der eigenen Hauptstadt ausgepfiffen. Unsere literarischen Scheherazaden, welche das Publikum, den plumpen Sultan, mit ihren kleinen Novellen einzuschläfern pflegten, mussten jetzt verstummen, und die Komödianten sahen mit Verwunderung, wie leer das Parterre war, wenn sie noch so göttlich spielten, und wie sogar der Sperrsitz des furchtbaren Stadtkritikers sehr oft unbesetzt blieb. Früherhin hatten sich die guten Bretterhelden immer beklagt, dass nur sie und wieder sie zum öffentlichen Gegenstand der Besprechung dienen müssten und dass sogar ihre häuslichen Tugenden in den Zeitungen enthüllt würden. Wie erschraken sie, als es den Anschein gewann, dass am Ende gar nicht mehr von ihnen die Rede sein möchte!

In der Tat, wenn in Deutschland die Revolution ausbrach, so hatte es ein Ende mit Theater und Theaterkritik, und die erschreckten Novellendichter, Komödianten und Theaterrezensenten fürchteten mit Recht, »dass die Kunst zugrunde ginge«. Aber das Entsetzliche ist von unserem Vaterland, durch die Weisheit und Kraft des Frankfurter Bundestages, glücklich abgewendet worden; es wird hoffentlich keine Revolution in Deutschland ausbrechen, vor der Guillotine und allen Schrecknissen der Pressefreiheit sind wir bewahrt, sogar die Deputiertenkammern, deren Konkurrenz den früher konzessionierten Theatern so viel geschadet, werden abgeschafft, und die Kunst ist gerettet. Für die Kunst wird jetzt in Deutschland alles Mögliche getan, namentlich in Preußen. Die Museen strahlen in sinnreicher Farbenlust, die Orchester rauschen, die Tänzerinnen springen ihre süßesten Entrechats, mit tausendundeine Novelle wird das Publikum ergötzt, und es blüht wieder die Theaterkritik.

Justin erzählt in seinen Geschichten: Als Cyrus die Revolte der Lydier gestillt hatte, wusste er den störrigen, freiheitsüchtigen Geist derselben nur dadurch zu bezähmen, dass er ihnen befahl, schöne Künste und sonstige lustige Dinge zu treiben. Von lydischen Emeuten war seitdem nicht mehr die Rede, desto berühmter aber wurden lydische Restaurateure, Kuppler und Artisten.

Wir haben jetzt Ruhe in Deutschland, die Theaterkritik und die Novelle wird wieder Hauptsache; und da Herr Tieck in diesen beiden Leistungen exzelliert, so wird ihm von allen Freunden der Kunst die gebührende Bewunderung gezollt. Er ist, in der Tat, der beste Novellist in Deutschland. Jedoch alle seine erzählenden Erzeugnisse sind weder von derselben Gattung noch von demselben Wert. Wie bei den Malern kann man auch bei Herrn Tieck mehrere Manieren unterscheiden. Seine erste Manier gehört noch ganz der früheren alten Schule. Er schrieb damals nur auf Antrieb und Bestellung eines Buchhändlers, welcher eben kein anderer war als der selige Nicolai selbst, der eigensinnigste Champion der Aufklärung und Humanität, der große Feind des Aberglaubens, des Mystizismus und der Romantik. Nicolai war ein schlechter Schriftsteller, eine prosaische Perücke, und er hat sich mit seiner Jesuitenriecherei oft sehr lächerlich gemacht. Aber wir Spätergeborenen, wir müssen doch eingestehn, dass der alte Nicolai ein grundehrlicher Mann war, der es redlich mit dem deutschen Volk meinte und der aus Liebe für die heilige Sache der Wahrheit sogar das schlimmste Martyrtum, das Lächerlichwerden, nicht scheute. Wie man mir zu Berlin erzählt, lebte Herr Tieck früherhin in dem Haus dieses Mannes, er wohnte eine Etage höher als Nicolai, und die neue Zeit trampelte schon über dem Kopf der alten Zeit.

Die Werke, die Herr Tieck in seiner ersten Manier schrieb, meistens Erzählungen und große, lange Romane, worunter »William Lovell« der beste, sind sehr unbedeutend, ja sogar ohne Poesie. Es ist, als ob diese poetisch reiche Natur in der Jugend geizig gewesen sei und alle ihre geistigen Reichtümer für eine spätere Zeit aufbewahrt habe. Oder kannte Herr Tieck selber nicht die Reichtümer seiner eigenen Brust, und die Schlegel mussten diese erst mit der Wünschelrute entdecken? Sowie Herr Tieck mit den Schlegeln in Berührung kam, erschlossen sich alle Schätze seiner Phantasie, seines Gemütes und seines Witzes. Da leuchteten die Diamanten, da quollen die klarsten Perlen, und vor allem blitzte da der Karfunkel, der fabelhafte Edelstein, wovon die romantischen Poeten damals so viel gesagt und gesungen. Diese reiche Brust war die eigentliche Schatzkammer, wo die Schlegel für ihre literarischen Feldzüge die Kriegskosten schöpften. Herr Tieck musste für die Schule die schon erwähnten satirischen Lustspiele schreiben und zugleich nach den neuen ästhetischen Rezepten eine Menge Poesien jeder Gattung verfertigen. Das ist nun die zweite Manier des Herren Ludwig Tieck. Seine empfehlenswertesten dramatischen Produkte in dieser Manier sind »Der Kaiser Octavian«, »Die heilige Genoveva« und der »Fortunat«, drei Dramen, die den gleichnamigen Volksbüchern nachgebildet sind. Diese alten Sagen, die das deutsche Volk noch immer bewahrt, hat hier der Dichter in neue kostbare Gewänder gekleidet. Aber, ehrlich gestanden, ich liebe sie mehr in der alten naiven, treuherzigen Form. So schön auch die Tiecksche »Genoveva« ist, habe ich doch weit lieber das alte, zu Köln am Rhein sehr schlecht gedruckte Volksbuch mit seinen schlechten Holzschnitten, worauf aber gar rührend zu schauen ist, wie die arme nackte Pfalzgräfin nur ihre langen Haare zur keuschen Bedeckung hat und ihren kleinen Schmerzenreich an den Zitzen einer mitleidigen Hirschkuh saugen lässt.

Weit kostbarer noch als jene Dramen sind die Novellen, die Herr Tieck in seiner zweiten Manier geschrieben. Auch diese sind meistens den alten Volkssagen nachgebildet. Die vorzüglichsten sind »Der blonde Eckbert« und »Der Runenberg«. In diesen Dichtungen herrscht eine geheimnisvolle Innigkeit, ein sonderbares Einverständnis mit der Natur, besonders mit dem Pflanzen- und Steinreich. Der Leser fühlt sich da wie in einem verzauberten Walde; er hört die unterirdischen Quellen melodisch rauschen; er glaubt manchmal, im Geflüster der Bäume, seinen eigenen Namen zu vernehmen; die breitblättrigen Schlingpflanzen umstricken manchmal beängstigend seinen Fuß; wildfremde Wunderblumen schauen ihn an mit ihren bunten sehnsüchtigen Augen; unsichtbare Lippen küssen seine Wangen mit neckender Zärtlichkeit; hohe Pilze, wie goldne Glocken, wachsen klingend empor am Fuße der Bäume; große schweigende Vögel wiegen sich auf den Zweigen und nicken herab mit ihren klugen, langen Schnäbeln; alles atmet, alles lauscht, alles ist schauernd erwartungsvoll: – da ertönt plötzlich das weiche Waldhorn, und auf weißem Zelter jagt vorüber ein schönes Frauenbild, mit wehenden Federn auf dem Barett, mit dem Falken auf der Faust. Und dieses schöne Fräulein ist so schön, so blond, so veilchenäugig, so lächelnd und zugleich so ernsthaft, so wahr und zugleich so ironisch, so keusch und zugleich so schmachtend wie die Phantasie unseres vortrefflichen Ludwig Tieck. Ja, seine Phantasie ist ein holdseliges Ritterfräulein, das im Zauberwald nach fabelhaften Tieren jagt, vielleicht gar nach dem seltenen Einhorn, das sich nur von einer reinen Jungfrau fangen lässt.

Eine merkwürdige Veränderung begibt sich aber jetzt mit Herren Tieck, und diese bekundet sich in seiner dritten Manier. Als er nach dem Sturze der Schlegel eine lange Zeit geschwiegen, trat er wieder öffentlich auf, und zwar in einer Weise, wie man sie von ihm am wenigsten erwartet hätte. Der ehemalige Enthusiast, welcher einst, aus schwärmerischem Eifer, sich in den Schoß der katholischen Kirche begeben, welcher Aufklärung und Protestantismus so gewaltig bekämpft, welcher nur Mittelalter, nur feudalistisches Mittelalter atmete, welcher die Kunst nur in der naiven Herzensergießung liebte, dieser trat jetzt auf als Gegner der Schwärmerei, als Darsteller des modernsten Bürgerlebens, als Künstler, der in der Kunst das klarste Selbstbewusstsein verlangte, kurz, als ein vernünftiger Mann. So sehen wir ihn in einer Reihe neuerer Novellen, wovon auch einige in Frankreich bekannt geworden. Das Studium Goethes ist darin sichtbar, so wie überhaupt Herr Tieck in seiner dritten Manier als ein wahrer Schüler Goethes erscheint. Dieselbe artistische Klarheit, Heiterkeit, Ruhe und Ironie. War es früher der Schlegelschen Schule nicht gelungen, den Goethe zu sich heranzuziehen, so sehen wir jetzt, wie diese Schule, repräsentiert von Herrn Ludwig Tieck, zu Goethe überging. Dies mahnt an eine mahometanische Sage. Der Prophet hatte zu dem Berge gesagt: »Berg, komm zu mir.« Aber der Berg kam nicht. Und siehe! das größere Wunder geschah, der Prophet ging zu dem Berg.

Herr Tieck ist geboren zu Berlin, den 31. Mai 1773. Seit einer Reihe von Jahren hat er sich zu Dresden niedergelassen, wo er sich meistens mit dem Theater beschäftigte, und er, welcher in seinen früheren Schriften die Hofräte als Typus der Lächerlichkeit beständig persifliert hatte, er selber wurde jetzt königlich sächsischer Hofrat. Der liebe Gott ist doch immer noch ein größerer Ironiker als Herr Tieck.

Es ist jetzt ein sonderbares Missverhältnis eingetreten zwischen dem Verstand und der Phantasie dieses Schriftstellers. Jener, der Tiecksche Verstand, ist ein honetter, nüchterner Spießbürger, der dem Nützlichkeitssystem huldigt und nichts von Schwärmerei wissen will; jene aber, die Tiecksche Phantasie, ist noch immer das ritterliche Frauenbild mit den wehenden Federn auf dem Barett, mit dem Falken auf der Faust. Diese beiden führen eine kuriose Ehe, und es ist manchmal betrübsam zu schauen, wie das arme hochadlige Weib dem trockenen bürgerlichen Gatten in seiner Wirtschaft oder gar in seinem Käseladen behilflich sein soll. Manchmal aber, des Nachts, wenn der Herr Gemahl, mit seiner baumwollnen Mütze über dem Kopf, ruhig schnarcht, erhebt die edle Dame sich von dem ehelichen Zwangslager und besteigt ihr weißes Ross und jagt wieder lustig, wie sonst, im romantischen Zauberwald.

Ich kann nicht umhin, zu bemerken, dass der Tiecksche Verstand in seinen jüngsten Novellen noch grämlicher geworden und dass zugleich seine Phantasie von ihrer romantischen Natur immer mehr und mehr einbüßt und in kühlen Nächten, sogar mit gähnendem Behagen, im Ehebett liegenbleibt und sich dem dürren Gemahl fast liebevoll anschließt.

Herr Tieck ist jedoch immer noch ein großer Dichter. Denn er kann Gestalten schaffen, und aus seinem Herzen dringen Worte, die unsere eigenen Herzen bewegen. Aber ein zages Wesen, etwas Unbestimmtes, Unsicheres, eine gewisse Schwächlichkeit ist nicht bloß jetzt, sondern war von jeher an ihm bemerkbar. Dieser Mangel an entschlossener Kraft gibt sich nur allzu sehr kund in allem, was er tat und schrieb. Wenigstens in allem, was er schrieb, offenbart sich keine Selbständigkeit. Seine erste Manier zeigt ihn als gar nichts; seine zweite Manier zeigt ihn als einen getreuen Schildknappen der Schlegel; seine dritte Manier zeigt ihn als einen Nachahmer Goethes. Seine Theaterkritiken, die er unter dem Titel »Dramaturgische Blätter« gesammelt, sind noch das Originalste, was er geliefert hat. Aber es sind Theaterkritiken.

Um den Hamlet ganz als Schwächling zu schildern, lässt Shakespeare ihn auch, im Gespräch mit den Komödianten, als einen guten Theaterkritiker erscheinen.

Mit den ernsten Disziplinen hatte sich Herr Tieck nie sonderlich befasst. Er studierte moderne Sprachen und die älteren Urkunden unserer vaterländischen Poesie. Den klassischen Studien soll er immer fremd geblieben sein, als ein echter Romantiker. Nie beschäftigte er sich mit Philosophie; diese scheint ihm sogar widerwärtig gewesen zu sein. Auf den Feldern der Wissenschaft brach Herr Tieck nur Blumen und dünne Gerten, um mit ersteren die Nasen seiner Freunde und mit letzteren die Rücken seiner Gegner zu regalieren. Mit dem gelehrten Feldbau hat er sich nie abgegeben. Seine Schriften sind Blumensträuße und Stockbündel; nirgends eine Garbe mit Kornähren.

Außer Goethe ist es Cervantes, welchen Herr Tieck am meisten nachgeahmt. Die humoristische Ironie, ich könnte auch sagen den ironischen Humor dieser beiden modernen Dichter verbreitet auch ihren Duft in den Novellen aus Herren Tiecks dritter Manier. Ironie und Humor sind da so verschmolzen, dass sie ein und dasselbe zu sein scheinen. Von dieser humoristischen Ironie ist viel bei uns die Rede, die Goethesche Kunstschule preist sie als eine besondere Herrlichkeit ihres Meisters, und sie spielt jetzt eine große Rolle in der deutschen Literatur. Aber sie ist nur ein Zeichen unserer politischen Unfreiheit, und wie Cervantes, zur Zeit der Inquisition, zu einer humoristischen Ironie seine Zuflucht nehmen musste, um seine Gedanken anzudeuten, ohne den Familiaren des heiligen Offiz eine fassbare Blöße zu geben, so pflegte auch Goethe im Ton einer humoristischen Ironie dasjenige zu sagen, was er, der Staatsminister und Höfling, nicht unumwunden auszusprechen wagte. Goethe hat nie die Wahrheit verschwiegen, sondern wo er sie nicht nackt zeigen durfte, hat er sie in Humor und Ironie gekleidet. Die Schriftsteller, die unter Zensur und Geisteszwang aller Art schmachten und doch nimmermehr ihre Herzensmeinung verleugnen können, sind ganz besonders auf die ironische und humoristische Form angewiesen. Es ist der einzige Ausweg, welcher der Ehrlichkeit noch übriggeblieben, und in der humoristisch ironischen Verstellung offenbart sich diese Ehrlichkeit noch am rührendsten. Dieses mahnt mich wieder an den wunderlichen Prinzen von Dänemark. Hamlet ist die ehrlichste Haut von der Welt. Seine Verstellung dient nur, um die Dehors [äußerer Schein, gesellschaftlicher Anstand] zu ersetzen; er ist wunderlich, weil Wunderlichkeit die Hofetikette doch immer minder verletzt als eine dreinschlagende offene Erklärung. In allen seinen humoristisch ironischen Späßen lässt er immer absichtlich durchschauen, dass er sich nur verstellt; in allem, was er tut und sagt, ist seine wirkliche Meinung ganz sichtbar für jeden, der sich auf Sehen versteht, und gar für den König, dem er die Wahrheit zwar nicht offen sagen kann (denn dazu ist er zu schwach), dem er sie aber keineswegs verbergen will. Hamlet ist durch und durch ehrlich; nur der ehrlichste Mensch konnte sagen: »Wir sind alle Betrüger«, und indem er sich wahnsinnig stellt, will er uns ebenfalls nicht täuschen, und er ist sich innerlich bewusst, dass er wirklich wahnsinnig ist.

Ich habe nachträglich noch zwei Arbeiten des Herren Tieck zu rühmen, wodurch er sich ganz besonders den Dank des deutschen Publikums erworben. Das sind seine Übersetzung einer Reihe englischer Dramen aus der vorshakespeareschen Zeit und seine Übersetzung des »Don Quixote«. Letztere ist ihm ganz besonders gelungen, keiner hat die närrische Grandezza des ingeniosen Hidalgo von La Mancha so gut begriffen und so treu wiedergegeben wie unser vortrefflicher Tieck.

Spaßhaft genug ist es, dass gerade die romantische Schule uns die beste Übersetzung eines Buches geliefert hat, worin ihre eigne Narrheit am ergötzlichsten durchgehechelt wird. Denn diese Schule war ja von demselben Wahnsinn befangen, der auch den edlen Manchaner zu allen seinen Narrheiten begeisterte; auch sie wollte das mittelalterliche Rittertum wieder restaurieren; auch sie wollte eine abgestorbene Vergangenheit wieder ins Leben rufen. Oder hat Miguel de Cervantes Saavedra in seinem närrischen Heldengedicht auch andere Ritter persiflieren wollen, nämlich alle Menschen, die für irgendeine Idee kämpfen und leiden? Hat er wirklich in seinem langen, dürren Ritter die idealische Begeisterung überhaupt und in dessen dicken Schildknappen den realen Verstand parodieren wollen? Immerhin, letzterer spielt jedenfalls die lächerlichere Figur; denn der reale Verstand mit allen seinen hergebrachten gemeinnützigen Sprichwörtern muss dennoch auf seinem ruhigen Esel, hinter der Begeisterung einhertrottieren; trotz seiner besseren Einsicht muss er und sein Esel alles Ungemach teilen, das dem edlen Ritter so oft zustößt: ja, die ideale Begeisterung ist von so gewaltig hinreißender Art, dass der reale Verstand, mitsamt seinen Eseln, ihr immer unwillkürlich nachfolgen muss.

Oder hat der tiefsinnige Spanier noch tiefer die menschliche Natur verhöhnen wollen? Hat er vielleicht in der Gestalt des Don Quixote unseren Geist und in der Gestalt des Sancho Pansa unseren Leib allegorisiert, und das ganze Gedicht wäre alsdenn nichts anderes als ein großes Mysterium, wo die Frage über den Geist und die Materie in ihrer grässlichsten Wahrheit diskutiert wird? Soviel sehe ich in dem Buch, dass der arme materielle Sancho für die spirituellen Donquichotterien sehr viel leiden muss, dass er für die nobelsten Absichten seines Herren sehr oft die ignobelsten [gemeinen, unedlen, niedrigen, schmachvollen, schändlichen] Prügel empfängt und dass er immer verständiger ist als sein hochtrabender Herr; denn er weiß, dass Prügel sehr schlecht, die Würstchen einer Olla Potrida aber sehr gut schmecken. Wirklich, der Leib scheint oft mehr Einsicht zu haben als der Geist, und der Mensch denkt oft viel richtiger mit Rücken und Magen als mit dem Kopf.

III

Unter den Verrücktheiten der romantischen Schule in Deutschland verdient das unaufhörliche Rühmen und Preisen des Jakob Böhme eine besondere Erwähnung. Dieser Name war gleichsam das Schibboleth dieser Leute. Wenn sie den Namen Jakob Böhme aussprachen, dann schnitten sie ihre tiefsinnigsten Gesichter. War das Ernst oder Spaß?

Jener Jakob Böhme war ein Schuster, der Anno 1575 zu Görlitz in der Oberlausitz das Licht der Welt erblickt und eine Menge theosophischer Schriften hinterlassen hat. Diese sind in deutscher Sprache geschrieben und waren daher unseren Romantikern umso zugänglicher. Ob jener sonderbare Schuster ein so ausgezeichneter Philosoph gewesen ist, wie viele deutsche Mystiker behaupten, darüber kann ich nicht allzu genau urteilen, da ich ihn gar nicht gelesen; ich bin aber überzeugt, dass er keine so gute Stiefel gemacht hat wie Herr Sakoski. Die Schuster spielen überhaupt eine Rolle in unserer Literatur, und Hans Sachs, ein Schuster, welcher im Jahre 1494 zu Nürnberg geboren ist und dort sein Leben verbracht, ward von der romantischen Schule als einer unserer besten Dichter gepriesen. Ich habe ihn gelesen, und ich muss gestehen, dass ich zweifle, ob Herr Sakoski jemals so gute Verse gemacht hat wie unser alter, vortrefflicher Hans Sachs.

Des Herrn Schellings Einfluss auf die romantische Schule habe ich bereits angedeutet. Da ich ihn später besonders besprechen werde, kann ich mir hier seine ausführliche Beurteilung ersparen. Jedenfalls verdient dieser Mann unsere größte Aufmerksamkeit. Denn in früherer Zeit ist durch ihn in der deutschen Geisterwelt eine große Revolution entstanden, und in späterer Zeit hat er sich so verändert, dass die Unerfahrnen in die größten Irrtümer geraten, wenn sie den früheren Schelling mit dem jetzigen verwechseln möchten. Der frühere Schelling war ein kühner Protestant, der gegen den Fichteschen Idealismus protestierte. Dieser Idealismus war ein sonderbares System, das besonders einem Franzosen befremdlich sein muss. Denn während in Frankreich eine Philosophie aufkam, die den Geist gleichsam verkörperte, die den Geist nur als eine Modifikation der Materie anerkannte, kurz, während hier der Materialismus herrschend geworden, erhob sich in Deutschland eine Philosophie, die, ganz im Gegenteil, nur den Geist als etwas Wirkliches annahm, die alle Materie nur für eine Modifikation des Geistes erklärte, die sogar die Existenz der Materie leugnete. Es schien fast, der Geist habe jenseits des Rheins Rache gesucht für die Beleidigung, die ihm diesseits des Rheines widerfahren. Als man den Geist hier in Frankreich leugnete, da emigrierte er gleichsam nach Deutschland und leugnete dort die Materie. Fichte könnte man in dieser Beziehung als den Herzog von Braunschweig des Spiritualismus betrachten, und seine idealistische Philosophie wäre nichts als ein Manifest gegen den französischen Materialismus. Aber diese Philosophie, die wirklich die höchste Spitze des Spiritualismus bildet, konnte sich ebenso wenig erhalten wie der krasse Materialismus der Franzosen, und Herr Schelling war der Mann, welcher mit der Lehre auftrat, dass die Materie oder, wie er es nannte, die Natur nicht bloß in unserem Geiste, sondern auch in der Wirklichkeit existiere, dass unsere Anschauung von den Dingen identisch sei mit den Dingen selbst. Dieses ist nun die Schellingsche Identitätslehre oder, wie man sie auch nennt, die Naturphilosophie.

Solches geschah zu Anfang des Jahrhunderts. Herr Schelling war damals ein großer Mann. Unterdessen aber erschien Hegel auf dem philosophischen Schauplatz; Herr Schelling, welcher in den letzten Zeiten fast nichts schrieb, wurde verdunkelt, ja er geriet in Vergessenheit und behielt nur noch eine literarhistorische Bedeutung. Die Hegelsche Philosophie ward die herrschende, Hegel ward Souverän im Reich der Geister, und der arme Schelling, ein heruntergekommener, mediatisierter Philosoph, wandelte trübselig umher unter den anderen mediatisierten Herren zu München. Da sah ich ihn einst und hätte schier Tränen vergießen können über den jammervollen Anblick. Und was er sprach, war noch das Allerjämmerlichste, es war ein neidisches Schmähen auf Hegel, der ihn supplantiert [aussticht, verdrängt, ersetzt]. Wie ein Schuster über einen anderen Schuster spricht, den er beschuldigt, er habe sein Leder gestohlen und Stiefel daraus gemacht, so hörte ich Herrn Schelling, als ich ihn zufällig mal sah, über Hegel sprechen, über Hegel, welcher ihm »seine Ideen genommen«; und »meine Ideen sind es, die er genommen«, und wieder »meine Ideen«, war der beständige Refrain des armen Mannes. Wahrlich, sprach der Schuster Jakob Böhme einst wie ein Philosoph, so spricht der Philosoph Schelling jetzt wie ein Schuster.

Nichts ist lächerlicher als das reklamierte Eigentumsrecht an Ideen. Hegel hat freilich sehr viele Schellingsche Ideen zu seiner Philosophie benutzt; aber Herr Schelling hätte doch nie mit diesen Ideen etwas anzufangen gewusst. Er hat immer nur philosophiert, aber nimmermehr eine Philosophie geben können. Und dann dürfte man wohl behaupten, dass Herr Schelling mehr von Spinoza entlehnt hat, als Hegel von ihm selber. Wenn man den Spinoza einst aus seiner starren, altcartesianischen, mathematischen Form erlöst und ihn dem großen Publikum zugänglicher macht, dann wird sich vielleicht zeigen, dass er mehr als jeder andere über Ideendiebstahl klagen dürfte. Alle unsere heutigen Philosophen, vielleicht oft ohne es zu wissen, sehen sie durch die Brillen, die Baruch Spinoza geschliffen hat.

Missgunst und Neid hat Engel zum Falle gebracht, und es ist leider nur zu gewiss, dass Unmut wegen Hegels immer steigendem Ansehen den armen Herrn Schelling dahin geführt, wo wir ihn jetzt sehen, nämlich in die Schlingen der katholischen Propaganda, deren Hauptquartier zu München. Herr Schelling verriet die Philosophie an die katholische Religion. Alle Zeugnisse stimmen hierin überein, und es war längst vorauszusehen, dass es dazu kommen musste. Aus dem Mund einiger Machthaber zu München hatte ich so oft die Worte gehört, man müsse den Glauben verbinden mit dem Wissen. Diese Phrase war unschuldig wie die Blume, und dahinter lauerte die Schlange. Jetzt weiß ich, was ihr gewollt habt. Herr Schelling muss jetzt dazu dienen, mit allen Kräften seines Geistes die katholische Religion zu rechtfertigen, und alles, was er unter dem Namen Philosophie jetzt lehrt, ist nichts anderes als eine Rechtfertigung des Katholizismus. Dabei spekulierte man noch auf den Nebenvorteil, dass der gefeierte Name die weisheitsdürstende deutsche Jugend nach München lockt und die jesuitische Lüge im Gewande der Philosophie sie desto leichter betört. Andächtig kniet diese Jugend nieder vor dem Manne, den sie für den Hohepriester der Wahrheit hält, und arglos empfängt sie aus seinen Händen die vergiftete Hostie.

Unter den Schülern des Herrn Schelling nennt Deutschland in besonders rühmlicher Weise den Herrn Steffens, der jetzt Professor der Philosophie in Berlin. Er lebte zu Jena, als die Schlegel dort ihr Wesen trieben, und sein Name erklingt häufig in den Annalen der romantischen Schule. Er hat späterhin auch einige Novellen geschrieben, worin viel Scharfsinn und wenig Poesie zu finden ist. Bedeutender sind seine wissenschaftlichen Werke, namentlich seine »Anthropologie«. Diese ist voll originaler Ideen. Von dieser Seite ist ihm weniger Anerkennung zuteil geworden, als er wohl verdiente. Andere haben die Kunst verstanden, seine Ideen zu bearbeiten und sie als die ihrigen ins Publikum zu bringen. Herr Steffens durfte mehr als sein Meister sich beklagen, dass man ihm seine Ideen entwendet. Unter seinen Ideen gab es aber eine, die sich keiner zugeeignet hat, und es ist seine Hauptidee, die erhabene Idee: »Henrik Steffens, geboren den 2. Mai 1773 zu Stavanger bei Drontheim in Norwegen, sei der größte Mann seines Jahrhunderts«.

Seit den letzten Jahren ist dieser Mann in die Hände der Pietisten geraten, und seine Philosophie ist jetzt nichts als ein weinerlicher, lauwarm wässrichter Pietismus.

Ein ähnlicher Geist ist Herr Joseph Görres, dessen ich schon mehrmals erwähnt und der ebenfalls zur Schellingschen Schule gehört. Er ist in Deutschland bekannt unter dem Namen »der vierte Alliierte«. So hatte ihn nämlich einst ein französischer Journalist genannt, im Jahr 1814, als er, beauftragt von der Heiligen Allianz, den Hass gegen Frankreich predigte. Von diesem Komplimente zehrt der Mann noch bis auf den heutigen Tag. Aber, in der Tat, niemand vermochte so gewaltig wie er vermittelst nationaler Erinnerungen den Hass der Deutschen gegen die Franzosen zu entflammen; und das Journal, das er in dieser Absicht schrieb, der »Rheinische Merkur«, ist voll von solchen Beschwörungsformeln, die, käme es wieder zum Kriege, noch immer einige Wirkung ausüben möchten. Seitdem kam Herr Görres fast in Vergessenheit. Die Fürsten hatten seiner nicht mehr nötig und ließen ihn laufen. Als er deshalb zu knurren anfing, verfolgten sie ihn sogar. Es ging ihnen wie den Spaniern auf der Insel Kuba, die, im Kriege mit den Indianern, ihre großen Hunde abgerichtet hatten, die nackten Wilden zu zerfleischen; als aber der Krieg zu Ende war und die Hunde, die an Menschenblut Geschmack gefunden, jetzt zuweilen auch ihre Herren in die Waden bissen, da mussten diese sich gewaltsam ihrer Bluthunde zu entledigen suchen. Als Herr Görres, von den Fürsten verfolgt, nichts mehr zu beißen hatte, warf er sich in die Arme der Jesuiten, diesen dient er bis auf diese Stunde, und er ist eine Hauptstütze der katholischen Propaganda zu München. Dort sah ich ihn, vor einigen Jahren, in der Blüte seiner Erniedrigung. Vor einem Auditorium, das meistens aus katholischen Seminaristen bestand, hielt er Vorlesungen über allgemeine Weltgeschichte und war schon bis zum Sündenfall gekommen. Welch ein schreckliches Ende nehmen doch die Feinde Frankreichs! Der vierte Alliierte ist jetzt dazu verdammt, den katholischen Seminaristen, der École polytechnique des Obskurantismus, jahraus, jahrein, tagtäglich den Sündenfall zu erzählen! In dem Vortrage des Mannes herrschte, wie in seinen Büchern, die größte Konfusion, die größte Begriffs- und Sprachverwirrung, und nicht ohne Grund hat man ihn oft mit dem babylonischen Turm verglichen. Er gleicht wirklich einem ungeheuren Turm, worin hunderttausend Gedanken sich abarbeiten und sich besprechen und zurufen und zanken, ohne dass der eine den anderen versteht. Manchmal schien der Lärm in seinem Kopf ein wenig zu schweigen, und er sprach dann lang und langsam und langweilig, und von seinen missmutigen Lippen fielen die monotonen Worte herab, wie trübe Regentropfen von einer bleiernen Dachtraufe.

Wenn manchmal die alte demagogische Wildheit wieder in ihm erwachte und mit seinen mönchisch frommen Demutsworten widerwärtig kontrastierte; wenn er christlich liebevoll wimmerte, während er blutdürstig wütend hin und her sprang: dann glaubte man eine tonsurierte Hyäne zu sehen.

Herr Görres ist geboren zu Koblenz, den 25. Januar 1776. Die übrigen Partikularitäten seines Lebens, wie die des Lebens der meisten seiner Genossen, bitte ich mir zu erlassen. Ich habe vielleicht in der Beurteilung seiner Freunde, der beiden Schlegel, die Grenze überschritten, wie weit man das Leben dieser Leute besprechen darf. – Ach! wie betrübsam ist es, wenn man nicht bloß jene Dioskuren, sondern wenn man überhaupt die Sterne unserer Literatur in der Nähe betrachtet! Die Sterne des Himmels erscheinen uns aber vielleicht deshalb so schön und rein, weil wir weit von ihnen entfernt stehen und ihr Privatleben nicht kennen. Es gibt gewiss dort oben ebenfalls manche Sterne, welche lügen und betteln; Sterne, welche heucheln; Sterne, welche gezwungen sind, alle möglichen Schlechtigkeiten zu begehen; Sterne, welche sich einander küssen und verraten; Sterne, welche ihren Feinden und, was noch schmerzlicher ist, sogar ihren Freunden schmeicheln, ebenso gut wie wir hier unten. Jene Kometen, die man dort oben manchmal wie Mänaden des Himmels, mit aufgelöstem Strahlenhaar, umherschweifen sieht, das sind vielleicht liederliche Sterne, die am Ende sich reuig und devot in einen obskuren Winkel des Firmaments verkriechen und die Sonne hassen.

Indem ich hier von deutschen Philosophen gesprochen, kann ich nicht umhin, einen Irrtum zu berichtigen, den ich in Betreff der deutschen Philosophie hier in Frankreich allzu sehr verbreitet finde. Seit nämlich einige Franzosen sich mit der Schellingschen und Hegelschen Philosophie beschäftigt, die Resultate ihrer Studien in französischer Sprache mitgeteilt, auch wohl auf französische Verhältnisse angewendet, seitdem klagen die Freunde des klaren Denkens und der Freiheit, dass man aus Deutschland die aberwitzigsten Träumereien und Sophismen einführe, womit man die Geister zu verwirren und jede Lüge und jeden Despotismus mit dem Schein der Wahrheit und des Rechts zu umkleiden verstünde. Mit einem Wort, diese edlen, für die Interessen des Liberalismus besorgten Leute klagen über den schädlichen Einfluss der deutschen Philosophie in Frankreich. Aber der armen deutschen Philosophie geschieht Unrecht. Denn erstens ist das keine deutsche Philosophie, was den Franzosen bisher unter diesem Titel, namentlich von Herrn Victor Cousin, präsentiert worden. Herr Cousin hat sehr viel geistreiches Wischiwaschi, aber keine deutsche Philosophie vorgetragen. Zweitens, die eigentliche deutsche Philosophie ist die, welche ganz unmittelbar aus Kants »Kritik der reinen Vernunft« hervorgegangen und, den Charakter dieses Ursprungs bewahrend, sich wenig um politische oder religiöse Verhältnisse, desto mehr aber um die letzten Gründe aller Erkenntnis bekümmerte.

Es ist wahr, die metaphysischen Systeme der meisten deutschen Philosophen glichen nur allzu sehr bloßem Spinnweb. Aber was schadete das? Konnte doch der Jesuitismus dieses Spinnweb nicht zu seinen Lügennetzen benutzen und konnte doch ebenso wenig der Despotismus seine Stricke daraus drehen, um die Geister zu binden. Nur seit Schelling verlor die deutsche Philosophie diesen dünnen, aber harmlosen Charakter. Unsere Philosophen kritisierten seitdem nicht mehr die letzten Gründe der Erkenntnisse und des Seins überhaupt, sie schwebten nicht mehr in idealistischen Abstraktionen, sondern sie suchten Gründe, um das Vorhandene zu rechtfertigen, sie wurden Justifikatoren dessen, was da ist. Während unsere früheren Philosophen, arm und entsagend, in kümmerlichen Dachstübchen hockten und ihre Systeme ausgrübelten, stecken unsere jetzigen Philosophen in der brillanten Livree der Macht, sie wurden Staatsphilosophen, nämlich sie ersannen philosophische Rechtfertigungen aller Interessen des Staates, worin sie sich angestellt befanden. Zum Beispiel Hegel, Professor in dem protestantischen Berlin, hat in seinem System auch die ganze evangelisch protestantische Dogmatik aufgenommen; und Herr Schelling, Professor in dem katholischen München, justifiziert jetzt, in seinen Vorlesungen, selbst die extravagantesten Lehrsätze der römisch-katholisch-apostolischen Kirche.

Ja, wie einst die alexandrinischen Philosophen allen ihren Scharfsinn aufgeboten, um, durch allegorische Auslegungen, die sinkende Religion des Jupiter vor dem gänzlichen Untergang zu bewahren, so versuchen unsere deutschen Philosophen etwas Ähnliches für die Religion Christi. Es kümmert uns wenig, zu untersuchen, ob diese Philosophen einen uneigennützigen Zweck haben; sehen wir sie aber in Verbindung mit der Partei der Priester, deren materielle Interessen mit der Erhaltung des Katholizismus verknüpft sind, so nennen wir sie Jesuiten. Sie mögen sich aber nicht einbilden, dass wir sie mit den älteren Jesuiten verwechseln. Diese waren groß und gewaltig, voll Weisheit und Willenskraft. Oh, der schwächlichen Zwerge, die da wähnen, sie würden die Schwierigkeiten besiegen, woran sogar jene schwarzen Riesen gescheitert! Nie hat der menschliche Geist größere Kombinationen ersonnen als die, wodurch die alten Jesuiten den Katholizismus zu erhalten suchten. Aber es gelang ihnen nicht, weil sie nur für die Erhaltung des Katholizismus und nicht für den Katholizismus selbst begeistert waren. An letzterem, an und für sich, war ihnen eigentlich nicht viel gelegen; daher profanierten sie zuweilen das katholische Prinzip selbst, um es nur zur Herrschaft zu bringen; sie verständigten sich mit dem Heidentum, mit den Gewalthabern der Erde, beförderten deren Lüste, wurden Mörder und Handelsleute, und wo es darauf ankam, wurden sie sogar Atheisten. Aber vergebens gewährten ihre Beichtiger die freundlichsten Absolutionen und buhlten ihre Kasuisten mit jedem Laster und Verbrechen. Vergebens haben sie mit den Laien in Kunst und Wissenschaft gewetteifert, um beide als Mittel zu benutzen. Hier wird ihre Ohnmacht ganz sichtbar. Sie beneideten alle großen Gelehrten und Künstler und konnten doch nichts Außerordentliches entdecken oder schaffen. Sie haben fromme Hymnen gedichtet und Dome gebaut; aber in ihren Gedichten weht kein freier Geist, sondern seufzt nur der zitternde Gehorsam für die Oberen des Ordens; und gar in ihren Bauwerken sieht man nur eine ängstliche Unfreiheit, steinerne Schmiegsamkeit, Erhabenheit auf Befehl. Mit Recht sagte einst Barrault: »Die Jesuiten konnten die Erde nicht zum Himmel erheben, und sie zogen den Himmel herab zur Erde.« Fruchtlos war all ihr Tun und Wirken. Aus der Lüge kann kein Leben erblühen, und Gott kann nicht gerettet werden durch den Teufel. – Herr Schelling ist geboren den 27. Januar 1775 in Württemberg.

IV

Über das Verhältnis des Herren Schelling zur romantischen Schule habe ich nur wenig Andeutungen geben können. Sein Einfluss war meistens persönlicher Art. Dann ist auch, seit durch ihn die Naturphilosophie in Schwung gekommen, die Natur viel sinniger von den Dichtern aufgefasst worden. Die einen versenkten sich mit allen ihren menschlichen Gefühlen in die Natur hinein; die anderen hatten einige Zauberformeln sich gemerkt, womit man etwas Menschliches aus der Natur hervorschauen und hervorsprechen lassen konnte. Erstere waren die eigentlichen Mystiker und glichen in vieler Hinsicht den indischen Religiösen, die in der Natur aufgehen und endlich mit der Natur in Gemeinschaft zu fühlen beginnen. Die anderen waren vielmehr Beschwörer, sie riefen mit eigenem Willen sogar die feindlichen Geister aus der Natur hervor, sie glichen dem arabischen Zauberer, der nach Willkür jeden Stein zu beleben und jedes Leben zu versteinern weiß. Zu den ersteren gehörte zunächst Novalis, zu den anderen zunächst Hoffmann. Novalis sah überall nur Wunder, und liebliche Wunder; er belauschte das Gespräch der Pflanzen, er wusste das Geheimnis jeder jungen Rose, er identifizierte sich endlich mit der ganzen Natur, und als es Herbst wurde und die Blätter abfielen, da starb er. Hoffmann hingegen sah überall nur Gespenster, sie nickten ihm entgegen aus jeder chinesischen Teekanne und jeder Berliner Perücke; er war ein Zauberer, der die Menschen in Bestien verwandelte und diese sogar in königlich preußische Hofräte; er konnte die Toten aus den Gräbern hervorrufen, aber das Leben selbst stieß ihn von sich als einen trüben Spuk. Das fühlte er; er fühlte, dass er selbst ein Gespenst geworden; die ganze Natur war ihm jetzt ein missgeschliffener Spiegel, worin er, tausendfältig verzerrt, nur seine eigene Totenlarve erblickte, und seine Werke sind nichts anderes als ein entsetzlicher Angstschrei in zwanzig Bänden.

Hoffmann gehört nicht zu der romantischen Schule. Er stand in keiner Berührung mit den Schlegeln und noch viel weniger mit ihren Tendenzen. Ich erwähnte seiner hier nur im Gegensatz zu Novalis, der ganz eigentlich ein Poet aus jener Schule ist. Novalis ist hier minder bekannt als Hoffmann, welcher von Loeve-Veimars in einem so vortrefflichen Anzug dem französischen Publikum vorgestellt worden und dadurch in Frankreich eine große Reputation erlangt hat. Bei uns in Deutschland ist jetzt Hoffmann keineswegs en vogue, aber er war es früher. In seiner Periode wurde er viel gelesen, aber nur von Menschen, deren Nerven zu stark oder zu schwach waren, als dass sie von gelinden Akkorden affiziert werden konnten. Die eigentlichen Geistreichen und die poetischen Naturen wollten nichts von ihm wissen. Diesen war der Novalis viel lieber. Aber, ehrlich gestanden, Hoffmann war als Dichter viel bedeutender als Novalis. Denn letzterer, mit seinen idealischen Gebilden, schwebt immer in der blauen Luft, während Hoffmann, mit allen seinen bizarren Fratzen, sich doch immer an der irdischen Realität festklammert. Wie aber der Riese Antäus unbezwingbar stark blieb, wenn er mit dem Fuß die Mutter Erde berührte, und seine Kraft verlor, sobald ihn Herkules in die Höhe hob, so ist auch der Dichter stark und gewaltig, solange er den Boden der Wirklichkeit nicht verlässt, und er wird ohnmächtig, sobald er schwärmerisch in der blauen Luft umherschwebt.

Die große Ähnlichkeit zwischen beiden Dichtern besteht wohl darin, dass ihre Poesie eigentlich eine Krankheit war. In dieser Hinsicht hat man geäußert, dass die Beurteilung ihrer Schriften nicht das Geschäft des Kritikers, sondern des Arztes sei. Der Rosenschein in den Dichtungen des Novalis ist nicht die Farbe der Gesundheit, sondern der Schwindsucht, und die Purpurglut in Hoffmanns »Phantasiestücken« ist nicht die Flamme des Genies, sondern des Fiebers.

Aber haben wir ein Recht zu solchen Bemerkungen, wir, die wir nicht allzu sehr mit Gesundheit gesegnet sind? Und gar jetzt, wo die Literatur wie ein großes Lazarett aussieht? Oder ist die Poesie vielleicht eine Krankheit des Menschen, wie die Perle eigentlich nur der Krankheitsstoff ist, woran das arme Austertier leidet?

Novalis wurde geboren den 2. Mai 1772. Sein eigentlicher Name ist Hardenberg. Er liebte eine junge Dame, die an der Schwindsucht litt und an diesem Übel starb. In allem, was er schrieb, weht diese trübe Geschichte, sein Leben war nur ein träumerisches Hinsterben, und er starb an der Schwindsucht, im Jahr 1801, ehe er sein neunundzwanzigstes Lebensjahr und seinen Roman vollendet hatte. Dieser Roman ist in seiner jetzigen Gestalt nur das Fragment eines großen allegorischen Gedichtes, das, wie die »Göttliche Komödie« des Dante, alle irdischen und himmlischen Dinge feiern sollte. Heinrich von Ofterdingen, der berühmte Dichter, ist der Held dieses Romans. Wir sehen ihn als Jüngling in Eisenach, dem lieblichen Städtchen, welches am Fuße jener alten Wartburg liegt, wo schon das Größte, aber auch schon das Dümmste geschehen; wo nämlich Luther seine Bibel übersetzt und einige alberne Deutschtümler den Gendarmeriekodex des Herrn Kamptz verbrannt haben. In dieser Burg ward auch einst jener Sängerkrieg geführt, wo, unter anderen Dichtern, auch Heinrich von Ofterdingen mit Klingsohr von Ungerland den gefährlichen Wettstreit in der Dichtkunst gesungen, den uns die Manessische Sammlung aufbewahrt hat. Dem Scharfrichter sollte das Haupt des Unterliegenden verfallen sein, und der Landgraf von Thüringen war Schiedsrichter. Bedeutungsvoll hebt sich nun die Wartburg, der Schauplatz seines späteren Ruhms, über die Wiege des Helden, und der Anfang des Romans von Novalis zeigt ihn, wie gesagt, in dem väterlichen Hause zu Eisenach. »Die Eltern liegen schon und schlafen, die Wanduhr schlägt ihren einförmigen Takt, vor den klappernden Fenstern saust der Wind; abwechselnd wird die Stube hell von dem Schimmer des Mondes.

Der Jüngling lag unruhig auf seinem Lager und gedachte des Fremden und seiner Erzählungen. ›Nicht die Schätze sind es, die ein so unaussprechliches Verlangen in mir geweckt haben‹, sagte er zu sich selbst, ›fernab liegt mir alle Habsucht; aber die blaue Blume sehne ich mich zu erblicken. Sie liegt mir unaufhörlich im Sinn, und ich kann nichts anders dichten und denken. So ist mir noch nie zumute gewesen: es ist, als hätte ich vorhin geträumt oder ich wäre in eine andere Welt hinübergeschlummert; denn in der Welt, in der ich sonst lebte, wer hätte da sich um Blumen bekümmert; und gar von einer so seltsamen Leidenschaft für eine Blume habe ich damals nie gehört.‹«

Mit solchen Worten beginnt »Heinrich von Ofterdingen«, und überall in diesem Roman leuchtet und duftet die blaue Blume. Sonderbar und bedeutungsvoll ist es, dass selbst die fabelhaftesten Personen in diesem Buch uns so bekannt dünken, als hätten wir in früheren Zeiten schon recht traulich mit ihnen gelebt. Alte Erinnerungen erwachen, selbst Sophia trägt so wohlbekannte Gesichtszüge, und es treten uns ganze Buchenalleen ins Gedächtnis, wo wir mit ihr auf und ab gegangen und heiter gekost. Aber das alles liegt so dämmernd hinter uns wie ein halbvergessener Traum. – Die Muse des Novalis war ein schlankes, weißes Mädchen mit ernsthaft blauen Augen, goldenen Hyazinthenlocken, lächelnden Lippen und einem kleinen roten Muttermal an der linken Seite des Kinns. Ich denke mir nämlich als Muse der Novalisschen Poesie ebendasselbe Mädchen, das mich zuerst mit Novalis bekannt machte, als ich den roten Maroquinband mit Goldschnitt, welcher den »Ofterdingen« enthielt, in ihren schönen Händen erblickte. Sie trug immer ein blaues Kleid und hieß Sophia. Einige Stationen von Göttingen lebte sie bei ihrer Schwester, der Frau Postmeisterin, einer heiteren, dicken, rotbäckigen Frau mit einem hohen Busen, der, mit seinen ausgezackten steifen Blonden [Seidenspitzen], wie eine Festung aussah; diese Festung war aber unüberwindlich, die Frau war ein Gibraltar der Tugend. Es war eine tätige, wirtschaftliche, praktische Frau, und doch bestand ihr einziges Vergnügen darin, Hoffmannsche Romane zu lesen. In Hoffmann fand sie den Mann, der es verstand, ihre derbe Natur zu rütteln und in angenehme Bewegung zu setzen. Ihrer blassen, zarten Schwester hingegen gab schon der Anblick eines Hoffmannschen Buches die unangenehmste Empfindung, und berührte sie ein solches unversehens, so zuckte sie zusammen. Sie war so zart wie eine Sinnpflanze, und ihre Worte waren so duftig, so reinklingend, und wenn man sie zusammensetzte, waren es Verse. Ich habe manches, was sie sprach, aufgeschrieben, und es sind sonderbare Gedichte, ganz in der Novalisschen Weise, nur noch geistiger und verhallender. Eins dieser Gedichte, das sie zu mir sprach, als ich Abschied von ihr nahm, um nach Italien zu reisen, ist mir besonders lieb. In einem herbstlichen Garten, wo eine Illumination stattgefunden, hört man das Gespräch zwischen dem letzten Lämpchen, der letzten Rose und einem wilden Schwan. Die Morgennebel brechen jetzt heran, das letzte Lämpchen ist erloschen, die Rose ist entblättert, und der Schwan entfaltet seine weißen Flügel und fliegt nach Süden.

Es gibt nämlich im Hannövrischen viele wilde Schwäne, die im Herbst nach dem wärmeren Süden auswandern und im Sommer wieder zu uns heimkehren. Sie bringen den Winter wahrscheinlich in Afrika zu. Denn in der Brust eines toten Schwans fanden wir einmal einen Pfeil, welchen Professor Blumenbach für einen afrikanischen erkannte. Der arme Vogel, mit dem Pfeil in der Brust, war er doch nach dem nordischen Neste zurückgekehrt, um dort zu sterben. Mancher Schwan aber mag, von solchen Pfeilen getroffen, nicht imstande gewesen sein, seine Reise zu vollenden, und er blieb vielleicht kraftlos zurück in einer brennenden Sandwüste, oder er sitzte jetzt mit ermatteten Schwingen auf irgendeiner ägyptischen Pyramide und schaut sehnsüchtig nach dem Norden, nach dem kühlen Sommerneste im Lande Hannover.

Als ich, im Spätherbst 1828, aus dem Süden zurückkehrte (und zwar mit dem brennenden Pfeil in der Brust), führte mich mein Weg in die Nähe von Göttingen, und bei meiner dicken Freundin, der Posthalterin, stieg ich ab, um Pferde zu wechseln. Ich hatte sie seit Jahr und Tag nicht gesehen, und die gute Frau schien sehr verändert. Ihr Busen glich noch immer einer Festung, aber einer geschleiften; die Bastionen rasiert, die zwei Haupttürme nur hängende Ruinen, keine Schildwache bewachte mehr den Eingang, und das Herz, die Zitadelle, war gebrochen. Wie ich von dem Postillion Pieper erfuhr, hatte sie sogar die Lust an den Hoffmannschen Romanen verloren, und sie trank jetzt vor Schlafengehn desto mehr Branntwein. Das ist auch viel einfacher; denn den Branntwein haben die Leute immer selbst im Hause, die Hoffmannschen Romane hingegen mussten sie vier Stunden weit aus der Deuerlichschen Lesebibliothek zu Göttingen holen lassen. Der Postillion Pieper war ein kleiner Kerl, der dabei so sauer aussah, als habe er Essig gesoffen und sei davon ganz zusammengezogen. Als ich diesen Menschen nach der Schwester der Frau Posthalterin befragte, antwortete er: »Mademoiselle Sophia wird bald sterben und ist schon jetzt ein Engel.« Wie vortrefflich musste ein Wesen sein, wovon sogar der saure Pieper sagte, sie sei ein Engel! Und er sagte dieses, während er, mit seinem hochbestiefelten Fuße, das schnatternde und flatternde Federvieh fortscheuchte. Das Posthaus, einst lachend weiß, hatte sich ebenso wie seine Wirtin verändert, es war krankhaft vergilbt, und die Mauern hatten tiefe Runzeln bekommen. Im Hofraum lagen zerschlagene Wagen, und neben dem Misthaufen, an einer Stange, hing, zum Trocknen, ein durchnässter, scharlachroter Postillionsmantel. Mademoiselle Sophia stand oben am Fenster und las, und als ich zu ihr hinaufkam, fand ich wieder in ihren Händen ein Buch, dessen Einband von rotem Maroquin mit Goldschnitt, und es war wieder der »Ofterdingen« von Novalis. Sie hatte also immer und immer noch in diesem Buche gelesen, und sie hatte sich die Schwindsucht herausgelesen und sah aus wie ein leuchtender Schatten. Aber sie war jetzt von einer geistigen Schönheit, deren Anblick mich aufs Schmerzlichste bewegte. Ich nahm ihre beiden blassen, mageren Hände und sah ihr tief hinein in die blauen Augen und fragte sie endlich: »Mademoiselle Sophia, wie befinden Sie sich?« – »Ich befinde mich gut«, antwortete sie, »und bald noch besser!«, und sie zeigte zum Fenster hinaus nach dem neuen Kirchhof, einem kleinen Hügel, unfern des Hauses. Auf diesem kahlen Hügel stand eine einzige schmale dürre Pappel, woran nur noch wenige Blätter hingen, und das bewegte sich im Herbstwind, nicht wie ein lebender Baum, sondern wie das Gespenst eines Baumes.

Unter dieser Pappel liegt jetzt Mademoiselle Sophia, und ihr hinterlassenes Andenken, das Buch in rotem Maroquin mit Goldschnitt, der »Heinrich von Ofterdingen« des Novalis, liegt eben jetzt vor mir auf meinem Schreibtisch, und ich benutzte es bei der Abfassung dieses Kapitels.

Drittes Buch

I

Kennt ihr China, das Vaterland der geflügelten Drachen und der porzellanenen Teekannen? Das ganze Land ist ein Raritätenkabinett, umgeben von einer unmenschlich langen Mauer und hunderttausend tartarischen Schildwachen. Aber die Vögel und die Gedanken der europäischen Gelehrten fliegen darüber, und wenn sie sich dort sattsam umgesehen und wieder heimkehren, erzählen sie uns die köstlichsten Dinge von dem kuriosen Land und kuriosen Volk. Die Natur mit ihren grellen, verschnörkelten Erscheinungen, abenteuerlichen Riesenblumen, Zwergbäumen, verschnitzelten Bergen, barock wollüstigen Früchten, aberwitzig geputzten Vögeln ist dort eine ebenso fabelhafte Karikatur wie der Mensch mit seinem spitzigen Zopfkopf, seinen Bücklingen, langen Nägeln, altklugem Wesen und kindisch einsilbiger Sprache. Mensch und Natur können dort einander nicht ohne innere Lachlust ansehen. Sie lachen aber nicht laut, weil sie beide viel zu zivilisiert höflich sind; und um das Lachen zu unterdrücken, schneiden sie die ernsthaft possierlichsten Gesichter. Es gibt dort weder Schatten noch Perspektive. Auf den buntscheckigen Häusern heben sich, übereinandergestapelt, eine Menge Dächer, die wie aufgespannte Regenschirme aussehen und woran lauter metallene Glöckchen hängen, so dass sogar der Wind, wenn er vorbeistreift, durch ein närrisches Geklingel sich lächerlich machen muss.

In einem solchen Glockenhaus wohnte einst eine Prinzessin, deren Füßchen noch kleiner waren als die der übrigen Chinesinnen, deren kleine, schräggeschlitzte Äuglein noch süßträumerischer zwinkerten als die der übrigen Damen des himmlischen Reiches und in deren kleinem kichernden Herzen die allertollsten Launen nisteten. Es war nämlich ihre höchste Wonne, wenn sie kostbare Seiden- und Goldstoffe zerreißen konnte. Wenn das recht knisterte und krackte unter ihren zerreißenden Fingern, dann jauchzte sie vor Entzücken. Als sie aber endlich ihr ganzes Vermögen an solcher Liebhaberei verschwendet, als sie all ihr Hab und Gut zerrissen hatte, ward sie, auf Anraten sämtlicher Mandarine, als eine unheilbare Wahnsinnige, in einen runden Turm eingesperrt.

Diese chinesische Prinzessin, die personifizierte Kaprice, ist zugleich die personifizierte Muse eines deutschen Dichters, der in einer Geschichte der romantischen Poesie nicht unerwähnt bleiben darf. Es ist die Muse, die uns aus den Poesien des Herrn Clemens Brentano so wahnsinnig entgegenlacht. Da zerreißt sie die glattesten Atlasschleppen und die glänzendsten Goldtressen, und ihre zerstörungssüchtige Liebenswürdigkeit und ihre jauchzend blühende Tollheit erfüllt unsere Seele mit unheimlichem Entzücken und lüsterner Angst. Seit fünfzehn Jahren lebt aber Herr Brentano entfernt von der Welt, eingeschlossen, ja eingemauert in seinem Katholizismus. Es gab nichts Kostbares mehr zu zerreißen. Er hat, wie man sagt, die Herzen zerrissen, die ihn liebten, und jeder seiner Freunde klagt über mutwillige Verletzung. Gegen sich selbst und sein poetisches Talent hat er am meisten seine Zerstörungssucht geübt. Ich mache besonders aufmerksam auf ein Lustspiel dieses Dichters, betitelt »Ponce de Leon«. Es gibt nichts Zerrisseneres als dieses Stück, sowohl in Hinsicht der Gedanken als auch der Sprache. Aber alle diese Fetzen leben und kreiseln in bunter Lust. Man glaubt einen Maskenball von Worten und Gedanken zu sehen. Das tummelt sich alles in süßester Verwirrung, und nur der gemeinsame Wahnsinn bringt eine gewisse Einheit hervor. Wie Harlekine rennen die verrücktesten Wortspiele durch das ganze Stück und schlagen überallhin mit ihrer glatten Pritsche. Eine ernsthafte Redensart tritt manchmal auf, stottert aber wie der Dottore von Bologna. Da schlendert eine Phrase wie ein weißer Pierrot mit zu weiten, schleppenden Ärmeln und allzu großen Westenknöpfen. Da springen bucklichte Witze mit kurzen Beinchen, wie Policinelle. Liebesworte wie neckende Kolombinen flattern umher, mit Wehmut im Herzen. Und das tanzt und hüpft und wirbelt und schnarrt, und drüberhin erschallen die Trompeten der bacchantischen Zerstörungslust.

Eine große Tragödie desselben Dichters, »Die Gründung Prags«, ist ebenfalls sehr merkwürdig. Es sind Szenen darin, wo man von den geheimnisvollsten Schauern der uralten Sagen angeweht wird. Da rauschen die dunklen böhmischen Wälder, da wandeln noch die zornigen Slawengötter, da schmettern noch die heidnischen Nachtigallen; aber die Wipfel der Bäume bestrahlt schon das sanfte Morgenrot des Christentums. Auch einige gute Erzählungen hat Herr Brentano geschrieben, namentlich »Die Geschichte vom braven Kasperl und dem schönen Nannerl«. Als das schöne Nannerl noch ein Kind war und mit ihrer Großmutter in die Scharfrichterei ging, um dort, wie das gemeine Volk in Deutschland zu tun pflegt, einige heilsame Arzneien zu kaufen, da bewegte sich plötzlich etwas in dem großen Schrank, vor welchem das schöne Nannerl eben stand, und das Kind rief mit Entsetzen: »Eine Maus! eine Maus!« Aber der Scharfrichter erschrak noch weit mehr und wurde ernsthaft wie der Tod und sagte zu der Großmutter: »Liebe Frau, in diesem Schrank hängt mein Richtschwert, und das bewegt sich jedes Mal von selbst, wenn ihm jemand nahet, der einst damit geköpft werden soll. Mein Schwert lechzt nach dem Blute dieses Kindes. Erlaubt mir, dass ich die Kleine nur ein wenig damit am Hälschen ritze. Das Schwert ist dann zufriedengestellt mit einem Tröpfchen Blut und trägt kein fürderes Verlangen.« Die Großmutter gab jedoch diesem vernünftigen Rate kein Gehör und mochte es späterhin genugsam bereuen, als das schöne Nannerl wirklich geköpft wurde mit demselben Schwert. – Herr Clemens Brentano mag wohl jetzt fünfzig Jahre alt sein, und er lebt zu Frankfurt, einsiedlerisch zurückgezogen, als ein korrespondierendes Mitglied der katholischen Propaganda. Sein Name ist in der letzten Zeit fast verschollen, und nur wenn die Rede von den Volksliedern, die er mit seinem verstorbenen Freund Achim von Arnim herausgegeben, wird er noch zuweilen genannt. Er hat nämlich, in Gemeinschaft mit letzterm, unter dem Titel »Des Knaben Wunderhorn« eine Sammlung Lieder herausgegeben, die sie teils noch im Munde des Volkes, teils auch in fliegenden Blättern und seltenen Druckschriften gefunden haben. Dieses Buch kann ich nicht genug rühmen; es enthält die holdseligsten Blüten des deutschen Geistes, und wer das deutsche Volk von einer liebenswürdigen Seite kennenlernen will, der lese diese Volkslieder. In diesem Augenblick liegt dieses Buch vor mir, und es ist mir, als röche ich den Duft der deutschen Linden. Die Linde spielt nämlich eine Hauptrolle in diesen Liedern, in ihrem Schatten kosen des Abends die Liebenden, sie ist ihr Lieblingsbaum, und vielleicht aus dem Grund, weil das Lindenblatt die Form eines Menschenherzens zeigt. Diese Bemerkung machte einst ein deutscher Dichter, der mir am liebsten ist, nämlich ich. Auf dem Titelblatt jenes Buches ist ein Knabe, der das Horn bläst; und wenn ein Deutscher in der Fremde dieses Bild lange betrachtet, glaubt er die wohlbekanntesten Töne zu vernehmen, und es könnte ihn wohl dabei das Heimweh beschleichen, wie den Schweizer Landsknecht, der auf der Straßburger Bastei Schildwache stand, fern den Kuhreigen hörte, die Pike von sich warf, über den Rhein schwamm, aber bald wieder eingefangen und als Deserteur erschossen wurde. »Des Knaben Wunderhorn« enthält darüber das rührende Lied:

Zu Straßburg auf der Schanz',
Da ging mein Trauern an,
Das Alphorn hört ich drüben wohl anstimmen,
Ins Vaterland musst ich hinüberschwimmen,
Das ging nicht an.

Ein' Stund' in der Nacht,
Sie haben mich gebracht:
Sie führten mich gleich vor des Hauptmanns Haus,
Ach Gott, sie fischten mich im Strome auf,
Mit mir ist's aus.

Frühmorgens um zehn Uhr
Stellt man mich vor das Regiment;
Ich soll da bitten um Pardon,
Und ich bekomm doch meinen Lohn,
Das weiß ich schon.

Ihr Brüder allzumal,
Heut seht ihr mich zum letzten Mal;
Der Hirtenbub ist doch nur schuld daran,
Das Alphorn hat mir solches angetan,
Das klag ich an. – – –

Welch ein schönes Gedicht! Es liegt in diesen Volksliedern ein sonderbarer Zauber. Die Kunstpoeten wollen diese Naturerzeugnisse nachahmen, in derselben Weise, wie man künstliche Mineralwässer verfertigt. Aber wenn sie auch, durch chemischen Prozess, die Bestandteile ermittelt, so entgeht ihnen doch die Hauptsache, die unzersetzbare sympathetische Naturkraft. In diesen Liedern fühlt man den Herzschlag des deutschen Volks. Hier offenbart sich all seine düstere Heiterkeit, all seine närrische Vernunft. Hier trommelt der deutsche Zorn, hier pfeift der deutsche Spott, hier küsst die deutsche Liebe. Hier perlt der echt deutsche Wein und die echt deutsche Träne. Letztere ist manchmal doch noch köstlicher als ersterer; es ist viel Eisen und Salz darin. Welche Naivität in der Treue! In der Untreue, welche Ehrlichkeit! Welch ein ehrlicher Kerl ist der arme Schwartenhals, obgleich er Straßenraub treibt! Hört einmal die phlegmatisch rührende Geschichte, die er von sich selber erzählt:

Ich kam vor einer Frau Wirtin Haus,
Man fragt' mich, wer ich wäre?
»Ich bin ein armer Schwartenhals,
Ich ess und trink so gerne.«

Man führt mich in die Stuben ein,
Da bot man mir zu trinken,
Die Augen ließ ich umhergehn,
Den Becher ließ ich sinken.

Man setzt' mich oben an den Tisch,
Als ob ich ein Kaufherr wäre,
Und da es an ein Zahlen ging,
Mein Säckel stand mir leere.

Da ich des Nachts wollt schlafen gehn,
Man wies mich in die Scheuer,
Da ward mir armen Schwartenhals
Mein Lachen viel zu teuer.

Und da ich in die Scheuer kam,
Da hub ich an zu nisteln,
Da stachen mich die Hagendorn,
Dazu die rauen Disteln.

Da ich zu morgens früh aufstand,
Der Reif lag auf dem Dache,
Da musst ich armer Schwartenhals
Meins Unglücks selber lachen.

Ich nahm mein Schwert wohl in die Hand,
Und gürt' es an die Seiten,
Ich Armer musst zu Fuße gehn,
Weil ich nicht hatt zu reiten.

Ich hob mich auf und ging davon,
Und macht mich auf die Straßen,
Mir kam ein reicher Kaufmannssohn,
Sein' Tasch' musst er mir lassen.

Dieser arme Schwartenhals ist der deutscheste Charakter, den ich kenne. Welche Ruhe, welche bewusste Kraft herrscht in diesem Gedichte! Aber auch unser Gretel sollt ihr kennenlernen. Es ist ein aufrichtiges Mädel, und ich liebe sie sehr. Der Hans sprach zu dem Gretel:

»Nun schürz dich, Gretlein, schürz dich,
Wohlauf mit mir davon,
Das Korn ist abgeschnitten,
Der Wein ist abgetan.«

Sie antwortet vergnügt:

»Ach Hänslein, liebes Hänslein,
So lass mich bei dir sein,
Die Wochen auf dem Felde,
Den Feiertag beim Wein.«

Da nahm er's bei den Händen,
Bei ihrer schneeweißen Hand,
Er führt', sie an ein Ende,
Da er ein Wirtshaus fand.

»Nun, Wirtin, liebe Wirtin,
Schaut um nach kühlem Wein,
Die Kleider dieses Gretlein
Müssen verschlemmet sein.«

Die Gret' hub an zu weinen,
Ihr Unmut, der war groß,
Dass ihr die lichte Zähre
Über die Wänglein floss.

»Ach Hänslein, liebes Hänslein,
Du redetest nicht also,
Als du mich heim ausführtest
Aus meines Vaters Hof.«

Er nahm sie bei den Händen,
Bei ihrer schneeweißen Hand,
Er führt' sie an ein Ende,
Da er ein Gärtlein fand. – – –

»Ach Gretlein, liebes Gretlein,
Warum weinest du so sehr,
Reuet dich dein freier Mut,
Oder reut dich deine Ehr'?«

»Es reut mich nicht mein freier Mut,
Dazu auch nicht meine Ehr';
Es reuen mich meine Kleider,
Die werden mir nimmermehr.«

Das ist kein Goethesches Gretchen, und ihre Reue wäre kein Stoff für Scheffer. Da ist kein deutscher Mondschein. Es liegt ebenso wenig Sentimentalität drin, wenn ein junger Fant des Nachts bei seinem Mädel Einlass verlangt und sie ihn abweist mit den Worten:

»Reit du nach jener Straße,
Reit du nach jener Heide,
Woher du gekommen bist;
Da liegt ein breiter Stein,
Den Kopf darauf nur leg,
Trägst keine Federn weg.«

Aber Mondschein, Mondschein die Hülle und Fülle und die ganze Seele übergießend, strahlt in dem Liede:

Wenn ich ein Vöglein wär
Und auch zwei Flüglein hätt,
Flög ich zu dir;
Weil's aber nicht kann sein,
Bleib ich allhier.

Bin ich gleich weit von dir,
Bin ich doch im Schlaf bei dir
Und red mit dir;
Wenn ich erwachen tu,
Bin ich allein.

Es vergeht keine Stund' in der Nacht,
Da mein Herze nicht erwacht
Und an dich gedenkt:
Dass du mir viel tausendmal
Dein Herz geschenkt.

Fragt man nun entzückt nach dem Verfasser solcher Lieder, so antworten diese wohl selbst mit ihren Schlussworten:

Wer hat das schöne Liedel erdacht?
Es haben's drei Gäns' übers Wasser gebracht,
Zwei graue und eine weiße.

Gewöhnlich ist es aber wanderndes Volk, Vagabunden, Soldaten, fahrende Schüler oder Handwerksburschen, die solch ein Lied gedichtet. Es sind besonders die Handwerksburschen. Gar oft, auf meinen Fußreisen, verkehrte ich mit diesen Leuten und bemerkte, wie sie zuweilen, angeregt von irgendeinem ungewöhnlichen Ereignis, ein Stück Volkslied improvisierten oder in die freie Luft hineinpfiffen. Das erlauschten nun die Vögelein, die auf den Baumzweigen saßen; und kam nachher ein andrer Bursch, mit Ränzel und Wanderstab, vorbeigeschlendert, dann pfiffen sie ihm jenes Stücklein ins Ohr, und er sang die fehlenden Verse hinzu, und das Lied war fertig. Die Worte fallen solchen Burschen vom Himmel herab auf die Lippen, und er braucht sie nur auszusprechen, und sie sind dann noch poetischer als all die schönen poetischen Phrasen, die wir aus der Tiefe unseres Herzens hervorgrübeln. Der Charakter jener deutschen Handwerksburschen lebt und webt in dergleichen Volksliedern. Es ist eine merkwürdige Menschensorte. Ohne Sou in der Tasche, wandern diese Handwerksburschen durch ganz Deutschland, harmlos, fröhlich und frei. Gewöhnlich fand ich, dass drei zusammen auf solche Wanderschaft ausgingen. Von diesen dreien war der eine immer der Räsoneur; er räsonierte mit humoristischer Laune über alles, was vorkam, über jeden bunten Vogel, der in der Luft flog, über jeden Musterreiter, der vorüberritt, und kamen sie gar in eine schlechte Gegend, wo ärmliche Hütten und zerlumptes Bettelvolk, dann bemerkte er auch wohl ironisch: »Der liebe Gott hat die Welt in sechs Tagen erschaffen, aber, seht einmal, es ist auch eine Arbeit darnach!« Der zweite Weggeselle bricht nur zuweilen mit einigen wütenden Bemerkungen hinein; er kann kein Wort sagen, ohne dabei zu fluchen; er schimpft grimmig auf alle Meister, bei denen er gearbeitet; und sein beständiger Refrain ist, wie sehr er es bereue, dass er der Frau Wirtin in Halberstadt, die ihm täglich Kohl und Wasserrüben vorgesetzt, nicht eine Tracht Schläge zum Andenken zurückließ. Bei dem Wort »Halberstadt« seufzt aber der dritte Bursche aus tiefster Brust; er ist der jüngste, macht zum ersten Mal seine Ausfahrt in die Welt, denkt noch immer an Feinsliebchens schwarzbraune Augen, lässt immer den Kopf hängen und spricht nie ein Wort.

»Des Knaben Wunderhorn« ist ein zu merkwürdiges Denkmal unserer Literatur und hat auf die Lyriker der romantischen Schule, namentlich auf unseren vortrefflichen Herrn Uhland, einen zu bedeutenden Einfluss geübt, als dass ich es unbesprochen lassen durfte. Dieses Buch und das »Nibelungenlied« spielten eine Hauptrolle in jener Periode. Auch von letzterem muss hier eine besondere Erwähnung geschehen. Es war lange Zeit von nichts anderem als vom »Nibelungenlied« bei uns die Rede, und die klassischen Philologen wurden nicht wenig geärgert, wenn man dieses Epos mit der »Ilias« verglich oder wenn man gar darüber stritt, welches von beiden Gedichten das vorzüglichere sei. Und das Publikum sah dabei aus wie ein Knabe, den man ernsthaft fragt: »Hast du lieber ein Pferd oder einen Pfefferkuchen?« Jedenfalls ist aber dieses »Nibelungenlied« von großer, gewaltiger Kraft. Ein Franzose kann sich schwerlich einen Begriff davon machen. Und gar von der Sprache, worin es gedichtet ist. Es ist eine Sprache von Stein, und die Verse sind gleichsam gereimte Quadern. Hie und da, aus den Spalten, quellen rote Blumen hervor, wie Blutstropfen, oder zieht sich der lange Efeu herunter, wie grüne Tränen. Von den Riesenleidenschaften, die sich in diesem Gedichte bewegen, könnt ihr kleinen artigen Leutchen euch noch viel weniger einen Begriff machen. Denkt euch, es wäre eine helle Sommernacht, die Sterne, bleich wie Silber, aber groß wie Sonnen, träten hervor am blauen Himmel, und alle gotischen Dome von Europa hätten sich ein Rendezvous gegeben auf einer ungeheuer weiten Ebene, und da kämen nun ruhig herangeschritten das Straßburger Münster, der Kölner Dom, der Glockenturm von Florenz, die Kathedrale von Rouen usw., und diese machten der schönen Notre-Dame de Paris ganz artig die Cour. Es ist wahr, dass ihr Gang ein bisschen unbeholfen ist, dass einige darunter sich sehr linkisch benehmen und dass man über ihr verliebtes Wackeln manchmal lachen könnte. Aber dieses Lachen hätte doch ein Ende, sobald man sähe, wie sie in Wut geraten, wie sie sich untereinander würgen, wie Notre-Dame de Paris verzweiflungsvoll ihre beiden Steinarme gen Himmel erhebt und plötzlich ein Schwert ergreift und dem größten aller Dome das Haupt vom Rumpfe herunterschlägt. Aber nein, ihr könnt euch auch dann von den Hauptpersonen des »Nibelungenlieds« keinen Begriff machen; kein Turm ist so hoch und kein Stein ist so hart wie der grimme Hagen und die rachgierige Kriemhilde.

Wer hat aber dieses Lied verfasst? Ebenso wenig wie von den Volksliedern weiß man den Namen des Dichters, der das »Nibelungenlied« geschrieben. Sonderbar! von den vortrefflichsten Büchern, Gedichten, Bauwerken und sonstigen Denkmälern der Kunst weiß man selten den Urheber. Wie hieß der Baumeister, der den Kölner Dom erdacht? Wer hat dort das Altarbild gemalt, worauf die schöne Gottesmutter und die Heiligen Drei Könige so erquicklich abkonterfeit sind? Wer hat das Buch Hiob gedichtet, das so viele leidende Menschengeschlechter getröstet hat? Die Menschen vergessen nur zu leicht die Namen ihrer Wohltäter; die Namen des Guten und Edlen, der für das Heil seiner Mitbürger gesorgt, finden wir selten im Munde der Völker, und ihr dickes Gedächtnis bewahrt nur die Namen ihrer Dränger und grausamen Kriegshelden. Der Baum der Menschheit vergisst des stillen Gärtners, der ihn gepflegt in der Kälte, getränkt in der Dürre und vor schädlichen Tieren geschützt hat; aber er bewahrt treulich die Namen, die man ihm in seine Rinde unbarmherzig eingeschnitten mit scharfem Stahl, und er überliefert sie in immer wachsender Größe den spätesten Geschlechtern.

II

Wegen ihrer gemeinschaftlichen Herausgabe des »Wunderhorns« pflegt man auch sonst die Namen Brentano und Arnim zusammen zu nennen, und da ich ersteren besprochen, darf ich von dem andern um so weniger schweigen, da er in weit höherem Grade unsere Aufmerksamkeit verdient. Ludwig Achim von Arnim ist ein großer Dichter und war einer der originellsten Köpfe der romantischen Schule. Die Freunde des Phantastischen würden an diesem Dichter mehr als an jedem anderen deutschen Schriftsteller Geschmack finden. Er übertrifft hier den Hoffmann sowohl als den Novalis. Er wusste noch inniger als dieser in die Natur hineinzuleben und konnte weit grauenhaftere Gespenster beschwören als Hoffmann. Ja, wenn ich Hoffmann selbst zuweilen betrachtete, so kam es mir vor, als hätte Arnim ihn gedichtet. Im Volk ist dieser Schriftsteller ganz unbekannt geblieben, und er hat nur eine Renommee unter den Literaten. Letztere aber, obgleich sie ihm die unbedingteste Anerkennung zollten, haben sie doch nie öffentlich ihn nach Gebühr gepriesen. Ja, einige Schriftsteller pflegten sogar wegwerfend über ihn sich zu äußern, und das waren eben diejenigen, die seine Weise nachahmten. Man könnte das Wort auf sie anwenden, das Steevens von Voltaire gebraucht, als dieser den Shakespeare schmähte, nachdem er dessen Othello zu seinem Orosman benutzt; er sagte nämlich: »Diese Leute gleichen den Dieben, die nachher das Haus anstecken, wo sie gestohlen haben.« Warum hat Herr Tieck nie von Arnim gehörig gesprochen, er, der über so manches unbedeutende Machwerk so viel Geistreiches sagen konnte? Die Herren Schlegel haben ebenfalls den Arnim ignoriert. Nur nach seinem Tode erhielt er eine Art Nekrolog von einem Mitglied der Schule.

Ich glaube, Arnims Renommee konnte besonders deshalb nicht aufkommen, weil er seinen Freunden, der katholischen Partei, noch immer viel zu protestantisch blieb und weil wieder die protestantische Partei ihn für einen Kryptokatholiken hielt. Aber warum hat ihn das Volk abgelehnt, das Volk, welchem seine Romane und Novellen in jeder Leihbibliothek zugänglich waren? Auch Hoffmann wurde in unseren Literaturzeitungen und ästhetischen Blättern fast gar nicht besprochen, die höhere Kritik beobachtete in Betreff seiner ein vornehmes Schweigen, und doch wurde er allgemein gelesen. Warum vernachlässigte nun das deutsche Volk einen Schriftsteller, dessen Phantasie von weltumfassender Weite, dessen Gemüt von schauerlichster Tiefe und dessen Darstellungsgabe so unübertrefflich war? Etwas fehlte diesem Dichter, und dieses Etwas ist es eben, was das Volk in den Büchern sucht: das Leben. Das Volk verlangt, dass die Schriftsteller seine Tagesleidenschaften mitfühlen, dass sie die Empfindungen seiner eigenen Brust entweder angenehm anregen oder verletzen: das Volk will bewegt werden. Dieses Bedürfnis konnte aber Arnim nicht befriedigen. Er war kein Dichter des Lebens, sondern des Todes. In allem, was er schrieb, herrscht nur eine schattenhafte Bewegung, die Figuren tummeln sich hastig, sie bewegen die Lippen, als wenn sie sprächen, aber man sieht nur ihre Worte, man hört sie nicht. Diese Figuren springen, ringen, stellen sich auf den Kopf, nahen sich uns heimlich und flüstern uns leise ins Ohr: »Wir sind tot.« Solches Schauspiel würde allzu grauenhaft und peinigend sein, wäre nicht die Arnimsche Grazie, die über jede dieser Dichtungen verbreitet ist, wie das Lächeln eines Kindes, aber eines toten Kindes. Arnim kann die Liebe schildern, zuweilen auch die Sinnlichkeit, aber sogar da können wir nicht mit ihm fühlen; wir sehen schöne Leiber, wogende Busen, feingebaute Hüften, aber ein kaltes, feuchtes Leichengewand umhüllt dieses alles. Manchmal ist Arnim witzig, und wir müssen sogar lachen; aber es ist doch, als wenn der Tod uns kitzle mit seiner Sense. Gewöhnlich jedoch ist er ernsthaft, und zwar wie ein toter Deutscher. Ein lebendiger Deutscher ist schon ein hinlänglich ernsthaftes Geschöpf, und nun erst ein toter Deutscher! Ein Franzose hat gar keine Idee davon, wie ernsthaft wir erst im Tode sind; da sind unsere Gesichter noch viel länger, und die Würmer, die uns speisen, werden melancholisch, wenn sie uns dabei ansehen. Die Franzosen wähnen, wunder wie schrecklich ernsthaft der Hoffmann sein könne; aber das ist Kinderspiel in Vergleichung mit Arnim. Wenn Hoffmann seine Toten beschwört und sie aus den Gräbern hervorsteigen und ihn umtanzen, dann zittert er selber vor Entsetzen und tanzt selbst in ihrer Mitte und schneidet dabei die tollsten Affengrimassen. Wenn aber Arnim seine Toten beschwört, so ist es, als ob ein General Heerschau halte, und er sitzt so ruhig auf seinem hohen Geisterschimmel und lässt die entsetzlichen Scharen vor sich vorbeidefilieren, und sie sehen ängstlich nach ihm hinauf und scheinen sich vor ihm zu fürchten. Er nickt ihnen aber freundlich zu.

Ludwig Achim von Arnim ward geboren 1781, in der Mark Brandenburg, und starb den Winter 1830. Er schrieb dramatische Gedichte, Romane und Novellen. Seine Dramen sind voll intimer Poesie, namentlich ein Stück darunter, betitelt »Der Auerhahn«. Die erste Szene wäre selbst des allergrößten Dichters nicht unwürdig. Wie wahr, wie treu ist die betrübteste Langeweile da geschildert! Der eine von den drei natürlichen Söhnen des verstorbenen Landgrafen sitzt allein in dem verwaisten weiten Burgsaal und spricht gähnend mit sich selber und klagt, dass ihm die Beine unter dem Tische immer länger wüchsen und dass ihm der Morgenwind so kalt durch die Zähne pfiffe. Sein Bruder, der gute Franz, kommt nun langsam hereingeschlappt, in den Kleidern des seligen Vaters, die ihm viel zu weit am Leibe hängen, und wehmütig gedenkt er, wie er sonst um diese Stunde dem Vater beim Anziehen half, wie dieser ihm oft eine Brotkruste zuwarf, die er mit seinen alten Zähnen nicht mehr beißen konnte, wie er ihm auch manchmal verdrießlich einen Tritt gab; diese letztere Erinnerung rührt den guten Franz bis zu Tränen, und er beklagt, dass nun der Vater tot sei und ihm keinen Tritt mehr geben könne.

Arnims Romane heißen »Die Kronwächter« und »Die Gräfin Dolores«. Auch ersterer hat einen vortrefflichen Anfang. Der Schauplatz ist oben im Wartturme von Waiblingen, in dem traulichen Stübchen des Türmers und seiner wackeren dicken Frau, die aber doch nicht so dick ist, wie man unten in der Stadt behauptet. In der Tat, es ist Verleumdung, wenn man ihr nachsagte, sie sei oben in der Turmwohnung so korpulent geworden, dass sie die enge Turmtreppe nicht mehr herabsteigen könne und nach dem Tode ihres ersten Ehegatten, des alten Türmers, genötigt gewesen sei, den neuen Türmer zu heiraten. Ob solcher bösen Nachrede grämte sich die arme Frau droben nicht wenig; und sie konnte nur deshalb die Turmtreppe nicht hinabsteigen, weil sie am Schwindel litt. – Der zweite Roman von Arnim, »Die Gräfin Dolores« hat ebenfalls den allervortrefflichsten Anfang, und der Verfasser schildert uns da die Poesie der Armut, und zwar einer adeligen Armut, die er, der damals selber in großer Dürftigkeit lebte, sehr oft zum Thema gewählt hat. Welch ein Meister ist Arnim auch hier in der Darstellung der Zerstörnis! Ich meine es immer vor Augen zu sehen, das wüste Schloss der jungen Gräfin Dolores, das um so wüster aussieht, da es der alte Graf in einem heiter italienischen Geschmack, aber nicht fertig gebaut hat. Nun ist es eine moderne Ruine, und im Schlossgarten ist alles verödet: die geschnittenen Taxusalleen sind struppig verwildert, die Bäume wachsen sich einander in den Weg, der Lorbeer und der Oleander ranken schmerzlich am Boden, die schönen, großen Blumen werden von verdrießlichem Unkraut umschlungen, die Götterstatuen sind von ihren Postamenten herabgefallen, und ein paar mutwillige Bettelbuben kauern neben einer armen Venus, die im hohen Grase liegt, und mit Brennnesseln geißeln sie ihr den marmornen Hintern. Wenn der alte Graf, nach langer Abwesenheit, wieder in sein Schloss heimkehrt, ist ihm das sonderbare Benehmen seiner Hausgenossenschaft, besonders seiner Frau, sehr auffallend, es passiert bei Tische so allerlei Befremdliches, und das kommt wohl daher, weil die arme Frau vor Gram gestorben und ebenso wie das übrige Hausgesinde längst tot war. Der Graf scheint es aber am Ende selbst zu ahnen, dass er sich unter lauter Gespenstern befindet, und ohne sich etwas anmerken zu lassen, reist er in der Stille wieder ab.

Unter Arnims Novellen dünkt mir die kostbarste seine »Isabella von Ägypten«. Hier sehen wir das wanderschaftliche Treiben der Zigeuner, die man hier in Frankreich Bohémiens, auch Égyptiens nennt. Hier lebt und webt das seltsame Märchenvolk mit seinen braunen Gesichtern, freundlichen Wahrsageraugen und seinem wehmütigen Geheimnis. Die bunte, gaukelnde Heiterkeit verhüllt einen großen mystischen Schmerz. Die Zigeuner müssen nämlich nach der Sage, die in dieser Novelle gar lieblich erzählt wird, eine Zeitlang in der ganzen Welt herumwandeln, zur Abbuße jener ungastlichen Härte, womit einst ihre Vorfahren die heilige Muttergottes mit ihrem Kind abgewiesen, als diese, auf ihrer Flucht in Ägypten, ein Nachtlager von ihnen verlangte. Deshalb hielt man sich auch berechtigt, sie mit Grausamkeit zu behandeln. Da man im Mittelalter noch keine Schellingschen Philosophen hatte, so musste die Poesie damals die Beschönigung der unwürdigsten und grausamsten Gesetze übernehmen. Gegen niemand waren diese Gesetze barbarischer als gegen die armen Zigeuner. In manchen Ländern erlaubten sie, jeden Zigeuner bei Diebstahlsverdacht, ohne Untersuchung und Urteil, aufzuknüpfen. So wurde ihr Oberhaupt Michael, genannt Herzog von Ägypten, unschuldig gehenkt. Mit diesem trüben Ereignis beginnt die Arnimsche Novelle. Nächtlich nehmen die Zigeuner ihren toten Herzog vom Galgen herab, legen ihm den roten Fürstenmantel um die Schulter, setzen ihm die silberne Krone auf das Haupt und versenken ihn in die Schelde, fest überzeugt, dass ihn der mitleidige Strom nach Hause bringt, nach dem geliebten Ägypten. Die arme Zigeunerprinzessin Isabella, seine Tochter, weiß nichts von dieser traurigen Begebenheit, sie wohnt einsam in einem verfallenen Haus an der Schelde und hört des Nachts, wie es so sonderbar im Wasser rauscht, und sie sieht plötzlich, wie ihr bleicher Vater hervortaucht, im purpurnen Totenschmuck, und der Mond wirft sein schmerzliches Licht auf die silberne Krone. Das Herz des schönen Kindes will schier brechen vor unnennbarem Jammer, vergebens will sie den toten Vater festhalten; er schwimmt ruhig weiter nach Ägypten, nach seinem heimatlichen Wunderland, wo man seiner Ankunft harrt, um ihn in einer der großen Pyramiden nach Würden zu begraben. Rührend ist das Totenmahl, womit das arme Kind den verstorbenen Vater ehrt; sie legt ihren weißen Schleier über einen Feldstein, und darauf stellt sie Speis', und Trank, welches sie feierlich genießt. Tief rührend ist alles, was uns der vortreffliche Arnim von den Zigeunern erzählt, denen er schon an anderen Orten sein Mitleid gewidmet, z. B. in seiner Nachrede zum »Wunderhorn«, wo er behauptet, dass wir den Zigeunern so viel Gutes und Heilsames, namentlich die mehrsten unserer Arzneien, verdanken. Wir hätten sie mit Undank verstoßen und verfolgt. Mit all ihrer Liebe, klagt er, hätten sie bei uns keine Heimat erwerben können. Er vergleicht sie in dieser Hinsicht mit den kleinen Zwergen, wovon die Sage erzählt, dass sie alles herbeischafften, was sich ihre großen, starken Feinde zu Gastmählern wünschten, aber einmal für wenige Erbsen, die sie aus Not vom Feld ablasen, jämmerlich geschlagen und aus dem Land gejagt wurden. Das war nun ein wehmütiger Anblick, wie die armen kleinen Menschen nächtlich über die Brücke wegtrappelten, gleich einer Schafherde, und jeder dort ein Münzchen niederlegen musste, bis sie ein Fass damit füllten.

Eine Übersetzung der erwähnten Novelle »Isabella von Ägypten« würde den Franzosen nicht bloß eine Idee von Arnims Schriften geben, sondern auch zeigen, dass all die furchtbaren, unheimlichen, grausigen und gespenstischen Geschichten, die sie sich in der letzten Zeit gar mühsam abgequält, in Vergleichung mit Arnimschen Dichtungen nur rosige Morgenträume einer Operntänzerin zu sein scheinen. In sämtlichen französischen Schauergeschichten ist nicht so viel Unheimliches zusammengepackt wie in jener Kutsche, die Arnim von Brake nach Brüssel fahren lässt und worin folgende vier Personnagen beieinandersitzen:

1. Eine alte Zigeunerin, welche zugleich Hexe ist. Sie sieht aus wie die schönste von den sieben Todsünden und strotzt im buntesten Goldflitter- und Seidenputz.

2. Ein toter Bärenhäuter, welcher, um einige Dukaten zu verdienen, aus dem Grabe gestiegen und sich auf sieben Jahre als Bedienter verdingt. Es ist ein fetter Leichnam, der einen Oberrock von weißem Bärenfell trägt, weshalb er auch Bärenhäuter genannt wird, und der dennoch immer friert.

3. Ein Golem; nämlich eine Figur von Lehm, welche ganz wie ein schönes Weib geformt ist und wie ein schönes Weib sich gebärdet. Auf der Stirn, verborgen unter den schwarzen Locken, steht mit hebräischen Buchstaben das Wort »Wahrheit«, und wenn man dieses auslöscht, fällt die ganze Figur wieder leblos zusammen, als eitel Lehm.

4. Der Feldmarschall Cornelius Nepos, welcher durchaus nicht mit dem berühmten Historiker dieses Namens verwandt ist, ja welcher sich nicht einmal einer bürgerlichen Abkunft rühmen kann, indem er von Geburt eigentlich eine Wurzel ist, eine Alraunwurzel, welche die Franzosen Mandragora nennen. Diese Wurzel wächst unter dem Galgen, wo die zweideutigsten Tränen eines Gehenkten geflossen sind. Sie gab einen entsetzlichen Schrei, als die schöne Isabella sie dort um Mitternacht aus dem Boden gerissen. Sie sah aus wie ein Zwerg, nur dass sie weder Augen, Mund noch Ohren hatte. Das liebe Mädchen pflanzte ihr ins Gesicht zwei schwarze Wacholderkerne und eine rote Hagebutte, woraus Augen und Mund entstanden. Nachher streute sie dem Männlein auch ein bisschen Hirse auf den Kopf, welches als Haar, aber etwas struppig, in die Höhe wuchs. Sie wiegte das Missgeschöpf in ihren weißen Armen, wenn es wie ein Kind greinte; mit ihren holdseligen Rosenlippen küsste sie ihm das Hagebuttmaul ganz schief; sie küsste ihm vor Liebe fast die Wacholderäuglein aus dem Kopf; und der garstige Knirps wurde dadurch so verzogen, dass er am Ende Feldmarschall werden wollte und eine brillante Feldmarschalluniform anzog und sich durchaus »Herr Feldmarschall« titulieren ließ.

Nicht wahr, das sind vier sehr ausgezeichnete Personen? Wenn ihr die Morgue, die Totenacker, die Cour de miracle und sämtliche Pesthöfe des Mittelalters ausplündert, werdet ihr doch keine so gute Gesellschaft zusammenbringen wie jene, die in einer einzigen Kutsche von Brake nach Brüssel fuhr. Ihr Franzosen solltet doch endlich einsehen, dass das Grauenhafte nicht euer Fach und dass Frankreich kein geeigneter Boden für Gespenster jener Art. Wenn ihr Gespenster beschwört, müssen wir lachen. Ja, wir Deutschen, die wir bei euren heitersten Witzen ganz ernsthaft bleiben können, wir lachen desto herzlicher bei euren Gespenstergeschichten. Denn eure Gespenster sind doch immer Franzosen; und französische Gespenster! welch ein Widerspruch in den Worten! In dem Wort »Gespenst« liegt so viel Einsames, Mürrisches, Deutsches, Schweigendes, und in dem Wort »Französisch« liegt hingegen so viel Geselliges, Artiges, Französisches, Schwatzendes! Wie könnte ein Franzose ein Gespenst sein, oder gar, wie könnten in Paris Gespenster existieren! In Paris, im Foyer der europäischen Gesellschaft! Zwischen zwölf und ein Uhr, der Stunde, die nun einmal von jeher den Gespenstern zum Spuken angewiesen ist, rauscht noch das lebendigste Leben in den Gassen von Paris, in der Oper klingt eben dann das brausendste Finale, aus den Variétés und dem Gymnase strömen die heitersten Gruppen, und das wimmelt und tänzelt und lacht und schäkert auf den Boulevards, und man geht in die Soiree. Wie müsste sich ein armes spukendes Gespenst unglücklich fühlen in dieser heiteren Menschenbewegung! Und wie könnte ein Franzose, selbst wenn er tot ist, den zum Spuken nötigen Ernst beibehalten, wenn ihn von allen Seiten die bunteste Volkslust umjauchzt! Ich selbst, obgleich ein Deutscher, im Fall ich tot wäre und hier in Paris des Nachts spuken sollte, ich könnte meine Gespensterwürde gewiss nicht behaupten, wenn mir etwa an einer Straßenecke irgendeine jener Göttinnen des Leichtsinns entgegenrennte, die einem dann so köstlich ins Gesicht zu lachen wissen. Gäbe es wirklich in Paris Gespenster, so bin ich überzeugt, gesellig wie die Franzosen sind, sie würden sich sogar als Gespenster einander anschließen, sie würden bald Gespensterreunions bilden, sie würden ein Totenkaffeehaus stiften, eine Totenzeitung herausgeben, eine Pariser Totenrevue, und es gäbe bald Totensoirees, où l'on fera de la musique. Ich bin überzeugt, die Gespenster würden sich hier in Paris weit mehr amüsieren als bei uns die Lebenden. Was mich betrifft, wüsste ich, dass man solcherweise in Paris als Gespenst existieren könnte, ich würde den Tod nicht mehr fürchten. Ich würde nur Maßregeln treffen, dass ich am Ende auf dem Père-Lachaise beerdigt werde und in Paris spuken kann, zwischen zwölf und ein Uhr. Welch köstliche Stunde! Ihr deutschen Landsleute, wenn ihr nach meinem Tod mal nach Paris kommt und mich des Nachts hier als Gespenst erblickt, erschreckt nicht; ich spuke nicht in furchtbar unglücklich deutscher Weise, ich spuke vielmehr zu meinem Vergnügen.

Da man, wie ich in allen Gespenstergeschichten gelesen, gewöhnlich an den Orten spuken muss, wo man Geld begraben hat, so will ich aus Vorsorge einige Sous irgendwo auf den Boulevards begraben. Bis jetzt habe ich zwar schon in Paris Geld totgeschlagen, aber nie begraben.

O ihr armen französischen Schriftsteller, ihr solltet doch endlich einsehen, dass eure Schauerromane und Spukgeschichten ganz unpassend sind für ein Land, wo es entweder gar keine Gespenster gibt oder wo doch die Gespenster so gesellschaftlich heiter wie wir anderen sich gehaben würden. Ihr kommt mir vor wie die Kinder, die sich Masken vors Gesicht halten, um sich einander Furcht einzujagen. Es sind ernsthafte, furchtbare Larven, aber durch die Augenluken schauen fröhliche Kinderaugen. Wir Deutschen hingegen tragen zuweilen die freundlich jugendlichsten Larven, und aus den Augen lauscht der greise Tod. Ihr seid ein zierliches, liebenswürdiges, vernünftiges und lebendiges Volk, und nur das Schöne und Edle und Menschliche liegt im Bereich eurer Kunst. Das haben schon eure älteren Schriftsteller eingesehen, und ihr, die neueren, werdet am Ende ebenfalls zu dieser Einsicht gelangen. Lasst ab vom Schauerlichen und Gespenstischen. Lasst uns Deutschen alle Schrecknisse des Wahnsinns, des Fiebertraums und der Geisterwelt. Deutschland ist ein gedeihlicheres Land für alte Hexen, tote Bärenhäuter, Golems jedes Geschlechts und besonders für Feldmarschälle wie der kleine Cornelius Nepos. Nur jenseits des Rheins können solche Gespenster gedeihen; nimmermehr in Frankreich. Als ich hierher reiste, begleiteten mich meine Gespenster bis an die französische Grenze. Da nahmen sie betrübt von mir Abschied. Denn der Anblick der dreifarbigen Fahne verscheucht die Gespenster jeder Art. Oh! ich möchte mich auf das Straßburger Münster stellen, mit einer dreifarbigen Fahne in der Hand, die bis nach Frankfurt reichte. Ich glaube, wenn ich die geweihte Fahne über mein teures Vaterland hinüberschwenkte und die rechten exorzierenden Worte dabei ausspräche, die alten Hexen würden auf ihren Besenstielen davonfliegen, die kalten Bärenhäuter würden wieder in ihre Gräber hinabkriechen, die Golems würden wieder als eitel Lehm zusammenfallen, der Feldmarschall Cornelius Nepos kehrte wieder zurück nach dem Orte, woher er gekommen, und der ganze Spuk wäre zu Ende.

III

Die Geschichte der Literatur ist ebenso schwierig zu beschreiben wie die Naturgeschichte. Dort wie hier hält man sich an die besonders hervortretende Erscheinungen. Aber wie in einem kleinen Wasserglas eine ganze Welt wunderlicher Tierchen enthalten ist, die ebenso sehr von der Allmacht Gottes zeugen wie die größten Bestien, so enthält der kleinste Musenalmanach zuweilen eine Unzahl Dichterlinge, die dem stillen Forscher ebenso interessant dünken wie die größten Elefanten der Literatur. Gott ist groß!

Die meisten Literaturhistoriker geben uns wirklich eine Literaturgeschichte wie eine wohlgeordnete Menagerie, und immer besonders abgesperrt zeigen sie uns epische Säugedichter, lyrische Luftdichter, dramatische Wasserdichter, prosaische Amphibien, die sowohl Land- wie Seeromane schreiben, humoristische Mollusken usw. Andere, im Gegenteil, treiben die Literaturgeschichte pragmatisch, beginnen mit den ursprünglichen Menschheitsgefühlen, die sich in den verschiedenen Epochen ausgebildet und endlich eine Kunstform angenommen; sie beginnen ab ovo wie der Geschichtschreiber, der den Trojanischen Krieg mit der Erzählung vom Ei der Leda eröffnet. Und wie dieser handeln sie töricht. Denn ich bin überzeugt, wenn man das Ei der Leda zu einer Omelette verwendet hätte, würden sich dennoch Hector und Achilles vor dem Skäischen Tore begegnet und ritterlich bekämpft haben. Die großen Fakta und die großen Bücher entstehen nicht aus Geringfügigkeiten, sondern sie sind notwendig, sie hängen zusammen mit den Kreisläufen von Sonne, Mond und Sterne, und sie entstehen vielleicht durch deren Influenz auf die Erde. Die Fakta sind nur die Resultate der Ideen; aber wie kommt es, dass zu gewissen Zeiten sich gewisse Ideen so gewaltig geltend machen, dass sie das ganze Leben der Menschen, ihr Dichten und Trachten, ihr Denken und Schreiben, aufs Wunderbarste umgestalten? Es ist vielleicht an der Zeit, eine literarische Astrologie zu schreiben und die Erscheinung gewisser Ideen oder gewisser Bücher, worin diese sich offenbaren, aus der Konstellation der Gestirne zu erklären.

Oder entspricht das Aufkommen gewisser Ideen nur den momentanen Bedürfnissen der Menschen? Suchen sie immer die Ideen, womit sie ihre jedesmaligen Wünsche legitimieren können? In der Tat, die Menschen sind ihrem innersten Wesen nach lauter Doktrinäre; sie wissen immer eine Doktrin zu finden, die alle ihre Entsagungen oder Begehrnisse justifiziert. In bösen, mageren Tagen, wo die Freude ziemlich unerreichbar geworden, huldigen sie dem Dogma der Abstinenz und behaupten, die irdischen Trauben seien sauer; werden jedoch die Zeiten wohlhabender, wird es den Leuten möglich, emporzulangen nach den schönen Früchten dieser Welt, dann tritt auch eine heitere Doktrin ans Licht, die dem Leben alle seine Süßigkeiten und sein volles, unveräußerliches Genussrecht vindiziert.

Nahen wir dem Ende der christlichen Fastenzeit, und bricht das rosige Weltalter der Freude schon leuchtend heran? Wie wird die heitere Doktrin die Zukunft gestalten?

In der Brust der Schriftsteller eines Volkes liegt schon das Abbild von dessen Zukunft, und ein Kritiker, der mit hinlänglich scharfem Messer einen neueren Dichter sezierte, könnte, wie aus den Eingeweiden eines Opfertiers, sehr leicht prophezeien, wie sich Deutschland in der Folge gestalten wird. Ich würde herzlich gern, als ein literarischer Kalchas, in dieser Absicht einige unserer jüngsten Poeten kritisch abschlachten, müsste ich nicht befürchten, in ihren Eingeweiden viele Dinge zu sehen, über die ich mich hier nicht aussprechen darf. Man kann nämlich unsere neueste deutsche Literatur nicht besprechen, ohne ins tiefste Gebiet der Politik zu geraten. In Frankreich, wo sich die belletristischen Schriftsteller von der politischen Zeitbewegung zu entfernen suchen, sogar mehr als löblich, da mag man jetzt die Schöngeister des Tages beurteilen und den Tag selbst unbesprochen lassen können. Aber jenseits des Rheines werfen sich jetzt die belletristischen Schriftsteller mit Eifer in die Tagesbewegung, wovon sie sich so lange entfernt gehalten. Ihr Franzosen seid während fünfzig Jahren beständig auf den Beinen gewesen und seid jetzt müde; wir Deutsche hingegen haben bis jetzt am Studiertisch gesessen und haben alte Klassiker kommentiert und möchten uns jetzt einige Bewegung machen.

Derselbe Grund, den ich oben angedeutet, verhindert mich, mit gehöriger Würdigung einen Schriftsteller zu besprechen, über welchen Frau von Staël nur flüchtige Andeutungen gegeben und auf welchen seitdem, durch die geistreichen Artikel von Philarète Chasles, das französische Publikum noch besonders aufmerksam geworden. Ich rede von Jean Paul Friedrich Richter. Man hat ihn den Einzigen genannt. Ein treffliches Urteil, das ich jetzt erst ganz begreife, nachdem ich vergeblich darüber nachgesonnen, an welcher Stelle man in einer Literaturgeschichte von ihm reden müsste. Er ist fast gleichzeitig mit der romantischen Schule aufgetreten, ohne im Mindesten daran teilzunehmen, und ebenso wenig hegte er später die mindeste Gemeinschaft mit der Goetheschen Kunstschule. Er steht ganz isoliert in seiner Zeit, eben weil er, im Gegensatz zu den beiden Schulen, sich ganz seiner Zeit hingegeben und sein Herz ganz davon erfüllt war. Sein Herz und seine Schriften waren ein und dasselbe.

Diese Eigenschaft, diese Ganzheit finden wir auch bei den Schriftstellern des heutigen Jungen Deutschlands, die ebenfalls keinen Unterschied machen wollen zwischen Leben und Schreiben, die nimmermehr die Politik trennen von Wissenschaft, Kunst und Religion und die zu gleicher Zeit Künstler, Tribune und Apostel sind.

Ja, ich wiederhole das Wort Apostel, denn ich weiß kein bezeichnenderes Wort. Ein neuer Glaube beseelt sie mit einer Leidenschaft, von welcher die Schriftsteller der früheren Periode keine Ahnung hatten. Es ist dieses der Glaube an den Fortschritt, ein Glaube, der aus dem Wissen entsprang. Wir haben die Lande gemessen, die Naturkräfte gewogen, die Mittel der Industrie berechnet, und siehe, wir haben herausgefunden, dass diese Erde groß genug ist; dass sie jedem hinlänglichen Raum bietet, die Hütte seines Glückes darauf zu bauen; dass diese Erde uns alle anständig ernähren kann, wenn wir alle arbeiten und nicht einer auf Kosten des anderen leben will; und dass wir nicht nötig haben, die größere und ärmere Klasse an den Himmel zu verweisen. – Die Zahl dieser Wissenden und Gläubigen ist freilich noch gering. Aber die Zeit ist gekommen, wo die Völker nicht mehr nach Köpfen gezählt werden, sondern nach Herzen. Und ist das große Herz eines einzigen Heinrich Laube nicht mehr wert als ein ganzer Tiergarten von Raupachen und Komödianten?

Ich habe den Namen Heinrich Laube genannt; denn wie könnte ich von dem Jungen Deutschland sprechen, ohne des großen, flammenden Herzens zu gedenken, das daraus am glänzendsten hervorleuchtet. Heinrich Laube, einer jener Schriftsteller, die seit der Juliusrevolution aufgetreten sind, ist für Deutschland von einer sozialen Bedeutung, deren ganzes Gewicht jetzt noch nicht ermessen werden kann. Er hat alle guten Eigenschaften, die wir bei den Autoren der vergangenen Periode finden, und verbindet damit den apostolischen Eifer des Jungen Deutschlands. Dabei ist seine gewaltige Leidenschaft durch hohen Kunstsinn gemildert und verklärt. Er ist begeistert für das Schöne ebenso sehr wie für das Gute; er hat ein feines Ohr und ein scharfes Auge für edle Form; und gemeine Naturen widern ihn an, selbst wenn sie als Kämpen für noble Gesinnung dem Vaterland nutzen. Dieser Kunstsinn, der ihm angeboren, schützte ihn auch vor der großen Verirrung jenes patriotischen Pöbels, der noch immer nicht aufhört, unseren großen Meister Goethe zu verlästern und zu schmähen.

In dieser Hinsicht verdient auch ein anderer Schriftsteller der jüngsten Zeit, Herr Karl Gutzkow, das höchste Lob. Wenn ich diesen erst nach Laube erwähne, so geschieht es keineswegs, weil ich ihm nicht ebenso viel Talent zutraue, noch viel weniger, weil ich von seinen Tendenzen minder erbaut wäre; nein, auch Karl Gutzkow muss ich die schönsten Eigenschaften der schaffenden Kraft und des urteilenden Kunstsinnes zuerkennen, und auch seine Schriften erfreuen mich durch die richtige Auffassung unserer Zeit und ihrer Bedürfnisse; aber in allem, was Laube schreibt, herrscht eine weitaustönende Ruhe, eine selbstbewusste Größe, eine stille Sicherheit, die mich persönlich tiefer anspricht als die pittoreske, farbenschillernde und stechend gewürzte Beweglichkeit des Gutzkowschen Geistes.

Herr Karl Gutzkow, dessen Seele voller Poesie, musste ebenso wie Laube sich zeitig von jenen Zeloten, die unseren großen Meister schmähen, aufs Bestimmteste lossagen. Dasselbe gilt von den Herren L. Wienbarg und Gustav Schlesier, zwei höchst ausgezeichneten Schriftstellern der jüngsten Periode, die ich hier, wo vom Jungen Deutschland die Rede ist, ebenfalls nicht unerwähnt lassen darf. Sie verdienen in der Tat, unter dessen Chorführern genannt zu werden, und ihr Name hat guten Klang gewonnen im Lande. Es ist hier nicht der Ort, ihr Können und Wirken ausführlicher zu besprechen. Ich habe mich zu sehr von meinem Thema entfernt; nur noch von Jean Paul will ich mit einigen Worten reden.

Ich habe erwähnt, wie Jean Paul Friedrich Richter in seiner Hauptrichtung dem Jungen Deutschland voranging. Dieses letztere jedoch, aufs Praktische angewiesen, hat sich der abstrusen Verworrenheit, der barocken Darstellungsart und des ungenießbaren Stiles der Jean

Paulschen Schriften zu enthalten gewusst. Von diesem Stil kann sich ein klarer, wohlredigierter französischer Kopf nimmermehr einen Begriff machen. Jean Pauls Periodenbau besteht aus lauter kleinen Stübchen, die manchmal so eng sind, dass, wenn eine Idee dort mit einer anderen zusammentrifft, sie sich beide die Köpfe zerstoßen; oben an der Decke sind lauter Haken, woran Jean Paul allerlei Gedanken hängt, und an den Wänden sind lauter geheime Schubladen, worin er Gefühle verbirgt. Kein deutscher Schriftsteller ist so reich wie er an Gedanken und Gefühlen, aber er lässt sie nie zur Reife kommen, und mit dem Reichtum seines Geistes und seines Gemütes bereitet er uns mehr Erstaunen als Erquickung. Gedanken und Gefühle, die zu ungeheuren Bäumen auswachsen würden, wenn er sie ordentlich Wurzel fassen und mit allen ihren Zweigen, Blüten und Blättern sich ausbreiten ließe: diese rupft er aus, wenn sie kaum noch kleine Pflänzchen, oft sogar noch bloße Keime sind, und ganze Geisteswälder werden uns solchermaßen, auf einer gewöhnlichen Schüssel, als Gemüse vorgesetzt. Dieses ist nun eine wundersame, ungenießbare Kost; denn nicht jeder Magen kann junge Eichen, Zedern, Palmen und Bananen in solcher Menge vertragen. Jean Paul ist ein großer Dichter und Philosoph, aber man kann nicht unkünstlerischer sein als eben er im Schaffen und Denken. Er hat in seinen Romanen echt poetische Gestalten zur Welt gebracht, aber alle diese Geburten schleppen eine närrisch lange Nabelschnur mit sich herum und verwickeln und würgen sich damit. Statt Gedanken gibt er uns eigentlich sein Denken selbst, wir sehen die materielle Tätigkeit seines Gehirns; er gibt uns, sozusagen, mehr Gehirn als Gedanken. In allen Richtungen hüpfen dabei seine Witze, die Flöhe seines erhitzten Geistes. Er ist der lustigste Schriftsteller und zugleich der sentimentalste. Ja, die Sentimentalität überwindet ihn immer, und sein Lachen verwandelt sich jählings in Weinen. Er vermummt sich manchmal in einen bettelhaften, plumpen Gesellen, aber dann plötzlich, wie die Fürsten inkognito, die wir auf dem Theater sehen, knöpft er den groben Oberrock auf, und wir erblicken alsdann den strahlenden Stern.

Hierin gleicht Jean Paul ganz dem großen Irländer, womit man ihn oft verglichen. Auch der Verfasser des »Tristram Shandy«, wenn er sich in den rohesten Trivialitäten verloren, weiß uns plötzlich, durch erhabene Übergänge, an seine fürstliche Würde, an seine Ebenbürtigkeit mit Shakespeare zu erinnern. Wie Lorenz Sterne hat auch Jean Paul in seinen Schriften seine Persönlichkeit preisgegeben, er hat sich ebenfalls in menschlichster Blöße gezeigt, aber doch mit einer gewissen unbeholfenen Scheu, besonders in geschlechtlicher Hinsicht. Lorenz Sterne zeigt sich dem Publikum ganz entkleidet, er ist ganz nackt; Jean Paul hingegen hat nur Löcher in der Hose. Mit Unrecht glauben einige Kritiker, Jean Paul habe mehr wahres Gefühl besessen als Sterne, weil dieser, sobald der Gegenstand, den er behandelt, eine tragische Höhe erreicht, plötzlich in den scherzhaftesten, lachendsten Ton überspringt; statt dass Jean Paul, wenn der Spaß nur im Mindesten ernsthaft wird, allmählich zu flennen beginnt und ruhig seine Tränendrüsen austräufen lässt. Nein, Sterne fühlte vielleicht noch tiefer als Jean Paul, denn er ist ein größerer Dichter. Er ist, wie ich schon erwähnt, ebenbürtig mit William Shakespeare, und auch ihn, den Lorenz Sterne, haben die Musen erzogen auf dem Parnass. Aber nach Frauenart haben sie ihn, besonders durch ihre Liebkosungen, schon früh verdorben. Er war das Schoßkind der bleichen tragischen Göttin. Einst, in einem Anfall von grausamer Zärtlichkeit, küsste diese ihm das junge Herz so gewaltig, so liebestark, so inbrünstig saugend, dass das Herz zu bluten begann und plötzlich alle Schmerzen dieser Welt verstand und von unendlichem Mitleid erfüllt wurde. Armes, junges Dichterherz! Aber die jüngere Tochter Mnemosynes, die rosige Göttin des Scherzes, hüpfte schnell hinzu und nahm den leidenden Knaben in ihre Arme und suchte ihn zu erheitern mit Lachen und Singen und gab ihm als Spielzeug die komische Larve und die närrischen Glöckchen und küsste begütigend seine Lippen und küsste ihm darauf all ihren Leichtsinn, all ihre trotzige Lust, all ihre witzige Neckerei. – Und seitdem gerieten Sternes Herz und Sternes Lippen in einen sonderbaren Widerspruch: wenn sein Herz manchmal ganz tragisch bewegt ist und er seine tiefsten blutenden Herzensgefühle aussprechen will, dann, zu seiner eigenen Verwunderung, flattern von seinen Lippen die lachend ergötzlichsten Worte.

IV

Im Mittelalter herrschte unter dem Volk die Meinung: wenn irgendein Gebäude zu errichten sei, müsse man etwas Lebendiges schlachten und auf dem Blute desselben den Grundstein legen; dadurch werde das Gebäude fest und unerschütterlich stehenbleiben. War es nun der altheidnische Wahnwitz, dass man sich die Gunst der Götter durch Blutopfer erwerbe, oder war es Missbegriff der christlichen Versöhnungslehre, was diese Meinung von der Wunderkraft des Blutes, von einer Heiligung durch Blut, von diesem Glauben an Blut hervorgebracht hat: genug, er war herrschend, und in Liedern und Sagen lebt die schauerliche Kunde, wie man Kinder oder Tiere geschlachtet, um mit ihrem Blut große Bauwerke zu festigen. Heutzutage ist die Menschheit verständiger; wir glauben nicht mehr an die Wunderkraft des Blutes, weder an das Blut eines Edelmanns noch eines Gottes, und die große Menge glaubt nur an Geld. Besteht nun die heutige Religion in der Geldwerdung Gottes oder in der Gottwerdung des Geldes? Genug, die Leute glauben nur an Geld; nur dem gemünzten Metall, den silbernen und goldenen Hostien, schreiben sie eine Wunderkraft zu; das Geld ist der Anfang und das Ende aller ihrer Werke; und wenn sie ein Gebäude zu errichten haben, so tragen sie große Sorge, dass unter den Grundstein einige Geldstücke, eine Kapsel mit allerlei Münzen, gelegt werden.

Ja, wie im Mittelalter alles, die einzelnen Bauwerke ebenso wie das ganze Staats- und Kirchengebäude, auf den Glauben an Blut beruhte, so beruhen alle unsere heutigen Institutionen auf den Glauben an Geld, auf wirkliches Geld. Jenes war Aberglauben, doch dieses ist der bare Egoismus. Ersteren zerstörte die Vernunft, letzteren wird das Gefühl zerstören. Die Grundlage der menschlichen Gesellschaft wird einst eine bessere sein, und alle großen Herzen Europas sind schmerzhaft beschäftigt, diese neue bessere Basis zu entdecken.

Vielleicht war es der Missmut ob dem jetzigen Geldglauben, der Widerwille gegen den Egoismus, den sie überall hervorgrinsen sahen, was in Deutschland einige Dichter von der romantischen Schule, die es ehrlich meinten, zuerst bewogen hatte, aus der Gegenwart in die Vergangenheit zurückzuflüchten und die Restauration des Mittelalters zu befördern. Dieses mag namentlich bei denjenigen der Fall sein, die nicht die eigentliche Koterie bildeten. Zu dieser letztern gehörten die Schriftsteller, die ich im zweiten Buche besonders abgehandelt, nachdem ich im ersten Buch die romantische Schule im Allgemeinen besprochen. Nur wegen dieser literarhistorischen Bedeutung, nicht wegen ihres inneren Wertes, habe ich von diesen Koteriegenossen, die in Gemeinschaft wirkten, zuerst und ganz umständlich geredet. Man wird mich daher nicht missverstehen, wenn von Zacharias Werner, von dem Baron de la Motte Fouqué und von Herren Ludwig Uhland eine spätere und kärglichere Meldung geschieht. Diese drei Schriftsteller verdienten vielmehr ihrem Wert nach weit ausführlicher besprochen und gerühmt zu werden. Denn Zacharias Werner war der einzige Dramatiker der Schule, dessen Stücke auf der Bühne aufgeführt und vom Parterre applaudiert wurden. Der Herr Baron de la Motte Fouqué war der einzige epische Dichter der Schule, dessen Romane das ganze Publikum ansprachen. Und Herr Ludwig Uhland ist der einzige Lyriker der Schule, dessen Lieder in die Herzen der großen Menge gedrungen sind und noch jetzt im Munde der Menschen leben. – In dieser Hinsicht verdienen die erwähnten drei Dichter einen Vorzug vor Herrn Ludwig Tieck, den ich als einen der besten Schriftsteller der Schule gepriesen habe. Herr Tieck hat nämlich, obgleich das Theater sein Steckenpferd ist und er von Kind auf bis heute sich mit dem Komödiantentum und mit den kleinsten Details desselben beschäftigt hat, doch immer darauf verzichten müssen, jemals von der Bühne herab die Menschen zu bewegen, wie es dem Zacharias Werner gelungen ist. Herr Tieck hat sich immer ein Hauspublikum halten müssen, dem er selber seine Stücke vordeklamierte und auf deren Händeklatschen ganz sicher zu rechnen war. Während Herr de la Motte Fouqué von der Herzogin bis zur Wäscherin mit gleicher Lust gelesen wurde und als die Sonne der Leihbibliotheken strahlte, war Herr Tieck nur die Astrallampe der Teegesellschaften, die, angeglänzt von seiner Poesie, bei der Vorlesung seiner Novellen ganz seelenruhig ihren Tee verschluckten. Die Kraft dieser Poesie musste immer desto mehr hervortreten, je mehr sie mit der Schwäche des Tees kontrastierte, und in Berlin, wo man den mattesten Tee trinkt, musste Herr Tieck als einer der kräftigsten Dichter erscheinen. Während die Lieder unseres vortrefflichen Uhland in Wald und Tal erschollen und noch jetzt von wilden Studenten gebrüllt und von zarten Jungfrauen gelispelt werden, ist kein einziges Lied des Herren Tieck in unsere Seelen gedrungen, kein einziges Lied des Herrn Ludwig Tieck ist in unserem Ohr geblieben, das große Publikum kennt kein einziges Lied dieses großen Lyrikers.

Zacharias Werner ist geboren zu Königsberg in Preußen, den 18. November 1768. Seine Verbindung mit den Schlegeln war keine persönliche, sondern nur eine sympathetische. Er begriff in der Ferne, was sie wollten, und tat sein Möglichstes, in ihrem Sinne zu dichten. Aber er konnte sich für die Restauration des Mittelalters nur einseitig, nämlich nur für die hierarchisch katholische Seite desselben, begeistern; die feudalistische Seite hat sein Gemüt nicht so stark in Bewegung gesetzt. Hierüber hat uns sein Landsmann Th. A. Hoffmann, in den »Serapionsbrüdern«, einen merkwürdigen Aufschluss erteilt. Er erzählt nämlich, dass Werners Mutter gemütskrank gewesen und während ihrer Schwangerschaft sich eingebildet, dass sie die Muttergottes sei und den Heiland zur Welt bringe. Der Geist Werners trug nun, sein ganzes Leben hindurch, das Muttermal dieses religiösen Wahnsinns. Die entsetzlichste Religionschwärmerei finden wir in allen seinen Dichtungen. Eine einzige, »Der vierundzwanzigste Februar«, ist frei davon und gehört zu den kostbarsten Erzeugnissen unserer dramatischen Literatur. Sie hat, mehr als Werners übrige Stücke, auf dem Theater den größten Enthusiasmus hervorgebracht. Seine anderen dramatischen Werke haben den großen Haufen weniger angesprochen, weil es dem Dichter, bei aller drastischen Kraft, fast gänzlich an Kenntnis der Theaterverhältnisse fehlte.

Der Biograph Hoffmanns, der Herr Kriminalrat Hitzig, hat auch Werners Leben beschrieben. Eine gewissenhafte Arbeit, für den Psychologen ebenso interessant wie für den Literarhistoriker. Wie man mir jüngst erzählt, war Werner auch einige Zeit hier in Paris, wo er an den peripatetischen Philosophinnen, die damals des Abends, im brillantesten Putz, die Galerien des Palais Royal durchwandelten, sein besonderes Wohlgefallen fand. Sie liefen immer hinter ihm drein und neckten ihn und lachten über seinen komischen Anzug und seine noch komischeren Manieren. Das war die gute alte Zeit! Ach, wie das Palais Royal, so hat sich auch Zacharias Werner späterhin sehr verändert; die letzte Lampe der Lust erlosch im Gemüt des vertrübten Mannes, zu Wien trat er in den Orden der Liguorianer, und in der Sankt-Stephans-Kirche predigte er dort über die Nichtigkeit aller irdischen Dinge. Er hatte herausgefunden, dass alles auf Erden eitel sei. Der Gürtel der Venus, behauptete er jetzt, sei nur eine hässliche Schlange, und die erhabene Juno trage unter ihrem weißen Gewand ein Paar hirschlederne, nicht sehr reinliche Postillionshosen. Der Pater Zacharias kasteite sich jetzt und fastete und eiferte gegen unsere verstockte Weltlust. »Verflucht ist das Fleisch!« schrie er so laut und mit so grell ostpreußischem Akzent, dass die Heiligenbilder in Sankt Stephan erzitterten und die Wiener Grisetten allerliebst lächelten. Außer dieser wichtigen Neuigkeit erzählte er den Leuten beständig, dass er ein großer Sünder sei. – Genau betrachtet, ist sich der Mann immer konsequent geblieben, nur dass er früherhin bloß besang, was er späterhin wirklich übte. Die Helden seiner meisten Dramen sind schon mönchisch entsagende Liebende, asketische Wollüstlinge, die in der Abstinenz eine erhöhte Wonne entdeckt haben, die durch die Marter des Fleisches ihre Genusssucht spiritualisieren, die in den Tiefen der religiösen Mystik die schauerlichsten Seligkeiten suchen, heilige Roués.

Kurz vor seinem Tode war die Freude an dramatischer Gestaltung noch einmal in Wernern erwacht, und er schrieb noch eine Tragödie, betitelt »Die Mutter der Makkabäer«. Hier galt es aber nicht, den profanen Lebensernst mit romantischen Späßen zu festonieren; zu dem heiligen Stoff wählte er auch einen kirchlich breitgezogenen Ton, die Rhythmen sind feierlich gemessen wie Glockengeläut, bewegen sich langsam wie eine Karfreitagsprozession, und es ist eine palästinische Legende in griechischer Tragödienform. Das Stück fand wenig Beifall bei den Menschen hier unten; ob es den Engeln im Himmel besser gefiel, das weiß ich nicht.

Aber der Pater Zacharias starb bald darauf, Anfang des Jahres 1823, nachdem er über vierundfünfzig Jahre auf dieser sündigen Erde gewandelt.

Wir lassen ihn ruhen, den Toten, und wenden uns zu dem zweiten Dichter des romantischen Triumvirats. Es ist der vortreffliche Freiherr Friedrich de la Motte Fouqué, geboren in der Mark Brandenburg im Jahr 1777 und zum Professor ernannt an der Universität Halle im Jahr 1833. Früher stand er als Major im königl. preuß. Militärdienst und gehört zu den Sangeshelden oder Heldensängern, deren Leier und Schwert während dem sogenannten Freiheitskrieg am lautesten erklang. Sein Lorbeer ist von echter Art. Er ist ein wahrer Dichter, und die Weihe der Poesie ruht auf seinem Haupt. Wenigen Schriftstellern ward so allgemeine Huldigung zuteil wie einst unserem vortrefflichen Fouqué. Jetzt hat er seine Leser nur noch unter dem Publikum der Leihbibliotheken. Aber dieses Publikum ist immer groß genug, und Herr Fouqué kann sich rühmen, dass er der einzige von der romantischen Schule ist, an dessen Schriften auch die niederen Klassen Geschmack gefunden. Während man in den ästhetischen Teezirkeln Berlins über den heruntergekommenen Ritter die Nase rümpfte, fand ich, in einer kleinen Harzstadt, ein wunderschönes Mädchen, welches von Fouqué mit entzückender Begeisterung sprach und errötend gestand, dass sie gern ein Jahr ihres Lebens dafür hingäbe, wenn sie nur einmal den Verfasser der »Undine« küssen könnte. – Und dieses Mädchen hatte die schönsten Lippen, die ich jemals gesehen.

Aber welch ein wunderliebliches Gedicht ist die »Undine«! Dieses Gedicht ist selbst ein Kuss; der Genius der Poesie küsste den schlafenden Frühling, und dieser schlug lächelnd die Augen auf, und alle Rosen dufteten, und alle Nachtigallen sangen, und was die Rosen dufteten und die Nachtigallen sangen, das hat unser vortrefflicher Fouqué in Worte gekleidet, und er nannte es »Undine«. – Ich weiß nicht, ob diese Novelle ins Französische übersetzt worden. Es ist die Geschichte von der schönen Wasserfee, die keine Seele hat, die nur dadurch, dass sie sich in einen Ritter verliebt, eine Seele bekommt ... aber, ach! mit dieser Seele bekommt sie auch unsere menschlichen Schmerzen, ihr ritterlicher Gemahl wird treulos, und sie küsst ihn tot. Denn der Tod ist in diesem Buch ebenfalls nur ein Kuss.

Diese Undine könnte man als die Muse der Fouquéschen Poesie betrachten. Obgleich sie unendlich schön ist, obgleich sie ebenso leidet wie wir und irdischer Kummer sie hinlänglich belastet, so ist sie doch kein eigentlich menschliches Wesen. Unsere Zeit aber stößt alle solche Luft- und Wassergebilde von sich, selbst die schönsten, sie verlangt wirkliche Gestalten des Lebens, und am allerwenigsten verlangt sie Nixen, die in adlige Ritter verliebt sind. Das war es. Die retrograde Richtung, das beständige Loblied auf den Geburtsadel, die unaufhörliche Verherrlichung des alten Feudalwesens, die ewige Rittertümelei missbehagte am Ende den bürgerlich Gebildeten im deutschen Publikum, und man wandte sich ab von dem unzeitgemäßen Sänger. In der Tat, dieser beständige Singsang von Harnischen, Turnierrossen, Burgfrauen, ehrsamen Zunftmeistern, Zwergen, Knappen, Schlosskapellen, Minne und Glaube, und wie der mittelalterliche Trödel sonst heißt, wurde uns endlich lästig; und als der ingeniose Hidalgo Friedrich de la Motte Fouqué sich immer tiefer in seine Ritterbücher versenkte und im Traume der Vergangenheit das Verständnis der Gegenwart einbüßte, da mussten sogar seine besten Freunde sich kopfschüttelnd von ihm abwenden.

Die Werke, die er in dieser späteren Zeit schrieb, sind ungenießbar. Die Gebrechen seiner früheren Schriften sind hier aufs Höchste gesteigert. Seine Rittergestalten bestehen nur aus Eisen und Gemüt; sie haben weder Fleisch noch Vernunft. Seine Frauenbilder sind nur Bilder oder vielmehr nur Puppen, deren goldne Locken gar zierlich herabwallen über die anmutigen Blumengesichter. Wie die Werke von Walter Scott mahnen auch die Fouquéschen Ritterromane an die gewirkten Tapeten, die wir Gobelins nennen und die durch reiche Gestaltung und Farbenpracht mehr unser Auge als unsere Seele ergötzen. Das sind Ritterfeste, Schäferspiele, Zweikämpfe, alte Trachten, alles recht hübsch nebeneinander, abenteuerlich ohne tieferen Sinn, bunte Oberflächlichkeit. Bei den Nachahmern Fouqués wie bei den Nachahmern des Walter Scott ist diese Manier, statt der inneren Natur der Menschen und Dinge nur ihre äußere Erscheinung und das Kostüm zu schildern, noch trübseliger ausgebildet. Diese flache Art und leichte Weise grassiert heutigentags in Deutschland ebenso gut wie in England und Frankreich. Wenn auch die Darstellungen nicht mehr die Ritterzeit verherrlichen, sondern auch unsere modernen Zustände betreffen, so ist es doch noch immer die vorige Manier, die statt der Wesenheit der Erscheinung nur das Zufällige derselben auffasst. Statt Menschenkenntnis bekunden unsere neueren Romanciers bloß Kleiderkenntnis, und sie fußen vielleicht auf dem Sprichwort »Kleider machen Leute«. Wie anders die älteren Romanschreiber, besonders bei den Engländern. Richardson gibt uns die Anatomie der Empfindungen. Goldsmith behandelt pragmatisch die Herzensaktionen seiner Helden. Der Verfasser des »Tristram Shandy« zeigt uns die verborgensten Tiefen der Seele; er öffnet eine Luke der Seele, erlaubt uns einen Blick in ihre Abgründe, Paradiese und Schmutzwinkel und lässt gleich die Gardine davor wieder fallen. Wir haben von vorn in das seltsame Theater hineingeschaut, Beleuchtung und Perspektive haben ihre Wirkung nicht verfehlt, und indem wir das Unendliche geschaut zu haben meinen, ist unser Gefühl unendlich geworden, poetisch. Was Fielding betrifft, so führt er uns gleich hinter die Kulissen, er zeigt uns die falsche Schminke auf allen Gefühlen, die plumpesten Springfedern der zartesten Handlungen, das Kolophonium, das nachher als Begeisterung aufblitzen wird, die Pauke, worauf noch friedlich der Klopfer ruht, der späterhin den gewaltigsten Donner der Leidenschaft daraus hervortrommeln wird; kurz, er zeigt uns jene ganze innere Maschinerie, die große Lüge, wodurch uns die Menschen anders erscheinen, als sie wirklich sind, und wodurch alle freudige Realität des Lebens verlorengeht. Doch wozu als Beispiel die Engländer wählen, da unser Goethe, in seinem »Wilhelm Meister«, das beste Muster eines Romans geliefert hat.

Die Zahl der Fouquéschen Romane ist Legion; er ist einer der fruchtbarsten Schriftsteller. »Der Zauberring« und »Thiodolf der Isländer« verdienen besonders rühmend angeführt zu werden. Seine metrischen Dramen, die nicht für die Bühne bestimmt sind, enthalten große Schönheiten. Besonders »Sigurd der Schlangentöter« ist ein kühnes Werk, worin die altskandinavische Heldensage mit all ihrem Riesen- und Zauberwesen sich abspiegelt. Die Hauptperson des Dramas, der Sigurd, ist eine ungeheure Gestalt. Er ist stark wie die Felsen von Norwegen und ungestüm wie das Meer, das sie umrauscht. Er hat so viel Mut wie hundert Löwen und so viel Verstand wie zwei Esel.

Herr Fouqué hat auch Lieder gedichtet. Sie sind die Lieblichkeit selbst. Sie sind so leicht, so bunt, so glänzend, so heiter dahinflatternd; es sind süße lyrische Kolibri.

Der eigentliche Liederdichter aber ist Herr Ludwig Uhland, der, geboren zu Tübingen im Jahr 1787, jetzt als Advokat in Stuttgart lebt. Dieser Schriftsteller hat einen Band Gedichte, zwei Tragödien und zwei Abhandlungen über Walther von der Vogelweide und über französische Troubadoure geschrieben. Es sind zwei kleine historische Untersuchungen und zeugen von fleißigem Studium des Mittelalters. Die Tragödien heißen »Ludwig der Bayer« und »Herzog Ernst von Schwaben«. Erstere habe ich nicht gelesen; ist mir auch nicht als die vorzüglichere gerühmt worden. Die zweite jedoch enthält große Schönheiten und erfreut durch Adel der Gefühle und Würde der Gesinnung. Es weht darin ein süßer Hauch der Poesie, wie er in den Stücken, die jetzt auf unserem Theater so viel Beifall ernten, nimmermehr angetroffen wird. Deutsche Treue ist das Thema dieses Dramas, und wir sehen sie hier, stark wie eine Eiche, allen Stürmen trotzen; deutsche Liebe blüht, kaum bemerkbar, in der Ferne, doch ihr Veilchenduft dringt uns umso rührender ins Herz. Dieses Drama oder vielmehr dieses Lied enthält Stellen, welche zu den schönsten Perlen unserer Literatur gehören. Aber das Theaterpublikum hat das Stück dennoch mit Indifferenz aufgenommen oder vielmehr abgelehnt. Ich will die guten Leute des Parterres nicht allzu bitter darob tadeln. Diese Leute haben bestimmte Bedürfnisse, deren Befriedigung sie vom Dichter verlangen. Die Produkte des Poeten sollen nicht eben den Sympathien seines eigenen Herzens, sondern viel eher dem Begehr des Publikums entsprechen. Dieses letztere gleicht ganz dem hungrigen Beduinen in der Wüste, der einen Sack mit Erbsen gefunden zu haben glaubt und ihn hastig öffnet; aber ach! es sind nur Perlen. Das Publikum verspeist mit Wonne des Herrn Raupachs dürre Erbsen und Madame Birch-Pfeiffers Saubohnen; Uhlands Perlen findet es ungenießbar.

Da die Franzosen höchstwahrscheinlich nicht wissen, wer Madame Birch-Pfeiffer und Herr Raupach ist, so muss ich hier erwähnen, dass dieses göttliche Paar, geschwisterlich nebeneinander stehend wie Apoll und Diana, in den Tempeln unserer dramatischen Kunst am meisten verehrt wird. Ja, Herr Raupach ist ebenso sehr dem Apoll wie Madame Birch-Pfeiffer der Diana vergleichbar. Was ihre reale Stellung betrifft, so ist letztere als kaiserl. Östreichische Hofschauspielerin in Wien und ersterer als königl. preußischer Theaterdichter in Berlin angestellt. Die Dame hat schon eine Menge Dramen geschrieben, worin sie selber spielt. Ich kann nicht umhin, hier einer Erscheinung zu erwähnen, die den Franzosen fast unglaublich vorkommen wird: eine große Anzahl unserer Schauspieler sind auch dramatische Dichter und schreiben sich selbst ihre Stücke. Man sagt, Herr Ludwig Tieck habe, durch eine unvorsichtige Äußerung, dieses Unglück veranlasst. In seinen Kritiken bemerkte er nämlich, dass die Schauspieler in einem schlechten Stück immer besser spielen können als in einem guten Stück. Fußend auf solchem Axiom, griffen die Komödianten scharenweis zur Feder, schrieben Trauerspiele und Lustspiele die Hülle und Fülle, und es wurde uns manchmal schwer, zu entscheiden: dichtete der eitle Komödiant sein Stück absichtlich schlecht, um gut darin zu spielen? oder spielte er schlecht in so einem selbstverfertigten Stück, um uns glauben zu machen, das Stück sei gut? Der Schauspieler und der Dichter, die bisher in einer Art von kollegialischem Verhältnis standen (ungefähr wie der Scharfrichter und der arme Sünder), traten jetzt in offene Feindschaft. Die Schauspieler suchten die Poeten ganz vom Theater zu verdrängen, unter dem Vorgeben, sie verständen nichts von den Anforderungen der Bretterwelt, verständen nichts von drastischen Effekten und Theatercoups, wie nur der Schauspieler sie in der Praxis erlernt und sie in seinen Stücken anzubringen weiß. Die Komödianten oder, wie sie sich am liebsten nennen, die Künstler spielten daher vorzugsweise in ihren eigenen Stücken oder wenigstens in Stücken, die einer der Ihrigen, ein Künstler, verfertigt hatte. In der Tat, diese entsprachen ganz ihren Bedürfnissen; hier fanden sie ihre Lieblingskostüme, ihre fleischfarbige Trikotpoesie, ihre applaudierten Abgänge, ihre herkömmlichen Grimassen, ihre Flittergoldredensarten, ihr ganzes affektiertes Kunstzigeunertum: eine Sprache, die nur auf den Brettern gesprochen wird, Blumen, die nur diesem erlogenen Boden entsprossen, Früchte, die nur am Lichte der Orchesterlampe gereift, eine Natur, worin nicht der Odem Gottes, sondern des Souffleurs weht, kulissenerschütternde Tobsucht, sanfte Wehmut mit kitzelnder Flötenbegleitung, geschminkte Unschuld mit Lasterversenkungen, Monatsgagengefühle, Trompetentusch usw.

Solchermaßen haben die Schauspieler in Deutschland sich von den Poeten und auch von der Poesie selbst emanzipiert. Nur der Mittelmäßigkeit erlaubten sie noch, sich auf ihrem Gebiet zu produzieren. Aber sie geben genau acht, dass es kein wahrer Dichter ist, der, im Mantel der Mittelmäßigkeit, sich bei ihnen eindrängt. Wie viel Prüfungen hat Herr Raupach überstehen müssen, ehe es ihm gelang, auf dem Theater Fuß zu fassen! Und noch jetzt haben sie ein waches Auge auf ihn, und wenn er mal ein Stück schreibt, das nicht ganz und gar schlecht ist, muss er, aus Furcht vor dem Ostrazismus der Komödianten, gleich wieder ein Dutzend der allermiserabelsten Machwerke zutage fördern. Ihr wundert euch über das Wort »ein Dutzend«? Es ist gar keine Übertreibung von mir. Dieser Mann kann wirklich jedes Jahr ein Dutzend Dramen schreiben, und man bewundert diese Produktivität. Aber »es ist keine Hexerei«, sagt Jantjen von Amsterdam, der berühmte Taschenspieler, wenn wir seine Kunststücke anstaunen, »es ist keine Hexerei, sondern nur die Geschwindigkeit«.

Dass es Herrn Raupach gelungen ist, auf der deutschen Bühne emporzukommen, hat aber noch einen besondern Grund. Dieser Schriftsteller, von Geburt ein Deutscher, hat lange Zeit in Russland gelebt, dort erwarb er seine Bildung, und es war die moskowitische Muse, die ihn eingeweiht in die Poesie. Diese Muse, die eingezobelte Schöne mit der holdselig aufgestülpten Nase, reichte unserem Dichter die volle Branntweinschale der Begeisterung, hing um seine Schulter den Köcher mit kirgisischen Witzpfeilen und gab in seine Hände die tragische Knute. Als er zuerst auf unsere Herzen damit losschlug, wie erschütterte er uns! Das Befremdliche der ganzen Erscheinung musste uns nicht wenig in Verwunderung setzen. Der Mann gefiel uns gewiss nicht im zivilisierten Deutschland; aber sein sarmatisch ungetümes Wesen, eine täppische Behändigkeit, ein gewisses brummendes Zugreifen in seinem Verfahren verblüffte das Publikum. Es war jedenfalls ein origineller Anblick, wenn Herr Raupach auf seinem slawischen Pegasus, dem kleinen Klepper, über die Steppen der Poesie dahinjagte und unter dem Sattel, nach echter Baschkirenweise, seine dramatische Stoffe gar ritt. Dieses fand Beifall in Berlin, wo, wie ihr wisst, alles Russische gut aufgenommen wird; dem Herren Raupach gelang es, dort Fuß zu fassen; er wusste sich mit den Schauspielern zu verständigen, und seit einiger Zeit, wie schon gesagt, wird Raupach-Apollo neben Diana-Birch-Pfeiffer göttlich verehrt in dem Tempel der dramatischen Kunst. Dreißig Taler bekömmt er für jeden Akt, den er schreibt, und er schreibt lauter Stücke von sechs Akten, indem er dem ersten Akt den Titel »Vorspiel« gibt. Alle mögliche Stoffe hat er schon unter den Sattel seines Pegasus geschoben und gar geritten. Kein Held ist sicher vor solchem tragischen Schicksal. Sogar den Siegfried, den Drachentöter, hat er unterbekommen. Die Muse der deutschen Geschichte ist in Verzweiflung. Einer Niobe gleich, betrachtet sie, mit bleichem Schmerze, die edlen Kinder, die Raupach-Apollo so entsetzlich bearbeitet hat. O Jupiter! er wagte es sogar, Hand zu legen an die Hohenstaufen, unsere alten geliebten Schwabenkaiser! Es war nicht genug, dass Herr Friedrich Raumer sie geschichtlich eingeschlachtet, jetzt kommt gar Herr Raupach, der sie fürs Theater zurichtet. Raumersche Holzfiguren überzieht er mit seiner ledernen Poesie, mit seinen russischen Juchten, und der Anblick solcher Karikaturen und ihr Missduft verleidet uns am Ende noch die Erinnerung an die schönsten und edelsten Kaiser des deutschen Vaterlandes. Und die Polizei hemmt nicht solchen Frevel? Wenn sie nicht gar selbst die Hand im Spiel hat. Neue, emporstrebende Regentenhäuser lieben nicht beim Volk die Erinnerung an die alten Kaiserstämme, an deren Stelle sie gern treten möchten. Nicht bei Immermann, nicht bei Grabbe, nicht einmal bei Herrn Uechtritz, sondern bei dem Herren Raupach wird die Berliner Theaterintendanz einen Barbarossa bestellen. Aber streng bleibt es Herren Raupach untersagt, einen Hohenzollern unter den Sattel zu stecken; sollte es ihm einmal danach gelüsten, so würde man ihm bald die Hausvogtei als Helikon anweisen.

Die Ideenassoziation, die durch Kontraste entsteht, ist schuld daran, dass ich, indem ich von Herrn Uhland reden wollte, plötzlich auf Herrn Raupach und Madame Birch-Pfeiffer geriet. Aber obgleich dieses göttliche Paar, unsere Theater-Diana noch viel weniger als unser Theater-Apoll, nicht zur eigentlichen Literatur gehört, so musste ich doch einmal von ihnen reden, weil sie die jetzige Bretterwelt repräsentieren. Auf jeden Fall war ich es unseren wahren Poeten schuldig, mit wenigen Worten in diesem Buche zu erwähnen, von welcher Natur die Leute sind, die bei uns die Herrschaft der Bühne usurpieren.

V

Ich bin in diesem Augenblick in einer sonderbaren Verlegenheit. Ich darf die Gedichtsammlung des Herrn Ludwig Uhland nicht unbesprochen lassen, und dennoch befinde ich mich in einer Stimmung, die keineswegs solcher Besprechung günstig ist. Schweigen könnte hier als Feigheit oder gar als Perfidie erscheinen, und ehrlich offne Worte könnten als Mangel an Nächstenliebe gedeutet werden. In der Tat, die Sippen und Mägen der Uhlandschen Muse und die Hintersassen seines Ruhmes werde ich mit der Begeisterung, die mir heute zu Gebote steht, schwerlich befriedigen. Aber ich bitte euch, Zeit und Ort, wo ich dieses niederschreibe, gehörig zu ermessen. Vor zwanzig Jahren, ich war ein Knabe, ja damals, mit welcher überströmenden Begeisterung hätte ich den vortrefflichen Uhland zu feiern vermocht! Damals empfand ich seine Vortrefflichkeit vielleicht besser als jetzt; er stand mir näher an Empfindung und Denkvermögen. Aber so vieles hat sich seitdem ereignet! Was mir so herrlich dünkte, jenes chevalereske und katholische Wesen, jene Ritter, die im adligen Turnier sich hauen und stechen, jene sanften Knappen und sittigen Edelfrauen, jene Nordlandshelden und Minnesänger, jene Mönche und Nonnen, jene Vätergrüfte mit Ahnungsschauern, jene blassen Entsagungsgefühle mit Glockengeläut und das ewige Wehmutgewimmer, wie bitter ward es mir seitdem verleidet! Ja, einst war es anders. Wie oft, auf den Trümmern des alten Schlosses zu Düsseldorf am Rhein, saß ich und deklamierte vor mich hin das schönste aller Uhlandschen Lieder:

Der schöne Schäfer zog so nah
Vorüber an dem Königsschloss;
Die Jungfrau von der Zinne sah,
Da war ihr Sehnen groß.

Sie rief ihm zu ein süßes Wort:
»O dürft ich gehn hinab zu dir!
Wie glänzen weiß die Lämmer dort,
Wie rot die Blümlein hier!«

Der Jüngling ihr entgegenbot:
»O kämest du herab zu mir!
Wie glänzen so die Wänglein rot,
Wie weiß die Arme dir!«

Und als er nun mit stillem Weh
In jeder Früh' vorübertrieb:
Da sah er hin, bis in der Höh'

Erschien sein holdes Lieb.

Dann rief er freundlich ihr hinauf:
»Willkommen, Königstöchterlein!«
Ihr süßes Wort ertönte drauf:
»Viel Dank, du Schäfer mein!«

Der Winter floh, der Lenz erschien,
Die Blümlein blühten reich umher,
Der Schäfer tät zum Schlosse ziehn,
Doch sie erschien nicht mehr.

Er lief hinauf so klagevoll:
»Willkommen, Königstöchterlein!«
Ein Geisterlaut herunterscholl:
»Ade, du Schäfer mein!«

Wenn ich nun auf den Ruinen des alten Schlosses saß und dieses Lied deklamierte, hörte ich auch wohl zuweilen, wie die Nixen im Rhein, der dort vorbeifließt, meine Worte nachäfften, und das seufzte und das stöhnte aus den Fluten mit komischem Pathos:

»Ein Geisterlaut herunterscholl,
Ade, du Schäfer mein!«

Ich ließ mich aber nicht stören von solchen Neckereien der Wasserfrauen, selbst wenn sie bei den schönsten Stellen in Uhlands Gedichten ironisch kicherten. Ich bezog solches Gekicher damals bescheidentlich auf mich selbst, namentlich gegen Abend, wenn die Dunkelheit hereinbrach und ich mit etwas erhobener Stimme deklamierte, um dadurch die geheimnisvollen Schauer zu überwinden, die mir die alten Schlosstrümmer einflößten. Es ging nämlich die Sage, dass dort des Nachts eine Dame ohne Kopf umherwandle. Ich glaubte manchmal ihre lange seidne Schleppe vorbeirauschen zu hören, und mein Herz pochte ... Das war die Zeit und der Ort, wo ich für die »Gedichte von Ludwig Uhland« begeistert war.

Dasselbe Buch habe ich wieder in Händen, aber zwanzig Jahre sind seitdem verflossen, ich habe unterdessen viel gehört und gesehen, gar viel, ich glaube nicht mehr an Menschen ohne Kopf, und der alte Spuk wirkt nicht mehr auf mein Gemüt. Das Haus, worin ich eben sitze und lese, liegt auf dem Boulevard Montmartre; und dort branden die wildesten Wogen des Tages, dort kreischen die lautesten Stimmen der modernen Zeit; das lacht, das grollt, das trommelt; im Sturmschritt schreitet vorüber die Nationalgarde; und jeder spricht französisch. – Ist das nun der Ort, wo man Uhlands Gedichte lesen kann? Dreimal habe ich den Schluss des oberwähnten Gedichtes mir wieder vordeklamiert, aber ich empfinde nicht mehr das unnennbare Weh, das mich einst ergriff, wenn das Königstöchterlein stirbt und der schöne Schäfer so klagevoll zu ihr hinaufrief: »Willkommen, Königstöchterlein!«

»Ein Geisterlaut herunterscholl,
Ade! du Schäfer mein!«

Vielleicht auch bin ich für solche Gedichte etwas kühl geworden, seitdem ich die Erfahrung gemacht, dass es eine weit schmerzlichere Liebe gibt als die, welche den Besitz des geliebten Gegenstandes niemals erlangt oder ihn durch den Tod verliert. In der Tat, schmerzlicher ist es, wenn der geliebte Gegenstand Tag und Nacht in unseren Armen liegt, aber durch beständigen Widerspruch und blödsinnige Kapricen uns Tag und Nacht verleidet, dergestalt, dass wir das, was unser Herz am meisten liebt, von unserem Herzen fortstoßen und wir selber das verflucht geliebte Weib zu dem Postwagen bringen und fortschicken müssen:

»Ade, du Königstöchterlein!«

Ja, schmerzlicher als der Verlust durch den Tod ist der Verlust durch das Leben, z. B. wenn die Geliebte, aus wahnsinniger Leichtfertigkeit, sich von uns abwendet, wenn sie durchaus auf einen Ball gehen will, wohin kein ordentlicher Mensch sie begleiten kann, und wenn sie dann, ganz aberwitzig bunt geputzt und trotzig frisiert, dem ersten besten Lump den Arm reicht und uns den Rücken kehrt ...

»Ade, du Schäfer mein!«

Vielleicht erging es Herrn Uhland selber nicht besser als uns. Auch seine Stimmung muss sich seitdem etwas verändert haben. Mit g'ringen Ausnahmen hat er seit zwanzig Jahren keine neue Gedichte zu Markte gebracht. Ich glaube nicht, dass dieses schöne Dichtergemüt so kärglich von der Natur begabt gewesen und nur einen einzigen Frühling in sich trug. Nein, ich erkläre mir das Verstummen Uhlands vielmehr aus dem Widerspruch, worin die Neigungen seiner Muse mit den Ansprüchen seiner politischen Stellung geraten sind. Der elegische Dichter, der die katholisch feudalistische Vergangenheit in so schönen Balladen und Romanzen zu besingen wusste, der Ossian des Mittelalters, wurde seitdem, in der württembergischen Ständeversammlung, ein eifriger Vertreter der Volksrechte, ein kühner Sprecher für Bürgergleichheit und Geistesfreiheit. Dass diese demokratische und protestantische Gesinnung bei ihm echt und lauter ist, bewies Herr Uhland durch die großen persönlichen Opfer, die er ihr brachte; hatte er einst den Dichterlorbeer errungen, so erwarb er auch jetzt den Eichenkranz der Bürgertugend. Aber eben weil er es mit der neuen Zeit so ehrlich meinte, konnte er das alte Lied von der alten Zeit nicht mehr mit der vorigen Begeisterung weitersingen; und da sein Pegasus nur ein Ritterross war, das gern in die Vergangenheit zurücktrabte, aber gleich stetig wurde, wenn es vorwärts sollte in das moderne Leben, da ist der wackere Uhland lächelnd abgestiegen, ließ ruhig absatteln und den unfügsamen Gaul in den Stall bringen. Dort befindet er sich noch bis auf heutigen Tag, und wie sein Kollege, das Ross Bayard, hat er alle möglichen Tugenden und nur einen einzigen Fehler: er ist tot.

Schärferen Blicken als den meinigen will es nicht entgangen sein, dass das hohe Ritterross, mit seinen bunten Wappendecken und stolzen Federbüschen, nie recht gepasst habe zu seinem bürgerlichen Reiter, der an den Füßen statt Stiefeln mit goldenen Sporen nur Schuh' mit seidenen Strümpfen und auf dem Haupt statt eines Helms nur einen Tübinger Doktorhut getragen hat. Sie wollen entdeckt haben, dass Herr Ludwig Uhland niemals mit seinem Thema ganz übereinstimmen konnte; dass er die naiven, grauenhaft kräftigen Töne des Mittelalters nicht eigentlich in idealisierter Wahrheit wiedergibt, sondern sie vielmehr in eine kränklich sentimentale Melancholie auflöst; dass er die starken Klänge der Heldensage und des Volkslieds in seinem Gemüte gleichsam weichgekocht habe, um sie genießbar zu machen für das moderne Publikum. Und in der Tat, wenn man die Frauen der Uhlandschen Gedichte genau betrachtet, so sind es nur schöne Schatten, verkörperter Mondschein, in den Adern Milch, in den Augen süße Tränen, nämlich Tränen ohne Salz Vergleicht man die Uhlandschen Ritter mit den Rittern der alten Gesänge, so kommt es uns vor, als beständen sie aus Harnischen von Blech, worin lauter Blumen stecken, statt Fleisch und Knochen. Die Uhlandschen Ritter duften daher für zarte Nasen weit minniglicher als die alten Kämpen, die recht dicke eiserne Hosen trugen und viel fraßen und noch mehr soffen.

Aber das soll kein Tadel sein. Herr Uhland wollte uns keineswegs in wahrhafter Kopie die deutsche Vergangenheit vorführen, er wollte uns vielleicht nur durch ihren Widerschein ergötzen; und er ließ sie freundlich zurückspiegeln von der dämmernden Fläche seines Geistes. Dieses mag seinen Gedichten vielleicht einen besondern Reiz verleihen und ihnen die Liebe vieler sanften und guten Menschen erwerben. Die Bilder der Vergangenheit üben ihren Zauber selbst in der mattesten Beschwörung. Sogar Männer, die für die moderne Zeit Partei gefasst, bewahren immer eine geheime Sympathie für die Überlieferungen alter Tage; wunderbar berühren uns diese Geisterstimmen selbst in ihrem schwächsten Nachhall. Und es ist leicht begreiflich, dass die Balladen und Romanzen unseres vortrefflichen Uhlands nicht bloß bei Patrioten von 1813, bei frommen Jünglingen und minniglichen Jungfrauen, sondern auch bei manchen Höhergekräftigten und Neudenkenden den schönsten Beifall finden.

Ich habe bei dem Wort Patrioten die Jahreszahl 1813 hinzugefügt, um sie von den heutigen Vaterlandsfreunden zu unterscheiden, die nicht mehr von den Erinnerungen des sogenannten Freiheitskrieges zehren. Jene älteren Patrioten müssen an der Uhlandschen Muse das süßeste Wohlgefallen finden, da die meisten seiner Gedichte ganz von dem Geist ihrer Zeit geschwängert sind, einer Zeit, wo sie selber noch in Jugendgefühlen und stolzen Hoffnungen schwelgten. Diese Vorliebe für Uhlands Gedichte überlieferten sie ihren Nachbetern, und den Jungen auf den Turnplätzen ward es einst als Patriotismus angerechnet, wenn sie sich Uhlands Gedichte anschafften. Sie fanden darin Lieder, die selbst Max von Schenkendorf und Herr Ernst Moritz Arndt nicht besser gedichtet hätten. Und in der Tat, welcher Enkel des biderben Arminius und der blonden Thusnelda wird nicht befriedigt von dem Uhlandschen Gedicht:

Vorwärts! fort und immerfort,
Russland rief das stolze Wort:
Vorwärts!

Preußen hört das stolze Wort,
Hört es gern und hallt es fort:
Vorwärts!

Auf, gewaltiges Österreich!
Vorwärts! tu's den andern gleich!
Vorwärts!

Auf, du altes Sachsenland!
Immer vorwärts, Hand in Hand!
Vorwärts!

Bayern, Hessen, schlaget ein!
Schwaben, Franken, vor zum Rhein!
Vorwärts!

Vorwärts, Holland, Niederland!
Hoch das Schwert in freier Hand!
Vorwärts!

Grüß euch Gott, du Schweizerbund!
Elsass, Lothringen, Burgund!
Vorwärts!

Vorwärts, Spanien, Engelland!
Reicht den Brüdern bald die Hand!
Vorwärts!

Vorwärts, fort und immerfort!
Guter Wind und naher Port!
Vorwärts!

Vorwärts heißt ein Feldmarschall,

Vorwärts, tapfre Streiter all!
Vorwärts!

Ich wiederhole es, die Leute von 1813 finden in Herren Uhlands Gedichten den Geist ihrer Zeit aufs Kostbarste aufbewahrt, und nicht bloß den politischen, sondern auch den moralischen und ästhetischen Geist. Herr Uhland repräsentiert eine ganze Periode, und er repräsentiert sie jetzt fast allein, da die anderen Repräsentanten derselben in Vergessenheit geraten und sich wirklich in diesem Schriftsteller alle resümieren. Der Ton, der in den Uhlandschen Liedern, Balladen und Romanzen herrscht, war der Ton aller seiner romantischen Zeitgenossen, und mancher darunter hat, wo nicht gar Besseres, doch wenigstens ebenso Gutes geliefert. Und hier ist der Ort, wo ich noch manchen von der romantischen Schule rühmen kann, der, wie gesagt, in Betreff des Stoffes und der Tonart seiner Gedichte die sprechendste Ähnlichkeit mit Herrn Uhland bekundet, auch an poetischem Werte ihm nicht nachzustehen braucht und sich etwa nur durch mindere Sicherheit in der Form von ihm unterscheidet. In der Tat, welch ein vortrefflicher Dichter ist der Freiherr von Eichendorff; die Lieder, die er seinem Roman »Ahnung und Gegenwart« eingewebt hat, lassen sich von den Uhlandschen gar nicht unterscheiden, und zwar von den besten derselben. Der Unterschied besteht vielleicht nur in der grüneren Waldesfrische und der kristallhafteren Wahrheit der Eichendorffschen Gedichte. Herr Justinus Kerner, der fast gar nicht bekannt ist, verdient hier ebenfalls eine preisende Erwähnung; auch er dichtete in derselben Tonart und Weise die wackersten Lieder; er ist ein Landsmann des Herrn Uhland. Dasselbe ist der Fall bei Herrn Gustav Schwab, einem berühmteren Dichter, der ebenfalls aus den schwäbischen Gauen hervorgeblüht und uns noch jährlich mit hübschen und duftenden Liedern erquickt. Besonderes Talent besitzt er für die Ballade, und er hat die heimischen Sagen in dieser Form aufs Erfreusamste besungen. Wilhelm Müller, den uns der Tod in seiner heitersten Jugendfülle entrissen, muss hier ebenfalls erwähnt werden. In der Nachbildung des deutschen Volkslieds klingt er ganz zusammen mit Herrn Uhland; mich will es sogar bedünken, als sei er in solchem Gebiet manchmal glücklicher und überträfe ihn an Natürlichkeit. Er erkannte tiefer den Geist der alten Liedformen und brauchte sie daher nicht äußerlich nachzuahmen; wir finden daher bei ihm ein freieres Handhaben der Übergänge und ein verständiges Vermeiden aller veralteten Wendungen und Ausdrücke. Den verstorbenen Wetzel, der jetzt vergessen und verschollen ist, muss ich ebenfalls hier in Erinnerung bringen; auch er ist ein Wahlverwandter unseres vortrefflichen Uhlands, und in einigen Liedern, die ich von ihm kenne, übertrifft er ihn an Süße und hinschmelzender Innigkeit. Diese Lieder, halb Blume, halb Schmetterling, verdufteten und verflatterten in einem der älteren Jahrgänge von Brockhaus' »Urania«. Dass Herr Clemens Brentano seine meisten Lieder in derselben Tonart und Gefühlsweise wie Herr Uhland gedichtet hat, versteht sich von selbst; sie schöpften beide aus derselben Quelle, dem Volksgesang, und bieten uns denselben Trank; nur die Trinkschale, die Form, ist bei Herrn Uhland gerundeter. Von Adelbert von Chamisso darf ich hier eigentlich nicht reden; obgleich Zeitgenosse der romantischen Schule, an deren Bewegungen er teilnahm, hat doch das Herz dieses Mannes sich in der letzten Zeit so wunderbar verjüngt, dass er in ganz neue Tonarten überging, sich als einen der eigentümlichsten und bedeutendsten modernen Dichter geltend machte und weit mehr dem jungen als dem alten Deutschland angehört. Aber in den Liedern seiner früheren Periode weht derselbe Odem, der uns auch aus den Uhlandschen Gedichten entgegenströmt; derselbe Klang, dieselbe Farbe, derselbe Duft, dieselbe Wehmut, dieselbe Träne ... Chamissos Tränen sind vielleicht rührender, weil sie, gleich einem Quell, der aus einem Felsen springt, aus einem weit stärkeren Herzen hervorbrechen.

Die Gedichte, die Herr Uhland in südlichen Versarten geschrieben, sind ebenfalls den Sonetten, Assonanzen und Ottaverime seiner Mitschüler von der romantischen Schule aufs Innigste verwandt, und man kann sie nimmermehr, sowohl der Form als des Tones nach, davon unterscheiden. Aber wie gesagt, die meisten jener Uhlandschen Zeitgenossen, mitsamt ihren Gedichten, geraten in Vergessenheit; letztere findet man nur noch mit Mühe in verschollenen Sammlungen, wie der »Dichterwald«, die »Sängerfahrt«, in einigen Frauen- und Musenalmanachen, die Herr Fouqué und Herr Tieck herausgegeben, in alten Zeitschriften, namentlich in Achim von Arnims »Trösteinsamkeit« und in der »Wünschelrute«, redigiert von Heinrich Straube und Rudolf Christiani, in den damaligen Tagesblättern, und Gott weiß mehr wo!

Herr Uhland ist nicht der Vater einer Schule, wie Schiller oder Goethe oder sonst so einer, aus deren Individualität ein besonderer Ton hervordrang, der in den Dichtungen ihrer Zeitgenossen einen bestimmten Widerhall fand. Herr Uhland ist nicht der Vater, sondern er ist selbst nur das Kind einer Schule, die ihm einen Ton überliefert, der ihr ebenfalls nicht ursprünglich angehört, sondern den sie aus früheren Dichterwerken mühsam hervorgequetscht hatte. Aber als Ersatz für diesen Mangel an Originalität, an eigentümlicher Neuheit, bietet Herr Uhland eine Menge Vortrefflichkeiten, die ebenso herrlich wie selten sind. Er ist der Stolz des glücklichen Schwabenlandes, und alle Genossen deutscher Zunge erfreuen sich dieses edlen Sängergemüts. In ihm resümieren sich die meisten seiner lyrischen Gespiele von der romantischen Schule, die das Publikum jetzt in dem einzigen Manne liebt und verehrt. Und wir verehren und lieben ihn jetzt vielleicht um so inniger, da wir im Begriff sind, uns auf immer von ihm zu trennen.

Ach! nicht aus leichtfertiger Lust, sondern dem Gesetz der Notwendigkeit gehorchend, setzt sich Deutschland in Bewegung ... Das fromme, friedsame Deutschland! ... es wirft einen wehmütigen Blick auf die Vergangenheit, die es hinter sich lässt, noch einmal beugt es sich gefühlvoll hinab über jene alte Zeit, die uns aus Uhlands Gedichten so sterbebleich anschaut, und es nimmt Abschied mit einem Kuss. Und noch einen Kuss, meinetwegen sogar eine Träne! Aber lasst uns nicht länger weilen in müßiger Rührung ...

Vorwärts! fort und immerfort,
Frankreich rief das stolze Wort:
  Vorwärts!

VI

»Als nach langen Jahren Kaiser Otto III. an das Grab kam, wo Karls Gebeine bestattet ruhten, trat er mit zwei Bischöfen und dem Grafen von Laumel (der dieses alles berichtet hat) in die Höhle ein. Die Leiche lag nicht, wie andere Tote, sondern saß aufrecht, wie ein Lebender, auf einem Stuhl. Auf dem Haupt war eine Goldkrone, das Zepter hielt er in den Händen, die mit Handschuhen bekleidet waren, die Nägel der Finger hatten aber das Leder durchbohrt und waren herausgewachsen. Das Gewölbe war aus Marmor und Kalk sehr dauerhaft gemauert. Um hineinzugelangen, musste eine Öffnung gebrochen werden; sobald man hineingelangt war, spürte man einen heftigen Geruch. Alle beugten sogleich die Knie und erwiesen dem Toten Ehrerbietung. Kaiser Otto legte ihm ein weißes Gewand an, beschnitt ihm die Nägel und ließ alles Mangelhafte ausbessern. Von den Gliedern war nichts verfault, außer von der Nasenspitze fehlte etwas; Otto ließ sie von Gold wiederherstellen. Zuletzt nahm er aus Karls Mund einen Zahn, ließ das Gewölbe wieder zumauern und ging von dannen. – Nachts darauf soll ihm im Traum Karl erschienen sein und verkündigt haben, dass Otto nicht alt werden und keinen Erben hinterlassen werde.«

Solchen Bericht geben uns die »Deutschen Sagen«. Es ist dies aber nicht das einzige Beispiel der Art. So hat auch euer König Franz das Grab des berühmten Roland öffnen lassen, um selber zu sehen, ob dieser Held von so riesenhafter Gestalt gewesen, wie die Dichter rühmen. Dieses geschah kurz vor der Schlacht von Pavia. Sebastian von Portugal ließ die Grüfte seiner Vorfahren öffnen und betrachtete die toten Könige, ehe er nach Afrika zog.

Sonderbar schauerliche Neugier, die oft die Menschen antreibt, in die Gräber der Vergangenheit hinabzuschauen! Es geschieht dieses zu außerordentlichen Perioden, nach Abschluss einer Zeit oder kurz vor einer Katastrophe. In unseren neueren Tagen haben wir eine ähnliche Erscheinung erlebt; es war ein großer Souverän, das französische Volk, welcher plötzlich die Lust empfand, das Grab der Vergangenheit zu öffnen und die längst verschütteten, verschollenen Zeiten bei Tageslicht zu betrachten. Es fehlte nicht an gelehrten Totengräbern, die, mit Spaten und Brecheisen, schnell bei der Hand waren, um den alten Schutt aufzuwühlen und die Grüfte zu erbrechen. Ein starker Duft ließ sich verspüren, der, als gotisches Hautgout, denjenigen Nasen, die für Rosenöl blasiert sind, sehr angenehm kitzelte. Die französischen Schriftsteller knieten ehrerbietig nieder vor dem aufgedeckten Mittelalter. Der eine legte ihm ein neues Gewand an, der andere schnitt ihm die Nägel, ein dritter setzte ihm eine neue Nase an; zuletzt kamen gar einige Poeten, die dem Mittelalter die Zähne ausrissen, alles wie Kaiser Otto.

Ob der Geist des Mittelalters diesen Zahnausreißern im Traum erschienen ist und ihrer ganzen romantischen Herrschaft ein frühes Ende prophezeit hat, das weiß ich nicht. Überhaupt, ich erwähne dieser Erscheinung der französischen Literatur nur aus dem Grund, um bestimmt zu erklären, dass ich weder direkt noch indirekt eine Befehdung derselben im Sinne habe, wenn ich in diesem Buch eine ähnliche Erscheinung, die in Deutschland stattfand, mit etwas scharfen Worten besprochen. Die Schriftsteller, die in Deutschland das Mittelalter aus seinem Grabe hervorzogen, hatten andere Zwecke, wie man aus diesen Blättern ersehen wird, und die Wirkung, die sie auf die große Menge ausüben konnten, gefährdete die Freiheit und das Glück meines Vaterlandes. Die französischen Schriftsteller hatten nur artistische Interessen, und das französische Publikum suchte nur seine plötzlich erwachte Neugier zu befriedigen. Die meisten schauten in die Gräber der Vergangenheit nur in der Absicht, um sich ein interessantes Kostüm für den Karneval auszusuchen. Die Mode des Gotischen war in Frankreich eben nur eine Mode, und sie diente nur dazu, die Lust der Gegenwart zu erhöhen. Man lässt sich die Haare mittelalterlich lang vom Haupt herabwallen, und bei der flüchtigsten Bemerkung des Friseurs, dass es nicht gut kleide, lässt man es kurz abschneiden mitsamt den mittelalterlichen Ideen, die dazu gehören. Ach! in Deutschland ist das anders. Vielleicht eben weil das Mittelalter dort nicht, wie bei euch, gänzlich tot und verwest ist. Das deutsche Mittelalter liegt nicht vermodert im Grabe, es wird vielmehr manchmal von einem bösen Gespenste belebt und tritt am hellen, lichten Tag in unsere Mitte und saugt uns das rote Leben aus der Brust ...

Ach! seht ihr nicht, wie Deutschland so traurig und bleich ist? zumal die deutsche Jugend, die noch unlängst so begeistert emporjubelte? Seht ihr nicht, wie blutig der Mund des bevollmächtigten Vampirs, der zu Frankfurt residiert und dort am Herzen des deutschen Volkes so schauerlich langsam und langweilig saugt?

Was ich in Betreff des Mittelalters im Allgemeinen angedeutet, findet auf die Religion desselben eine ganz besondere Anwendung. Loyalität erfordert, dass ich eine Partei, die man hierzulande die katholische nennt, aufs Allerbestimmteste von jenen deplorablen Gesellen, die in Deutschland diesen Namen führen, unterscheide. Nur von letzteren habe ich in diesen Blättern gesprochen, und zwar mit Ausdrücken, die mir immer noch viel zu gelinde dünken. Es sind die Feinde meines Vaterlandes, ein kriechendes Gesindel, heuchlerisch, verlogen und von unüberwindlicher Feigheit. Das zischelt in Berlin, das zischelt in München, und während du auf dem Boulevard Montmartre wandelst, fühlst du plötzlich den Stich in der Ferse. Aber wir zertreten ihr das Haupt, der alten Schlange. Es ist die Partei der Lüge, es sind die Schergen des Despotismus und die Restauratoren aller Misere, aller Gräuel und Narretei der Vergangenheit. Wie himmelweit davon verschieden ist jene Partei, die man hier die katholische nennt und deren Häupter zu den talentreichsten Schriftstellern Frankreichs gehören. Wenn sie auch nicht eben unsere Waffenbrüder sind, so kämpfen wir doch für dieselben Interessen, nämlich für die Interessen der Menschheit. In der Liebe für dieselbe sind wir einig; wir unterscheiden uns nur in der Ansicht dessen, was der Menschheit frommt. Jene glauben, die Menschheit bedürfe nur des geistlichen Trostes, wir hingegen sind der Meinung, dass sie vielmehr des körperlichen Glückes bedarf. Wenn jene, die katholische Partei in Frankreich, ihre eigene Bedeutung verkennend, sich als die Partei der Vergangenheit, als die Restauratoren des Glaubens derselben, ankündigt, müssen wir sie gegen ihre eigene Aussage in Schutz nehmen. Das achtzehnte Jahrhundert hat den Katholizismus in Frankreich so gründlich ekrasiert, dass fast gar keine lebende Spur davon übriggeblieben und dass derjenige, welcher den Katholizismus in Frankreich wiederherstellen will, gleichsam eine ganz neue Religion predigt. Unter Frankreich verstehe ich Paris, nicht die Provinz; denn was die Provinz denkt, ist eine ebenso gleichgültige Sache, als was unsere Beine denken; der Kopf ist der Sitz unserer Gedanken. Man sagte mir, die Franzosen in der Provinz seien gute Katholiken; ich kann es weder bejahen noch verneinen; die Menschen, welche ich in der Provinz fand, sahen alle aus wie Meilenzeiger, welche ihre mehr oder minder große Entfernung von der Hauptstadt auf der Stirne geschrieben trugen. Die Frauen dort suchen vielleicht Trost im Christentum, weil sie nicht in Paris leben können. In Paris selbst hat das Christentum seit der Revolution nicht mehr existiert, und schon früher hatte es hier alle reelle Bedeutung verloren. In einem abgelegenen Kirchenwinkel lag es lauernd, das Christentum, wie eine Spinne, und sprang dann und wann hastig hervor, wenn es ein Kind in der Wiege oder einen Greis im Sarge erhaschen konnte. Ja, nur zu zwei Perioden, wenn er eben zur Welt kam oder wenn er eben die Welt wieder verließ, geriet der Franzose in die Gewalt des katholischen Priesters; während der ganzen Zwischenzeit war er bei Vernunft und lachte über Weihwasser und Ölung. Aber heißt das eine Herrschaft des Katholizismus? Eben weil dieser in Frankreich ganz erloschen war, konnte er unter Ludwig XVIII. und Karl X., durch den Reiz der Neuheit, auch einige uneigennützige Geister für sich gewinnen. Der Katholizismus war damals so etwas Unerhörtes, so etwas Frisches, so etwas Überraschendes! Die Religion, die kurz vor jener Zeit in Frankreich herrschte, war die klassische Mythologie, und diese schöne Religion war dem französischen Volke von seinen Schriftstellern, Dichtern und Künstlern mit solchem Erfolge gepredigt worden, dass die Franzosen zu Ende des vorigen Jahrhunderts, im Handeln wie im Gedanken, ganz heidnisch kostümiert waren. Während der Revolution blühte die klassische Religion in ihrer gewaltigsten Herrlichkeit; es war nicht ein alexandrinisches Nachäffen, Paris war eine natürliche Fortsetzung von Athen und Rom. Unter dem Kaiserreich erlosch wieder dieser antike Geist, die griechischen Götter herrschten nur noch im Theater, und die römische Tugend besaß nur noch das Schlachtfeld; ein neuer Glaube war aufgekommen, und dieser resümierte sich in dem heiligen Namen »Napoleon«! Dieser Glaube herrscht noch immer unter der Masse. Wer daher sagt, das französische Volk sei irreligiös, weil es nicht mehr an Christus und seine Heiligen glaubt, hat unrecht. Man muss vielmehr sagen, die Irreligiosität der Franzosen besteht darin, dass sie jetzt an einen Menschen glauben statt an die unsterblichen Götter. Man muss sagen, die Irreligiosität der Franzosen besteht darin, dass sie nicht mehr an den Jupiter glauben, nicht mehr an Diana, nicht mehr an Minerva, nicht mehr an Venus. Dieser letztere Punkt ist zweifelhaft; soviel weiß ich, in Betreff der Grazien sind die Französinnen noch immer orthodox geblieben.

Ich hoffe, man wird diese Bemerkungen nicht missverstehen; sie sollten ja eben dazu dienen, den Leser dieses Buches vor einem argen Missverständnis zu bewahren.

Ich wäre in Verzweiflung, wenn die wenigen Andeutungen, die mir [s. Zweites Buch, zweiter Abschnitt] in Betreff des großen Eklektikers entschlüpft sind, ganz missverstanden werden. Wahrlich, fern ist von mir die Absicht, Herrn Victor Cousin zu verkleinern. Die Titel dieses berühmten Philosophen verpflichten mich sogar zu Preis und Lob. Er gehört zu jenem lebenden Pantheon Frankreichs, welches wir die Pairie nennen, und seine geistreichen Gebeine ruhen auf den Sammetbänken des Luxembourgs. Dabei ist er ein liebendes Gemüt, und er liebt nicht die banalen Gegenstände, die jeder Franzose lieben kann, z. B. den Napoleon, er liebt nicht einmal den Voltaire, der schon minder leicht zu lieben ist ... nein, des Herrn Cousins Herz versucht das Schwerste: er liebt Preußen. Ich wäre ein Bösewicht, wenn ich einen solchen Mann verkleinern wollte, ich wäre ein Ungeheuer von Undankbarkeit ... denn ich selber bin ein Preuße. Wer wird uns lieben, wenn das große Herz eines Victor Cousin nicht mehr schlägt?

Ich muss wahrlich alle Privatgefühle, die mich zu einem überlauten Enthusiasmus verleiten könnten, gewaltsam unterdrücken. Ich möchte nämlich auch nicht des Servilismus verdächtig werden; denn Herr Cousin ist sehr einflussreich im Staate durch seine Stellung und Zunge. Diese Rücksicht könnte mich sogar bewegen, ebenso freimütig seine Fehler wie seine Tugenden zu besprechen. Wird er selber dieses missbilligen? Gewiss nicht! Ich weiß, dass man große Geister nicht schöner ehren kann, als indem man ihre Mängel ebenso gewissenhaft wie ihre Tugenden beleuchtet. Wenn man einen Herkules besingt, muss man auch erwähnen, dass er einmal die Löwenhaut abgelegt und am Spinnrocken gesessen; er bleibt ja darum doch immer ein Herkules! Wenn wir ebensolche Umstände von Herrn Cousin berichten, dürfen wir jedoch feinlobend hinzufügen: Herr Cousin, wenn er auch zuweilen schwatzend am Spinnrocken saß, so hat er doch nie die Löwenhaut abgelegt.

In Vergleichung mit dem Herkules fortfahrend, dürften wir auch noch eines anderen schmeichelhaften Unterschieds erwähnen. Das Volk hat nämlich dem Sohn der Alkmene auch jene Werke zugeschrieben, die von verschiedenen seiner Zeitgenossen vollbracht worden; die Werke des Herrn Cousin sind aber so kolossal, so erstaunlich, dass das Volk nie begriff, wie ein einziger Mensch dergleichen vollbringen konnte, und es entstand die Sage, dass die Werke, die unter dem Namen dieses Herrn erschienen sind, von mehreren seiner Zeitgenossen herrühren.

So wird es auch einst Napoleon gehen; schon jetzt können wir nicht begreifen, wie ein einziger Held so viele Wundertaten vollbringen konnte. Wie man dem großen Victor Cousin schon jetzt nachsagt, dass er fremde Talente zu exploitieren und ihre Arbeiten als die seinigen zu publizieren gewusst, so wird man einst auch von dem armen Napoleon behaupten, dass nicht er selber, sondern Gott weiß wer, vielleicht gar Herr Sebastiani, die Schlachten von Marengo, Austerlitz und Jena gewonnen habe.

Große Männer wirken nicht bloß durch ihre Taten, sondern auch durch ihr persönliches Leben. In dieser Beziehung muss man Herren Cousin ganz unbedingt loben. Hier erscheint er in seiner tadellosesten Herrlichkeit. Er wirkte durch sein eigenes Beispiel zur Zerstörung eines Vorurteils, welches vielleicht bis jetzt die meisten seiner Landsleute davon abgehalten hat, sich dem Studium der Philosophie, der wichtigsten aller Bestrebungen, ganz hinzugeben. Hierzulande herrschte nämlich die Meinung, dass man durch das Studium der Philosophie für das praktische Leben untauglich werde, dass man durch metaphysische Spekulationen den Sinn für industrielle Spekulationen verliere und dass man, allem Ämterglanz entsagend, in naiver Armut und zurückgezogen von allen Intrigen leben müsse, wenn man ein großer Philosoph werden wolle. Diesen Wahn, der so viele Franzosen von dem Gebiete des Abstrakten fernhielt, hat nun Herr Cousin glücklich zerstört, und durch sein eignes Beispiel hat er gezeigt, dass man ein unsterblicher Philosoph und zu gleicher Zeit ein lebenslänglicher Pair de France werden kann.

Freilich, einige Voltairianer erklären dieses Phänomen aus dem einfachen Umstand, dass von jenen zwei Eigenschaften des Herren Cousin nur die letztere konstatiert sei. Gibt es eine lieblosere, unchristlichere Erklärung? Nur ein Voltairianer ist dergleichen Frivolität fähig!

Welcher große Mann ist aber jemals der Persiflage seiner Zeitgenossen entgangen? Haben die Athener mit ihren attischen Epigrammen den großen Alexander verschont? Haben die Römer nicht Spottlieder auf Cäsar gesungen? Haben die Berliner nicht Pasquille gegen Friedrich den Großen gedichtet? Herrn Cousin trifft dasselbe Schicksal, welches schon Alexander, Cäsar und Friedrich getroffen und noch viele andere große Männer, mitten in Paris, treffen wird. Je größer der Mann, desto leichter trifft ihn der Pfeil des Spottes, Zwerge sind schon schwerer zu treffen.

Die Masse aber, das Volk, liebt nicht den Spott. Das Volk, wie das Genie, wie die Liebe, wie der Wald, wie das Meer, ist von ernsthafter Natur, es ist abgeneigt jedem boshaften Salonwitz, und große Erscheinungen erklärt es in tiefsinnig mystischer Weise. Alle seine Auslegungen tragen einen poetischen, wunderbaren, legendenhaften Charakter. So z. B. Paganinis erstaunliches Violinspiel sucht das Volk dadurch zu erklären, dass dieser Musiker aus Eifersucht seine Geliebte ermordet, deshalb lange Jahre im Gefängnisse zugebracht, dort zur einzigen Erheiterung nur eine Violine besessen und, indem er sich Tag und Nacht darauf übte, endlich die höchste Meisterschaft auf diesem Instrument erlangt habe. Die philosophische Virtuosität des Herrn Cousin sucht das Volk in ähnlicher Weise zu erklären, und man erzählt, dass einst die deutschen Regierungen unseren großen Eklektiker für einen Freiheitshelden angesehen und festgesetzt haben, dass er im Gefängnis kein anderes Buch außer Kants »Kritik der reinen Vernunft« zu lesen bekommen, dass er aus Langeweile beständig darin studiert und dass er dadurch jene Virtuosität in der deutschen Philosophie erlangte, die ihm späterhin, in Paris, so viele Applaudissements erwarb, als er die schwierigsten Passagen derselben öffentlich vortrug.

Dieses ist eine sehr schöne Volkssage, märchenhaft, abenteuerlich, wie die von Orpheus, von Bileam, dem Sohne Boers, von Quaser dem Weisen, von Buddha, und jedes Jahrhundert wird daran modeln, bis endlich der Name Cousin eine symbolische Bedeutung gewinnt und die Mythologen in Herrn Cousin nicht mehr ein wirkliches Individuum sehen, sondern nur die Personifikation des Märtyrers der Freiheit, der, im Kerker sitzend, Trost sucht in der Weisheit, in der Kritik der reinen Vernunft; ein künftiger Ballanche sieht vielleicht in ihm eine Allegorie seiner Zeit selbst, eine Zeit, wo die Kritik und die reine Vernunft und die Weisheit gewöhnlich im Kerker saß.

Was nun wirklich diese Gefangenschaftsgeschichte des Herrn Cousin betrifft, so ist sie keineswegs ganz allegorischen Ursprungs. Er hat, in der Tat, einige Zeit, der Demagogie verdächtig, in einem deutschen Gefängnis zugebracht, ebenso gut wie Lafayette und Richard Löwenherz. Dass aber Herr Cousin dort, in seinen Mußestunden, Kants »Kritik der reinen Vernunft« studiert habe, ist, aus drei Gründen, zu bezweifeln. Erstens: Dieses Buch ist auf deutsch geschrieben. Zweitens: Man muss Deutsch verstehen, um dieses Buch lesen zu können. Und drittens: Herr Cousin versteht kein Deutsch.

Ich will dieses beileibe nicht in tadelnder Absicht gesagt haben. Die Größe des Herrn Cousin tritt um so greller ins Licht, wenn man sieht, dass er die deutsche Philosophie erlernt hat, ohne die Sprache zu verstehen, worin sie gelehrt wird. Dieser Genius, wie überragt er dadurch uns gewöhnliche Menschen, die wir nur mit großer Mühe diese Philosophie verstehen, obgleich wir mit der deutschen Sprache von Kind auf ganz vertraut sind! Das Wesen eines solchen Genius wird uns immer unerklärlich bleiben; das sind jene intuitive Naturen, denen Kant das spontaneische Begreifen der Dinge in ihrer Totalität zuschreibt, im Gegensatz zu uns gewöhnlichen analytischen Naturen, die wir erst durch ein Nacheinander und durch Kombination der Einzelteile die Dinge zu begreifen wissen. Kant scheint schon geahnt zu haben, dass einst ein solcher Mann erscheinen werde, der sogar seine »Kritik der reinen Vernunft« durch bloße intuitive Anschauung verstehen wird, ohne diskursiv analytisch Deutsch gelernt zu haben. Vielleicht aber sind die Franzosen überhaupt glücklicher organisiert wie wir Deutschen, und ich habe bemerkt, dass man ihnen von einer Doktrin, von einer gelehrten Untersuchung, von einer wissenschaftlichen Ansicht nur ein weniges zu sagen braucht, und dieses wenige wissen sie so vortrefflich in ihrem Geiste zu kombinieren und zu verarbeiten, dass sie alsdann die Sache noch weit besser verstehen wie wir selber und uns über unser eigenes Wissen belehren können. Es will mich manchmal bedünken, als seien die Köpfe der Franzosen, ebenso wie ihre Kaffeehäuser, inwendig mit lauter Spiegeln versehen, so dass jede Idee, die ihnen in den Kopf gelangt, sich dort unzählige Mal reflektiert: eine optische Einrichtung, wodurch sogar die engsten und dürftigsten Köpfe sehr weit und strahlend erscheinen. Diese brillanten Köpfe, ebenso wie die glänzenden Kaffeehäuser, pflegen einen armen Deutschen, wenn er zuerst nach Paris kömmt, sehr zu blenden.

Ich fürchte, ich komme aus den süßen Gewässern des Lobes unversehens in das bittere Meer des Tadels. Ja, ich kann nicht umhin, den Herrn Cousin wegen eines Umstandes bitter zu tadeln: nämlich er, der die Wahrheit liebt noch mehr als den Plato und den Tennemann, er ist ungerecht gegen sich selber, er verleumdet sich selber, indem er uns einreden möchte, er habe aus der Philosophie der Herren Schelling und Hegel allerlei entlehnt. Gegen diese Selbstanschuldigung muss ich Herrn Cousin in Schutz nehmen. Auf Wort und Gewissen! dieser ehrliche Mann hat aus der Philosophie der Herren Schelling und Hegel nicht das Mindeste gestohlen, und wenn er als ein Andenken von diesen beiden etwas mit nach Hause gebracht hat, so war es nur ihre Freundschaft. Das macht seinem Herzen Ehre. Aber von solchen fälschlichen Selbstanklagen gibt es viele Beispiele in der Psychologie. Ich kannte einen Mann, der von sich selber aussagte, er habe an der Tafel des Königs silberne Löffel gestohlen; und doch wussten wir alle, dass der arme Teufel nicht hoffähig war und sich dieses Löffeldiebstahls anklagte, um uns glauben zu machen, er sei im Schloss zu Gast gewesen.

Nein, Herr Cousin hat in der deutschen Philosophie immer das sechste Gebot befolgt, hier hat er auch nicht eine einzige Idee, auch nicht ein Zuckerlöffelchen von Idee eingesteckt. Alle Zeugenaussagen stimmen darin überein, dass Herr Cousin in dieser Beziehung, ich sage in dieser Beziehung, die Ehrlichkeit selbst sei. Und es sind nicht bloß seine Freunde, sondern auch seine Gegner, die ihm dieses Zeugnis geben. Ein solches Zeugnis enthalten z. B. die »Berliner Jahrbücher der wissenschaftlichen Kritik« von diesem Jahre, und da der Verfasser dieser Urkunde, der große Hinrichs, keineswegs ein Lobhudler und seine Worte also desto unverdächtiger sind, so will ich sie später in ihrem ganzen Umfang mitteilen. Es gilt einen großen Mann von einer schweren Anklage zu befreien, und nur deshalb erwähne ich das Zeugnis der »Berliner Jahrbücher«, die freilich durch einen etwas spöttischen Ton, womit sie von Herren Cousin reden, mein eigenes Gemüt unangenehm berühren. Denn ich bin ein wahrhafter Verehrer des großen Eklektikers, wie ich schon gezeigt in diesen Blättern, wo ich ihn mit allen möglichen großen Männern, mit Herkules, Napoleon, Alexander, Cäsar, Friedrich, Orpheus, Bileam, dem Sohn Boers, Quaser dem Weisen, Buddha, Lafayette, Richard Löwenherz und Paganini, verglichen habe.

Ich bin vielleicht der erste, der diesen großen Namen auch den Namen Cousin beigesellt. »Du sublime au ridicule il n'y a qu'un pas!« werden freilich seine Feinde sagen, seine frivolen Gegner, jene Voltairianer, denen nichts heilig ist, die keine Religion haben und die nicht einmal an Herrn Cousin glauben. Aber es wird nicht das erste Mal sein, dass eine Nation erst durch einen Fremden ihre großen Männer schätzen lernt. Ich habe vielleicht das Verdienst um Frankreich, dass ich den Wert des Herrn Cousin für die Gegenwart und seine Bedeutung für die Zukunft gewürdigt habe. Ich habe gezeigt, wie das Volk ihn schon bei Lebzeiten poetisch ausschmückt und Wunderdinge von ihm erzählt. Ich habe gezeigt, wie er sich allmählich ins Sagenhafte verliert und wie einst eine Zeit kommt, wo der Name Victor Cousin eine Mythe sein wird. »Jetzt ist er schon eine Fabel«, kichern die Voltairianer.

O ihr Verlästerer des Thrones und des Altars, ihr Bösewichter, die ihr, wie Schiller singt, »das Glänzende zu schwärzen und das Erhabene in den Staub zu ziehen« pflegt, ich prophezeie euch, dass das Renommee des Herrn Cousin, wie die französische Revolution, die Reise um die Welt macht! – Ich höre wieder boshaft hinzusetzen: »In der Tat, das Renommee des Herrn Cousin macht eine Reise um die Welt, und von Frankreich ist sie bereits abgereist.«

Zur Geschichte der Religion und Philosophie in Deutschland

[Der Salon, 2. Band, Hoffmann und Campe, Hamburg 1835]

Vorrede zur ersten Auflage

Ich muss den deutschen Leser darauf besonders aufmerksam machen, dass diese Blätter ursprünglich für eine französische Zeitschrift, die »Revue des deux mondes«, und zu einem bestimmten Zeitzweck abgefasst worden. Sie gehören nämlich zu einer Überschau deutscher Geistesvorgänge, wovon ich bereits früher dem französischen Publikum einige Teile vorgelegt und die auch in deutscher Sprache als Beiträge »Zur Geschichte der neueren schönen Literatur in Deutschland« erschienen sind. Die Anforderungen der periodischen Presse, Übelstände in der Ökonomie derselben, Mangel an wissenschaftlichen Hilfsmitteln, französische Unzulänglichkeiten, ein neulich in Deutschland promulgiertes Gesetz über ausländische Drucke, welches nur auf mich seine Anwendung fand, und dergleichen Hemmungen mehr erlaubten mir nicht, die verschiedenen Teile jener Überschau in chronologischer Reihenfolge und unter einem Gesamttitel mitzuteilen. Das gegenwärtige Buch, trotz seiner inneren Einheit und seiner äußerlichen Geschlossenheit, ist also nur das Fragment eines größeren Ganzen. – Ich grüße die Heimat mit dem freundlichsten Gruße.

Geschrieben zu Paris, im Monat Dezember 1834

Vorrede zur zweiten Auflage

Als die erste Auflage dieses Buches die Presse verließ und ich ein Exemplar desselben zur Hand nahm, erschrak ich nicht wenig ob den Verstümmelungen, deren Spur sich überall kundgab. Hier fehlte ein Beiwort, dort ein Zwischensatz, ganze Stellen waren ausgelassen, ohne Rücksicht auf die Übergänge, sodass nicht bloß der Sinn, sondern manchmal die Gesinnung selbst verschwand. Viel mehr die Furcht Cäsars als die Furcht Gottes leitete die Hand bei diesen Verstümmelungen, und während sie alles politisch Verfängliche ängstlich ausmerzte, verschonte sie selbst das Bedenklichste, das auf Religion Bezug hatte. So ging die eigentliche Tendenz dieses Buches, welche eine patriotisch-demokratische war, verloren, und unheimlich starrte mir daraus ein ganz fremder Geist entgegen, welcher an scholastisch-theologische Klopffechtereien erinnert und meinem humanistisch-toleranten Naturell tief zuwider ist.

Ich schmeichelte mir anfangs mit der Hoffnung, dass ich bei einem zweiten Abdruck die Lakunen dieses Buches wieder ausfüllen könne; doch keine Restauration der Art ist jetzt möglich, da bei dem großen Brand zu Hamburg das Originalmanuskript im Hause meines Verlegers verlorengegangen. Mein Gedächtnis ist zu schwach, als dass ich aus der Erinnerung nachhelfen könnte, und außerdem dürfte eine genaue Durchsicht des Buches mir wegen des Zustandes meiner Augen nicht erlaubt sein. Ich begnüge mich damit, dass ich nach der französischen Version, welche früher als die deutsche gedruckt worden, einige der größern ausgelassenen Stellen aus dem Französischen zurückübersetze und interkaliere. Eine dieser Stellen, welche in unzähligen französischen Blättern abgedruckt, diskutiert und auch in der vorjährigen französischen Deputiertenkammer von einem der größten Staatsmänner der Franzosen, dem Grafen Molé, besprochen worden, ist am Ende dieser neuen Ausgabe befindlich und mag zeigen, welche Bewandtnis es hat mit der Verkleinerung und Herabsetzung Deutschlands, deren ich mich, wie gewisse ehrliche Leute versicherten, dem Ausland gegenüber schuldig gemacht haben soll. Äußerte ich mich in meinem Unmut über das alte, offizielle Deutschland, das verschimmelte Philisterland – das aber keinen Goliath, keinen einzigen großen Mann hervorgebracht hat –, so wusste man das, was ich sagte, so darzustellen, als sei hier die Rede von dem wirklichen Deutschland, dem großen, geheimnisvollen, sozusagen anonymen Deutschland des deutschen Volkes, des schlafenden Souveräns, mit dessen Zepter und Krone die Meerkatzen spielen. Solche Insinuation ward den ehrlichen Leuten noch dadurch erleichtert, dass jede Kundgabe meiner wahren Gesinnung mir während einer langen Periode schier unmöglich war, besonders zur Zeit, als die Bundestagsdekrete gegen das »Junge Deutschland« erschienen, welche hauptsächlich gegen mich gerichtet waren und mich in eine exzeptionell gebundene Lage brachten, die unerhört in den Annalen der Pressknechtschaft. Als ich späterhin den Maulkorb etwas lüften konnte, blieben doch die Gedanken noch geknebelt.

Das vorliegende Buch ist Fragment und soll auch Fragment bleiben. Ehrlich gestanden, es wäre mir lieb, wenn ich das Buch ganz ungedruckt lassen könnte. Es haben sich nämlich seit dem Erscheinen desselben meine Ansichten über manche Dinge, besonders über göttliche Dinge, bedenklich geändert, und manches, was ich behauptete, widerspricht jetzt meiner bessern Überzeugung. Aber der Pfeil gehört nicht mehr dem Schützen, sobald er von der Sehne des Bogens fortfliegt, und das Wort gehört nicht mehr dem Sprecher, sobald es seiner Lippe entsprungen und gar durch die Presse vervielfältigt worden. Außerdem würden fremde Befugnisse mir mit zwingendem Einspruch entgegentreten, wenn ich dieses Buch ungedruckt ließe und meinen Gesamtwerken entzöge. Ich könnte zwar, wie manche Schriftsteller in solchen Fällen tun, zu einer Milderung der Ausdrücke, zu Verhüllungen durch Phrase meine Zuflucht nehmen; aber ich hasse im Grund meiner Seele die zweideutigen Worte, die heuchlerischen Blumen, die feigen Feigenblätter. Einem ehrlichen Manne bleibt aber unter allen Umständen das unveräußerliche Recht, seinen Irrtum offen zu gestehen, und ich will es ohne Scheu hier ausüben. Ich bekenne daher unumwunden, dass alles, was in diesem Buche namentlich auf die große Gottesfrage Bezug hat, ebenso falsch wie unbesonnen ist. Ebenso unbesonnen wie falsch ist die Behauptung, die ich der Schule nachsprach, dass der Deismus in der Theorie zugrunde gerichtet sei und sich nur noch in der Erscheinungswelt kümmerlich hinfriste. Nein, es ist nicht wahr, dass die Vernunftkritik, welche die Beweistümer für das Dasein Gottes, wie wir dieselben seit Anselm von Canterbury kennen, zernichtet hat, auch dem Dasein Gottes selber ein Ende gemacht habe. Der Deismus lebt, lebt sein lebendigstes Leben, er ist nicht tot, und am allerwenigsten hat ihn die neueste deutsche Philosophie getötet. Diese spinnwebige Berliner Dialektik kann keinen Hund aus dem Ofenloch locken, sie kann keine Katze töten, wie viel weniger einen Gott. Ich habe es am eigenen Leibe erprobt, wie wenig gefährlich ihr Umbringen ist; sie bringt immer um, und die Leute bleiben dabei am Leben. Der Türhüter der Hegelschen Schule, der grimme Ruge, behauptete einst steif und fest oder vielmehr fest und steif, dass er mich mit seinem Portierstock in den »Hallischen Jahrbüchern« totgeschlagen habe, und doch zur selben Zeit ging ich umher auf den Boulevards von Paris, frisch und gesund und unsterblicher als je. Der arme, brave Ruge! er selber konnte sich später nicht des ehrlichsten Lachens enthalten, als ich ihm hier in Paris das Geständnis machte, dass ich die fürchterlichen Totschlagblätter, die »Hallischen Jahrbücher«, nie zu Gesicht bekommen hatte, und sowohl meine vollen roten Backen als auch der gute Appetit, womit ich Austern schluckte, überzeugten ihn, wie wenig mir der Name einer Leiche gebührte. In der Tat, ich war damals noch gesund und feist, ich stand im Zenit meines Fettes und war so übermütig wie der König Nebukadnezar vor seinem Sturz.

Ach! einige Jahre später ist eine leibliche und geistige Veränderung eingetreten. Wie oft seitdem denke ich an die Geschichte dieses babylonischen Königs, der sich selbst für den lieben Gott hielt, aber von der Höhe seines Dünkels erbärmlich herabstürzte, wie ein Tier am Boden kroch und Gras aß – (es wird wohl Salat gewesen sein). In dem prachtvoll grandiosen Buch Daniel steht diese Legende, die ich nicht bloß dem guten Ruge, sondern auch meinem noch viel verstocktern Freunde Marx, ja auch den Herren Feuerbach, Daumer, Bruno Bauer, Hengstenberg, und wie sie sonst heißen mögen, diese gottlosen Selbstgötter, zur erbaulichen Beherzigung empfehle. Es stehen überhaupt noch viel schöne und merkwürdige Erzählungen in der Bibel, die ihrer Beachtung wert wären, z. B. gleich im Anfang die Geschichte von dem verbotenen Baum im Paradiese und von der Schlange, der kleinen Privatdozentin, die schon sechstausend Jahre vor Hegels Geburt die ganze Hegelsche Philosophie vortrug. Dieser Blaustrumpf ohne Füße zeigt sehr scharfsinnig, wie das Absolute in der Identität von Sein und Wissen besteht, wie der Mensch zum Gotte werde durch die Erkenntnis oder, was dasselbe ist, wie Gott im Menschen zum Bewusstsein seiner selbst gelange. – Diese Formel ist nicht so klar wie die ursprünglichen Worte: »Wenn ihr vom Baume der Erkenntnis genossen, werdet ihr wie Gott sein!« Frau Eva verstand von der ganzen Demonstration nur das eine, dass die Frucht verboten sei, und weil sie verboten, aß sie davon, die gute Frau. Aber kaum hatte sie von dem lockenden Apfel gegessen, so verlor sie ihre Unschuld, ihre naive Unmittelbarkeit, sie fand, dass sie viel zu nackend sei für eine Person von ihrem Stande, die Stammmutter so vieler künftigen Kaiser und Könige, und sie verlangte ein Kleid. Freilich nur ein Kleid von Feigenblättern, weil damals noch keine Lyoner Seidenfabrikanten geboren waren und weil es auch im Paradies noch keine Putzmacherinnen und Modehändlerinnen gab – o Paradies! Sonderbar, sowie das Weib zum denkenden Selbstbewusstsein kommt, ist ihr erster Gedanke ein neues Kleid! Auch diese biblische Geschichte, zumal die Rede der Schlange, kommt mir nicht aus dem Sinn, und ich möchte sie als Motto diesem Buche voransetzen, in derselben Weise, wie man oft vor fürstlichen Gärten eine Tafel sieht mit der warnenden Aufschrift: »Hier liegen Fußangeln und Selbstschüsse.«

Ich habe mich bereits in meinem jüngsten Buch, im »Romanzero«, über die Umwandlung ausgesprochen, welche in Bezug auf göttliche Dinge in meinem Geiste stattgefunden. Es sind seitdem mit christlicher Zudringlichkeit sehr viele Anfragen an mich ergangen, auf welchem Weg die bessere Erleuchtung über mich gekommen. Fromme Seelen scheinen darnach zu lechzen, dass ich ihnen irgendein Mirakel aufbinde, und sie möchten gerne wissen, ob ich nicht wie Saulus ein Licht erblickte auf dem Wege nach Damaskus oder ob ich nicht wie Barlam, der Sohn Boers, einen stetigen [widerspenstigen] Esel geritten, der plötzlich den Mund auftat und zu sprechen begann wie ein Mensch. Nein, ihr gläubigen Gemüter, ich reiste niemals nach Damaskus, ich weiß nichts von Damaskus, als dass jüngst die dortigen Juden beschuldigt worden, sie fräßen alte Kapuziner, und der Name der Stadt wäre mir vielleicht ganz unbekannt, hätte ich nicht das Hohelied gelesen, wo der König Salomo die Nase seiner Geliebten mit einem Turm vergleicht, der gen Damaskus schaut. Auch sah ich nie einen Esel, nämlich keinen vierfüßigen, der wie ein Mensch gesprochen hätte, während ich Menschen genug traf, die jedes Mal, wenn sie den Mund auftaten, wie Esel sprachen. In der Tat, weder eine Vision noch eine seraphitische Verzückung noch eine Stimme vom Himmel, auch kein merkwürdiger Traum oder sonst ein Wunderspuk brachte mich auf den Weg des Heils, und ich verdanke meine Erleuchtung ganz einfach der Lektüre eines Buches – Eines Buches? Ja, und es ist ein altes, schlichtes Buch, bescheiden wie die Natur, auch natürlich wie diese; ein Buch, das werkeltägig und anspruchslos aussieht, wie die Sonne, die uns wärmt, wie das Brot, das uns nährt; ein Buch, das so traulich, so segnend gütig uns anblickt wie eine alte Großmutter, die auch täglich in dem Buche liest, mit den lieben, bebenden Lippen und mit der Brille auf der Nase – und dieses Buch heißt auch ganz kurzweg das Buch, die Bibel. Mit Fug nennt man diese auch die Heilige Schrift; wer seinen Gott verloren hat, der kann ihn in diesem Buch wiederfinden, und wer ihn nie gekannt, dem weht hier entgegen der Odem des göttlichen Wortes. Die Juden, welche sich auf Kostbarkeiten verstehen, wussten sehr gut, was sie taten, als sie bei dem Brand des zweiten Tempels die goldenen und silbernen Opfergeschirre, die Leuchter und Lampen, sogar den hohenpriesterlichen Brustlatz mit den großen Edelsteinen im Stich ließen und nur die Bibel retteten. Diese war der wahre Tempelschatz, und derselbe ward gottlob nicht ein Raub der Flammen oder des Titus Vespasianus, des Bösewichts, der ein so schlechtes Ende genommen, wie die Rabbiner erzählen. Ein jüdischer Priester, der zweihundert Jahre vor dem Brand des zweiten Tempels, während der Glanzperiode des Ptolemäers Philadelphus, zu Jerusalem lebte und Josua ben Siras ben Eliezer hieß, hat in einer Gnomensammlung, »Meschalim«, in Bezug auf die Bibel den Gedanken seiner Zeit ausgesprochen, und ich will seine schönen Worte hier mitteilen. Sie sind sazerdotal feierlich und doch zugleich so erquickend frisch, als wären sie erst gestern einer lebenden Menschenbrust entquollen, und sie lauten wie folgt:

»Dies alles ist eben das Buch des Bundes, mit dem höchsten Gott gemacht, nämlich das Gesetz, welches Mose dem Hause Jakob zum Schatz befohlen hat. Daraus die Weisheit geflossen ist, wie das Wasser Pison, wenn es groß ist: und wie das Wasser Tigris, wenn es übergehet in Lenzen. Daraus der Verstand geflossen ist, wie der Euphrates, wenn er groß ist, und wie der Jordan in der Ernte. Aus demselben ist hervorbrochen die Zucht, wie das Licht und wie das Wasser Nilus im Herbst. Er ist nie gewesen, der es ausgelernt hätte: und wird nimmermehr werden, der es ausgründen möchte. Denn sein Sinn ist reicher, weder kein Meer, und sein Wort tiefer denn kein Abgrund.«

Geschrieben zu Paris, im Wonnemond 1852

Erstes Buch

Die Franzosen glaubten in der letzten Zeit zu einer Verständnis Deutschlands zu gelangen, wenn sie sich mit den Erzeugnissen unserer schönen Literatur bekannt machten. Hierdurch haben sie sich aber aus dem Zustand gänzlicher Ignoranz nur erst zur Oberflächlichkeit erhoben. Denn die Erzeugnisse unserer schönen Literatur bleiben für sie nur stumme Blumen, der ganze deutsche Gedanke bleibt für sie ein unwirtliches Rätsel, solange sie die Bedeutung der Religion und der Philosophie in Deutschland nicht kennen.

Indem ich nun über diese beiden einige erläuternde Auskunft zu erteilen suche, glaube ich ein nützliches Werk zu unternehmen. Dieses ist für mich keine leichte Aufgabe. Es gilt zunächst, die Ausdrücke einer Schulsprache zu vermeiden, die den Franzosen gänzlich unbekannt ist. Und doch habe ich weder die Subtilitäten der Theologie noch die der Metaphysik so tief ergründet, dass ich imstande wäre, dergleichen nach den Bedürfnissen des französischen Publikums ganz einfach und ganz kurz zu formulieren. Ich werde daher nur von den großen Fragen handeln, die in der deutschen Gottesgelahrtheit und Weltweisheit zur Sprache gekommen, ich werde nur ihre soziale Wichtigkeit beleuchten, und immer werde ich die Beschränktheit meiner eigenen Verdeutlichungsmittel und das Fassungsvermögen des französischen Lesers berücksichtigen.

Große deutsche Philosophen, die etwa zufällig einen Blick in diese Blätter werfen, werden vornehm die Achseln zucken über den dürftigen Zuschnitt alles dessen, was ich hier vorbringe. Aber sie mögen gefälligst bedenken, dass das wenige, was ich sage, ganz klar und deutlich ausgedrückt ist, während ihre eignen Werke zwar sehr gründlich, unermessbar gründlich, sehr tiefsinnig, stupend tiefsinnig, aber ebenso unverständlich sind. Was helfen dem Volke die verschlossenen Kornkammern, wozu es keinen Schlüssel hat? Das Volk hungert nach Wissen und dankt mir das Stückchen Geistesbrot, das ich ehrlich mit ihm teile.

Ich glaube, es ist nicht Talentlosigkeit, was die meisten deutschen Gelehrten davon abhält, über Religion und Philosophie sich populär auszusprechen. Ich glaube, es ist Scheu vor den Resultaten ihres eigenen Denkens, die sie nicht wagen, dem Volke mitzuteilen. Ich, ich habe nicht diese Scheu, denn ich bin kein Gelehrter, ich selber bin Volk. Ich bin kein Gelehrter, ich gehöre nicht zu den siebenhundert Weisen Deutschlands. Ich stehe mit dem großen Haufen vor den Pforten ihrer Weisheit, und ist da irgendeine Wahrheit durchgeschlüpft und ist diese Wahrheit bis zu mir gelangt, dann ist sie weit genug: – ich schreibe sie mit hübschen Buchstaben auf Papier und gebe sie dem Setzer; der setzt sie in Blei und gibt sie dem Drucker; dieser druckt sie, und sie gehört dann der ganzen Welt.

Die Religion, deren wir uns in Deutschland erfreuen, ist das Christentum. Ich werde also zu erzählen haben, was das Christentum ist, wie es römischer Katholizismus geworden, wie aus diesem der Protestantismus und aus dem Protestantismus die deutsche Philosophie hervorging.

Indem ich nun mit Besprechung der Religion beginne, bitte ich im voraus alle frommen Seelen, sich beileibe nicht zu ängstigen. Fürchtet nichts, fromme Seelen! Keine profanierende Scherze sollen euer Ohr verletzen. Diese sind allenfalls noch nützlich in Deutschland, wo es gilt, die Macht der Religion für den Augenblick zu neutralisieren. Wir sind nämlich dort in derselben Lage wie ihr vor der Revolution, als das Christentum im untrennbarsten Bündnisse stand mit dem alten Regime. Dieses konnte nicht zerstört werden, solange noch jenes seinen Einfluss übte auf die Menge. Voltaire musste sein scharfes Gelächter erheben, ehe Sanson sein Beil fallen lassen konnte. Jedoch wie durch dieses Beil, so wurde auch durch jenes Lachen im Grunde nichts bewiesen, sondern nur bewirkt. Voltaire hat nur den Leib des Christentums verletzen können. Alle seine Späße, die aus der Kirchengeschichte geschöpft, alle seine Witze über Dogmatik und Kultus, über die Bibel, dieses heiligste Buch der Menschheit, über die Jungfrau Maria, diese schönste Blume der Poesie, das ganze Diktionär philosophischer Pfeile, das er gegen Klerus und Priesterschaft losschoss, verletzte nur den sterblichen Leib des Christentums, nicht dessen inneres Wesen, nicht dessen tieferen Geist, nicht dessen ewige Seele.

Denn das Christentum ist eine Idee und als solche unzerstörbar und unsterblich wie jede Idee. Was ist aber diese Idee?

Eben weil man diese Idee noch nicht klar begriffen und Äußerlichkeiten für die Hauptsache gehalten hat, gibt es noch keine Geschichte des Christentums. Zwei entgegengesetzte Parteien schreiben die Kirchengeschichte und widersprechen sich beständig, doch die eine, ebenso wenig wie die andere, wird jemals bestimmt aussagen, was eigentlich jene Idee ist, die dem Christentum als Mittelpunkt dient, die sich in dessen Symbolik, im Dogma wie im Kultus, und in dessen ganzer Geschichte zu offenbaren strebt und im wirklichen Leben der christlichen Völker manifestiert hat! Weder Baronius, der katholische Kardinal, noch der protestantische Hofrat Schröckh entdeckt uns, was eigentlich jene Idee war. Und wenn ihr alle Folianten der Mansischen Konziliensammlung, des Assemanischen Kodex der Liturgien und die ganze Historia ecclesiastica von Saccharelli durchblättert, werdet ihr doch nicht einsehen, was eigentlich die Idee des Christentums war. Was seht ihr denn in den Historien der orientalischen und der okzidentalischen Kirchen? In jener, der orientalischen Kirchengeschichte, seht ihr nichts als dogmatische Spitzfindigkeiten, wo sich die altgriechische Sophistik wieder kundgibt; in dieser, in der okzidentalischen Kirchengeschichte, seht ihr nichts als disziplinarische, die kirchlichen Interessen betreffende Zwiste, wobei die altrömische

Rechtskasuistik und Regierungskunst, mit neuen Formeln und Zwangsmitteln, sich wieder geltend machen. In der Tat, wie man in Konstantinopel über den Logos stritt, so stritt man in Rom über das Verhältnis der weltlichen zur geistlichen Macht; und wie etwa dort über homousios, so befehdete man sich hier über Investitur. Aber die byzantinischen Fragen: ob der Logos dem Gott-Vater homousios sei? ob Maria Gottesgebärerin heißen soll oder Menschengebärerin? ob Christus in Ermangelung der Speise hungern musste oder nur deswegen hungerte, weil er hungern wollte? alle diese Fragen haben im Hintergrund lauter Hofintrigen, deren Lösung davon abhängt, was in den Gemächern des Sacri Palatii gezischelt und gekichert wird, ob z. B. Eudoxia fällt oder Pulcheria; – denn diese Dame hasst den Nestorius, den Verräter ihrer Liebeshändel, jene hasst den Cyrillus, welchen Pulcheria beschützt, alles bezieht sich zuletzt auf lauter Weiber- und Hämlingsgeklätsche, und im Dogma wird eigentlich der Mann und im Manne eine Partei verfolgt oder befördert. Ebenso geht's im Okzident; Rom wollte herrschen; »als seine Legionen gefallen, schickte es Dogmen in die Provinzen«; alle Glaubenszwiste hatten römische Usurpationen zugrunde; es galt, die Obergewalt des römischen Bischofs zu konsolidieren. Dieser war über eigentliche Glaubenspunkte immer sehr nachsichtig, spie aber Feuer und Flamme, sobald die Rechte der Kirche angegriffen wurden; er disputierte nicht viel über die Personen in Christus, sondern über die Konsequenzen der Isidorschen Dekretalen; er zentralisierte seine Gewalt durch kanonisches Recht, Einsetzung der Bischöfe, Herabwürdigung der fürstlichen Macht, Mönchsorden, Zölibat usw. Aber war dieses das Christentum? Offenbart sich uns aus der Lektüre dieser Geschichten die Idee des Christentums? Was ist diese Idee?

Wie sich diese Idee historisch gebildet und in der Erscheinungswelt manifestiert, ließe sich wohl schon in den ersten Jahrhunderten nach Christi Geburt entdecken, wenn wir namentlich in der Geschichte der Manichäer und der Gnostiker vorurteilsfrei nachforschen. Obgleich erstere verketzert und letztere verschrien sind und die Kirche sie verdammt hat, so erhielt sich doch ihr Einfluss auf das Dogma, aus ihrer Symbolik entwickelte sich die katholische Kunst, und ihre Denkweise durchdrang das ganze Leben der christlichen Völker. Die Manichäer sind ihrer letzten Gründe nach nicht sehr verschieden von den Gnostikern. Die Lehre von den beiden Prinzipien, dem guten und dem bösen, die sich bekämpfen, ist beiden eigen. Die einen, die Manichäer, erhielten diese Lehre aus der altpersischen Religion, wo Ormuz, das Licht, dem Ariman, der Finsternis, feindlich entgegengesetzt ist. Die anderen, die eigentlichen Gnostiker, glaubten vielmehr an die Präexistenz des guten Prinzips und erklärten die Entstehung des bösen Prinzips durch Emanation, durch Generationen von Äonen, die, je mehr sie von ihrem Ursprung entfernt sind, sich desto trüber verschlechtert. Nach Cerinthus war der Erschaffer unserer Welt keineswegs der höchste Gott, sondern nur eine Emanation desselben, einer von den Äonen, der eigentliche Demiurgos, der allmählich ausgeartet ist und jetzt, als böses Prinzip, dem aus dem höchsten Gott unmittelbar entsprungenen Logos, dem guten Prinzip, feindselig gegenüberstehe. Diese gnostische Weltansicht ist urindisch, und sie führte mit sich die Lehre von der Inkarnation Gottes, von der Abtötung des Fleisches, vom geistigen Insichselbstversenken, sie gebar das asketisch beschauliche Mönchsleben, welches die reinste Blüte der christlichen Idee. Diese Idee hat sich in der Dogmatik nur sehr verworren und im Kultus nur sehr trübe aussprechen können. Doch sehen wir überall die Lehre von den beiden Prinzipien hervortreten; dem guten Christus steht der böse Satan entgegen; die Welt des Geistes wird durch Christus, die Welt der Materie durch Satan repräsentiert; jenem gehört unsere Seele, diesem unser Leib; und die ganze Erscheinungswelt, die Natur, ist demnach ursprünglich böse, und Satan, der Fürst der Finsternis, will uns damit ins Verderben locken, und es gilt, allen sinnlichen Freuden des Lebens zu entsagen, unseren Leib, das Lehn Satans, zu peinigen, damit die Seele sich desto herrlicher emporschwinge in den lichten Himmel, in das strahlende Reich Christi. – Diese Weltansicht, die eigentliche Idee des Christentums, hatte sich, unglaublich schnell, über das ganze römische Reich verbreitet, wie eine ansteckende Krankheit, das ganze Mittelalter hindurch dauerten die Leiden, manchmal Fieberwut, manchmal Abspannung, und wir Modernen fühlen noch immer Krämpfe und Schwäche in den Gliedern. Ist auch mancher von uns schon genesen, so kann er doch der allgemeinen Lazarettluft nicht entrinnen, und er fühlt sich unglücklich als der einzig Gesunde unter lauter Siechen. Einst, wenn die Menschheit ihre völlige Gesundheit wiedererlangt, wenn der Friede zwischen Leib und Seele wiederhergestellt und sie wieder in ursprünglicher Harmonie sich durchdringen, dann wird man den künstlichen Hader, den das Christentum zwischen beiden gestiftet, kaum begreifen können. Die glücklichern und schöneren Generationen, die, gezeugt durch freie Wahlumarmung, in einer Religion der Freude emporblühen, werden wehmütig lächeln über ihre armen Vorfahren, die sich aller Genüsse dieser schönen Erde trübsinnig enthielten und, durch Abtötung der warmen farbigen Sinnlichkeit, fast zu kalten Gespenstern verblichen sind! Ja, ich sage es bestimmt, unsere Nachkommen werden schöner und glücklicher sein als wir. Denn ich glaube an den Fortschritt, ich glaube, die Menschheit ist zur Glückseligkeit bestimmt, und ich hege also eine größere Meinung von der Gottheit als jene frommen Leute, die da wähnen, er habe den Menschen nur zum Leiden erschaffen. Schon hier auf Erden möchte ich, durch die Segnungen freier politischer und industrieller Institutionen, jene Seligkeit etablieren, die, nach der Meinung der Frommen, erst am Jüngsten Tag, im Himmel, stattfinden soll. Jenes ist vielleicht ebenso wie dieses eine törichte Hoffnung, und es gibt keine Auferstehung der Menschheit, weder im politisch-moralischen noch im apostolisch-katholischen Sinne.

Die Menschheit ist vielleicht zu ewigem Elend bestimmt, die Völker sind vielleicht auf ewig verdammt, von Despoten zertreten, von den Spießgesellen derselben exploitiert und von den Lakaien verhöhnt zu werden.

Ach, in diesem Falle müsste man das Christentum, selbst wenn man es als Irrtum erkannt, dennoch zu erhalten suchen, man müsste in der Mönchskutte und barfuß durch Europa laufen und die Nichtigkeit aller irdischen Güter und Entsagung predigen und den gegeißelten und verspotteten Menschen das tröstende Kruzifix vorhalten und ihnen nach dem Tode, dort oben, alle sieben Himmel versprechen.

Vielleicht eben weil die Großen dieser Erde ihrer Obermacht gewiss sind und im Herzen beschlossen haben, sie ewig zu unserem Unglück zu missbrauchen, sind sie von der Notwendigkeit des Christentums für ihre Völker überzeugt, und es ist im Grunde ein zartes Menschlichkeitsgefühl, dass sie sich für die Erhaltung dieser Religion so viele Mühe geben!

Das endliche Schicksal des Christentums ist also davon abhängig, ob wir dessen noch bedürfen. Diese Religion war eine Wohltat für die leidende Menschheit während achtzehn Jahrhunderten, sie war providentiell, göttlich, heilig. Alles, was sie der Zivilisation genützt, indem sie die Starken zähmte und die Zahmen stärkte, die Völker verband durch gleiches Gefühl und gleiche Sprache, und was sonst noch von ihren Apologeten hervorgerühmt wird, das ist sogar noch unbedeutend in Vergleichung mit jener großen Tröstung, die sie durch sich selbst den Menschen angedeihen lassen. Ewiger Ruhm gebührt dem Symbol jenes leidenden Gottes, des Heilands mit der Dornenkrone, des gekreuzigten Christus, dessen Blut gleichsam der lindernde Balsam war, der in die Wunden der Menschheit herabrann. Besonders der Dichter wird die schauerliche Erhabenheit dieses Symbols mit Ehrfurcht anerkennen. Das ganze System von Symbolen, die sich ausgesprochen in der Kunst und im Leben des Mittelalters, wird zu allen Zeiten die Bewunderung der Dichter erregen. In der Tat, welche kolossale Konsequenz in der christlichen Kunst, namentlich in der Architektur! Diese gotischen Dome, wie stehen sie im Einklang mit dem Kultus, und wie offenbart sich in ihnen die Idee der

Kirche selber! Alles strebt da empor, alles transsubstanziiert sich: der Stein sprosst aus in Ästen und Laubwerk und wird Baum; die Frucht des Weinstocks und der Ähre wird Blut und Fleisch; der Mensch wird Gott; Gott wird reiner Geist! Ein ergiebiger, unversiegbar kostbarer Stoff für die Dichter ist das christliche Leben im Mittelalter. Nur durch das Christentum konnten auf dieser Erde sich Zustände bilden, die so kecke Kontraste, so bunte Schmerzen und so abenteuerliche Schönheiten enthalten, dass man meinen sollte, dergleichen habe niemals in der Wirklichkeit existiert und das alles sei ein kolossaler Fiebertraum, es sei der Fiebertraum eines wahnsinnigen Gottes. Die Natur selber schien sich damals phantastisch zu vermummen; indessen, obgleich der Mensch, befangen in abstrakten Grübeleien, sich verdrießlich von ihr abwendete, so weckte sie ihn doch manchmal mit einer Stimme, die so schauerlich süß, so entsetzlich liebevoll, so zaubergewaltig war, dass der Mensch unwillkürlich aufhorchte und lächelte und erschrak und gar zu Tode erkrankte. Die Geschichte von der Baseler Nachtigall kommt mir hier ins Gedächtnis, und da ihr sie wahrscheinlich nicht kennt, so will ich sie erzählen.

Im Mai 1433, zur Zeit des Konzils, ging eine Gesellschaft Geistlicher in einem Gehölz bei Basel spazieren, Prälaten und Doktoren, Mönche von allen Farben, und sie disputierten über theologische Streitigkeiten und distinguierten und argumentierten oder stritten über Annaten, Exspektativen und Reservationen oder untersuchten, ob Thomas von Aquin ein größerer Philosoph sei als Bonaventura, was weiß ich! Aber plötzlich, mitten in ihren dogmatischen und abstrakten Diskussionen, hielten sie inne und blieben wie angewurzelt stehen vor einem blühenden Lindenbaum, worauf eine Nachtigall saß, die in den weichsten und zärtlichsten Melodien jauchzte und schluchzte. Es ward den gelehrten Herren dabei so wunderselig zumute, die warmen Frühlingstöne drangen ihnen in die scholastisch verklausulierten Herzen, ihre Gefühle erwachten aus dem dumpfen Winterschlaf, sie sahen sich an mit staunendem Entzücken; – als endlich einer von ihnen die scharfsinnige Bemerkung machte, dass solches nicht mit rechten Dingen zugehe, dass diese Nachtigall wohl ein Teufel sein könne, dass dieser Teufel sie mit seinen holdseligen Lauten von ihren christlichen Gesprächen abziehen und zu Wollust und sonstig süßen Sünden verlocken wolle, und er hub an zu exorzieren, wahrscheinlich mit der damals üblichen Formel: adjuro te per eum, qui venturus est, judicare vivos et mortuos etc. etc. Bei dieser Beschwörung, sagt man, habe der Vogel geantwortet: »Ja, ich bin ein böser Geist!« und sei lachend davongeflogen; diejenigen aber, die seinen Gesang gehört, sollen noch selbigen Tages erkrankt und bald darauf gestorben sein.

Diese Geschichte bedarf wohl keines Kommentars. Sie trägt ganz das grauenhafte Gepräge einer Zeit, die alles, was süß und lieblich war, als Teufelei verschrie. Die Nachtigall sogar wurde verleumdet, und man schlug ein Kreuz, wenn sie sang. Der wahre Christ spazierte mit ängstlich verschlossenen Sinnen, wie ein abstraktes Gespenst, in der blühenden Natur umher. Dieses Verhältnis des Christen zur Natur werde ich vielleicht in einem späteren Buche weitläufiger erörtern, wenn ich, zum Verständnis der neuromantischen Literatur, den deutschen Volksglauben gründlich besprechen muss. Vorläufig kann ich nur bemerken, dass französische Schriftsteller, missleitet durch deutsche Autoritäten, in großem Irrtum sind, wenn sie annehmen, der Volksglauben sei während des Mittelalters überall in Europa derselbe gewesen. Nur über das gute Prinzip, über das Reich Christi, hegte man in ganz Europa dieselben Ansichten; dafür sorgte die römische Kirche, und wer hier von der vorgeschriebenen Meinung abwich, war ein Ketzer. Aber über das böse Prinzip, über das Reich des Satans, herrschten verschiedene Ansichten in den verschiedenen Ländern, und im germanischen Norden hatte man ganz andere Vorstellungen davon wie im romanischen Süden. Dieses entstand dadurch, dass die christliche Priesterschaft die vorgefundenen alten Nationalgötter nicht als leere Hirngespinste verwarf, sondern ihnen eine wirkliche Existenz einräumte, aber dabei behauptete, alle diese Götter seien lauter Teufel und Teufelinnen gewesen, die durch den Sieg Christi ihre Macht über die Menschen verloren und sie jetzt durch Lust und List zur Sünde verlocken wollen. Der ganze Olymp wurde nun eine luftige Hölle, und wenn ein Dichter des Mittelalters die griechischen Göttergeschichten noch so schön besang, so sah der fromme Christ darin doch nur Spuk und Teufel. Der düstere Wahn der Mönche traf am härtesten die arme Venus; absonderlich diese galt für eine Tochter Beelzebubs, und der gute Ritter Tannhäuser sagt ihr sogar ins Gesicht:

Oh, Venus, schöne Fraue mein,
Ihr seid eine Teufelinne!

Den Tannhüser hatte sie nämlich verlockt in jene wunderbare Höhle, welche man den Venusberg hieß und wovon die Sage ging, dass die schöne Göttin dort mit ihren Fräulein und Gesponsen, unter Spiel und Tänzen, das liederlichste Leben führe. Die arme Diana sogar, trotz ihrer Keuschheit, war vor einem ähnlichen Schicksal nicht sicher, und man ließ sie nächtlich mit ihren Nymphen durch die Wälder ziehen, und daher die Sage von dem wütenden Heer, von der Wilden Jagd. Hier zeigt sich noch ganz die gnostische Ansicht von der Verschlechterung des ehemals Göttlichen, und in dieser Umgestaltung des früheren Nationalglaubens manifestiert sich am tiefsinnigsten die Idee des Christentums.

Der Nationalglaube in Europa, im Norden noch viel mehr als im Süden, war pantheistisch, seine Mysterien und Symbole bezogen sich auf einen Naturdienst, in jedem Element verehrte man wunderbare Wesen, in jedem Baum atmete eine Gottheit, die ganze Erscheinungswelt war durchgöttert; das Christentum verkehrte diese Ansicht, und an die Stelle einer durchgötterten Natur trat eine durchteufelte. Die heiteren, durch die Kunst verschönerten Gebilde der griechischen Mythologie, die mit der römischen Zivilisation im Süden herrschte, hat man jedoch nicht so leicht in hässliche, schauerliche Satanslarven verwandeln können wie die germanischen Göttergestalten, woran freilich kein besonderer Kunstsinn gemodelt hatte und die schon vorher so missmutig und trübe waren wie der Norden selbst. Daher hat sich bei euch, in Frankreich, kein so finsterschreckliches Teufelstum bilden können wie bei uns, und das Geister- und Zauberwesen selber erhielt bei euch eine heitere Gestalt. Wie schön, klar und farbenreich sind eure Volkssagen in Vergleichung mit den unsrigen, diesen Missgeburten, die aus Blut und Nebel bestehen und uns so grau und grausam angrinsen. Unsere mittelalterlichen Dichter, indem sie meistens Stoffe wählten, die ihr, in der Bretagne und in der Normandie, entweder ersonnen oder zuerst behandelt habt, verliehen ihren Werken, vielleicht absichtlich, so viel als möglich von jenem heiter altfranzösischen Geist. Aber in unseren Nationaldichtungen und in unseren mündlichen Volkssagen blieb jener düster nordische Geist, von dem ihr kaum eine Ahnung habt. Ihr habt, ebenso wie wir, mehrere Sorten von Elementargeistern, aber die unsrigen sind von den eurigen so verschieden wie ein Deutscher von einem Franzosen. Die Dämonen in euren Fabliaux und Zauberromanen, wie hellfarbig und besonders wie reinlich sind sie in Vergleichung mit unserer grauen und sehr oft unflätigen Geisterkanaille. Eure Feen und Elementargeister, woher ihr sie auch bezogen, aus Cornwallis oder aus Arabien, sie sind doch ganz naturalisiert, und ein französischer Geist unterscheidet sich von einem deutschen, wie etwa ein Dandy, der mit gelben Glacéhandschuhen auf dem Boulevard Coblence flaniert, sich von einem schweren deutschen Sackträger unterscheidet. Eure Nixen, z. B. die Melusine, sind von den unsrigen ebenso verschieden wie eine Prinzessin von einer Wäscherin. Die Fee Morgana, wie würde sie erschrecken, wenn sie etwa einer deutschen Hexe begegnete, die nackt, mit Salben beschmiert und auf einem Besenstiel nach dem Brocken reitet. Dieser Berg ist kein heiteres Avalon, sondern ein Rendezvous für alles, was wüst und hässlich ist. Auf dem Gipfel des Bergs sitzt Satan in der Gestalt eines schwarzen Bocks. Jede von den Hexen naht sich ihm mit einer Kerze in der Hand und küsst ihn hinten, wo der Rücken aufhört. Nachher tanzt die verruchte Schwesterschaft um ihn herum und singt: »Donderemus, Donderemus!« Es meckert der Bock, es jauchzt der infernale Chahut. Es ist ein böses Omen für die Hexe, wenn sie bei diesem Tanz einen Schuh verliert; das bedeutet, dass sie noch im selbigen Jahr verbrannt wird. Doch alle ahnende Angst übertäubt die tolle echtberliozische Sabbatmusik; – und wenn die arme Hexe des Morgens aus ihrer Berauschung erwacht, liegt sie nackt und müde in der Asche, neben dem verglimmenden Herd.

Die beste Auskunft über diese Hexen findet man in der »Dämonologie« des ehrenfesten und hochgelahrten Doktor Nicolai Remigii, des durchlauchtigsten Herzogs von Lothringen Kriminalrichter. Dieser scharfsinnige Mann hatte fürwahr die beste Gelegenheit, das Treiben der Hexen kennenzulernen, da er in ihren Prozessen instruierte und zu seiner Zeit allein in Lothringen achthundert Weiber den Scheiterhaufen bestiegen, nachdem sie der Hexerei überwiesen worden. Diese Beweisführung bestand meistens darin: Man band ihnen Hände und Füße zusammen und warf sie ins Wasser. Gingen sie unter und ersoffen, so waren sie unschuldig, blieben sie aber schwimmend über dem Wasser, so erkannte man sie für schuldig, und sie wurden verbrannt. Das war die Logik jener Zeit.

Als Grundzug im Charakter der deutschen Dämonen sehen wir, dass alles Idealische von ihnen abgestreift, dass in ihnen das Gemeine und Grässliche gemischt ist. Je plump vertraulicher sie an uns herantreten, desto grauenhafter ihre Wirkung. Nichts ist unheimlicher als unsere Poltergeister, Kobolde und Wichtelmännchen. Prätorius in seinem »Anthropodemus« enthält in dieser Beziehung eine Stelle, die ich nach Dobeneck hier mitteile:

»Die Alten haben nicht anders von den Poltergeistern halten können, als dass es rechte Menschen sein müssen, in der Gestalt wie kleine Kinder, mit einem bunten Röcklein oder Kleidchen. Etliche setzen dazu, dass sie teils Messer in den Rücken haben sollen, teils noch anders und gar gräulich gestaltet wären; nachdem sie so und so, mit diesem oder jenem Instrument vorzeiten umgebracht seien. Denn die Abergläubischen halten dafür, dass es derer vorweilen im Hause ermordeten Leute Seelen sein sollen. Und schwatzen sie von vielen Historien, dass, wenn die Kobolde denen Mägden und Köchinnen eine Weile im Hause gute Dienste getan und sich ihnen beliebt gemacht haben; dass manches Mensch daher gegen die Kobolde eine solche Affektion bekommen, dass sie solche Knechtchen auch zu sehen inbrünstig gewünscht und von ihnen begehrt haben: worin aber die Poltergeister niemals gerne willigen wollen, mit der Ausrede, dass man sie nicht sehen könne, ohne sich darüber zu entsetzen. Doch wenn dennoch die lüsternen Mägde nicht haben nachlassen können, so sollen die Kobolde jenen einen Ort im Hause benannt haben, wo sie sich leibhaft präsentieren wollen; aber man müsse zugleich einen Eimer kaltes Wasser mitbringen. Da habe es sich denn begeben, dass ein solcher Kobold, etwa auf dem Boden, in einem Kissen, nackt gelegen und ein großes Schlachtmesser im Rücken steckend gehabt habe. Hierüber manche Magd so sehr erschrocken war, dass sie eine Ohnmacht bekommen hat. Darauf das Ding alsbald aufgesprungen ist, das Wasser genommen und das Mensch damit über und über begossen hat, damit sie wieder zu sich selbst kommen könne. Worauf die Mägde hernach ihre Lust verloren und lieb Chimgen niemals weiter zu schauen begehrt haben. Die Kobolde nämlich sollen auch alle besondere Namen führen, insgemein aber Chim heißen. So sollen sie auch für die Knechte und Mägde, welchen sie sich etwa ergeben, alle Hausarbeit tun: die Pferde striegeln, füttern, den Stall ausmisten, alles aufscheuern, die Küche sauber halten und, was sonst im Haus zu tun ist, sehr wohl in Acht nehmen, und das Vieh soll auch von ihnen zunehmen und gedeihen. Dafür müssen die Kobolde auch von dem Gesinde karessiert werden; dass sie ihnen nur im Geringsten nichts zuleide tun, weder mit Auslachen oder Versäumung im Speisen. Hat nämlich eine Köchin das Ding zu ihrem heimlichen Gehilfen einmal im Hause angenommen, so muss sie täglich um eine gewisse Zeit und an einem bestimmten Ort im Hause sein bereitetes Schüsselchen voll gutes Essen hinsetzen und ihren Weg wieder gehen; sie kann hernach immer faulenzen, auf den Abend zeitig schlafen gehen, sie wird dennoch frühmorgens ihre Arbeit beschickt finden. Vergisst sie aber ihre Pflicht einmal, etwa die Speise unterlassend, so bleibt ihr wieder ihre Arbeit allein zu verrichten, und sie hat allerhand Missgeschick: dass sie sich entweder im heißen Wasser verbrennt, die Töpfe und das Geschirr zerbricht, das Essen umgeschüttet oder gefallen ist usw., dass sie also notwendig von der Hausfrau oder dem Herrn zur Strafe ausgescholten werde; worüber man auch zum öftern den Kobold soll kichern oder lachen gehört haben. Und so ein Kobold soll stets in seinem Hause verblieben sein, wenngleich sich das Gesinde verändert hat. Ja, es hat eine abziehende Magd ihrer Nachfolgerin den Kobold rekommandieren und aufs Beste anbefehlen müssen, dass jene seiner auch also wartete. Hat diese nun nicht gewollt, so hat es ihr auch an kontinuierlichem Unglück nicht gemangelt, und sie hat zeitig genug das Haus wieder räumen müssen.«

Vielleicht zu den grauenhaftesten Geschichten gehört folgende kleine Erzählung:

Eine Magd hatte jahrelang einen unsichtbaren Hausgeist bei sich am Herde sitzen, wo sie ihm ein eignes Stättchen eingeräumt und wo sie sich die langen Winterabende hindurch mit ihm unterhielt. Nun bat einmal die Magd das Heinzchen, denn also hieß sie den Geist, er solle sich doch einmal sehen lassen, wie er von Natur gestaltet sei. Aber das Heinzlein weigerte sich dessen. Endlich aber willigte es ein und sagte, sie möchte in den Keller hinabgehen, dort solle sie ihn sehen. Da nimmt die Magd ein Licht, steigt hinab in den Keller, und dort, in einem offenen Fasse, sieht sie ein totes Kindlein in seinem Blute schwimmen. Die Magd hatte aber vor vielen Jahren ein uneheliches Kind geboren und es heimlich ermordet und in ein Fass gesteckt.

Indessen, wie die Deutschen nun einmal sind, sie suchen oft im Grauen selbst ihren besten Spaß, und die Volkssagen von den Kobolden sind manchmal voll ergötzlicher Züge. Besonders amüsant sind die Geschichten von Hüdeken, einem Kobold, der, im zwölften Jahrhundert, zu Hildesheim sein Wesen getrieben und von welchem in unseren Spinnstuben und Geisterromanen so viel die Rede ist. Eine schon oft abgedruckte Stelle aus einer alten Chronik gibt von ihm folgende Kunde:

»Um das Jahr 1132 erschien ein böser Geist eine lange Zeit hindurch vielen Menschen im Bistum Hildesheim in der Gestalt eines Bauern mit einem Hut auf dem Kopfe: weshalb die Bauern ihn in sächsischer Sprache Hüdeken nannten. Dieser Geist fand ein Vergnügen daran, mit Menschen umzugehen, sich ihnen bald sichtbar, bald unsichtbar zu offenbaren, ihnen Fragen vorzulegen und zu beantworten. Er beleidigte niemanden ohne Ursache. Wenn man ihn aber auslachte oder sonst beschimpfte, so vergalt er das empfangene Unrecht mit vollem Maße. Da der Graf Burchard de Luka von dem Grafen Hermann von Wiesenburg erschlagen wurde und das Land des letzteren in Gefahr kam, eine Beute der Rächer zu werden, so weckte der Hüdeken den Bischof Bernhard von Hildesheim aus dem Schlaf und redete ihn mit folgenden Worten an: ›Steh' auf, Kahlkopf! Die Grafschaft Wiesenburg ist durch Mord verlassen und erledigt und wird also leicht von dir besetzt werden können.‹ Der Bischof versammelte schnell seine Krieger, fiel in das Land des schuldigen Grafen und vereinigte es, mit Bewilligung des Kaisers, mit seinem Stift. Der Geist warnte den genannten Bischof häufig ungebeten vor nahen Gefahren und zeigte sich besonders oft in der Hofküche, wo er mit den Köchen redete und ihnen allerlei Dienste erwies. Da man allmählich mit dem Hüdeken vertraut geworden war, so wagte es ein Küchenjunge, ihn, sooft er erschien, zu necken und ihn sogar mit unreinem Wasser zu begießen. Der Geist bat den Hauptkoch oder den Küchenmeister, dass er dem unartigen Knaben seinen Mutwillen untersagen möchte. Der Meisterkoch antwortete: ›Du bist ein Geist und fürchtest dich vor einem Buben!‹, worauf Hüdeken drohend erwiderte: ›Weil du den Knaben nicht strafen willst, so werde ich dir in wenigen Tagen zeigen, wie sehr ich mich vor ihm fürchte.‹ Bald nachher saß der Bube, der den Geist beleidigt hatte, ganz allein schlafend in der Küche. In diesem Zustand ergriff ihn der Geist, erdrosselte ihn, zerriss ihn in Stücke und setzte diese in Töpfen aufs Feuer. Da der Koch diesen Streich entdeckte, da fluchte er dem Geist, und nun verdarb Hüdeken am folgenden Tag alle Braten, die am Spieße gesteckt waren, durch das Gift und Blut von Kröten, welches er darüber ausschüttete. Die Rache veranlasste den Koch zu neuen Beschimpfungen, nach welchen der Geist ihn endlich über eine falsche vorgezauberte Brücke in einen tiefen Graben stürzte. Zugleich machte er die Nacht durch, auf den Mauern und Türmen der Stadt, fleißig die Runde und zwang die Wächter zu einer beständigen Wachsamkeit. Ein Mann, der eine untreue Frau hatte, sagte einst, als er verreisen wollte, im Scherze zu dem Hüdeken: ›Guter Freund, ich empfehle dir meine Frau, hüte sie sorgfältig.‹ Sobald der Mann entfernt war, ließ das ehebrecherische Weib einen Liebhaber nach dem andern kommen. Allein Hüdeken ließ keinen zu ihr, sondern warf sie alle aus dem Bett auf den Boden hin. Als der Mann von seiner Reise zurückkam, da ging ihm der Geist weit entgegen und sagte zu dem Wiederkehrenden: ›Ich freue mich sehr über deine Ankunft, damit ich von dem schweren Dienst frei werde, den du mir auferlegt hast. Ich habe deine Frau mit unsäglicher Mühe vor wirklicher Untreue gehütet. Ich bitte dich aber, dass du sie mir nie wieder anvertrauen mögest. Lieber wollte ich alle Schweine in ganz Sachsenland hüten als ein Weib, das durch Ränke in die Arme ihrer Buhlen zu kommen sucht.‹«

Der Genauigkeit wegen muss ich bemerken, dass Hüdekens Kopfbedeckung von dem gewöhnlichen Kostüm der Kobolde abweicht. Diese sind meistens grau gekleidet und tragen ein rotes Käppchen. Wenigstens sieht man sie so im Dänischen, wo sie heutzutage am zahlreichsten sein sollen. Ich war ehemals der Meinung, die Kobolde lebten deshalb so gern in Dänemark, weil sie am liebsten rote »Grütze« äßen. Aber ein junger dänischer Dichter, Herr Andersen, den ich das Vergnügen hatte diesen Sommer hier in Paris zu sehen, hat mir ganz bestimmt versichert, die Nissen, wie man in Dänemark die Kobolde nennt, äßen am liebsten »Brei« mit Butter. Wenn diese Kobolde sich mal in einem Hause eingenistet, so sind sie auch nicht so bald geneigt, es zu verlassen. Indessen, sie kommen nie unangemeldet, und wenn sie irgend wohnen wollen, machen sie dem Hausherrn auf folgende Art davon Anzeige: Sie tragen des Nachts allerlei Holzspäne ins Haus, und in die Milchfässer streuen sie Mist von Vieh. Wenn nun der Hausherr diese Holzspäne nicht wieder wegwirft oder wenn er mit seiner Familie von jener beschmutzten Milch trinkt, dann bleiben die Kobolde auf immer bei ihm. Dieses ist manchem sehr missbehaglich geworden. Ein armer Jütländer wurde am Ende so verdrießlich über die Genossenschaft eines solchen Kobolds, dass er sein Haus selbst aufgeben wollte und seine Siebensachen auf eine Karre lud und damit nach dem nächsten Dorfe fuhr, um sich dort niederzulassen. Unterwegs aber, als er sich mal umdrehte, erblickte er das rotbemützte Köpfchen des Kobolds, der aus einer von den leeren Bütten hervorguckte und ihm freundlich zurief: »Wi flütten!« (Wir ziehen aus.)

Ich habe mich vielleicht zu lange bei diesen kleinen Dämonen aufgehalten, und es ist Zeit, dass ich wieder zu den großen übergehe. Aber alle diese Geschichten illustrieren den Glauben und den Charakter des deutschen Volks. Jener Glaube war in den verflossenen Jahrhunderten ebenso gewaltig wie der Kirchenglaube. Als der gelehrte Doktor Remigius sein großes Buch über das Hexenwesen beendigt hatte, glaubte er seines Gegenstandes so kundig zu sein, dass er sich einbildete, jetzt selber hexen zu können; und, ein gewissenhafter Mann, wie er war, ermangelte er nicht, sich selber bei den Gerichten als Hexenmeister anzugeben, und infolge dieser Angabe wurde er als Hexenmeister verbrannt.

Diese Gräuel entstanden nicht direkt durch die christliche Kirche, sondern indirekt dadurch, dass diese die altgermanische Nationalreligion so tückisch verkehrt, dass sie die pantheistische Weltansicht der Deutschen in eine pandämonische umgebildet, dass sie die früheren Heiligtümer des Volks in hässliche Teufelei verwandelt hatte. Der Mensch lässt aber nicht gern ab von dem, was ihm und seinen Vorfahren teuer und lieb war, und heimlich krämpen sich seine Empfindungen daran fest, selbst wenn man es verderbt und entstellt hat. Daher erhält sich jener verkehrte Volksglaube vielleicht noch länger als das Christentum in Deutschland, welches nicht wie jener in der Nationalität wurzelt. Zur Zeit der Reformation schwand sehr schnell der Glaube an die katholischen Legenden, aber keineswegs der Glaube an Zauber und Hexerei.

Luther glaubt nicht mehr an katholische Wunder, aber er glaubt noch an Teufelswesen. Seine »Tischreden« sind voll kurioser Geschichtchen von Satanskünsten, Kobolden und Hexen. Er selber in seinen Nöten glaubte manchmal mit dem leibhaftigen Gottseibeiuns zu kämpfen. Auf der Wartburg, wo er das Neue Testament übersetzte, ward er so sehr vom Teufel gestört, dass er ihm das Tintenfass an den Kopf schmiss. Seitdem hat der Teufel eine große Scheu vor Tinte, aber noch weit mehr vor Druckerschwärze. Von der Schlauheit des Teufels wird in den erwähnten Tischreden manch ergötzliches Stücklein erzählt, und ich kann nicht umhin, eins davon mitzuteilen.

»Doktor Martin Luther erzählte, dass einmal gute Gesellen beieinander in einer Zeche gesessen waren. Nun war ein wild wüstes Kind unter ihnen, das hatte gesagt: Wenn einer wäre, der ihm eine gute Zeche Weins schenkte, wollte es ihm dafür seine Seele verkaufen.

Nicht lange darauf kommt einer in die Stuben zu ihm, setzt sich bei ihm nieder und zecht mit ihm und spricht unter anderen zu dem, der sich also viel vermessen gehabt:

›Höre, du sagtest zuvor, wenn einer dir eine Zeche Weins gebe, so wollest du ihm dafür diene Seele verkaufen?‹

Da sprach er nochmals: ›Ja, ich will's tun, lass mich heute recht schlemmen, demmen und guter Dinge sein.‹

Der Mann, welcher der Teufel war, sagte ja, und bald darnach verschlich er sich wieder von ihm. Als nun derselbige Schlemmer den ganzen Tag fröhlich war und zuletzt auch trunken wurde, da kommt der vorige Mann, der Teufel, wieder und setzt sich zu ihm nieder und fragt die anderen Zechbrüder und spricht: ›Liebe Herren, was dünket euch, wenn einer ein Pferd kauft, gehört ihm der Sattel und Zaum nicht auch dazu?‹ Dieselbigen erschraken alle. Aber letzlich sprach der Mann:

›Nun sagt's flugs.‹ Da bekannten sie und sagten: ›Ja, der Sattel und Zaum gehört ihm auch dazu.‹ Da nimmt der Teufel denselbigen wilden, rohen Gesellen und führet ihn durch die Decke hindurch, dass niemand gewusst, wo er war hinkommen.«

Obgleich ich für unsern großen Meister Martin Luther den größten Respekt hege, so will es mich doch bedünken, als habe er den Charakter des Satans ganz verkannt. Dieser denkt durchaus nicht mit solcher Geringschätzung vom Leibe, wie hier erwähnt wird. Was man auch Böses vom Teufel erzählen mag, so hat man ihm doch nie nachsagen können, dass er ein Spiritualist sei.

Aber mehr noch als die Gesinnung des Teufels verkannte Martin Luther die Gesinnung des Papstes und der katholischen Kirche. Bei meiner strengen Unparteilichkeit muss ich beide, ebenso wie den Teufel, gegen den allzu eifrigen Mann in Schutz nehmen. Ja, wenn man mich aufs Gewissen früge, würde ich eingestehn, dass der Papst, Leo X., eigentlich weit vernünftiger war als Luther und dass dieser die letzten Gründe der katholischen Kirche gar nicht begriffen hat. Denn Luther hatte nicht begriffen, dass die Idee des Christentums, die Vernichtung der Sinnlichkeit, gar zu sehr in Widerspruch war mit der menschlichen Natur, als dass sie jemals im Leben ganz ausführbar gewesen sei; er hatte nicht begriffen, dass der Katholizismus gleichsam ein Konkordat war zwischen Gott und dem Teufel, d. h. zwischen dem

Geist und der Materie, wodurch die Alleinherrschaft des Geistes in der Theorie ausgesprochen wird, aber die Materie in den Stand gesetzt wird, alle ihre annullierten Rechte in der Praxis auszuüben. Daher ein kluges System von Zugeständnissen, welche die Kirche zum Besten der Sinnlichkeit gemacht hat, obgleich immer unter Formen, welche jeden Akt der Sinnlichkeit fletrieren [verwelken, verdorren, vertrocknen] und dem Geiste seine höhnischen Usurpationen verwahren. Du darfst den zärtlichen Neigungen des Herzens Gehör geben und ein schönes Mädchen umarmen, aber du musst eingestehn, dass es eine schändliche Sünde war, und für diese Sünde musst du Abbuße tun. Dass diese Abbuße durch Geld geschehen konnte, war ebenso wohltätig für die Menschheit wie nützlich für die Kirche. Die Kirche ließ sozusagen Wehrgeld bezahlen für jeden fleischlichen Genuss, und da entstand eine Taxe für alle Sorten von Sünden, und es gab heilige Kolporteurs, welche, im Namen der römischen Kirche, die Ablasszettel für jede taxierte Sünde im Lande feilboten, und ein solcher war jener Tetzel, wogegen Luther zuerst auftrat. Unsere Historiker meinen, dieses Protestieren gegen den Ablasshandel sei ein geringfügiges Ereignis gewesen, und erst durch römischen Starrsinn sei Luther, der anfangs nur gegen einen Missbrauch der Kirche geeifert, dahin getrieben worden, die ganze Kirchenautorität in ihrer höchsten Spitze anzugreifen. Aber das ist eben ein Irrtum, der Ablasshandel war kein Missbrauch, er war eine Konsequenz des ganzen Kirchensystems, und indem Luther ihn angriff, hatte er die Kirche selbst angegriffen, und diese musste ihn als Ketzer verdammen. Leo X., der feine Florentiner, der Schüler des Polizian, der Freund des Raffael, der griechische Philosoph mit der dreifachen Krone, die ihm das Konklav vielleicht deshalb erteilte, weil er an einer Krankheit litt, die keineswegs durch christliche Abstinenz entsteht und damals noch sehr gefährlich war ... Leo von Medicis, wie musste er lächeln über den armen, keuschen, einfältigen Mönch, der da wähnte, das Evangelium sei die Charte des Christentums und diese Charte müsse eine Wahrheit sein! Er hat vielleicht gar nicht gemerkt, was Luther wollte, indem er damals viel zu sehr beschäftigt war mit dem Bau der Peterskirche, dessen Kosten eben mit den Ablassgeldern bestritten wurden, sodass die Sünde ganz eigentlich das Geld hergab zum Bau dieser Kirche, die dadurch gleichsam ein Monument sinnlicher Lust wurde, wie jene Pyramide, die ein ägyptisches Freudenmädchen für das Geld erbaute, das sie durch Prostitution erworben. Von diesem Gotteshaus könnte man vielleicht eher als von dem Kölner Dom behaupten, dass es durch den Teufel erbaut worden. Diesen Triumph des Spiritualismus, dass der Sensualismus selber ihm seinen schönsten Tempel bauen musste, dass man eben für die Menge Zugeständnisse, die man dem Fleische machte, die Mittel erwarb, den Geist zu verherrlichen, dieses begriff man nicht im deutschen Norden. Denn hier, weit eher als unter dem glühenden Himmel Italiens, war es möglich, ein Christentum auszuüben, das der Sinnlichkeit die allerwenigsten Zugeständnisse macht. Wir Nordländer sind kälteren Blutes, und wir bedurften nicht soviel Ablasszettel für fleischliche Sünden, als uns der väterlich besorgte Leo zugeschickt hatte. Das Klima erleichtert uns die Ausübung der christlichen Tugenden, und am 31. Oktober 1517, als Luther seine Thesen gegen den Ablass an die Türe der Augustinerkirche anschlug, war der Stadtgraben von Wittenberg vielleicht schon zugefroren, und man konnte dort Schlittschuhe laufen, welches ein sehr kaltes Vergnügen und also keine Sünde ist.

Ich habe mich oben vielleicht schon mehrmals der Worte Spiritualismus und Sensualismus bedient; diese Worte beziehen sich aber hier nicht, wie bei den französischen Philosophen, auf die zwei verschiedenen Quellen unserer Erkenntnisse, ich gebrauche sie vielmehr, wie schon aus dem Sinn meiner Rede immer von selber hervorgeht, zur Bezeichnung jener beiden verschiedenen Denkweisen, wovon die eine den Geist dadurch verherrlichen will, dass sie die Materie zu zerstören strebt, während die andere die natürlichen Rechte der Materie gegen die Usurpationen des Geistes zu vindizieren sucht.

Auf obige Anfänge der lutherischen Reformation, die schon den ganzen Geist derselben offenbaren, muss ich ebenfalls besonders aufmerksam machen, da man hier in Frankreich über die Reformation noch die alten Missbegriffe hegt, die Bossuet durch seine »Histoire des variations« verbreitet hat und die sich sogar bei heutigen Schriftstellern geltend machen. Die Franzosen begriffen nur die negative Seite der Reformation, sie sahen darin nur einen Kampf gegen den Katholizismus und glaubten manchmal, dieser Kampf sei jenseits des Rheines immer aus denselben Gründen geführt worden wie diesseits, in Frankreich. Aber die Gründe waren dort ganz andere als hier und ganz entgegengesetzte. Der Kampf gegen den Katholizismus in Deutschland war nichts anderes als ein Krieg, den der Spiritualismus begann, als er einsah, dass er nur den Titel der Herrschaft führte und nur de jure herrschte, während der Sensualismus, durch hergebrachten Unterschleif, die wirkliche Herrschaft ausübte und de facto herrschte; – die Ablasskrämer wurden fortgejagt, die hübschen Priesterkonkubinen wurden gegen kalte Eheweiber umgetauscht, die reizenden Madonnenbilder wurden zerbrochen, es entstand hie und da der sinnenfeindlichste Puritanismus. Der Kampf gegen den Katholizismus in Frankreich, im siebzehnten und achtzehnten Jahrhundert, war hingegen ein Krieg, den der Sensualismus begann, als er sah, dass er de facto herrschte und dennoch jeder Akt seiner Herrschaft von dem Spiritualismus, der de jure zu herrschen behauptete, als illegitim verhöhnt und in der empfindlichsten Weise fletriert wurde. Statt dass man nun in Deutschland mit keuschem Ernst kämpfte, kämpfte man in Frankreich mit schlüpfrigem Spaße; und statt dass man dort eine theologische Disputation führte, dichtete man hier irgendeine lustige Satire. Der Gegenstand dieser letzteren war gewöhnlich, den Widerspruch zu zeigen, worin der Mensch mit sich selbst gerät, wenn er ganz Geist sein will; und da erblühten die köstlichsten Historien von frommen Männern, welche ihrer tierischen Natur unwillkürlich unterliegen oder gar alsdann den Schein der Heiligkeit retten wollen und zur Heuchelei ihre Zuflucht nehmen. Schon die Königin von Navarra schilderte in ihren Novellen solche Missstände, das Verhältnis der Mönche zu den Weibern ist ihr gewöhnliches Thema, und sie will alsdann nicht bloß unser Zwerchfell, sondern auch das Mönchstum erschüttern. Die boshafteste Blüte solcher komischen Polemik ist unstreitig der »Tartüff« von Molière; denn dieser ist nicht bloß gegen den Jesuitismus seiner Zeit gerichtet, sondern gegen das Christentum selbst, ja gegen die Idee des Christentums, gegen den Spiritualismus. In der Tat, durch die affichierte Angst vor dem nackten Busen der Dorine, durch die Worte:

> Le ciel défend, de vrai, certains contentements,
> Mais on trouve avec lui des accomodements –,

dadurch wurde nicht bloß die gewöhnliche Scheinheiligkeit persifliert, sondern auch die allgemeine Lüge, die aus der Unausführbarkeit der christlichen Idee notwendig entsteht; persifliert wurde dadurch das ganze System von Konzessionen, die der Spiritualismus dem Sensualismus machen musste. Wahrlich, der Jansenismus hatte immer weit mehr Grund als der Jesuitismus, sich durch die Darstellung des »Tartüff« verletzt zu fühlen, und Molière dürfte den heutigen Methodisten noch immer so missbehagen wie den katholischen Devoten seiner Zeit. Darum eben ist Molière so groß, weil er, gleich Aristophanes und Cervantes, nicht bloß temporelle Zufälligkeiten, sondern das Ewig-Lächerliche, die Urschwächen der Menschheit, persifliert. Voltaire, der immer nur das Zeitliche und Unwesentliche angriff, muss ihm in dieser Beziehung nachstehen.

Jene Persiflage aber, namentlich die Voltairesche, hat in Frankreich ihre Mission erfüllt, und wer sie weiter fortsetzen wollte, handelte ebenso unzeitgemäß wie unklug. Denn wenn man die letzten sichtbaren Reste des Katholizismus vertilgen würde, könnte es sich leicht ereignen, dass die Idee desselben sich in eine neue Form, gleichsam in einen neuen Leib flüchtet und, sogar den Namen Christentum ablegend, in dieser Umwandlung uns noch weit verdrießlicher belästigen könnte als in ihrer jetzigen gebrochenen, ruinierten und allgemein diskreditierten Gestalt. Ja, es hat sein Gutes, dass der Spiritualismus durch eine Religion und eine Priesterschaft repräsentiert werde, wovon die erstere ihre beste Kraft schon verloren und letztere mit dem ganzen Freiheitsenthusiasmus unserer Zeit in direkter Opposition steht.

Aber warum ist uns denn der Spiritualismus so sehr zuwider? Ist er etwas so Schlechtes? Keineswegs. Rosenöl ist eine kostbare Sache, und ein Fläschchen desselben ist erquicksam, wenn man in den verschlossenen Gemächern des Harems seine Tage vertrauern muss. Aber wir wollen dennoch nicht, dass man alle Rosen dieses Lebens zertrete und zerstampfe, um einige Tropfen Rosenöl zu gewinnen, und mögen diese noch so tröstsam wirken. Wir sind vielmehr wie die Nachtigallen, die sich gern an der Rose selber ergötzen und von ihrer errötend blühenden Erscheinung ebenso beseligt werden wie von ihrem unsichtbaren Duft.

Ich habe oben geäußert, dass es eigentlich der Spiritualismus war, welcher bei uns den Katholizismus angriff. Aber dieses gilt nur vom Anfang der Reformation; sobald der Spiritualismus in das alte Kirchengebäude Bresche geschossen, stürzte der Sensualismus hervor mit all seiner lang verhaltenen Glut, und Deutschland wurde der wildeste Tummelplatz von Freiheitsrausch und Sinnenlust. Die unterdrückten Bauern hatten in der neuen Lehre geistliche Waffen gefunden, mit denen sie den Krieg gegen die Aristokratie führen konnten; die Lust zu einem solchen Kriege war schon seit anderthalb Jahrhundert vorhanden. Zu Münster lief der Sensualismus nackt durch die Straßen, in der Gestalt des Jan van Leiden, und legte sich mit seinen zwölf Weibern in jene große Bettstelle, welche noch heute auf dem dortigen Rathaus zu sehen ist. Die Klosterpforten öffneten sich überall, und Nonnen und Mönchlein stürzten sich in die Arme und schnäbelten sich. Ja, die äußere Geschichte jener Zeit besteht fast aus lauter sensualischen Emeuten; wie wenig Resultate davon geblieben, wie der Spiritualismus jene Tumultuanten wieder unterdrückte, wie er allmählich im Norden seine Herrschaft sicherte, aber durch einen Feind, den er im eigenen Busen erzogen, nämlich durch die Philosophie, zu Tode verwundet wurde, sehen wir später. Es ist dieses eine sehr verwickelte Geschichte, schwer zu entwirren. Der katholischen Partei wird es leicht, nach Belieben die schlimmsten Motive hervorzukehren, und wenn man sie sprechen hört, galt es nur, die frechste Sinnlichkeit zu legitimieren und die Kirchengüter zu plündern. Freilich, die geistigen Interessen müssen immer mit den materiellen Interessen eine Allianz schließen, um zu siegen. Aber der Teufel hatte die Karten so sonderbar gemischt, dass man über die Intentionen nichts Sicheres mehr sagen kann.

Die erlauchten Leute, die Anno 1521 im Reichssaale zu Worms versammelt waren, mochten wohl allerlei Gedanken im Herzen tragen, die im Widerspruch standen mit den Worten ihres Mundes. Da saß ein junger Kaiser, der sich, mit jugendlicher Herrscherwonne, in seinen neuen Purpurmantel wickelte und sich heimlich freute, dass der stolze Römer, der die Vorgänger im Reiche so oft misshandelt und noch immer seine Anmaßungen nicht aufgegeben, jetzt die wirksamste Zurechtweisung gefunden. Der Repräsentant jenes Römers hatte seinerseits wieder die geheime Freude, dass ein Zwiespalt unter jenen Deutschen entstand, die, wie betrunkene Barbaren, sooft das schöne Italien überfallen und ausgeplündert und es noch immer mit neuen Überfällen und Plünderungen bedrohten. Die weltlichen Fürsten freuten sich, dass sie mit der neuen Lehre sich auch zu gleicher Zeit die alten Kirchengüter zu Gemüte führen konnten. Die hohen Prälaten überlegten schon, ob sie nicht ihre Köchinnen heiraten und ihre Kurstaaten, Bistümer und Abteien auf ihre männlichen Sprösslinge vererben könnten. Die Abgeordneten der Städte freuten sich einer neuen Erweiterung ihrer Unabhängigkeit. Jeder hatte hier was zu gewinnen und dachte heimlich an irdische Vorteile.

Doch ein Mann war dort, von dem ich überzeugt bin, dass er nicht an sich dachte, sondern nur an die göttlichen Interessen, die er vertreten sollte. Dieser Mann war Martin Luther, der arme Mönch, den die Vorsehung auserwählt, jene römische Weltmacht zu brechen, wogegen schon die stärksten Kaiser und kühnsten Weisen vergeblich angekämpft. Aber die Vorsehung weiß sehr gut, auf welche Schultern sie ihre Lasten legt; hier war nicht bloß eine geistige, sondern auch eine physische Kraft nötig. Eines durch klösterliche Strenge und Keuschheit von Jugend auf gestählten Leibes bedurfte es, um die Mühseligkeiten eines solchen Amtes zu ertragen. Unser teurer Meister war damals noch mager und sah sehr blass aus, so dass die roten, wohlgefütterten Herren des Reichstags fast mit Mitleid auf den armseligen Mann in der schwarzen Kutte herabsahen. Aber er war doch ganz gesund, und seine Nerven waren so fest, dass ihn der glänzende Tumult nicht im Mindesten einschüchterte, und gar seine Lunge muss stark gewesen sein. Denn nachdem er seine lange Verteidigung gesprochen, musste er, weil der Kaiser kein Hochdeutsch verstand, sie in lateinischer Sprache wiederholen. Ich ärgere mich jedes Mal, wenn ich daran denke; denn unser teurer Meister stand neben einem offenen Fenster, der Zugluft ausgesetzt, während ihm der Schweiß von der Stirne troff. Durch das lange Reden mochte er wohl sehr ermüdet und sein Gaumen mochte wohl etwas trocken geworden sein. ›Der muss jetzt großen Durst haben‹, dachte gewiss der Herzog von Braunschweig; wenigstens lesen wir, dass er dem Martin Luther drei Kannen des besten Eimbecker Biers in die Herberge zuschickte. Ich werde diese edle Tat dem Hause Braunschweig nie vergessen.

Wie von der Reformation, so hat man auch von ihren Helden sehr falsche Begriffe in Frankreich. Die nächste Ursache dieses Nichtbegreifens liegt wohl darin, dass Luther nicht bloß der größte, sondern auch der deutscheste Mann unserer Geschichte ist; dass in seinem Charakter alle Tugenden und Fehler der Deutschen aufs Großartigste vereinigt sind, dass er auch persönlich das wunderbare Deutschland repräsentiert. Dann hatte er auch Eigenschaften, die wir selten vereinigt finden und die wir gewöhnlich sogar als feindliche Gegensätze antreffen. Er war zugleich ein träumerischer Mystiker und ein praktischer Mann in der Tat. Seine Gedanken hatten nicht bloß Flügel, sondern auch Hände; er sprach und handelte. Er war nicht bloß die Zunge, sondern auch das Schwert seiner Zeit. Auch war er zugleich ein kalter scholastischer Wortklauber und ein begeisterter, gottberauschter Prophet. Wenn er des Tags über mit seinen dogmatischen Distinktionen sich mühsam abgearbeitet, dann griff er des Abends zu seiner Flöte und betrachtete die Sterne und zerfloss in Melodie und Andacht. Derselbe Mann, der wie ein Fischweib schimpfen konnte, er konnte auch weich sein wie eine zarte Jungfrau. Er war manchmal wild wie der Sturm, der die Eiche entwurzelt, und dann war er wieder sanft wie der Zephir, der mit Veilchen kost. Er war voll der schauerlichsten Gottesfurcht, voll Aufopferung zu Ehren des Heiligen Geistes, er konnte sich ganz versenken ins reine Geisttum; und dennoch kannte er sehr gut die Herrlichkeiten dieser Erde und wusste sie zu schätzen, und aus seinem Munde erblühte der famose Wahlspruch: »Wer nicht liebt Wein, Weiber und Gesang, der bleibt ein Narr sein Leben lang.« Er war ein kompletter Mensch, ich möchte sagen, ein absoluter Mensch, in welchem Geist und Materie nicht getrennt sind. Ihn einen Spiritualisten zu nennen wäre daher ebenso irrig, als nennte man ihn einen Sensualisten. Wie soll ich sagen, er hatte etwas Ursprüngliches, Unbegreifliches, Mirakulöses, wie wir es bei allen providentiellen Männern finden, etwas Schauerlich-Naives, etwas Tölpelhaft-Kluges, etwas Erhaben-Borniertes, etwas Unbezwingbar-Dämonisches.

Luthers Vater war Bergmann zu Mansfeld, und da war der Knabe oft bei ihm in der unterirdischen Werkstatt, wo die mächtigen Metalle wachsen und die starken Urquellen rieseln, und das junge Herz hatte vielleicht unbewusst die geheimsten Naturkräfte in sich eingesogen oder wurde gar gefeit von den Berggeistern. Daher mag auch so viel Erdstoff, so viel Leidenschaftschlacke an ihm klebengeblieben sein, wie man dergleichen ihm hinlänglich vorwirft.

Man hat aber unrecht, ohne jene irdische Beimischung hätte er nicht ein Mann der Tat sein können. Reine Geister können nicht handeln. Erfahren wir doch aus Jung-Stillings Gespensterlehre, dass die Geister sich zwar recht farbig und bestimmt versichtbaren können, auch wie lebendige Menschen zu gehen, zu laufen, zu tanzen und alle möglichen Gebärden zu machen verstehen, dass sie aber nichts Materielles, nicht den kleinsten Nachttisch, von seiner Stelle fortzubewegen vermögen.

Ruhm dem Luther! Ewiger Ruhm dem teuren Manne, dem wir die Rettung unserer edelsten Güter verdanken und von dessen Wohltaten wir noch heute leben! Es ziemt uns wenig, über die Beschränktheit seiner Ansichten zu klagen. Der Zwerg, der auf den Schultern des Riesen steht, kann freilich weiter schauen als dieser selbst, besonders wenn er eine Brille aufgesetzt; aber zu der erhöhten Anschauung fehlt das hohe Gefühl, das Riesenherz, das wir uns nicht aneignen können. Es ziemt uns noch weniger, über seine Fehler ein herbes Urteil zu fällen; diese Fehler haben uns mehr genutzt als die Tugenden von tausend anderen. Die Feinheit des Erasmus und die Milde des Melanchthon hätten uns nimmer so weit gebracht wie manchmal die göttliche Brutalität des Bruder Martin. Ja, der Irrtum in Betreff des Beginnes, wie ich ihn oben angedeutet, hat die kostbarsten Früchte getragen, Früchte, woran sich die ganze Menschheit erquickt. Von dem Reichstag an, wo Luther die Autorität des Papstes leugnet und öffentlich erklärt, »dass man seine Lehre durch die Aussprüche der Bibel selbst oder durch vernünftige Gründe widerlegen müsse!«, da beginnt ein neues Zeitalter in Deutschland. Die Kette, womit der heilige Bonifaz die deutsche Kirche an Rom gefesselt, wird entzweigehauen. Diese Kirche, die vorher einen integrierenden Teil der großen Hierarchie bildete, zerfällt in religiöse Demokratien. Die Religion selber wird eine andere; es verschwindet daraus das indisch-gnostische Element, und wir sehen, wie sich wieder das judäisch-deistische Element darin erhebt. Es entsteht das evangelische Christentum. Indem die notwendigsten Ansprüche der Materie nicht bloß berücksichtigt, sondern auch legitimiert werden, wird die Religion wieder eine Wahrheit. Der Priester wird Mensch und nimmt ein Weib und zeugt Kinder, wie Gott es verlangt. Dagegen Gott selbst wird wieder ein himmlischer Hagestolz ohne Familie; die Legitimität seines Sohnes wird bestritten; die Heiligen werden abgedankt; den Engeln werden die Flügel beschnitten; die Muttergottes verliert alle ihre Ansprüche an die himmlische Krone, und es wird ihr untersagt, Wunder zu tun. Überhaupt von nun an, besonders seit die Naturwissenschaften so große Fortschritte machen, hören die Wunder auf. Sei es nun, dass es den lieben Gott verdrießt, wenn ihm die Physiker so misstrauisch auf die Finger sehen, sei es auch, dass er nicht gern mit Bosco konkurrieren will: sogar in der jüngsten Zeit, wo die Religion so sehr gefährdet ist, hat er es verschmäht, sie durch irgendein eklatantes Wunder zu unterstützen. Vielleicht wird er von jetzt an, bei allen neuen Religionen, die er auf dieser Erde einführt, sich auf gar keine heiligen Kunststücke mehr einlassen und die Wahrheiten der neuen Lehren immer durch die Vernunft beweisen; was auch am vernünftigsten ist. Wenigstens beim Saint-Simonismus, welcher die neueste Religion, ist gar kein Wunder vorgefallen, ausgenommen etwa, dass eine alte Schneiderrechnung, die Saint-Simon auf Erden schuldig geblieben, zehn Jahr nach seinem Tod von seinen Schülern bar bezahlt worden ist. Noch sehe ich, wie der vortreffliche Père Olinde in der Salle Taitbout begeistrungsvoll sich erhebt und der erstaunten Gemeinde die quittierte Schneiderrechnung vorhält. Junge Epiciers stutzten ob solchem übernatürlichen Zeugnis. Die Schneider aber fingen schon an zu glauben!

Indessen wenn bei uns in Deutschland, durch den Protestantismus, mit den alten Mirakeln auch sehr viele andere Poesie verlorenging, so gewannen wir doch mannigfaltigen Ersatz. Die Menschen wurden tugendhafter und edler. Der Protestantismus hatte den günstigsten Einfluss auf jene Reinheit der Sitten und jene Strenge in der Ausübung der Pflichten, welche wir gewöhnlich Moral nennen; ja, der Protestantismus hat in manchen Gemeinden eine Richtung genommen, wodurch er am Ende mit dieser Moral ganz zusammenfällt und das Evangelium nur als schöne Parabel gültig bleibt. Besonders sehen wir jetzt eine erfreuliche Veränderung im Leben der Geistlichen. Mit dem Zölibat verschwanden auch fromme Unzüchten und Mönchslaster. Unter den protestantischen Geistlichen finden wir nicht selten die tugendhaftesten Menschen, Menschen, vor denen selbst die alten Stoiker Respekt hätten. Man muss zu Fuß, als armer Student, durch Norddeutschland wandern, um zu erfahren, wie viel Tugend, und damit ich der Tugend ein schönes Beiwort gebe, wie viel evangelische Tugend manchmal in so einer unscheinbaren Pfarrerwohnung zu finden ist. Wie oft, des Winterabends, fand ich da eine gastfreie Aufnahme, ich, ein Fremder, der keine andere Empfehlung mitbrachte, außer dass ich Hunger hatte und müde war. Wenn ich dann gut gegessen und gut geschlafen hatte und des Morgens weiterziehen wollte, kam der alte Pastor im Schlafrock und gab mir noch den Segen auf den Weg, welches mir nie Unglück gebracht hat; und die gutmütig geschwätzige Frau Pastorin steckte mir einige Butterbrote in die Tasche, welche mich nicht minder erquickten; und in schweigender Ferne standen die schönen Predigertöchter mit ihren errötenden Wangen und Veilchenaugen, deren schüchternes Feuer, noch in der Erinnerung, für den ganzen Wintertag mein Herz erwärmte.

Indem Luther den Satz aussprach, dass man seine Lehre nur durch die Bibel selber oder durch vernünftige Gründe widerlegen müsse, war der menschlichen Vernunft das Recht eingeräumt, die Bibel zu erklären, und sie, die Vernunft, war als oberste Richterin in allen religiösen Streitfragen anerkannt. Dadurch entstand in Deutschland die sogenannte Geistesfreiheit oder, wie man sie ebenfalls nennt, die Denkfreiheit. Das Denken ward ein Recht, und die Befugnisse der Vernunft wurden legitim. Freilich, schon seit einigen Jahrhunderten hatte man ziemlich frei denken und reden können, und die Scholastiker haben über Dinge disputiert, wovon wir kaum begreifen, wie man sie im Mittelalter auch nur aussprechen durfte. Aber dieses geschah vermittelst der Distinktion, welche man zwischen theologischer und philosophischer Wahrheit machte, eine Distinktion, wodurch man sich gegen Ketzerei ausdrücklich verwahrte; und das geschah auch nur innerhalb den Hörsälen der Universitäten und in einem gotisch abstrusen Latein, wovon doch das Volk nichts verstehen konnte, sodass wenig Schaden für die Kirche dabei zu befürchten war. Dennoch hatte die Kirche solches Verfahren nie eigentlich erlaubt, und dann und wann hat sie auch wirklich einen armen Scholastiker verbrannt. Jetzt aber, seit Luther, machte man gar keine Distinktion mehr zwischen theologischer und philosophischer Wahrheit, und man disputierte auf öffentlichem Markt und in der deutschen Landessprache und ohne Scheu und Furcht. Die Fürsten, welche die Reformation annahmen, haben diese Denkfreiheit legitimisiert, und eine wichtige, weltwichtige Blüte derselben ist die deutsche Philosophie.

In der Tat, nicht einmal in Griechenland hat der menschliche Geist sich so frei aussprechen können wie in Deutschland, seit der Mitte des vorigen Jahrhunderts bis zur französischen Invasion. Namentlich in Preußen herrschte eine grenzenlose Gedankenfreiheit. Der Marquis von Brandenburg hatte begriffen, dass er, der nur durch das protestantische Prinzip ein legitimer König von Preußen sein konnte, auch die protestantische Denkfreiheit aufrechterhalten musste.

Seitdem freilich haben sich die Dinge verändert, und der natürliche Schirmvogt unserer protestantischen Denkfreiheit hat sich, zur Unterdrückung derselben, mit der ultramontanen Partei verständigt, und er benutzt oft dazu die Waffe, die das Papsttum zuerst gegen uns ersonnen und angewandt: die Zensur.

Sonderbar! Wir Deutschen sind das stärkste und das klügste Volk. Unsre Fürstengeschlechter sitzen auf allen Thronen Europas, unsere Rothschilde beherrschen alle Börsen der

Welt, unsere Gelehrten regieren in allen Wissenschaften, wir haben das Pulver erfunden und die Buchdruckerei; – und dennoch, wer bei uns eine Pistole losschießt, bezahlt drei Taler Strafe, und wenn wir in den »Hamburger Korrespondent« setzen wollen: »Meine liebe Gattin ist in Wochen gekommen, mit einem Töchterlein, schön wie die Freiheit!«, dann greift der Herr Doktor Hoffmann zu seinem Rotstift und streicht uns »die Freiheit«.

Wird dieses noch lange geschehen können? Ich weiß nicht. Aber ich weiß, die Frage der Pressefreiheit, die jetzt in Deutschland so heftig diskutiert wird, knüpft sich bedeutungsvoll an die obigen Betrachtungen, und ich glaube, ihre Lösung ist nicht schwer, wenn man bedenkt, dass die Pressefreiheit nichts anderes ist als die Konsequenz der Denkfreiheit und folglich ein protestantisches Recht. Für Rechte dieser Art hat der Deutsche schon sein bestes Blut gegeben, und er dürfte wohl dahin gebracht werden, noch einmal in die Schranken zu treten.

Dasselbe ist anwendbar auf die Frage von der akademischen Freiheit, die jetzt so leidenschaftlich die Gemüter in Deutschland bewegt. Seit man entdeckt zu haben glaubt, dass auf den Universitäten am meisten politische Aufregung, nämlich Freiheitsliebe, herrscht, seitdem wird den Souveränen von allen Seiten insinuiert, dass man diese Institute unterdrücken oder doch wenigstens in gewöhnliche Unterrichtsanstalten verwandeln müsse. Da werden nun Pläne geschmiedet und das Pro und Kontra diskutiert. Die öffentlichen Gegner der Universitäten, ebenso wenig wie die öffentlichen Verteidiger, die wir bisher vernommen, scheinen aber die letzten Gründe der Frage nicht zu verstehen. Jene begreifen nicht, dass die Jugend überall und unter allen Disziplinen für die Interessen der Freiheit begeistert sein wird und dass, wenn man die Universitäten unterdrückt, jene begeisterte Jugend anderswo und vielleicht in Verbindung mit der Jugend des Handelsstands und der Gewerbe sich desto tatkräftiger aussprechen wird. Die Verteidiger suchen nur zu beweisen, dass mit den Universitäten auch die Blüte der deutschen Wissenschaftlichkeit zugrunde ginge, dass eben die akademische Freiheit den Studien so nützlich sei, dass die Jugend dadurch so hübsch Gelegenheit finde, sich vielseitig auszubilden usw. Als ob es auf einige griechische Vokabeln oder einige Rohheiten mehr oder weniger hier ankomme!

Und was gölte den Fürsten alle Wissenschaft, Studien oder Bildung, wenn die heilige Sicherheit ihrer Throne gefährdet stünde! Sie waren heroisch genug, alle jene relativen Güter für das einzig Absolute, für ihre absolute Herrschaft aufzuopfern. Denn diese ist ihnen von Gott anvertraut, und wo der Himmel gebietet, müssen alle irdischen Rücksichten weichen.

Missverstand ist sowohl auf Seiten der armen Professoren, die als Vertreter, wie auf Seiten der Regierungsbeamten, die als Gegner der Universitäten öffentlich auftreten. Nur die katholische Propaganda in Deutschland begreift die Bedeutung derselben, diese frommen Obskuranten sind die gefährlichsten Gegner unseres Universitätssystems, diese wirken dagegen meuchlerisch mit Lug und Trug, und gar wenn sich einer von ihnen den liebevollen Anschein gibt, als wollte er den Universitäten das Wort reden, offenbart sich die jesuitische Intrige. Wohl wissen diese feigen Heuchler, was hier auf dem Spiel steht, zu gewinnen. Denn mit den Universitäten fällt auch die protestantische Kirche, die seit der Reformation nur in jenen wurzelt, so dass die ganze protestantische Kirchengeschichte der letzten Jahrhunderte fast nur aus den theologischen Streitigkeiten der Wittenberger, Leipziger, Tübinger und halleschen Universitätsgelehrten besteht. Die Konsistorien sind nur der schwache Abglanz der theologischen Fakultät, sie verlieren mit dieser allen Halt und Charakter und sinken in die öde Abhängigkeit der Ministerien oder gar der Polizei.

Doch lasst uns solchen melancholischen Betrachtungen nicht zu viel Raum geben, umso mehr, da wir hier noch von dem providentiellen Manne zu reden haben, durch welchen so Großes für das deutsche Volk geschehen. Ich habe oben gezeigt, wie wir durch ihn zur größten Denkfreiheit gelangt. Aber dieser Martin Luther gab uns nicht bloß die Freiheit der Bewegung, sondern auch das Mittel der Bewegung, dem Geist gab er nämlich einen Leib. Er gab dem Gedanken auch das Wort. Er schuf die deutsche Sprache.

Dieses geschah, indem er die Bibel übersetzte.

In der Tat, der göttliche Verfasser dieses Buchs scheint es ebenso gut wie wir andere gewusst zu haben, dass es gar nicht gleichgültig ist, durch wen man übersetzt wird, und er wählte selber seinen Übersetzer und verlieh ihm die wundersame Kraft, aus einer toten Sprache, die gleichsam schon begraben war, in eine andere Sprache zu übersetzen, die noch gar nicht lebte.

Man besaß zwar die Vulgata, die man verstand, sowie auch die Septuaginta, die man schon verstehen konnte. Aber die Kenntnis des Hebräischen war in der christlichen Welt ganz erloschen. Nur die Juden, die sich, hie und da, in einem Winkel dieser Welt verborgen hielten, bewahrten noch die Traditionen dieser Sprache. Wie ein Gespenst, das einen Schatz bewacht, der ihm einst im Leben anvertraut worden, so saß dieses gemordete Volk, dieses Volk-Gespenst, in seinen dunklen Gettos und bewahrte dort die hebräische Bibel; und in diese verrufenen Schlupfwinkel sah man die deutschen Gelehrten heimlich hinabsteigen, um den Schatz zu heben, um die Kenntnis der hebräischen Sprache zu erwerben. Als die katholische Geistlichkeit merkte, dass ihr von dieser Seite Gefahr drohte, dass das Volk auf diesem Seitenweg zum wirklichen Wort Gottes gelangen und die römischen Fälschungen entdecken konnte, da hätte man gern auch die jüdische Tradition unterdrückt, und man ging damit um, alle hebräischen Bücher zu vernichten, und am Rhein begann die Bücherverfolgung, wogegen unser vortrefflicher Doktor Reuchlin so glorreich gekämpft hat. Die Kölner Theologen, die damals agierten, besonders Hoogstraeten, waren keineswegs so geistesbeschränkt, wie der tapfere Mitkämpfer Reuchlins, Ritter Ulrich von Hutten, sie in seinen »Litteris obscurorum virorum« schildert. Es galt die Unterdrückung der hebräischen Sprache. Als Reuchlin siegte, konnte Luther sein Werk beginnen. In einem Briefe, den dieser damals an Reuchlin schrieb, scheint er schon zu fühlen, wie wichtig der Sieg war, den jener erfochten, und in einer abhängig schwierigen Stellung erfochten, während er, der Augustinermönch, ganz unabhängig stand; sehr naiv sagt er in diesem Brief: »Ego nihil timeo, quia nihil habeo.«

Wie aber Luther zu der Sprache gelangt ist, worin er seine Bibel übersetzte, ist mir bis auf diese Stunde unbegreiflich. Der altschwäbische Dialekt war, mit der Ritterpoesie der Hohenstaufenschen Kaiserzeit, gänzlich untergegangen. Der altsächsische Dialekt, das sogenannte Plattdeutsche, herrschte nur in einem Teil des nördlichen Deutschlands und hat sich, trotz aller Versuche, die man gemacht, nie zu literarischen Zwecken eignen wollen. Nahm Luther zu seiner Bibelübersetzung die Sprache, die man im heutigen Sachsen sprach, so hätte Adelung recht gehabt, zu behaupten, dass der sächsische, namentlich der meißensche Dialekt unser eigentliches Hochdeutsch, d. h. unsere Schriftsprache sei. Aber dieses ist längst widerlegt worden, und ich muss dieses hier um so schärfer erwähnen da solcher Irrtum in Frankreich noch immer gang und gäbe ist. Das heutige Sächsische war nie ein Dialekt des deutschen Volks, ebenso wenig wie etwa das Schlesische; denn so wie dieses entstand es durch slawische Färbung. Ich bekenne daher offenherzig, ich weiß nicht, wie die Sprache, die wir in der Lutherischen Bibel finden, entstanden ist. Aber ich weiß, dass durch diese Bibel, wovon die junge Presse, die schwarze Kunst, Tausende von Exemplaren ins Volk schleuderte, die Lutherische Sprache in wenigen Jahren über ganz Deutschland verbreitet und zur allgemeinen Schriftsprache erhoben wurde. Diese Schriftsprache herrscht noch immer in Deutschland und gibt diesem politisch und religiös zerstückelten Lande eine literarische Einheit. Ein solches unschätzbares Verdienst mag uns bei dieser Sprache dafür entschädigen, dass sie, in ihrer heutigen Ausbildung, etwas von jener Innigkeit entbehrt, welche wir bei Sprachen, die sich aus einem einzigen Dialekt gebildet, zu finden pflegen. Die Sprache in Luthers Bibel entbehrt jedoch durchaus nicht einer solchen Innigkeit, und dieses alte Buch ist eine ewige Quelle der Verjüngung für unsere Sprache. Alle Ausdrücke und Wendungen, die in der Lutherischen Bibel stehn, sind deutsch, der Schriftsteller darf sie immerhin noch gebrauchen; und da dieses Buch in den Händen der ärmsten Leute ist, so bedürfen diese keiner besonderen gelehrten Anleitung, um sich literarisch aussprechen zu können.

Dieser Umstand wird, wenn bei uns die politische Revolution ausbricht, gar merkwürdige Erscheinungen zur Folge haben. Die Freiheit wird überall sprechen können, und ihre Sprache wird biblisch sein.

Luthers Originalschriften haben ebenfalls dazu beigetragen, die deutsche Sprache zu fixieren. Durch ihre polemische Leidenschaftlichkeit drangen sie tief in das Herz der Zeit. Ihr Ton ist nicht immer sauber. Aber man macht auch keine religiöse Revolution mit Orangenblüte. Zu dem groben Klotz gehört manchmal ein grober Keil. In der Bibel ist Luthers Sprache, aus Ehrfurcht vor dem gegenwärtigen Geist Gottes, immer in eine gewisse Würde gebannt. In seinen Streitschriften hingegen überlässt er sich einer plebejischen Rohheit, die oft ebenso widerwärtig wie grandios ist. Seine Ausdrücke und Bilder gleichen dann jenen riesenhaften Steinfiguren, die wir in indischen oder ägyptischen Tempelgrotten finden und deren grelles Kolorit und abenteuerliche Hässlichkeit uns zugleich abstößt und anzieht. Durch diesen barocken Felsenstil erscheint uns der kühne Mönch manchmal wie ein religiöser Danton, ein Prediger des Berges, der, von der Höhe desselben, die bunten Wortblöcke hinabschmettert auf die Häupter seiner Gegner.

Merkwürdiger und bedeutender als diese prosaischen Schriften sind Luthers Gedichte, die Lieder, die, in Kampf und Not, aus seinem Gemüt entsprossen. Sie gleichen manchmal einer Blume, die auf einem Felsen wächst, manchmal einem Mondstrahl, der über ein bewegtes Meer hinzittert. Luther liebte die Musik, er hat sogar einen Traktat über diese Kunst geschrieben, und seine Lieder sind daher außerordentlich melodisch. Auch in dieser Hinsicht gebührt ihm der Name: Schwan von Eisleben. Aber er war nichts weniger als ein milder Schwan in manchen Gesängen, wo er den Mut der Seinigen anfeuert und sich selber zur wildesten Kampflust begeistert. Ein Schlachtlied war jener trotzige Gesang, womit er und seine Begleiter in Worms einzogen. Der alte Dom zitterte bei diesen neuen Klängen, und die Raben erschraken in ihren obskuren Turmnestern. Jenes Lied, die Marseiller Hymne der Reformation, hat bis auf unsere Tage seine begeisternde Kraft bewahrt.

Eine feste Burg ist unser Gott,
Ein' gute Wehr und Waffen,
Er hilft uns frei aus aller Not,
Die uns jetzt hat betroffen.
Der alte böse Feind,
Mit Ernst er's jetzt meint,
Groß Macht und viel List
Sein grausam Rüstung ist,
Auf Erd' ist nicht sein'sgleichen.

Mit unsrer Macht ist nichts getan,
Wir sind gar bald verloren,
Es streit't für uns der rechte Mann,
Den Gott selbst hat erkoren.
Fragst du, wer es ist?
Er heißt Jesus Christ,
Der Herr Zebaoth,

Und ist kein andrer Gott,
Das Feld muss er behalten.

Und wenn die Welt voll Teufel wär
Und wollten uns verschlingen,
So fürchten wir uns nicht so sehr,
Es soll uns doch gelingen;
Der Fürst dieser Welt,
Wie sauer er sich stellt,
Tut er uns doch nicht,
Das macht, er ist gericht't,
Ein Wörtlein kann ihn fällen.

Das Wort sie sollen lassen stahn,
Und keinen Dank dazu haben,
Es ist bei uns wohl auf dem Plan
Mit seinem Geist und Gaben.
Nehmen sie uns den Leib,
Gut, Ehr', Kind und Weib,
Lass fahren dahin,
Sie haben's kein Gewinn,
Das Reich muss uns doch bleiben.

Ich habe gezeigt, wie wir unserm teuern Doktor Martin Luther die Geistesfreiheit verdanken, welche die neuere Literatur zu ihrer Entfaltung bedurfte. Ich habe gezeigt, wie er uns auch das Wort schuf, die Sprache, worin diese neue Literatur sich aussprechen konnte. Ich habe jetzt nur noch hinzuzufügen, dass er auch selber diese Literatur eröffnet, dass diese und ganz eigentlich die schöne Literatur mit Luther beginnt, dass seine geistlichen Lieder sich als die ersten wichtigen Erscheinungen derselben ausweisen und schon den bestimmten Charakter derselben kundgeben. Wer über die neuere deutsche Literatur reden will, muss daher mit Luther beginnen und nicht etwa mit einem Nürnberger Spießbürger, namens Hans Sachs, wie aus unredlichem Misswollen von einigen romantischen Literatoren geschehen ist. Hans Sachs, dieser Troubadour der ehrbaren Schusterzunft, dessen Meistergesang nur eine läppische Parodie der früheren Minnelieder und dessen Dramen nur eine tölpelhafte Travestie der alten Mysterien, dieser pedantische Hanswurst, der die freie Naivität des Mittelalters ängstlich nachäfft, ist vielleicht als der letzte Poet der älteren Zeit, keineswegs aber als der erste Poet der neueren Zeit zu betrachten. Es wird dazu keines weiteren Beweises bedürfen, als dass ich den Gegensatz unserer neuen Literatur zur älteren mit bestimmten Worten erörtere.

Betrachten wir daher die deutsche Literatur, die vor Luther blühte, so finden wir:

1. Ihr Material, ihr Stoff ist, wie das Leben des Mittelalters selbst, eine Mischung zweier heterogener Elemente, die in einem langen Zweikampf sich so gewaltig umschlungen, dass sie am Ende ineinander verschmolzen, nämlich: die germanische Nationalität und das indisch-gnostische, sogenannte katholische Christentum.

2. Die Behandlung oder vielmehr der Geist der Behandlung in dieser älteren Literatur ist romantisch. Abusive sagt man dasselbe auch von dem Material jener Literatur, von allen Erscheinungen des Mittelalters, die durch die Verschmelzung der erwähnten beiden Elemente, germanische Nationalität und katholisches Christentum, entstanden sind. Denn wie einige Dichter des Mittelalters die griechische Geschichte und Mythologie ganz romantisch behandelt haben, so kann man auch die mittelalterlichen Sitten und Legenden in klassischer Form darstellen. Die Ausdrücke »klassisch« und »romantisch« beziehen sich also nur auf den Geist

der Behandlung. Die Behandlung ist klassisch, wenn die Form des Dargestellten ganz identisch ist mit der Idee des Darzustellenden, wie dieses der Fall ist bei den Kunstwerken der Griechen, wo daher in dieser Identität auch die größte Harmonie zwischen Form und Idee zu finden. Die Behandlung ist romantisch, wenn die Form nicht durch Identität die Idee offenbart, sondern parabolisch diese Idee erraten lässt. Ich gebrauche hier das Wort »parabolisch« lieber als das Wort »symbolisch«. Die griechische Mythologie hatte eine Reihe von Göttergestalten, deren jede, bei aller Identität der Form und der Idee, dennoch eine symbolische Bedeutung bekommen konnte. Aber in dieser griechischen Religion war eben nur die Gestalt der Götter bestimmt, alles andere, ihr Leben und Treiben, war der Willkür der Poeten zur beliebigen Behandlung überlassen. In der christlichen Religion hingegen gibt es keine so bestimmte Gestalten, sondern bestimmte Fakta, bestimmte heilige Ereignisse und Taten, worin das dichtende Gemüt des Menschen eine parabolische Bedeutung legen konnte. Man sagt, Homer habe die griechischen Götter erfunden; das ist nicht wahr, sie existierten schon vorher in bestimmten Umrissen, aber er erfand ihre Geschichten. Die Künstler des Mittelalters hingegen wagten nimmermehr, in dem geschichtlichen Teil ihrer Religion das Mindeste zu erfinden; der Sündenfall, die Menschwerdung, die Taufe, die Kreuzigung u. dgl. waren unantastbare Tatsachen, woran nicht gemodelt werden durfte, worin aber das dichtende Gemüt der Menschen eine parabolische Bedeutung legen konnte. In diesem parabolischen Geist wurden nun auch alle Künste im Mittelalter behandelt, und diese Behandlung ist romantisch. Daher in der Poesie des Mittelalters jene mystische Allgemeinheit; die Gestalten sind so schattenhaft, was sie tun, ist so unbestimmt, alles ist darin so dämmernd, wie von wechselndem Mondlicht beleuchtet; die Idee ist in der Form nur wie ein Rätsel angedeutet, und wir sehen hier eine vage Form, wie sie eben zu einer spiritualistischen Literatur geeignet war. Da ist nicht wie bei den Griechen eine sonnenklare Harmonie zwischen Form und Idee; sondern manchmal überragt die Idee die gegebene Form, und diese strebt verzweiflungsvoll, jene zu erreichen, und wir sehen dann bizarre, abenteuerliche Erhabenheit: manchmal ist die Form ganz der Idee über den Kopf gewachsen, ein läppisch winziger Gedanke schleppt sich einher in einer kolossalen Form, und wir sehen groteske Farce; fast immer sehen wir Unförmigkeit.

3. Der allgemeine Charakter jener Literatur war, dass sich in allen Produkten derselben jener feste, sichere Glaube kundgab, der damals in allen weltlichen wie geistlichen Dingen herrschte. Basiert auf Autoritäten waren alle Ansichten der Zeit; der Dichter wandelte, mit der Sicherheit eines Maulesels, längs den Abgründen des Zweifels, und es herrscht in seinen Werken eine kühne Ruhe, eine selige Zuversicht, wie sie später unmöglich war, als die Spitze jener Autoritäten, nämlich die Autorität des Papstes, gebrochen war und alle anderen nachstürzten. Die Gedichte des Mittelalters haben daher alle denselben Charakter, es ist, als habe sie nicht der einzelne Mensch, sondern das ganze Volk gedichtet; sie sind objektiv, episch und naiv.

In der Literatur hingegen, die mit Luther emporblüht, finden wir ganz das Gegenteil:

1. Ihr Material, der Stoff, der behandelt werden soll, ist der Kampf der Reformationsinteressen und Ansichten mit der alten Ordnung der Dinge. Dem neuen Zeitgeist ist jener Mischglaube, der aus den erwähnten zwei Elementen, germanische Nationalität und indisch-gnostisches Christentum, entstanden ist, gänzlich zuwider; letzteres dünkt ihm heidnische Götzendienerei, an dessen Stelle die wahre Religion des judäisch-deistischen Evangeliums treten soll. Eine neue Ordnung der Dinge gestaltet sich; der Geist macht Erfindungen, die das Wohlsein der Materie befördern; durch das Gedeihen der Industrie und durch die Philosophie wird der Spiritualismus in der öffentlichen Meinung diskreditiert; der dritte Stand erhebt sich; die Revolution grollt schon in den Herzen und Köpfen; und was die Zeit fühlt und denkt und bedarf und will, wird ausgesprochen, und das ist der Stoff der modernen Literatur.

2. Der Geist der Behandlung ist nicht mehr romantisch, sondern klassisch. Durch das Wiederaufleben der alten Literatur verbreitete sich über ganz Europa eine freudige Begeisterung für die griechischen und römischen Schriftsteller, und die Gelehrten, die einzigen, welche damals schrieben, suchten den Geist des klassischen Altertums sich anzueignen oder wenigstens in ihren Schriften die klassischen Kunstformen nachzubilden. Konnten sie nicht, gleich den Griechen, eine Harmonie der Form und der Idee erreichen, so hielten sie sich doch desto strenger an das Äußere der griechischen Behandlung, sie schieden, nach griechischer Vorschrift, die Gattungen, enthielten sich jeder romantischen Extravaganz, und in dieser Beziehung nennen wir sie klassisch.

3. Der allgemeine Charakter der modernen Literatur besteht darin, dass jetzt die Individualität und die Skepsis vorherrschen. Die Autoritäten sind niedergebrochen; nur die Vernunft ist jetzt des Menschen einzige Lampe, und sein Gewissen ist sein einziger Stab in den dunkeln Irrgängen dieses Lebens. Der Mensch steht jetzt allein seinem Schöpfer gegenüber und singt ihm sein Lied. Daher beginnt diese Literatur mit geistlichen Gesängen. Aber auch später, wo sie weltlich wird, herrscht darin das innigste Selbstbewusstsein, das Gefühl der Persönlichkeit. Die Poesie ist jetzt nicht mehr objektiv, episch und naiv, sondern subjektiv, lyrisch und reflektierend.

Zweites Buch

Im vorigen Buche haben wir von der großen religiösen Revolution gehandelt, die von Martin Luther in Deutschland repräsentiert ward. Jetzt haben wir von der philosophischen Revolution zu sprechen, die aus jener hervorging, ja, die eben nichts anderes ist wie die letzte Konsequenz des Protestantismus.

Ehe wir aber erzählen, wie diese Revolution durch Immanuel Kant zum Ausbruch kam, müssen die philosophischen Vorgänge im Ausland, die Bedeutung des Spinoza, die Schicksale der Leibnizischen Philosophie, die Wechselverhältnisse dieser Philosophie und der Religion, die Reibungen derselben, ihr Zerwürfnis u. dgl. m. erwähnt werden. Beständig aber halten wir im Auge diejenigen von den Fragen der Philosophie, denen wir eine soziale Bedeutung beimessen und zu deren Lösung sie mit der Religion konkurriert.

Dieses ist nun die Frage von der Natur Gottes. »Gott ist Anfang und Ende aller Weisheit!« sagen die Gläubigen in ihrer Demut, und der Philosoph, in allem Stolze seines Wissens, muss diesem frommen Spruche beistimmen.

Nicht Bacon, wie man zu lehren pflegt, sondern René Descartes ist der Vater der neueren Philosophie, und in welchem Grade die deutsche Philosophie von ihm abstammt, werden wir ganz deutlich zeigen.

René Descartes ist ein Franzose, und dem großen Frankreich gebührt auch hier der Ruhm der Initiative. Aber das große Frankreich, das geräuschvolle, bewegte, vielschwatzende Land der Franzosen, war nie ein geeigneter Boden für Philosophie, diese wird vielleicht niemals darauf gedeihen, und das fühlte René Descartes, und er ging nach Holland, dem stillen, schweigenden Land der Trekschuiten und Holländer, und dort schrieb er seine philosophischen Werke. Nur dort konnte er seinen Geist von dem traditionellen Formalismus befreien und eine ganze Philosophie aus reinen Gedanken emporbauen, die weder dem Glauben noch der Empirie abgeborgt sind, wie es seitdem von jeder wahren Philosophie verlangt wird. Nur dort konnte er so tief in des Denkens Abgründe sich versenken, dass er es in den letzten Gründen des Selbstbewusstseins ertappte und er eben durch den Gedanken das Selbstbewusstsein konstatieren konnte, in dem weltberühmten Satz: Cogito, ergo sum. – Aber auch vielleicht nirgends anders als in Holland konnte Descartes es wagen, eine Philosophie zu lehren, die mit allen Traditionen der Vergangenheit in den offenbarsten Kampf geriet. Ihm gebührt die Ehre, die Autonomie der Philosophie gestiftet zu haben; diese brauchte nicht mehr die Erlaubnis zum Denken von der Theologie zu erbetteln und durfte sich jetzt als selbständige Wissenschaft neben dieselbe hinstellen. Ich sage nicht: derselben entgegensetzen, denn es galt damals der Grundsatz: die Wahrheiten, wozu wir durch die Philosophie gelangen, sind am Ende dieselben, welche uns auch die Religion überliefert. Die Scholastiker, wie ich schon früher bemerkt, hatten hingegen der Religion nicht bloß die Suprematie über die Philosophie eingeräumt, sondern auch diese letztere für ein nichtiges Spiel, für eitel Wortfechterei erklärt, sobald sie mit den Dogmen der Religion in Widerspruch geriet. Den Scholastikern war es nur darum zu tun, ihre Gedanken auszusprechen, gleichviel unter welcher Bedingung. Sie sagten ein mal eins ist eins und bewiesen es; aber sie setzten lächelnd hinzu, das ist wieder ein Irrtum der menschlichen Vernunft, die immer irrt, wenn sie mit den Beschlüssen der ökumenischen Konzilien in Widerspruch gerät; ein mal eins ist drei, und das ist die wahre Wahrheit, wie uns längst offenbart worden, im Namen des Vaters, des Sohnes und des Heiligen Geistes! Die Scholastiker bildeten, insgeheim, eine philosophische Opposition gegen die Kirche. Aber öffentlich heuchelten sie die größte Unterwürfigkeit, kämpften sogar in manchen Fällen für die Kirche, und bei Aufzügen paradierten sie im Gefolge derselben, ungefähr wie die französischen Oppositionsdeputierten bei den Feierlichkeiten der Restauration. Die Komödie der Scholastiker dauerte mehr als sechs Jahrhunderte, und sie wurde immer trivialer. Indem Descartes den Scholastizismus zerstörte, zerstörte er auch die verjährte Opposition des Mittelalters. Die alten Besen waren durch das lange Fegen stumpf geworden, es klebte daran allzu viel Kehricht, und die neue Zeit verlangte neue Besen. Nach jeder Revolution muss die bisherige Opposition abdanken; es geschehen sonst große Dummheiten. Wir haben's erlebt. Weniger war es nun die katholische Kirche als vielmehr die alten Gegner derselben, der Nachtrab der Scholastiker, welche sich zuerst gegen die Cartesianische Philosophie erhoben. Erst 1663 verbot sie der Papst.

Ich darf bei Franzosen eine zulängliche, süffisante Bekanntschaft mit der Philosophie ihres großen Landsmannes voraussetzen, und ich brauche hier nicht erst zu zeigen, wie die entgegengesetztesten Doktrinen aus ihr das nötige Material entlehnen konnten. Ich spreche hier vom Idealismus und vom Materialismus.

Da man, besonders in Frankreich, diese zwei Doktrinen mit den Namen Spiritualismus und Sensualismus bezeichnet und da ich mich dieser beiden Benennungen in anderer Weise bediene, so muss ich, um Begriffsverwirrungen vorzubeugen, die obigen Ausdrücke näher besprechen.

Seit den ältesten Zeiten gibt es zwei entgegengesetzte Ansichten über die Natur des menschlichen Denkens, d. h. über die letzten Gründe der geistigen Erkenntnis, über die Entstehung der Ideen. Die einen behaupten, wir erlangen unsere Ideen nur von außen, unser Geist sei nur ein leeres Behältnis, worin die von den Sinnen eingeschluckten Anschauungen sich verarbeiten, ungefähr wie die genossenen Speisen in unserem Magen. Um ein besseres Bild zu gebrauchen, diese Leute betrachten unseren Geist wie eine tabula rasa, worauf später die Erfahrung täglich etwas Neues schreibt, nach bestimmten Schreibregeln.

Die anderen, die entgegengesetzter Ansicht, behaupten, die Ideen sind dem Menschen angeboren, der menschliche Geist ist der Ursitz der Ideen, und die Außenwelt, die Erfahrung und die vermittelnden Sinne bringen uns nur zur Erkenntnis dessen, was schon vorher in unserem Geist war, sie wecken dort nur die schlafenden Ideen.

Die erstere Ansicht hat man nun den Sensualismus, manchmal auch den Empirismus genannt; die andere nannte man den Spiritualismus, manchmal auch den Rationalismus. Dadurch können jedoch leicht Missverständnisse entstehen, da wir mit diesen zwei Namen, wie ich schon im vorigen Buch erwähnt, seit einiger Zeit auch jene zwei sozialen Systeme, die sich in allen Manifestationen des Lebens geltend machen, bezeichnen. Den Namen Spiritualismus überlassen wir daher jener frevelhaften Anmaßung des Geistes, der, nach alleiniger Verherrlichung strebend, die Materie zu zertreten, wenigstens zu fletrieren sucht; und den Namen Sensualismus überlassen wir jener Opposition, die, dagegen eifernd, ein Rehabilitieren der Materie bezweckt und den Sinnen ihre Rechte vindiziert, ohne die Rechte des Geistes, ja nicht einmal ohne die Suprematie des Geistes zu leugnen. Hingegen den philosophischen Meinungen über die Natur unserer Erkenntnisse gebe ich lieber die Namen Idealismus und Materialismus; und ich bezeichne mit dem ersteren die Lehre von den angeborenen Ideen, von den Ideen a priori, und mit dem anderen Namen bezeichne ich die Lehre von der Geisteserkenntnis durch die Erfahrung, durch die Sinne, die Lehre von den Ideen a posteriori.

Bedeutungsvoll ist der Umstand, dass die idealistische Seite der Cartesianischen Philosophie niemals in Frankreich Glück machen wollte. Mehre berühmte Jansenisten verfolgten einige Zeit diese Richtung, aber sie verloren sich bald in den christlichen Spiritualismus. Vielleicht war es dieser Umstand, welcher den Idealismus in Frankreich diskreditierte. Die Völker ahnen instinktmäßig, wessen sie bedürfen, um ihre Mission zu erfüllen. Die Franzosen waren schon auf dem Weg zu jener politischen Revolution, die erst am Ende des achtzehnten Jahrhunderts ausbrach und wozu sie eines Beils und einer ebenso kaltscharfen, materialistischen Philosophie bedurften. Der christliche Spiritualismus stand als Mitkämpfer in den Reihen ihrer Feinde, und der Sensualismus wurde daher ihr natürlicher Bundesgenosse. Da die französischen Sensualisten gewöhnlich Materialisten waren, so entstand der Irrtum, dass der Sensualismus nur aus dem Materialismus hervorgehe. Nein, jener kann sich ebenso gut als ein Resultat des Pantheismus geltend machen, und da ist seine Erscheinung schön und herrlich. Wir wollen jedoch dem französischen Materialismus keineswegs seine Verdienste absprechen. Der französische Materialismus war ein gutes Gegengift gegen das Übel der Vergangenheit, ein verzweifeltes Heilmittel in einer verzweifelten Krankheit, Merkur für ein infiziertes Volk. Die französischen Philosophen wählten John Locke zu ihrem Meister. Das war der Heiland, dessen sie bedurften. Sein »Essay on human understanding« ward ihr Evangelium; darauf schworen sie. John Locke war bei Descartes in die Schule gegangen und hatte alles von ihm gelernt, was ein Engländer lernen kann: Mechanik, Scheidekunst, Kombinieren, Konstruieren, Rechnen. Nur eins hat er nicht begreifen können, nämlich die angeborenen Ideen. Er vervollkommnete daher die Doktrin, dass wir unsere Erkenntnisse von außen, durch die Erfahrung, erlangen. Er machte den menschlichen Geist zu einer Art Rechenkasten, der ganze Mensch wurde eine englische Maschine. Dieses gilt auch von dem Menschen, wie ihn die Schüler Lockes konstruierten, obgleich sie sich durch verschiedene Benennungen voneinander unterscheiden wollen. Sie haben alle Angst vor den letzten Folgerungen ihres obersten Grundsatzes, und der Anhänger Condillacs erschrickt, wenn man ihn mit einem Helvetius oder gar mit einem Holbach oder vielleicht noch am Ende mit einem Lamettrie in eine Klasse setzt, und doch muss es geschehen, und ich darf daher die französischen Philosophen des achtzehnten Jahrhunderts und ihre heutigen Nachfolger samt und sonders als Materialisten bezeichnen. »L'homme machine« ist das konsequenteste Buch der französischen Philosophie, und der Titel schon verrät das letzte Wort ihrer ganzen Weltansicht.

Diese Materialisten waren meistens auch Anhänger des Deismus, denn eine Maschine setzt einen Mechanikus voraus, und es gehört zu der höchsten Vollkommenheit dieser ersteren, dass sie die technischen Kenntnisse eines solchen Künstlers, teils an ihrer eigenen Konstruktion, teils an seinen übrigen Werken, zu erkennen und zu schätzen weiß.

Der Materialismus hat in Frankreich seine Mission erfüllt. Er vollbringt jetzt vielleicht dasselbe Werk in England, und auf Locke fußen dort die revolutionären Parteien, namentlich die Benthamisten, die Prädikanten der Utilität. Diese sind gewaltige Geister, die den rechten Hebel ergriffen, womit man John Bull in Bewegung setzen kann. John Bull ist ein geborener Materialist, und sein christlicher Spiritualismus ist meistens eine traditionelle Heuchelei oder doch nur materielle Borniertheit – sein Fleisch resigniert, weil ihm der Geist nicht zu Hilfe kommt. Anders ist es in Deutschland, und die deutschen Revolutionäre irren sich, wenn sie wähnen, dass eine materialistische Philosophie ihren Zwecken günstig sei. Ja, es ist dort gar keine allgemeine Revolution möglich, solange ihre Prinzipien nicht aus einer volkstümlicheren, religiöseren und deutscheren Philosophie deduziert und durch die Gewalt derselben herrschend geworden. Welche Philosophie ist dieses? Wir werden sie späterhin unumwunden besprechen. Ich sage: unumwunden, denn ich rechne darauf, dass auch Deutsche diese Blätter lesen.

Deutschland hat von jeher eine Abneigung gegen den Materialismus bekundet und wurde deshalb, während anderthalb Jahrhunderte, der eigentliche Schauplatz des Idealismus. Auch die Deutschen begaben sich in die Schule des Descartes, und der große Schüler desselben hieß Gottfried Wilhelm Leibniz. Wie Locke die materialistische Richtung, so verfolgte Leibniz die idealistische Richtung des Meisters. Hier finden wir am determiniertesten die Lehre von den angeborenen Ideen Er bekämpfte Locke in seinen »Nouveaux essais sur l'entendement humain«. Mit Leibniz erblühte ein großer Eifer für philosophisches Studium bei den Deutschen. Er weckte die Geister und lenkte sie in neue Bahnen. Ob der inwohnenden Milde, ob des religiösen Sinnes, der seine Schriften belebte, wurden auch die widerstrebenden Geister mit der Kühnheit derselben einigermaßen ausgesöhnt, und die Wirkung war ungeheuer. Die Kühnheit dieses Denkers zeigt sich namentlich in seiner Monadenlehre, eine der merkwürdigsten Hypothesen, die je aus dem Haupt eines Philosophen hervorgegangen. Diese ist auch zugleich das Beste, was er geliefert; denn es dämmert darin schon die Erkenntnis der wichtigsten Gesetze, die unsere heutige Philosophie erkannt hat. Die Lehre von den Monaden war vielleicht nur eine unbehilfliche Formulierung dieser Gesetze, die jetzt von den Naturphilosophen in besseren Formeln ausgesprochen worden. Ich sollte hier eigentlich statt des Wortes »Gesetz« eben nur »Formel« sagen; denn Newton hat ganz recht, wenn er bemerkt, dass dasjenige, was wir Gesetze in der Natur nennen, eigentlich nicht existiert und dass es nur Formeln sind, die unserer Fassungskraft zu Hilfe kommen, um eine Reihe von Erscheinungen in der Natur zu erklären. Die »Theodizee« ist in Deutschland von allen Leibnizischen Schriften am meisten besprochen worden. Es ist jedoch sein schwächstes Werk. Dieses Buch, wie noch einige andere Schriften, worin sich der religiöse Geist des Leibniz ausspricht, hat ihm manchen bösen Leumund, manche bittere Verkennung zugezogen. Seine Feinde haben ihn der gemütlichsten Schwachköpfigkeit beschuldigt; seine Freunde, die ihn verteidigten, machten ihn dagegen zu einem pfiffigen Heuchler. Der Charakter des Leibniz blieb lange bei uns ein Gegenstand der Kontroverse. Die Billigsten haben ihn von dem Vorwurf der Zweideutigkeit nicht freisprechen können. Am meisten schmähten ihn die Freidenker und Aufklärer. Wie konnten sie einem Philosophen verzeihen, die Dreieinigkeit, die ewigen Höllenstrafen und gar die Gottheit Christi verteidigt zu haben! So weit erstreckte sich nicht ihre Toleranz. Aber Leibniz war weder ein Tor noch ein Schuft, und von seiner harmonischen Höhe konnte er sehr gut das ganze Christentum verteidigen. Ich sage das ganze Christentum, denn er verteidigte es gegen das halbe Christentum. Er zeigte die Konsequenz der Orthodoxen im Gegensatz zur Halbheit ihrer Gegner. Mehr hat er nie gewollt. Und dann stand er auf jenem Indifferenzpunkt, wo die verschiedensten Systeme nur verschiedene Seiten derselben Wahrheit sind. Diesen Indifferenzpunkt hat späterhin auch Herr Schelling erkannt, und Hegel hat ihn wissenschaftlich begründet, als ein System der Systeme. In gleicher Weise beschäftigte sich Leibniz mit einer Harmonie zwischen Plato und Aristoteles. Auch in der späteren Zeit ist diese Aufgabe oft genug bei uns vorgekommen. Ist sie gelöst worden? – Nein, wahrhaftig nein! Denn diese Aufgabe ist eben nichts anderes als eine Schlichtung des Kampfes zwischen Idealismus und Materialismus. Plato ist durchaus Idealist und kennt nur angeborene oder vielmehr mitgeborene Ideen: der Mensch bringt die Ideen mit zur Welt, und wenn er derselben bewusst wird, so kommen sie ihm vor wie Erinnerungen aus einem früheren Dasein. Daher auch das Vage und Mystische des Plato, er erinnert sich mehr oder minder klar. Bei Aristoteles hingegen ist alles klar, alles deutlich, alles sicher; denn seine Erkenntnisse offenbaren sich nicht in ihm mit vorweltlichen Beziehungen, sondern er schöpft alles aus der Erfahrung und weiß alles aufs Bestimmteste zu klassifizieren. Er bleibt daher auch ein Muster für alle Empiriker, und diese wissen nicht genug Gott zu preisen, dass er ihn zum Lehrer des Alexander gemacht, dass er durch dessen Eroberungen so viele Gelegenheiten fand zur Beförderung der Wissenschaft und dass sein siegender Schüler ihm so viele tausend Talente gegeben zu zoologischen Zwecken. Dieses Geld hat der alte Magister gewissenhaft verwendet, und er hat dafür eine ehrliche Anzahl von Säugetieren seziert und Vögel ausgestopft und dabei die wichtigsten Beobachtungen angestellt: aber die große Bestie, die er am nächsten vor Augen hatte, die er selber auferzogen und die weit merkwürdiger war als die ganze damalige Weltmenagerie, hat er leider übersehen und unerforscht gelassen. In der Tat, er ließ uns ganz ohne Kunde über die Natur jenes Jünglingkönigs, dessen Leben und Taten wir noch immer als Wunder und Rätsel anstaunen. Wer war Alexander? Was wollte er? War er ein Wahnsinniger oder ein Gott? Noch jetzt wissen wir es nicht. Desto bessere Auskunft gibt uns Aristoteles über babylonische Meerkatzen, indische Papageien und griechische Tragödien, welche er ebenfalls seziert hat.

Plato und Aristoteles! Das sind nicht bloß die zwei Systeme, sondern auch die Typen zweier verschiedenen Menschennaturen, die sich, seit undenklicher Zeit, unter allen Kostümen, mehr oder minder feindselig entgegenstehen. Vorzüglich das ganze Mittelalter hindurch, bis auf den heutigen Tag, wurde solchermaßen gekämpft, und dieser Kampf ist der wesentlichste Inhalt der christlichen Kirchengeschichte. Von Plato und Aristoteles ist immer die Rede, wenn auch unter anderem Namen. Schwärmerische, mystische, platonische Naturen offenbaren aus den Abgründen ihres Gemütes die christlichen Ideen und die entsprechenden Symbole. Praktische, ordnende, aristotelische Naturen bauen aus diesen Ideen und Symbolen ein festes System, eine Dogmatik und einen Kultus. Die Kirche umschließt endlich beide Naturen, wovon die einen sich meistens im Klerus und die anderen im Mönchstum verschanzen, aber sich unablässig befehden. In der protestantischen Kirche zeigt sich derselbe Kampf, und das ist der Zwiespalt zwischen Pietisten und Orthodoxen, die den katholischen Mystikern und Dogmatikern in einer gewissen Weise entsprechen. Die protestantischen Pietisten sind Mystiker ohne Phantasie, und die protestantischen Orthodoxen sind Dogmatiker ohne Geist.

Diese beiden protestantischen Parteien finden wir in einem erbitterten Kampf zur Zeit des Leibniz, und die Philosophie desselben intervenierte späterhin, als Christian Wolff sich derselben bemächtigte, sie den Zeitbedürfnissen anpasste und sie, was die Hauptsache war, in deutscher Sprache vortrug. Ehe wir aber von diesem Schüler des Leibniz, von den Wirkungen seines Strebens und von den späteren Schicksalen des Luthertums ein Weiteres berichten, müssen wir des providentiellen Mannes erwähnen, der gleichzeitig mit Locke und Leibniz sich in der Schule des Descartes gebildet hatte, lange Zeit nur mit Hohn und Hass betrachtet worden und dennoch in unseren heutigen Tagen zur alleinigen Geisterherrschaft emporsteigt. – Ich spreche von Benedikt Spinoza. [Baruch de Spinoza]

Ein großer Genius bildet sich durch einen anderen großen Genius, weniger durch Assimilierung als durch Reibung. Ein Diamant schleift den andern. So hat die Philosophie des Descartes keineswegs die des Spinoza hervorgebracht, sondern nur befördert. Daher zunächst finden wir bei dem Schüler die Methode des Meisters; dieses ist ein großer Gewinn. Dann finden wir bei Spinoza, wie bei Descartes, die der Mathematik abgeborgte Beweisführung. Dieses ist ein großes Gebrechen. Die mathematische Form gibt dem Spinoza ein herbes Äußere. Aber dieses ist wie die herbe Schale der Mandel; der Kern ist um so erfreulicher. Bei der Lektüre des Spinoza ergreift uns ein Gefühl wie beim Anblick der großen Natur in ihrer lebendigsten Ruhe. Ein Wald von himmelhohen Gedanken, deren blühende Wipfel in wogender Bewegung sind, während die unerschütterlichen Baumstämme in der ewigen Erde wurzeln. Es ist ein gewisser Hauch in den Schriften des Spinoza, der unerklärlich. Man wird angeweht wie von den Lüften der Zukunft. Der Geist der hebräischen Propheten ruhte vielleicht noch auf ihrem späten Enkel. Dabei ist ein Ernst in ihm, ein selbstbewusster Stolz, eine Gedankengrandezza, die ebenfalls ein Erbteil zu sein scheint; denn Spinoza gehörte zu jenen Märtyrerfamilien, die damals von den allerkatholischsten Königen aus Spanien vertrieben worden. Dazu kommt noch die Geduld des Holländers, die sich ebenfalls, wie im Leben, so auch in den Schriften des Mannes, niemals verleugnet hat.

Konstatiert ist es, dass der Lebenswandel des Spinoza frei von allem Tadel war und rein und makellos wie das Leben seines göttlichen Vetters, Jesu Christi. Auch wie dieser litt er für seine Lehre, wie dieser trug er die Dornenkrone. Überall, wo ein großer Geist seinen Gedanken ausspricht, ist Golgatha.

Teurer Leser, wenn du mal nach Amsterdam kömmst, so lass dir dort von dem Lohnlakaien die spanische Synagoge zeigen. Diese ist ein schönes Gebäude, und das Dach ruht auf vier kolossalen Pfeilern, und in der Mitte steht die Kanzel, wo einst der Bannfluch ausgesprochen wurde über den Verächter des mosaischen Gesetzes, den Hidalgo Don Benedikt de Spinoza. Bei dieser Gelegenheit wurde auf einem Bockshorne geblasen, welches Schofar heißt. Es muss eine furchtbare Bewandtnis haben mit diesem Horn. Denn wie ich mal in dem Leben des Salomon Maimon gelesen, suchte einst der Rabbi von Altona ihn, den Schüler Kants, wieder zum alten Glauben zurückzuführen, und als derselbe bei seinen philosophischen Ketzereien halsstarrig beharrte, wurde er drohend und zeigte ihm den Schofar, mit den finstern Worten: »Weißt du, was das ist?« Als aber der Schüler Kants sehr gelassen antwortete: »Es ist das Horn eines Bockes!«, da fiel der Rabbi rücklings zu Boden vor Entsetzen.

Mit diesem Horn wurde die Exkommunikation des Spinoza akkompagniert, er wurde feierlich ausgestoßen aus der Gemeinschaft Israels und unwürdig erklärt, hinfüro den Namen Jude zu tragen. Seine christlichen Feinde waren großmütig genug, ihm diesen Namen zu lassen. Die Juden aber, die Schweizergarde des Deismus, waren unerbittlich, und man zeigt den Platz vor der spanischen Synagoge zu Amsterdam, wo sie einst mit ihren langen Dolchen nach dem Spinoza gestochen haben.

Ich konnte nicht umhin, auf solche persönliche Missgeschicke des Mannes besonders aufmerksam zu machen. Ihn bildete nicht bloß die Schule, sondern auch das Leben. Das unterscheidet ihn von den meisten Philosophen, und in seinen Schriften erkennen wir die mittelbaren Einwirkungen des Lebens. Die Theologie war für ihn nicht bloß eine Wissenschaft. Ebenso die Politik. Auch diese lernte er in der Praxis kennen. Der Vater seiner Geliebten wurde wegen politischer Vergehen in den Niederlanden gehenkt. Und nirgends in der Welt wird man schlechter gehenkt wie in den Niederlanden. Ihr habt keinen Begriff davon, wie unendlich viele Vorbereitungen und Zeremonien dabei stattfinden. Der Delinquent stirbt zugleich vor Langeweile, und der Zuschauer hat dabei hinlängliche Muße zum Nachdenken. Ich bin daher überzeugt, dass Benedikt Spinoza über die Hinrichtung des alten van Ende sehr viel nachgedacht hat, und so wie er früher die Religion mit ihren Dolchen begriffen, so begriff er auch jetzt die Politik mit ihren Stricken. Kunde davon gibt sein »Tractatus politicus«.

Ich habe nur die Art und Weise hervorzuheben, wie die Philosophen mehr oder minder miteinander verwandt sind, und ich zeige nur die Verwandtschaftsgrade und die Erbfolge. Diese Philosophie des Spinoza, des dritten Sohnes des René Descartes, wie er sie in seinem Hauptwerk, in der »Ethik«, doziert, ist von dem Materialismus seines Bruders Locke ebenso sehr entfernt wie von dem Idealismus seines Bruders Leibniz. Spinoza quält sich nicht analytisch mit der Frage über die letzten Gründe unserer Erkenntnisse. Er gibt uns seine große Synthese, seine Erklärung von der Gottheit.

Benedikt Spinoza lehrt: Es gibt nur eine Substanz, das ist Gott. Diese eine Substanz ist unendlich, sie ist absolut. Alle endliche Substanzen derivieren von ihr, sind in ihr enthalten, tauchen in ihr auf, tauchen in ihr unter, sie haben nur relative, vorübergehende, akzidentielle Existenz. Die absolute Substanz offenbart sich uns sowohl unter der Form des unendlichen Denkens als auch unter der Form der unendlichen Ausdehnung. Beides, das unendliche Denken und die unendliche Ausdehnung, sind die zwei Attribute der absoluten Substanz. Wir erkennen nur diese zwei Attribute; Gott, die absolute Substanz, hat aber vielleicht noch mehr Attribute, die wir nicht kennen. »Non dico me deum omnino cognoscere, sed me quaedam eius attributa, non autem omnia, neque maximam intelligere partem.«

Nur Unverstand und Böswilligkeit konnten dieser Lehre das Beiwort »atheistisch« beilegen. Keiner hat sich jemals erhabener über die Gottheit ausgesprochen wie Spinoza. Statt zu sagen, er leugne Gott, könnte man sagen, er leugne den Menschen. Alle endliche Dinge sind ihm nur Modi der unendlichen Substanz. Alle endliche Dinge sind in Gott enthalten, der menschliche Geist ist nur ein Lichtstrahl des unendlichen Denkens, der menschliche Leib ist nur ein Atom der unendlichen Ausdehnung; Gott ist die unendliche Ursache beider, der Geister und der Leiber, natura naturans.

In einem Brief an Madame Du Devant zeigt Voltaire sich ganz entzückt über einen Einfall dieser Dame, die sich geäußert hatte, dass alle Dinge, die der Mensch durchaus nicht wissen könne, sicher von der Art sind, dass ein Wissen derselben ihm nichts nützen würde. Diese Bemerkung möchte ich auf jenen Satz des Spinoza anwenden, den ich oben mit seinen eigenen Worten mitgeteilt und wonach der Gottheit nicht bloß die zwei erkennbaren Attribute, Denken und Ausdehnung, sondern vielleicht auch andere für uns unerkennbare Attribute gebühren. Was wir nicht erkennen können, hat für uns keinen Wert, wenigstens keinen Wert auf dem sozialen Standpunkt, wo es gilt, das im Geist Erkannte zur leiblichen Erscheinung zu bringen. In unserer Erklärung des Wesens Gottes nehmen wir daher Bezug nur auf jene zwei erkennbaren Attribute. Und dann ist ja doch am Ende alles, was wir Attribute Gottes nennen, nur eine verschiedene Form unserer Anschauung, und diese verschiedenen Formen sind identisch in der absoluten Substanz. Der Gedanke ist am Ende nur die unsichtbare Ausdehnung, und die Ausdehnung ist nur der sichtbare Gedanke. Hier geraten wir in den Hauptsatz der deutschen Identitätsphilosophie, die in ihrem Wesen durchaus nicht von der Lehre des Spinoza verschieden ist. Mag immerhin Herr Schelling dagegen eifern, dass seine Philosophie von dem Spinozismus verschieden sei, dass sie mehr »eine lebendige Durchdringung des Idealen und Realen« sei, dass sie sich von dem Spinozismus unterscheide »wie die ausgebildeten griechischen Statuen von den starr-ägyptischen Originalen«: dennoch muss ich aufs Bestimmteste erklären, dass sich Herr Schelling in seiner früheren Periode, wo er noch ein Philosoph war, nicht im Geringsten von Spinoza unterschied. Nur auf einem andern Weg ist er zu derselben Philosophie gelangt, und das habe ich späterhin zu erläutern, wenn ich erzähle, wie Kant eine neue Bahn betritt, Fichte ihm nachfolgt, Herr Schelling wieder in Fichtes Fußstapfen weiterschreitet und, durch das Walddunkel der Naturphilosophie umherirrend, endlich dem großen Standbild Spinozas, Angesicht zu Angesicht, gegenübersteht. – Die neuere Naturphilosophie hat bloß das Verdienst, dass sie den ewigen Parallelismus, der zwischen dem Geiste und der Materie herrscht, aufs Scharfsinnigste nachgewiesen. Ich sage Geist und Materie, und diese Ausdrücke brauche ich als gleichbedeutend für das, was Spinoza Gedanken und Ausdehnung nennt. Gewissermaßen gleichbedeutend ist auch das, was unsere Naturphilosophen Geist und Natur oder das Ideale und das Reale nennen.

Ich werde in der Folge weniger das System als vielmehr die Anschauungsweise des Spinoza mit dem Namen Pantheismus bezeichnen. Bei letzterem wird, ebenso gut wie bei dem Deismus, die Einheit Gottes angenommen. Aber der Gott des Pantheisten ist in der Welt selbst, nicht indem er sie mit seiner Göttlichkeit durchdringt, in der Weise, die einst der heilige Augustin zu veranschaulichen suchte, als er Gott mit einem großen See und die Welt mit einem großen Schwamm verglich, der in der Mitte läge und die Gottheit einsauge: nein, die Welt ist nicht bloß gottgetränkt, gottgeschwängert, sondern sie ist identisch mit Gott. »Gott«, welcher von Spinoza die eine Substanz und von den deutschen Philosophen das Absolute genannt wird, »ist alles, was da ist«, er ist sowohl Materie wie Geist, beides ist gleich göttlich, und wer die heilige Materie beleidigt, ist ebenso sündhaft wie der, welcher sündigt gegen den Heiligen Geist.

Der Gott des Pantheisten unterscheidet sich also von dem Gotte des Deisten dadurch, dass er in der Welt selbst ist, während letzterer ganz außer oder, was dasselbe ist, über der Welt ist. Der Gott des Deisten regiert die Welt von oben herab, als ein von ihm abgesondertes Etablissement. Nur in Betreff der Art dieses Regierens differenzieren untereinander die Deisten. Die Hebräer denken sich Gott als einen donnernden Tyrannen; die Christen als einen liebenden Vater; die Schüler Rousseaus, die ganze Genfer Schule, denken sich ihn als einen weisen Künstler, der die Welt verfertigt hat, ungefähr wie ihr Papa seine Uhren verfertigt, und als Kunstverständige bewundern sie das Werk und preisen den Meister dort oben.

Dem Deisten, welcher also einen außerweltlichen oder überweltlichen Gott annimmt, ist nur der Geist heilig, indem er letzteren gleichsam als den göttlichen Atem betrachtet, den der Weltschöpfer dem menschlichen Leib, dem aus Lehm gekneteten Werk seiner Hände, eingeblasen hat. Die Juden achteten daher den Leib als etwas Geringes, als eine armselige Hülle des Ruach hakodasch, des heiligen Hauchs, des Geistes, und nur diesem widmeten sie ihre Sorgfalt, ihre Ehrfurcht, ihren Kultus. Sie wurden daher ganz eigentlich *das* Volk des Geistes, keusch, genügsam, ernst, abstrakt, halsstarrig, geeignet zum Martyrtum, und ihre sublimste Blüte ist Jesus Christus. Dieser ist im wahren Sinne des Wortes der inkarnierte Geist, und tiefsinnig bedeutungsvoll ist die schöne Legende, dass ihn eine leiblich unberührte, immakulierte Jungfrau, nur durch geistige Empfängnis, zur Welt gebracht habe.

Hatten aber die Juden den Leib nur mit Geringschätzung betrachtet, so sind die Christen auf dieser Bahn noch weiter gegangen und betrachteten ihn als etwas Verwerfliches, als etwas Schlechtes, als das Übel selbst. Da sehen wir nun, einige Jahrhunderte nach Christi Geburt, eine Religion emporsteigen, welche ewig die Menschheit in Erstaunen setzen und den spätesten Geschlechtern die schauerlichste Bewunderung abtrotzen wird. Ja, es ist eine große, heilige, mit unendlicher Seligkeit erfüllte Religion, die dem Geist auf dieser Erde die unbedingteste Herrschaft erobern wollte – aber diese Religion war eben allzu erhaben, allzu rein, allzu gut für diese Erde, wo ihre Idee nur in der Theorie proklamiert, aber niemals in der Praxis ausgeführt werden konnte. Der Versuch einer Ausführung dieser Idee hat in der Geschichte unendlich viel herrliche Erscheinungen hervorgebracht, und die Poeten aller Zeiten werden noch lange davon singen und sagen. Der Versuch, die Idee des Christentums zur Ausführung zu bringen, ist jedoch, wie wir endlich sehen, aufs Kläglichste verunglückt, und dieser unglückliche Versuch hat die Menschheit Opfer gekostet, die unberechenbar sind, und trübselige Folge derselben ist unser jetziges soziales Unwohlsein in ganz Europa. Wenn wir noch, wie viele glauben, im Jugendalter der Menschheit leben, so gehörte das Christentum gleichsam zu ihren überspanntesten Studentenideen, die weit mehr ihrem Herzen als ihrem Verstand Ehre machen. Die Materie, das Weltliche, überließ das Christentum den Händen Cäsars und seiner jüdischen Kammerknechte und begnügte sich damit, ersterem die Suprematie abzusprechen und letztere in der öffentlichen Meinung zu fletrieren – aber siehe! das gehasste Schwert und das verachtete Geld erringen dennoch am Ende die Obergewalt, und die Repräsentanten des Geistes müssen sich mit ihnen verständigen. Ja, aus diesem Verständnis ist sogar eine solidarische Allianz geworden. Nicht bloß die römischen, sondern auch die englischen, die preußischen, kurz, alle privilegierten Priester haben sich verbündet mit Cäsar und Konsorten zur Unterdrückung der Völker. Aber durch diese Verbündung geht die Religion des Spiritualismus desto schneller zugrunde. Zu dieser Einsicht gelangen schon einige Priester, und um die Religion zu retten, geben sie sich das Ansehen, als entsagten sie jener verderblichen Allianz, und sie laufen über in unsere Reihen, sie setzen die rote Mütze auf, sie schwören Tod und Hass allen Königen, den sieben Blutsäufern, sie verlangen die irdische Gütergleichheit, sie fluchen, trotz Marat und Robespierre. – Unter uns gesagt, wenn ihr sie genau betrachtet, so findet ihr: sie lesen Messe in der Sprache des Jakobinismus, und wie sie einst dem Cäsar das Gift beigebracht, versteckt in der Hostie, so suchen sie jetzt dem Volke ihre Hostien beizubringen, indem sie solche in revolutionärem Gift verstecken; denn sie wissen, wir lieben dieses Gift.

Vergebens jedoch ist all euer Bemühen! Die Menschheit ist aller Hostien überdrüssig und lechzt nach nahrhafterer Speise, nach echtem Brot und schönem Fleisch. Die Menschheit lächelt mitleidig über jene Jugendideale, die sie trotz aller Anstrengung nicht verwirklichen konnte, und sie wird männlich praktisch. Die Menschheit huldigt jetzt dem irdischen Nützlichkeitssystem, sie denkt ernsthaft an eine bürgerlich wohlhabende Einrichtung, an vernünftigen Haushalt und an Bequemlichkeit für ihr späteres Alter. Da ist wahrlich nicht mehr die Rede davon, das Schwert in den Händen des Cäsars und gar den Säckel in den Händen seiner Knechte zu lassen. Dem Fürstendienst wird die privilegierte Ehre entrissen, und die Industrie wird der alten Schmach entlastet. Die nächste Aufgabe ist, gesund zu werden; denn wir fühlen uns noch sehr schwach in den Gliedern. Die heiligen Vampire des Mittelalters haben uns so viel Lebensblut ausgesaugt. Und dann müssen der Materie noch große Sühnopfer geschlachtet werden, damit sie die alten Beleidigungen verzeihe. Es wäre sogar ratsam, wenn wir Festspiele anordneten und der Materie noch mehr außerordentliche Entschädigungsehren erwiesen. Denn das Christentum, unfähig, die Materie zu vernichten, hat sie überall fletriert, es hat die edelsten Genüsse herabgewürdigt, und die Sinne mussten heucheln, und es entstand Lüge und Sünde. Wir müssen unseren Weibern neue Hemden und neue Gedanken anziehen, und alle unsere Gefühle müssen wir durchräuchern, wie nach einer überstandenen Pest.

Der nächste Zweck aller unserer neuen Institutionen ist solchermaßen die Rehabilitation der Materie, die Wiedereinsetzung derselben in ihre Würde, ihre moralische Anerkennung, ihre religiöse Heiligung, ihre Versöhnung mit dem Geist. Purusa [Mann, Mensch, Menschheit, Person, Urseele] wird wieder vermählt mit Prakriti [Natur, Urmaterie, kosmische Substanz]. Durch ihre gewaltsame Trennung, wie in der indischen Mythe so sinnreich dargestellt wird, entstand die große Weltzerrissenheit, das Übel.

Wisst ihr nun, was in der Welt das Übel ist? Die Spiritualisten haben uns immer vorgeworfen, dass bei der pantheistischen Ansicht der Unterschied zwischen dem Guten und dem Bösen aufhöre. Das Böse ist aber einesteils nur ein Wahnbegriff ihrer eigenen Weltanschauung, anderenteils ist es ein reelles Ergebnis ihrer eigenen Welteinrichtung. Nach ihrer Weltanschauung ist die Materie an und für sich böse, was doch wahrlich eine Verleumdung ist, eine entsetzliche Gotteslästerung. Die Materie wird nur alsdann böse, wenn sie heimlich konspirieren muss gegen die Usurpationen des Geistes, wenn der Geist sie fletriert hat und sie sich aus Selbstverachtung prostituiert oder wenn sie gar mit Verzweiflungshass sich an dem Geist rächt; und somit wird das Übel nur ein Resultat der spiritualistischen Welteinrichtung.

Gott ist identisch mit der Welt. Er manifestiert sich in den Pflanzen, die ohne Bewusstsein ein kosmisch-magnetisches Leben führen. Er manifestiert sich in den Tieren, die in ihrem sinnlichen Traumleben eine mehr oder minder dumpfe Existenz empfinden. Aber am herrlichsten manifestiert er sich in dem Menschen, der zugleich fühlt und denkt, der sich selbst individuell zu unterscheiden weiß von der objektiven Natur und schon in seiner Vernunft die Ideen trägt, die sich ihm in der Erscheinungswelt kundgeben. Im Menschen kommt die Gottheit zum Selbstbewusstsein, und solches Selbstbewusstsein offenbart sie wieder durch den Menschen. Aber dieses geschieht nicht in dem einzelnen und durch den einzelnen Menschen, sondern in und durch die Gesamtheit der Menschen, sodass jeder Mensch nur einen Teil des Gottweltalls auffasst und darstellt, alle Menschen zusammen aber das ganze Gottweltall in der Idee und in der Realität auffassen und darstellen werden. Jedes Volk vielleicht hat die Sendung, einen bestimmten Teil jenes Gottweltalls zu erkennen und kundzugeben, eine Reihe von Erscheinungen zu begreifen und eine Reihe von Ideen zur Erscheinung zu bringen und das Resultat den nachfolgenden Völkern, denen eine ähnliche Sendung obliegt, zu überliefern. Gott ist daher der eigentliche Held der Weltgeschichte, diese ist sein beständiges Denken, sein beständiges Handeln, sein Wort, seine Tat; und von der ganzen Menschheit kann man mit Recht sagen, sie ist eine Inkarnation Gottes!

Es ist eine irrige Meinung, dass diese Religion, der Pantheismus, die Menschen zum Indifferentismus führe. Im Gegenteil, das Bewusstsein seiner Göttlichkeit wird den Menschen auch zur Kundgebung derselben begeistern, und jetzt erst werden die wahren Großtaten des wahren Heroentums diese Erde verherrlichen.

Die politische Revolution, die sich auf die Prinzipien des französischen Materialismus stützt, wird in den Pantheisten keine Gegner finden, sondern Gehilfen, aber Gehilfen, die ihre Überzeugungen aus einer tieferen Quelle, aus einer religiösen Synthese, geschöpft haben. Wir befördern das Wohlsein der Materie, das materielle Glück der Völker, nicht weil wir gleich den Materialisten den Geist missachten, sondern weil wir wissen, dass die Göttlichkeit des Menschen sich auch in seiner leiblichen Erscheinung kundgibt und das Elend den Leib, das Bild Gottes, zerstört oder aviliert [erniedrigt, entwürdigt, degradiert] und der Geist dadurch ebenfalls zugrunde geht. Das große Wort der Revolution, das Saint-Just ausgesprochen: Le pain est le droit du peuple, lautet bei uns: Le pain est le droit divin de l'homme. Wir kämpfen nicht für die Menschenrechte des Volks, sondern für die Gottesrechte des Menschen. Hierin, und in noch manchen anderen Dingen, unterscheiden wir uns von den Männern der Revolution. Wir wollen keine Sansculotten sein, keine frugale Bürger, keine wohlfeile Präsidenten: wir stiften eine Demokratie gleichherrlicher, gleichheiliger, gleichbeseligter Götter. Ihr verlangt einfache Trachten, enthaltsame Sitten und ungewürzte Genüsse; wir hingegen verlangen Nektar und Ambrosia, Purpurmäntel, kostbare Wohlgerüche, Wollust und Pracht, lachenden Nymphentanz, Musik und Komödien – Seid deshalb nicht ungehalten, ihr tugendhaften Republikaner! Auf eure zensorischen Vorwürfe entgegnen wir euch, was schon ein Narr des Shakespeare sagte: »Meinst du, weil du tugendhaft bist, solle es auf dieser Erde keine angenehmen Torten und keinen süßen Sekt mehr geben?«

Die Saint-Simonisten haben etwas der Art begriffen und gewollt. Aber sie standen auf ungünstigem Boden, und der umgebende Materialismus hat sie niedergedrückt, wenigstens für einige Zeit. In Deutschland hat man sie besser gewürdigt. Denn Deutschland ist der gedeihlichste Boden des Pantheismus; dieser ist die Religion unserer größten Denker, unserer besten Künstler, und der Deismus, wie ich späterhin erzählen werde, ist dort längst in der

Theorie gestürzt. Er erhält sich dort nur noch in der gedankenlosen Masse, ohne vernünftige Berechtigung, wie so manches andere. Man sagt es nicht, aber jeder weiß es; der Pantheismus ist das öffentliche Geheimnis in Deutschland. In der Tat, wir sind dem Deismus entwachsen. Wir sind frei und wollen keinen donnernden Tyrannen. Wir sind mündig und bedürfen keiner väterlichen Vorsorge. Auch sind wir keine Machwerke eines großen Mechanikus. Der Deismus ist eine Religion für Knechte, für Kinder, für Genfer, für Uhrmacher.

Der Pantheismus ist die verborgene Religion Deutschlands, und dass es dahin kommen würde, haben diejenigen deutschen Schriftsteller vorausgesehen, die schon vor fünfzig Jahren so sehr gegen Spinoza eiferten. Der wütendste dieser Gegner Spinozas war Fr. Heinr. Jacobi, dem man zuweilen die Ehre erzeigt, ihn unter den deutschen Philosophen zu nennen. Er war nichts als ein zänkischer Schleicher, der sich in dem Mantel der Philosophie vermummt und sich bei den Philosophen einschlich, ihnen erst viel von seiner Liebe und weichem Gemüte vorwimmerte und dann auf die Vernunft losschmähte. Sein Refrain war immer, die Philosophie, die Erkenntnis durch Vernunft, sei eitel Wahn, die Vernunft wisse selbst nicht, wohin sie führe, sie bringe den Menschen in ein dunkles Labyrinth von Irrtum und Widerspruch, und nur der Glaube könne ihn sicher leiten. Der Maulwurf! er sah nicht, dass die Vernunft der ewigen Sonne gleicht, die, während sie droben sicher einherwandelt, sich selber mit ihrem eigenen Lichte ihren Pfad beleuchtet. Nichts gleicht dem frommen, gemütlichen Hass des kleinen Jacobi gegen den großen Spinoza.

Merkwürdig ist es, wie die verschiedensten Parteien gegen Spinoza gekämpft. Sie bilden eine Armee, deren bunte Zusammensetzung den spaßhaftesten Anblick gewährt. Neben einem Schwarm schwarzer und weißer Kapuzen, mit Kreuzen und dampfenden Weihrauchfässern, marschiert die Phalanx der Enzyklopädisten, die ebenfalls gegen diesen penseur téméraire eifern. Neben dem Rabbiner der Amsterdamer Synagoge, der mit dem Bockshorn des Glaubens zum Angriff bläst, wandelt Arouet de Voltaire, der mit der Pickelflöte [Piccoloflöte] der Persiflage zum Besten des Deismus musiziert. Dazwischen greint das alte Weib Jacobi, die Marketenderin dieser Glaubensarmee.

Wir entrinnen so schnell als möglich solchem Charivari. Zurückkehrend von unserem pantheistischen Ausflug, gelangen wir wieder zur Leibnizischen Philosophie und haben ihre weiteren Schicksale zu erzählen.

Leibniz hatte seine Werke, die ihr kennt, teils in lateinischer, teils in französischer Sprache geschrieben. Christian Wolff heißt der vortreffliche Mann, der die Ideen des Leibniz nicht bloß systematisierte, sondern auch in deutscher Sprache vortrug. Sein eigentliches Verdienst besteht nicht darin, dass er die Ideen des Leibniz in ein festes System einschloss, noch weniger darin, dass er sie durch die deutsche Sprache dem größeren Publikum zugänglich machte: sein Verdienst besteht darin, dass er uns anregte, auch in unserer Muttersprache zu philosophieren. Wie wir bis Luther die Theologie, so haben wir bis Wolff die Philosophie nur in lateinischer Sprache zu behandeln gewusst. Das Beispiel einiger wenigen, die schon vorher dergleichen auf Deutsch vortrugen, blieb ohne Erfolg; aber der Literarhistoriker muss ihrer mit besonderem Lobe gedenken. Hier erwähnen wir daher namentlich des Johannes Tauler, eines Dominikanermönchs, der zu Anfang des vierzehnten Jahrhunderts am Rheine geboren und 1361 ebendaselbst, ich glaube zu Straßburg, gestorben ist. Er war ein frommer Mann und gehörte zu jenen Mystikern, die ich als die platonische Partei des Mittelalters bezeichnet habe. In den letzten Jahren seines Lebens entsagte dieser Mann allem gelehrten Dünkel, schämte sich nicht, in der demütigen Volkssprache zu predigen, und diese Predigten, die er aufgezeichnet, sowie auch die deutschen Übersetzungen, die er von einigen seiner früheren lateinischen Predigten mitgeteilt, gehören zu den merkwürdigsten Denkmälern der deutschen Sprache. Denn hier zeigt sie schon, dass sie zu metaphysischen Untersuchungen nicht bloß tauglich, sondern weit geeigneter ist als die lateinische. Diese letztere, die Sprache der Römer, kann nie ihren Ursprung verleugnen. Sie ist eine Kommandosprache für Feldherren, eine Dekretalsprache für Administratoren, eine Justizsprache für Wucherer, eine Lapidarsprache für das steinharte Römervolk. Sie wurde die geeignete Sprache für den Materialismus. Obgleich das Christentum, mit wahrhaft christlicher Geduld, länger als ein Jahrtausend sich damit abgequält, diese Sprache zu spiritualisieren, so ist es ihm doch nicht gelungen; und als Johannes Tauler sich ganz versenken wollte in die schauerlichsten Abgründe des Gedankens und als sein Herz am heiligsten schwoll, da musste er deutsch sprechen. Seine Sprache ist wie ein Bergquell, der aus harten Felsen hervorbricht, wunderbar geschwängert von unbekanntem Kräuterduft und geheimnisvollen Steinkräften. Aber erst in neuerer Zeit ward die Benutzbarkeit der deutschen Sprache für die Philosophie recht bemerklich. In keiner anderen Sprache hätte die Natur ihr geheimstes Werk offenbaren können wie in unserer lieben deutschen Muttersprache. Nur auf der starken Eiche konnte die heilige Mistel gedeihen.

Hier wäre wohl der Ort zur Besprechung des Paracelsus oder, wie er sich nannte, des Theophrastus Paracelsus Bombastus von Hohenheim. Denn auch er schrieb meistens deutsch. Aber ich habe später in einer noch bedeutungsvolleren Beziehung von ihm zu reden. Seine Philosophie war nämlich das, was wir heutzutage Naturphilosophie nennen, und eine solche Lehre von der ideenbelebten Natur, wie sie dem deutschen Geist so geheimnisvoll zusagt, hätte sich schon damals bei uns ausgebildet, wenn nicht, durch zufälligen Einfluss, die leblose, mechanistische Physik der Cartesianer allgemein herrschend geworden wäre. Paracelsus war ein großer Scharlatan und trug immer einen Scharlachrock, eine Scharlachhose, rote Strümpfe und einen roten Hut und behauptete, homunculi, kleine Menschen, machen zu können, wenigstens stand er in vertrauter Bekanntschaft mit verborgenen Wesen, die in den verschiedenen Elementen hausen – aber er war zugleich einer der tiefsinnigsten Naturkundigen, die mit deutschem Forscherherzen den vorchristlichen Volksglauben, den germanischen Pantheismus begriffen und, was sie nicht wussten, ganz richtig geahnt haben.

Von Jakob Böhme sollte eigentlich auch hier die Rede sein. Denn er hat ebenfalls die deutsche Sprache zu philosophischen Darstellungen benutzt und wird in diesem Betracht sehr gelobt. Aber ich habe mich noch nie entschließen können, ihn zu lesen. Ich lass mich nicht gern zum Narren halten. Ich habe nämlich die Lobredner dieses Mystikers in Verdacht, dass sie das Publikum mystifizieren wollen. Was den Inhalt seiner Werke betrifft, so hat euch ja Saint-Martin einiges davon in französischer Sprache mitgeteilt. Auch die Engländer haben ihn übersetzt. Karl I. hatte von diesem theosophischen Schuster eine so große Idee, dass er eigens einen Gelehrten zu ihm nach Görlitz schickte, um ihn zu studieren. Dieser Gelehrte war glücklicher als sein königlicher Herr. Denn während dieser zu Whitehall den Kopf verlor durch Cromwells Beil, hat jener zu Görlitz, durch Jakob Böhmes Theosophie, nur den Verstand verloren.

Wie ich bereits gesagt, erst Christian Wolff hat mit Erfolg die deutsche Sprache in die Philosophie eingeführt. Sein geringeres Verdienst war sein Systematisieren und sein Popularisieren der Leibnizischen Ideen. Beides unterliegt sogar dem größten Tadel, und wir müssen beiläufig dessen erwähnen. Sein Systematisieren war nur eitel Schein, und das Wichtigste der Leibnizischen Philosophie war diesem Schein geopfert, z. B. der beste Teil der Monadenlehre. Leibniz hatte freilich kein systematisches Lehrgebäude hinterlassen, sondern nur die dazu nötigen Ideen. Eines Riesen bedurfte es, um die kolossalen Quadern und Säulen zusammenzusetzen, die ein Riese aus den tiefsten Marmorbrüchen hervorgeholt und zierlich ausgemeißelt hatte. Das wär ein schöner Tempel geworden. Christian Wolff jedoch war von sehr untersetzter Statur und konnte nur einen Teil solcher Baumaterialien bemeistern, und er verarbeitete sie zu einer kümmerlichen Stiftshütte des Deismus. Wolff war mehr ein enzyklopädischer Kopf als ein systematischer, und die Einheit einer Lehre begriff er nur unter der Form der Vollständigkeit. Er war zufrieden mit einem gewissen Fachwerk, wo die Fächer schönstens geordnet, bestens gefüllt und mit deutlichen Etiketten versehen sind. So gab er uns eine »Enzyklopädie der philosophischen Wissenschaften«. Dass er, der Enkel des Descartes, die großväterliche Form der mathematischen Beweisführung geerbt hat, versteht sich von selbst. Diese mathematische Form habe ich bereits bei Spinoza gerügt. Durch Wolff stiftete sie großes Unheil. Sie degenerierte bei seinen Schülern zum unleidlichsten Schematismus und zur lächerlichen Manie, alles in mathematischer Weise zu demonstrieren. Es entstand der sogenannte Wolffsche Dogmatismus. Alles tiefere Forschen hörte auf, und ein langweiliger Eifer nach Deutlichkeit trat an dessen Stelle. Die Wolffsche Philosophie wurde immer wässriger und überschwemmte endlich ganz Deutschland. Die Spuren dieser Sündflut sind noch heutzutage bemerkbar, und hie und da, auf unseren höchsten Musensitzen, findet man noch alte Fossilien aus der Wolffschen Schule.

Christian Wolff wurde geboren 1679 zu Breslau und starb 1754 zu Halle. Über ein halbes Jahrhundert dauerte seine Geistesherrschaft in Deutschland. Sein Verhältnis zu den Theologen jener Tage müssen wir besonders erwähnen, und wir ergänzen damit unsere Mitteilungen über die Schicksale des Luthertums.

In der ganzen Kirchengeschichte gibt es keine verwickeltere Partie als die Streitigkeiten der protestantischen Theologen seit dem Dreißigjährigen Krieg. Nur das spitzfindige Gezänke der Byzantiner ist damit zu vergleichen; jedoch war dieses nicht so langweilig, da große, staatsinteressante Hofintrigen sich dahinter versteckten, statt dass die protestantische Klopffechterei meistens in dem Pedantismus enger Magisterköpfe und Schulfüchse ihren Grund hatte. Die Universitäten, besonders Tübingen, Wittenberg, Leipzig und Halle, sind die Schauplätze jener theologischen Kämpfe. Die zwei Parteien, die wir, im katholischen Gewand, während dem ganzen Mittelalter kämpfen sahen, die platonische und die aristotelische, haben nur Kostüme gewechselt und befehden sich nach wie vor. Das sind die Pietisten und die Orthodoxen, deren ich schon oben erwähnt und die ich als Mystiker ohne Phantasie und Dogmatiker ohne Geist bezeichnet habe. Johannes Spener war der Scotus Erigena des Protestantismus, und wie dieser durch seine Übersetzung des fabelhaften Dionysius Areopagita den katholischen Mystizismus begründet, so begründete jener den protestantischen Pietismus durch seine Erbauungsversammlungen, colloquia pietatis, woher vielleicht der Namen Pietisten seinen Anhängern geblieben ist. Er war ein frommer Mann, Ehre seinem Andenken. Ein Berliner Pietist, Herr Franz Horn, hat eine gute Biographie von ihm geliefert. Das Leben Speners ist ein beständiges Martyrtum für die christliche Idee. Er war in diesem Betracht seinen Zeitgenossen überlegen. Er drang auf gute Werke und Frömmigkeit, er war viel mehr ein Prediger des Geistes als des Wortes. Sein homiletisches Wesen war damals löblich. Denn die ganze Theologie, wie sie auf den erwähnten Universitäten gelehrt wurde, bestand nur in engbrüstiger Dogmatik und wortklaubender Polemik. Exegese und Kirchengeschichte wurden ganz beiseite gesetzt.

Ein Schüler jenes Speners, Hermann Francke, begann in Leipzig Vorlesungen zu halten nach dem Beispiel und im Sinn seines Lehrers. Er hielt sie auf Deutsch, ein Verdienst, welches wir immer gern mit Anerkennung erwähnen. Der Beifall, den er dabei erwarb, erregte den Neid seiner Kollegen, die deshalb unserem armen Pietisten das Leben sehr sauer machten. Er musste das Feld räumen, und er begab sich nach Halle, wo er mit Wort und Tat das Christentum lehrte. Sein Andenken ist dort unverwelklich, denn er ist der Stifter des Halleschen Waisenhauses. Die Universität Halle ward nun bevölkert von Pietisten, und man nannte sie »die Waisenhauspartei«. Nebenbei gesagt, diese hat sich dort bis auf heutigen Tag erhalten; Halle ist noch bis jetzt die Taupinière der Pietisten, und ihre Streitigkeiten mit den protestantischen Rationalisten haben noch vor einigen Jahren einen Skandal erregt, der durch ganz Deutschland seinen Missduft verbreitete. Glückliche Franzosen, die ihr nichts davon gehört habt! Sogar die Existenz jener evangelischen Klatschblätter, worin die frommen Fischweiber der protestantischen Kirche sich weidlich ausgeschimpft, ist euch unbekannt geblieben. Glückliche Franzosen, die ihr keinen Begriff davon habt, wie hämisch, wie kleinlich, wie widerwärtig unsre evangelischen Priester einander begeifern können. Ihr wisst, ich bin kein Anhänger des Katholizismus. In meinen jetzigen religiösen Überzeugungen lebt zwar nicht mehr die Dogmatik, aber doch immer der Geist des Protestantismus. Ich bin also für die protestantische Kirche noch immer parteiisch. Und doch muss ich, der Wahrheit wegen, eingestehen, dass ich nie in den Annalen des Papismus solche Miserabilitäten gefunden habe, wie in der Berliner »Evangelischen Kirchenzeitung« bei dem erwähnten Skandal zum Vorschein kamen. Die feigsten Mönchsstücke, die kleinlichsten Klosterränke sind noch immer noble Gutmütigkeiten in Vergleichung mit den christlichen Heldentaten, die unsere protestantischen Orthodoxen und Pietisten gegen die verhassten Rationalisten ausübten. Von dem Hass, der bei solchen Gelegenheiten zum Vorschein kommt, habt ihr Franzosen keinen Begriff. Die Deutschen sind aber überhaupt vindikativer als die romanischen Völker.

Das kommt daher, sie sind Idealisten auch im Hass. Wir hassen uns nicht um Außendinge, wie ihr, etwa wegen beleidigter Eitelkeit, wegen eines Epigramms, wegen einer nicht erwiderten Visitenkarte, nein, wir hassen bei unsern Feinden das Tiefste, das Wesentlichste, das in ihnen ist, den Gedanken. Ihr Franzosen seid leichtfertig und oberflächlich, wie in der Liebe, so auch im Hass. Wir Deutschen hassen gründlich, dauernd; da wir zu ehrlich, auch zu unbeholfen sind, um uns mit schneller Perfidie zu rächen, so hassen wir bis zu unserem letzten Atemzug.

»Ich kenne, mein Herr, diese deutsche Ruhe«, sagte jüngst eine Dame, indem sie mich mit großgeöffneten Augen ungläubig und beängstigt ansah; »ich weiß, ihr Deutschen gebraucht dasselbe Wort für Verzeihen und Vergiften.« Und in der Tat, sie hat recht, das Wort *Vergeben* bedeutet beides.

Es waren nun, wenn ich nicht irre, die halleschen Orthodoxen, welche, in ihrem Kampf mit den eingesiedelten Pietisten, die Wolffsche Philosophie zu Hilfe riefen. Denn die Religion, wenn sie uns nicht mehr verbrennen kann, kommt sie bei uns betteln. Aber alle unsere Gaben bringen ihr schlechten Gewinn. Das mathematische, demonstrative Gewand, womit Wolff die arme Religion recht liebevoll eingekleidet hatte, passte ihr so schlecht, dass sie sich noch beengter fühlte und in dieser Beengnis sehr lächerlich machte. Überall platzten die schwachen Nähte. Besonders der verschämte Teil, die Erbsünde, trat hervor in seiner grellsten Blöße. Hier half kein logisches Feigenblatt. Christlich-lutherische Erbsünde und Leibniz-Wolffscher Optimismus sind unverträglich. Die französische Persiflage des Optimismus missfiel daher am wenigsten unseren Theologen. Voltaires Witz kam der nackten Erbsünde zugute. Der deutsche Pangloss hat aber, durch die Vernichtung des Optimismus, sehr viel verloren und suchte lange nach einer ähnlichen Trostlehre, bis das Hegelsche Wort »Alles, was ist, ist vernünftig!« ihm einigen Ersatz bot.

Von dem Augenblick an, wo eine Religion bei der Philosophie Hilfe begehrt, ist ihr Untergang unabwendlich. Sie sucht sich zu verteidigen und schwatzt sich immer tiefer ins Verderben hinein. Die Religion, wie jeder Absolutismus, darf sich nicht justifizieren. Prometheus wird an den Felsen gefesselt von der schweigenden Gewalt. Ja, Aischylos lässt die personifizierte Gewalt kein einziges Wort reden. Sie muss stumm sein. Sobald die Religion einen räsonierenden Katechismus drucken lässt, sobald der politische Absolutismus eine offizielle Staatszeitung herausgibt, haben beide ein Ende. Aber das ist eben unser Triumph, wir haben unsere Gegner zum Sprechen gebracht, und sie müssen uns Rede stehn.

Es ist freilich nicht zu leugnen, dass der religiöse Absolutismus, ebenso wie der politische, sehr gewaltige Organe seines Wortes gefunden hat. Doch lasst uns darob nicht bange sein. Lebt das Wort, so wird es von Zwergen getragen; ist das Wort tot, so können es keine Riesen aufrechterhalten.

Seitdem nun, wie ich oben erzählt, die Religion Hilfe suchte bei der Philosophie, wurden von den deutschen Gelehrten, außer der neuen Einkleidung, noch unzählige Experimente mit ihr angestellt. Man wollte ihr eine neue Jugend bereiten, und man benahm sich dabei ungefähr wie Medea bei der Verjüngung des Königs Äson. Zuerst wurde ihr zur Ader gelassen, alles abergläubische Blut wurde ihr langsam abgezapft; um mich bildlos auszudrücken: es wurde der Versuch gemacht, allen historischen Inhalt aus dem Christentum herauszunehmen und nur den moralischen Teil zu bewahren. Hierdurch ward nun das Christentum zu einem reinen Deismus. Christus hörte auf, Mitregent Gottes zu sein, er wurde gleichsam mediatisiert, und nur noch als Privatperson fand er anerkennende Verehrung. Seinen moralischen Charakter lobte man über alle Maßen. Man konnte nicht genug rühmen, welch ein braver Mensch er gewesen sei. Was die Wunder betrifft, die er verrichtet, so erklärte man sie physikalisch, oder man suchte so wenig Aufhebens als möglich davon zu machen. Wunder, sagten einige, waren nötig in jenen Zeiten des Aberglaubens, und ein vernünftiger Mann, der irgendeine Wahrheit zu verkündigen hatte, bediente sich ihrer gleichsam als Annonce. Diese Theologen, die alles Historische aus dem Christentum schieden, heißen Rationalisten, und gegen diese wendete sich sowohl die Wut der Pietisten als auch der Orthodoxen, die sich seitdem minder heftig befehdeten und nicht selten verbündeten. Was die Liebe nicht vermochte, das vermochte der gemeinschaftliche Hass, der Hass gegen die Rationalisten.

Diese Richtung in der protestantischen Theologie beginnt mit dem ruhigen Semler, den ihr nicht kennt, erstieg schon eine besorgliche Höhe mit dem klaren Teller, den ihr auch nicht kennt, und erreichte ihren Gipfel mit dem seichten Bahrdt, an dessen Bekanntschaft ihr nichts verliert. Die stärksten Anregungen kamen von Berlin, wo Friedrich der Große und der Buchhändler Nicolai regierten.

Über ersteren, den gekrönten Materialismus, seid ihr hinlänglich unterrichtet. Ihr wisst, dass er französische Verse machte, sehr gut die Flöte blies, die Schlacht bei Roßbach gewann, viel Tabak schnupfte und nur an Kanonen glaubte. Einige von euch haben gewiss auch Sanssouci besucht, und der alte Invalide, der dort Schlosswart, hat euch in der Bibliothek die französischen Romane gezeigt, die Friedrich als Kronprinz in der Kirche las und die er in schwarzen Maroquin einbinden lassen, damit sein gestrenger Vater glaubte, er läse in einem lutherischen Gesangbuch. Ihr kennt ihn, den königlichen Weltweisen, den ihr den Salomo des Nordens genannt habt. Frankreich war das Ophir dieses nordischen Salomons, und von dorther erhielt er seine Poeten und Philosophen, für die er eine große Vorliebe hegte, gleich dem Salomo des Südens, welcher, wie ihr im Buche der Könige, Kapitel 10, lesen könnt, durch seinen Freund Hiram ganze Schiffsladungen von Gold, Elfenbein, Poeten und Philosophen aus Ophir kommen ließ. Wegen solcher Vorliebe für ausländische Talente konnte nun freilich Friedrich der Große keinen allzu großen Einfluss auf den deutschen Geist gewinnen. Er beleidigte vielmehr, er kränkte das deutsche Nationalgefühl. Die Verachtung, die Friedrich der Große unserer Literatur angedeihen ließ, muss sogar uns Enkel noch verdrießen. Außer dem alten Gellert hatte keiner derselben sich seiner allergnädigsten Huld zu erfreuen. Die Unterredung, die er mit demselben führte, ist merkwürdig.

Hat aber Friedrich der Große uns verhöhnt, ohne uns zu unterstützen, so unterstützte uns desto mehr der Buchhändler Nicolai, ohne dass wir deshalb Bedenken trugen, ihn zu verhöhnen. Dieser Mann war sein ganzes Leben lang unablässig tätig für das Wohl des Vaterlandes, er scheute weder Mühe noch Geld, wo er etwas Gutes zu befördern hoffte, und doch ist noch nie in Deutschland ein Mann so grausam, so unerbittlich, so zernichtend verspottet worden wie eben dieser Mann. Obgleich wir, die Spätergeborenen, recht wohl wissen, dass der alte Nicolai, der Freund der Aufklärung, sich in der Hauptsache durchaus nicht irrte; obgleich wir wissen, dass es meistens unsere eignen Feinde, die Obskuranten, gewesen, die ihn zugrunde persifliert: so können wir doch nicht mit ganz ernsthaftem Gesichte an ihn denken. Der alte Nicolai suchte in Deutschland dasselbe zu tun, was die französischen Philosophen in Frankreich getan: er suchte die Vergangenheit im Geiste des Volks zu vernichten; eine löbliche Vorarbeit, ohne welche keine radikale Revolution stattfinden kann. Aber vergebens, er war solcher Arbeit nicht gewachsen. Die alten Ruinen standen noch zu fest, und die Gespenster stiegen daraus hervor und verhöhnten ihn; dann aber wurde er sehr unwirsch und schlug blind drein, und die Zuschauer lachten, wenn ihm die Fledermäuse um die Ohren zischten und sich in seiner wohlgepuderten Perücke verfingen. Auch geschah es wohl zuweilen, dass er Windmühlen für Riesen ansah und dagegen focht. Noch schlimmer aber bekam es ihm, wenn er manchmal wirkliche Riesen für bloße Windmühlen ansah, z. B. einen Wolfgang Goethe. Er schrieb eine Satire gegen dessen »Werther«, worin er alle Intentionen des Autors aufs Plumpste verkannte. Indessen in der Hauptsache hatte er immer recht; wenn er auch nicht begriffen, was Goethe mit seinem »Werther« eigentlich sagen wollte, so begriff er doch ganz gut dessen Wirkung, die weichliche Schwärmerei, die unfruchtbare Sentimentalität, die durch diesen Roman aufkam und mit jeder vernünftigen Gesinnung, die uns Not tat, in feindlichem Widerspruch war. Hier stimmte Nicolai ganz überein mit Lessing, der an einen Freund folgendes Urteil über den »Werther« schrieb:

»Wenn ein so warmes Produkt nicht mehr Unheil als Gutes stiften soll, meinen Sie nicht, dass es noch eine kleine kalte Schlussrede haben müsste? Ein paar Winke hinterher, wie Werther zu einem so abenteuerlichen Charakter gekommen; wie ein anderer Jüngling, dem die Natur eine ähnliche Anlage gegeben, sich davor zu bewahren habe. Glauben Sie wohl, dass je ein römischer oder griechischer Jüngling sich so, und darum, das Leben genommen? Gewiss nicht. Die wussten sich vor der Schwärmerei der Liebe ganz anders zu sichern; und zu Sokrates' Zeiten würde man eine solche εξ ερωτος κατοχη, welche τι τολμαν παρα φυσις antreibt, nur kaum einem Mädelchen verziehen haben. Solche kleingroße, verächtlich schätzbare Originale hervorzubringen war nur der christlichen Erziehung vorbehalten, die ein körperliches Bedürfnis so schön in eine geistige Vollkommenheit zu verwandeln weiß. Also, lieber Goethe, noch ein Kapitelchen zum Schlusse; und je zynischer, je besser!«

Freund Nicolai hat nun wirklich, nach solcher Angabe, einen veränderten »Werther« herausgegeben. Nach dieser Version hat sich der Held nicht totgeschossen, sondern nur mit Hühnerblut besudelt; denn statt mit Blei war die Pistole nur mit letzterem geladen. Werther wird lächerlich, bleibt leben, heiratet Charlotte, kurz, endet noch tragischer als im Goetheschen Original.

Die »Allgemeine deutsche Bibliothek« hieß die Zeitschrift, die Nicolai gegründet und worin er und seine Freunde gegen Aberglauben, Jesuiten, Hoflakaien u. dgl. kämpften. Es ist nicht zu leugnen, dass mancher Hieb, der dem Aberglauben galt, unglücklicherweise die Poesie selbst traf. So stritt Nicolai z. B. gegen die aufkommende Vorliebe für altdeutsche Volkslieder. Aber im Grunde hatte er wieder recht; bei aller möglichen Vorzüglichkeit enthielten doch jene Lieder mancherlei Erinnerungen, die eben nicht zeitgemäß waren, die alten Klänge der Kuhreigen des Mittelalters konnten die Gemüter des Volks wieder in den Glaubensstall der Vergangenheit zurücklocken. Er suchte, wie Odysseus, die Ohren seiner Gefährten zu verstopfen, damit sie den Gesang der Sirenen nicht hörten, unbekümmert, dass sie alsdann auch taub wurden für die unschuldigen Töne der Nachtigall. Damit das Feld der Gegenwart nur radikal von allem Unkraut gesäubert werde, trug der praktische Mann wenig Bedenken, auch die Blumen mit auszureuten. Dagegen erhob sich nun feindlichst die Partei der Blumen und Nachtigallen und alles, was zu dieser Partei gehört, Schönheit, Grazie, Witz und Scherz, und der arme Nicolai unterlag.

In dem heutigen Deutschland haben sich die Umstände geändert, und die Partei der Blumen und der Nachtigallen ist eng verbunden mit der Revolution. Uns gehört die Zukunft, und es dämmert schon herauf die Morgenröte des Sieges. Wenn einst sein schöner Tag sein Licht über unser ganzes Vaterland ergießt, dann gedenken wir auch der Toten; dann gedenken wir gewiss auch deiner, alter Nicolai, armer Märtyrer der Vernunft! Wir werden deine Asche nach dem deutschen Pantheon tragen, der Sarkophag umgeben vom jubelnden Triumphzug und begleitet vom Chor der Musikanten, unter deren Blasinstrumenten beileibe keine Querpfeife sein wird; wir werden auf deinem Sarg die anständigste Lorbeerkrone legen, und wir werden uns alle mögliche Mühe geben, nicht dabei zu lachen.

Da ich von den philosophischen und religiösen Zuständen jener Zeit einen Begriff geben möchte, muss ich hier auch derjenigen Denker erwähnen, die mehr oder minder in Gemeinschaft mit Nicolai zu Berlin tätig waren und gleichsam ein Justemilieu zwischen Philosophen und Belletristik bildeten. Sie hatten kein bestimmtes System, sondern nur eine bestimmte Tendenz. Sie gleichen den englischen Moralisten in ihrem Stil und in ihren letzten Gründen. Sie schreiben ohne wissenschaftlich strenge Form, und das sittliche Bewusstsein ist die einzige Quelle ihrer Erkenntnis. Ihre Tendenz ist ganz dieselbe, die wir bei den französischen Philanthropen finden. In der Religion sind sie Rationalisten. In der Politik sind sie Weltbürger. In der Moral sind sie Menschen, edle, tugendhafte Menschen, streng gegen sich selbst, milde gegen andere. Was Talent betrifft, so mögen wohl Mendelssohn, Sulzer, Abbt, Moritz, Garve, Engel und Biester als die ausgezeichnetsten genannt werden. Moritz ist mir der liebste. Er leistete viel in der Erfahrungsseelenkunde. Er war von einer köstlichen Naivität, wenig verstanden von seinen Freunden. Seine Lebensgeschichte ist eins der wichtigsten Denkmäler jener Zeit. Mendelssohn hat jedoch vor allen übrigen eine große soziale Bedeutung. Er war der Reformator der deutschen Israeliten, seiner Glaubensgenossen, er stürzte das Ansehen des Talmudismus, er begründete den reinen Mosaismus. Dieser Mann, den seine Zeitgenossen den deutschen Sokrates nannten und wegen seines Seelenadels und seiner Geisteskraft so ehrfurchtsvoll bewunderten, war der Sohn eines armen Küsters der Synagoge von Dessau. Außer diesem Geburtsübel hatte ihn die Vorsehung auch noch mit einem Buckel belastet, gleichsam um dem Pöbel in recht greller Weise die Lehre zu geben, dass man den Menschen nicht nach seiner äußeren Erscheinung, sondern nach seinem inneren Werte schätzen solle. Oder hat ihm die Vorsehung, eben aus gütiger Vorsicht, einen Buckel zugeteilt, damit er manche Unbill des Pöbels einem Übel zuschreibe, worüber ein Weiser sich leicht trösten kann?

Wie Luther das Papsttum, so stürzte Mendelssohn den Talmud, und zwar in derselben Weise, indem er nämlich die Tradition verwarf, die Bibel für die Quelle der Religion erklärte und den wichtigsten Teil derselben übersetzte. Er zerstörte hierdurch den jüdischen wie Luther den christlichen Katholizismus. In der Tat, der Talmud ist der Katholizismus der Juden. Er ist ein gotischer Dom, der zwar mit kindischen Schnörkeleien überladen, aber doch durch seine himmelkühne Riesenhaftigkeit uns in Erstaunen setzt. Er ist eine Hierarchie von Religionsgesetzen, die oft die putzigsten, lächerlichsten Subtilitäten betreffen, aber so sinnreich einander über- und untergeordnet sind, einander stützen und tragen und so furchtbar konsequent zusammenwirken, dass sie ein grauenhaft trotziges, kolossales Ganze bilden.

Nach dem Untergang des christlichen Katholizismus musste auch der jüdische, der Talmud, untergehen. Denn der Talmud hatte alsdann seine Bedeutung verloren; er diente nämlich nur als Schutzwerk gegen Rom, und ihm verdanken es die Juden, dass sie dem christlichen Rom ebenso heldenmütig wie einst dem heidnischen Rom widerstehen konnten. Und sie haben nicht bloß widerstanden, sondern auch gesiegt. Der arme Rabbi von Nazareth, über dessen sterbendes Haupt der heidnische Römer die hämischen Worte schrieb: »König der Juden« – ebendieser dornengekrönte, mit dem ironischen Purpur behängte Spottkönig der Juden wurde am Ende der Gott der Römer, und sie mussten vor ihm niederknien! Wie das heidnische Rom wurde auch das christliche Rom besiegt, und dieses wurde sogar tributär. Wenn du, teurer Leser, dich in den ersten Tagen des Trimesters nach der Straße Lafitte verfügen willst, und zwar nach dem Hotel Numero fünfzehn, so siehst du dort vor einem hohen Portal eine schwerfällige Kutsche, aus welcher ein dicker Mann hervorsteigt. Dieser begibt sich die Treppe hinauf nach einem kleinen Zimmer, wo ein blonder junger Mensch sitzt, der dennoch älter ist, als er wohl aussieht, und in dessen vornehmer grandseigneurlicher Nonchalance dennoch etwas so Solides liegt, etwas so Positives, etwas so Absolutes, als habe er alles Geld dieser Welt in seiner Tasche. Und wirklich, er hat alles Geld dieser Welt in seiner Tasche, und er heißt Monsieur James de Rothschild, und der dicke Mann ist Monsignor Grimbaldi, Abgesandter Seiner Heiligkeit des Papstes, und er bringt in dessen Namen die Zinsen der römischen Anleihe, den Tribut von Rom.

Wozu jetzt noch der Talmud?

Moses Mendelssohn verdient daher großes Lob, dass er diesen jüdischen Katholizismus, wenigstens in Deutschland, gestürzt hat. Denn was überflüssig ist, ist schädlich. Die Tradition verwerfend, suchte er jedoch das mosaische Zeremonialgesetz als religiöse Verpflichtung aufrechtzuerhalten. War es Feigheit oder Klugheit? War es eine wehmütige Nachliebe, die ihn abhielt, die zerstörende Hand an Gegenstände zu legen, die seinen Vorvätern am heiligsten waren und wofür so viel Märtyrerblut und Märtyrertränen geflossen? Ich glaube nicht. Wie die Könige der Materie, so müssen auch die Könige des Geistes unerbittlich sein gegen Familiengefühle; auch auf dem Thron des Gedankens darf man keinen sanften Gemütlichkeiten nachgeben. Ich bin deshalb vielmehr der Meinung, dass Moses Mendelssohn in dem reinen Mosaismus eine Institution sah, die dem Deismus gleichsam als eine letzte Verschanzung dienen konnte. Denn der Deismus war sein innerster Glaube und seine tiefste Überzeugung. Als sein Freund Lessing starb und man denselben des Spinozismus anklagte, verteidigte er ihn mit dem ängstlichsten Eifer, und er ärgerte sich bei dieser Gelegenheit zu Tode.

Ich habe hier schon zum zweiten Male den Namen genannt, den kein Deutscher aussprechen kann, ohne dass in seiner Brust ein mehr oder minder starkes Echo laut wird. Aber seit Luther hat Deutschland keinen größeren und besseren Mann hervorgebracht als Gotthold Ephraim Lessing. Diese beiden sind unser Stolz und unsere Wonne. In der Trübnis der Gegenwart schauen wir hinauf nach ihren tröstenden Standbildern, und sie nicken eine glänzende Verheißung. Ja, kommen wird auch der dritte Mann, der da vollbringt, was Luther begonnen, was Lessing fortgesetzt und dessen das deutsche Vaterland so sehr bedarf – der dritte Befreier! – Ich sehe schon seine goldne Rüstung, die aus dem purpurnen Kaisermantel hervorstrahlt, »wie die Sonne aus dem Morgenrot!«

Gleich dem Luther wirkte Lessing nicht nur, indem er etwas Bestimmtes tat, sondern indem er das deutsche Volk bis in seine Tiefen aufregte und indem er eine heilsame Geisterbewegung hervorbrachte, durch seine Kritik, durch seine Polemik. Er war die lebendige Kritik seiner Zeit, und sein ganzes Leben war Polemik. Diese Kritik machte sich geltend im weitesten Bereich des Gedankens und des Gefühls, in der Religion, in der Wissenschaft, in der Kunst. Diese Polemik überwand jeden Gegner und erstarkte nach jedem Sieg. Lessing, wie er selbst eingestand, bedurfte eben des Kampfes zu der eigenen Geistesentwicklung. Er glich ganz jenem fabelhaften Normannen, der die Talente, Kenntnisse und Kräfte derjenigen Männer erbte, die er im Zweikampf erschlug, und in dieser Weise endlich mit allen möglichen

Vorzügen und Vortrefflichkeiten begabt war. Begreiflich ist es, dass solch ein streitlustiger Kämpe nicht geringen Lärm in Deutschland verursachte, in dem stillen Deutschland, das damals noch sabbatlich stiller war als heute. Verblüfft wurden die meisten ob seiner literarischen Kühnheit. Aber eben diese kam ihm hilfreich zustatten; denn Oser! ist das Geheimnis des Gelingens in der Literatur, ebenso wie in der Revolution – und in der Liebe. Vor dem Lessingschen Schwert zitterten alle. Kein Kopf war vor ihm sicher. Ja, manchen Schädel hat er sogar aus Übermut heruntergeschlagen, und dann war er dabei noch so boshaft, ihn vom Boden aufzuheben und dem Publikum zu zeigen, dass er inwendig hohl war. Wen sein Schwert nicht erreichen konnte, den tötete er mit den Pfeilen seines Witzes. Die Freunde bewunderten die bunten Schwungfedern dieser Pfeile; die Feinde fühlten die Spitze in ihren Herzen. Der Lessingsche Witz gleicht nicht jenem Enjouement, jener Gaité, jenen springenden Saillies [witzigen Einfällen, Geistesblitzen], wie man hierzulande dergleichen kennt. Sein Witz war kein kleines französisches Windhündchen, das seinem eigenen Schatten nachläuft; sein Witz war vielmehr ein großer deutscher Kater, der mit der Maus spielt, ehe er sie würgt.

Ja, Polemik war die Lust unseres Lessings, und daher überlegte er nie lange, ob auch der Gegner seiner würdig war. So hat er, eben durch seine Polemik, manchen Namen der wohlverdientesten Vergessenheit entrissen. Mehre winzige Schriftstellerlein hat er mit dem geistreichsten Spott, mit dem köstlichsten Humor gleichsam umsponnen, und in den Lessingschen Werken erhalten sie sich nun für ewige Zeiten wie Insekten, die sich in einem Stück Bernstein verfangen. Indem er seine Gegner tötete, machte er sie zugleich unsterblich. Wer von uns hätte jemals etwas von jenem Klotz erfahren, an welchen Lessing so viel Hohn und Scharfsinn verschwendet! Die Felsenblöcke, die er auf diesen armen Antiquar geschleudert und womit er ihn zerschmettert, sind jetzt dessen unverwüstliches Denkmal.

Merkwürdig ist es, dass jener witzigste Mensch in Deutschland auch zugleich der ehrlichste war. Nichts gleicht seiner Wahrheitsliebe. Lessing machte der Lüge nicht die mindeste Konzession, selbst wenn er dadurch, in der gewöhnlichen Weise der Weltklugen, den Sieg der Wahrheit befördern konnte. Er konnte alles für die Wahrheit tun, nur nicht lügen. »Wer darauf denkt«, sagte er einst, »die Wahrheit unter allerlei Larven und Schminken an den Mann zu bringen, der möchte wohl gern ihr Kuppler sein, aber ihr Liebhaber ist er nie gewesen.«

Das schöne Wort Buffons »Der Stil ist der Mensch selber!« ist auf niemand anwendbarer als auf Lessing. Seine Schreibart ist ganz wie sein Charakter, wahr, fest, schmucklos, schön und imposant durch die inwohnende Stärke. Sein Stil ist ganz der Stil der römischen Bauwerke: höchste Solidität bei der höchsten Einfachheit; gleich Quadersteinen ruhen die Sätze aufeinander, und wie bei jenen das Gesetz der Schwere, so ist bei diesen die logische Schlussfolge das unsichtbare Bindemittel. Daher in der Lessingschen Prosa so wenig von jenen Füllwörtern und Wendungskünsten, die wir bei unserem Periodenbau gleichsam als Mörtel gebrauchen. Noch viel weniger finden wir da jene Gedankenkaryatiden, welche ihr la belle phrase nennt.

Dass ein Mann wie Lessing niemals glücklich sein konnte, werdet ihr leicht begreifen. Und wenn er auch nicht die Wahrheit geliebt hätte und wenn er sie auch nicht selbstwillig überall verfochten hätte, so musste er doch unglücklich sein; denn er war ein Genie. »Alles wird man dir verzeihen«, sagte jüngst ein seufzender Dichter, »man verzeiht dir deinen Reichtum, man verzeiht dir die hohe Geburt, man verzeiht dir deine Wohlgestalt, man lässt dir sogar Talent hingehen, aber man ist unerbittlich gegen das Genie.« Ach! und begegnet ihm auch nicht der böse Wille von außen, so fände das Genie doch schon in sich selber den Feind, der ihm Elend bereitet. Deshalb ist die Geschichte der großen Männer immer eine Märtyrerlegende; wenn sie auch nicht litten für die große Menschheit, so litten sie doch für ihre eigene Größe, für die große Art ihres Seins, das Unphilisterliche, für ihr Missbehagen an der prunkenden Gemeinheit, der lächelnden Schlechtigkeit ihrer Umgebung, ein Missbehagen, welches sie natürlich zu Extravaganzen bringt, z. B. zum Schauspielhaus oder gar zum Spielhaus – wie es dem armen Lessing begegnete.

Mehr als dieses hat ihm aber der böse Leumund nicht nachsagen können, und aus seiner Biographie erfahren wir nur, dass ihm schöne Komödiantinnen amüsanter dünkten als hamburgische Pastore und dass stumme Karten ihm bessere Unterhaltung gewährten als schwatzende Wolffianer.

Es ist herzzerreißend, wenn wir in dieser Biographie lesen, wie das Schicksal auch jede Freude diesem Manne versagt hat und wie es ihm nicht einmal vergönnte, in der Umfriedung der Familie sich von seinen täglichen Kämpfen zu erholen. Einmal nur schien Fortuna ihn begünstigen zu wollen, sie gab ihm ein geliebtes Weib, ein Kind – aber dieses Glück war wie der Sonnenstrahl, der den Fittich eines vorüberfliegenden Vogels vergoldet, es schwand ebenso schnell, das Weib starb infolge des Wochenbetts, das Kind schon bald nach der Geburt, und über letzteres schrieb er einem Freunde die grässlich witzigen Worte:

»Meine Freude war nur kurz. Und ich verlor ihn ungern, diesen Sohn! Denn er hatte so viel Verstand! So viel Verstand! – Glauben Sie nicht, dass die wenigen Stunden meiner Vaterschaft mich schon zu so einem Affen von Vater gemacht haben! Ich weiß, was ich sage. – War es nicht Verstand, dass man ihn mit eisernen Zangen auf die Welt ziehen musste? dass er so bald Unrat merkte? – War es nicht Verstand, dass er die erste Gelegenheit ergriff, sich wieder davonzumachen? – Ich wollte es auch einmal so gut haben wie andere Menschen. Aber es ist mir schlecht bekommen.«

Ein Unglück gab es, worüber sich Lessing nie gegen seine Freunde ausgesprochen: dieses war seine schaurige Einsamkeit, sein geistiges Alleinstehn. Einige seiner Zeitgenossen liebten ihn, keiner verstand ihn. Mendelssohn, sein bester Freund, verteidigte ihn mit Eifer, als man ihn des Spinozismus beschuldigte. Verteidigung und Eifer waren ebenso lächerlich wie überflüssig. Beruhige dich im Grab, alter Moses; dein Lessing war zwar auf dem Weg zu diesem entsetzlichen Irrtum, zu diesem jammervollen Unglück, nämlich zum Spinozismus – aber der Allerhöchste, der Vater im Himmel, hat ihn noch zur rechten Zeit durch den Tod gerettet. Beruhige dich, dein Lessing war kein Spinozist, wie die Verleumdung behauptete; er starb als guter Deist wie du und Nicolai und Teller und die »Allgemeine deutsche Bibliothek«!

Lessing war nur der Prophet, der aus dem zweiten Testament ins dritte hinüberdeutete. Ich habe ihn den Fortsetzer des Luther genannt, und eigentlich in dieser Eigenschaft habe ich ihn hier zu besprechen. Von seiner Bedeutung für die deutsche Kunst kann ich erst später reden. In dieser hat er nicht bloß durch seine Kritik, sondern auch durch sein Beispiel eine heilsame Reform bewirkt, und diese Seite seiner Tätigkeit wird gewöhnlich zumeist hervorgehoben und beleuchtet. Wir jedoch betrachten ihn von einem anderen Standpunkt aus, und seine philosophischen und theologischen Kämpfe sind uns wichtiger als seine Dramaturgie und seine Dramata. Letztere jedoch, wie alle seine Schriften, haben eine soziale Bedeutung, und »Nathan der Weise« ist im Grunde nicht bloß eine gute Komödie, sondern auch eine philosophisch-theologische Abhandlung zugunsten des reinen Deismus. Die Kunst war für Lessing ebenfalls eine Tribüne, und wenn man ihn von der Kanzel oder vom Katheder herabstieß, dann sprang er aufs Theater und sprach dort noch viel deutlicher und gewann ein noch zahlreicheres Publikum.

Ich sage, Lessing hat den Luther fortgesetzt. Nachdem Luther uns von der Tradition befreit und die Bibel zur alleinigen Quelle des Christentums erhoben hatte, da entstand, wie ich schon oben erzählt, ein starrer Wortdienst, und der Buchstabe der Bibel herrschte ebenso tyrannisch wie einst die Tradition. Zur Befreiung von diesem tyrannischen Buchstaben hat nun Lessing am meisten beigetragen. Wie Luther ebenfalls nicht der einzige war, der die Tradition bekämpft, so kämpfte Lessing zwar nicht allein, aber doch am gewaltigsten gegen den Buchstaben. Hier erschallt am lautesten seine Schlachtstimme. Hier schwingt er sein Schwert am freudigsten, und es leuchtet und tötet. Hier aber auch wird Lessing am stärksten bedrängt von der schwarzen Schar, und in solcher Bedrängnis rief er einst aus:

»O sancta simplicitas! – Aber noch bin ich nicht da, wo der gute Mann, der dieses ausrief, nur noch dieses ausrufen konnte. (Hus rief dieses auf dem Scheiterhaufen.) Erst soll uns hören, erst soll über uns urteilen, wer hören und urteilen kann und will!

O dass *er* es könnte, *er*, den ich am liebsten zu meinem Richter haben möchte! – Luther, du! – Großer, verkannter Mann! Und von niemanden mehr verkannt als von den Starrköpfen, die, deine Pantoffeln in der Hand, den von dir gebahnten Weg schreiend, aber gleichgültig daherschlendern! – Du hast uns von dem Joch der Tradition erlöst: wer erlöset uns von dem unerträglicheren Joche des Buchstabens! Wer bringt uns endlich ein Christentum, wie du es itzt lehren würdest, wie es Christus selbst lehren würde!«

Ja, der Buchstabe, sagte Lessing, sei die letzte Hülle des Christentums, und erst nach Vernichtung dieser Hülle trete hervor der Geist. Dieser Geist ist aber nichts anders als das, was die Wolffschen Philosophen zu demonstrieren gedacht, was die Philanthropen in ihrem Gemüt gefühlt, was Mendelssohn im Mosaismus gefunden, was die Freimaurer gesungen, was die Poeten gepfiffen, was sich damals in Deutschland unter allen Formen geltend machte: der reine Deismus.

Lessing starb zu Braunschweig, im Jahr 1781, verkannt, gehasst und verschrien. In demselben Jahr erschien zu Königsberg die »Kritik der reinen Vernunft« von Immanuel Kant. Mit diesem Buch, welches durch sonderbare Verzögerung erst am Ende der achtziger Jahre allgemein bekannt wurde, beginnt eine geistige Revolution in Deutschland, die mit der materiellen Revolution in Frankreich die sonderbarsten Analogien bietet und dem tieferen Denker ebenso wichtig dünken muss wie jene. Sie entwickelt sich mit denselben Phasen, und zwischen beiden herrscht der merkwürdigste Parallelismus. Auf beiden Seiten des Rheines sehen wir denselben Bruch mit der Vergangenheit, der Tradition wird alle Ehrfurcht aufgekündigt; wie hier in Frankreich jedes Recht, so muss dort in Deutschland jeder Gedanke sich justifizieren, und wie hier das Königtum, der Schlussstein der alten sozialen Ordnung, so stürzt dort der Deismus, der Schlussstein des geistigen alten Regimes.

Von dieser Katastrophe, von dem 21. Januar des Deismus, sprechen wir im folgenden Stücke. Ein eigentümliches Grauen, eine geheimnisvolle Pietät erlaubt uns heute nicht, weiterzuschreiben. Unsere Brust ist voll von entsetzlichem Mitleid – es ist der alte Jehova selber, der sich zum Tode bereitet. Wir haben ihn so gut gekannt, von seiner Wiege an, in Ägypten, als er unter göttlichen Kälbern, Krokodilen, heiligen Zwiebeln, Ibissen und Katzen erzogen wurde – Wir haben ihn gesehen, wie er diesen Gespielen seiner Kindheit und den Obelisken und Sphinxen seines heimatlichen Niltals ade sagte und in Palästina, bei einem armen Hirtenvölkchen, ein kleiner Gottkönig wurde und in einem eigenen Tempelpalast wohnte – Wir sahen ihn späterhin, wie er mit der assyrisch-babylonischen Zivilisation in Berührung kam und seine allzu menschlichen Leidenschaften ablegte, nicht mehr lauter Zorn und Rache spie, wenigstens nicht mehr wegen jeder Lumperei gleich donnerte – Wir sahen ihn auswandern nach Rom, der Hauptstadt, wo er aller Nationalvorurteile entsagte und die himmlische Gleichheit aller Völker proklamierte und mit solchen schönen Phrasen gegen den alten Jupiter Opposition bildete und so lange intrigierte, bis er zur Herrschaft gelangte und vom Kapitol herab die Stadt und die Welt, urbem et orbem, regierte – Wir sahen, wie er sich noch mehr vergeistigte, wie er sanftselig wimmerte, wie er ein liebevoller Vater wurde, ein allgemeiner Menschenfreund, ein Weltbeglücker, ein Philanthrop – es konnte ihm alles nichts helfen – – Hört ihr das Glöckchen klingeln? Kniet nieder – Man bringt die Sakramente einem sterbenden Gott.

Drittes Buch

Es geht die Sage, dass ein englischer Mechanikus, der schon die künstlichsten Maschinen erdacht, endlich auch auf den Einfall geraten, einen Menschen zu fabrizieren; dieses sei ihm auch endlich gelungen, das Werk seiner Hände konnte sich ganz wie ein Mensch gebärden und betragen, es trug in der ledernen Brust sogar eine Art menschlichen Gefühls, das von den gewöhnlichen Gefühlen der Engländer nicht gar zu sehr verschieden war, es konnte in artikulierten Tönen seine Empfindungen mitteilen, und eben das Geräusch der innern Räder, Raspeln und Schrauben, das man dann vernahm, gab diesen Tönen eine echt englische Aussprache; kurz, dieses Automat war ein vollendeter Gentleman, und zu einem echten Menschen fehlte ihm gar nichts als eine Seele. Diese aber hat ihm der englische Mechanikus nicht geben können, und das arme Geschöpf, das sich solchen Mangels bewusst worden, quälte nun Tag und Nacht seinen Schöpfer mit der Bitte, ihm eine Seele zu geben. Solche Bitte, die sich immer dringender wiederholte, wurde jenem Künstler endlich so unerträglich, dass er vor seinem eignen Kunstwerk die Flucht ergriff. Das Automat aber nahm gleich Extrapost, verfolgte ihn nach dem Kontinent, reist beständig hinter ihm her, erwischt ihn manchmal und schnarrt und grunzt ihm dann entgegen: »Give me a soul!« Diesen beiden Gestalten begegnen wir nun in allen Ländern, und nur wer ihr besonderes Verhältnis kennt, begreift ihre sonderbare Hast und ihren ängstlichen Missmut. Wenn man aber dieses besondere Verhältnis kennt, so sieht man darin wieder etwas Allgemeines, man sieht, wie ein Teil des englischen Volkes seines mechanischen Daseins überdrüssig ist und eine Seele verlangt, der andre Teil aber aus Angst vor solcherlei Begehrnis in die Kreuz und die Quer getrieben wird, beide aber es daheim nicht mehr aushalten können.

Dieses ist eine grauenhafte Geschichte. Es ist entsetzlich wenn die Körper, die wir geschaffen haben, von uns eine Seele verlangen. Weit grauenhafter, entsetzlicher, unheimlicher ist es jedoch, wenn wir eine Seele geschaffen und diese von uns ihren Leib verlangt und uns mit diesem Verlangen verfolgt. Der Gedanke, den wir gedacht, ist eine solche Seele, und er lässt uns keine Ruhe, bis wir ihm seinen Leib gegeben, bis wir ihn zur sinnlichen Erscheinung gefördert. Der Gedanke will Tat, das Wort will Fleisch werden. Und wunderbar! der Mensch, wie der Gott der Bibel, braucht nur seinen Gedanken auszusprechen, und es gestaltet sich die Welt, es wird Licht oder es wird Finsternis, die Wasser sondern sich von dem Festland, oder gar wilde Bestien kommen zum Vorschein. Die Welt ist die Signatur des Wortes.

Dieses merkt euch, ihr stolzen Männer der Tat. Ihr seid nichts als unbewusste Handlanger der Gedankenmänner, die oft in demütigster Stille euch all eu'r Tun aufs Bestimmteste vorgezeichnet haben. Maximilian Robespierre war nichts als die Hand von Jean- Jacques Rousseau, die blutige Hand, die aus dem Schoß der Zeit den Leib hervorzog, dessen Seele Rousseau geschaffen. Die unstete Angst, die dem Jean-Jacques das Leben verkümmerte, rührte sie vielleicht daher, dass er schon im Geiste ahnte, welch eines Geburtshelfers seine Gedanken bedurften, um leiblich zur Welt zu kommen?

Der alte Fontenelle hatte vielleicht recht, als er sagte: »Wenn ich alle Gedanken dieser Welt in meiner Hand trüge, so würde ich mich hüten, sie zu öffnen.« Ich meinesteils, ich denke anders. Wenn ich alle Gedanken dieser Welt in meiner Hand hätte – ich würde euch vielleicht bitten, mir die Hand gleich abzuhauen; auf keinen Fall hielte ich sie so lange verschlossen. Ich bin nicht dazu geeignet, ein Kerkermeister der Gedanken zu sein. Bei Gott! ich lass sie los. Mögen sie sich immerhin zu den bedenklichsten Erscheinungen verkörpern, mögen sie immerhin, wie ein toller Bacchantenzug, alle Lande durchstürmen, mögen sie mit ihren Thyrsusstäben unsere unschuldigsten Blumen zerschlagen, mögen sie immerhin in unsere Hospitäler hereinbrechen und die kranke alte Welt aus ihren Betten jagen – es wird freilich mein Herz sehr bekümmern, und ich selber werde dabei zu Schaden kommen! Denn ach! ich gehöre ja selber zu dieser kranken alten Welt, und mit Recht sagt der Dichter: Wenn man auch seiner Krücken spottet, so kann man darum doch nicht besser gehen. Ich bin der Kränkste von euch allen und um so bedauernswürdiger, da ich weiß, was Gesundheit ist. Ihr aber, ihr wisst es nicht, ihr Beneidenswerten! Ihr seid kapabel zu sterben, ohne es selbst zu merken. Ja, viele von euch sind längst tot und behaupten, jetzt erst beginne ihr wahres Leben. Wenn ich solchem Wahnsinn widerspreche, dann wird man mir gram und schmäht mich – und entsetzlich! die Leichen springen an mich heran und schimpfen, und mehr noch als ihre Schmähworte belästigt mich ihr Moderduft ... Fort, ihr Gespenster, ich spreche jetzt von einem Manne, dessen Name schon eine exorzierende Macht ausübt, ich spreche von Immanuel Kant!

Man sagt, die Nachtgeister erschrecken, wenn sie das Schwert eines Scharfrichters erblicken – Wie müssen sie erst erschrecken, wenn man ihnen Kants »Kritik der reinen Vernunft« entgegenhält! Dieses Buch ist das Schwert, womit der Deismus hingerichtet worden in Deutschland.

Ehrlich gestanden, ihr Franzosen, in Vergleichung mit uns Deutschen seid ihr zahm und moderat. Ihr habt höchstens einen König töten können, und dieser hatte schon den Kopf verloren, ehe ihr köpftet. Und dabei musstet ihr so viel trommeln und schreien und mit den Füßen trampeln, dass es den ganzen Erdkreis erschütterte. Man erzeigt wirklich dem Maximilian Robespierre zu viel Ehre, wenn man ihn mit dem Immanuel Kant vergleicht. Maximilian Robespierre, der große Spießbürger von der Rue Saint-Honoré, bekam freilich seine Anfälle von Zerstörungswut, wenn es das Königtum galt, und er zuckte dann furchtbar genug in seiner regiziden Epilepsie; aber sobald vom höchsten Wesen die Rede war, wusch er sich den weißen Schaum wieder vom Munde und das Blut von den Händen und zog seinen blauen Sonntagsrock an, mit den Spiegelknöpfen, und steckte noch obendrein einen Blumenstrauß vor seinen breiten Brustlatz.

Die Lebensgeschichte des Immanuel Kant ist schwer zu beschreiben. Denn er hatte weder Leben noch Geschichte. Er lebte ein mechanisch geordnetes, fast abstraktes Hagestolzenleben, in einem stillen, abgelegenen Gässchen zu Königsberg, einer alten Stadt an der nordöstlichen Grenze Deutschlands. Ich glaube nicht, dass die große Uhr der dortigen Kathedrale leidenschaftsloser und regelmäßiger ihr äußeres Tagewerk vollbrachte wie ihr Landsmann Immanuel Kant. Aufstehn, Kaffeetrinken, Schreiben, Kollegienlesen, Essen, Spazierengehn, alles hatte seine bestimmte Zeit, und die Nachbarn wussten ganz genau, dass die Glocke halb vier sei, wenn Immanuel Kant in seinem grauen Leibrock, das spanische Röhrchen in der Hand, aus seiner Haustüre trat und nach der kleinen Lindenallee wandelte, die man seinetwegen noch jetzt den Philosophengang nennt. Achtmal spazierte er dort auf und ab, in jeder Jahreszeit, und wenn das Wetter trübe war oder die grauen Wolken einen Regen verkündigten, sah man seinen Diener, den alten Lampe, ängstlich besorgt hinter ihm drein wandeln, mit einem langen Regenschirm unter dem Arm, wie ein Bild der Vorsehung.

Sonderbarer Kontrast zwischen dem äußeren Leben des Mannes und seinen zerstörenden, weltzermalmenden Gedanken! Wahrlich, hätten die Bürger von Königsberg die ganze Bedeutung dieses Gedankens geahnt, sie würden vor jenem Manne eine weit grauenhaftere Scheu empfunden haben als vor einem Scharfrichter, vor einem Scharfrichter, der nur Menschen hinrichtet – aber die guten Leute sahen in ihm nichts anderes als einen Professor der

Philosophie, und wenn er zur bestimmten Stunde vorbeiwandelte, grüßten sie freundlich und richteten etwa nach ihm ihre Taschenuhr.

Wenn aber Immanuel Kant, dieser große Zerstörer im Reich der Gedanken, an Terrorismus den Maximilian Robespierre weit übertraf, so hat er doch mit diesem manche Ähnlichkeiten, die zu einer Vergleichung beider Männer auffordern. Zunächst finden wir in beiden dieselbe unerbittliche, schneidende, poesielose, nüchterne Ehrlichkeit. Dann finden wir in beiden dasselbe Talent des Misstrauens, nur dass es der eine gegen Gedanken ausübt und Kritik nennt, während der andere es gegen Menschen anwendet und republikanische Tugend betitelt. Im höchsten Grade jedoch zeigt sich in beiden der Typus des Spießbürgertums – die Natur hatte sie bestimmt, Kaffee und Zucker zu wiegen, aber das Schicksal wollte, dass sie andere Dinge abwögen, und legte dem einen einen König und dem anderen einen Gott auf die Waagschale … Und sie gaben das richtige Gewicht!

Die »Kritik der reinen Vernunft« ist das Hauptwerk von Kant, und wir müssen uns vorzugsweise damit beschäftigen. Keine von allen Schriften Kants hat größere Wichtigkeit. Dieses Buch, wie schon erwähnt, erschien 1781 und wurde erst 1789 allgemein bekannt. Es wurde anfangs ganz übersehen, nur zwei unbedeutende Anzeigen sind damals darüber erschienen, und erst spät wurde durch Artikel von Schütz, Schultz und Reinhold die Aufmerksamkeit des Publikums auf dieses große Buch geleitet. Die Ursache dieser verzögerten Anerkenntnis liegt wohl in der ungewöhnlichen Form und schlechten Schreibart. In Betreff der letztern verdient Kant größeren Tadel als irgendein anderer Philosoph; umso mehr, wenn wir seinen vorhergehenden besseren Stil erwägen. Die kürzlich erschienene Sammlung seiner kleinen Schriften enthält die ersten Versuche, und wir wundern uns da über die gute, manchmal sehr witzige Schreibart. Während Kant im Kopf schon sein großes Werk ausarbeitete, hat er diese kleinen Aufsätze vor sich hin geträllert. Er lächelt da wie ein Soldat, der sich ruhig waffnet, um in eine Schlacht zu gehen, wo er gewiss zu siegen denkt. Unter jenen kleinen Schriften sind besonders merkwürdig: »Allgemeine Naturgeschichte und Theorie des Himmels«, geschrieben schon 1755; »Beobachtungen über das Gefühl des Schönen und Erhabenen«, geschrieben zehn Jahre später, sowie auch »Träume eines Geistersehers«, voll guter Laune in der Art der französischen Essays. Der Witz eines Kant, wie er sich in diesen Schriftchen äußert, hat etwas höchst Eigentümliches. Der Witz rankt da an dem Gedanken, und trotz seiner Schwäche erreicht er dadurch eine erquickliche Höhe. Ohne solche Stütze freilich kann der reichste Witz nicht gedeihen; gleich der Weinrebe, die eines Stabes entbehrt, muss er alsdann kümmerlich am Boden hinkriechen und mit seinen kostbarsten Früchten vermodern.

Warum aber hat Kant seine »Kritik der reinen Vernunft« in einem so grauen, trockenen Packpapierstil geschrieben? Ich glaube, weil er die mathematische Form der Descartes-Leibniz-Wolffianer verwarf, fürchtete er, die Wissenschaft möchte etwas von ihrer Würde einbüßen, wenn sie sich in einem leichten, zuvorkommend heiteren Tone ausspräche. Er verlieh ihr daher eine steife, abstrakte Form, die alle Vertraulichkeit der niederen Geistesklassen kalt ablehnte. Er wollte sich von den damaligen Popularphilosophen, die nach bürgerlichster Deutlichkeit strebten, vornehm absondern, und er kleidete seine Gedanken in eine hofmännisch abgekältete Kanzleisprache. Hier zeigt sich ganz der Philister. Aber vielleicht bedurfte Kant zu seinem sorgfältig gemessenen Ideengang auch einer Sprache, die sorgfältig gemessener, und er war nicht imstande, eine bessere zu schaffen. Nur das Genie hat für den neuen Gedanken auch das neue Wort. Immanuel Kant war aber kein Genie. Im Gefühl dieses Mangels, ebenso wie der gute Maximilian, war Kant umso misstrauischer gegen das Genie, und in seiner »Kritik der Urteilskraft« behauptete er sogar, das Genie habe nichts in der Wissenschaft zu schaffen, seine Wirksamkeit gehöre ins Gebiet der Kunst.

Kant hat durch den schwerfälligen, steifleinenen Stil seines Hauptwerks sehr vielen Schaden gestiftet. Denn die geistlosen Nachahmer äfften ihn nach in dieser Äußerlichkeit, und es entstand bei uns der Aberglaube, dass man kein Philosoph sei, wenn man gut schriebe. Die mathematische Form jedoch konnte seit Kant in der Philosophie nicht mehr aufkommen. Dieser Form hat er in der »Kritik der reinen Vernunft« ganz unbarmherzig den Stab gebrochen. Die mathematische Form in der Philosophie, sagte er, bringe nichts als Kartengebäude hervor, so wie die philosophische Form in der Mathematik nur eitel Geschwätz hervorbringt. Denn in der Philosophie könne es keine Definitionen geben wie in der Mathematik, wo die Definitionen nicht diskursiv, sondern intuitiv sind, d. h. in der Anschauung nachgewiesen werden können; was man Definitionen in der Philosophie nenne, werde nur versuchsweise, hypothetisch, vorangestellt; die eigentlich richtige Definition erscheine nur am Ende als Resultat.

Wie kommt es, dass die Philosophen so viel Vorliebe für die mathematische Form zeigen? Diese Vorliebe beginnt schon mit Pythagoras, der die Prinzipien der Dinge durch Zahlen bezeichnete. Dieses war ein genialer Gedanke. In einer Zahl ist alles Sinnliche und Endliche abgestreift, und dennoch bezeichnet sie etwas Bestimmtes und dessen Verhältnis zu etwas Bestimmtem, welches letztere, wenn es ebenfalls durch eine Zahl bezeichnet wird, denselben Charakter des Entsinnlichten und Unendlichen angenommen. Hierin gleicht die Zahl den Ideen, die denselben Charakter und dasselbe Verhältnis zueinander haben. Man kann die Ideen, wie sie in unserem Geist und in der Natur sich kundgeben, sehr treffend durch Zahlen bezeichnen; aber die Zahl bleibt doch immer das Zeichen der Idee, nicht die Idee selber. Der Meister bleibt dieses Unterschieds noch bewusst, der Schüler aber vergisst dessen und überliefert seinen Nachschülern nur eine Zahlenhieroglyphik, bloße Chiffren, deren lebendige Bedeutung niemand mehr kennt und die man mit Schulstolz nachplappert. Dasselbe gilt von den übrigen Elementen der mathematischen Form. Das Geistige in seiner ewigen Bewegung erlaubt kein Fixieren; ebenso wenig wie durch die Zahl lässt es sich fixieren durch Linie, Dreieck, Viereck und Kreis. Der Gedanke kann weder gezählt werden noch gemessen.

Da es mir hauptsächlich darum zu tun ist, das Studium der deutschen Philosophie in Frankreich zu erleichtern, so bespreche ich immer zumeist diejenigen Äußerlichkeiten, die den Fremden leicht abschrecken, wenn man ihn nicht vorher darüber in Kenntnis gesetzt hat. Literatoren, die den Kant für das französische Publikum bearbeiten wollen, mache ich besonders darauf aufmerksam, dass sie denjenigen Teil seiner Philosophie ausscheiden können, der bloß dazu dient, die Absurditäten der Wolffschen Philosophie zu bekämpfen. Diese Polemik, die sich überall durchdrängt, kann bei den Franzosen nur Verwirrung und gar keinen Nutzen hervorbringen. – Wie ich höre, beschäftigt sich der Herr Doktor Schön, ein deutscher Gelehrter in Paris, mit einer französischen Herausgabe des Kant. Ich hege eine zu günstige Meinung von den philosophischen Einsichten des Obgenannten, als dass ich es für nötig erachtete, obigen Wink auch an ihn zu richten, und ich erwarte vielmehr von ihm ein ebenso nützliches wie wichtiges Buch.

Die »Kritik der reinen Vernunft« ist, wie ich bereits gesagt, das Hauptbuch von Kant, und seine übrigen Schriften sind einigermaßen als entbehrlich oder allenfalls als Kommentare zu betrachten. Welche soziale Bedeutung jenem Hauptbuch innewohnt, wird sich aus folgendem ergeben.

Die Philosophen vor Kant haben zwar über den Ursprung unserer Erkenntnisse nachgedacht und sind, wie wir bereits gezeigt, in zwei verschiedene Wege geraten, je nachdem sie Ideen a priori oder Ideen a posteriori annahmen; über das Erkenntnisvermögen selber, über den Umfang unseres Erkenntnisvermögens oder über die Grenzen unseres Erkenntnisvermögens ist weniger nachgedacht worden. Dieses ward nun die Aufgabe von Kant, er unterwarf unser Erkenntnisvermögen einer schonungslosen Untersuchung, er sondierte die ganze Tiefe dieses Vermögens und konstatierte alle seine Grenzen. Da fand er nun freilich, dass wir gar nichts wissen können von sehr vielen Dingen, mit denen wir früher in vertrautester Bekanntschaft zu stehen vermeinten. Das war sehr verdrießlich. Aber es war doch immer nützlich, zu wissen, von welchen Dingen wir nichts wissen können. Wer uns vor nutzlosen Wegen warnt, leistet uns einen ebenso guten Dienst wie derjenige, der uns den rechten Weg anzeigt. Kant bewies uns, dass wir von den Dingen, wie sie an und für sich selber sind, nichts wissen, sondern dass wir nur insofern etwas von ihnen wissen, als sie sich in unserem Geiste reflektieren. Da sind wir nun ganz wie die Gefangenen, wovon Plato, im siebenten Buch vom »Staate«, so Betrübsames erzählt: Diese Unglücklichen, gefesselt an Hals und Schenkeln, sodass sie sich mit dem Kopf nicht herumdrehen können, sitzen in einem Kerker, der oben offen ist, und von oben her erhalten sie einiges Licht. Dieses Licht aber kommt von einem Feuer, welches hinter ihnen oben brennt, und zwar noch getrennt von ihnen durch eine kleine Mauer. Längs dieser Mauer wandeln Menschen, welche allerlei Statuen, Holz- und Steinbilder, vorübertragen und miteinander sprechen. Die armen Gefangenen können nun von diesen Menschen, welche nicht so hoch wie die Mauer, gar nichts sehen, und von den vorbeigetragenen Statuen, die über die Mauer hervorragen, sehen sie nur die Schatten, welche sich an der ihnen gegenüberstehenden Wand dahinbewegen; und sie halten nun diese Schatten für die wirklichen Dinge, und getäuscht durch das Echo ihres Kerkers, glauben sie, es seien diese Schatten, welche miteinander sprechen.

Die bisherige Philosophie, die schnüffelnd an den Dingen herumlief und sich Merkmale derselben einsammelte und sie klassifizierte, hörte auf, als Kant erschien, und dieser lenkte die Forschung zurück in den menschlichen Geist und untersuchte, was sich da kundgab. Nicht mit Unrecht vergleicht er daher seine Philosophie mit dem Verfahren des Kopernikus. Früher, als man die Welt stillstehen und die Sonne um dieselbe herumwandeln ließ, wollten die Himmelsberechnungen nicht sonderlich übereinstimmen; da ließ Kopernikus die Sonne stillstehen und die Erde um sie herumwandeln, und siehe! alles ging nun vortrefflich. Früher lief die Vernunft, gleich der Sonne, um die Erscheinungswelt herum und suchte sie zu beleuchten; Kant aber lässt die Vernunft, die Sonne, stillstehen, und die Erscheinungswelt dreht sich um sie herum und wird beleuchtet, je nachdem sie in den Bereich dieser Sonne kommt.

Nach diesen wenigen Worten, womit ich die Aufgabe Kants angedeutet, ist jedem begreiflich, dass ich denjenigen Abschnitt seines Buches, worin er die sogenannten Phänomena und Noumena abhandelt, für den wichtigsten Teil, für den Mittelpunkt seiner Philosophie halte. Kant macht nämlich einen Unterschied zwischen den Erscheinungen der Dinge und den Dingen an sich. Da wir von den Dingen nur insoweit etwas wissen können, als sie sich uns durch Erscheinung kundgeben, und da also die Dinge nicht, wie sie an und für sich selbst sind, sich uns zeigen, so hat Kant die Dinge, insofern sie erscheinen, Phänomena und die Dinge an und für sich Noumena genannt. Nur von den Dingen als Phänomena können wir etwas wissen, nichts aber können wir von den Dingen wissen als Noumena. Letztere sind nur problematisch, wir können weder sagen: sie existieren, noch: sie existieren nicht. Ja, das Wort Noumen ist nur dem Wort Phänomen nebengesetzt, um von Dingen, insoweit sie uns erkennbar, sprechen zu können, ohne in unserem Urteil die Dinge, die uns nicht erkennbar, zu berühren.

Kant hat also nicht, wie manche Lehrer, die ich nicht nennen will, die Dinge unterschieden in Phänomena und Noumena, in Dinge, welche für uns existieren, und in Dinge, welche für uns nicht existieren. Dieses wäre ein irländischer Bull [lächerliche, ungereimte bzw. logisch absurde Aussage] in der Philosophie. Er hat nur einen Grenzbegriff geben wollen.

Gott ist, nach Kant, ein Noumen. Infolge seiner Argumentation ist jenes transzendentale Idealwesen, welches wir bisher Gott genannt, nichts anderes als eine Erdichtung. Es ist durch eine natürliche Illusion entstanden. Ja, Kant zeigt, wie wir von jenem Noumen, von Gott, gar nichts wissen können und wie sogar jede künftige Beweisführung seiner Existenz unmöglich sei. Die Danteschen Worte »Lasst die Hoffnung zurück!« schreiben wir über diese Abteilung der »Kritik der reinen Vernunft«.

Ich glaube, man erlässt mir gern die populäre Erörterung dieser Partie, wo »von den Beweisgründen der spekulativen Vernunft, auf das Dasein eines höchsten Wesens zu schließen«, gehandelt wird. Obwohl die eigentliche Widerlegung dieser Beweisgründe nicht viel Raum einnimmt und erst in der zweiten Hälfte des Buches zum Vorschein kommt, so ist sie doch schon von vornherein aufs Absichtlichste eingeleitet, und sie gehört zu dessen Pointen. Es knüpft sich daran die »Kritik aller spekulativen Theologie«, und vernichtet werden die übrigen Luftgebilde der Deisten. Bemerken muss ich, dass Kant, indem er die drei Hauptbeweisarten für das Dasein Gottes, nämlich den ontologischen, den kosmologischen und den physiko-theologischen Beweis angreift, nach meiner Meinung die zwei letzteren, aber nicht den ersteren zugrunde richten kann. Ich weiß nicht, ob die obigen Ausdrücke hier bekannt sind, und ich gebe daher die Stelle aus der »Kritik der reinen Vernunft«, wo Kant ihre Unterscheidungen formuliert:

»Es sind nur drei Beweisarten vom Dasein Gottes aus spekulativer Vernunft möglich. Alle Wege, die man in dieser Absicht einschlagen mag, fangen entweder von der bestimmten Erfahrung und der dadurch erkannten besonderen Beschaffenheit unserer Sinnenwelt an und steigen von ihr nach Gesetzen der Kausalität bis zur höchsten Ursache außer der Welt hinauf; oder sie legen nur unbestimmte Erfahrung, das ist irgendein Dasein, zum Grunde, oder sie abstrahieren endlich von aller Erfahrung und schließen gänzlich a priori aus bloßen Begriffen auf das Dasein einer höchsten Ursache. Der erste Beweis ist der physiko-theologische, der zweite der kosmologische, der dritte ist der ontologische Beweis. Mehr gibt es ihrer nicht, und mehr kann es ihrer auch nicht geben.«

Nach mehrmaligem Durchstudieren des Kantschen Hauptbuchs glaubte ich zu erkennen, dass die Polemik gegen jene bestehenden Beweise für das Dasein Gottes überall hervorlauscht, und ich würde sie weitläufiger besprechen, wenn mich nicht ein religiöses Gefühl davon abhielte. Schon dass ich jemanden das Dasein Gottes diskutieren sehe, erregt in mir eine so sonderbare Angst, eine so unheimliche Beklemmung, wie ich sie einst in London zu New-Bedlam empfand, als ich, umgeben von lauter Wahnsinnigen, meinen Führer aus den Augen verlor. »Gott ist alles, was da ist«, und Zweifel an ihm ist Zweifel an das Leben selbst, es ist der Tod.

So verwerflich auch jede Diskussion über das Dasein Gottes ist, desto preislicher ist das Nachdenken über die Natur Gottes. Dieses Nachdenken ist ein wahrhafter Gottesdienst, unser Gemüt wird dadurch abgezogen vom Vergänglichen und Endlichen und gelangt zum Bewusstsein der Urgüte und der ewigen Harmonie. Dieses Bewusstsein durchschauert den Gefühlsmenschen im Gebet oder bei der Betrachtung kirchlicher Symbole; der Denker findet diese heilige Stimmung in der Ausübung jener erhabenen Geisteskraft, welche wir Vernunft nennen und deren höchste Aufgabe es ist, die Natur Gottes zu erforschen. Ganz besonders religiöse Menschen beschäftigen sich mit dieser Aufgabe von Kind auf, geheimnisvoll sind sie davon schon bedrängt, durch die erste Regung der Vernunft. Der Verfasser dieser Blätter ist sich einer solchen frühen, ursprünglichen Religiosität aufs Freudigste bewusst, und sie hat ihn nie verlassen. Gott war immer der Anfang und das Ende aller meiner Gedanken. Wenn ich jetzt frage: Was ist Gott, was ist seine Natur?, so frug ich schon als kleines Kind: Wie ist Gott? wie sieht er aus? Und damals konnte ich ganze Tage in den Himmel hinaufsehen und war des Abends sehr betrübt, dass ich niemals das allerheiligste Angesicht Gottes, sondern immer nur graue, blöde Wolkenfratzen erblickt hatte. Ganz konfus machten mich die Mitteilungen aus der Astronomie, womit man damals, in der Aufklärungsperiode, sogar die kleinsten Kinder nicht verschonte, und ich konnte mich nicht genug wundern, dass alle diese tausend Millionen Sterne ebenso große, schöne Erdkugeln seien wie die unsrige und über all dieses leuchtende Weltengewimmel ein einziger Gott waltete. Einst im Traum, erinnere ich mich, sah ich Gott, ganz oben in der weitesten Ferne. Er schaute vergnüglich zu einem kleinen Himmelsfenster hinaus, ein frommes Greisengesicht mit einem kleinen Judenbärtchen, und er streute eine Menge Saatkörner herab, die, während sie vom Himmel niederfielen, im unendlichen Raum gleichsam aufgingen, eine ungeheure Ausdehnung gewannen, bis sie lauter strahlende, blühende, bevölkerte Welten wurden, jede so groß wie unsere eigene Erdkugel. Ich habe dieses Gesicht nie vergessen können, noch oft im Traum sah ich den heiteren Alten aus seinem kleinen Himmelfenster die Weltensaat herabschütten; ich sah ihn einst sogar mit den Lippen schnalzen, wie unsere Magd, wenn sie den Hühnern ihr Gerstenfutter zuwarf. Ich konnte nur sehen, wie die fallenden Saatkörner sich immer zu großen, leuchtenden Weltkugeln ausdehnten; aber die etwaigen großen Hühner, die vielleicht irgendwo mit aufgesperrten Schnäbeln lauerten, um mit den hingestreuten Weltkugeln gefüttert zu werden, konnte ich nicht sehen.

Du lächelst, lieber Leser, über die großen Hühner. Diese kindische Ansicht ist aber nicht allzu sehr entfernt von der Ansicht der reifsten Deisten. Um von dem außerweltlichen Gott einen Begriff zu geben, haben sich der Orient und der Okzident in kindischen Hyperbeln erschöpft. Mit der Unendlichkeit des Raumes und der Zeit hat sich aber die Phantasie der Deisten vergeblich abgequält. Hier zeigt sich ganz ihre Ohnmacht, die Haltlosigkeit ihrer Weltansicht, ihrer Idee von der Natur Gottes. Es betrübt uns daher wenig, wenn diese Idee zugrunde gerichtet wird. Dieses Leid aber hat ihnen Kant wirklich angetan, indem er ihre Beweisführungen von der Existenz Gottes zerstörte.

Die Rettung des ontologischen Beweises käme dem Deismus gar nicht besonders heilsam zustatten, denn dieser Beweis ist ebenfalls für den Pantheismus zu gebrauchen. Zu näherem Verständnis bemerke ich, dass der ontologische Beweis derjenige ist, den Descartes aufstellt und der schon lange vorher im Mittelalter, durch Anselm von Canterbury, in einer ruhenden Gebetform ausgesprochen worden. Ja, man kann sagen, dass der heilige Augustin schon im zweiten Buch »De libero arbitrio« den ontologischen Beweis aufgestellt hat.

Ich enthalte mich, wie gesagt, aller popularisierenden Erörterung der Kantschen Polemik gegen jene Beweise. Ich begnüge mich, zu versichern, dass der Deismus seitdem im Reiche der spekulativen Vernunft erblichen ist. Diese betrübende Todesnachricht bedarf vielleicht einiger Jahrhunderte, ehe sie sich allgemein verbreitet hat – wir aber haben längst Trauer angelegt. De profundis!

Ihr meint, wir könnten jetzt nach Hause gehn? Beileibe! es wird noch ein Stück aufgeführt. Nach der Tragödie kommt die Farce. Immanuel Kant hat bis hier den unerbittlichen Philosophen trassiert, er hat den Himmel gestürmt, er hat die ganze Besatzung über die Klinge springen lassen, der Oberherr der Welt schwimmt unbewiesen in seinem Blute, es gibt jetzt keine Allbarmherzigkeit mehr, keine Vatergüte, keine jenseitige Belohnung für diesseitige Enthaltsamkeit, die Unsterblichkeit der Seele liegt in den letzten Zügen – das röchelt, das stöhnt –, und der alte Lampe steht dabei mit seinem Regenschirm unterm Arm, als betrübter Zuschauer, und Angstschweiß und Tränen rinnen ihm vom Gesicht. Da erbarmt sich Immanuel Kant und zeigt, dass er nicht bloß ein großer Philosoph, sondern auch ein guter Mensch ist, und er überlegt, und halb gutmütig und halb ironisch spricht er: »Der alte Lampe muss einen Gott haben, sonst kann der arme Mensch nicht glücklich sein – der Mensch soll aber auf der Welt glücklich sein – das sagt die praktische Vernunft – meinetwegen – so mag auch die praktische Vernunft die Existenz Gottes verbürgen.« Infolge dieses Arguments unterscheidet Kant zwischen der theoretischen Vernunft und der praktischen Vernunft, und mit dieser, wie mit einem Zauberstäbchen, belebte er wieder den Leichnam des Deismus, den die theoretische Vernunft getötet.

Hat vielleicht Kant die Resurrektion nicht bloß des alten Lampe wegen, sondern auch der Polizei wegen unternommen? Oder hat er wirklich aus Überzeugung gehandelt? Hat er eben dadurch, dass er alle Beweise für das Dasein Gottes zerstörte, uns recht zeigen wollen, wie misslich es ist, wenn wir nichts von der Existenz Gottes wissen können? Er handelte da fast ebenso weise wie mein westfälischer Freund, welcher alle Laternen auf der Grohnderstraße zu Göttingen zerschlagen hatte und uns nun dort, im Dunkeln stehend, eine lange Rede hielt über die praktische Notwendigkeit der Laternen, welche er nur deshalb theoretisch zerschlagen habe, um uns zu zeigen, wie wir ohne dieselben nichts sehen können.

Ich habe schon früher erwähnt, dass die »Kritik der reinen Vernunft« bei ihrem Erscheinen nicht die geringste Sensation gemacht. Erst mehre Jahre später, als einige scharfsinnige Philosophen Erläuterungen über dieses Buch geschrieben, erregte es die Aufmerksamkeit des Publikums, und im Jahre 1789 war in Deutschland von nichts mehr die Rede als von Kantscher Philosophie, und sie hatte schon in Hülle und Fülle ihre Kommentare, Chrestomathien, Erklärungen, Beurteilungen, Apologien usw. Man braucht nur einen Blick auf den ersten besten philosophischen Katalog zu werfen, und die Unzahl von Schriften, die damals über Kant erschienen, zeugt hinreichend von der geistigen Bewegung, die von diesem einzigen Manne ausging. Bei dem einen zeigte sich ein schäumender Enthusiasmus, bei dem andern eine bittere Verdrießlichkeit, bei vielen eine glotzende Erwartung über den Ausgang dieser geistigen Revolution. Wir hatten Emeuten in der geistigen Welt ebenso gut wie ihr in der materiellen Welt, und bei dem Niederreißen des alten Dogmatismus echauffierten wir uns ebenso sehr wie ihr beim Sturm der Bastille. Es waren freilich ebenfalls nur ein paar alte Invaliden, welche den Dogmatismus, das ist die Wolffsche Philosophie, verteidigten. Es war eine Revolution, und es fehlte nicht an Gräuel. Unter der Partei der Vergangenheit waren die eigentlichen guten Christen über jene Gräuel am wenigsten ungehalten. Ja, sie wünschten noch schlimmere Gräuel, damit sich das Maß fülle und die Konterrevolution desto schneller als notwendige Reaktion stattfinde. Es gab bei uns Pessimisten in der Philosophie wie bei euch in der Politik. Manche unserer Pessimisten gingen in der Selbstverblendung so weit, dass sie sich einbildeten, Kant sei mit ihnen in einem geheimen Einverständnis und habe die bisherigen Beweise für das Dasein Gottes nur deshalb zerstört, damit die Welt einsehe, dass man durch die Vernunft nimmermehr zur Erkenntnis Gottes gelange und dass man sich also hier an die geoffenbarten Religion halten müsse.

Diese große Geisterbewegung hat Kant nicht sowohl durch den Inhalt seiner Schriften hervorgebracht als vielmehr durch den kritischen Geist, der darin waltete und der sich jetzt in alle Wissenschaften eindrängte. Alle Disziplinen wurden davon ergriffen. Ja, sogar die Poesie blieb nicht verschont von ihrem Einfluss. Schiller z. B. war ein gewaltsamer Kantianer, und seine Kunstansichten sind geschwängert von dem Geist der Kantschen Philosophie. Der schönen Literatur und den schönen Künsten wurde diese Kantsche Philosophie, wegen ihrer abstrakten Trockenheit, sehr schädlich. Zum Glück mischte sie sich nicht in die Kochkunst.

Das deutsche Volk lässt sich nicht leicht bewegen; ist es aber einmal in irgendeine Bahn hineinbewegt, so wird es dieselbe mit beharrlichster Ausdauer bis ans Ende verfolgen. So zeigten wir uns in den Angelegenheiten der Religion. So zeigten wir uns nun auch in der Philosophie. Werden wir uns ebenso konsequent weiterbewegen in der Politik?

Deutschland war durch Kant in die philosophische Bahn hineingezogen, und die Philosophie ward eine Nationalsache. Eine schöne Schar großer Denker sprosste plötzlich aus dem deutschen Boden wie hervorgezaubert. Wenn einst, gleich der französischen Revolution, auch die deutsche Philosophie ihren Thiers und ihren Mignet findet, so wird die Geschichte derselben eine ebenso merkwürdige Lektüre bieten, und der Deutsche wird sie mit Stolz und der Franzose wird sie mit Bewunderung lesen.

Unter den Schülern Kants ragte schon früher hervor Johann Gottlieb Fichte.

Ich verzweifle fast, von der Bedeutung dieses Mannes einen richtigen Begriff geben zu können. Bei Kant hatten wir nur ein Buch zu betrachten. Hier aber kommt außer dem Buch auch ein Mann in Betrachtung; in diesem Mann sind Gedanke und Gesinnung eins, und in solcher großartigen Einheit wirken sie auf die Mitwelt. Wir haben daher nicht bloß eine Philosophie zu erörtern, sondern auch einen Charakter, durch den sie gleichsam bedingt wird, und um beider Einfluss zu begreifen, bedürfte es auch wohl einer Darstellung der damaligen Zeitverhältnisse. Welche weitreichende Aufgabe! Vollauf sind wir gewiss entschuldigt, wenn wir hier nur dürftige Mitteilungen bieten.

Schon über den Fichteschen Gedanken ist sehr schwer zu berichten. Auch hier stoßen wir auf eigentümliche Schwierigkeiten. Sie betreffen nicht bloß den Inhalt, sondern auch die Form und die Methode, beides Dinge, womit wir den Ausländer gern zunächst bekannt machen. Zuerst also über die Fichtesche Methode. Diese ist anfänglich ganz dem Kant entlehnt. Bald aber ändert sich diese Methode durch die Natur des Gegenstandes. Kant hatte nämlich nur eine Kritik, also etwas Negatives, Fichte aber hatte späterhin ein System, folglich etwas Positives aufzustellen. Wegen jenes Mangels an einem festen System hat man der Kantschen Philosophie manchmal den Titel »Philosophie« absprechen wollen. In Beziehung auf Immanuel Kant selber hatte man recht, keineswegs aber in Beziehung auf die Kantianer, die aus Kants Sätzen eine hinlängliche Anzahl von festen Systemen zusammengebaut. In seinen früheren Schriften bleibt Fichte, wie gesagt, der Kantschen Methode ganz treu, sodass man seine erste Abhandlung, als sie anonym erschien, für ein Werk von Kant halten konnte. Da Fichte aber später ein System aufstellt, so gerät er in ein eifriges, gar eigensinniges Konstruieren, und wenn er die ganze Welt konstruiert hat, so beginnt er ebenso eifrig und eigensinnig von oben bis unten herab seine Konstruktionen zu demonstrieren. In diesem Konstruieren und Demonstrieren bekundet Fichte eine sozusagen abstrakte Leidenschaft. Wie in seinem System selbst, so herrscht bald die Subjektivität auch in seinem Vortrag. Kant hingegen legt den Gedanken vor sich hin und seziert ihn und zerlegt ihn in seine feinsten Fasern, und seine »Kritik der reinen Vernunft« ist gleichsam das anatomische Theater des Geistes. Er selber bleibt dabei kalt, gefühllos, wie ein echter Wundarzt.

Wie die Methode, so auch die Form der Fichteschen Schriften. Sie ist lebendig, aber sie hat auch alle Fehler des Lebens: sie ist unruhig und verwirrsam. Um recht lebendig zu bleiben, verschmäht Fichte die gewöhnliche Terminologie der Philosophen, die ihm etwas Totes dünkt; aber wir geraten dadurch noch viel weniger zum Verständnis. Er hat überhaupt über Verständnis ganz eigene Grillen. Als Reinhold mit ihm gleicher Meinung war, erklärte Fichte, dass ihn niemand besser verstehe wie Reinhold. Als dieser aber später von ihm abwich, erklärte Fichte, er habe ihn nie verstanden. Als er mit Kant differierte, ließ er drucken, Kant verstehe sich selber nicht. Ich berühre hier überhaupt die komische Seite unserer Philosophen. Sie klagen beständig über Nichtverstandenwerden. Als Hegel auf dem Totenbett lag, sagte er: »Nur einer hat mich verstanden«, aber gleich darauf fügte er verdrießlich hinzu: »Und der hat mich auch nicht verstanden.«

In Betreff ihres Inhalts an und für sich hat die Fichtesche Philosophie keine große Bedeutung. Sie hat der Gesellschaft keine Resultate geliefert. Nur insofern sie eine der merkwürdigsten Phasen der deutschen Philosophie überhaupt ist, nur insofern sie die Unfruchtbarkeit des Idealismus in seiner letzten Konsequenz beurkundet und nur insofern sie den notwendigen Übergang zur heutigen Naturphilosophie bildet, ist der Inhalt der Fichteschen Lehre von einigem Interesse. Da dieser Inhalt also mehr historisch und wissenschaftlich als sozial wichtig ist, will ich ihn nur mit den kürzesten Worten andeuten.

Die Aufgabe, welche sich Fichte stellt, ist: Welche Gründe haben wir, anzunehmen, dass unseren Vorstellungen von Dingen auch Dinge außer uns entsprechen? Und dieser Frage gibt er die Lösung: Alle Dinge haben Realität nur in unserem Geiste.

Wie die »Kritik der reinen Vernunft« das Hauptbuch von Kant, so ist die »Wissenschaftslehre« das Hauptbuch von Fichte. Dieses Buch ist gleichsam eine Fortsetzung des ersteren. Die Wissenschaftslehre verweist den Geist ebenfalls in sich selbst. Aber wo Kant analysiert, da konstruiert Fichte. Die Wissenschaftslehre beginnt mit einer abstrakten Formel (Ich = Ich), sie erschafft die Welt hervor aus der Tiefe des Geistes, sie fügt die zersetzten Teile wieder zusammen, sie macht den Weg der Abstraktion zurück, bis sie zur Erscheinungswelt gelangt. Diese Erscheinungswelt kann alsdann der Geist für notwendige Handlungen der Intelligenz erklären.

Bei Fichte ist noch die besondere Schwierigkeit, dass er dem Geist zumutet, sich selber zu beobachten, während er tätig ist. Das Ich soll über seine intellektuellen Handlungen Betrachtungen anstellen, während es sie ausführt. Der Gedanke soll sich selber belauschen, während er denkt, während er allmählich warm und wärmer und endlich gar wird. Diese Operation mahnt uns an den Affen, der am Feuerherd vor einem kupfernen Kessel sitzt und seinen eigenen Schwanz kocht. Denn er meinte: Die wahre Kochkunst besteht nicht darin, dass man bloß objektiv kocht, sondern auch subjektiv des Kochens bewusst wird.

Es ist ein eigener Umstand, dass die Fichtesche Philosophie immer viel von der Satire auszustehen hatte. Ich sah mal eine Karikatur, die eine Fichtesche Gans vorstellt. Sie hat eine so große Leber, dass sie nicht mehr weiß, ob sie die Gans oder ob sie die Leber ist. Auf ihrem Bauch steht: Ich – Ich. Jean Paul hat die Fichtesche Philosophie aufs Heilloseste persifliert in einem Buch, betitelt »Clavis Fichteana«. Dass der Idealismus in seiner konsequenten Durchführung am Ende gar die Realität der Materie leugnete, das erschien dem großen Publikum als ein Spaß, der zu weit getrieben. Wir mokierten uns nicht übel über das Fichtesche Ich, welches die ganze Erscheinungswelt durch sein bloßes Denken produzierte. Unseren Spöttern kam dabei ein Missverständnis zustatten, das zu populär geworden, als dass ich es unerwähnt lassen dürfte. Der große Haufe meinte nämlich, das Fichtesche Ich, das sei das Ich von Johann Gottlieb Fichte, und dieses individuelle Ich leugne alle anderen Existenzen. »Welche Unverschämtheit!« riefen die guten Leute, »dieser Mensch glaubt nicht, dass wir existieren, wir, die wir weit korpulenter als er und als Bürgermeister und Amtsaktuare sogar seine Vorgesetzten sind!« Die Damen fragten: »Glaubt er nicht wenigstens an die Existenz seiner Frau? Nein? Und das lässt Madame Fichte so hingehn?«

Das Fichtesche Ich ist aber kein individuelles Ich, sondern das zum Bewusstsein gekommene allgemeine Welt-Ich. Das Fichtesche Denken ist nicht das Denken eines Individuums, eines bestimmten Menschen, der Johann Gottlieb Fichte heißt; es ist vielmehr ein allgemeines Denken, das sich in einem Individuum manifestiert. So wie man sagt: es regnet, es blitzt usw., so sollte auch Fichte nicht sagen: »ich denke«, sondern: »es denkt«, »das allgemeine Weltdenken denkt in mir«.

Bei einer Vergleichung der französischen Revolution mit der deutschen Philosophie habe ich einst, mehr aus Scherz als im Ernst, den Fichte mit Napoleon verglichen. Aber, in der Tat, es bieten sich hier bedeutsame Ähnlichkeiten. Nachdem die Kantianer ihr terroristisches Zerstörungswerk vollbracht, erscheint Fichte, wie Napoleon erschienen, nachdem die Konvention ebenfalls mit einer reinen Vernunftkritik die ganze Vergangenheit niedergerissen hatte. Napoleon und Fichte repräsentieren das große, unerbittliche Ich, bei welchem Gedanke und Tat eins sind, und die kolossalen Gebäude, welche beide zu konstruieren wissen, zeugen von einem kolossalen Willen. Aber durch die Schrankenlosigkeit dieses Willens gehen jene Gebäude gleich wieder zugrunde, und die Wissenschaftslehre wie das Kaiserreich zerfallen und verschwinden ebenso schnell, wie sie entstanden.

Das Kaiserreich gehört nur noch der Geschichte, aber die Bewegung, welche der Kaiser in der Welt hervorgebracht, ist noch immer nicht gestillt, und von dieser Bewegung lebt noch unsere Gegenwart. So ist es auch mit der Fichteschen Philosophie. Sie ist ganz untergegangen, aber die Geister sind noch aufgeregt von den Gedanken, die durch Fichte laut geworden, und unberechenbar ist die Nachwirkung seines Wortes. Wenn auch der ganze Transzendentalidealismus ein Irrtum war, so lebte doch in den Fichteschen Schriften eine stolze Unabhängigkeit, eine Freiheitsliebe, eine Manneswürde, die besonders auf die Jugend einen heilsamen Einfluss übte. Fichtes Ich war ganz übereinstimmend mit seinem unbeugsamen, hartnäckigen, eisernen Charakter. Die Lehre von einem solchen allmächtigen Ich konnte vielleicht nur einem solchen Charakter entsprießen, und ein solcher Charakter musste, zurückwurzelnd in eine solche Lehre, noch unbeugsamer werden, noch hartnäckiger, noch eiserner.

Wie musste dieser Mann den gesinnungslosen Skeptikern, den frivolen Eklektikern und den Moderaten von allen Farben ein Gräuel sein! Sein ganzes Leben war ein beständiger Kampf. Seine Jugendgeschichte ist eine Reihe von Kümmernissen, wie bei fast allen unseren ausgezeichneten Männern. Armut sitzt an ihrer Wiege und schaukelt sie groß, und diese magere Amme bleibt ihre treue Lebensgefährtin.

Nichts ist rührender, als den willensstolzen Fichte zu sehen, wie er sich durch Hofmeisterei in der Welt durchzuquälen sucht. Solches klägliche Dienstbrot kann er nicht einmal in der Heimat finden, und er muss nach Warschau wandern. Dort die alte Geschichte. Der Hofmeister missfällt der gnädigen Frau oder vielleicht gar der ungnädigen Kammerjungfer. Seine Kratzfüße sind nicht fein genug, nicht französisch genug, und er wird nicht mehr würdig befunden, die Erziehung eines kleinen polnischen Junkers zu leiten. Johann Gottlieb Fichte wird abgeschafft wie ein Lakai, erhält von der missvergnügten Herrschaft kaum einen dürftigen Zehrpfennig, verlässt Warschau und wandert nach Königsberg, in jugendlichem Enthusiasmus, um Kant kennenzulernen. Das Zusammentreffen dieser beiden Männer ist in jeder Hinsicht interessant, und ich glaube beider Weise und Zustände nicht besser veranschaulichen zu können, als indem ich ein Fragment aus Fichtes Tagebuch mitteile, das in einer Biographie desselben, die sein Sohn unlängst herausgegeben, enthalten ist:

»Am fünfundzwanzigsten Juni ging ich nach Königsberg ab mit einem Fuhrmann von dorther und traf ohne besondere Fährlichkeiten am ersten Juli daselbst ein. – Den vierten Kant besucht, der mich indes nicht sonderlich aufnahm: ich hospitierte bei ihm und fand auch da meine Erwartungen nicht befriedigt. Sein Vortrag ist schläfrig. Unterdes schrieb ich dies Tagebuch. – – Schon lange wollte ich Kant ernsthafter besuchen, fand aber kein Mittel. Endlich fiel ich darauf, eine ›Kritik aller Offenbarungen‹ zu schreiben und sie ihm statt einer Empfehlung zu überreichen. Ich fing ungefähr den dreizehnten damit an und arbeitete seitdem ununterbrochen fort. – Am achtzehnten August überschickte ich endlich die nun fertig gewordene Arbeit an Kant und ging den fünfundzwanzigsten hin, um sein Urteil darüber zu hören. Er empfing mich mit ausgezeichneter Güte und schien sehr wohl mit der Abhandlung zufrieden. Zu einem näheren wissenschaftlichen Gespräch kam es nicht; wegen meiner philosophischen Zweifel verwies er mich an seine ›Kritik der reinen Vernunft‹ und an den Hofprediger Schultz, den ich sofort aufsuchen werde. Am sechsundzwanzigsten speiste ich bei Kant, in Gesellschaft des Professor Sommer, und fand einen sehr angenehmen, geistreichen Mann an Kant; erst jetzt erkannte ich Züge in ihm, die des großen, in seinen Schriften niedergelegten Geistes würdig sind. – Den siebenundzwanzigsten endigte ich dies Tagebuch, nachdem ich vorher schon die Exzerpte aus den Kantschen Vorlesungen über Anthropologie, welche mir Herr v. S. geliehen, beendigt hatte. Zugleich beschließe ich, jenes hinfüro ordentlich alle Abende vor Schlafengehn fortzusetzen und alles Interessante, was mir begegnet, besonders aber Charakterzüge und Bemerkungen, einzutragen. – Den achtundzwanzigsten, abends. Noch gestern fing ich an, meine ›Kritik‹ zu revidieren, und kam auf recht gute, tiefe Gedanken, die mich aber leider überzeugten, dass die erste Bearbeitung von Grund aus oberflächlich ist. Heute wollte ich die neuen Untersuchungen fortsetzen, fand mich aber von meiner Phantasie so fortgerissen, dass ich den ganzen Tag nichts habe tun können. In meiner jetzigen Lage ist dies nun leider kein Wunder! Ich habe berechnet, dass ich von heute an nur noch vierzehn Tage hier subsistieren kann. – Freilich bin ich schon in solchen Verlegenheiten gewesen, aber es war in meinem Vaterland, und dann wird es bei zunehmenden Jahren und dringenderem Ehrgefühl immer härter. – Ich habe keinen Entschluss, kann keinen fassen. – Dem Pastor Borowski, zu welchem Kant mich gehen ließ, werde ich mich nicht entdecken; soll ich mich ja entdecken, so geschieht es an niemand als Kant selbst. – Am neunundzwanzigsten ging ich zu Borowski und fand an ihm einen recht guten, ehrlichen Mann. Er schlug mir eine Kondition vor, die aber noch nicht völlig gewiss ist und die mich auch gar nicht sehr freut; zugleich nötigte er mir durch seine Offenheit das Geständnis ab, dass ich pressiert sei, eine Versorgung zu wünschen. Er riet mir, zu Professor W. zu gehn. Arbeiten habe ich nicht gekonnt. – Am folgenden Tage ging ich in der Tat zu W. und nachher zum Hofprediger Schultz. Die Aussichten bei ersterem sind sehr misslich; doch sprach er von Hauslehrerstellen im Kurländischen, die mich ebenfalls nur die höchste Not anzunehmen bewegen wird! Nachher zum Hofprediger, wo anfangs mich seine Gattin empfing. Auch er erschien, aber in mathematische Zirkel vertieft; nachher, als er meinen Namen genauer hörte, wurde er durch die Empfehlung Kants desto freundlicher. Es ist ein eckiges preußisches Gesicht, doch leuchtet die Ehrlichkeit und Gutherzigkeit selbst aus seinen Zügen hervor. Ferner lernte ich da noch kennen Herrn Bräunlich und dessen Pflegbefohlnen, den Grafen Dönhof, Herrn Büttner, Neveu [Neffe] des Hofpredigers, und einen jungen Gelehrten aus Nürnberg, Herrn Ehrhard, einen guten, trefflichen Kopf, doch ohne Lebensart und Weltkenntnis. – Am ersten September stand ein Entschluss in mir fest, den ich Kant entdecken wollte; eine Hauslehrerstelle, so ungern ich dieselbe auch angenommen hätte, findet sich nicht, und die Ungewissheit meiner Lage hindert mich hier, mit freiem Geiste zu arbeiten und des bildenden Umgangs meiner Freunde zu genießen: also fort, in mein Vaterland zurück! Das kleine Darlehen, welches ich dazu bedarf, wird mir vielleicht durch Kants Vermittlung verschafft werden. Aber indem ich zu ihm gehn und meinen Vorschlag ihm machen wollte, entfiel mir der Mut. Ich beschloss zu schreiben. Abends wurde ich zu Hofpredigers gebeten, wo ich einen sehr angenehmen Abend verlebte. Am zweiten vollendete ich den Brief an Kant und schickte ihn ab.«

Trotz seiner Merkwürdigkeit kann ich mich doch nicht entschließen, diesen Brief hier in französischer Sprache mitzuteilen. Ich glaube, es steigt mir eine Röte in die Wangen, und mir ist, als sollte ich die verschämtesten Kümmernisse der eignen Familie vor fremden Leuten erzählen. Trotz meinem Streben nach französischem Weltsinn, trotz meinem philosophischen Kosmopolitismus sitzt doch immer das alte Deutschland mit allen seinen Spießbürgergefühlen in meiner Brust. – Genug, ich kann jenen Brief nicht mitteilen, und ich berichte hier nur: Immanuel Kant war so arm, dass er trotz der herzzerreißend rührenden Sprache jenes Briefes dem Johann Gottlieb Fichte kein Geld borgen konnte. Letzterer ward aber darob nicht im mindesten unmutig, wie wir aus den Worten des Tagebuchs, die ich noch hierhersetzen will, schließen können:

»Am dritten September wurde ich zu Kant eingeladen. Er empfing mich mit seiner gewöhnlichen Offenheit, sagte aber, er habe sich über meinen Vorschlag noch nicht resolviert; jetzt bis in vierzehn Tagen sei er außerstande. Welche liebenswürdige Offenheit! Übrigens machte er Schwierigkeiten über meine Desseins [Absichten, Pläne, Vorhaben], welche verrieten, dass er unsere Lage in Sachsen nicht genug kennt. – – – Alle diese Tage habe ich nichts gemacht: ich will aber wieder arbeiten und das übrige schlechthin Gott überlassen. – Am sechsten. – Ich war zu Kant gebeten, der mir vorschlug, mein Manuskript über die ›Kritik aller Offenbarungen‹ durch Vermittlung des Herrn Pfarrer Borowski an Buchhändler Hartung zu verkaufen. Es sei gut geschrieben, meinte er, da ich von Umarbeitung sprach. – Ist dies wahr? Und doch sagt es Kant! – Übrigens schlug er mir meine erste Bitte ab. – Am zehnten war ich zu Mittag bei Kant. Nichts von unserer Affäre; Magister Gensichen war zugegen, und nur allgemeine, zum Teil sehr interessante Gespräche: auch ist Kant ganz unverändert gegen mich derselbe. – – Am dreizehnten, heute, wollte ich arbeiten, und tue nichts. Mein Missmut überfällt mich. Wie wird dies ablaufen? Wie wird es heut über acht Tage um mich stehen? Da ist mein Geld rein aufgezehrt!«

Nach vielem Umherirren, nach einem langen Aufenthalt in der Schweiz findet Fichte endlich eine feste Stelle in Jena, und von hier aus datiert sich seine Glanzperiode. Jena und Weimar, zwei sächsische Städtchen, die nur wenige Stunden voneinander entfernt liegen, waren damals der Mittelpunkt des deutschen Geisterlebens. In Weimar war der Hof und die Poesie, in Jena war die Universität und die Philosophie. Dort sahen wir die größten Dichter, hier die größten Gelehrten Deutschlands. Anno 1794 begann Fichte seine Vorlesungen in Jena. Die Jahreszahl ist bedeutsam und erklärt sowohl den Geist seiner damaligen Schriften als auch die Tribulationen [Drangsale, Quälereien], denen er seitdem ausgesetzt stand und denen er vier Jahre später endlich unterlag. Anno 1798 nämlich erheben sich gegen ihn die Anklagen wegen Atheismus, die ihm unleidliche Verfolgungen zuziehen und auch seinen Abgang von Jena bewirken. Diese Begebenheit, die merkwürdigste in Fichtes Leben, hat zugleich eine allgemeine Bedeutung, und wir dürfen nicht davon schweigen. Hier kommt auch Fichtes Ansicht von der Natur Gottes ganz eigentlich zur Sprache.

In der Zeitschrift »Philosophisches Journal«, welche Fichte damals herausgab, druckte er einen Aufsatz, betitelt »Entwicklung des Begriffs Religion«, der ihm von einem gewissen Forberg, welcher Schullehrer zu Saalfeld, eingesendet worden. Diesem Aufsatz fügte er noch eine kleine erläuternde Abhandlung hinzu, unter dem Titel: »Über den Grund unseres Glaubens an eine göttliche Weltregierung«.

Die beiden Stücke nun wurden von der kursächsischen Regierung konfisziert, unter dem Vorgeben, sie enthielten Atheismus, und zugleich ging von Dresden aus ein Requisitionsschreiben an den Weimarschen Hof, worin derselbe aufgefordert wurde, den Professor Fichte ernstlich zu bestrafen. Der Weimarsche Hof hatte nun freilich von dergleichen Ansinnen sich keineswegs irreleiten lassen; aber da Fichte bei diesem Vorfall die größten Fehlgriffe beging, da er nämlich eine Appellation ans Publikum schrieb, ohne seine offizielle Behörde zu berücksichtigen, so hat diese, die Weimarsche Regierung, verstimmt und von außen gedrängt, dennoch nicht vermeiden können, den in seinen Ausdrücken unvorsichtigen Professor mit einer gelinden Rüge zu erquicken. Fichte aber, der sich in seinem Recht glaubte, wollte solche Rüge nicht geduldig hinnehmen und verließ Jena. Nach seinen damaligen Briefen zu schließen, wurmte ihn ganz besonders das Verhalten zweier Männer, die, durch ihre amtliche Stellung, in seiner Sache besonders wichtige Stimmen hatten, und diese waren S. Ehrwürden der Oberkonsistorialrat v. Herder und S. Exzellenz der Geheime Rat v. Goethe. Aber beide sind hinreichend zu entschuldigen. Es ist rührend, wenn man in Herders hinterlassenen Briefen liest, wie der arme Herder seine liebe Not hatte mit den Kandidaten der Theologie, die, nachdem sie in Jena studiert, zu ihm nach Weimar kamen, um als protestantische Prediger examiniert zu werden. Über Christus, den Sohn, wagte er im Examen sie gar nicht mehr zu befragen; er war froh genug, wenn man ihm nur die Existenz des Vaters zugestand. Was Goethe betrifft, so hat er sich in seinen Memoiren über obiges Ereignis folgendermaßen geäußert: »Nach Reinholds Abgang von Jena, der mit Recht als ein großer Verlust für die Akademie erschien, war mit Kühnheit, ja Verwegenheit an seine Stelle Fichte berufen worden, der in seinen Schriften sich mit Großheit, aber vielleicht nicht ganz gehörig, über die wichtigsten Sitten- und Staatsgegenstände erklärt hatte. Es war eine der tüchtigsten Persönlichkeiten, die man je gesehen, und an seinen Gesinnungen im höheren Betracht nichts auszusetzen; aber wie hätte er mit der Welt, die er als seinen erschaffenen Besitz betrachtete, gleichen Schritt halten sollen? – Da man ihm die Stunden, die er zu öffentlichen Vorlesungen benutzen wollte, an Werktagen verkümmert hatte, so unternahm er sonntags Vorlesungen, deren Einleitung Hindernisse fand. Kleine und größere daraus entspringende Widerwärtigkeiten waren kaum, nicht ohne Unbequemlichkeit der oberen Behörden, getuscht und geschlichtet, als uns dessen Äußerungen über Gott und göttliche Dinge, über die man freilich besser ein tiefes Stillschweigen beobachtet, von außen beschwerende Anregungen zuzogen. – Fichte hatte in seinem ›Philosophischen Journal‹ über Gott und göttliche Dinge auf eine Weise sich zu äußern gewagt, welche den hergebrachten Ausdrücken über solche Geheimnisse zu widersprechen schien. Er ward in Anspruch genommen; seine Verteidigung besserte die Sache nicht, weil er leidenschaftlich zu Werke ging, ohne Ahnung, wie gut man diesseits für ihn gesinnt sei, wie wohl man seine Gedanken, seine Worte auszulegen wisse, welches man freilich ihm nicht gerade mit dürren Worten zu erkennen geben konnte, und ebenso wenig, wie man ihm auf das Gelindeste herauszuhelfen gedachte. Das Hin- und Widerreden, das Vermuten und Behaupten, das Bestärken und Entschließen wogte in vielfachen unsicheren Reden auf der Akademie ineinander; man sprach von einem ministeriellen Vorhalt, von nichts Geringerem als einer Art Verweis, dessen Fichte sich zu gewärtigen hätte. Hierüber ganz außer Fassung, hielt er sich für berechtigt, ein heftiges Schreiben beim Ministerium einzureichen, worin er, jene Maßregel als gewiss voraussetzend, mit Ungestüm und Trotz erklärte, er werde dergleichen niemals dulden, er werde lieber ohne weiteres von der Akademie abziehen, und in solchem Falle nicht allein, indem mehrere bedeutende Lehrer, mit ihm einstimmig, den Ort zu verlassen gedächten. – Hierdurch war nun auf einmal aller gegen ihn gehegte gute Wille gehemmt, ja paralysiert: hier blieb kein Ausweg, keine Vermittlung übrig, und das Gelindeste war, ihm ohne weiteres seine Entlassung zu erteilen. Nun erst, nachdem die Sache sich nicht mehr ändern ließ, vernahm er die Wendung, die man ihr zu geben im Sinne gehabt, und er musste seinen übereilten Schritt bereuen, wie wir ihn bedauern.«

Ist das nicht, wie er leibt und lebt, der ministerielle, schlichtende, vertuschende Goethe? Er rügt im Grunde nur, dass Fichte das gesprochen, was er dachte, und dass er es nicht in den hergebrachten verhüllenden Ausdrücken gesprochen. Er tadelt nicht den Gedanken, sondern das Wort. Dass der Deismus in der deutschen Denkerwelt seit Kant vernichtet sei, war, wie ich schon einmal gesagt, ein Geheimnis, das jeder wusste, das man aber nicht laut auf dem Markt ausschreien sollte. Goethe war so wenig Deist wie Fichte; denn er war Pantheist. Aber eben von der Höhe des Pantheismus konnte Goethe, mit seinem scharfen Auge, die Haltlosigkeit der Fichteschen Philosophie am besten durchschauen, und seine milden Lippen mussten darob lächeln. Den Juden, was doch die Deisten am Ende alle sind, musste Fichte ein Gräuel sein; dem großen Heiden war er bloß eine Torheit. »Der große Heide« ist nämlich der Name, den man in Deutschland dem Goethe beilegt. Doch ist dieser Name nicht ganz passend. Das Heidentum des Goethe ist wunderbar modernisiert. Seine starke Heidennatur bekundet sich in dem klaren, scharfen Auffassen aller äußeren Erscheinungen, aller Farben und Gestalten; aber das Christentum hat ihn zu gleicher Zeit mit einem tieferen Verständnis begabt, trotz seines sträubenden Widerwillens hat das Christentum ihn eingeweiht in die Geheimnisse der Geisterwelt, er hat vom Blute Christi genossen, und dadurch verstand er die verborgensten Stimmen der Natur, gleich Siegfried, dem Nibelungenheld, der plötzlich die Sprache der Vögel verstand, als ein Tropfen Blut des erschlagenen Drachen seine Lippen benetzte. Es ist merkwürdig, wie bei Goethe jene Heidennatur von unserer heutigsten Sentimentalität durchdrungen war, wie der antike Marmor so modern pulsierte und wie er die Leiden eines jungen Werthers ebenso stark mitempfand wie die Freuden eines alten Griechengottes. Der Pantheismus des Goethe ist also von dem heidnischen sehr unterschieden. Um mich kurz auszudrücken: Goethe war der Spinoza der Poesie. Alle Gedichte Goethes sind durchdrungen von demselben Geist, der uns auch in den Schriften des Spinoza anweht. Dass Goethe gänzlich der Lehre des Spinoza huldigte, ist keinem Zweifel unterworfen. Wenigstens beschäftigte er sich damit während seiner ganzen Lebenszeit; in dem Anfang seiner Memoiren sowie auch in dem kürzlich erschienenen letzten Band derselben hat er solches freimütig bekannt. Ich weiß nicht mehr, wo ich es gelesen, dass Herder über diese beständige Beschäftigung mit Spinoza einst übellaunig ausrief: »Wenn doch der Goethe einmal ein anderes lateinisches Buch als den Spinoza in die Hand nähme!« Aber dieses gilt nicht bloß von Goethe; noch eine Menge seiner Freunde, die später mehr oder minder als Dichter bekannt wurden, huldigten frühzeit dem Pantheismus, und dieser blühte praktisch in der deutschen Kunst, ehe er noch als philosophische Theorie bei uns zur Herrschaft gelangte. Eben zur Zeit Fichtes, als der Idealismus im Reich der Philosophie seine erhabenste Blütezeit feierte, ward er im Reich der Kunst gewaltsam zerstört, und es entstand hier jene berühmte Kunstrevolution, die noch heute nicht beendigt ist und die mit dem Kampf der Romantiker gegen das altklassische Regime, mit den Schlegelschen Emeuten, anfängt.

In der Tat, unsere ersten Romantiker handelten aus einem pantheistischen Instinkt, den sie selbst nicht begriffen. Das Gefühl, das sie für Heimweh nach der katholischen Mutterkirche hielten, war tieferen Ursprungs, als sie selbst ahnten, und ihre Verehrung und Vorliebe für die Überlieferungen des Mittelalters, für dessen Volksglauben, Teufeltum, Zauberwesen, Hexerei ... alles das war eine bei ihnen plötzlich erwachte, aber unbegriffene Zurückneigung nach dem Pantheismus der alten Germanen, und in der schnöde beschmutzten und boshaft verstümmelten Gestalt liebten sie eigentlich nur die vorchristliche Religion ihrer Väter. Hier muss ich erinnern an das erste Buch, wo ich gezeigt, wie das Christentum die Elemente der altgermanischen Religion in sich aufgenommen, wie diese nach schmählichster Umwandlung sich im Volksglauben des Mittelalters erhalten haben, so dass der alte Naturdienst als lauter böse Zauberei, die alten Götter als lauter hässliche Teufel und ihre keuschen Priesterinnen als lauter ruchlose Hexen betrachtet wurden. Die Verirrungen unserer ersten Romantiker lassen sich von diesem Gesichtspunkt aus etwas milder beurteilen, als es sonst geschieht. Sie wollten das katholische Wesen des Mittelalters restaurieren, weil sie fühlten, dass von den Heiligtümern ihrer ältesten Väter, von den Herrlichkeiten ihrer frühesten Nationalität sich noch manches darin erhalten hat; es waren diese verstümmelten und geschändeten Reliquien, die ihr Gemüt so sympathetisch anzogen, und sie hassten den Protestantismus und den Liberalismus, die dergleichen mitsamt der ganzen katholischen Vergangenheit zu vertilgen streben.

Doch darüber werde ich später sprechen. Hier gilt es nur zu erwähnen, dass der Pantheismus schon zur Zeit Fichtes in die deutsche Kunst eindrang, dass sogar die katholischen Romantiker unbewusst dieser Richtung folgten und dass Goethe sie am bestimmtesten aussprach. Dieses geschieht schon im »Werther«, wo er nach einer liebeseligen Identifizierung mit der Natur schmachtet. Im »Faust« sucht er ein Verhältnis mit der Natur anzuknüpfen auf einem trotzig mystischen, unmittelbaren Weg: er beschwört die geheimen Erdkräfte, durch die Zauberformeln des Höllenzwangs. Aber am reinsten und lieblichsten beurkundet sich dieser Goethesche Pantheismus in seinen kleinen Liedern. Die Lehre des Spinoza hat sich aus der mathematischen Hülle entpuppt und umflattert uns als Goethesches Lied. Daher die Wut unserer Orthodoxen und Pietisten gegen das Goethesche Lied. Mit ihren frommen Bärentatzen tappen sie nach diesem Schmetterling, der ihnen beständig entflattert. Das ist so zart ätherisch, so duftig beflügelt. Ihr Franzosen könnt euch keinen Begriff davon machen, wenn ihr die Sprache nicht kennt. Diese Goetheschen Lieder haben einen neckischen Zauber, der unbeschreibbar. Die harmonischen Verse umschlingen dein Herz wie eine zärtliche Geliebte; das Wort umarmt dich, während der Gedanke dich küsst.

In Goethes Betragen gegen Fichte sehen wir also keineswegs die hässlichen Motive, die von manchen Zeitgenossen mit noch hässlicheren Worten bezeichnet worden. Sie hatten die verschiedene Natur beider Männer nicht begriffen. Die Mildesten missdeuteten die Passivität Goethes, als später Fichte stark bedrängt und verfolgt wurde. Sie berücksichtigten nicht Goethes Lage. Dieser Riese war Minister in einem deutschen Zwergstaat. Er konnte sich nie natürlich bewegen. Man sagte von dem sitzenden Jupiter des Phidias zu Olympia, dass er das Dachgewölbe des Tempels zersprengen würde, wenn er einmal plötzlich aufstünde. Dies war ganz die Lage Goethes zu Weimar; wenn er aus seiner stillsitzenden Ruhe einmal plötzlich in die Höhe gefahren wäre, er hätte den Staatsgiebel durchbrochen oder, was noch wahrscheinlicher, er hätte sich daran den Kopf zerstoßen. Und dieses sollte er riskieren für eine Lehre, die nicht bloß irrig, sondern auch lächerlich? Der deutsche Jupiter blieb ruhig sitzen und ließ sich ruhig anbeten und beräuchern.

Es würde mich von meinem Thema zu sehr entfernen, wollte ich, vom Standpunkt damaliger Kunstinteressen aus, das Betragen Goethes bei Gelegenheit der Anklage Fichtes noch gründlicher rechtfertigen. Für Fichte spricht nur, dass die Anklage eigentlich ein Vorwand war und dass sich politische Verhetzungen dahinter verbargen. Denn wegen Atheismus kann wohl ein Theolog angeklagt werden, weil er sich verpflichtet hat, bestimmte Doktrinen zu lehren. Ein Philosoph hat aber keine solche Verpflichtung eingegangen, kann sie nicht eingehn, und sein Gedanke ist frei wie der Vogel in der Luft. – Es ist vielleicht unrecht, dass ich, teils um meine eigenen, teils um anderer Gefühle zu schonen, nicht alles, was jene Anklage selbst begründete und rechtfertigte, hier mitteile. Nur eine von den misslichen Stellen will ich aus dem inkulpierten Aufsatz hierhersetzen: »Die lebendige und wirkende moralische Ordnung ist selbst Gott; wir bedürfen keines anderen Gottes und können keinen anderen fassen. Es liegt kein Grund in der Vernunft, aus jener moralischen Weltordnung herauszugehen und vermittelst eines Schlusses vom Begründeten auf den Grund noch ein besonderes Wesen, als die Ursache desselben, anzunehmen; der ursprüngliche Verstand macht sonach diesen Schluss sicher nicht und kennt kein solches besonderes Wesen; nur eine sich selbst missverstehende Philosophie macht ihn.«

Wie es halsstarrigen Menschen eigentümlich, so hat sich Fichte in seiner »Appellation an das Publikum« und seiner gerichtlichen Verantwortung noch derber und greller ausgesprochen, und zwar mit Ausdrücken, die unser tiefstes Gemüt verletzen. Wir, die wir an einen wirklichen Gott glauben, der unseren Sinnen in der unendlichen Ausdehnung und unserem Geist in dem unendlichen Gedanken sich offenbart, wir, die wir einen sichtbaren Gott verehren in der Natur und seine unsichtbare Stimme in unserer eigenen Seele vernehmen, wir werden widerwärtig berührt von den grellen Worten, womit Fichte unseren Gott für ein bloßes Hirngespinst erklärt und sogar ironisiert. Es ist zweifelhaft, in der Tat, ob es Ironie oder bloßer Wahnsinn ist, wenn Fichte den lieben Gott von allem sinnlichen Zusatze so rein befreit, dass er ihm sogar die Existenz abspricht, weil Existieren ein sinnlicher Begriff und nur als sinnlicher möglich ist! Die Wissenschaftslehre, sagt er, kennt kein anderes Sein als das sinnliche, und da nur den Gegenständen der Erfahrung ein Sein zugeschrieben werden kann, so ist dieses Prädikat bei Gott nicht zu gebrauchen. Demnach hat der Fichtesche Gott keine Existenz, er ist nicht, er manifestiert sich nur als reines Handeln, als eine Ordnung von Begebenheiten, als ordo ordinans, als das Weltgesetz. – Solchermaßen hat der Idealismus die Gottheit durch alle möglichen Abstraktionen so lange durchfiltriert, bis am Ende gar nichts mehr von ihr übrigblieb. Jetzt, wie bei euch an der Stelle eines Königs, so bei uns an der Stelle eines Gottes, herrschte das Gesetz.

Was ist aber unsinniger, eine loi athée, ein Gesetz, welches keinen Gott hat, oder ein Dieu-loi, ein Gott, der nur ein Gesetz ist?

Der Fichtesche Idealismus gehört zu den kolossalsten Irrtümern, die jemals der menschliche Geist ausgeheckt. Er ist gottloser und verdammlicher als der plumpste Materialismus. Was man Atheismus der Materialisten hier in Frankreich nennt, wäre, wie ich leicht zeigen könnte, noch immer etwas Erbauliches, etwas Frommgläubiges, in Vergleichung mit den Resultaten des Fichteschen Transzendentalidealismus. Soviel weiß ich, beide sind mir zuwider. Beide Ansichten sind auch antipoetisch. Die französischen Materialisten haben ebenso schlechte Verse gemacht wie die deutschen Transzendentalidealisten. Aber staatsgefährlich ist die Lehre Fichtes keineswegs gewesen, und noch weniger verdiente sie als staatsgefährlich verfolgt zu werden. Um von dieser Irrlehre missleitet werden zu können, dazu bedurfte man eines spekulativen Scharfsinns, wie er nur bei wenigen Menschen gefunden wird. Dem großen Haufen mit seinen tausend dicken Köpfen war diese Irrlehre ganz unzugänglich. Die Fichtesche Ansicht von Gott hätte also auf rationellem, aber nicht auf polizeilichem Weg widerlegt werden müssen. Wegen Atheismus in der Philosophie angeklagt zu werden war auch in Deutschland so etwas Befremdliches, dass Fichte wirklich im Anfang gar nicht wusste, was man begehre. Ganz richtig sagte er, die Frage, ob eine Philosophie atheistisch sei oder nicht, klinge einem Philosophen ebenso wunderlich wie etwa einem Mathematiker die Frage, ob ein Dreieck grün oder rot sei.

Jene Anklage hatte also ihre verborgenen Gründe, und diese hat Fichte bald begriffen. Da er der ehrlichste Mensch von der Welt war, so dürfen wir einem Briefe, worin er sich gegen Reinhold über jene verborgenen Gründe ausspricht, völligen Glauben schenken, und da dieser Brief, datiert vom zweiundzwanzigsten Mai 1799, die ganze Zeit schildert und die ganze Bedrängnis des Mannes veranschaulichen kann, so wollen wir einen Teil desselben hierhersetzen:

»Ermattung und Ekel bestimmen mich zu dem Dir schon mitgeteilten Entschluss, für einige Jahre ganz zu verschwinden. Ich war, meiner damaligen Ansicht der Sache nach, sogar überzeugt, dass diesen Entschluss die Pflicht fordere, indem bei der gegenwärtigen Gärung ich ohnedies nicht gehört werden und die Gärung nur ärger machen würde, nach ein paar Jahren aber, wenn die erste Befremdung sich gelegt, ich mit desto größerem Nachdruck sprechen würde. – Ich denke jetzt anders. Ich darf jetzt nicht verstummen; schweige ich jetzt, so dürfte ich wohl nie wieder ans Reden kommen. – Es war mir seit der Verbindung Russlands mit Östreich schon längst wahrscheinlich, was mir nunmehr durch die neuesten Begebenheiten, und besonders seit dem grässlichen Gesandtenmord (über den man hier jubelt und über welchen S. und G. ausrufen: So ist's recht, diese Hunde muss man totschlagen), völlig gewiss ist, dass der Despotismus sich von nun an mit Verzweiflung verteidigen wird, dass er durch Paul und Pitt konsequent wird, dass die Basis seines Plans die ist, die Geistesfreiheit auszurotten, und dass die Deutschen ihm die Erreichung dieses Zwecks nicht erschweren werden. Glaube z. B. nicht, dass der Weimarsche Hof geglaubt hat, der Frequenz der Universität werde durch meine Gegenwart geschadet werden; er weiß zu wohl das Gegenteil. Er hat zufolge des allgemeinen, besonders von Kursachsen kräftigst ergriffenen Plans mich entfernen *müssen.* Burscher in Leipzig, ein Eingeweihter dieser Geheimnisse, ist schon gegen Ende des vorigen Jahrs eine ansehnliche Wette eingegangen, dass ich zu Ende dieses Jahrs Exulant [Verbannter, Vertriebener] sein würde. Voigt ist durch Burgsdorf schon längst gegen mich gewonnen worden. Vom Departement der Wissenschaften zu Dresden ist bekanntgemacht worden, dass keiner, der sich auf die neuere Philosophie lege, befördert werden oder, wenn er es schon ist, weiterrücken solle. In der Freischule zu Leipzig ist sogar die Rosenmüllersche Aufklärung bedenklich gefunden; Luthers Katechismus ist neuerlich dort wieder eingeführt, und die Lehrer sind von neuem auf die symbolischen Bücher konfirmiert worden. Das wird weitergehn und sich verbreiten. – – – In summa: es ist nichts gewisser als das Gewisseste, dass, wenn nicht die Franzosen die ungeheuerste Übermacht erringen und in Deutschland, wenigstens einem beträchtlichen Teile desselben, eine Veränderung durchsetzen, in einigen Jahren in Deutschland kein Mensch mehr, der dafür bekannt ist, in seinem Leben einen freien Gedanken gedacht zu haben, eine Ruhestätte finden wird. – Es ist mir also gewisser als das Gewisseste, dass, finde ich auch jetzt irgendwo ein Winkelchen, ich doch in einem, höchstens in zwei Jahren wieder fortgejagt werden würde; und es ist gefährlich, sich an mehreren Orten fortjagen zu lassen; dies lehrt historisch Rousseaus Beispiel. – – Gesetzt, ich schweige ganz, schreibe nicht das Geringste mehr: wird man mich unter dieser Bedingung ruhig lassen? Ich glaube dies nicht, und gesetzt, ich könnte es von den Höfen hoffen, wird nicht die *Geistlichkeit*, wohin ich mich auch wende, den *Pöbel* gegen mich aufhetzen, mich von ihm steinigen lassen und nun – die Regierungen bitten, mich als einen Menschen, der Unruhen erregt, zu entfernen? Aber, darf ich dann schweigen? Nein, das darf ich wahrlich nicht; denn ich habe Grund zu glauben, dass, wenn noch etwas gerettet werden kann des deutschen Geistes, es durch mein Reden gerettet werden kann und durch mein Stillschweigen die Philosophie ganz und zu frühe zugrunde gehen würde. Denen ich nicht zutraue, dass sie mich schweigend würden existieren lassen, traue ich noch weniger zu, dass sie mich werden reden lassen. – Aber ich werde sie von der Unschädlichkeit meiner Lehre überzeugen. – Lieber Reinhold, wie Du mir so gut von diesen Menschen denken kannst! Je klarer ich werde, je unschuldiger ich erscheine, desto schwärzer werden sie und desto größer wird überhaupt mein wahres Vergehen. Ich habe nie geglaubt, dass sie meinen vorgeblichen *Atheismus* verfolgen; sie verfolgen in mir einen Freidenker, der anfängt, sich *verständlich* zu machen (Kants Glück war seine Obskurität), und einen verschrienen *Demokraten*; es erschreckt sie, wie ein Gespenst, die *Selbständigkeit*, die, wie sie dunkel ahnen, meine Philosophie weckt.«

Ich bemerke nochmals, dass dieser Brief nicht von gestern ist, sondern das Datum des 22. Mai 1799 trägt. Die politischen Verhältnisse jener Zeit haben eine gar betrübende Ähnlichkeit mit den neuesten Zuständen in Deutschland, nur dass damals der Freiheitssinn mehr unter Gelehrten, Dichtern und sonstigen Literaten blühte, heutigentags aber unter diesen viel minder, sondern weit mehr in der großen aktiven Masse, unter Handwerkern und Gewerbsleuten, sich ausspricht. Während zur Zeit der ersten Revolution die bleiern deutscheste Schlafsucht auf dem Volk lastete und gleichsam eine brutale Ruhe in ganz Germanien herrschte, offenbarte sich in unserer Schriftwelt das wildeste Gären und Wallen. Der einsamste Autor, der in irgendeinem abgelegenen Winkelchen Deutschlands lebte, nahm teil an dieser Bewegung; fast sympathetisch, ohne von den politischen Vorgängen genau unterrichtet zu sein, fühlte er ihre soziale Bedeutung und sprach sie aus in seinen Schriften. Dieses Phänomen mahnt mich an die großen Seemuscheln, welche wir zuweilen als Zierrat auf unsere Kamine stellen und die, wenn sie auch noch so weit vom Meer entfernt sind, dennoch plötzlich zu rauschen beginnen, sobald dort die Flutzeit eintritt und die Wellen gegen die Küste heranbrechen. Als hier in Paris, in dem großen Menschenozean, die Revolution losflutete, als es hier brandete und stürmte, da rauschten und brausten jenseits des Rheins die deutschen Herzen ... Aber sie waren so isoliert, sie standen unter lauter fühllosem Porzellan, Teetassen und Kaffeekannen und chinesischen Pagoden, die mechanisch mit dem Kopfe nickten, als wüssten sie, wovon die Rede sei. Ach! unsere armen Vorgänger in Deutschland mussten für jene

Revolutionssympathie sehr arg büßen. Junker und Pfäffchen übten an ihnen ihre plumpsten und gemeinsten Tücken. Einige von ihnen flüchteten nach Paris und sind hier in Armut und Elend verkommen und verschollen. Ich habe jüngst einen blinden Landsmann gesehen, der noch seit jener Zeit in Paris ist; ich sah ihn im Palais Royal, wo er sich ein bisschen an der Sonne gewärmt hatte. Es war schmerzlich anzusehen, wie er blass und mager war und sich seinen Weg an den Häusern weiterfühlte. Man sagte mir, es sei der alte dänische Dichter Heiberg. Auch die Dachstube habe ich jüngst gesehen, wo der Bürger Georg Forster gestorben. Den Freiheitsfreunden, die in Deutschland blieben, wäre es aber noch weit schlimmer ergangen, wenn nicht bald Napoleon und seine Franzosen uns besiegt hätten. Napoleon hat gewiss nie geahnt, dass er selber der Retter der Ideologie gewesen. Ohne ihn wären unsere Philosophen mitsamt ihren Ideen durch Galgen und Rad ausgerottet worden. Die deutschen Freiheitsfreunde jedoch, zu republikanisch gesinnt, um dem Napoleon zu huldigen, auch zu großmütig, um sich der Fremdherrschaft anzuschließen, hüllten sich seitdem in ein tiefes Schweigen. Sie gingen traurig herum mit gebrochenen Herzen, mit geschlossenen Lippen. Als Napoleon fiel, da lächelten sie, aber wehmütig, und schwiegen; sie nahmen fast gar keinen Teil an dem patriotischen Enthusiasmus, der damals, mit allerhöchster Bewilligung, in Deutschland emporjubelte. Sie wussten, was sie wussten, und schwiegen. Da diese Republikaner eine sehr keusche, einfache Lebensart führen, so werden sie gewöhnlich sehr alt, und als die Julirevolution ausbrach, waren noch viele von ihnen am Leben, und nicht wenig wunderten wir uns, als die alten Käuze, die wir sonst immer so gebeugt und fast blödsinnig schweigend umherwandeln gesehen, jetzt plötzlich das Haupt erhoben und uns Jungen freundlich entgegenlachten und die Hände drückten und lustige Geschichten erzählten. Einen von ihnen hörte ich sogar singen; denn im Kaffeehaus sang er uns die Marseiller Hymne vor, und wir lernten da die Melodie und die schönen Worte, und es dauerte nicht lange, so sangen wir sie besser als der Alte selbst; denn der hat manchmal in der besten Strophe wie ein Narr gelacht oder geweint wie ein Kind. Es ist immer gut, wenn so alte Leute leben bleiben, um den Jungen die Lieder zu lehren. Wir Jungen werden sie nicht vergessen, und einige von uns werden sie einst jenen Enkeln einstudieren, die jetzt noch nicht geboren sind. Viele von uns werden aber unterdessen verfault sein, daheim im Gefängnis oder auf einer Dachstube in der Fremde.

Lasst uns wieder von Philosophie reden! Ich habe oben gezeigt, wie die Fichtesche Philosophie, aus den dünnsten Abstraktionen aufgebaut, dennoch eine eiserne Unbeugsamkeit in ihren Folgerungen, die bis zur verwegensten Spitze emporstiegen, kundgab. Aber eines frühen Morgens erblicken wir in ihr eine große Veränderung. Das fängt an zu blümeln und zu flennen und wird weich und bescheiden. Aus dem idealistischen Titanen, der auf der Gedankenleiter den Himmel erklettert und mit kecker Hand in dessen leeren Gemächern herumgetastet, der wird jetzt etwas gebückt Christliches, das viel von Liebe seufzt. Solches ist nun die zweite Periode von Fichte, die uns hier wenig angeht. Sein ganzes System erleidet die befremdlichsten Modifikationen. In jener Zeit schrieb er ein Buch, welches ihr jüngst übersetzt »Die Bestimmung des Menschen«. Ein ähnliches Buch, »Anweisung zum seligen Leben«, gehört ebenfalls in jene Periode.

Fichte, der starrsinnige Mann, wie sich von selbst versteht, wollte dieser eigenen großen Umwandlung niemals eingeständig sein. Er behauptete, seine Philosophie sei noch immer dieselbe, nur die Ausdrücke seien verändert, verbessert; man habe ihn nie verstanden. Er behauptete auch, die Naturphilosophie, die damals in Deutschland aufkam und den Idealismus verdrängte, sei im Grunde ganz und gar sein eignes System, und sein Schüler, Herr Joseph Schelling, welcher sich von ihm losgesagt und jene neue Philosophie eingeleitet, habe bloß die Ausdrücke umgeschaffen und seine alte Lehre nur durch unerquickliche Zutat erweitert.

Wir gelangen hier zu einer neuen Phase des deutschen Gedankens. Wir erwähnten die Namen Joseph Schelling und Naturphilosophie; da nun ersterer hier fast ganz unbekannt ist und da auch der Ausdruck Naturphilosophie nicht allgemein verstanden wird, so habe ich beider Bedeutung zu erklären. Erschöpfend können wir solches nun freilich nicht in diesen Blättern; ein späteres Buch werden wir einer solchen Aufgabe widmen. Nur einige eindringende Irrtümer wollen wir hier abweisen und nur der sozialen Wichtigkeit der erwähnten Philosophie einige Aufmerksamkeit leihen.

Zuerst ist zu erwähnen, dass Fichte nicht so ganz unrecht hat, wenn er eiferte, des Herrn Joseph Schellings Lehre sei eigentlich die seinige, nur anders formuliert und erweitert. Ebenso wie Herr Joseph Schelling lehrte auch Fichte: Es gibt nur ein Wesen, das Ich, das Absolute; er lehrte Identität des Idealen und des Realen. In der »Wissenschaftslehre«, wie ich gezeigt, hat Fichte durch intellektuelle Konstruktion aus dem Idealen das Reale konstruieren wollen. Herr Joseph Schelling hat aber die Sache umgekehrt: er suchte aus dem Realen das Ideale herauszudeuten. Um mich noch klarer auszudrücken: Von dem Grundsatz ausgehend, dass der Gedanke und die Natur eins und dasselbe seien, gelangt Fichte durch Geistesoperation zur Erscheinungswelt, aus dem Gedanken schafft er die Natur, aus dem Idealen das Reale; dem Herrn Schelling hingegen, während er von demselben Grundsatz ausgeht, wird die Erscheinungswelt zu lauter Ideen, die Natur wird ihm zum Gedanken, das Reale zum Idealen. Beide Richtungen, die von Fichte und die von Herrn Schelling, ergänzen sich daher gewissermaßen. Denn nach jenem erwähnten obersten Grundsatz konnte die Philosophie in zwei Teile zerfallen, und in dem einen Teil würde man zeigen, wie aus der Idee die Natur zur Erscheinung kommt; in dem andern Teil würde man zeigen, wie die Natur sich in lauter Ideen auflöst. Die Philosophie konnte daher zerfallen in transzendentalen Idealismus und in Naturphilosophie. Diese beiden Richtungen hat nun auch Herr Schelling wirklich anerkannt, und die letztere verfolgte er in seinen »Ideen zu einer Philosophie der Natur« und erstere in seinem »System des transzendentalen Idealismus«.

Diese Werke, wovon das eine 1797 und das andere 1800 erschien, erwähne ich nur deshalb, weil jene ergänzenden Richtungen schon in ihrem Titel ausgesprochen sind, nicht weil etwa ein vollständiges System in ihnen enthalten sei. Nein, dieses findet sich in keinem von Herrn Schellings Büchern. Bei ihm gibt es nicht, wie bei Kant und bei Fichte, ein Hauptbuch, welches als Mittelpunkt seiner Philosophie betrachtet werden kann. Es wäre eine Ungerechtigkeit, wenn man Herrn Schelling nach dem Umfang eines Buches und nach der Strenge des Buchstabens beurteilen wollte. Man muss vielmehr seine Bücher chronologisch lesen, die allmähliche Ausbildung seines Gedankens darin verfolgen und sich dann an seiner Grundidee festhalten. Ja, es scheint mir auch nötig, dass man bei ihm nicht selten unterscheide, wo der Gedanke aufhört und die Poesie anfängt. Denn Herr Schelling ist eines von jenen Geschöpfen, denen die Natur mehr Neigung zur Poesie als poetische Potenz verliehen hat und die, unfähig, den Töchtern des Parnassus zu genügen, sich in die Wälder der Philosophie geflüchtet und dort mit abstrakten Hamadryaden die unfruchtbarste Ehe führen. Ihr Gefühl ist poetisch, aber das Werkzeug, das Wort, ist schwach; sie ringen vergebens nach einer Kunstform, worin sie ihre Gedanken und Erkenntnisse mitteilen können. Die Poesie ist Herrn Schellings Force und Schwäche. Sie ist es, wodurch er sich von Fichte unterscheidet, sowohl zu seinem Vorteil als auch zu seinem Nachteil. Fichte ist nur Philosoph, und seine Macht besteht in Dialektik, und seine Stärke besteht im Demonstrieren. Dieses aber ist die schwache Seite des Herrn Schelling, er lebt mehr in Anschauungen, er fühlt sich nicht heimisch in den kalten Höhen der Logik, er schnappt gern über in die Blumentäler der Symbolik, und seine philosophische Stärke besteht im Konstruieren. Letzteres aber ist eine Geistesfähigkeit, die bei den mittelmäßigen Poeten ebenso oft gefunden wie bei den besten Philosophen.

Nach dieser letzteren Andeutung wird begreiflich, dass Herr Schelling in demjenigen Teile der Philosophie, der bloß transzendentaler Idealismus ist, nur ein Nachbeter von Fichte geblieben und bleiben musste, dass er aber in der Philosophie der Natur, wo er unter Blumen und Sternen zu wirtschaften hatte, gar gewaltig blühen und strahlen musste. Diese Richtung ist daher nicht bloß von ihm, sondern auch von den gleichgestimmten Freunden vorzugsweise verfolgt worden, und der Ungestüm, der dabei zum Vorschein kam, war gleichsam nur eine dichterlingsche Reaktion gegen die frühere abstrakte Geistesphilosophie. Wie freigelassene Schulknaben, die den ganzen Tag in engen Sälen unter der Last der Vokabeln und Chiffren geseufzt, so stürmten die Schüler des Herrn Schelling hinaus in die Natur, in das duftende, sonnige Reale, und jauchzten und schlugen Purzelbäume und machten einen großen Spektakel.

Der Ausdruck »die Schüler des Herrn Schelling« darf hier ebenfalls nicht in seinem gewöhnlichen Sinne genommen werden. Herr Schelling selber sagt, nur in der Art der alten Dichter habe er eine Schule bilden wollen, eine Dichterschule, wo keiner an eine bestimmte Doktrin und durch eine bestimmte Disziplin gebunden ist, sondern wo jeder dem Geiste gehorcht und jeder ihn in seiner Weise offenbart. Er hätte auch sagen können, er stifte eine Prophetenschule, wo die Begeisterten zu prophezeien anfangen, nach Lust und Laune und in beliebiger Sprechart. Dies taten auch wirklich die Jünger, die des Meisters Geist angeregt, die beschränktesten Köpfe fingen an zu prophezeien, jeder in einer anderen Zunge, und es entstand ein großes Pfingstfest in der Philosophie.

Wie das Bedeutendste und Herrlichste zu lauter Mummenschanz und Narretei verwendet werden kann, wie eine Rotte von feigen Schälken und melancholischen Hanswürsten imstande ist, eine große Idee zu kompromittieren, das sehen wir hier bei Gelegenheit der Naturphilosophie. Aber das Ridikül, das ihr die Prophetenschule oder die Dichterschule des Herrn Schelling bereitet, kommt wahrlich nicht auf ihre eigne Rechnung. Denn die Idee der Naturphilosophie ist ja im Grunde nichts anders als die Idee des Spinoza, der Pantheismus.

Die Lehre des Spinoza und die Naturphilosophie, wie sie Schelling in seiner besseren Periode aufstellte, sind wesentlich eins und dasselbe. Die Deutschen, nachdem sie den Lockeschen Materialismus verschmäht und den Leibnizschen Idealismus bis auf die Spitze getrieben und diesen ebenfalls unfruchtbar erfunden, gelangten endlich zu dem dritten Sohne des Descartes, zu Spinoza. Die Philosophie hat wieder einen großen Kreislauf vollendet, und man kann sagen, es sei derselbe, den sie schon vor zweitausend Jahren in Griechenland durchlaufen. Aber bei näherer Vergleichung dieser beiden Kreisläufe zeigt sich eine wesentliche Verschiedenheit. Die Griechen hatten ebenso kühne Skeptiker wie wir, die Eleaten haben die Realität der Außenwelt ebenso bestimmt geleugnet wie unsere neueren Transzendentalidealisten. Plato hat ebenso gut wie Herr Schelling in der Erscheinungswelt die Geisteswelt wiedergefunden. Aber wir haben etwas voraus vor den Griechen sowie auch vor den cartesianischen Schulen, wir haben etwas vor ihnen voraus, nämlich:

Wir begannen unseren philosophischen Kreislauf mit einer Prüfung der menschlichen Erkenntnisquellen, mit der Kritik der reinen Vernunft unseres Immanuel Kant.

Bei Erwähnung Kants kann ich obigen Betrachtungen hinzufügen, dass der Beweis für das Dasein Gottes, den derselbe noch bestehen lassen, nämlich der sogenannte moralische Beweis, von Herrn Schelling mit großem Eklat umgestoßen worden. Ich habe aber oben schon bemerkt, dass dieser Beweis nicht von sonderlicher Stärke war und dass Kant ihn vielleicht nur aus Gutmütigkeit bestehen lassen. Der Gott des Herrn Schelling ist das Gottweltall des Spinoza. Wenigstens war er es im Jahr 1801, im zweiten Band der »Zeitschrift für spekulative Physik«. Hier ist Gott die absolute Identität der Natur und des Denkens, der Materie und des Geistes, und die absolute Identität ist nicht Ursache des Weltalls, sondern sie ist das

Weltall selbst, sie ist also das Gottweltall. In diesem gibt es auch keine Gegensätze und Teilungen. Die absolute Identität ist auch die absolute Totalität. Ein Jahr später hat Herr Schelling seinen Gott noch mehr entwickelt, nämlich in einer Schrift, betitelt »Bruno oder über das göttliche oder natürliche Prinzip der Dinge«. Dieser Titel erinnert an den edelsten Märtyrer unserer Doktrin, Giordano Bruno von Nola, glorreichen Andenkens. Die Italiener behaupten, Herr Schelling habe dem alten Bruno seine besten Gedanken entlehnt, und sie beschuldigen ihn des Plagiats. Sie haben unrecht, denn es gibt kein Plagiat in der Philosophie. Anno 1804 erschien der Gott des Herrn Schelling endlich ganz fertig in einer Schrift, betitelt »Philosophie und Religion«. Hier finden wir in ihrer Vollständigkeit die Lehre vom Absoluten. Hier wird das Absolute in drei Formeln ausgedrückt. Die erste ist die kategorische: Das Absolute ist weder das Ideale noch das Reale (weder Geist noch Materie), sondern es ist die Identität beider. Die zweite Formel ist die hypothetische: Wenn ein Subjekt und ein Objekt vorhanden ist, so ist das Absolute die wesentliche Gleichheit dieser beiden. Die dritte Formel ist die disjunktive: Es ist nur *ein* Sein, aber dies eine kann zu gleicher Zeit oder abwechselnd als ganz ideal oder als ganz real betrachtet werden. Die erste Formel ist ganz negativ, die zweite setzt eine Bedingung voraus, die noch schwerer zu begreifen ist als das Bedingte selbst, und die dritte Formel ist ganz die des Spinoza: Die absolute Substanz ist erkennbar entweder als Denken oder als Ausdehnung. Auf philosophischem Weg konnte also Herr Schelling nicht weiter kommen als Spinoza, da nur unter der Form dieser beiden Attribute, Denken und Ausdehnung, das Absolute zu begreifen ist. Aber Herr Schelling verlässt jetzt den philosophischen Weg und sucht durch eine Art mystischer Intuition zur Anschauung des Absoluten selbst zu gelangen, er sucht es anzuschauen in seinem Mittelpunkt, in seiner Wesenheit, wo es weder etwas Ideales ist noch etwas Reales, weder Gedanken noch Ausdehnung, weder Subjekt noch Objekt, weder Geist noch Materie, sondern ... was weiß ich!

Hier hört die Philosophie auf bei Herrn Schelling, und die Poesie, ich will sagen die Narrheit, beginnt. Hier aber auch findet er den meisten Anklang bei einer Menge von Faselhänsen, denen es eben recht ist, das ruhige Denken aufzugeben und gleichsam jene Derwisch-Tourneurs nachzuahmen, die, wie unser Freund Jules David erzählt, sich so lange im Kreise herumdrehen, bis sowohl objektive wie subjektive Welt ihnen entschwindet, bis beides zusammenfließt in ein weißes Nichts, das weder real noch ideal ist, bis sie etwas sehen, was nicht sichtbar, hören, was nicht hörbar, bis sie Farben hören und Töne sehen, bis sich das Absolute ihnen veranschaulicht.

Ich glaube, mit dem Versuch, das Absolute intellektuell anzuschauen, ist die philosophische Laufbahn des Herrn Schelling beschlossen. Ein größerer Denker tritt jetzt auf, der die Naturphilosophie zu einem vollendeten System ausbildet, aus ihrer Synthese die ganze Welt der Erscheinungen erklärt, die großen Ideen seiner Vorgänger durch größere Ideen ergänzt, sie durch alle Disziplinen durchführt und also wissenschaftlich begründet. Er ist ein Schüler des Herrn Schelling, aber ein Schüler, der allmählich im Reich der Philosophie aller Macht seines Meisters sich bemeisterte, diesem herrschsüchtig über den Kopf wuchs und ihn endlich in die Dunkelheit verstieß. Es ist der große Hegel, der größte Philosoph, den Deutschland seit Leibniz erzeugt hat. Es ist keine Frage, dass er Kant und Fichte weit überragt. Er ist scharf wie jener und kräftig wie dieser und hat dabei noch einen konstituierenden Seelenfrieden, eine Gedankenharmonie, die wir bei Kant und Fichte nicht finden, da in diesen mehr der revolutionäre Geist waltet. Diesen Mann mit Herrn Joseph Schelling zu vergleichen ist gar nicht möglich; denn Hegel war ein Mann von Charakter. Und wenn er auch, gleich Herrn Schelling, dem Bestehenden in Staat und Kirche einige allzu bedenkliche Rechtfertigungen verlieh, so geschah dieses doch für einen Staat, der dem Prinzip des Fortschrittes wenigstens in der Theorie huldigt, und für eine Kirche, die das Prinzip der freien Forschung als ihr Lebenselement betrachtet; und er machte daraus kein Hehl, er war aller seiner Absichten eingeständig. Herr Schelling hingegen windet sich wurmhaft in den Vorzimmern eines sowohl praktischen wie theoretischen Absolutismus, und er handlangert in der Jesuitenhöhle, wo Geistesfesseln geschmiedet werden; und dabei will er uns weismachen, er sei noch immer unverändert derselbe Lichtmensch, der er einst war, er verleugnet seine Verleugnung, und zu der Schmach des Abfalls fügt er noch die Feigheit der Lüge!

Wir dürfen es nicht verhehlen, weder aus Pietät noch aus Klugheit, wir wollen es nicht verschweigen: Der Mann, welcher einst am kühnsten in Deutschland die Religion des Pantheismus ausgesprochen, welcher die Heiligung der Natur und die Wiedereinsetzung des Menschen in seine Gottesrechte am lautesten verkündet, dieser Mann ist abtrünnig geworden von seiner eigenen Lehre, er hat den Altar verlassen, den er selber eingeweiht, er ist zurückgeschlichen in den Glaubensstall der Vergangenheit, er ist jetzt gut katholisch und predigt einen außerweltlichen, persönlichen Gott, »der die Torheit begangen habe, die Welt zu erschaffen«. Mögen immerhin die Altgläubigen ihre Glocken läuten und Kyrie eleison singen ob solcher Bekehrung – es beweist aber nichts für ihre Meinung, es beweist nur, dass der Mensch sich dem Katholizismus zuneigt, wenn er müde und alt wird, wenn er seine physischen und geistigen Kräfte verloren, wenn er nicht mehr genießen und denken kann. Auf dem Totenbette sind so viele Freidenker bekehrt worden – aber macht nur kein Rühmens davon! Diese Bekehrungsgeschichten gehören höchstens zur Pathologie und würden nur schlechtes Zeugnis geben für eure Sache. Sie bewiesen am Ende nur, dass es euch nicht möglich war, jene Freidenker zu bekehren, solange sie mit gesunden Sinnen unter Gottes freiem Himmel umherwandelten und ihrer Vernunft völlig mächtig waren.

Ich glaube, Ballanche sagt, es sei ein Naturgesetz, dass die Initiatoren gleich sterben müssen, sobald sie das Werk der Initiation vollbracht haben. Ach! guter Ballanche, das ist nur zum Teil wahr, und ich möchte eher behaupten: Wenn das Werk der Initiation vollbracht ist, stirbt der Initiator – oder er wird abtrünnig. Und so können wir vielleicht das strenge Urteil, welches das denkende Deutschland über Herrn Schelling fällt, einigermaßen mildern; wir können vielleicht die schwere, dicke Verachtung, die auf ihm lastet, in stilles Mitleid verwandeln, und seinen Abfall von der eigenen Lehre erklären wir nur als eine Folge jenes Naturgesetzes, dass derjenige, der an das Aussprechen oder an die Ausführung eines Gedankens alle seine Kräfte hingegeben, nachher, wenn er diesen Gedanken ausgesprochen oder ausgeführt hat, erschöpft dahinsinkt, dahinsinkt entweder in die Arme des Todes oder in die Arme seiner ehemaligen Gegner.

Nach solcher Erklärung begreifen wir vielleicht noch grellere Phänomene des Tages, die uns so tief betrüben. Wir begreifen dadurch vielleicht, warum Männer, die für ihre Meinung alles geopfert, die dafür gekämpft und gelitten, endlich, wenn sie gesiegt hat, die Meinung verlassen und ins feindliche Lager hinübertreten! Nach solcher Erklärung darf ich auch darauf aufmerksam machen, dass nicht bloß Herr Joseph Schelling, sondern gewissermaßen auch Fichte und Kant des Abfalls zu beschuldigen sind. Fichte ist noch zeitig genug gestorben, ehe sein Abfall von der eigenen Philosophie allzu eklatant werden konnte. Und Kant ist der »Kritik der reinen Vernunft« schon gleich untreu geworden, indem er die »Kritik der praktischen Vernunft« schrieb. Der Initiator stirbt – oder wird abtrünnig.

Ich weiß nicht, wie es kommt, dieser letzte Satz wirkt so melancholisch zähmend auf mein Gemüt, dass ich in diesem Augenblick nicht imstande bin, die übrigen herben Wahrheiten, die den heutigen Herrn Schelling betreffen, hier mitzuteilen. Lasst uns lieber jenen ehemaligen Schelling preisen, dessen Andenken unvergesslich blüht in den Annalen des deutschen Gedankens; denn der ehemalige Schelling repräsentiert, ebenso wie Kant und Fichte, eine der großen Phasen unserer philosophischen Revolution, die ich in diesen Blättern mit den Phasen der politischen Revolution Frankreichs verglichen habe. In der Tat, wenn man in Kant die terroristische Konvention und in Fichte das Napoleonische Kaiserreich sieht, so sieht man in Herrn Schelling die restaurierende Reaktion, welche hierauf folgte. Aber es war zunächst ein Restaurieren im besseren Sinne. Herr Schelling setzte die Natur wieder ein in ihre legitimen Rechte, er strebte nach einer Versöhnung von Geist und Natur, er wollte beide wieder vereinigen in der ewigen Weltseele. Er restaurierte jene große Naturphilosophie, die wir bei den altgriechischen Philosophen finden, die erst durch Sokrates mehr ins menschliche Gemüt selbst hineingeleitet wird und die nachher ins Ideelle verfließt. Er restaurierte jene große Naturphilosophie, die, aus der alten, pantheistischen Religion der Deutschen heimlich emporkeimend, zur Zeit des Paracelsus die schönsten Blüten verkündete, aber durch den eingeführten Cartesianismus erdrückt wurde. Ach! und am Ende restaurierte er Dinge, wodurch er auch im schlechten Sinne mit der französischen Restauration verglichen werden kann. Doch da hat ihn die öffentliche Vernunft nicht länger geduldet, er wurde schmählich herabgestoßen vom Throne des Gedankens, Hegel, sein Majordomus, nahm ihm die Krone vom Haupt und schor ihn, und der entsetzte Schelling lebte seitdem wie ein armseliges Mönchlein zu München, einer Stadt, welche ihren pfäffischen Charakter schon im Namen trägt und auf Latein Monacho monachorum heißt. Dort sah ich ihn gespenstisch herumschwanken mit seinen großen, blassen Augen und seinem niedergedrückten, abgestumpften Gesicht, ein jammervolles Bild heruntergekommener Herrlichkeit. Hegel aber ließ sich krönen zu Berlin, leider auch ein bisschen salben, und beherrschte seitdem die deutsche Philosophie.

Unsere philosophische Revolution ist beendigt. Hegel hat ihren großen Kreis geschlossen. Wir sehen seitdem nur Entwicklung und Ausbildung der naturphilosophischen Lehre. Diese ist, wie ich schon gesagt, in alle Wissenschaften eingedrungen und hat da das Außerordentlichste und Großartigste hervorgebracht. Viel Unerfreuliches, wie ich ebenfalls angedeutet, musste zugleich ans Licht treten. Diese Erscheinungen sind so vielfältig, dass schon zu ihrer Aufzählung ein ganzes Buch nötig wäre. Hier ist die eigentlich interessante und farbenreiche Partie unserer Philosophiegeschichte. Ich bin jedoch überzeugt, dass es den Franzosen nützlicher ist, von dieser Partie gar nichts zu erfahren. Denn dergleichen Mitteilungen könnten dazu beitragen, die Köpfe in Frankreich noch mehr zu verwirren; manche Sätze der Naturphilosophie, aus ihrem Zusammenhang gerissen, könnten bei euch großes Unheil anrichten. Soviel weiß ich, wäret ihr vor vier Jahren mit der deutschen Naturphilosophie bekannt gewesen, so hättet ihr nimmermehr die Juliusrevolution machen können. Zu dieser Tat gehörte ein Konzentrieren von Gedanken und Kräften, eine edle Einseitigkeit, ein süffisanter Leichtsinn, wie dessen nur eure alte Schule gestattet. Philosophische Verkehrtheiten, womit man die Legitimität und die katholische Inkarnationslehre allenfalls vertreten konnte, hätten eure Begeisterung gedämpft, euren Mut gelähmt. Ich halte es daher für welthistorisch wichtig, dass euer großer Eklektiker, der euch damals die deutsche Philosophie lehren wollte, auch nicht das Mindeste davon verstanden hat. Seine providentielle Unwissenheit war heilsam für Frankreich und für die ganze Menschheit.

Ach, die Naturphilosophie, die in manchen Regionen des Wissens, namentlich in den eigentlichen Naturwissenschaften, die herrlichsten Früchte hervorgebracht, hat in anderen Regionen das verderblichste Unkraut erzeugt. Während Oken, der genialste Denker und einer der größten Bürger Deutschlands, seine neuen Ideenwelten entdeckte und die deutsche Jugend für die Urrechte der Menschheit, für Freiheit und Gleichheit, begeisterte, ach! zu derselben Zeit dozierte Adam Müller die Stallfütterung der Völker nach naturphilosophischen Prinzipien; zu derselben Zeit predigte Herr Görres den Obskurantismus des Mittelalters, nach der naturwissenschaftlichen Ansicht, dass der Staat nur ein Baum sei und in seiner organischen Gliederung auch einen Stamm, Zweige und Blätter haben müsse, welches alles so hübsch in der Korporationshierarchie des Mittelalters zu finden sei; zu derselben Zeit proklamierte Herr Steffens das philosophische Gesetz, wonach der Bauernstand sich von dem Adelsstand dadurch unterscheidet, dass der Bauer von der Natur bestimmt sei zu arbeiten, ohne zu genießen, der Adelige aber berechtigt sei zu genießen, ohne zu arbeiten; – ja, vor einigen Monaten, wie man mir sagt, hat ein Krautjunker in Westfalen, ein Hans Narr, ich glaube mit dem Zunamen Haxthausen, eine Schrift herausgegeben, worin er die königlich preußische Regierung angeht, den konsequenten Parallelismus, den die Philosophie im ganzen Weltorganismus nachweist, zu berücksichtigen und die politischen Stände strenger abzuscheiden, denn wie es in der Natur vier Elemente gebe, Feuer, Luft, Wasser und Erde, so gehe es auch vier analoge Elemente in der Gesellschaft, nämlich Adel, Geistlichkeit, Bürger und Bauern.

Wenn man solche betrübende Torheiten aus der Philosophie emporsprossen und zu schädlichster Blüte gedeihen sah; wenn man überhaupt bemerkte, dass die deutsche Jugend, versenkt in metaphysischen Abstraktionen, der nächsten Zeitinteressen vergaß und untauglich wurde für das praktische Leben: so mussten wohl die Patrioten und Freiheitsfreunde einen gerechten Unmut gegen die Philosophie empfinden, und einige gingen so weit, ihr, als einer müßigen, nutzlosen Luftfechterei, ganz den Stab zu brechen.

Wir werden nicht so töricht sein, diese Malkontenten ernsthaft zu widerlegen. Die deutsche Philosophie ist eine wichtige, das ganze Menschengeschlecht betreffende Angelegenheit, und erst die spätesten Enkel werden darüber entscheiden können ob wir dafür zu tadeln oder zu loben sind, dass wir erst unsere Philosophie und hernach unsere Revolution ausarbeiteten. Mich dünkt, ein methodisches Volk wie wir musste mit der Reformation beginnen, konnte erst hierauf sich mit der Philosophie beschäftigen und durfte nur nach deren Vollendung zur politischen Revolution übergehen. Diese Ordnung finde ich ganz vernünftig. Die Köpfe, welche die Philosophie zum Nachdenken benutzt hat, kann die Revolution nachher zu beliebigen Zwecken abschlagen. Die Philosophie hätte aber nimmermehr die Köpfe gebrauchen können, die von der Revolution, wenn diese ihr vorherging, abgeschlagen worden wären. Lasst euch aber nicht bange sein, ihr deutschen Republikaner, die deutsche Revolution wird darum nicht milder und sanfter ausfallen, weil ihr die Kantsche Kritik, der Fichtesche Transzendentalidealismus und gar die Naturphilosophie vorausging. Durch diese Doktrinen haben sich revolutionäre Kräfte entwickelt, die nur des Tages harren, wo sie hervorbrechen und die Welt mit Entsetzen und Bewunderung erfüllen können. Es werden Kantianer zum Vorschein kommen, die auch in der Erscheinungswelt von keiner Pietät etwas wissen wollen und erbarmungslos, mit Schwert und Beil, den Boden unseres europäischen Lebens durchwühlen, um auch die letzten Wurzeln der Vergangenheit auszurotten. Es werden bewaffnete Fichteaner auf den Schauplatz treten, die in ihrem Willensfanatismus weder durch Furcht noch durch Eigennutz zu bändigen sind; denn sie leben im Geist, sie trotzen der Materie, gleich den ersten Christen, die man ebenfalls weder durch leibliche Qualen noch durch leibliche Genüsse bezwingen konnte; ja, solche Transzendentalidealisten wären bei einer gesellschaftlichen Umwälzung sogar noch unbeugsamer als die ersten Christen, da diese die irdische Marter ertrugen, um dadurch zur himmlischen Seligkeit zu gelangen, der Transzendentalidealist aber die Marter selbst für eitel Schein hält und unerreichbar ist in der Verschanzung des eigenen Gedankens. Doch noch schrecklicher als alles wären Naturphilosophen, die handelnd eingriffen in eine deutsche Revolution und sich mit dem Zerstörungswerk selbst identifizieren würden. Denn wenn die Hand des Kantianers stark und sicher zuschlägt, weil sein Herz von keiner traditionellen Ehrfurcht bewegt wird; wenn der Fichteaner mutvoll jeder Gefahr trotzt, weil sie für ihn in der Realität gar nicht existiert: so wird der Naturphilosoph dadurch furchtbar sein, dass er mit den ursprünglichen Gewalten der Natur in Verbindung tritt, dass er die dämonischen Kräfte des altgermanischen Pantheismus beschwören kann und dass in ihm jene Kampflust erwacht, die wir bei den alten Deutschen finden und die nicht kämpft, um zu zerstören noch um zu siegen, sondern bloß, um zu kämpfen. Das Christentum – und das ist sein schönstes Verdienst – hat jene brutale germanische Kampflust einigermaßen besänftigt, konnte sie jedoch nicht zerstören, und wenn einst der zähmende Talisman, das Kreuz, zerbricht, dann rasselt wieder empor die Wildheit der alten Kämpfer, die unsinnige Berserkerwut, wovon die nordischen Dichter so viel singen und sagen. Jener Talisman ist morsch, und kommen wird der Tag, wo er kläglich zusammenbricht. Die alten steinernen Götter erheben sich dann aus dem verschollenen Schutt und reiben sich den tausendjährigen Staub aus den Augen, und Thor mit dem Riesenhammer springt endlich empor und zerschlägt die gotischen Dome. Wenn ihr dann das Gepolter und Geklirre hört, hütet euch, ihr Nachbarskinder, ihr Franzosen, und mischt euch nicht in die Geschäfte, die wir zu Hause in Deutschland vollbringen. Es könnte euch schlecht bekommen. Hütet euch, das Feuer anzufachen, hütet euch, es zu löschen. Ihr könntet euch leicht an den Flammen die Finger verbrennen. Lächelt nicht über meinen Rat, den Rat eines Träumers, der euch vor Kantianern, Fichteanern und Naturphilosophen warnt. Lächelt nicht über den Phantasten, der im Reich der Erscheinungen dieselbe Revolution erwartet, die im Gebiet des Geistes stattgefunden. Der Gedanke geht der Tat voraus, wie der Blitz dem Donner. Der deutsche Donner ist freilich auch ein Deutscher und ist nicht sehr gelenkig und kommt etwas langsam herangerollt; aber kommen wird er, und wenn ihr es einst krachen hört, wie es noch niemals in der Weltgeschichte gekracht hat, so wisst: der deutsche Donner hat endlich sein Ziel erreicht. Bei diesem Geräusch werden die Adler aus der Luft tot niederfallen, und die Löwen in der fernsten Wüste Afrikas werden die Schwänze einkneifen und sich in ihren königlichen Höhlen verkriechen. Es wird ein Stück aufgeführt werden in Deutschland, wogegen die französische Revolution nur wie eine harmlose Idylle erscheinen möchte. Jetzt ist es freilich ziemlich still: und gebärdet sich auch dort der eine oder der andere etwas lebhaft, so glaubt nur nicht, diese würden einst als wirkliche Akteure auftreten. Es sind nur die kleinen Hunde, die in der leeren Arena herumlaufen und einander anbellen und beißen, ehe die Stunde erscheint, wo dort die Schar der Gladiatoren anlangt, die auf Tod und Leben kämpfen sollen.

Und die Stunde wird kommen. Wie auf den Stufen eines Amphitheaters werden die Völker sich um Deutschland herumgruppieren, um die großen Kampfspiele zu betrachten. Ich rate euch, ihr Franzosen, verhaltet euch alsdann sehr stille, und beileibe! hütet euch zu applaudieren. Wir könnten euch leicht missverstehen und euch, in unserer unhöflichen Art, etwas barsch zur Ruhe verweisen; denn wenn wir früherhin, in unserem servil verdrossenen Zustand, euch manchmal überwältigen konnten, so vermöchten wir es noch weit eher im Übermut des Freiheitsrausches. Ihr wisst ja selber, was man in einem solchen Zustande vermag – und ihr seid nicht mehr in einem solchen Zustand. Nehmt euch in Acht! Ich meine es gut mit euch, und deshalb sage ich euch die bittere Wahrheit. Ihr habt von dem befreiten Deutschland mehr zu befürchten als von der ganzen Heiligen Allianz mitsamt allen Kroaten und Kosaken. Denn erstens liebt man euch nicht in Deutschland, welches fast unbegreiflich ist, da ihr doch so liebenswürdig seid und euch bei eurer Anwesenheit in Deutschland so viel Mühe gegeben habt, wenigstens der besseren und schöneren Hälfte des deutschen Volkes zu gefallen. Und wenn diese Hälfte euch auch liebte, so ist es doch eben diejenige Hälfte, die keine Waffen trägt und deren Freundschaft euch also wenig frommt. Was man eigentlich gegen euch vorbringt, habe ich nie begreifen können. Einst, im Bierkeller zu Göttingen, äußerte ein junger Altdeutscher, dass man Rache an den Franzosen nehmen müsse für Konradin von Staufen, den sie zu Neapel geköpft. Ihr habt das gewiss längst vergessen. Wir aber vergessen nichts. Ihr seht, wenn wir mal Lust bekommen, mit euch anzubinden, so wird es uns nicht an triftigen Gründen fehlen. Jedenfalls rate ich euch daher, auf eurer Hut zu sein. Es mag in Deutschland vorgehen, was da wolle, es mag der Kronprinz von Preußen oder der Doktor Wirth zur Herrschaft gelangen, haltet euch immer gerüstet, bleibt ruhig auf eurem Posten stehen, das Gewehr im Arm. Ich meine es gut mit euch, und es hat mich schier erschreckt, als ich jüngst vernahm, eure Minister beabsichtigten, Frankreich zu entwaffnen. –

Da ihr, trotz eurer jetzigen Romantik, geborene Klassiker seid, so kennt ihr den Olymp. Unter den nackten Göttern und Göttinnen, die sich dort, bei Nektar und Ambrosia, erlustigen, seht ihr eine Göttin, die, obgleich umgeben von solcher Freude und Kurzweil, dennoch immer einen Panzer trägt und den Helm auf dem Kopf und den Speer in der Hand behält.

Es ist die Göttin der Weisheit.

Elementargeister

[Der Salon, Band 3, Hoffmann und Campe, Hamburg 1837]

Wie man behauptet, gibt es greise Menschen in Westfalen, die noch immer wissen, wo die alten Götterbilder verborgen liegen; auf ihrem Sterbebett sagen sie es dem jüngsten Enkel, und der trägt dann das teure Geheimnis in dem verschwiegenen Sachsenherzen. In Westfalen, dem ehemaligen Sachsen, ist nicht alles tot, was begraben ist. Wenn man dort durch die alten Eichenhaine wandelt, hört man noch die Stimmen der Vorzeit, da hört man noch den Nachhall jener tiefsinnigen Zaubersprüche, worin mehr Lebensfülle quillt als in der ganzen Literatur der Mark Brandenburg. Eine geheimnisvolle Ehrfurcht durchschauerte meine Seele, als ich einst, diese Waldungen durchwandernd, bei der uralten Siegburg vorbeikam. »Hier«, sagte mein Wegweiser, »hier wohnte einst König Wittekind« [Widukind], und er seufzte tief. Es war ein schlichter Holzhauer, und er trug ein großes Beil.

Ich bin überzeugt, dieser Mann, wenn es drauf ankommt, schlägt sich noch heute für König Wittekind; und wehe dem Schädel, worauf sein Beil fällt!

Das war ein schwarzer Tag für Sachsenland, als Wittekind, sein tapferer Herzog, von Kaiser Karl geschlagen wurde, bei Engter. »Als er flüchtend gen Ellerbruch zog und nun alles, mit Weib und Kind, an die Furt kam und sich drängte, mochte eine alte Frau nicht weitergehen. Weil sie aber dem Feind nicht lebendig in die Hände fallen sollte, so wurde sie von den Sachsen lebendig in einen Sandhügel bei Bellmanns-Kamp begraben; dabei sprachen sie: ›Krup under, krup under, de Welt is di gram, du kannst dem Gerappel nich mer folgen.‹«

Man sagt, dass die alte Frau noch lebt. Nicht alles ist tot in Westfalen, was begraben ist.

Die Gebrüder Grimm erzählen diese Geschichte in ihren »Deutschen Sagen«; die gewissenhaften, fleißigen Nachforschungen dieser wackeren Gelehrten werde ich in den folgenden Blättern zuweilen benutzen. Unschätzbar ist das Verdienst dieser Männer um germanische Altertumskunde. Der einzige Jakob Grimm hat für Sprachwissenschaft mehr geleistet als eure ganze Französische Akademie seit Richelieu. Seine »Deutsche Grammatik« ist ein kolossales Werk, ein gotischer Dom, worin alle germanischen Völker ihre Stimmen erheben, wie Riesenchöre, jedes in seinem Dialekte. Jakob Grimm hat vielleicht dem Teufel seine Seele verschrieben, damit er ihm die Materialien lieferte und ihm als Handlanger diente bei diesem ungeheuren Sprachbauwerk. In der Tat, um diese Quadern von Gelehrsamkeit herbeizuschleppen, um aus diesen hunderttausend Zitaten einen Mörtel zu stampfen, dazu gehört mehr als ein Menschenleben und mehr als Menschengeduld.

Eine Hauptquelle für Erforschung des altgermanischen Volksglaubens ist Paracelsus. Ich habe seiner schon mehrmals erwähnt. Seine Werke sind ins Lateinische übersetzt, nicht schlecht, aber lückenhaft. In der deutschen Urschrift ist er schwer zu lesen; abstruser Stil, aber hie und da treten die großen Gedanken hervor mit großem Wort. Er ist ein Naturphilosoph in der heutigsten Bedeutung des Ausdrucks. Man muss seine Terminologie nicht immer in ihrem traditionellen Sinne verstehen. In seiner Lehre von den Elementargeistern gebraucht er die Namen Nymphen, Undinen, Silvanen, Salamander, aber nur deshalb, weil diese Namen dem Publikum schon geläufig sind, nicht weil sie ganz dasjenige bezeichnen, wovon er reden will. Anstatt neue Worte willkürlich zu schaffen, hat er es vorgezogen, für seine Ideen alte Ausdrücke zu suchen, die bisher etwas Ähnliches bezeichneten. Daher ist er vielfach missverstanden worden, und manche haben ihn der Spötterei, manche sogar des Unglaubens bezichtigt. Die einen meinten, er beabsichtige, alte Kindermärchen aus Scherz in ein System zu bringen, die anderen tadelten, dass er, abweichend von der christlichen Ansicht, jene Elementargeister nicht für lauter Teufel erklären wollte. »Wir haben keine Gründe, anzunehmen«, sagt er irgendwo, »dass diese Wesen dem Teufel gehören; und was der Teufel selbst ist, das wissen wir auch noch nicht.« Er behauptet, die Elementargeister wären, ebenso gut wie wir, wirkliche Geschöpfe Gottes, die aber nicht wie unseresgleichen aus Adams Geschlecht seien und denen Gott zum Wohnsitz die vier Elemente angewiesen habe. Ihre Leibesorganisation sei diesen Elementen gemäß. Nach den vier Elementen ordnet nun Paracelsus die verschiedenen Geister, und hier gibt er uns ein bestimmtes System.

Den Volksglauben selbst in ein System bringen, wie manche beabsichtigen, ist aber ebenso untunlich, als wollte man die vorüberziehenden Wolken in Rahmen fassen. Höchstens kann man unter bestimmten Rubriken das Ähnliche zusammentragen. Dieses wollen wir auch in Betreff der Elementargeister versuchen.

Von den Kobolden haben wir bereits gesprochen. Sie sind Gespenster, ein Gemisch von verstorbenen Menschen und Teufeln; man muss sie von den eigentlichen Erdgeistern genau unterscheiden. Diese wohnen meistens in den Bergen, und man nennt sie Wichtelmänner, Gnomen, Metallarii, kleines Volk, Zwerge. Die Sage von diesen Zwergen ist analog mit der Sage von den Riesen, und sie deutet auf die Anwesenheit zweier verschiedener Stämme, die einst mehr oder minder friedlich das Land bewohnt, aber seitdem verschollen sind. Die Riesen sind auf immer verschwunden aus Deutschland. Die Zwerge aber trifft man mitunter noch in den Bergschächten, wo sie, gekleidet wie kleine Bergleute, die kostbaren Metalle und Edelsteine ausgraben. Von jeher haben die Zwerge immer vollauf Gold, Silber und Diamanten besessen; denn sie konnten überall unsichtbar herumkriechen, und kein Loch war ihnen zu klein, um durchzuschlüpfen, führte es nur endlich zu den Stollen des Reichtums. Die Riesen aber blieben immer arm, und wenn man ihnen etwas geborgt hätte, würden sie Riesenschulden hinterlassen haben. Von der Kunstfertigkeit der Zwerge ist in den alten Liedern viel rühmlich die Rede. Sie schmiedeten die besten Schwerter, aber nur die Riesen wussten mit diesen Schwertern dreinzuschlagen. Waren diese Riesen wirklich von so hoher Statur? Die Furcht hat vielleicht ihrem Maß manche Elle hinzugefügt. Dergleichen hat sich oft schon ereignet. Nicetas, ein Byzantiner, der die Einnahme von Konstantinopel durch die Kreuzfahrer berichtet, gesteht ganz ernsthaft, dass einer dieser eisernen Ritter des Nordens, der alles vor sich her zu Paaren trieb, ihnen, in diesem schrecklichen Augenblick, fünfzig Fuß groß zu sein schien.

Die Wohnungen der Zwerge waren, wie schon erwähnt, die Berge. Die kleinen Öffnungen, die man in den Felsen findet, nennt das Volk noch heutzutage Zwerglöcher. Im Harz, namentlich im Bodentale, habe ich dergleichen viele gesehen. Manche Tropfsteinbildungen, die man in den Gebirgshöhlen trifft, sowie auch manche bizarre Felsenspitzen nennt das Volk die Zwergenhochzeit. Es sind Zwerge, die ein böser Zauberer in Steine verwandelt, als sie eben von einer Trauung aus ihrem kleinen Kirchlein nach Hause trippelten oder auch beim Hochzeitsmahl sich gütlich taten. Die Sagen von solchen Versteinerungen sind im Norden ebenso heimisch wie im Morgenland, wo der bornierte Moslem die Statuen und Karyatiden, die er in den Ruinen alter Griechentempel findet, für lauter versteinerte Menschen hält. Wie im Harz, so auch in der Bretagne sah ich allerlei wundersam gruppierte Steine, die von den Bauern Zwergenhochzeiten genannt wurden; die Steine bei Loc Maria Ker sind die Häuser der Torriganen, der Kurilen, wie man dort das kleine Volk benamset.

Die Zwerge tragen kleine Mützchen, wodurch sie sich unsichtbar machen können; man nennt sie Tarnkappen oder auch Nebelkäppchen. Ein Bauer hatte einst, beim Dreschen, mit dem Dreschflegel die Tarnkappe eines Zwerges herabgeschlagen; dieser wurde sichtbar und schlüpfte schnell in eine Erdspalte. Die Zwerge zeigten sich auch manchmal freiwillig den Menschen, hatten gern mit uns Umgang und waren zufrieden genug, wenn wir ihnen nur kein Leid zufügten. Wir aber, boshaft wie wir noch sind, wir spielten ihnen manchen Schabernack. In Wyß' Volkssagen liest man folgende Geschichte: »Des Sommers kam die Schar der Zwerge häufig aus den Flühen [Felswänden] herab ins Tal und gesellte sich entweder hilfreich oder doch zuschauend zu den arbeitenden Menschen, namentlich zu den Mähern in der Heuernte. Da setzten sie sich denn wohl vergnügt auf den langen und dicken Ast eines Ahorns ins schattige Laub. Einmal aber kamen boshafte Leute und sägten bei Nacht den Ast durch, sodass er bloß noch schwach am Stamm hielt, und als die arglosen Geschöpfe sich am Morgen darauf niederließen, krachte der Ast vollends entzwei, die Zwerge stürzten auf den Grund, wurden ausgelacht, erzürnten heftig und jammerten:

›O wie ist der Himmel so hoch
Und die Untreu' so groß!
Heut hierher und nimmermehr!‹«

Sie sollen seit der Zeit das Land verlassen haben. Es gibt indessen noch zwei andere Traditionen, die ebenfalls den Abzug der Zwerge unserer Necksucht und Bosheit zuschreiben. Die eine wird in den erwähnten Volkssagen folgendermaßen erzählt: »Die Zwerge, welche in Höhlen und Klüften rings um die Menschen herum wohnten, waren gegen diese immer freundlich und gut gesinnt, und des Nachts, wenn die Menschen schliefen, verrichteten sie deren schwere Arbeit. Wenn dann das Landvolk frühmorgens mit Wagen und Gerät herbeizog und erstaunte, dass alles getan war, steckten die Zwerge im Gesträuch und lachten hell auf. Oftmals zürnten die Bauern, wenn sie ihr noch nicht ganz zeitiges Getreide auf dem Acker niedergeschnitten fanden, aber als bald Hagel und Gewitter hereinbrach und sie wohl sahen, dass vielleicht kein Hälmchen dem Verderben entronnen sein würde, da dankten sie innig dem voraussichtigen Zwergvolk. Endlich aber verscherzten die Menschen durch ihren Frevel die Huld und Gunst der Zwerge, sie entflohen, und seitdem hat sie kein Auge wieder erblickt. Die Ursache war diese. Ein Hirt hatte oben am Berg einen trefflichen Kirschbaum stehen. Als die Früchte eines Sommers reiften, begab es sich, dass dreimal hintereinander nachts der Baum geleert wurde und alles Obst auf die Bänke und Hürden getragen war, wo der Hirt sonst die Kirschen aufzubewahren pflegte. Die Leute im Dorf sprachen: ›Das tut niemand anders als die redlichen Zwerge, die kommen bei Nacht in langen Mänteln mit bedeckten Füßen herangetrippelt, leise wie Vögel, und schaffen den Menschen emsig ihr Tagwerk; schon einmal hat man sie heimlich belauscht, allein man stört sie nicht, sondern lässt sie kommen und gehn.‹ Durch diese Rede wurde der Hirt neugierig und hätte gern gewusst, warum die Zwerge so sorgfältig ihre Füße bärgen und ob diese anders gestaltet wären als Menschenfüße. Da nun das nächste Jahr wieder der Sommer und die Zeit kam, dass die Zwerge heimlich die Kirschen abbrachen und in den Speicher trugen, nahm der Hirt einen Sack voll Asche und streute sie rings um den Berg herum aus. Den anderen Morgen mit Tagesanbruch eilte er zur Stelle hin, der Baum war richtig leer gepflückt, und er sah unten in der Asche die Spuren von vielen Gänsefüßen eingedrückt. Da lachte der Hirt und spottete, dass der Zwerge Geheimnis verraten war. Bald aber zerbrachen und verwüsteten diese ihre Wohnungen und flohen tiefer in den Berg hinab, grollen dem Menschengeschlecht und versagen ihm ihre Hilfe. Jener Hirt, der sie verraten hatte, wurde siech und blödsinnig bis an sein Lebensende.«

Die andere Tradition, die in Otmars Volkssagen mitgeteilt wird, ist von viel betrübsam härterem Charakter: »Zwischen Walkenried und Neuhof in der Grafschaft Hohenstein hatten einst die Zwerge zwei Königreiche. Ein Bewohner jener Gegend merkte einmal, dass seine Feldfrüchte alle Nächte beraubt wurden, ohne dass er den Täter entdecken konnte. Endlich ging er auf den Rat einer weisen Frau bei einbrechender Nacht an seinem Erbsenfeld auf und ab und schlug mit einem dünnen Stab über dasselbe in die bloße Luft hinein. Es dauerte nicht lange, so standen einige Zwerge leibhaftig vor ihm. Er hatte ihnen die unsichtbar machenden

Nebelkappen abgeschlagen. Zitternd fielen die Zwerge vor ihm nieder und bekannten, dass ihr Volk es sei, welches die Felder der Landesbewohner beraubte, wozu aber die äußerste Not sie zwänge. Die Nachricht von den eingefangenen Zwergen brachte die ganze Gegend in Bewegung. Das Zwergvolk sandte endlich Abgeordnete und bot Lösung für sich und die gefangenen Brüder und wollte dann auf immer das Land verlassen. Doch die Art des Abzugs erregte neuen Streit. Die Landeseinwohner wollten die Zwerge nicht mit ihren gesammelten und versteckten Schätzen abziehen lassen, und das Zwergvolk wollte bei seinem Abzug nicht gesehen sein. Endlich kam man dahin überein, dass die Zwerge über eine schmale Brücke bei Neuhof ziehen und dass jeder von ihnen in ein dorthin gestelltes Gefäß einen bestimmten Teil seines Vermögens, als Abzugszoll, werfen sollte, ohne dass einer der Landesbewohner zugegen wäre. Dies geschah. Doch einige Neugierige hatten sich unter die Brücke versteckt, um den Zug der Zwerge wenigstens zu hören. Und so hörten sie denn viele Stunden lang das Getrappel der kleinen Menschen; es war ihnen, als ob eine sehr große Herde Schafe über die Brücke ging.«

Nach einer Variante sollte jeder abziehende Zwerg nur ein einziges Geldstück in das Fass werfen, welches man vor der Brücke hingestellt; und den anderen Morgen fand man das Fass ganz gefüllt mit alten Goldmünzen. Auch soll vorher der Zwergenkönig selber, in seinem roten Mäntelchen, zu den Landeseinwohnern gekommen sein, um sie zu bitten, ihn und sein Volk nicht fortzujagen. Flehentlich erhob er seine Ärmchen gen Himmel und weinte die rührendsten Tränen, wie einst Don Isaak Abarbanel vor Ferdinand von Aragonien.

Von den Zwergen, den Erdgeistern, sind genau zu unterscheiden die Elfen, die Luftgeister, die auch in Frankreich mehr bekannt sind und die besonders in englischen Gedichten so anmutig gefeiert werden. Wenn die Elfen nicht ihrer Natur nach unsterblich wären, so würden sie es schon allein durch Shakespeare geworden sein. Sie leben ewig im Sommernachtstraum der Poesie. – Der Glaube an Elfen ist nach meinem Bedünken viel mehr keltischen als skandinavischen Ursprungs. Daher mehr Elfensagen im westlichen Norden als im östlichen. In Deutschland weiß man wenig von Elfen, und alles ist da nur matter Nachklang von bretonischen Sagen, wie z. B. Wielands »Oberon«. Was das Volk in Deutschland Elfen oder Elben nennt, sind die unheimlichen Geburten der Hexen, die mit dem Bösen gebuhlt. Die eigentlichen Elfensagen sind heimisch in Irland und Nordfrankreich; indem sie von hier hinabklingen bis zur Provence, vermischen sie sich mit dem Feenglauben des Morgenlands. Aus solcher Vermischung erblühen nun die vortrefflichen Lais vom Grafen Lanval, dem die schöne Fee ihre Gunst schenkt unter dem Beding, dass er sein Glück verschweige. Als aber König Artus, bei einem Festgelage zu Karduel, seine Königin Genevra für die schönste Frau der Welt erklärte, da konnte Graf Lanval nicht länger schweigen; er sprach, und sein Glück war, wenigstens auf Erden, zu Ende. Nicht viel besser ergeht es dem Ritter Grüelan; auch er kann sein Liebesglück nicht verschweigen, die geliebte Fee verschwindet, und auf seinem Ross Gedefer reitet er lange vergebens, um sie zu suchen. Aber in dem Feenland Avalun finden die unglücklichen Ritter ihre Geliebten wieder. Hier können Graf Lanval und Herr Grüelan so viel schwatzen, als nur ihr Herz gelüstet. Hier kann auch Ogier der Däne von seinen Heldenfahrten ausruhen in den Armen seiner Morgane. Ihr Franzosen kennt sie alle, diese Geschichten. Ihr kennt Avalun, aber der Perser kennt es auch, und er nennt es Ginnistan. Es ist das Land der Poesie. – Das Äußere der Elfen und ihr Weben und Treiben ist euch ebenfalls ziemlich bekannt. Spensers »Elfenkönigin« ist längst zu euch herübergeflogen aus England. Wer kennt nicht Titania? Wessen Hirn ist so dick, dass es nicht manchmal das heitre Geklinge ihres Luftzugs vernimmt? Ist es aber wahr, dass es ein Vorzeichen des Todes, wenn man diese Elfenkönigin mit leiblichen Augen erblickt und gar einen freundlichen Gruß von ihr empfängt? Ich möchte dieses gern genau wissen, denn:

In dem Wald, im Mondenscheine,
Sah ich jüngst die Elfen reuten;
Ihre Hörner hört ich klingen,
Ihre Glöckchen hört ich läuten.

Ihre weißen Rösslein trugen
Güldnes Hirschgeweih und flogen
Rasch dahin, wie Schwanenzüge
Kam es durch die Luft gezogen.

Lächelnd nickte mir die Kön'gin,
Lächelnd im Vorüberreuten.
Galt das meiner neuen Liebe,
Oder soll es Tod bedeuten?

In den dänischen Volksliedern gibt es zwei Elfensagen, die den Charakter dieser Luftgeister am treuesten zur Anschauung bringen. Das eine Lied erzählt von dem Traumgesicht eines jungen Fants, der sich auf Elvershöh niedergelegt hatte und allmählich eingeschlummert war. Er träumt, er stände auf seinem Schwert gestützt, während die Elfen im Kreis um ihn her tanzen und durch Liebkosen und Versprechung ihn verlocken wollen, an ihrem Reigen teilzunehmen. Eine von den Elfen kommt an ihn heran und streichelt ihm die Wange und flüstert: »Tanze mit uns, schöner Knabe, und das Süßeste, was nur immer dein Herz gelüstet, wollen wir dir singen.« Und da beginnt auch ein Gesang von so bezwingender Liebeslust, dass der reißende Strom, dessen Wasser sonst wildbrausend dahinfließt, plötzlich stillsteht und in der ruhigen Flut die Fischlein hervortauchen und vergnügt mit ihren Schwänzlein spielen. Eine andere Elfe flüstert: »Tanze mit uns, schöner Knabe, und wir wollen dich Runensprüche lehren, womit du den Bär und den wilden Eber besiegen kannst sowie auch den Drachen, der das Gold hütet; sein Gold soll dir anheimfallen.« Der junge Fant widersteht jedoch allen diesen Lockungen, und die erzürnten Jungfrauen drohen endlich, ihm den kalten Tod ins Herz zu bohren. Schon zücken sie ihre scharfen Messer, da, zum Glück, kräht der Hahn, und der Träumer erwacht mit heiler Haut.

Das andere Gedicht ist minder luftig gehalten, die Erscheinung der Elfen findet nicht im Traum, sondern in der Wirklichkeit statt, und ihr schauerlich anmutiges Wesen tritt uns desto schärfer entgegen. Es ist das Lied von dem Herrn Oluf, der abends spät ausreitet, um seine Hochzeitsgäste zu entbieten. Der Refrain ist immer: »Aber das Tanzen geht so schnell durch den Wald.« Man glaubt unheimlich lüsterne Melodien zu hören und zwischendrein ein Kichern und Wispern wie von mutwilligen Mädchen. Herr Oluf sieht endlich, wie vier, fünf, ja noch mehrere Jungfrauen hervortanzen und Erlkönigs Tochter die Hand nach ihm ausstreckt. Sie bittet ihn zärtlichst, in den Kreis einzutreten und mit ihr zu tanzen. Der Ritter aber will nicht tanzen und sagt zu seiner Entschuldigung: »Morgen ist mein Hochzeitstag.« Da werden ihm nun gar verführerische Geschenke angeboten; jedoch weder die Widderhautsstiefel, die so gut am Beine sitzen würden, noch die güldenen Sporen, die man so hübsch daranschnallen kann, noch das weißseidne Hemd, das die Elfenkönigin selber mit Mondschein gebleicht hat, nicht mal die silberne Schärpe, die man ihm ebenfalls so kostbar anrühmt, nichts kann ihn bestimmen, in den Elfenreigen einzutreten und mitzutanzen. Seine beständige Entschuldigung ist: »Morgen ist mein Hochzeitstag.« Da freilich verlieren die Elfen endlich die Geduld, sie geben ihm einen Schlag aufs Herz, wie er ihn noch nie empfunden, und heben den zu Boden gesunkenen Ritter wieder auf sein Ross und sagen spöttisch: »So reite denn heim zu deiner Braut.« Ach! als er auf seine Burg zurückkehrte, da waren seine Wangen sehr blass und sein Leib sehr krank, und als am Morgen früh die Braut ankam mit der Hochzeitschar, mit

Sang und Klang, da war Herr Oluf ein stiller Mann; denn er lag tot unter dem roten Bahrtuch. – »Aber das Tanzen geht hin so schnell durch den Wald.« –

Der Tanz ist charakteristisch bei den Luftgeistern; sie sind zu ätherischer Natur, als dass sie prosaisch gewöhnlichen Ganges, wie wir, über diese Erde wandeln sollten. Indessen, so zart sie auch sind, so lassen doch ihre Füßchen einige Spuren zurück auf den Rasenplätzen, wo sie ihre nächtlichen Reigen gehalten. Es sind eingedrückte Kreise, denen das Volk den Namen Elfenringe gegeben.

In einem Teil Östreichs gibt es eine Sage, die mit den vorhergehenden eine gewisse Ähnlichkeit bietet, obgleich sie ursprünglich slawisch ist. Es ist die Sage von den gespenstischen Tänzerinnen, die dort unter dem Namen »die Willis« bekannt sind. Die Willis sind Bräute, die vor der Hochzeit gestorben sind. Die armen jungen Geschöpfe können nicht im Grabe ruhig liegen, in ihren toten Herzen, in ihren toten Füßen blieb noch jene Tanzlust, die sie im Leben nicht befriedigen konnten, und um Mitternacht steigen sie hervor, versammeln sich truppenweis an den Heerstraßen, und wehe dem jungen Menschen, der ihnen da begegnet! Er muss mit ihnen tanzen, sie umschlingen ihn mit ungezügelter Tobsucht, und er tanzt mit ihnen, ohne Ruh und Rast, bis er tot niederfällt. Geschmückt mit ihren Hochzeitskleidern, Blumenkronen und flatternde Bänder auf den Häuptern, funkelnde Ringe an den Fingern, tanzen die Willis im Mondglanz, ebenso wie die Elfen. Ihr Antlitz, obgleich schneeweiß, ist jugendlich schön, sie lachen so schauerlich heiter, so frevelhaft liebenswürdig, sie nicken so geheimnisvoll lüstern, so verheißend; diese toten Bacchantinnen sind unwiderstehlich.

Das Volk, wenn es blühende Bräute sterben sah, konnte sich nie überreden, dass Jugend und Schönheit so jähling gänzlich der schwarzen Vernichtung anheimfallen, und leicht entstand der Glaube, dass die Braut noch nach dem Tod die entbehrten Freuden sucht.

Dieses erinnert uns an eins der schönsten Gedichte Goethes, die »Braut von Korinth«, womit das französische Publikum, durch Frau von Staël, schon längst Bekanntschaft gemacht hat. Das Thema dieses Gedichtes ist uralt und verliert sich hoch hinauf in die Schauernisse der thessalischen Märchen. Älian erzählt davon, und Ähnliches berichtet Philostratus im Leben des Apollonius von Tyane. Es ist die fatale Hochzeitsgeschichte, wo die Braut eine Lamia ist.

Es ist den Volkssagen eigentümlich, dass ihre furchtbarsten Katastrophen gewöhnlich bei Hochzeitsfesten ausbrechen. Das plötzlich eintretende Schrecknis kontrastiert dann desto grausig-schroffer mit der heiteren Umgebung, mit der Vorbereitung zur Freude, mit der lustigen Musik. Solange der Rand des Bechers noch nicht die Lippen berührt, kann der kostbare Trank noch immer verschüttet werden. Ein düsterer Hochzeitsgast kann eintreten, den niemand gebeten hat und den doch keiner den Mut hat fortzuweisen. Er sagt der Braut ein Wort ins Ohr, und sie erbleicht. Er gibt dem Bräutigam einen leisen Wink, und dieser folgt ihm aus dem Saal, wandelt mit ihm weit hinaus in die wehende Nacht und kehrt nimmermehr heim. Gewöhnlich ist es ein früheres Liebesversprechen, weshalb plötzlich eine kalte Geisterhand die Braut und den Bräutigam trennt. Als Herr Peter von Staufenberg beim Hochzeitsmahl saß und zufällig aufwärts schaute, erblickte er einen kleinen weißen Fuß, der durch die Saalesdecke hervortrat. Er erkannte den Fuß jener Nixe, womit er früher im zärtlichsten Liebesbündnis gestanden, und an diesem Wahrzeichen merkte er wohl, dass er durch seine Treulosigkeit das Leben verwirkt. Er schickt zum Beichtiger, lässt sich das Abendmahl reichen und bereitet sich zum Tode. Von dieser Geschichte wird in deutschen Landen noch viel gesagt und gesungen. Es heißt auch, die beleidigte Nixe habe den ungetreuen Ritter unsichtbar umarmt und in dieser Umarmung gewürgt. Tief gerührt werden die Frauen bei dieser tragischen Erzählung. Aber unsere jungen Freigeister lächeln darüber spöttisch und wollen nimmermehr glauben, dass die Nixen so gefährlich sind. Sie werden späterhin ihre Ungläubigkeit bitter bereuen.

Die Nixen haben die größte Ähnlichkeit mit den Elfen. Sie sind beide verlockend, anreizend und lieben den Tanz. Die Elfen tanzen auf Moorgründen, grünen Wiesen, freien Waldplätzen und am liebsten unter alten Eichen. Die Nixen tanzen bei Teichen und Flüssen; man sah sie auch wohl auf dem Wasser tanzen, den Vorabend, wenn jemand dort ertrank. Auch kommen sie oft zu den Tanzplätzen der Menschen und tanzen mit ihnen ganz wie unsereins. Die weiblichen Nixen erkennt man an dem Saum ihrer weißen Kleider, der immer feucht ist. Auch wohl an dem feinen Gespinst ihrer Schleier und an der vornehmen Zierlichkeit ihres geheimnisvollen Wesens. Den männlichen Nix erkennt man daran, dass er grüne Zähne hat, die fast wie Fischgräten gebildet sind. Auch empfindet man einen inneren Schauer, wenn man seine außerordentlich weiche, eiskalte Hand berührt. Gewöhnlich trägt er einen grünen Hut. Wehe dem Mädchen, das, ohne ihn zu kennen, gar zu sorglos mit ihm tanzt. Er zieht sie hinab in sein feuchtes Reich. Marsk Stig, der Königsmörder, hatte zwei schöne Töchter, wovon die jüngste in des Wassermanns Gewalt geriet, sogar während sie in der Kirche war. Der Nix erschien als ein stattlicher Ritter; seine Mutter hatte ihm ein Ross von klarem Wasser und Sattel und Zaum von dem weißesten Sande gemacht, und die arglose Schöne reichte ihm freudig ihre Hand. Wird sie ihm da unten im Meer die versprochene Treue halten? Ich weiß nicht; aber ich kenne eine Sage von einem anderen Wassermann, der sich ebenfalls eine Frau vom festen Land geholt hat und aufs Listigste von ihr betrogen ward. Es ist die Sage von Rosmer, dem Wassermann, der, ohne es zu wissen, seine eigene Frau in einer Kiste auf den Rücken nahm und sie ihrer Mutter zurückbrachte. Er vergoss darüber nachher die bitterlichsten Tränen.

Die Nixen haben ebenfalls oft dafür zu büßen, dass sie an dem Umgang der Menschen Gefallen fanden. Auch hierüber weiß ich eine Geschichte, die von deutschen Dichtern vielfach besungen worden. Aber am rührendsten klingt sie in folgenden schlichten Worten, wie sie die Gebrüder Grimm, in ihren Sagen, mitteilen: »Zu Epfenbach bei Sinzheim traten seit der Leute Gedenken jeden Abend drei wunderschöne, weißgekleidete Jungfrauen in die Spinnstube des Dorfs. Sie brachten immer neue Lieder und Weisen mit, wussten hübsche Märchen und Spiele, auch ihre Rocken und Spindeln hatten etwas Eigenes, und keine Spinnerin konnte so fein und behänd den Faden drehen. Aber mit dem Schlag elf standen sie auf, packten ihre Rocken zusammen und ließen sich durch keine Bitte einen Augenblick länger halten. Man wusste nicht, woher sie kamen, noch, wohin sie gingen: man nannte sie nur die Jungfern aus dem See oder die Schwestern aus dem See. Die Burschen sahen sie gern und verliebten sich in sie, zu allermeist des Schulmeisters Sohn. Der konnte nicht satt werden, sie zu hören und mit ihnen zu sprechen, und nichts tat ihm leider, als dass sie jeden Abend schon so früh aufbrachen. Da verfiel er einmal auf den Gedanken und stellte die Dorfuhr eine Stunde zurück, und abends im steten Gespräch und Scherz merkte kein Mensch den Verzug der Stunde. Und als die Glocke elf schlug, es aber schon eigentlich zwölf war, standen die drei Jungfrauen auf, legten ihre Rocken zusammen und gingen fort. Den folgenden Morgen kamen etliche Leute am See vorbei; da hörten sie wimmern und sahen drei blutige Stellen oben auf der Fläche. Seit der Zeit kamen die Schwestern nimmermehr zur Stube. Des Schulmeisters Sohn zehrte ab und starb kurz darnach.«

Es liegt etwas so Geheimnisvolles in dem Treiben der Nixen. Der Mensch kann sich unter dieser Wasserdecke so viel Süßes und zugleich so viel Entsetzliches denken. Die Fische, die allein etwas davon wissen können, sind stumm. Oder schweigen sie etwa aus Klugheit? Fürchten sie grausame Ahndung, wenn sie die Heimlichkeiten des stillen Wasserreichs verrieten? So ein Wasserreich mit seinen wollüstigen Heimlichkeiten und verborgenen Schrecknissen mahnt an Venedig. Oder war Venedig selbst ein solches Reich, das zufällig, aus der Tiefe des Adriatischen Meers, zur Oberwelt heraufgetaucht mit seinen Marmorpalästen, mit seinen delphinäugigen Kurtisanen, mit seinen Glasperlen- und Korallenfabriken, mit seinen Staatsinquisitoren, mit seinen geheimen Ersäufungsanstalten, mit seinem bunten Maskengelächter? Wenn einst Venedig wieder in die Lagunen hinabgesunken sein mag, dann wird seine Geschichte wie ein Nixenmärchen klingen, und die Amme wird den Kindern von dem großen Wasservolk erzählen, das, durch Beharrlichkeit und List, sogar über das feste Land geherrscht, aber endlich von einem zweiköpfigen Adler totgebissen worden.

Das Geheimnisvolle ist der Charakter der Nixen, wie das träumerisch Lustige der Charakter der Elfen. Beide sind vielleicht in der ursprünglichen Sage selbst nicht sehr unterschieden, und erst spätere Zeiten haben hier eine Sonderung vorgenommen. Die Namen selbst geben keine sichere Auskunft. In Skandinavien heißen alle Geister Elfen, Alf, und man unterscheidet sie in weiße und schwarze Alfen; letztere sind eigentliche Kobolde. Den Namen Nix gibt man in Dänemark ebenfalls den Hauskobolden, die man dort, wie ich schon früher gemeldet, Nissen nennt.

Dann gibt es auch Abnormitäten, Nixen, welche nur bis zur Hüfte menschliche Bildung tragen, unten aber in einem Fischschweif endigen oder mit der Oberhälfte ihres Leibes als eine wunderschöne Frau und mit der Unterhälfte als eine schuppige Schlange erscheinen, wie eure Melusine, die Geliebte des Grafen Raimund von Poitiers.

Glücklicher Raimund, dessen Geliebte nur zur Hälfte eine Schlange war!

Auch kommt es oft vor, dass die Nixen, wenn sie sich mit Menschen in ein Liebesbündnis einlassen, nicht bloß Verschwiegenheit verlangen, sondern auch bitten, man möge sie nie befragen nach ihrer Herkunft, nach Heimat und Sippschaft. Auch sagen sie nicht ihren rechten Namen, sondern sie geben sich unter den Menschen sozusagen einen nom de guerre. Der Gatte der kleveschen Prinzessin nannte sich Helias. War er ein Nix oder ein Elfe? Wie oft, wenn ich den Rhein hinabfuhr und dem Schwanenturm von Kleve vorüberkam, dachte ich an den geheimnisvollen Ritter, der so wehmütig streng sein Inkognito bewahrte und den die bloße Frage nach seiner Herkunft aus den Armen der Liebe vertreiben konnte. Als die Prinzessin ihre Neugier nicht bemeistern konnte und einst in der Nacht zu ihrem Gemahle die Worte sprach: »Herr, solltet Ihr nicht unserer Kinder wegen sagen, wer Ihr seid?«, da stieg er seufzend aus dem Bette, setzte sich wieder auf sein Schwanenschiff, fuhr den Rhein hinab und kam nimmermehr zurück. Aber es ist auch wirklich verdrießlich, wenn die Weiber zu viel fragen. Braucht eure Lippen zum Küssen, nicht zum Fragen, ihr Schönen. Schweigen ist die wesentlichste Bedingung des Glückes. Wenn der Mann die Gunstbezeugungen seines Glückes ausplaudert oder wenn das Weib nach den Geheimnissen ihres Glückes neugierig forscht, dann gehen sie beide ihres Glückes verlustig.

Elfen und Nixen können zaubern, können sich in jede beliebige Gestalt verwandeln; indessen manchmal sind auch sie selber von mächtigeren Geistern und Nekromanten in allerlei hässliche Missgebilde verwünscht worden. Sie werden aber erlöst durch Liebe, wie im Märchen Zemire und Azor; das krötige Ungeheuer muss dreimal geküsst werden, und es verwandelt sich in einen schönen Prinzen. Sobald du deinen Widerwillen gegen das Hässliche überwindest und das Hässliche sogar liebgewinnst, so verwandelt es sich in etwas Schönes. Keine Verwünschung widersteht der Liebe. Liebe ist ja selber der stärkste Zauber, jede andere Verzauberung muss ihr weichen. Nur gegen eine Gewalt ist sie ohnmächtig. Welche ist das? Es ist nicht das Feuer, nicht das Wasser, nicht die Luft, nicht die Erde mit allen ihren Metallen; es ist die Zeit.

Die seltsamsten Sagen in Betreff der Elementargeister findet man bei dem alten guten Johannes Prätorius, dessen »Anthropodemus plutonicus oder neue Weltbeschreibung von allerlei wunderbaren Menschen« im Jahr 1666 zu Magdeburg erschienen ist. Schon die Jahreszahl ist merkwürdig; es ist das Jahr, dem der Jüngste Tag prophezeit worden. Der Inhalt des Buches ist ein Wust von Unsinn, aufgegabeltem Aberglauben, maulhängkolischen und affenteuerlichen Historien und gelehrten Zitaten, Kraut und Rüben. Die zu behandelnden Gegenstände sind geordnet nach den Anfangsbuchstaben ihres Namens, die ebenfalls höchst willkürlich gewählt sind. Auch die Einteilungen sind ergötzlich, z. B. wenn der Verfasser von Gespenstern handeln will, so handelt er 1. von wirklichen Gespenstern, 2. von erdichteten Gespenstern, d. h. von Betrügern, die sich als Gespenster vermummen. Aber er ist voll Belehrung, und in diesem Buch, sowie auch in seinen anderen Werken, haben sich Traditionen erhalten, die teils sehr wichtig für das Studium der germanischen Religionsaltertümer, teils auch als bloße Kuriositäten sehr interessant sind. Ich bin überzeugt, ihr alle wisst nicht, dass es Meerbischöfe gibt. Ich zweifle sogar, ob die »Gazette de France« es weiß. Und doch wäre es wichtig für manche Leute zu wissen, dass das Christentum sogar im Ozean seine Anhänger hat, und gewiss in großer Anzahl. Vielleicht die Majorität der Meergeschöpfe sind Christen, wenigstens ebenso gute Christen wie die Majorität der Franzosen. Ich möchte dieses gern verschweigen, um der katholischen Partei in Frankreich durch diese Mitteilung keine Freude zu machen, aber da ich hier von Nixen, von Wassermenschen, zu sprechen habe, verlangt es die deutsch-gewissenhafte Gründlichkeit, dass ich der Seebischöfe erwähne. Prätorius erzählt nämlich folgendes: »In den holländischen Chroniken liest man, Cornelius von Amsterdam habe an einen Medikus namens Gelbert nach Rom geschrieben, dass im Jahr 1531 in dem nordischen Meer, nahe bei Elpach, ein Meermann sei gefangen worden, der wie ein Bischof von der römischen Kirche ausgesehen habe. Den habe man dem König von Polen zugeschickt. Weil er aber ganz im Geringsten nichts essen wollte von allem, was ihm dargereicht, sei er am dritten Tage gestorben, habe nichts geredet, sondern nur große Seufzer geholet.«

Eine Seite weiter hat Prätorius ein anderes Beispiel mitgeteilt: »Im Jahr 1433 hat man in dem Baltischen Meer, gegen Polen, einen Meermann gefunden, welcher einem Bischof ganz ähnlich gewesen. Er hatte einen Bischofshut auf dem Haupt, seinen Bischofstab in der Hand und ein Messgewand an. Er ließ sich berühren, sonderlich von den Bischöfen des Ortes, und erwies ihnen Ehre, jedoch ohne Rede. Der König wollte ihn in einem Turm verwahren lassen, darwider setzte er sich mit Gebärden, und baten die Bischöfe, dass man ihn wieder in sein Element lassen wolle, welches auch geschehen, und wurde er von zweien Bischöfen dahin begleitet und erwies sich freudig. Sobald er in das Wasser kam, machte er ein Kreuz und tauchte hinunter, wurde auch künftig nicht mehr gesehen. Dieses ist zu lesen in Flandr. Chronic., in Hist. Ecclesiast. Spondani, wie auch in den Memorabilibus Wolfii.«

Ich habe beide Geschichten wörtlich mitgeteilt und meine Quelle genau angegeben, damit man nicht etwa glaube, ich hätte die Meerbischöfe erfunden. Ich werde mich wohl hüten, noch mehr Bischöfe zu erfinden.

Einigen Engländern, mit denen ich mich gestern über die Reform der anglikanisch-episkopalen Kirche unterhielt, habe ich den Rat gegeben, aus ihren Landbischöfen lauter Meerbischöfe zu machen.

Zur Ergänzung der Sagen von Nixen und Elfen habe ich noch der Schwanenjungfrauen zu erwähnen. Die Sage ist hier sehr unbestimmt und mit einem allzu geheimnisvollen Dunkel umwoben. Sind sie Wassergeister? Sind sie Luftgeister? Sind sie Zauberinnen? Manchmal kommen sie aus den Lüften als Schwäne herabgeflogen, legen ihre weiße Federhülle von sich, wie ein Gewand, sind dann schöne Jungfrauen und baden sich in stillen Gewässern. Überrascht sie dort irgendein neugieriger Bursche, dann springen sie rasch aus dem Wasser, hüllen sich geschwind in ihre Federhaut und schwingen sich dann als Schwäne wieder empor in die Lüfte. Der vortreffliche Musäus erzählt in seinen »Volksmärchen« die schöne Geschichte von einem jungen Ritter, dem es gelang, eins von jenen Federgewändern zu stehlen;

als die Jungfrauen aus dem Bade stiegen, sich schnell in ihre Federkleider hüllten und davonflogen, blieb eine zurück, die vergebens ihr Federkleid suchte. Sie kann nicht fortfliegen, weint beträchtlich, ist wunderschön, und der schlaue Ritter heiratet sie. Sieben Jahre leben sie glücklich; aber einst, in der Abwesenheit des Gemahls, kramt die Frau in verborgenen Schränken und Truhen und findet dort ihr altes Federgewand; geschwind schlüpft sie hinein und fliegt davon.

In den altdänischen Liedern ist von einem solchen Federgewand sehr oft die Rede, aber dunkel und in höchst befremdlicher Art. Hier finden wir Spuren von dem ältesten Zauberwesen. Hier sind Töne von nordischem Heidentum, die, wie halbvergessene Träume, in unserem Gedächtnis einen wunderbaren Anklang finden. Ich kann nicht umhin, ein altes Lied mitzuteilen, worin nicht bloß von der Federhaut gesprochen wird, sondern auch von den Nachtraben, die ein Seitenstück zu den Schwanenjungfrauen bilden. Dieses Lied ist so schauerlich, so grauenhaft, so düster wie eine skandinavische Nacht, und doch glüht darin eine Liebe, die an wilder Süße und brennender Innigkeit nicht ihresgleichen hat, eine Liebe, die, immer gewaltiger entlodernd, endlich wie ein Nordlicht emporschießt und mit ihren leidenschaftlichen Strahlen den ganzen Himmel überflammt. Indem ich hier dieses ungeheure Liebesgedicht mitteile, muss ich vorausbemerken, dass ich mir dabei nur metrische Veränderungen erlaube, dass ich nur am Äußerlichen, an dem Gewand, hie und da ein bisschen geschneidert. Der Refrain nach jeder Strophe ist immer: »So fliegt er über das Meer!«

Sie schifften wohl über das salzige Meer,
Der König und die Königin beide;
Dass die Königin nicht geblieben daheim,
Das ward zu großem Leide.

Das Schiff, das stand auf einmal still,
Sie konnten's nicht weiter lenken;
Ein wilder Nachtrabe geflogen kam,
Er wollt's in den Grund versenken.

»Ist jemand unter den Wellen versteckt
Und hält das Schiff befestigt?
Ich gebe ihm beides, Silber und Gold,
Er lasse uns unbelästigt.

So du es bist, Nachtrabe wild,
So senk uns nicht zu Grunde,
Ich gebe dir beides, Silber und Gold,
Wohl fünfzehn gewogene Pfunde.«

»Dein Gold und Silber verlang ich nicht,
Ich verlange bessere Gaben,
Was du trägst unter dem Leibgurt dein,
Das will ich von dir haben.«

»Was ich trage unter dem Leibgurt mein,
Das will ich dir gerne geben;
Das sind ja meine Schlüssel klein,
Nimm hin, und lass mir mein Leben.«

Sie zog heraus die Schlüssel klein,
Sie warf sie ihm über Borde.
Der wilde Rabe von dannen flog,

Er hielt sie freudig beim Worte.

Und als die Kön'gin nach Hause kam,
Sie ging am Strande spazieren,
Da merkt' sie, wie German, der fröhliche Held,
Sich unter dem Leibgurt tät rühren.

Und als fünf Monde verflossen dahin,
Die Königin eilt in die Kammer,
Eines schönen Sohnes sie genas,
Das ward zu großem Jammer.

Er ward geboren in der Nacht,
Und getauft sogleich den Morgen,
Sie nannten ihn German, den fröhlichen Held,
Sie glaubten ihn schon geborgen.

Der Knabe wuchs, er wusste sich gut
Im Reiten und Fechten zu üben;
Sooft seine liebe Mutter ihn sah,
Tät sich ihr Herz betrüben.

»O Mutter, liebe Mutter mein,
Wenn ich Euch vorübergehe,
Warum so traurig werdet Ihr,
Dass ich Euch weinen sehe?«

»So wisse, German, du fröhlicher Held,
Dein Leben ist bald geendet,
Denn als ich dich unter dem Leibgurt trug,
Hab ich dich dem Raben verpfändet.«

»O Mutter, liebe Mutter mein,
O lasst Eu'r Leid nur fahren,
Was mir mein Schicksal bescheren will,
Davor kann mich niemand bewahren.«

Das war eines Donnerstags, im Herbst,
Als kaum der Morgen graute,
Die Frauenstube offenstand,
Da kamen krächzende Laute.

Der hässliche Rabe kam herein,
Setzt sich zu der Königin dorten:
»Frau Königin, gebt mir Eu'r Kind,
Ihr habt's mir versprochen mit Worten.«

Sie aber hat beim höchsten Gott,
Bei allen Heil'gen geschworen,
Sie wüsste weder von Tochter noch Sohn,
Die sie auf Erden geboren.

Der hässliche Rabe flog zornig davon,
Und zornig schrie er im Fluge:
»Wo find ich German, den fröhlichen Held,
Er gehört mir mit gutem Fuge.«

Und German war alt schon fünfzehn Jahr,
Und ein Mädchen zu freien gedacht er;
Er schickte Boten nach Engeland,
Er warb um des Königs Tochter.

Des Königs Tochter ward ihm verlobt,
Und nach England zu reisen beschloss er:
»Wie komm ich schnell zu meiner Braut,
Rings um die Insel ist Wasser?«

Und das war German, der fröhliche Held,
In Scharlach sich kleiden tat er,
In seinem scharlachroten Kleid
Vor seine Mutter trat er.

»O Mutter, liebe Mutter mein,
Erfüllet mein Begehre
Erfüllet mein Begehre,
Und leiht mir Euer Federgewand,
Dass ich fliegen kann über dem Meere.«

»Mein Federgewand in dem Winkel dort hängt,
Die Federn, die fallen zur Erde;
Ich denke, dass ich zur Frühjahrszeit
Das Gefieder ausbesseren werde.

Auch sind die Fittiche viel zu breit,
Die Wolken drücken sie nieder –
Und ziehst du fort in ein fremdes Land,
Ich schaue dich niemals wieder.«

Er setzte sich in das Federgewand,
Flog fort wohl über das Wasser;
Da traf er den wilden Nachtraben an,
Auf der Klippe im Meere saß er.

Wohl über das Wasser flog er fort,
Inmitten des Sundes kam er;
Da hört' er einen erschrecklichen Laut,
Eine hässliche Stimme vernahm er:

»Willkommen, German, du fröhlicher Held,
So lange erwarte ich deiner;
Als deine Mutter dich mir versprach,
Da warst du viel zarter und kleiner.«

»O lass mich fliegen zu meiner Braut,
Ich treffe (bei meinem Worte!),
Sobald ich sie gesprochen hab,
Dich hier auf demselben Orte.«

»So will ich dich zeichnen, dass immerdar
Ich dich wiedererkenne im Leben,
Und dieses Zeichen erinnere dich
An das Wort, das du mir gegeben.«

Er hackte ihm aus sein rechtes Aug',
Trank halb ihm das Blut aus dem Herzen.
Der Ritter kam zu seiner Braut
Mit großen Liebesschmerzen.

Er setzte sich in der Jungfraun Saal,
Er war so blutig, so bleiche;
Die kosenden Jungfraun in dem Saal,
Sie verstummten alle sogleiche.

Die Jungfraun ließen Freud und Scherz,
Sie saßen still so sehre;
Aber die stolze Jungfrau Adelutz
Warf von sich Nadel und Schere.

Die Jungfraun saßen still so sehr,
Sie ließen Scherz und Freude;
Aber die stolze Jungfrau Adelutz
Schlug zusammen die Hände beide.

»Willkommen, German, der fröhliche Held,
Wo habt Ihr gespielet so mutig?
Warum sind Eure Wangen so bleich
Und Eure Kleider so blutig?«

»Ade, stolze Jungfrau Adelutz,
Muss wieder zurück zu dem Raben,
Der mein Aug' ausriss und mein Herzblut trank,
Auch meinen Leib will er haben.«

Einen goldnen Kamm zieht sie heraus,
Selbst kämmt sie ihm seine Haare;
Bei jedem Haare, das sie kämmt,
Vergießt sie Tränen viel klare.

Bei jeder Locke, die sie ihm schlingt,
Vergießt sie Tränen viel klare;
Sie verwünscht seine Mutter, durch deren Schuld
Er so viel Unglück erfahre.

Die stolze Jungfrau Adelutz
Zog ihn in ihre Arme beide;
»Deine böse Mutter sei verwünscht,
Sie bracht uns zu solchem Leide.«

»Hört, stolze Jungfrau Adelutz,
Meine Mutter verwünschet nimmer,
Sie konnte nicht, wie sie gewollt,
Seinem Schicksal erliegt man immer.«

Er setzte sich in sein Federgewand,
Flog wieder fort so schnelle.
Sie setzt sich in ein andres Federgewand
Und folgt ihm auf der Stelle.

Er flog wohl auf, er flog wohl ab

In der weiten Wolkenhöhe;
Sie flog beständig hinter ihm drein,
Blieb immer in seiner Nähe.

»Kehrt um, stolze Jungfrau Adelutz,
Müsst wieder nach Hause fliegen;
Eure Saaltür ließet Ihr offenstehn,
Eure Schlüssel zur Erde liegen.«

»Lass meine Saaltür offenstehn,
Meine Schlüssel liegen zur Erde;
Wo Ihr empfangen habt Eu'r Leid,
Dahin ich Euch folgen werde.«

Er flog wohl ab, er flog wohl auf,
Die Wolken hingen so dichte,
Es brach herein die Dämmerung,
Sie verlor ihn aus dem Gesichte.

Alle die Vögel, die sie im Fluge traf,
Die schnitt sie da in Stücken;
Nur dem wilden, hässlichen Raben zu nahn,
Das wollt ihr nicht gelücken.

Die stolze Jungfrau Adelutz,
Herunter flog zum Strand sie;
Sie fand nicht German, den fröhlichen Held,
Seine rechte Hand nur fand sie.

Da schwang sie sich wieder erzürnt empor,
Zu treffen den wilden Raben,
Sie flog gen Westen, gen Osten sie flog,
Von ihr selbst den Tod sollt er haben.

Alle die Vögel, die kamen vor ihre Scher',
Hat sie in Stücken zerschnitten;
Und als sie den wilden Nachtraben traf,
Sie schnitt ihn entzwei in der Mitten.

Sie schnitt ihn und zerrt' ihn, so lang', bis sie selbst
Des müden Todes gestorben.
Sie hat um German, den fröhlichen Held,
So viel Kummer und Not erworben.

Höchst bedeutungsvoll ist in diesem Lied nicht bloß die Erwähnung des Federgewandes, sondern das Fliegen selbst. Zur Zeit des Heidentums waren es Königinnen und edle Frauen, von welchen man sagte, dass sie in den Lüften zu fliegen verstünden, und diese Zauberkunst, die damals für etwas Ehrenwertes galt, wurde später, in christlicher Zeit, als eine Abscheulichkeit des Hexenwesens dargestellt. Der Volksglaube von den Luftfahrten der Hexen ist eine Travestie alter germanischer Traditionen und verdankt seine Entstehung keineswegs dem Christentum, wie man aus einer Bibelstelle, wo Satan unseren Heiland durch die Lüfte führt, irrtümlich vermutet hat. Jene Bibelstelle könnte allenfalls zur Justifikation des Volksglaubens dienen, indem dadurch bewiesen ward, dass der Teufel wirklich imstande sei, die Menschen durch die Luft zu tragen.

Die Schwanenjungfraun, von welchen ich geredet, halten manche für die Walküren der Skandinavier. Auch von diesen haben sich bedeutsame Spuren im Volksglauben erhalten. Die Hexen, die Shakespeare in seinem »Macbeth« auftreten lässt, werden in der alten Sage, die der Dichter fast umständlich benutzt hat, weit edler geschildert. Nach dieser Sage sind dem Helden im Walde, kurz vor der Schlacht, drei rätselhafte Jungfrauen begegnet, die ihm sein Schicksal voraussagten und spurlos verschwanden. Es waren Walküren oder gar die Nornen, die Parzen des Nordens. An diese mahnen auch die drei wunderlichen Spinnerinnen, die uns aus alten Ammenmärchen bekannt sind; die eine hat einen Plattfuß, die andere einen breiten Daumen und die dritte eine Hängelippe. Hieran erkennt man sie immer, sie mögen sich verjüngt oder verältert präsentieren.

Ich kann nicht umhin, hier eines Märchens zu erwähnen, als dessen Schauplatz mir die rheinische Heimat wieder recht blühend und lachend ins Gedächtnis tritt. Auch hier erscheinen drei Frauen, von welchen ich nicht bestimmen kann, ob sie Elementargeister sind oder Zauberinnen, nämlich Zauberinnen von der altheidnischen Observanz, die sich von der späteren Hexenschwesterschaft durch poetischen Anstand so sehr unterscheiden. Ganz genau habe ich die Geschichte nicht im Kopf; wenn ich nicht irre, wird sie in Schreibers »Rheinischen Sagen« aufs Umständlichste erzählt. Es ist die Sage vom Wispertal, welches unweit Lorch am Rhein gelegen ist. Dieses Tal führt seinen Namen von den wispernden Stimmen, die einem dort ans Ohr vorbeipfeifen und an ein gewisses heimliches »Pist! Pist!« erinnern, das man zur Abendzeit in gewissen Seitengässchen einer Hauptstadt zu vernehmen pflegt. Durch dieses Wispertal wanderten eines Tages drei junge Gesellen, sehr frohgelaunt und höchst neugierig, was doch das beständige »Pist! Pist!« bedeuten möge. Der ältere und gescheiteste von ihnen, ein Schwertfeger seines Handwerks, rief endlich ganz laut: »Das sind Stimmen von Weibern, die gewiss so hässlich sind, dass sie sich nicht zeigen dürfen!« Er hatte kaum die herausfordernd schlauen Worte gesprochen, da standen plötzlich drei wunderschöne Jungfrauen vor ihm, die ihn und seine zwei Gefährten mit anmutiger Gebärde einluden, sich in ihrem Schloss von den Mühseligkeiten der Reise zu erholen und sonstig zu erlustigen. Dieses Schloss, welches sich ganz in ihrer Nähe befand, hatten die jungen Gesellen vorher gar nicht bemerkt, vielleicht weil es nicht frei aufgebaut, sondern in einem Felsen ausgehauen war, sodass nur die kleinen Spitzbogenfenster und ein großer Torweg von außen sichtbar. Als sie hineintraten in das Schloss, wunderten sie sich nicht wenig über die Pracht, die ihnen von allen Seiten entgegenglänzte. Die drei Jungfrauen, welche es ganz allein zu bewohnen schienen, gaben ihnen dort ein köstliches Gastmahl, wobei sie ihnen selber den Weinbecher kredenzten. Die jungen Gesellen, denen das Herz in der Brust immer freudiger lachte, hatten nie so schöne, blühende und liebreizende Weibsbilder gesehen, und sie verlobten sich denselben mit vielen brennenden Küssen. Am dritten Tag sprachen die Jungfrauen: »Wenn ihr immer mit uns leben wollt, ihr holden Bräutigame, so müsst ihr vorher noch einmal in den Wald gehen und euch erkundigen, was die Vögel dort singen und sagen; sobald ihr dem Sperling, der Elster und der Eule ihre Sprüche abgelauscht und sie wohl verstanden habt, dann kommt wieder zurück in unsere Arme.« – Die drei Gesellen begaben sich hierauf in den Wald, und nachdem sie sich durch Gestrüpp und Krüppelholz den Weg gebahnt, an manchem Dorn sich geritzt, auch über manche Wurzel gestolpert, kamen sie zu dem Baum, worauf ein Sperling saß, welcher folgenden Spruch zwitscherte:

»Es sind mal drei dumme Hänse
Ins Schlaraffenland gezogen;
Da kamen die gebratenen Gänse
Ihnen just vors Maul geflogen.
Sie aber sprachen: ›Die armen Schlaraffen,

Sie wissen doch nichts Gescheites zu schaffen,
Die Gänse müssten viel kleiner sein,
Sie gehn uns ja nicht ins Maul hinein.‹«

»Ja, ja«, rief der Schwertfeger, »das ist eine ganz richtige Bemerkung! Ja, ja, wenn der lieben Dummheit die gebratenen Gänse sogar vors Maul geflogen kommen, so fruchtet es ihr doch nichts! Ihr Maul ist zu klein, und die Gänse sind zu groß, und sie weiß sich nicht zu helfen!«

Nachdem die drei Gesellen weitergewandert, sich durch Gestrüpp und Krüppelholz den Weg gebahnt, an manchem Dorn sich geritzt, über manche Wurzel gestolpert, kamen sie zu einem Baum, auf dessen Zweigen eine Elster hin und her sprang und folgenden Spruch plapperte: »Meine Mutter war eine Elster, meine Großmutter war ebenfalls eine Elster, meine Urgroßmutter war wieder eine Elster, auch meine Ur-Urgroßmutter war eine Elster, und wenn meine Ur-Urgroßmutter nicht gestorben wär, so lebte sie noch.«

»Ja, ja«, rief der Schwertfeger, »das verstehe ich! das ist ja die allgemeine Weltgeschichte. Das ist am Ende der Inbegriff aller unserer Forschungen, und viel mehr werden die Menschen auf dieser Welt nimmermehr erfahren.«

Nachdem die drei Gesellen wieder weitergewandert, durch Gestrüpp und Krüppelholz sich den Weg gebahnt, an manchem Dorn sich geritzt, über manche Wurzel gestolpert, kamen sie zu einem Baum, in dessen Höhlung eine Eule saß, die folgenden Spruch vor sich hin murrte: »Wer mit einem Weibe spricht, der wird von einem Weibe betrogen, wer mit zwei Weibern spricht, der wird von zwei betrogen, und wer mit drei Weibern spricht, der wird von drei betrogen.«

»Holla!« rief zornig der Schwertfeger, »du hässlicher, armseliger Vogel mit deiner hässlichen, armseligen Weisheit, die man von jedem bucklichten Bettler für einen Pfennig kaufen könnte! Das ist alter, abgestandener Leumund. Du würdest die Weiber weit besser beurteilen, wenn du hübsch und lustig wärest wie wir oder wenn du gar unsere Bräute kenntest, die so schön sind wie die Sonne und so treu wie Gold!«

Hierauf machten sich die drei Gesellen auf den Rückweg, und nachdem sie, lustig pfeifend und trillernd, einige Zeit lang gewandert, befanden sie sich wieder angesichts des Felsenschlosses, und mit ausgelassener Fröhlichkeit sangen sie das Schelmenlied:

»Riegel auf, Riegel zu,
Feins Liebchen, was machst du?
Schläfst du oder wachst du?
Weinst du oder lachst du?«

Während nun die jungen Gesellen solchermaßen jubilierend vor dem Schlosstor standen, öffneten sich über demselben drei Fensterchen, und aus jedem guckte ein altes Mütterchen heraus; alle drei langnasig und triefäugig, wackelten sie vergnügt mit ihren greisen Köpfen, und sie öffneten ihre zahnlosen Mäuler, und sie kreischten: »Da unten sind ja unsere holden Bräutigame! Wartet nur, ihr holden Bräutigame, wir werden euch gleich das Tor öffnen und euch mit Küssen bewillkommen, und ihr sollt jetzt das Lebensglück genießen in den Armen der Liebe!« – Die jungen Gesellen, zu Tode bestürzt, warteten nicht so lange, bis die Pforten des Schlosses und die Arme ihrer Bräutchen und das Lebensglück, das sie darin genießen sollten, sich ihnen öffneten; sie nahmen auf der Stelle Reißaus, liefen über Hals und über Kopf und machten so lange Beine, dass sie noch desselben Tags in der Stadt Lorch anlangten. Als sie hier des Abends in der Schenke beim Weine saßen, mussten sie manchen Schoppen leeren, ehe sie sich von ihrem Schrecken ganz erholt. Der Schwertfeger aber fluchte hoch und teuer, dass die Eule der klügste Vogel der Welt sei und mit Recht für ein Sinnbild der Weisheit gelte.

Ich habe in diesen Blättern immer nur flüchtig ein Thema berührt, welches zu den interessantesten Betrachtungen einen bändereichen Stoff bieten könnte: nämlich die Art und Weise, wie das Christentum die altgermanische Religion entweder zu vertilgen oder in sich aufzunehmen suchte und wie sich die Spuren derselben im Volksglauben erhalten haben. Wie jener Vertilgungskrieg geführt wurde, ist bekannt. – Wenn das Volk, gewohnt an den ehemaligen Naturdienst, auch nach der Bekehrung für gewisse Orte eine verjährte Ehrfurcht bewahrte, so suchte man solche Sympathie entweder für den neuen Glauben zu benutzen oder als Antriebe des bösen Feindes zu verschreien. Bei jenen Quellen, die das Heidentum als göttlich verehrte, baute der christliche Priester sein kluges Kirchlein, und er selber segnete jetzt das Wasser und exploitierte dessen Wunderkraft. Es sind noch immer die alten lieben Brünnlein der Vorzeit, wohin das Volk wallfahrtet und wo es gläubig seine Gesundheit schöpft, bis auf heutigen Tag. Die heiligen Eichen, die den frommen Äxten widerstanden, wurden verleumdet; unter diesen Bäumen, hieß es jetzt, trieben die Teufel ihren nächtlichen Spuk und die Hexen ihre höllische Unzucht. Aber die Eiche blieb dennoch der Lieblingsbaum des deutschen Volkes, die Eiche ist noch heutzutage das Symbol der deutschen Nationalität selber: es ist der größte und stärkste Baum des Waldes; seine Wurzel dringt bis in die Grundtiefe der Erde; sein Wipfel, wie ein grünes Banner, flattert stolz in den Lüften; die Elfen der Poesie wohnen in seinem Stamm; die Mistel der heiligsten Weisheit rankt an seinen Ästen; nur seine Früchte sind kleinlich und ungenießbar für Menschen.

In den altdeutschen Gesetzen gibt's jedoch noch viele Verbote: dass man bei den Flüssen, den Bäumen und Steinen nicht seine Andacht verrichten solle, in ketzerischem Irrwahn, dass eine Gottheit darin wohne. Karl der Große musste, in seinen Kapitularien, ausdrücklich befehlen, man solle nicht opfern bei Steinen, Bäumen, Flüssen; auch solle man dort keine geweihte Kerzen anzünden.

Diese drei, Steine, Bäume und Flüsse, erscheinen als Hauptmomente des germanischen Kultus, und damit korrespondiert der Glaube an Wesen, die in den Steinen wohnen, nämlich Zwerge, an Wesen, die in den Bäumen wohnen, nämlich Elfen, und Wesen, die im Wasser wohnen, nämlich Nixen. Will man einmal systematisieren, so ist diese Art weit zweckmäßiger als das Systematisieren nach den verschiedenen Elementen, wo man noch für das Feuer eine vierte Klasse Elementargeister, nämlich die Salamander, annimmt. Das Volk aber, welches immer systemlos, hat nie etwas von dergleichen gewusst. Es gibt unter dem Volke eigentlich nur die Sage von einem Tier, welches im Feuer leben könne und Salamander heiße. Alle Knaben sind eifrige Naturforscher, und als kleiner Junge habe ich es mir mal sehr angelegen sein lassen, zu untersuchen, ob die Salamander wirklich im Feuer leben können. Als es einst meinen Schulkameraden gelungen, ein solches Tier zu fangen, hatte ich nichts Eiligeres zu tun, als dasselbe in den Ofen zu werfen, wo es erst einen weißen Schleim in die Flammen spritzte, immer leiser zischte und endlich den Geist aufgab. Dieses Tier sieht aus wie eine Eidechse, ist aber safrangelb, etwas schwarz gesprenkelt, und der weiße Saft, den es im Feuer von sich gibt und womit es vielleicht manchmal die Flamme löscht, mag den Glauben veranlasst haben, dass es in den Flammen leben könne.

Die feurigen Männer, die des Nachts umherwandeln, sind keine Elementargeister, sondern Gespenster von verstorbenen Menschen, toten Wucherern, unbarmherzigen Amtmännern und Bösewichtern, die einen Grenzstein verrückt haben. Die Irrwische sind auch keine Geister. Man weiß nicht genau, was sie sind; sie verlocken den Wandrer in Moorgrund und Sümpfe. Wie gesagt, eine ganze Klasse Feuergeister, wie Paracelsus sie beschreibt, kennt das Volk nicht. Es spricht höchstens nur von einem einzigen Feuergeist, und das ist kein anderer als Luzifer, Satan, der Teufel. In alten Balladen erscheint er unter dem Namen der Feuerkönig, und im Theater, wenn er auftritt oder abgeht, fehlen nie die obligaten Flammen. Da er also der einzige Feuergeist ist und uns für eine ganze Klasse solcher Geister schadlos halten muss, wollen wir ihn näher besprechen.

In der Tat, wenn der Teufel kein Feuergeist wäre, wie könnte er es denn in der Hölle aushalten? Er ist ein Wesen von so kalter Natur, dass er sogar nirgends anders als im Feuer sich behaglich fühlen kann. Über diese kalte Natur des Teufels haben sich alle die armen Frauen beklagt, die mit ihm in nähere Berührung gekommen. Merkwürdig übereinstimmend sind in dieser Hinsicht die Aussagen der Hexen, wie wir sie in den Hexenprozessen aller Lande finden können. Diese Damen, die ihre fleischlichen Verbindungen mit dem Teufel eingestanden, sogar auf der Folter, erzählen immer von der Kälte seiner Umarmungen; eiskalt, klagten sie, waren die Ergüsse dieser teuflischen Zärtlichkeit.

Der Teufel ist kalt, selbst als Liebhaber. Aber hässlich ist er nicht; denn er kann ja jede Gestalt annehmen. Nicht selten hat er sich ja auch mit weiblichem Liebreiz bekleidet, um irgendeinen frommen Klosterbruder von seinen Bußübungen abzuhalten oder gar zur sinnlichen Freude zu verlocken. Bei anderen, die er nur schrecken wollte, erschien er in Tiergestalt, er und seine höllischen Gesellen. Besonders wenn er vergnügt ist und viel geschlemmt und gebechert hat, zeigt er sich gern als ein Vieh. Da war ein Edelmann in Sachsen, der hatte seine Freunde eingeladen zu einem Gastmahl. Als nun der Tisch gedeckt und die Stunde der Mahlzeit gekommen und alles zugerichtet war, fehlten ihm seine Gäste, die sich einer nach dem anderen entschuldigen ließen. Darob zornig, entfuhren ihm die Worte: »Wenn kein Mensch kommen will, so mag der Teufel bei mir essen mit der ganzen Hölle!«, und er verließ das Haus, um seinen Unmut zu verschmerzen. Mittlerweile kommen in den Hof hereingeritten große und schwarze Reiter und hießen des Edelmanns Knecht seinen Herrn suchen, um ihm anzuzeigen, dass die zuletzt geladenen Gäste angelangt seien. Der Knecht, nach langem Suchen, findet endlich seinen Herrn, kehrt mit diesem zurück, haben aber beide nicht den Mut, ins Haus hineinzugehen. Denn sie hören, wie drinnen das Schlemmen, Schreien und Singen immer toller wird, und endlich sehen sie, wie die besoffenen Teufel, in der Gestalt von Bären, Katzen, Böcken, Wölfen und Füchsen, ans offene Fenster traten, in den Pfoten die vollen Becher oder die dampfenden Teller und mit glänzenden Schnauzen und lachenden Zähnen heruntergrüßend.

Dass der Teufel in Gestalt eines schwarzen Bocks dem Konvente der Hexen präsidiert, ist allgemein bekannt. Welche Rolle er in dieser Gestalt zu spielen pflegte, werde ich später berichten, wenn ich von Hexen und Zauberei zu reden habe. In dem merkwürdigen Buch, worin der hochgelehrte Georgius Godelmanus über dieses letztere Thema einen wahrhaften und folgebegründeten Bericht abstattet, finde ich auch, dass der Teufel nicht selten in der Gestalt eines Mönchs erscheint. Er erzählt folgendes Beispiel: »Als ich in der berühmten hohen Schule zu Wittenberg die Rechte studierte, gedenkt mir noch wohl, etliche Mal von meinen Lehrmeistern daselbst gehört zu haben, dass vor Luthers Tür gekommen sei ein Mönch, welcher heftig an der Türe geklopft, und wie ihm der Diener auftat und fragte, was er wollte, da fraget der Mönch, ob der Luther daheim wäre. Als Lutherus die Sache erfuhr, ließ er ihn hereingehen, weil er nun eine gute Weile keinen Mönch gesehen hatte. Da dieser hineinkam, sprach er, er habe etliche papistische Irrtümer, derwegen er sich gern mit ihm besprechen wollte, und er legte ihm einige Syllogismos und Schulreden vor, und da sie Luther ohne Mühe auflöste, brachte er andere, die nicht so leicht aufzulösen waren, daher Lutherus, etwas bewegt, diese Worte entfahren ließ: ›Du machst mir viel zu schaffen, da ich doch anderes zu tun hätte!‹ und stund sobald auf und zeigte ihm in der Bibel die Erklärung der Frage, so der Mönch vorbrachte. Und als er in demselbigen Gespräch vermerkte, dass des Mönchs Hände nicht ungleich wären Vogelsklauen, sprach er: ›Bist du nicht *der*? Halt, höre zu, dieses Urteil ist wider dich gefällt!‹ und zeigte ihm sobald den Spruch in Genesi, dem ersten Buche Mosis:

›Des Weibes Samen wird der Schlange den Kopf zertreten.‹ Da der Teufel mit diesem Spruch überwunden, ward er zornig und ging murrend davon, warf das Schreibzeug hinter den Ofen und verbreitete einen Duft, dessen die Stube noch etliche Tage übel roch.«

In der vorstehenden Erzählung bemerkt man eine Eigentümlichkeit des Teufels, die sich schon früh kundgab und bis auf den heutigen Tag erhalten hat. Es ist nämlich seine Disputiersucht, seine Sophistik, seine »Syllogismen«. Der Teufel versteht sich auf Logik, und schon vor achthundert Jahren hat der Papst Sylvester, der berühmte Gerbert, solches zu seinem Schaden erfahren. Dieser hatte nämlich, als er zu Cordova studierte, mit Satan einen Bund geschlossen, und durch seine höllische Hilfe lernte er Geometrie, Algebra, Astronomie, Pflanzenkunde, allerlei nützliche Kunststücke, unter anderen die Kunst, Papst zu werden. In Jerusalem sollte vertragsmäßig sein Leben enden. Er hütete sich wohl, hinzugehen. Als er aber einst in einer Kapelle zu Rom Messe las, kam der Teufel, um ihn abzuholen, und indem der Papst sich dagegen sträubt, beweist ihm jener, dass die Kapelle, worin sie sich befänden, den Namen Jerusalem führe, dass die Bedingungen des alten Bündnisses erfüllt seien und dass er ihm nun zur Hölle folgen müsse. Und der Teufel holte den Papst, indem er ihm lachend ins Ohr flüstert: »Tu non pensavi ch'io loico fossi!« [»Du dachtest nicht daran, dass ich ein Logiker bin!«; Dante, Inferno, c 27]

Der Teufel versteht Logik, er ist Meister in der Metaphysik, und mit seinen Spitzfindigkeiten und Ausdeuteleien überlistet er alle seine Verbündeten. Wenn sie nicht genau aufpassten und den Kontrakt später nachlasen, fanden sie zu ihrem Erschrecken, dass der Teufel anstatt Jahre nur Monate oder Wochen oder gar Tage geschrieben, und er kommt ihnen plötzlich über den Hals und beweist ihnen, dass die Frist abgelaufen. In einem der älteren Puppenspiele, welche das Satansbündnis, Schandleben und erbärmliche Ende des Doktor Faustus vorstellen, findet sich ein ähnlicher Zug. Faust, welcher vom Teufel die Befriedigung aller irdischen Genüsse begehrte, hat ihm dafür seine Seele verschrieben und sich anheischig gemacht, zur Hölle zu fahren, sobald er die dritte Mordtat begangen habe. Er hat schon zwei Menschen getötet und glaubt, ehe er zum dritten Male jemanden umbringe, sei er dem Teufel noch nicht verfallen. Dieser aber beweist ihm, dass eben sein Teufelsbündnis, sein Seelentotschlag, als dritte Mordtat zähle, und mit dieser verdammten Logik führt er ihn zur Hölle. Wieweit Goethe in seinem Mephisto jenen Charakterzug der Sophistik exploitiert hat, kann jeder selbst beurteilen. Nichts ist ergötzlicher als die Lektüre von Teufelskontrakten, die sich aus der Zeit der Hexenprozesse erhalten haben und worin der Kontrahent sich vorsichtig gegen alle Schikanen verklausuliert und alle Stipulationen aufs Ängstlichste paraphrasiert.

Der Teufel ist ein Logiker. Er ist nicht bloß der Repräsentant der weltlichen Herrlichkeit, der Sinnenfreude, des Fleisches, er ist auch Repräsentant der menschlichen Vernunft, eben weil diese alle Rechte der Materie vindiziert; und er bildet somit den Gegensatz zu Christus, der nicht bloß den Geist, die asketische Entsinnlichung, das himmlische Heil, sondern auch den Glauben repräsentiert. Der Teufel glaubt nicht, er stützt sich nicht blindlings auf fremde Autoritäten, er will vielmehr dem eignen Denken vertrauen, er macht Gebrauch von der Vernunft! Dieses ist nun freilich etwas Entsetzliches, und mit Recht hat die römisch-katholisch-apostolische Kirche das Selbstdenken als Teufelei verdammt und den Teufel, den Repräsentanten der Vernunft, für den Vater der Lüge erklärt.

Über die Gestalt des Teufels lässt sich in der Tat nichts Genaues angeben. Die einen behaupten, wie ich schon erwähnt, er habe gar keine bestimmte Gestalt und könne sich in jeder beliebigen Form produzieren. Dieses ist wahrscheinlich. Finde ich doch in der »Dämonomagie« von Horst, dass der Teufel sich sogar zu Salat machen könne. Eine sonst ehrbare Nonne, die aber ihre Ordensregeln nicht genau befolgte und sich nicht oft genug mit dem heiligen Kreuz bezeichnete, aß einmal Salat. Kaum hatte sie ihn gegessen, als sie Regungen empfand, die ihr sonst fremd waren und sich keineswegs mit ihrem Stand vertrugen. Es wurde ihr jetzt gar sonderbar zumute des Abends, im Mondschein, wenn die Blumen so stark dufteten und die Nachtigallen so schmelzend und schluchzend sangen. Bald darauf machte ein angenehmer Junggeselle mit ihr Bekanntschaft. Nachdem beide miteinander vertrauter geworden, fragte sie der schöne Jüngling einmal: »Weißt du denn auch, wer ich bin?« – »Nein«, sagte die Nonne mit einiger Bestürzung. »Ich bin der Teufel«, erwiderte jener. »Erinnerst du dich nicht jenes Salates? Der Salat, das war ich!«

Manche behaupten, der Teufel sehe immer wie ein Tier aus und es sei nur eitel Täuschung, wenn wir ihn in einer anderen Gestalt erblicken. Etwas Zynisches hat der Teufel freilich, und diesen Charakterzug hat niemand besser beleuchtet wie unser Dichter Wolfgang Goethe. Ein anderer deutscher Schriftsteller, der in seinen Mängeln ebenso großartig ist wie in seinen Vorzügen, jedenfalls aber zu den Dichtern ersten Ranges gezählt werden muss, Herr Grabbe, hat den Teufel in jener Beziehung ebenfalls vortrefflich gezeichnet. Auch die Kälte in der Natur des Teufels hat er ganz richtig begriffen. In einem Drama dieses genialen Schriftstellers erscheint der Teufel auf Erden, weil seine Mutter in der Hölle schruppt; letzteres ist eine bei uns gebräuchliche Art, die Zimmer zu reinigen, wobei der Estrich mit heißem Wasser übergossen und mit einem groben Tuch gerieben wird, so dass ein quiekender Misston und lauwarmer Dampf entsteht, der es einem vernünftigen Wesen unmöglich macht, unterdessen zu Hause zu bleiben. Der Teufel muss deshalb aus der wohlgeheizten Hölle sich in die kalte Oberwelt hinaufflüchten, und hier, obgleich es ein heißer Juliustag ist, empfindet der arme Teufel dennoch einen so großen Frost, dass er fast erfriert und nur mit ärztlicher Hilfe aus dieser Erstarrung gerettet wird.

Wir sahen eben, dass der Teufel eine Mutter hat; viele behaupten, er habe eigentlich nur eine Großmutter. Auch diese kommt zuweilen zur Oberwelt, und auf sie bezieht sich vielleicht das Sprichwort: »Wo der Teufel selbst nichts ausrichten kann, da schickt er ein altes Weib.« Gewöhnlich aber ist sie in der Hölle mit der Küche beschäftigt oder sitzt in ihrem roten Lehnsessel, und wenn der Teufel des Abends, müde von den Tagesgeschäften, nach Hause kommt, frisst er in schlingender Hast, was ihm die Mutter gekocht hat, und dann legt er seinen Kopf in ihren Schoß und lässt sich von ihr lausen und schläft ein. Die Alte pflegt ihm auch wohl dabei ein Lied vorzuschnurren, welches mit folgenden Worten beginnt:

Im Tume, im Tume,
Da steht eine Rosenblume,
Rose rot wie Blut.

*

Es ist eine eigene Sache um die Schriftstellerei. Der eine hat Glück in der Ausübung derselben, der andre hat Unglück. Das schlimmste Missgeschick trifft vielleicht meinen armen Freund Heinrich Kitzler, Magister artium zu Göttingen. Keiner dort ist so gelehrt, keiner so ideenreich, keiner so fleißig wie dieser Freund, und dennoch ist bis auf dieser Stunde noch kein Buch von ihm auf der Leipziger Messe zum Vorschein gekommen. Der alte Stiefel auf der Bibliothek lächelte immer, wenn Heinrich Kitzler ihn um ein Buch bat, dessen er sehr bedürftig sei für ein Werk, welches er eben unter der Feder habe. »Es wird noch lange unter der Feder bleiben!« murmelte dann der alte Stiefel, während er die Bücherleiter hinaufstieg. Sogar die Köchinnen lächelten, wenn sie auf der Bibliothek die Bücher abholten: »für den Kitzler«. Der Mann galt allgemein für einen Esel, und im Grunde war er nur ein ehrlicher Mann. Keiner kannte die wahre Ursache, warum nie ein Buch von ihm herauskam, und nur durch Zufall entdeckte ich sie, als ich ihn einst um Mitternacht besuchte, um mein Licht bei ihm anzuzünden; denn er war mein Stubennachbar. Er hatte eben sein großes Werk über die Vortrefflichkeit des Christentums vollendet; aber er schien sich darob keineswegs zu freuen und betrachtete mit Wehmut sein Manuskript. »Nun wird dein Name doch endlich«, sprach ich zu ihm, »im Leipziger Messkatalog unter den fertig gewordenen Büchern prangen!« – »Ach nein«, seufzte er aus tiefster Brust, »auch dieses Werk werde ich ins Feuer werfen müssen, wie die vorigen ...« Und nun vertraute er mir sein schreckliches Geheimnis. Den armen Magister traf wirklich das schlimmste Missgeschick, jedes Mal wenn er ein Buch schrieb. Nachdem er nämlich für das Thema, das er beweisen wollte, alle seine Gründe entwickelt, glaubte er sich verpflichtet, die Einwürfe, die etwa ein Gegner anführen könnte, ebenfalls mitzuteilen; er ergrübelte alsdann vom entgegengesetzten Standpunkt aus die scharfsinnigsten Argumente, und indem diese unbewusst in seinem Gemüt Wurzel fassten, geschah es immer, dass, wenn das Buch fertig war, die Meinungen des armen Verfassers sich allmählich umgewandelt hatten und eine dem Buch ganz entgegengesetzte Überzeugung in seinem Geist erwachte. Er war alsdann auch ehrlich genug (wie ein französischer Schriftsteller ebenfalls handeln würde), den Lorbeer des literarischen Ruhmes auf dem Altare der Wahrheit zu opfern, d. h. sein Manuskript ins Feuer zu werfen. Darum seufzte er aus so tiefster Brust, als er die Vortrefflichkeit des Christentums bewiesen hatte. »Da habe ich nun«, sprach er traurig, »zwanzig Körbe Kirchenväter exzerpiert; da habe ich nun ganze Nächte am Studiertische gehockt und Acta Sanctorum gelesen, während auf deiner Stube Punsch getrunken und der Landesvater gesungen wurde; da habe ich nun für theologische Novitäten, deren ich zu meinem Werke bedurfte, achtunddreißig sauer erworbene Taler an Vandenhoeck et Ruprecht bezahlt, statt mir für das Geld einen Pfeifenkopf zu kaufen; da habe ich nun gearbeitet wie ein Hund seit zwei Jahren, zwei kostbaren Lebensjahren ... und alles, um mich lächerlich zu machen, um wie ein ertappter Prahler die Augen niederzuschlagen, wenn die Frau Kirchenrätin Planck mich fragt: ›Wann wird Ihre Vortrefflichkeit des Christentums herauskommen?‹ Ach! das Buch ist fertig«, fuhr der arme Mann fort, »und würde auch dem Publikum gefallen; denn ich habe den Sieg des Christentums über das Heidentum darin verherrlicht, und ich habe bewiesen, dass dadurch auch die Wahrheit und die Vernunft über Heuchelei und Wahnsinn gesiegt. Aber, ich Unglückseligster, in tiefster Brust fühle ich, dass – – –«

»Sprich nicht weiter!« rief ich mit gerechter Entrüstung, »wage nicht, Verblendeter, das Erhabene zu schwärzen und das Glänzende in den Staub zu ziehn! Wenn du auch die Wunder des Evangeliums leugnen möchtest, so kannst du doch nicht leugnen, dass der Sieg des Evangeliums selber ein Wunder war. Eine kleine Schar wehrloser Menschen drang in die große Römerwelt, trotzte ihren Schergen und Weisen und triumphierte durch das bloße Wort. Aber welch ein Wort! Das morsche Heidentum erbebte und krachte bei dem Worte dieser fremden Männer und Frauen, die ein neues Himmelreich ankündigten und nichts fürchteten auf der alten Erde, nicht die Tatzen der wilden Tiere, nicht den Grimm der noch wilderen Menschen, nicht das Schwert, nicht die Flamme ... denn sie selber waren Schwert und Flamme, Flamme und Schwert Gottes! Dieses Schwert hat das welke Laub und dürre Reisig abgeschlagen von dem Baum des Lebens und dadurch geheilt von der einfressenden Fäulnis; diese Flamme hat den erstarrten Stamm wieder von innen erwärmt, dass frisches Laub und duftige Blüten hervorsprossten ... es ist die schauerlich erhabenste Erscheinung der Weltgeschichte, dieses erste Auftreten des Christentums, sein Kampf und sein vollkommener Sieg.«

Ich sprach diese Worte mit desto würdigerem Ausdruck, da ich an jenem Abend sehr viel Einbecker Bier zu mir genommen hatte und meine Stimme desto volltönender erscholl.

Heinrich Kitzler ließ sich aber dadurch keineswegs verblüffen, und mit einem ironisch schmerzlichen Lächeln sprach er: »Bruderherz! gib dir keine überflüssige Mühe. Alles, was du jetzt sagst, habe ich selber, in diesem Manuskript, weit besser und weit gründlicher auseinandergesetzt. Hier habe ich den verworfenen Weltzustand zur Zeit des Heidentums aufs

Grellste ausgemalt, und ich darf mir schmeicheln, dass meine kühnen Pinselstriche an die Werke der besten Kirchenväter erinnern. Ich habe gezeigt, wie lasterhaft die Griechen und Römer geworden, durch das böse Beispiel jener Götter, welche, nach den Schandtaten, die man ihnen nachsagte, kaum würdig gewesen wären, für Menschen zu gelten. Ich habe unumwunden ausgesprochen, dass sogar Jupiter, der oberste der Götter, nach dem königl. Hannövrischen Kriminalrecht, hundertmal das Zuchthaus, wo nicht gar den Galgen, verdient hätte. Dagegen habe ich die Moralsprüche, die im Evangelium vorkommen, gehörig paraphrasiert und gezeigt, wie, nach dem Muster ihres göttlichen Vorbilds, die ersten Christen, trotz der Verachtung und Verfolgung, welche sie dafür erduldeten, nur die schönste Sittenreinheit gelehrt und ausgeübt haben. Das ist die schönste Partie meines Werks, wo ich begeisterungsvoll schildere, wie das junge Christentum, der kleine David, mit dem alten Heidentum in die Schranken tritt und diesen großen Goliath tötet. Aber ach! dieser Zweikampf erscheint mir seitdem in einem sonderbaren Lichte – – – Ach! alle Lust und Liebe für meine Apologie versiegte mir in der Brust, als ich mir lebhaft ausdachte, wie etwa ein Gegner den Triumph des Evangeliums schildern könnte. Zu meinem Unglück fielen mir einige neuere Schriftsteller, z. B. Edward Gibbon, in die Hände, die sich eben nicht besonders günstig über jenen Sieg aussprachen und nicht sehr davon erbaut schienen, dass die Christen, wo das geistige Schwert und die geistige Flamme nicht hinreichten, zu dem weltlichen Schwert und der weltlichen Flamme ihre Zuflucht nahmen. Ja, ich muss gestehen, dass mich endlich für die Reste des Heidentums, jene schönen Tempel und Statuen, ein schauerliches Mitleid anwandelte; denn sie gehörten nicht mehr der Religion, die schon lange, lange vor Christi Geburt, tot war, sondern sie gehörten der Kunst, die da ewig lebt. Es trat mir einst feucht in die Augen, als ich zufällig auf der Bibliothek ›Die Schutzrede für die Tempel‹ las, worin der alte Grieche Libanius die frommen Barbaren aufs Schmerzlichste beschwor, jene teuren Meisterwerke zu schonen, womit der bildende Geist der Hellenen die Welt verziert hatte. Aber vergebens! Jene Denkmäler einer Frühlingsperiode der Menschheit, die nie wiederkehren wird und die nur einmal hervorblühen konnte, gingen unwiederbringlich zugrunde, durch den schwarzen Zerstörungseifer der Christen – – –«

»Nein«, fuhr der Magister fort in seiner Rede, »ich will nicht nachträglich, durch Herausgabe dieses Buches, teilnehmen an solchem Frevel, nein, das will ich nimmermehr ... Und euch, ihr zerschlagenen Statuen der Schönheit, euch, ihr Manen der toten Götter, euch, die ihr nur noch liebliche Traumbilder seid im Schattenreich der Poesie, euch opfere ich dieses Buch!«

Bei diesen Worten warf Heinrich Kitzler sein Manuskript in die Flammen des Kamines, und von der Vortrefflichkeit des Christentums blieb nichts übrig als graue Asche. –

Dies geschah zu Göttingen im Winter 1820, einige Tage vor jener verhängnisvollen Neujahrsnacht, wo der Pedell Doris die fürchterlichsten Prügel bekommen und zwischen der Burschenschaft und den Landsmannschaften fünfundachtzig Duelle kontrahiert wurden. Es waren fürchterliche Prügel, die damals, wie ein hölzerner Platzregen, auf den breiten Rücken des armen Pedells herabfielen. Aber als guter Christ tröstete er sich mit der Überzeugung, dass wir dort oben im Himmel einst entschädigt werden für die Schmerzen, die wir unverdienterweise hienieden erduldet haben. Das ist nun lange her. Der alte Doris hat längst ausgeduldet und schlummert in seiner friedlichen Ruhestätte vor dem Weender Tor. Die zwei großen Parteien, die einst die Walplätze von Bovden, Ritschenkrug und Rasenmühle mit dem Schwertergeklirr ihrer Polemik erfüllten, haben längst, im Gefühl ihrer gemeinschaftlichen Nichtigkeit, aufs zärtlichste Brüderschaft getrunken, und auf den Schreiber dieser Blätter hat ebenfalls das Gesetz der Zeit seinen mächtigen Einfluss geübt. In meinem Hirn gaukeln minder heitere Farben als damals, und mein Herz ist schwerer geworden; wo ich einst lachte, weine ich jetzt, und ich verbrenne mit Unmut die Altarbilder meiner ehemaligen Andacht. – Es gab eine Zeit, wo ich jedem Kapuziner, dem ich auf der Straße begegnete, gläubig die Hand küsste. Ich war ein Kind, und mein Vater ließ mich ruhig gewähren, wohl wissend, dass meine Lippen sich nicht immer mit Kapuzinerfleisch begnügen würden. Und in der Tat, ich wurde größer und küsste schöne Frauen ... Aber sie sahen mich manchmal an mit so bleichem Schmerz, und ich erschrak in den Armen der Freude ... Hier war ein Unglück verborgen, das niemand sah und woran jeder litt; und ich dachte drüber nach. Ich habe auch drüber nachgedacht, ob Entbehrung und Entsagung wirklich allen Genüssen dieser Erde vorzuziehen sei und ob diejenigen, die hienieden sich mit Disteln begnügt haben, dort oben desto reichlicher mit Ananassen gespeist werden. Nein, wer Disteln gegessen, war ein Esel; und wer die Prügel bekommen hat, der behält sie. Armer Doris!

Doch es ist mir nicht erlaubt, mit bestimmten Worten hier von allen den Dingen zu reden, worüber ich nachgedacht, und noch weniger ist es mir erlaubt, die Resultate meines Nachdenkens mitzuteilen. Werde ich mit verschlossenen Lippen ins Grab hinabsteigen müssen, wie so manche andere?

Nur einige banale Tatsachen sind mir vielleicht vergönnt hier anzuführen, um den Fabeleien, die ich kompiliere, einige Vernünftigkeit oder wenigstens den Schein derselben einzuweben. Jene Tatsachen beziehen sich nämlich auf den Sieg des Christentums über das Heidentum. Ich bin gar nicht der Meinung meines Freundes Kitzler, dass die Bilderstürmerei der ersten Christen so bitter zu tadeln sei; sie konnten und durften die alten Tempel und Statuen nicht schonen, denn in diesen lebte noch jene alte griechische Heiterkeit, jene Lebenslust, die dem Christen als Teufeltum erschien. In diesen Statuen und Tempeln sah der Christ nicht bloß die Gegenstände eines fremden Kultus, eines nichtigen Irrglaubens, dem alle Realität fehle, sondern diese Tempel hielt er für die Burgen wirklicher Dämonen, und den Göttern, die diese Statuen darstellten, verlieh er eine unbestrittene Existenz; sie waren nämlich lauter Teufel. Wenn die ersten Christen sich weigerten, vor den Bildsäulen der Götter zu knien und zu opfern, und deshalb angeklagt und vor Gericht geschleppt wurden, antworteten sie immer: sie dürften keine Dämonen anbeten! Sie erduldeten lieber das Martyrtum, als dass sie vor dem Teufel Jupiter oder vor der Teufelin Diana oder gar vor der Erzteufelin Venus irgendeinen Akt der Verehrung vollzogen.

Arme griechische Philosophen! Sie konnten diesen Widerspruch niemals begreifen, wie sie auch späterhin niemals begriffen, dass sie in ihrer Polemik mit den Christen keineswegs die alte erstorbene Glaubenslehre, sondern weit lebendigere Dinge zu verteidigen hatten. Es galt nämlich nicht, die tiefere Bedeutung der Mythologie durch neoplatonische Spitzfindigkeiten zu beweisen, den erstorbenen Göttern ein neues symbolisches Lebensblut zu infusieren und sich mit den plumpen, materiellen Einwürfen der ersten Kirchenväter, die besonders über den moralischen Charakter der Götter fast voltairisch spotteten, tagtäglich abzuquälen: es galt vielmehr, den Hellenismus selbst, griechische Gefühls- und Denkweise, zu verteidigen und der Ausbreitung des Judäismus, der judäischen Gefühls- und Denkweise, entgegenzuwirken. Die Frage war, ob der trübsinnige, magere, sinnenfeindliche, übergeistige Judaismus der Nazarener oder ob hellenische Heiterkeit, Schönheitsliebe und blühende Lebenslust in der Welt herrschen solle. Jene schönen Götter waren nicht die Hauptsache; niemand glaubte mehr an die ambrosiaduftenden Bewohner des Olymps, aber man amüsierte sich göttlich in ihren Tempeln, bei ihren Festspielen, Mysterien; da schmückte man das Haupt mit Blumen, da gab es feierlich holde Tänze, da lagerte man sich zu freudigen Mahlen ... wo nicht gar zu noch süßeren Genüssen.

All diese Lust, all dieses frohe Gelächter ist längst verschollen, und in den Ruinen der alten Tempel wohnen, nach der Meinung des Volkes, noch immer die altgriechischen Gottheiten, aber sie haben durch den Sieg Christi all ihre Macht verloren, sie sind arge Teufel, die sich am Tage, unter Eulen und Kröten, in den dunkeln Trümmern ihrer ehemaligen Herrlichkeit versteckt halten, des Nachts aber in liebreizender Gestalt emporsteigen, um irgendeinen arglosen Wandrer oder verwegenen Gesellen zu betören und zu verlocken.

Auf diesen Volksglauben beziehen sich nun die wunderbarsten Sagen, und neuere Poeten schöpften hier die Motive ihrer schönsten Dichtungen. Der Schauplatz ist gewöhnlich Italien und der Held derselben irgendein deutscher Ritter, der wegen seiner jungen Unerfahrenheit oder auch seiner schlanken Gestalt wegen von den schönen Unholden mit besonders lieblichen Listen umgarnt wird. Da geht er nun, an schönen Herbsttagen, mit seinen einsamen Träumen spazieren, denkt vielleicht an die heimischen Eichenwälder und an das blonde Mädchen, das er dort gelassen, der leichte Fant! Aber plötzlich steht er vor einer marmornen Bildsäule, bei deren Anblick er fast betroffen stehenbleibt. Es ist vielleicht die Göttin der Schönheit, und er steht ihr Angesicht zu Angesicht gegenüber, und das Herz des jungen Barbaren wird heimlich ergriffen von dem alten Zauber. Was ist das? So schlanke Glieder hat er noch nie gesehen, und in diesem Marmor ahnt er ein lebendigeres Leben, als er jemals in den roten Wangen und Lippen, in der ganzen Fleischlichkeit seiner Landsmänninnen gefunden hat. Diese weißen Augen sehen ihn so wollüstig an, und doch zugleich so schauerlich schmerzvoll, dass seine Brust erfüllt wird von Liebe und Mitleid, Mitleid und Liebe. Er geht nun öfter spazieren unter den alten Ruinen, und die Landsmannschaft ist verwundert, dass man ihn fast gar nicht mehr sieht bei Trinkgelagen und Waffenspielen. Es gehen kuriose Gerüchte über sein Treiben unter den Trümmern des Heidentums. Aber eines Morgens stürzt er, mit bleichem verzerrten Antlitz, in die Herberge, berichtet die Zehrung, schnürt seinen Ranzen und eilt zurück über die Alpen. Was ist ihm begegnet?

Es heißt, dass er eines Tages später als gewöhnlich, als schon die Sonne unterging, nach seinen geliebten Ruinen wanderte, aber, ob der einbrechenden Finsternis, jenen Ort nicht finden konnte, wo er die Bildsäule der schönen Göttin stundenlang zu betrachten pflegte. Nach langem Umherirren, als es schon Mitternacht sein mochte, befand er sich plötzlich vor einer Villa, die er in dortiger Gegend früherhin nie gesehen hatte, und er war nicht wenig verwundert, als Bediente mit Fackeln heraustraten und ihn im Namen ihrer Gebieterin einluden, dort zu übernachten. Wie groß aber war sein Erstaunen, als er, in einen weiten, erleuchteten Saal tretend, eine Dame erblickte, die dort ganz allein auf und nieder wandelte und an Gestalt und Gesichtszügen mit der schönen Statue seiner Liebe die auffallendste Ähnlichkeit hatte. Ja, sie glich jenem Marmorbild um so mehr, da sie ganz in blendend weißem Musselin gekleidet ging und ihr Antlitz außerordentlich bleich war. Als der Ritter, mit sittigem Verneigen, ihr entgegentrat, betrachtete sie ihn lange ernst und schweigend und fragte ihn endlich lächelnd, ob er hungrig sei. Obgleich nun dem Ritter das Herz in der Brust bebte, so hatte er doch einen deutschen Magen, infolge des stundenlangen Umherirrens sehnte er sich wirklich nach einer Atzung, und er ließ sich gern von der schönen Dame nach dem Speisesaal führen. Sie nahm ihn freundlich bei der Hand, und er folgte ihr durch hohe, hallende Gemächer, die, trotz aller Pracht, eine unheimliche Öde verrieten. Die Girandolen [mehrarmige Leuchter] warfen ein so gespenstisch fahles Licht auf die Wände, deren bunte Fresken allerlei heidnische Liebesgeschichten, z. B. Paris und Helena, Diana und Endymion, Kalypso und Ulysses, darstellten. Die großen, abenteuerlichen Blumen, die in Marmorvasen längs den Fenstergeländern standen, waren von so beängstigend üppigen Bildungen und dufteten so leichenhaft, so betäubend. Dabei seufzte der Wind in den Kaminen wie ein leidender Mensch. Im Speisesaal setzte sich endlich die schöne Dame dem Ritter gegenüber, kredenzte ihm den Wein und reichte ihm lächelnd die besten Bissen. Mancherlei bei diesem Abendmahl mochte dem Ritter wohl befremdlich dünken. Als er um Salz bat, dessen auf dem Tisch fehlte, zuckte ein fast hässlicher Unmut über das weiße Angesicht der schönen Frau, und erst nach wiederholtem Verlangen ließ sie endlich, mit sichtbarer Verdrießlichkeit, von den Dienern das Salzfass herbeiholen. Diese stellten es mit zitternden Händen auf den Tisch und verschütteten schier die Hälfte des Inhalts. Doch der gute Wein, der wie Feuer in die Kehle des Ritters hinabglühte, beschwichtigte das geheime Grauen, das ihn manchmal anwandelte; ja, er wurde allmählich zutraulich und lüsternen Mutes, und als ihn die schöne Dame frug, ob er wisse, was Liebe sei, da antwortete er ihr mit flammenden Küssen. Trunken von Liebe, vielleicht auch von süßem Wein, entschlief er bald an der Brust seiner zärtlichen Wirtin. Doch wüste Träume schwirrten ihm durch den Sinn; grelle Nachtgesichte, wie sie uns im wahnwitzigen Halbschlaf eines Nervenfiebers zu beschleichen pflegen. Manchmal glaubte er seine alte Großmutter zu sehen, die daheim auf dem roten Lehnsessel saß und mit hastig bewegten Lippen betete. Manchmal hörte er ein höhnisches Kichern, und das kam von den großen Fledermäusen, die, mit Fackeln in den Krallen, um ihn her flatterten; als er sie genauer betrachtete, wollte es ihm jedoch dünken, es seien die Bedienten, die ihm bei Tische aufgewartet hatten. Zuletzt träumte ihm, seine schöne Wirtin habe sich plötzlich in ein hässliches Ungetüm verwandelt, und er selber, in rascher Todesangst, habe zu seinem Schwert gegriffen und ihr damit das Haupt vom Rumpf abgeschlagen. – Erst spätmorgens, als die Sonne schon hoch am Himmel stand, erwachte der Ritter aus seinem Schlaf. Aber statt in der prächtigen Villa, worin er übernachtet zu haben vermeinte, befand er sich inmitten der wohlbekannten Ruinen, und mit Entsetzen sah er, dass die schöne Bildsäule, die er so sehr liebte, von ihrem Postament heruntergefallen war und ihr abgebrochenes Haupt zu seinen Füßen lag.

Einen ähnlichen Charakter trägt die Sage von dem jungen Ritter, der, als er einst, in einer Villa bei Rom, mit einigen Freunden Ball schlug, seinen Ring, der ihm bei diesem Spiel hinderlich wurde, von seiner Hand abzog und, damit er nicht verlorengehe, an den Finger eines Marmorbildes steckte. Als aber der Ritter, nachdem das Spiel beendigt war, zu der Statue, die eine heidnische Göttin vorstellte, zurückkehrte, sah er mit Schrecken, dass das marmorne Weib den Finger, woran er seinen Ring gesteckt hatte, nicht mehr grade wie vorher, sondern ganz eingebogen hielt, so dass ihm unmöglich war, den Ring wieder von ihrem Finger abzuziehen, ohne ihr die Hand zu zerbrechen, welches ihm doch ein seltsames Mitgefühl nicht erlaubte. Er ging zu seinen Spielgenossen, um ihnen dieses Wunder zu berichten, und lud sie ein, sich mit eigenen Augen davon zu überzeugen. Doch als er mit seinen Freunden zurückkehrte, hielt das Marmorbild den Finger wieder grade ausgestreckt wie gewöhnlich, und der Ring war verschwunden. Einige Zeit nach jenem Ereignis beschloss der Ritter, in den heiligen Ehestand zu treten, und er feierte seine Hochzeit. Doch in der Brautnacht, als er eben zu Bette gehen wollte, trat zu ihm ein Weibsbild, welches der oberwähnten Statue ganz ähnlich war an Gestalt und Antlitz, und sie behauptete: dadurch, dass er seinen Ring an ihren Finger gesteckt, habe er sich ihr angelobt, und er gehöre ihr als rechtmäßiger Gemahl. Vergebens sträubte sich der Ritter gegen diesen Einspruch; jedes Mal, wenn er sich seiner Anvermählten nahen wollte, trat das heidnische Weibsbild zwischen ihn und sie, sodass er in jener Nacht auf alle Bräutigamsfreuden verzichten musste. Dasselbe geschah in der zweiten Nacht sowie auch in der dritten, und der Ritter ward sehr trübsinnig gesinnt. Keiner wusste ihm zu helfen, und selbst die frömmsten Leute zuckten die Achsel. Endlich aber hörte er von einem Priester namens Palumnus, der sich gegen heidnischen Satansspuk schon öfter sehr hilfsam erwiesen. Dieser ließ sich lange erbitten, ehe er dem Ritter seinen Beistand versprach; er müsse dadurch, behauptete er, sich selber den größten Gefahren aussetzen. Der Priester Palumnus schrieb alsdann einige sonderbare Charaktere auf ein kleines Stück Pergament und gab dem Ritter folgende Weisung: er solle sich um Mitternacht in der Gegend von Rom an einen gewissen Kreuzweg stellen; dort würden ihm allerlei wunderbare Erscheinungen vorüberziehen; doch möge er sich von allem, was er höre und sähe, nicht im Mindesten verschüchtern lassen, er müsse ruhig verharren; nur wenn er das Weibsbild erblicke, an deren Finger er seinen Ring gesteckt, solle er hinzutreten und ihr das beschriebene Stück Pergament überreichen. Dieser Vorschrift unterzog sich der Ritter; aber nicht ohne Herzklopfen stand er um Mitternacht am bezeichneten Kreuzweg, wo er den seltsamen Zug vorüberziehen sah. Es waren blasse Männer und Frauen, prächtig gekleidet in Festgewänder aus der Heidenzeit; einige trugen goldene Kronen, andere trugen Lorbeerkränze auf den Häuptern, die sie aber kummervoll senkten; auch allerlei silberne Gefäße, Trinkgeschirre und Gerätschaften, die zum alten Tempeldienst gehörten, wurden vorübergetragen, mit ängstlicher Eile; im Gewühl zeigten sich auch große Stiere mit vergoldeten Hörnern und behängt mit Blumengirlanden; endlich, auf einem erhabenen Triumphwagen, strahlend in Purpur und mit Rosen bekränzt, erschien ein hohes, wunderschönes Götterweib. Zu dieser trat nun der Ritter heran und überreichte ihr das Pergamentblatt des Priesters Palumnus; denn in ihr erkannte er das Marmorbild, das seinen Ring besaß. Als die Schöne die Zeichen erblickte, womit jenes Pergament beschrieben war, hub sie jammernd die Hände gen Himmel, Tränen stürzten aus ihren Augen, und mit verzweiflungsvoller Gebärde rief sie: »Grausamer Priester Palumnus! Du bist noch immer nicht zufrieden mit dem Leid, das du uns zugefügt hast! Doch deinen Verfolgungen wird bald ein Ziel gesetzt, grausamer Priester Palumnus!« Nach diesen Worten reichte sie dem Ritter seinen Ring, und dieser fand in der folgenden Nacht kein Hindernis mehr, seine Ehe zu vollziehen. Der Priester Palumnus aber starb den dritten Tag nach jenem Ereignis.

Diese Geschichte las ich zuerst in dem »Mons Veneris« von Kornmann. Unlängst fand ich sie auch angeführt in dem absurden Buch über Zauberei von Del Rio, welcher sie aus dem Werk eines Spaniers mitteilt; sie ist wahrscheinlich spanischen Ursprungs. Der Freiherr von Eichendorff, ein neuerer deutscher Schriftsteller, hat sie zu einer schönen Erzählung aufs Anmutigste benutzt. Die vorletzte Geschichte hat ebenfalls ein deutscher Schriftsteller, Herr Willibald Alexis, zu einer Novelle bearbeitet, die zu seinen poetisch geistreichsten Produkten gehört.

Das obenerwähnte Werk von Kornmann, »Mons Veneris oder der Venusberg«, ist die wichtigste Quelle für das ganze Thema, welches ich hier behandle. Es ist schon lange her, dass es mir mal zu Augen gekommen, und nur aus früherer Erinnerung kann ich darüber berichten. Aber es schwebt mir noch immer im Gedächtnis, das kleine, etwa dritthalbhundert Seiten enthaltende Büchlein, mit seinen lieblichen alten Lettern; es mag wohl um die Mitte des siebzehnten Jahrhunderts gedruckt sein. Die Lehre von den Elementargeistern ist darin aufs Bündigste abgehandelt, und daran schließt der Verfasser seine wunderbaren Mitteilungen über den Venusberg. Eben nach dem Beispiel Kornmanns habe auch ich bei Gelegenheit der Elementargeister von der Transformation der altheidnischen Götter sprechen müssen. Diese sind keine Gespenster, denn, wie ich mehrmals angeführt, sie sind nicht tot; sie sind unerschaffene, unsterbliche Wesen, die nach dem Siege Christi sich zurückziehen mussten in die unterirdische Verborgenheit, wo sie, mit den übrigen Elementargeistern zusammenhausend, ihre dämonische Wirtschaft treiben. Am eigentümlichsten, romantisch wunderbar, klingt im deutschen Volke die Sage von der Göttin Venus die, als ihre Tempel gebrochen wurden, sich in einen geheimen Berg flüchtete, wo sie mit dem heitersten Luftgesindel, mit schönen Wald- und Wassernymphen, auch manchen berühmten Helden, die plötzlich aus der Welt verschwunden, das abenteuerlichste Freudenleben führt. Schon von weitem, wenn du dem Berg nahest, hörst du das vergnügte Lachen und die süßen Zitherklänge, die sich wie eine unsichtbare Kette um dein Herz schlingen und dich hineinziehen in den Berg. Zum Glück, unfern des Eingangs, hält Wache ein alter Ritter, geheißen der getreue Eckhart; er steht gestützt auf seinem großen Schlachtschwert, wie eine Bildsäule, aber sein ehrliches, eisgraues

Haupt wackelt beständig, und er warnt dich betrübsam vor den zärtlichen Gefahren, die deiner im Berge harren. Mancher ließ sich noch beizeiten zurückschrecken, mancher hingegen überhörte die meckernde Stimme des alten Warners und stürzte blindlings in den Abgrund der verdammten Lust. Eine Weile lang geht's gut. Aber der Mensch ist nicht immer aufgelegt zum Lachen, er wird manchmal still und ernst und denkt zurück in die Vergangenheit; denn die Vergangenheit ist die eigentliche Heimat seiner Seele, und es erfasst ihn ein Heimweh nach den Gefühlen, die er einst empfunden hat, und seien es auch Gefühle des Schmerzes. So erging es namentlich dem Tannhäuser, nach dem Bericht eines Liedes, das zu den merkwürdigsten Sprachdenkmalen gehört, die sich im Munde des deutschen Volkes erhalten. Ich las das Lied zuerst in dem erwähnten Werk von Kornmann. Diesem hat es Prätorius fast wörtlich entlehnt, aus dem »Blocksberg« von Prätorius haben es die Sammler des »Wunderhorns« abgedruckt, und erst nach einer vielleicht fehlerhaften Abschrift aus letzterem Buche muss ich das Lied hier mitteilen:

Nun will ich aber heben an,
Vom Tannhäuser wollen wir singen,
Und was er Wunders hat getan,
Mit Frau Venussinnen.

Der Tannhäuser war ein Ritter gut,
Er wollt groß' Wunder schauen;
Da zog er in Frau Venus' Berg,
Zu andern schönen Frauen.

»Herr Tannhäuser, Ihr seid mir lieb,
Daran sollt Ihr gedenken,
Ihr habt mir einen Eid geschworen,
Ihr wollt nicht von mir wanken.«

»Frau Venus, ich hab es nicht getan,
Ich will dem widersprechen,
Denn niemand spricht das mehr als Ihr,
Gott helf' mir zu den Rechten.«

»Herr Tannhäuser, wie saget Ihr mir!
Ihr sollet bei uns bleiben,
Ich geb Euch meiner Gespielen ein',
Zu einem ehelichen Weibe.«

»Nehme ich dann ein ander Weib,
Als ich hab in meinem Sinne,
So muss ich in der Höllenglut
Da ewiglich verbrennen.«

»Du sagst mir viel von der Höllenglut,
Du hast es doch nicht befunden;
Gedenk an meinen roten Mund,
Der lacht zu allen Stunden.«

»Was hilft mir Euer roter Mund,
Er ist mir gar unmehre,
Nun gib mir Urlaub, Frau Venus zart,
Durch aller Frauen Ehre.«

»Herr Tannhäuser, wollt Ihr Urlaub han,
Ich will Euch keinen geben;
Nun bleibet, edler Tannhäuser zart,
Und frischet Euer Leben.«

»Mein Leben ist schon worden krank,
Ich kann nicht länger bleiben,
Gebt mir Urlaub, Fraue zart,
Von Eurem stolzen Leibe.«

»Herr Tannhäuser, nicht sprecht also,
Ihr seid nicht wohl bei Sinnen,
Nun lasst uns in die Kammer gehn
Und spielen der heimlichen Minnen.«

»Eure Minne ist mir worden leid;
Ich hab in meinem Sinne,
O Venus, edle Jungfrau zart,
Ihr seid eine Teufelinne.«

»Tannhäuser, ach, wie sprecht Ihr so,
Bestehet Ihr mich zu schelten?
Sollt't Ihr noch länger bei uns sein,
Des Worts müsst Ihr entgelten.

Tannhäuser, wollt Ihr Urlaub han,
Nehmt Urlaub von den Greisen,
Und wo Ihr in dem Land umfahren,
Mein Lob, das sollt Ihr preisen.«

Der Tannhäuser zog wieder aus dem Berg,
In Jammer und in Reuen:
›Ich will gen Rom in die fromme Stadt,
All auf den Papst vertrauen.

Nun fahr ich fröhlich auf die Bahn,
Gott muss es immer walten,
Zu einem Papst, der heißt Urban,
Ob er mich wolle behalten.‹

»Herr Papst, Ihr geistlicher Vater mein,
Ich klag Euch meine Sünde,
Die ich mein Tag begangen hab,
Als ich Euch will verkünden;

Ich bin gewesen ein ganzes Jahr
Bei Venus, einer Frauen,
Nun will ich Beicht' und Buß' empfahn,
Ob ich möcht Gott anschauen.«

Der Papst hat einen Stecken weiß,
Der war von dürrem Zweige:
»Wann dieser Stecken Blätter trägt,
Sind dir deine Sünden verziehen.«

»Sollt ich leben nicht mehr denn ein Jahr,

Ein Jahr auf dieser Erden,
So wollt ich Reu' und Buß' empfahn
Und Gottes Gnad' erwerben.«

Da zog er wieder aus der Stadt,
In Jammer und in Leiden:
»Maria Mutter, reine Magd,
Muss ich mich von dir scheiden,

So zieh ich wieder in den Berg,
Ewiglich und ohne Ende,
Zu Venus, meiner Frauen zart,
Wohin mich Gott will senden.«

»Seid willkommen, Tannhäuser gut,
Ich hab Euch lang' entbehret,
Willkommen seid, mein liebster Herr,
Du Held, mir treu bekehret.«

Darnach wohl auf den dritten Tag,
Der Stecken hub an zu grünen,
Da sandt man Boten in alle Land',
Wohin der Tannhäuser kommen.

Da war er wieder in dem Berg,
Darinnen sollt er nun bleiben
So lang' bis an den Jüngsten Tag,
Wo ihn Gott will hinweisen.

Das soll nimmer kein Priester tun,
Dem Menschen Misstrost geben,
Will er denn Buß' und Reu' empfahn,
Die Sünde sei ihm vergeben.

Ich erinnere mich, als ich zuerst dieses Lied las, in dem erwähnten Buche von Kornmann, überraschte mich zunächst der Kontrast seiner Sprache mit der pedantisch verlateinisierten, unerquicklichen Schreibart des siebzehnten Jahrhunderts, worin das Buch abgefasst. Es war mir, als hätte ich in einem dumpfen Bergschacht plötzlich eine große Goldader entdeckt, und die stolzeinfachen, urkräftigen Worte strahlten mir so blank entgegen, dass mein Herz fast geblendet wurde von dem unerwarteten Glanz. Ich ahnte gleich, aus diesem Liede sprach zu mir eine wohlbekannte Freudenstimme; ich vernahm darin die Töne jener verketzerten Nachtigallen, die, während der Passionszeit des Mittelalters, mit gar schweigsamen Schnäblein sich versteckt halten mussten und nur zuweilen, wo man sie am wenigsten vermutete, etwa gar hinter einem Klostergitter, einige jauchzende Laute hervorflattern ließen. Kennst du die Briefe von Heloise an Abälard? Nächst dem Hohenliede des großen Königs (ich spreche von König Salomo) kenne ich keinen flammenderen Gesang der Zärtlichkeit als das Zwiegespräch zwischen Frau Venus und dem Tannhäuser. Dieses Lied ist wie eine Schlacht der Liebe, und es fließt darin das roteste Herzblut.

Das eigentliche Alter des Tannhäuserlieds wäre schwer zu bestimmen. Es existiert schon in fliegenden Blättern vom ältesten Druck. Ein junger deutscher Dichter, Herr Bechstein, welcher sich freundlichst in Deutschland daran erinnerte, dass, als ich ihn in Paris bei meinem Freunde Wolff sah, jene alten fliegenden Blätter das Thema unserer Unterhaltung bildeten, hat mir dieser Tage eins derselben, betitelt »Das Lied von dem Danheuser«, zugeschickt. Nur die größere Altertümlichkeit der Sprache hielt mich davon ab, an der Stelle der obigen jüngeren Version diese ältere mitzuteilen. Die ältere enthält viele Abweichungen und trägt, nach meinem Bedünken, einen weit poetischeren Charakter.

Durch Zufall erhielt ich ebenfalls unlängst eine Bearbeitung desselben Liedes, wo kaum der äußere Rahmen der älteren Versionen beibehalten worden, die inneren Motive jedoch aufs Sonderbarste verändert sind. In seiner älteren Gestalt ist das Gedicht unstreitig viel schöner, einfacher und großartiger. Nur eine gewisse Wahrheit des Gefühls hat die erwähnte jüngere Version mit demselben gemein, und da ich gewiss das einzige Exemplar besitze, das davon existiert, so will ich auch diese hier mitteilen:

Ihr guten Christen, lasst euch nicht
Von Satans List umgarnen!
Ich sing euch das Tannhäuserlied,
Um eure Seelen zu warnen.

Der edle Tannhäuser, ein Ritter gut,
Wollt Lieb' und Lust gewinnen,
Da zog er in den Venusberg,
Blieb sieben Jahre drinnen.

»Frau Venus, meine schöne Frau,
Leb wohl, mein holdes Leben!
Ich will nicht länger bleiben bei dir,
Du sollst mir Urlaub geben.«

»Tannhäuser, edler Ritter mein,
Hast heut mich nicht geküsset;
Küss mich geschwind, und sage mir:
Was du bei mir vermisset?

Hab ich nicht den allersüßesten Wein
Tagtäglich dir kredenzet?
Und hab ich nicht mit Rosen dir
Tagtäglich das Haupt bekränzet?«

»Frau Venus, meine schöne Frau,
Von süßem Wein und Küssen
Ist meine Seele worden krank;
Ich schmachte nach Bitternissen.

Wir haben zu viel gescherzt und gelacht,
Ich sehne mich nach Tränen,
Und statt mit Rosen möcht ich mein Haupt
Mit spitzigen Dornen krönen.«

»Tannhäuser, edler Ritter mein,
Du willst dich mit mir zanken;
Du hast geschworen vieltausendmal,
Niemals von mir zu wanken.

Komm, lass uns in die Kammer gehn,
Zu spielen der heimlichen Minne;
Mein schöner lilienweißer Leib
Erheitert deine Sinne.«

»Frau Venus, meine schöne Frau,
Dein Reiz wird ewig blühen;
Wie viele einst für dich geglüht,
So werden noch viele glühen.

Doch denk ich der Götter und Helden, die einst
Sich zärtlich daran geweidet,
Dein schöner lilienweißer Leib,
Er wird mir schier verleidet.

Dein schöner lilienweißer Leib
Erfüllt mich fast mit Entsetzen,
Gedenk ich, wie viele werden sich
Noch späterhin dran ergetzen!«

»Tannhäuser, edler Ritter mein,
Das sollst du mir nicht sagen,
Ich wollte lieber, du schlügest mich,
Wie du mich oft geschlagen.

Ich wollte lieber, du schlügest mich,
Als dass du Beleidigung sprächest,
Und mir, undankbar kalter Christ,
Den Stolz im Herzen brächest.

Weil ich dich geliebet gar zu sehr,
Nun hör ich solche Worte –
Leb wohl, ich gebe Urlaub dir,
Ich öffne dir selber die Pforte.«

*

Zu Rom, zu Rom, in der heiligen Stadt,
Da singt es und klingelt und läutet:
Da zieht einher die Prozession,
Der Papst in der Mitte schreitet.

Das ist der fromme Papst Urban,
Er trägt die dreifache Krone,
Er trägt ein rotes Purpurgewand,
Die Schleppe tragen Barone.

»O heil'ger Vater, Papst Urban,
Ich lass dich nicht von der Stelle,
Du hörst zuvor mir Beichte an,
Du rettest mich von der Hölle!«

Das Volk, es weicht im Kreise zurück,
Es schweigen die geistlichen Lieder:
»Wer ist der Pilger bleich und wüst,
Vor dem Papste kniet er nieder?«

»O heil'ger Vater, Papst Urban,
Du kannst ja binden und lösen,
Errette mich von der Höllenqual

Und von der Macht des Bösen.

Ich bin der edle Tannhäuser genannt,
Wollt Lieb' und Lust gewinnen,
Da zog ich in den Venusberg,
Blieb sieben Jahre drinnen.

Frau Venus ist eine schöne Frau,
Liebreizend und anmutreiche;
Die Stimme ist wie Blumenduft,
Wie Blumenduft so weiche.

Wie der Schmetterling flattert um eine Blum',
Den zarten Duft zu nippen,
So flatterte meine Seele stets
Um ihre Rosenlippen.

Ihr edles Gesicht umringeln wild
Die blühend schwarzen Locken;
Schaun dich die großen Augen an,
Wird dir der Atem stocken.

Schaun dich die großen Augen an,
So bist du wie angekettet;
Ich habe nur mit großer Not
Mich aus dem Berg gerettet.

Ich hab mich gerettet aus dem Berg,
Doch stets verfolgen die Blicke
Der schönen Frau mich überall,
Sie winken: ›Komm zurücke!‹

Ein armes Gespenst bin ich am Tag,
Des Nachts mein Leben erwachet,
Dann träum ich von meiner schönen Frau,
Sie sitzt bei mir und lachet.

Sie lacht so gesund, so glücklich, so toll,
Und mit so weißen Zähnen!
Wenn ich an dieses Lachen denk,
So weine ich plötzliche Tränen.

Ich liebe sie mit Allgewalt,
Nichts kann die Liebe hemmen!
Das ist wie ein wilder Wasserfall,
Du kannst seine Fluten nicht dämmen!

Er springt von Klippe zu Klippe herab,
Mit lautem Tosen und Schäumen,
Und bräch er tausendmal den Hals,
Er wird im Laufe nicht säumen.

Wenn ich den ganzen Himmel besäß,
Frau Venus schenkt' ich ihn gerne;
Ich gäb ihr die Sonne, ich gäb ihr den Mond,
Ich gäbe ihr sämtliche Sterne.

Ich liebe sie mit Allgewalt,
Mit wildentzügelten Flammen –
Ist das der Hölle Feuer schon,
Und wird mich Gott verdammen?

Oh, heil'ger Vater, Papst Urban,
Du kannst ja binden und lösen!
Errette mich von der Höllenqual
Und von der Macht des Bösen.«

Der Papst hub jammernd die Händ' empor,
Hub jammernd an zu sprechen:
»Tannhäuser, unglücksel'ger Mann,
Der Zauber ist nicht zu brechen.

Der Teufel, den man Venus nennt,
Er ist der schlimmste von allen,
Erretten kann ich dich nimmermehr
Aus seinen schönen Krallen.

Mit deiner Seele musst du jetzt
Des Fleisches Lust bezahlen,
Du bist verworfen, du bist verdammt
Zu ewigen Höllenqualen.«

*

Der Ritter Tannhäuser, er wandelt so rasch,
Die Füße, die wurden ihm wunde.
Er kam zurück in den Venusberg
Wohl um die Mitternachtstunde.

Frau Venus erwachte aus dem Schlaf,
Ist schnell aus dem Bette gesprungen;
Sie hat mit ihrem weißen Arm
Den geliebten Mann umschlungen.

Aus ihrer Nase rann das Blut,
Den Augen die Tränen entflossen;
Sie hat mit Tränen und Blut das Gesicht
Des geliebten Mannes begossen.

Der Ritter legte sich ins Bett,
Er hat kein Wort gesprochen.
Frau Venus in die Küche ging,
Um ihm eine Suppe zu kochen.

Sie gab ihm Suppe, sie gab ihm Brot,
Sie wusch seine wunden Füße,
Sie kämmte ihm das struppige Haar,
Und lachte dabei so süße.

»Tannhäuser, edler Ritter mein,
Bist lange ausgeblieben,
Sag an, in welchen Landen du dich

So lange herumgetrieben?«

»Frau Venus, meine schöne Frau,
Ich hab in Welschland verweilet;
Ich hatte Geschäfte in Rom und bin
Schnell wieder hierher geeilet.

Auf sieben Hügeln ist Rom gebaut,
Die Tiber tut dorten fließen;
Auch hab ich in Rom den Papst gesehn,
Der Papst, er lässt dich grüßen.

Auf meinem Rückweg sah ich Florenz,
Bin auch durch Mailand gekommen,
Und bin alsdann mit raschem Mut
Die Alpen hinaufgeklommen.

Und als ich auf dem Sankt Gotthard stand,
Da hört ich Deutschland schnarchen;
Es schlief da unten in sanfter Hut
Von sechsunddreißig Monarchen.

In Schwaben besah ich die Dichterschul',
Doch tut's der Mühe nicht lohnen;
Hast du den größten von ihnen besucht,
Gern wirst du die kleinen verschonen.

Zu Frankfurt kam ich am Schabbes an,
Und aß dort Schalet und Klöße;
Ihr habt die beste Religion,
Auch lieb ich das Gänsegekröse.

In Dresden sah ich einen Hund,
Der einst sehr scharf gebissen,
Doch fallen ihm jetzt die Zähne aus,
Er kann nur bellen und pissen.

Zu Weimar, dem Musenwitwensitz,
Da hört ich viel Klagen erheben,
Man weinte und jammerte: Goethe sei tot,
Und Eckermann sei noch am Leben!

Zu Potsdam vernahm ich ein lautes Geschrei –
›Was gibt es?‹ rief ich verwundert.
›Das ist der Gans in Berlin, der liest
Dort über das letzte Jahrhundert.'

Zu Göttingen blüht die Wissenschaft,
Doch bringt sie keine Früchte.
Ich kam dort durch in stockfinstrer Nacht,
Sah nirgendwo ein Lichte.

Zu Celle im Zuchthaus sah ich nur
Hannoveraner – O Deutsche!
Uns fehlt ein Nationalzuchthaus
Und eine gemeinsame Peitsche!

Zu Hamburg frug ich: warum so sehr
Die Straßen stinken täten?
Doch Juden und Christen versicherten mir,
Das käme von den Fleeten.

Zu Hamburg, in der guten Stadt,
Wohnt mancher schlechte Geselle;
Und als ich auf die Börse kam,
Ich glaubte, ich wär noch in Celle.

Zu Hamburg, in der guten Stadt,
Soll keiner mich wiederschauen!
Ich bleibe jetzt im Venusberg,
Bei meiner schönen Frauen.«

»*Die deutsche Literatur*«

Von Wolfgang Menzel
2 Teile
Stuttgart, bei Gebrüder Franckh. 1828

[Neue allgemeine politische Annalen, 27. Band, Stuttgart 1828]

»Wisse, dass jedes Werk, das da wert war zu erscheinen, sogleich bei seiner Erscheinung gar keinen Richter finden kann; es soll sich erst sein Publikum erziehen und einen Richterstuhl für sich bilden. – Spinoza hat über ein Jahrhundert gelegen, ehe ein treffendes Wort über ihn gesagt wurde; über Leibniz ist vielleicht das erste treffende Wort noch zu erwarten, über Kant ganz gewiss. Findet ein Buch sogleich bei seiner Erscheinung seinen kompetenten Richter, so ist dies der treffende Beweis, dass dieses Buch ebenso wohl auch ungeschrieben hätte bleiben können.«

Diese Worte sind von Johann Gottlieb Fichte, und wir setzen sie als Motto vor unsere Rezension des Menzelschen Werks, teils, um anzudeuten, dass wir nichts weniger als eine Rezension liefern, teils auch, um den Verfasser zu trösten, wenn über den eigentlichen Inhalt seines Buches nichts Ergründendes gesagt wird, sondern nur dessen Verhältnis zu anderen Büchern der Art, dessen Äußerlichkeiten und besonders hervorstehende Gedankenspitzen besprochen werden.

Indem wir nun zuvörderst zu ermitteln suchen, mit welchen vorhandenen Büchern der Art das vorliegende Werk vergleichend zusammengestellt werden kann, kommen uns Friedrich Schlegels Vorlesungen über Literatur fast ausschließlich in Erinnerung. Auch dieses Buch hat nicht seinen kompetenten Richter gefunden, und wie stark sich auch in der letzteren Zeit, aus kleinlich protestantischen Gründen, manche absprechende Stimmen gegen Friedrich Schlegel erhoben haben, so war doch noch keiner imstande, beurteilend sich über den großen Beurteiler zu erheben; und wenn wir auch eingestehen müssen, dass ihm an kritischem Scharfblick sein Bruder August Wilhelm und einige neuere Kritiker, z. B. Willibald Alexis, Zimmermann, Varnhagen v. Ense und Immermann, ziemlich überlegen sind, so haben uns diese bisher doch nur Monographien geliefert, während Friedrich Schlegel großartig das Ganze aller geistigen Bestrebungen erfasste, die Erscheinungen derselben gleichsam wieder zurückschuf in das ursprüngliche Schöpfungswort, woraus sie hervorgegangen, sodass sein Buch einem schaffenden Geisterliede gleicht.

Die religiösen Privatmarotten, die Schlegels spätere Schriften durchkreuzen und für die er allein zu schreiben wähnte, bilden doch nur das Zufällige, und namentlich in den Vorlesungen über Literatur ist, vielleicht mehr, als er selbst weiß, die Idee der Kunst noch immer der herrschende Mittelpunkt, der mit seinen goldenen Radien das ganze Buch umspinnt. Ist doch die Idee der Kunst zugleich der Mittelpunkt jener ganzen Literaturperiode, die mit dem Erscheinen Goethes anfängt und erst jetzt ihr Ende erreicht hat, ist sie doch der eigentliche Mittelpunkt in Goethe selbst, dem großen Repräsentanten dieser Periode – und wenn Friedrich Schlegel, in seiner Beurteilung Goethes, demselben allen Mittelpunkt abspricht, so hat dieser Irrtum vielleicht seine Wurzel in einem verzeihlichen Unmut. Wir sagen »verzeihlich«, um nicht das Wort »menschlich« zu gebrauchen: die Schlegel, geleitet von der Idee der Kunst, erkannten die Objektivität als das höchste Erfordernis eines Kunstwerks, und da sie diese im höchsten Grade bei Goethe fanden, hoben sie ihn auf den Schild, die neue Schule huldigte ihm als König, und als er König war, dankte er, wie Könige zu danken pflegen, indem er die Schlegel kränkend ablehnte und ihre Schule in den Staub trat.

Menzels »Deutsche Literatur« ist ein würdiges Seitenstück zu dem erwähnten Werk von Friedrich Schlegel. Dieselbe Großartigkeit der Auffassung, des Strebens, der Kraft und des

Irrtums. Beide Werke werden den späteren Literatoren Stoff zum Nachdenken liefern, indem nicht bloß die schönsten Geistesschätze darin niedergelegt sind, sondern indem auch ein jedes dieser beiden Werke ganz die Zeit charakterisiert, worin es geschrieben ist. Dieser letztere Umstand gewährt auch uns das meiste Vergnügen bei der Vergleichung beider Werke. In dem Schlegelschen sehen wir ganz die Bestrebungen, die Bedürfnisse, die Interessen, die gesamte deutsche Geistesrichtung der vorletzten Dezennien und die Kunstidee als Mittelpunkt des Ganzen. Bilden aber die Schlegelschen Vorlesungen solchermaßen ein Literaturepos, so erscheint uns hingegen das Menzelsche Werk wie ein bewegtes Drama, die Interessen der Zeit treten auf und halten ihre Monologe, die Leidenschaften, Wünsche, Hoffnungen, Furcht und Mitleid sprechen sich aus, die Freunde raten, die Feinde drängen, die Parteien stehen sich gegenüber, der Verfasser lässt allen ihr Recht widerfahren, als echter Dramatiker behandelt er keine der kämpfenden Parteien mit allzu besonderer Vorliebe, und wenn wir etwas vermissen, so ist es nur der Chorus, der die letzte Bedeutung des Kampfes ruhig ausspricht. Diesen Chorus aber konnte uns Herr Menzel nicht geben wegen des einfachen Umstandes, dass er noch nicht das Ende dieses Jahrhunderts erlebt hat. Aus demselben Grund erkannten wir bei einem Buch aus einer früheren Periode, dem Schlegelschen, weit leichter den eigentlichen Mittelpunkt als bei einem Buch aus der jetzigsten Gegenwart. Nur so viel sehen wir, der Mittelpunkt des Menzelschen Buches ist nicht mehr die Idee der Kunst. Menzel sucht viel eher das Verhältnis des Lebens zu den Büchern aufzufassen, einen Organismus in der Schriftwelt zu entdecken, es ist uns manchmal vorgekommen, als betrachte er die Literatur wie eine Vegetation – und da wandelt er mit uns herum und botanisiert und nennt die Bäume bei ihren Namen, reißt Witze über die größten Eichen, riecht humoristisch an jedem Tulpenbeet, küsst jede Rose, neigt sich freundlich zu einigen befreundeten Wiesenblümchen und schaut dabei so klug, dass wir fast glauben möchten, er höre das Gras wachsen.

Andererseits erkennen wir bei Menzel ein Streben nach Wissenschaftlichkeit, welches ebenfalls eine Tendenz unserer neuesten Zeit ist, eine jener Tendenzen, wodurch sie sich von der früheren Kunstperiode unterscheidet. Wir haben große geistige Eroberungen gemacht, und die Wissenschaft soll sie als unser Eigentum sichern. Diese Bedeutung derselben hat sogar die Regierung in einigen deutschen Staaten anerkannt, absonderlich in Preußen, wo die Namen Humboldt, Hegel, Bopp, A. W. Schlegel, Schleiermacher etc. in solcher Hinsicht am schönsten glänzen. Dasselbe Streben hat sich, zumeist durch Einwirkung solcher deutschen Gelehrten, nach Frankreich verbreitet; auch hier erkennt man, dass alles Wissen einen Wert an und für sich hat, dass es nicht wegen der augenblicklichen Nützlichkeit kultiviert werden soll, sondern damit es seinen Platz finde in dem Gedankenreich, das wir als das beste Erbteil den folgenden Geschlechtern überliefern werden.

Herr Menzel ist mehr ein enzyklopädischer Kopf als ein synthetisch wissenschaftlicher. Da ihn aber sein Willen zur Wissenschaftlichkeit drängt, so finden wir in seinem Buch eine seltsame Vereinigung seiner Naturanlage mit seinem vorgefassten Streben. Die Gegenstände entsteigen daher nicht aus einem einzigen innersten Prinzip, sie werden vielmehr nach einem geistreichen Schematismus einzeln abgehandelt, aber doch ergänzend, so dass das Buch ein schönes, gerundetes Ganze bildet.

In dieser Hinsicht gewinnt vielleicht das Buch für das große Publikum, dem die Übersicht erleichtert wird und das auf jeder Seite etwas Geistreiches, Tiefgedachtes und Anziehendes findet, welches nicht erst auf ein letztes Prinzip bezogen werden muss, sondern an und für sich schon seinen vollgültigen Wert hat. Der Witz, den man in Menzelschen Geistesprodukten zu suchen berechtigt ist, wird durchaus nicht vermisst, er erscheint um so würdiger, da er nicht mit sich selbst kokettiert, sondern nur der Sache wegen hervortritt – obgleich sich nicht leugnen lässt, dass er Herrn Menzel oft dazu dienen muss, die Lücken seines Wissens zu stopfen. W. M. ist unstreitig einer der witzigsten Schriftsteller Deutschlands, er kann seine Natur nicht verleugnen, und möchte er auch, alle witzigen Einfälle ablehnend, in einem steifen Perückentone dozieren, so überrascht ihn wenigstens der Ideenwitz, und diese Witzart, eine Verknüpfung von Gedanken, die sich noch nie in einem Menschenkopf begegnet, eine wilde Ehe zwischen Scherz und Weisheit, ist vorherrschend in dem Menzelschen Werke. Noch mal rühmen wir des Verfassers Witz, um so mehr, da es viele trockene Leute in der Welt gibt, die den Witz gern proskribieren möchten, und man täglich hören kann, wie Pantalon sich gegen diese niedrigste Seelenkraft, den Witz, zu ereifern weiß und als guter Staatsbürger und Hausvater die Polizei auffordert, ihn zu verbieten. Mag immerhin der Witz zu den niedrigsten Seelenkräften gehören, so glauben wir doch, dass er sein Gutes hat. Wir wenigstens möchten ihn nicht entbehren. Seitdem es nicht mehr Sitte ist, einen Degen an der Seite zu tragen, ist es durchaus nötig, dass man Witz im Kopf habe. Und sollte man auch so überlaunig sein, den Witz nicht bloß als notwendige Wehr, sondern sogar als Angriffswaffe zu gebrauchen, so werdet darüber nicht allzu sehr aufgebracht, ihr edlen Pantalone des deutschen Vaterlandes! Jener Angriffswitz, den ihr Satire nennt, hat seinen guten Nutzen in dieser schlechten, nichtsnutzigen Zeit. Keine Religion ist mehr imstande, die Lüste der kleinen Erdenherrscher zu zügeln, sie verhöhnen euch ungestraft, und ihre Rosse zertreten eure Saaten, eure Töchter hungern und verkaufen ihre Blüten dem schmutzigen Parvenü, alle Rosen dieser Welt werden die Beute eines windigen Geschlechtes von Stockjobbern und bevorrechteten Lakaien, und vor dem Übermut des Reichtums und der Gewalt schützt euch nichts – als der Tod und die Satire.

»Universalität ist der Charakter unserer Zeit«, sagt Herr Menzel im zweiten Teil S. 63 seines Werkes, und da dieses letztere, wie wir oben bemerkt, ganz den Charakter unserer Zeit trägt, so finden wir darin auch ein Streben nach jener Universalität. Daher ein Verbreiten über alle Richtungen des Lebens und des Wissens, und zwar unter folgenden Rubriken: »Die Masse der Literatur, Nationalität, Einfluss der Schulgelehrsamkeit, Einfluss der fremden Literatur, der literarische Verkehr, Religion, Philosophie, Geschichte, Staat, Erziehung, Natur, Kunst und Kritik.« Es ist zu bezweifeln, ob ein junger Gelehrter in allen möglichen Disziplinen so tief eingeweiht sein kann, dass wir eine gründliche Kritik des neuesten Zustandes derselben von ihm erwarten dürften. Herr Menzel hat sich durch Divination und Konstruktion zu helfen gewusst. Im Divinieren ist er oft sehr glücklich, im Konstruieren immer geistreich. Wenn auch zuweilen seine Annahmen willkürlich und irrig sind, so ist er doch unübertrefflich im Zusammenstellen des Gleichartigen und der Gegensätze. Er verfährt kombinatorisch und konziliatorisch. Den Zweck dieser Blätter berücksichtigend, wollen wir als eine Probe der Menzelschen Darstellungsweise die folgende Stelle aus der Rubrik »Staat« mitteilen:

»Bevor wir die Literatur der politischen Praxis betrachten, wollen wir einen Blick auf die Theorien werfen. Alle Praxis geht von den Theorien aus. Es ist jetzt nicht mehr die Zeit, da die Völker aus einem gewissen sinnlichen Übermut oder aus zufälligen örtlichen Veranlassungen in einen vorübergehenden Hader geraten. Sie kämpfen vielmehr um Ideen, und eben darum ist ihr Kampf ein allgemeiner, im Herzen eines jeden Volks selbst, und nur insofern eines Volks wider das andere, als bei dem einen diese, bei dem anderen jene Idee das Übergewicht behauptet. Der Kampf ist durchaus philosophisch geworden, so wie er früher religiös gewesen. Es ist nicht ein Vaterland, nicht ein großer Mann, worüber man streitet, sondern es sind Überzeugungen, denen die Völker wie die Helden sich unterordnen müssen. Völker haben mit Ideen gesiegt, aber sobald sie ihren Namen an die Stelle der Idee zu setzen gewagt, sind sie zuschanden geworden; Helden haben durch Ideen eine Art von Weltherrschaft erobert, aber sobald sie die Idee verlassen, sind sie in Staub gebrochen. Die Menschen haben gewechselt, nur die Ideen sind bestanden. Die Geschichte war nur die Schule der Prinzipien.

Das vorige Jahrhundert war reicher an voraussichtigen Spekulationen, das gegenwärtige ist reicher an Rücksichten und Erfahrungsgrundsätzen. In beiden liegen die Hebel der Begebenheiten, durch sie wird alles erklärt, was geschehen ist. – Es gibt nur zwei Prinzipien oder entgegengesetzte Pole der politischen Welt, und an beiden Endpunkten der großen Achse haben die Parteien sich gelagert und bekämpfen sich mit steigender Erbitterung. Zwar gilt nicht jedes Zeichen der Partei für jeden ihrer Anhänger, zwar wissen manche kaum, dass sie zu dieser bestimmten Partei gehören, zwar bekämpfen sich die Glieder einer Partei untereinander selbst, sofern sie aus ein und demselben Prinzip verschiedene Folgerungen ziehen; im Allgemeinen aber muss der subtilste Kritiker so gut wie das gemeine Zeitungspublikum einen Strich ziehen zwischen Liberalismus und Servilismus, Republikanismus und Autokratie. Welches auch die Nuancen sein mögen, jenes clair-obscur und jene bis zur Farblosigkeit gemischten Tinten, in welche beide Hauptfarben ineinander übergehen, diese Hauptfarben selbst verbergen sich nirgends, sie bilden den großen, den einzigen Gegensatz in der Politik, und man sieht sie den Menschen wie den Büchern gewöhnlich auf den ersten Blick an. Wohin wir im politischen Gebiet das Auge werfen, trifft es diese Farben an. Sie füllen es ganz aus, hinter ihnen ist leerer Raum. – Die liberale Partei ist diejenige, die den politischen Charakter der neueren Zeit bestimmt, während die sogenannte servile Partei noch wesentlich im Charakter des Mittelalters handelt. Der Liberalismus schreitet daher in demselben Maße fort wie die Zeit selbst oder ist in dem Maße gehemmt, wie die Vergangenheit noch in die Gegenwart herüberdauert. Er entspricht dem Protestantismus, sofern er gegen das Mittelalter protestiert, er ist nur eine neue Entwickelung des Protestantismus im weltlichen Sinn, wie der Protestantismus ein geistlicher Protestantismus war. Er hat seine Partei in dem gebildeten Mittelstand, während der Servilismus die seinige in den Vornehmen und in der rohen Masse findet. Dieser Mittelstand schmilzt allmählich immer mehr die starren Kristallisationen der mittelalterlichen Stände zusammen. Die ganze neuere Bildung ist aus dem Liberalismus hervorgegangen oder hat ihm gedient, sie war die Befreiung von dem kirchlichen Autoritätsglauben. Die ganze Literatur ist ein Triumph des Liberalismus, denn seine Feinde sogar müssen in seinen Waffen fechten. Alle Gelehrte, alle Dichter haben ihm Vorschub geleistet, seinen größten Philosophen aber hat er in Fichte, seinen größten Dichter in Schiller gefunden.«

Unter der Rubrik »Philosophie« bekennt sich Herr Menzel ganz zu Schelling, und unter der Rubrik »Natur« hat er dessen Lehre, wie sich gebührt, gefeiert. Wir stimmen überein in dem, was er über diesen allgemeinen Weltdenker ausspricht. Görres und Steffens finden als Schellingsche Unterdenker ebenfalls ihre Anerkennung. Ersterer ist mit Vorliebe gewürdigt, seine Mystik etwas allzu poetisch gerühmt. Doch sehen wir diesen hohen Geist immer lieber überschätzt als parteiisch verkleinert. Steffens wird als Repräsentant des Pietismus dargestellt, und die Ansichten, die der Verfasser von Mystik und Pietismus hegt, sind, wenn auch irrig, doch immer tiefsinnig, schöpferisch und großartig. Wir erwarten nicht viel Gutes vom Pietismus, obgleich Herr Menzel sich abmüht, das Beste von ihm zu prophezeien. Wir teilen die Meinung eines witzigen Mannes, der keck behauptet: unter hundert Pietisten sind neunundneunzig Schurken und ein Esel. Von frömmelnden Heuchlern ist kein Heil zu erwarten, und durch Eselsmilch wird unsere schwache Zeit auch nicht sehr erstarken. Weit eher dürfen wir Heil vom Mystizismus erwarten. In seiner jetzigen Erscheinung mag er immerhin widerwärtig und gefährlich sein; in seinen Resultaten kann er heilsam wirken. Dadurch, dass der Mystiker sich in die Traumwelt seiner innern Anschauung zurückzieht und in sich selbst die Quelle aller Erkenntnis annimmt: dadurch ist er der Obergewalt jeder äußern Autorität entronnen, und die orthodoxesten Mystiker haben auf diese Art in der Tiefe ihrer Seele jene Urwahrheiten wiedergefunden, die mit den Vorschriften des positiven Glaubens im Widerspruch stehen, sie haben die Autorität der Kirche geleugnet und haben mit Leib und Leben ihre Meinung vertreten. Ein Mystiker aus der Sekte der Essäer war jener Rabbi, der in sich selbst die Offenbarung des Vaters erkannte und die Welt erlöste von der blinden Autorität steinerner Gesetze und schlauer Priester; ein Mystiker war jener deutsche Mönch, der in seinem einsamen Gemüte die Wahrheit ahnte, die längst aus der Kirche verschwunden war; – und Mystiker werden es sein, die uns wieder vom neueren Wortdienst erlösen und wieder eine Naturreligion begründen, eine Religion, wo wieder freudige Götter aus Wäldern und Steinen hervorwachsen und auch die Menschen sich göttlich freuen. Die katholische Kirche hat jene Gefährlichkeit des Mystizismus immer tief gefühlt; daher, im Mittelalter, beförderte sie mehr das Studium des Aristoteles als des Plato; daher im vorigen Jahrhundert ihr Kampf gegen den Jansenismus; und zeigt sie sich heutzutage sehr freundlich gegen Männer wie Schlegel, Görres, Haller, Müller etc., so betrachtet sie solche doch nur wie Guerillas, die man in schlimmen Kriegszeiten, wo die stehenden Glaubensarmeen etwas zusammengeschmolzen sind, gut gebrauchen kann und späterhin in Friedenszeit gehörig unterdrücken wird. Es würde zu weit führen, wenn wir nachweisen wollten, wie auch im Orient der Mystizismus den Autoritätsglauben sprengt, wie z. B. aus dem Sufismus in der neuesten Zeit Sekten entstanden, deren Religionsbegriffe von der erhabensten Art sind.

Wir können nicht genug rühmen, mit welchem Scharfsinn Herr Menzel vom Protestantismus und Katholizismus spricht, in diesem das Prinzip der Stabilität, in jenem das Prinzip der Evolution erkennend. In dieser Hinsicht bemerkt er sehr richtig unter der Rubrik »Religion«:

»Der Erstarrung muss die Bewegung, dem Tode das Leben, dem unveränderlichen Sein ein ewiges Werden sich entgegensetzen. Hierin allein hat der Protestantismus seine große welthistorische Bedeutung gefunden. Er hat mit der jugendlichen Kraft, die nach höherer Entwicklung drängt, der greisen Erstarrung gewehrt. Er hat ein Naturgesetz zu dem seinigen gemacht, und mit diesem allein kann er siegen. Diejenigen unter den Protestanten also, welche selbst wieder in eine andere Art von Starrsucht verfallen sind, die Orthodoxen, haben das eigentliche Interesse des Kampfes aufgegeben. Sie sind stehengeblieben und dürfen von Rechts wegen sich nicht beklagen, dass die Katholiken auch stehengeblieben sind. Man kann nur durch ewigen Fortschritt oder gar nicht gewinnen. Wo man stehenbleibt, ist ganz einerlei, so einerlei, als wo die Uhr stehenbleibt. Sie ist da, damit sie geht.«

Das Thema des Protestantismus führt uns auf dessen würdigen Verfechter, Johann Heinrich Voß, den Herr Menzel bei jeder Gelegenheit mit den härtesten Worten und durch die bittersten Zusammenstellungen verunglimpft. Hierüber können wir nicht bestimmt genug unseren Tadel aussprechen. Wenn der Verfasser unseren seligen Voß einen »ungeschlachten niedersächsischen Bauer« nennt, sollten wir fast auf den Argwohn geraten, er neige selber zu der Partei jener Ritterlinge und Pfaffen, wogegen Voß so wacker gekämpft hat. Jene Partei ist zu mächtig, als dass man mit einem zarten Galanteriedegen gegen sie kämpfen könnte, und wir bedurften eines ungeschlachten niedersächsischen Bauers, der das alte Schlachtschwert aus der Zeit des Bauernkriegs wieder hervorgrub und damit loshieb. Herr Menzel hat vielleicht nie gefühlt, wie tief ein ungeschlachtes niedersächsisches Bauernherz verwundet werden kann von dem freundschaftlichen Stich einer feinen, glatten hochadligen Viper – die Götter haben gewiss Herrn Menzel vor solchen Gefühlen bewahrt, sonst würde er die Herbheit der Voßischen Schriften nur in den Tatsachen finden und nicht in den Worten. Es mag wahr sein, dass Voß in seinem protestantischen Eifer die Bilderstürmerei etwas zu weit trieb. Aber man bedenke, dass die Kirche jetzt überall die Verbündete der Aristokratie ist und sogar hie und da von ihr besoldet wird. Die Kirche, einst die herrschende Dame, vor welcher die Ritter ihre Knie beugten und zu deren Ehren sie mit dem ganzen Orient turnierten, jene Kirche ist schwach und alt geworden, sie möchte sich jetzt eben diesen Rittern als dienende Amme verdingen und verspricht mit ihren Liedern die Völker in den Schlaf zu lullen, damit man die Schlafenden leichter fesseln und scheren könne. – Unter der Rubrik »Kunst« häufen sich die meisten Ausfälle gegen Voß. Diese Rubrik umfasst beinah den ganzen zweiten Teil des Menzelschen Werks. Die Urteile über unsere nächsten Zeitgenossen lassen wir unbesprochen. Die Bewunderung, die der Verfasser für Jean Paul hegt, macht seinem Herzen Ehre. Ebenfalls die Begeisterung für Schiller. Auch wir nehmen daran Anteil; doch gehören wir nicht zu denen, die durch Vergleichung Schillers mit Goethe den Wert des letztern herabdrücken möchten. Beide Dichter sind vom ersten Range, beide sind groß, vortrefflich, außerordentlich, und hegen wir etwas Vorneigung für Goethe, so entsteht sie doch nur aus dem geringfügigen Umstand, dass wir glauben, Goethe wäre imstande gewesen, einen ganzen Friedrich Schiller mit allen dessen Räubern, Piccolominis, Luisen, Marien und Jungfrauen zu dichten, wenn er der ausführlichen Darstellung eines solchen Dichters nebst den dazugehörigen Gedichten in seinen Werken bedurft hätte.

Wir können über die Härte und Bitterkeit, womit Herr Menzel von Goethe spricht, nicht stark genug unser Erschrecken ausdrücken. Er sagt manch allgemein wahres Wort, das aber nicht auf Goethe angewendet werden dürfte. Beim Lesen jener Blätter, worin über Goethe gesprochen oder vielmehr abgesprochen wird, ward uns plötzlich so ängstlich zumute wie vorigen Sommer, als ein Bankier in London uns der Kuriosität wegen einige falsche Banknoten zeigte; wir konnten diese Papiere nicht schnell genug wieder aus Händen geben, aus Furcht, man möchte plötzlich uns selbst als Verfertiger derselben anklagen und ohne Umstände vor Old Bailey aufhängen. Erst nachdem wir an den Menzelschen Blättern über Goethe unsere schaurige Neugier befriedigt, erwachte der Unmut. Wir beabsichtigen keineswegs eine Verteidigung Goethes; wir glauben, die Menzelsche Lehre, »Goethe sei kein Genie, sondern ein Talent«, wird nur bei wenigen Eingang finden, und selbst diese wenigen werden doch zugeben, dass Goethe dann und wann das Talent hat, ein Genie zu sein. Aber selbst wenn Menzel recht hätte, würde es sich nicht geziemt haben, sein hartes Urteil so hart hinzustellen. Es ist doch immer Goethe, der König, und ein Rezensent, der an einen solchen Dichterkönig sein Messer legt, sollte doch ebensoviel Courtoisie besitzen wie jener englische Scharfrichter, welcher Karl I. köpfte und, ehe er dieses kritische Amt vollzog, vor dem königlichen Delinquenten niederkniete und seine Verzeihung erbat.

Woher aber kommt diese Härte gegen Goethe, wie sie uns hie und da sogar bei den ausgezeichnetsten Geistern bemerkbar worden? Vielleicht eben weil Goethe, der nichts als Primus inter pares sein sollte, in der Republik der Geister zur Tyrannis gelangt ist, betrachten ihn viele große Geister mit geheimem Groll. Sie sehen in ihm sogar einen Ludwig XI., der den geistigen hohen Adel unterdrückt, indem er den geistigen Tiers état, die liebe Mittelmäßigkeit, emporhebt. Sie sehen, er schmeichelt den respektiven Korporationen der Städte, er sendet gnädige Handschreiben und Medaillen an die Lieben Getreuen und erschafft einen Papieradel von Hochbelobten, die sich schon viel höher dünken als jene wahren Großen, die ihren Adel, ebenso gut wie der König selbst, von der Gnade Gottes erhalten oder, um whiggish zu sprechen, von der Meinung des Volkes. Aber immerhin mag dieses geschehen. Sahen wir doch jüngst in den Fürstengrüften von Westminster, dass jene Großen, die, als sie lebten, mit den Königen haderten, dennoch im Tode in der königlichen Nähe begraben liegen: – und so wird auch Goethe nicht verhindern können, dass jene großen Geister, die er im Leben gern entfernen wollte, dennoch im Tode mit ihm zusammenkommen und neben ihm ihren ewigen Platz finden im Westminster der deutschen Literatur.

Die brütende Stimmung unzufriedener Großen ist ansteckend, und die Luft wird schwül. Das Prinzip der Goetheschen Zeit, die Kunstidee, entweicht, eine neue Zeit mit einem neuen Prinzip steigt auf, und seltsam! wie das Menzelsche Buch merken lässt, sie beginnt mit Insurrektion gegen Goethe. Vielleicht fühlt Goethe selbst, dass die schöne objektive Welt, die er durch Wort und Beispiel gestiftet hat, notwendigerweise zusammensinkt, so wie die Kunstidee allmählich ihre Herrschaft verliert, und dass neue, frische Geister von der neuen Idee der neuen Zeit hervorgetrieben werden und gleich nordischen Barbaren, die in den Süden einbrechen, das zivilisierte Goethentum über den Haufen werfen und an dessen Stelle das Reich der wildesten Subjektivität begründen. Daher das Bestreben, eine Goethesche Landmiliz auf die Beine zu bringen. Überall Garnisonen und aufmunternde Beförderungen. Die alten Romantiker, die Janitscharen, werden zu regulären Truppen zugestutzt, müssen ihre Kessel abliefern, müssen die Goethesche Uniform anziehen, müssen täglich exerzieren. Die Rekruten lärmen und trinken und schreien Vivat; die Trompeter blasen – Wird Kunst und Altertum imstande sein, Natur und Jugend zurückzudrängen?

Wir können nicht umhin, ausdrücklich zu bemerken, dass wir unter »Goethentum« nicht Goethes Werke verstehen, nicht jene teuern Schöpfungen, die vielleicht noch leben werden, wenn längst die deutsche Sprache schon gestorben ist und das geknutete Deutschland in slawischer Mundart wimmert; unter jenem Ausdruck verstehen wir auch nicht eigentlich die Goethesche Denkweise, diese Blume, die im Mist unserer Zeit immer blühender gedeihen wird, und sollte auch ein glühendes Enthusiastenherz sich über ihre kalte Behaglichkeit noch so sehr ärgern; mit dem Worte »Goethentum« deuteten wir oben vielmehr auf Goethesche Formen, wie wir sie bei der blöden Jüngerschar nachgeknetet finden, und auf das matte Nachpiepsen jener Weisen, die der Alte gepfiffen. Eben die Freude, die dem Alten jenes Nachkneten und Nachpiepsen gewährt, erregte unsere Klage. Der Alte! wie zahm und milde ist er geworden! Wie sehr hat er sich gebessert! würde ein Nicolaite sagen, der ihn noch in jenen wilden Jahren kannte, wo er den schwülen »Werther« und den »Götz mit der eisernen Hand« schrieb! Wie hübsch manierlich ist er geworden, wie ist ihm alle Rohheit jetzt fatal, wie unangenehm berührt es ihn, wenn er an die frühere xeniale, himmelstürmende Zeit erinnert wird oder wenn gar andere, in seine alten Fußstapfen tretend, mit demselben Übermute ihre Titanenflegeljahre austoben! Sehr treffend hat in dieser Hinsicht ein geistreicher Ausländer unseren Goethe mit einem alten Räuberhauptmann verglichen, der sich vom Handwerk zurückgezogen hat, unter den Honoratioren eines Provinzialstädtchens ein ehrsam bürgerliches Leben führt, bis aufs Kleinlichste alle Philistertugenden zu erfüllen strebt und in die peinlichste Verlegenheit gerät, wenn zufällig irgendein wüster Waldgesell aus Kalabrien mit ihm zusammentrifft und alte Kameradschaft nachsuchen möchte.

Einleitung zu »Kahldorf über den Adel«

in Briefen an den Grafen M. von Moltke

[Sämtliche Werke, hrsg. von Ernst Elster, Leipzig / Wien 1887-1890]

Der gallische Hahn hat jetzt zum zweiten Male gekräht, und auch in Deutschland wird es Tag. In entlegene Klöster, Schlösser, Hansestädte und dergleichen letzte Schlupfwinkel des Mittelalters flüchten sich die unheimlichen Schatten und Gespenster, die Sonnenstrahlen blitzen, wir reiben uns die Augen, das holde Licht dringt uns ins Herz, das wache Leben umrauscht uns, wir sind erstaunt, wir befragen einander: – Was taten wir in der vergangenen Nacht?

Nun ja, wir träumten in unserer deutschen Weise, d. h. wir philosophierten. Zwar nicht über die Dinge, die uns zunächst betrafen oder zunächst passierten, sondern wir philosophierten über die Realität der Dinge an und für sich, über die letzten Gründe der Dinge und ähnliche metaphysische und transzendentale Träume, wobei uns der Mordsspektakel der westlichen Nachbarschaft zuweilen recht störsam wurde, ja sogar recht verdrießlich, da nicht selten die französischen Flintenkugeln in unsere philosophischen Systeme hineinpfiffen und ganze Fetzen davon fortfegten.

Seltsam ist es, dass das praktische Treiben unserer Nachbarn jenseits des Rheins dennoch eine eigne Wahlverwandtschaft hatte mit unserem philosophischen Träumen im geruhsamen Deutschland. Man vergleiche nur die Geschichte der französischen Revolution mit der Geschichte der deutschen Philosophie, und man sollte glauben: die Franzosen, denen so viel wirkliche Geschäfte oblagen, wobei sie durchaus wach bleiben mussten, hätten uns Deutsche ersucht, unterdessen für sie zu schlafen und zu träumen, und unsere deutsche Philosophie sei nichts anders als der Traum der französischen Revolution. So hatten wir den Bruch mit dem Bestehenden und der Überlieferung im Reiche des Gedankens, ebenso wie die Franzosen im Gebiete der Gesellschaft, um die Kritik der reinen Vernunft sammelten sich unsere philosophischen Jakobiner, die nichts gelten ließen, als was jener Kritik standhielt, Kant war unser Robespierre. – Nachher kam Fichte mit seinem Ich, der Napoleon der Philosophie, die höchste Liebe und der höchste Egoismus, die Alleinherrschaft des Gedankens, der souveräne Wille, der ein schnelles Universalreich improvisierte, das ebenso schnell wieder verschwand, der despotische, schauerlich einsame Idealismus. – Unter seinem konsequenten Tritt erseufzten die geheimen Blumen, die von der Kantischen Guillotine noch verschont geblieben oder seitdem unbemerkt hervorgeblüht waren, die unterdrückten Erdgeister regten sich, der Boden zitterte, die Konterrevolution brach aus, und unter Schelling erhielt die Vergangenheit mit ihren traditionellen Interessen wieder Anerkenntnis, sogar Entschädigung, und in der neuen Restauration, in der Naturphilosophie, wirtschafteten wieder die grauen Emigranten, die gegen die Herrschaft der Vernunft und der Idee beständig intrigiert, der Mystizismus, der Pietismus, der Jesuitismus, die Legitimität, die Romantik, die Deutschtümelei, die Gemütlichkeit – bis Hegel, der Orleans der Philosophie, ein neues Regiment begründete oder vielmehr ordnete, ein eklektisches Regiment, worin er freilich selber wenig bedeutet, dem er aber an die Spitze gestellt ist und worin er den alten Kantischen Jakobinern, den Fichteschen Bonapartisten, den Schellingschen Pairs und seinen eignen Kreaturen eine feste, verfassungsmäßige Stellung anweist.

In der Philosophie hätten wir also den großen Kreislauf glücklich beschlossen, und es ist natürlich, dass wir jetzt zur Politik übergehen. Werden wir hier dieselbe Methode beobachten? Werden wir mit dem System des Comité du salut public oder mit dem System des ordre légal den Kursus eröffnen? Diese Fragen durchzittern alle Herzen, und wer etwas Liebes zu verlieren hat, und sei es auch nur den eigenen Kopf, flüstert bedenklich: Wird die deutsche Revolution eine trockne sein oder eine nassrote – –?

Aristokraten und Pfaffen drohen beständig mit den Schreckbildern aus den Zeiten des Terrorismus, Liberale und Humanisten versprechen uns dagegen die schönen Szenen der großen Woche und ihrer friedlichen Nachfeier; – beide Parteien täuschen sich oder wollen andere täuschen. Denn nicht weil die französische Revolution in den neunziger Jahren so blutig und entsetzlich, vorigen Juli aber so menschlich und schonend war, lässt sich folgern, dass eine Revolution in Deutschland ebenso den einen oder den anderen Charakter annehmen müsse. Nur wenn dieselben Bedingnisse vorhanden sind, lassen sich dieselben Erscheinungen erwarten. Der Charakter der französischen Revolution war aber zu jeder Zeit bedingt von dem moralischen Zustand des Volks und besonders von seiner politischen Bildung. Vor dem ersten Ausbruch der Revolution in Frankreich gab es dort zwar eine schon fertige Zivilisation, aber doch nur in den höheren Ständen und hie und da im Mittelstand; die unteren Klassen waren geistig verwahrlost und durch den engherzigsten Despotismus von jedem edlen Emporstreben abgehalten. Was aber gar politische Bildung betrifft, so fehlte sie nicht nur jenen unteren, sondern auch den oberen Klassen. Man wusste damals nur von kleinlichen Manövern zwischen rivalisierenden Korporationen, von wechselseitigem Schwächungssystem, von Traditionen der Routine, von doppeldeutigen Formelkünsten, von Mätresseneinfluss und dergleichen Staatsmisere. Montesquieu hatte nur eine verhältnismäßig g'ringe Anzahl Geister geweckt. Da er immer von einem historischen Standpunkt ausgeht, gewann er wenig Einfluss auf die Massen eines enthusiastischen Volks, das am empfänglichsten ist für Gedanken, die ursprünglich und frisch aus dem Herzen quellen, wie in den Schriften Rousseaus. Als aber dieser, der Hamlet von Frankreich, der den zürnenden Geist erblickt und die argen Gemüter der gekrönten Giftmischer, die gleißende Leerheit der Schranzen, die läppische Lüge der Hofetikette und die gemeinsame Fäulnis durchschaute und schmerzhaft ausrief: »Die Welt ist aus ihren Fugen getreten, weh mir, dass ich sie wieder einrichten soll!«, als Jean-Jacques Rousseau halb mit verstelltem, halb mit wirklichem Verzweiflungswahnsinn seine große Klage und Anklage erhob; – als Voltaire, der Lukian des Christentums, den römischen Priestertrug und das darauf gebaute göttliche Recht des Despotismus zugrunde lächelte; – als Lafayette, der Held zweier Welten und zweier Jahrhunderte, mit den Argonauten der Freiheit aus Amerika zurückkehrte und die Idee einer freien Konstitution, das Goldene Vlies, mitbrachte; – als Necker rechnete und Sieyès definierte und Mirabeau redete und die Donner der Konstituierenden Versammlung über die welke Monarchie und ihr blühendes Defizit dahinrollten und neue ökonomische und staatsrechtliche Gedanken, wie plötzliche Blitze, emporschossen: – da mussten die Franzosen die große Wissenschaft der Freiheit, die Politik, erst erlernen, und die ersten Anfangsgründe kamen ihnen teuer zu stehen, und es kostete ihnen ihr bestes Blut.

Dass aber die Franzosen so teures Schulgeld bezahlen mussten, das war die Schuld jener blödsinnig lichtscheuen Despotie, die, wie gesagt, das Volk in geistiger Unmündigkeit zu erhalten gesucht, alle staatswissenschaftliche Belehrung hintertrieben, den Jesuiten und Obskuranten der Sorbonne die Bücherzensur übertragen und gar die periodische Presse, das mächtigste Beförderungsmittel der Volksintelligenz, aufs Lächerlichste unterdrückt hatte. Man lese nur in Merciers »Tableau de Paris« den Artikel über die Zensur vor der Revolution, und man wundert sich nicht mehr über jene krasse politische Unwissenheit der Franzosen, die nachher zur Folge hatte, dass sie von den neuen politischen Ideen mehr geblendet als erleuchtet, mehr erhitzt als erwärmt wurden, dass sie jedem Pamphletisten und Journalisten aufs Wort glaubten und dass sie von jedem Schwärmer, der sich selbst betrog, und jedem Intriganten, den Pitt besoldete, zu den ausschweifendsten Handlungen verleitet werden konnten. Das ist ja eben der Segen der Pressefreiheit, sie raubt der kühnen Sprache des Demagogen allen Zauber der Neuheit, das leidenschaftlichste Wort neutralisiert sie durch ebenso leidenschaftliche Gegenrede, und sie erstickt in der Geburt schon die Lügengerüchte, die, von Zufall oder Bosheit gesät, so tödlich frech emporwuchern im Verborgenen, gleich jenen Giftpflanzen, die nur in dunklen Waldsümpfen und im Schatten alter Burg- und Kirchentrümmer gedeihen, im hellen Sonnenlicht aber elendig und jämmerlich verdorren. Freilich, das helle Sonnenlicht der Pressefreiheit ist für den Sklaven, der lieber im Dunkeln die allerhöchsten Fußtritte hinnimmt, ebenso fatal wie für den Despoten, der seine einsame Ohnmacht nicht gern beleuchtet sieht. Es ist wahr, dass die Zensur solchen Leuten sehr angenehm ist. Aber es ist nicht weniger wahr, dass die Zensur, indem sie einige Zeit dem Despotismus Vorschub leistet, ihn am Ende mitsamt dem Despoten zugrunde richtet, dass dort, wo die Ideenguillotine gewirtschaftet, auch bald die Menschenzensur eingeführt wird, dass derselbe Sklave, der die Gedanken hinrichtet, späterhin mit derselben Gelassenheit seinen eigenen Herren ausstreicht aus dem Buche des Lebens.

Ach! diese Geisteshenker machen uns selbst zu Verbrechern, und der Schriftsteller, der wie eine Gebärerin während des Schreibens gar bedenklich aufgeregt ist, begeht in diesem

Zustand sehr oft einen Gedankenkindermord, eben aus wahnsinniger Angst vor dem Richtschwerte des Zensors. Ich selbst unterdrücke in diesem Augenblick einige neugeborene unschuldige Betrachtungen über die Geduld und Seelenruhe, womit meine lieben Landsleute schon seit so vielen Jahren ein Geistermordgesetz ertragen, das Polignac in Frankreich nur zu promulgieren brauchte, um eine Revolution hervorzubringen. Ich spreche von den berühmten Ordonanzen, deren bedenklichste eine strenge Zensur der Tagesblätter anordnete und alle edlen Herzen in Paris mit Entsetzen erfüllte – die friedlichsten Bürger griffen zu den Waffen, man barrikadierte die Gassen, man focht, man stürmte, es donnerten die Kanonen, es heulten die Glocken, es pfiffen die bleiernen Nachtigallen, die junge Brut des toten Adlers, die École polytechnique, flatterte aus dem Nest mit Blitzen in den Krallen, alte Pelikane der Freiheit stürzten in die Bajonette und nährten mit ihrem Blut die Begeisterung der Jungen, zu Pferde stieg Lafayette, der Unvergleichliche, dessengleichen die Natur nicht mehr als einmal erschaffen könnte und den sie deshalb in ihrer ökonomischen Weise für zwei Welten und für zwei Jahrhunderte zu benutzen sucht – und nach drei heldenmütigen Tagen lag die Knechtschaft zu Boden mit ihren roten Schergen und ihren weißen Lilien; und die heilige Dreifarbigkeit, umstrahlt von der Glorie des Sieges, wehte über dem Kirchturm Unser Lieben Frauen von Paris! Da geschahen keine Gräuel, da gab's kein mutwilliges Morden, da erhob sich keine allerchristlichste Guillotine da trieb man keine grässlichen Späße, wie z. B. bei jener famosen Rückkehr von Versailles, als man, gleich Standarten, die blutigen Köpfe der Herren von Deshuttes und von Varicourt voraustrug und in Sèvres stillhielt, um sie dort von einem Citoyen-Perruquier abwaschen und hübsch frisieren zu lassen. – Nein, seit jener Zeit schaurigen Angedenkens hatte die französische Presse das Volk von Paris für bessere Gefühle und minder blutige Witze empfänglich gemacht, sie hatte die Ignoranz ausgejätet aus den Herzen und Intelligenz hineingesät, die Frucht eines solchen Samens war die edle, legendenartige Mäßigung und rührende Menschlichkeit des Pariser Volks in der großen Woche – und, in der Tat! wenn Polignac späterhin nicht auch physisch den Kopf verlor, so verdankt er es einzig und allein den milden Nachwirkungen derselben Pressefreiheit, die er törichterweise unterdrücken wollte.

So erquickt der Sandelbaum mit seinen lieblichsten Düften eben jenen Feind, der frevelhaft seine Rinde verletzt hat.

Ich glaube mit diesen flüchtigen Bemerkungen genugsam angedeutet zu haben, wie jede Frage über den Charakter, den die Revolution in Deutschland annehmen möchte, sich in eine Frage über den Zustand der Zivilisation und der politischen Bildung des deutschen Volks verwandeln muss, wie diese Bildung ganz abhängig ist von der Pressefreiheit und wie es unser ängstlichster Wunsch sein muss, dass durch letztere bald recht viel Licht verbreitet werde, ehe die Stunde kommt, wo die Dunkelheit mehr Unheil stiftet als die Leidenschaft und Ansichten und Meinungen, je weniger sie vorher erörtert und besprochen worden, umso grauenhaft stürmischer auf die blinde Menge wirken und von den Parteien als Losungsworte benutzt werden.

»Die bürgerliche Gleichheit« könnte jetzt in Deutschland, ebenso wie einst in Frankreich, das erste Losungswort der Revolution werden, und der Freund des Vaterlandes darf wohl keine Zeit versäumen, wenn er dazu beitragen will, dass die Streitfrage »über den Adel« durch eine ruhige Erörterung geschlichtet oder ausgeglichen werde, ehe sich ungefüge Disputanten einmischen mit allzu schlagenden Beweistümern, wogegen weder die Kettenschlüsse der Polizei noch die schärfsten Argumente der Infanterie und Kavallerie, nicht einmal die Ultima ratio regis, die sich leicht in eine Ultimi ratio regis verwandeln könnte, etwas auszurichten vermöchten. In dieser trüben Hinsicht erachte ich die Herausgabe gegenwärtiger Schrift für ein verdienstliches Werk. Ich glaube, der Ton der Mäßigung, der darin herrscht, entspricht dem angedeuteten Zweck. Der Verfasser bekämpft mit indischer Geduld eine Broschüre, betitelt: »Über den Adel und dessen Verhältnis zum Bürgerstande. Von dem Grafen M. v. Moltke, königl. dänischem Kammerherrn und Mitgliede des Obergerichts zu Gottorff. Hamburg, bei Perthes und Besser. 1830.«

Doch wie in dieser Broschüre, so ist auch in der Entgegnung das Thema keineswegs erschöpft, und die Hin- und Widerrede betrifft nur den allgemeinen, sozusagen dogmatischen Teil der Streitfrage. Der hochgeborene Kämpe sitzt auf seinem Turnierross und behauptet keck die mittelalterliche Zote, dass durch adlige Zeugung ein besseres Blut entstehe als durch gemein bürgerliche Zeugung, er verteidigt die Geburtsprivilegien, das Vorzugsrecht bei einträglichen Hof-, Gesandtschaft- und Waffenämtern, womit man den Adligen dafür belohnen soll, dass er sich die große Mühe gegeben hat, geboren zu werden, und so weiter; – dagegen erhebt sich ein Streiter, der Stück für Stück jene bestialischen und aberwitzigen Behauptungen und die übrigen noblen Ansichten herunterschlägt, und die Walstätte wird bedeckt mit den glänzenden Fetzen des Vorurteils und den Wappentrümmern altadliger Insolenz. Dieser bürgerliche Ritter kämpft gleichsam mit geschlossenem Visier, das Titelblatt dieser Schrift bezeichnet ihn nur mit erborgtem Namen, der vielleicht späterhin ein braver nom de guerre wird. Ich weiß selbst wenig mehr von ihm zu sagen, als dass sein Vater ein Schwertfeger war und gute Klingen machte.

Dass ich selbst nicht der Verfasser dieser Schrift bin, sondern sie nur zum Druck befördere, brauche ich wohl nicht erst ausführlich zu beteuern. Ich hätte nimmermehr mit solcher Mäßigung die adligen Prätentionen und Erblügen diskutieren können. Wie heftig wurde ich einst, als ein niedliches Gräfchen, mein bester Freund, während wir auf der Terrasse eines Schlosses spazierengingen, die Besserblütigkeit des Adels zu beweisen suchte! Indem wir noch disputierten, beging sein Bedienter ein kleines Versehen, und der hochgeborene Herr schlug dem niedriggeborenen Knecht ins Gesicht, dass das unedle Blut hervorschoss, und stieß ihn noch obendrein die Terrasse hinab. Ich war damals zehn Jahr jünger und warf den edlen Grafen sogleich ebenfalls die Terrasse hinab – es war mein bester Freund, und er brach ein Bein. Als ich ihn nach seiner Genesung wiedersah – er hinkte nur noch ein bisschen –, war er doch noch immer von seinem Adelstolze nicht kuriert und behauptete frischweg: der Adel sei als Vermittler zwischen Volk und König eingesetzt, nach dem Beispiel Gottes, der zwischen sich und den Menschen die Engel gesetzt hat, die seinem Thron zunächst stehen, gleichsam ein Adel des Himmels. »Holder Engel«, antwortete ich, »gehe mal einige Schritte auf und ab« – er tat es – und der Vergleich hinkte.

Ebenso hinkend ist ein Vergleich, den der Graf Moltke in derselben Beziehung mitteilt. Um seine Weise durch ein Beispiel zu zeigen, will ich seine eigenen Worte hersetzen: »Der Versuch, den Adel aufzuheben, in welchem sich die flüchtige Achtung zu einer dauernden Gestalt verkörpert, würde den Menschen isolieren, würde ihn auf eine unsichere Höhe erheben, der es an den nötigen Bindungsmitteln an die untergeordnete Menge fehlt, würde ihn mit Werkzeugen seiner Willkür umgeben, wodurch, wie sich dieses im Orient so oft gezeigt, die Existenz des Herrschers in eine gefahrvolle Lage gerät. Burke nennt den Adel das korinthische Kapital wohlgeordneter Staaten, und dass hierin nicht bloß eine rednerische Figur zu suchen, dafür bürgt der erhabene Geist dieses außerordentlichen Mannes, dessen ganzes Leben dem Dienst einer vernünftigen Freiheit gewidmet war.«

Durch dasselbe Beispiel ließe sich zeigen, wie der edle Graf durch Halbkenntnisse getäuscht wird. Burken nämlich gebührt keineswegs das Lob, das er ihm spendet; denn ihm fehlt jene consistency, welche die Engländer für die erste Tugend eines Staatsmanns halten. Burke besaß nur rhetorische Talente, womit er in der zweiten Hälfte seines Lebens die liberalen Grundsätze bekämpfte, denen er in der ersten Hälfte gehuldigt hatte. Ob er durch diesen

Gesinnungswechsel die Gunst der Großen erkriechen wollte, ob Sheridans liberale Triumphe in St. Stephan aus Depit [Trotz, verletzter Eitelkeit] und Eifersucht ihn bestimmten, als dessen Gegner jene mittelalterliche Vergangenheit zu verfechten, die ein ergiebigeres Feld für romantische Schilderungen und rednerische Figuren darbot, ob er ein Schurke oder ein Narr war, das weiß ich nicht. Aber ich glaube, dass es immer verdächtig ist, wenn man zugunsten der regierenden Gewalt seine Ansichten wechselt, und dass man dann immer ein schlechter Gewährsmann bleibt. Ein Mann, der nicht in diesem Falle ist, sagte einst: »Die Adligen sind nicht die Stützen, sondern die Karyatiden des Thrones.« Ich denke, dieser Vergleich ist richtiger als der von dem Kapital einer korinthischen Säule. Überhaupt, wir wollen letzteren so viel als möglich abweisen; es könnten sonst einige wohlbekannte Kapitalisten den kapitalen Einfall bekommen, sich anstatt des Adels als korinthisches Kapital der Staatssäulen zu erheben. Und das wäre gar der allerwiderwärtigste Anblick.

Doch ich berühre hier einen Punkt, der erst in einer späteren Schrift beleuchtet werden soll; der besondere, praktische Teil der Streitfrage über den Adel mag alsdann ebenfalls seine gehörige Erörterung finden. Denn, wie ich schon oben angedeutet, gegenwärtige Schrift befasst sich nur mit dem Grundsätzlichen, sie bestreitet Rechtsansprüche, und sie zeigt nur, wie der Adel in Widerspruch ist mit der Vernunft, der Zeit und mit sich selbst. Der besondere, praktische Teil betrifft aber jene siegreichen Anmaßungen und faktischen Usurpationen des Adels, wodurch er das Heil der Völker so sehr bedroht und täglich mehr und mehr untergräbt. Ja, es scheint mir, als glaube der Adel selbst nicht an seine eigenen Prätentionen und schwatze sie bloß hin als Köder für bürgerliche Polemik, die sich damit beschäftigen möge, damit ihre Aufmerksamkeit und Kraft abgeleitet werde von der Hauptsache. Diese besteht nicht in der Institution des Adels als solchen, nicht in bestimmten Privilegien, nicht in Fron-, Handdienst-, Gerichts- und anderen Gerechtigkeiten und allerlei herkömmlichen Realbefreiungen; die Hauptsache besteht vielmehr in dem unsichtbaren Bündnis aller derjenigen, die soundso viel Ahnen aufzuweisen haben und die stillschweigend die Übereinkunft getroffen haben, sich aller leitenden Macht der Staaten zu bemächtigen, indem sie, gemeinschaftlich die bürgerlichen Roturiers zurückdrängend, fast alle höheren Offiziersstellen und durchaus alle Gesandtschaftsposten an sich bringen und solchermaßen die Völker durch ihre untergebenen Soldaten in Respekt halten und durch diplomatische Verhetzungskünste zwingen können, gegeneinander zu fechten, wenn sie die Fessel der Aristokratie abschütteln oder zu diesem Zwecke fraternisierend sich verbünden möchten.

Seit dem Beginn der französischen Revolution steht solcherweise der Adel auf Kriegsfuß gegen die Völker und kämpfte öffentlich oder geheim gegen das Prinzip der Freiheit und Gleichheit und dessen Vertreter, die Franzosen. Der englische Adel, der durch Rechte und Besitztümer der mächtigste war, wurde Bannerführer der europäischen Aristokratie, und John Bull bezahlte dieses Ehrenamt mit seinen besten Guineen und siegte sich bankrott. Während des Friedens, der nach jenem kläglichen Sieg erfolgte, führte Östreich das noble Banner und besorgte die Adelsinteressen, und auf jedem feigen Verträglein, das gegen den Liberalismus geschlossen wurde, prangt obenan der wohlbekannte Siegellack, und wie ihr unglücklicher Anführer wurden auch die Völker selber in strengem Gewahrsam gehalten, ganz Europa wurde ein Sankt Helena, und Metternich war dessen Hudson Lowe. Aber nur an dem sterblichen Leib der Revolution konnte man sich rächen, nur jene menschgewordene Revolution, die mit Stiefel und Sporen und bespritzt mit Schlachtfeldblut zu einer kaiserlichen Blondine ins Bett gestiegen und die weißen Laken von Habsburg befleckt hatte, nur jene Revolution konnte man an einem Magenkrebs sterben lassen; der Geist der Revolution ist jedoch unsterblich und liegt nicht unter den Trauerweiden von Longwood, und in dem großen Wochenbette des Ende Juli wurde die Revolution wiedergeboren, nicht als einzelner Mensch, sondern als ganzes Volk, und in dieser Volkwerdung spottet sie des Kerkermeisters, der vor Schrecken den Schlüsselbund aus Händen fallen lässt. Welche Verlegenheit für den Adel! Er hat sich freilich in der langen Friedenszeit etwas erholt von den früheren Anstrengungen, und er hat seitdem als stärkende Kur täglich Eselsmilch getrunken, und zwar von der Eselin des Papstes; doch fehlt es ihm immer noch an hinlänglichen Kräften zu einem neuen Kampf. Der englische Bull kann jetzt am wenigsten den Feinden die Spitze bieten wie früherhin; denn der ist am meisten erschöpft, und durch das beständige Ministerwechselfieber fühlt er sich matt in allen Gliedern, und es ist ihm eine Radikalkur, wo nicht gar die Hungerkur verordnet, und das infizierte Irland soll ihm noch obendrein amputiert werden. Östreich fühlt sich ebenfalls nicht heroisch aufgelegt, den Agamemnon des Adels gegen Frankreich zu spielen; Staberle zieht nicht gern die Kriegsuniform an und weiß sehr gut, dass seine Parapluies nicht gegen Kugelregen schützen, und dabei schrecken ihn auch jetzt die Ungarn mit ihren grimmigen Schnurrbärten, und in Italien muss er vor jeden enthusiastischen Zitronenbaum eine Schildwache stellen, und zu Hause muss er Erzherzöginnen zeugen, um, im Notfall, das Ungetüm der Revolution damit abzuspeisen.

Aber in Frankreich flammt immer mächtiger die Sonne der Freiheit und überleuchtet die ganze Welt mit ihren Strahlen. – Aber sie dringt täglich weiter, die Idee eines Bürgerkönigs ohne Hofetikette, ohne Edelknechte, ohne Kurtisanen, ohne Kuppler, ohne diamantene Trinkgelder und sonstige Herrlichkeit. – Aber die Pairskammer betrachtet man schon als ein Lazarett für die Inkurablen des alten Regimes, die man nur noch aus Mitleiden toleriert und mit der Zeit ebenfalls fortschafft. – Seltsame Umwandlung! In dieser Not wendet sich der Adel an denjenigen Staat, den er in der letzten Zeit als den ärgsten Feind seiner Interessen betrachtet und gehasst, er wendet sich an Russland. Der große Zar, der noch jüngst der Gonfaloniere der Liberalen war, indem er der feudalistischen Aristokratie feindseligst gegenüberstand und gezwungen schien, sie nächstens zu befehden, eben dieser Zar wird jetzt von eben jener Aristokratie zum Bannerführer erwählt, und er ist genötigt, ihr Vorkämpfer zu werden. Denn ruht auch der russische Staat auf dem antifeudalistischen Prinzip einer Gleichheit aller Staatsbürger, denen nicht die Geburt, sondern das erworbene Staatsamt einen Rang erteilt, so ist doch auf der anderen Seite das absolute Zarentum unverträglich mit den Ideen einer konstitutionellen Freiheit, die den g'ringsten Untertan selbst gegen eine wohltätige fürstliche Willkür schützen kann: – und wenn Kaiser Nikolas I. wegen jenes Prinzips der bürgerlichen Gleichheit von den Feudalisten gehasst wurde und obendrein als offener Feind Englands und heimlicher Feind Östreichs mit all seiner Macht der faktische Vertreter der Liberalen war, so wurde doch er seit dem Ende Juli der größte Gegner derselben, nachdem deren siegende Ideen von konstitutioneller Freiheit seinen Absolutismus bedrohen, und eben in seiner Eigenschaft als Autokrat weiß ihn die europäische Aristokratie zum Kampf gegen das frank und freie Frankreich aufzureizen. Der englische Bull hat sich in einem solchen Kampf die Hörner abgelaufen, und nun soll der russische Wolf seine Rolle übernehmen. Die hohe Noblesse von Europa weiß schlau genug den Schrecken der moskowitischen Wälder für ihre Zwecke zu benutzen und gehörig abzurichten; und den rauen Gast schmeichelt es nicht wenig, dass er die Würde des alten, von Gottes Gnade eingesetzten Königtums verfechten soll gegen Fürstenlästrer und Adelsleugner, mit Wohlgefallen lässt er sich den mottigen Purpurmantel mit allem Goldflitterkram aus der byzantinischen Verlassenschaft um die Schulter hängen, und er lässt sich vom eh'maligen deutschen Kaiser die abgetragenen heiligen römischen Reichshosen verehren, und er setzt sich aufs Haupt die altfränkische Diamantenmütze Caroli Magni. –

Ach! der Wolf hat die Garderobe der alten Großmutter angezogen und zerreißt euch armen Rotkäppchen der Freiheit!

Ist es mir doch, während ich dieses schreibe, als spritzte das Blut von Warschau bis auf mein Papier und als hörte ich den Freudejubel der Berliner Offiziere und Diplomaten. Jubeln sie etwa zu früh? Ich weiß nicht; aber mir und uns allen ist so bang vor dem russischen Wolf, und ich fürchte, auch wir deutschen Rotköpfchen fühlen bald Großmutters närrisch lange Hände und großes Maul. Dabei sollen wir uns noch obendrein marschfertig halten, um gegen Frankreich zu fechten. Heiliger Gott! Gegen Frankreich? Ja, hurra! Es geht gegen die Franzosen, und die Berliner Ukasuisten und Knutologen behaupten, dass wir noch dieselben Gott-, König- und Vaterlandsretter sind wie Anno 1813, und Körners »Leier und Schwert« soll wieder neu aufgelegt werden, Fouqué will noch einige Schlachtlieder hinzudichten, der Görres wird den Jesuiten wieder abgekauft, um den »Rheinischen Merkur« fortzusetzen, und wer freiwillig den heiligen Kampf mitmacht, kriegt Eichenlaub auf die Mütze und wird »Sie« tituliert und erhält nachher frei Theater oder soll wenigstens als Kind betrachtet werden und nur die Hälfte bezahlen – und für patriotische Extrabemühungen soll dem ganzen Volke noch extra eine Konstitution versprochen werden.

Frei Theater ist immerhin eine schöne Sache, aber eine Konstitution wäre auch so übel nicht. Ja, wir könnten zuzeiten ordentlich ein Gelüst danach bekommen. Nicht als ob wir der absoluten Güte oder dem guten Absolutismus unserer Monarchen misstrauten; im Gegenteil, wir wissen, es sind lauter scharmante Leute, und ist auch mal einer unter ihnen, der dem Stand Unehre macht, wie z. B. Se. Majestät der König Don Miguel, so bildet der doch nur eine Ausnahme, und wenn die allerhöchsten Kollegen nicht seinem blutigen Skandal ein Ende machen, wie sie doch leicht könnten, so geschieht es nur, um durch den Kontrast mit solchem gekrönten Wicht noch menschenfreundlich edler dazustehen und von ihren Untertanen noch mehr geliebt zu werden. Aber eine gute Konstitution hat doch ihr Gutes, und es ist den Völkern gar nicht zu verdenken, wenn sie sogar von den besten Monarchen sich etwas Schriftliches ausbitten, wegen Leben und Sterben. Auch handelt ein vernünftiger Vater sehr vernünftig, wenn er einige heilsame Schranken baut vor den Abgründen der souveränen Macht, damit seinen Kindern nicht einst ein Unglück begegne, wenn sie auf dem hohen Pferd des Stolzes und mit prahlendem Junkergefolge allzu keck galoppieren. Ich weiß ein Königskind, das in einer schlechten adligen Reitschule schon im voraus die größten Sprünge zu wagen lernt. Für solche Königskinder muss man doppelt hohe Schranken errichten, und man muss ihnen die goldenen Sporen umwickeln, und es muss ihnen ein zahmeres Ross und eine bürgerlich bescheidenere Genossenschaft zugeteilt werden. Ich weiß eine Jagdgeschichte – bei Sankt Hubert! Und ich weiß auch jemand, der tausend Taler preußisch Kurant darum gäbe, wenn sie gelogen wäre.

Ach! die ganze Zeitgeschichte ist jetzt nur eine Jagdgeschichte. Es ist jetzt die Zeit der hohen Jagd gegen die liberalen Ideen, und die hohen Herrschaften sind eifriger als je, und ihre uniformierten Jäger schießen auf jedes ehrliche Herz, worin sich die liberalen Ideen geflüchtet, und es fehlt nicht an gelehrten Hunden, die das blutende Wort als gute Beute heranschleppen. Berlin füttert die beste Koppel, und ich höre schon, wie die Meute losbellt gegen dieses Buch.

Verschiedenartige Geschichtsauffassung

[Sämtliche Werke, hrsg. von Adolf Strodtmann, Hamburg 1869]

Das Buch der Geschichte findet mannigfaltige Auslegungen. Zwei ganz entgegengesetzte Ansichten treten hier besonders hervor. – Die einen sehen in allen irdischen Dingen nur einen trostlosen Kreislauf; im Leben der Völker wie im Leben der Individuen, in diesem, wie in der organischen Natur überhaupt, sehen sie ein Wachsen, Blühen, Welken und Sterben: Frühling, Sommer, Herbst und Winter. »Es ist nichts Neues unter der Sonne!« ist ihr Wahlspruch; und selbst dieser ist nichts Neues, da schon vor zwei Jahrtausenden der König des Morgenlandes ihn hervorgeseufzt. Sie zucken die Achsel über unsere Zivilisation, die doch endlich wieder der Barbarei weichen werde; sie schütteln den Kopf über unsere Freiheitskämpfe, die nur dem Aufkommen neuer Tyrannen förderlich seien; sie lächeln über alle Bestrebungen eines politischen Enthusiasmus, der die Welt besser und glücklicher machen will und der doch am Ende erkühle und nichts gefruchtet; – in der kleinen Chronik von Hoffnungen, Nöten, Missgeschicken, Schmerzen und Freuden, Irrtümern und Enttäuschungen, womit der einzelne Mensch sein Leben verbringt, in dieser Menschengeschichte sehen sie auch die Geschichte der Menschheit. In Deutschland sind die Weltweisen der Historischen Schule und die Poeten aus der Wolfgang Goetheschen Kunstperiode ganz eigentlich dieser Ansicht zugetan, und letztere pflegen damit einen sentimentalen Indifferentismus gegen alle politischen Angelegenheiten des Vaterlandes allersüßlichst zu beschönigen. Eine zur Genüge wohlbekannte Regierung in Norddeutschland weiß ganz besonders diese Ansicht zu schätzen, sie lässt ordentlich Menschen darauf reisen, die unter den elegischen Ruinen Italiens die gemütlich beschwichtigenden Fatalitätsgedanken in sich ausbilden sollen, um nachher, in Gemeinschaft mit vermittelnden Predigern christlicher Unterwürfigkeit, durch kühle Journalaufschläge das dreitägige Freiheitsfieber des Volkes zu dämpfen. Immerhin, wer nicht durch freie Geisteskraft emporsprießen kann, der mag am Boden ranken; jener Regierung aber wird die Zukunft lehren, wie weit man kommt mit Ranken und Ränken.

Der oben besprochenen, gar fatalen fatalistischen Ansicht steht eine lichtere entgegen, die mehr mit der Idee einer Vorsehung verwandt ist und wonach alle irdischen Dinge einer schönen Vervollkommenheit entgegenreifen und die großen Helden und Heldenzeiten nur Staffeln sind zu einem höheren gottähnlichen Zustand des Menschengeschlechtes, dessen sittliche und politische Kämpfe endlich den heiligsten Frieden, die reinste Verbrüderung und die ewigste Glückseligkeit zur Folge haben. Das Goldne Zeitalter, heißt es, liege nicht hinter uns, sondern vor uns; wir seien nicht aus dem Paradiese vertrieben mit einem flammenden Schwert, sondern wir müssten es erobern durch ein flammendes Herz, durch die Liebe; die Frucht der Erkenntnis gebe uns nicht den Tod, sondern das ewige Leben. – »Zivilisation« war lange Zeit der Wahlspruch bei den Jüngern solcher Ansicht. In Deutschland huldigte ihr vornehmlich die Humanitätsschule. Wie bestimmt die sogenannte philosophische Schule dahin zielt, ist männiglich bekannt. Sie war den Untersuchungen politischer Fragen ganz besonders förderlich, und als höchste Blüte dieser Ansicht predigt man eine idealische Staatsform, die, ganz basiert auf Vernunftgründen, die Menschheit in letzter Instanz veredeln und beglücken soll. – Ich brauche wohl die begeisterten Kämpen dieser Ansicht nicht zu nennen. Ihr Hochstreben ist jedenfalls erfreulicher als die kleinen Windungen niedriger Ranken; wenn wir sie einst bekämpfen, so geschehe es mit dem kostbarsten Ehrenschwert, während wir einen rankenden Knecht nur mit der wahlverwandten Knute abfertigen werden.

Beide Ansichten, wie ich sie angedeutet, wollen nicht recht mit unseren lebendigsten Lebensgefühlen übereinklingen; wir wollen auf der einen Seite nicht umsonst begeistert sein und das Höchste setzen an das unnütz Vergängliche; auf der anderen Seite wollen wir auch, dass die Gegenwart ihren Wert behalte und dass sie nicht bloß als Mittel gelte und die Zukunft ihr Zweck sei. Und in der Tat, wir fühlen uns wichtiger gestimmt, als dass wir uns nur als Mittel zu einem Zwecke betrachten möchten; es will uns überhaupt bedünken, als seien Zweck und Mittel nur konventionelle Begriffe, die der Mensch in die Natur und in die Geschichte hineingegrübelt, von denen aber der Schöpfer nichts wusste, indem jedes Erschaffnis sich selbst bezweckt und jedes Ereignis sich selbst bedingt und alles, wie die Welt selbst, seiner selbst willen da ist und geschieht. – Das Leben ist weder Zweck noch Mittel; das Leben ist ein Recht. Das Leben will dieses Recht geltend machen gegen den erstarrenden Tod, gegen die Vergangenheit, und dieses Geltendmachen ist die Revolution. Der elegische Indifferentismus der Historiker und Poeten soll unsere Energie nicht lähmen bei diesem Geschäft; und die Schwärmerei der Zukunftbeglücker soll uns nicht verleiten, die Interessen der Gegenwart und das zunächst zu verfechtende Menschenrecht, das Recht zu leben, aufs Spiel zu setzen. – »Le pain est le droit du peuple«, sagte Saint- Just, und das ist das größte Wort, das in der ganzen Revolution gesprochen worden.

Die Götter im Exil

[Blätter für literarische Unterhaltung, 1853]

Schon in meinen frühesten Schriften besprach ich die Idee, welcher die nachfolgenden Mitteilungen entsprossen. Ich rede nämlich hier wieder von der Umwandlung in Dämonen, welche die griechisch-römischen Gottheiten erlitten haben, als das Christentum zur Oberherrschaft in der Welt gelangte. Der Volksglaube schrieb jenen Göttern jetzt eine zwar wirkliche, aber vermaledeite Existenz zu, in dieser Ansicht ganz übereinstimmend mit der Lehre der Kirche. Letztere erklärte die alten Götter keineswegs, wie es die Philosophen getan, für Schimären, für Ausgeburten des Lugs und des Irrtums, sondern sie hielt sie vielmehr für böse Geister, welche, durch den Sieg Christi vom Lichtgipfel ihrer Macht gestürzt, jetzt auf Erden, im Dunkel alter Tempeltrümmer oder Zauberwälder, ihr Wesen trieben und die schwachen Christenmenschen, die sich hierhin verirrt, durch ihre verführerischen Teufelskünste, durch Wollust und Schönheit, besonders durch Tänze und Gesang, zum Abfall verlockten. Alles, was auf dieses Thema Bezug hat, die Umgestaltung der alten Naturkulte in Satansdienst und des heidnischen Priestertums in Hexerei, diese Verteuflung der Götter habe ich sowohl im zweiten wie im dritten Teil des »Salon« unumwunden besprochen, und ich glaube mich jetzt um so mehr jeder weitern Besprechung überheben zu können, da seitdem viele andre Schriftsteller, sowohl der Spur meiner Andeutungen folgend als auch angeregt durch die Winke, welche ich über die Wichtigkeit des Gegenstandes erteilt, jenes Thema viel weitläufiger, umfassender und gründlicher als ich behandelt haben. Wenn sie bei dieser Gelegenheit nicht den Namen des Autors erwähnt, der sich das Verdienst der Initiative erworben, so war dieses gewiss eine Vergesslichkeit von geringem Belang. Ich selbst will einen solchen Anspruch nicht sehr hoch anschlagen. In der Tat, es ist wahr, das Thema, das ich aufs Tapet brachte, war keine Neuigkeit; aber es hat mit solchem Vulgarisieren alter Ideen immer dieselbe Bewandtnis wie mit dem Ei des Kolumbus. Jeder hat die Sache gewusst, aber keiner hat sie gesagt. Ja, was ich sagte, war keine Novität und befand sich längst gedruckt in den ehrwürdigen Folianten und Quartanten der Kompilatoren und Antiquare, in diesen Katakomben der Gelehrsamkeit, wo zuweilen mit einer grauenhaften Symmetrie, die noch weit schrecklicher ist als wüste Willkür, die heterogensten Gedankenknochen aufgeschichtet – Auch gestehe ich, dass ebenfalls moderne Gelehrte das erwähnte Thema behandelt; aber sie haben es sozusagen eingesargt in die hölzernen Mumienkasten ihrer konfusen und abstrakten Wissenschaftssprache, die das große Publikum nicht entziffern kann und für ägyptische Hieroglyphen halten dürfte.

Aus solchen Grüften und Beinhäusern habe ich den Gedanken wieder zum wirklichen Leben heraufbeschworen, durch die Zaubermacht des allgemeinverständlichen Wortes, durch die Schwarzkunst eines gesunden, klaren, volkstümlichen Stiles!

Doch ich kehre zurück zu meinem Thema, dessen Grundidee, wie oben angedeutet, hier nicht weiter erörtert werden soll. Nur mit wenigen Worten will ich den Leser darauf aufmerksam machen, wie die armen alten Götter, von welchen oben die Rede, zur Zeit des definitiven Sieges des Christentums, also im dritten Jahrhundert, in Verlegenheiten gerieten, die mit älteren traurigen Zuständen ihres Götterlebens die größte Analogie boten. Sie befanden sich nämlich jetzt in dieselben betrübsamen Notwendigkeiten versetzt, worin sie sich schon weiland befanden, in jener uralten Zeit, in jener revolutionären Epoche, als die Titanen aus dem Gewahrsam des Orkus heraufbrachen und, den Pelion auf den Ossa türmend, den Olymp erkletterten. Sie mussten damals schmählich flüchten, die armen Götter, und unter allerlei Vermummungen verbargen sie sich bei uns auf Erden. Die meisten begaben sich nach Ägypten, wo sie zu größerer Sicherheit Tiergestalt annahmen, wie männiglich bekannt. In derselben Weise mussten die armen Heidengötter wieder die Flucht ergreifen und unter allerlei Vermummungen in abgelegenen Verstecken ein Unterkommen suchen, als der wahre Herr der Welt sein Kreuzbanner auf die Himmelsburg pflanzte und die ikonoklastischen Zeloten, die schwarze Bande der Mönche, alle Tempel brachen und die verjagten Götter mit Feuer und Fluch verfolgten. Viele dieser armen Emigranten, die ganz ohne Obdach und Ambrosia waren, mussten jetzt zu einem bürgerlichen Handwerk greifen, um wenigstens das liebe Brot zu erwerben. Unter solchen Umständen musste mancher, dessen heilige Haine konfisziert waren, bei uns in Deutschland als Holzhacker taglöhnern und Bier trinken statt Nektar. Apollo scheint sich in dieser Not dazu bequemt zu haben, bei Viehzüchtern Dienste zu nehmen, und wie er einst die Kühe des Admetos weidete, so lebte er jetzt als Hirt in Niederösterreich, wo er aber, verdächtig geworden durch sein schönes Singen, von einem gelehrten Mönch als ein alter zauberischer Heidengott erkannt, den geistlichen Gerichten überliefert wurde. Auf der Folter gestand er, dass er der Gott Apollo sei. Vor seiner Hinrichtung bat er auch, man möchte ihm nur noch einmal erlauben, auf der Zither zu spielen und ein Lied zu singen. Er spielte aber so herzrührend und sang so bezaubernd und war dabei so schön von Angesicht und Leibesgestalt, dass alle Frauen weinten, ja viele durch solche Rührung später erkrankten. Nach einiger Zeit wollte man ihn aus seiner Gruft wieder hervorziehen, um ihm einen Pfahl durch den Leib zu stoßen, in der Meinung, er müsse ein Vampir gewesen sein und die erkrankten Frauen würden durch solch probates Hausmittel genesen; aber man fand das Grab leer.

Über die Schicksale des alten Kriegsgottes Mars, seit dem Siege der Christen, weiß ich nicht viel zu vermelden. Ich bin nicht abgeneigt zu glauben, dass er in der Feudalzeit das Faustrecht benutzt haben mag. Der lange Schimmelpennig, Neffe des Scharfrichters von Münster, begegnet ihm zu Bologna, wo sie eine Unterredung hatten, die ich an einem andern Ort mitteilen werde. Einige Zeit vorher diente er unter Frondsberg in der Eigenschaft eines Landsknechtes und war zugegen bei der Erstürmung von Rom, wo ihm gewiss bitter zumute war, als er seine alte Lieblingsstadt und die Tempel, worin er selbst verehrt worden, sowie auch die Tempel seiner Verwandten so schmählich verwüsten sah.

Besser als dem Mars und dem Apollo war es, nach der großen Retirade, dem Gott Bacchus ergangen, und die Legende erzählt folgendes: In Tirol gibt es sehr große Seen, die von Waldungen umgeben, deren himmelhohe Bäume sich prachtvoll in der blauen Flut abspiegeln. Baum und Wasser rauschen so geheimnisvoll, dass einem wunderlich zu Sinne wird, wenn man dort einsam wandelt. An dem Ufer eines solchen Sees stand die Hütte eines jungen Fischers, der sich mit dem Fischfang ernährte und auch wohl das Geschäft eines Fährmanns besorgte, wenn irgendein Reisender über den See gesetzt zu werden begehrte. Er hatte eine große Barke, die, an alten Baumstämmen angebunden, unfern von seiner Wohnung lag. In dieser letztern lebte er ganz allein. Einst, zur Zeit der herbstlichen Tagesgleiche, gegen Mitternacht, hörte er an sein Fenster klopfen, und als er vor die Tür trat, sah er drei Mönche, die ihre Köpfe in den Kutten tief vermummt hielten und sehr eilig zu sein schienen. Einer von ihnen bat ihn hastig, ihnen seinen Kahn zu leihen, und versprach, denselben in wenigen Stunden an dieselbe Stelle zurückzubringen. Die Mönche waren ihrer drei, und der Fischer, welcher unter solchen Umständen nicht lange zögern konnte, band den Kahn los, und während jene einstiegen und über den See fortfuhren, ging er nach seiner Hütte zurück und legte sich aufs Ohr. Jung wie er war, schlief er bald ein, aber nach einigen Stunden ward er von den zurückkehrenden Mönchen aufgeweckt; als er zu ihnen hinaustrat, drückte ihm einer von ihnen ein Silberstück als Fährgeld in die Hand, und alle drei eilten rasch von dannen. Der Fischer ging, nach seinem Kahn zu schauen, den er fest angebunden fand. Dann schüttelte er sich, doch nicht wegen der Nachtluft. Es war ihm nämlich sonderbar fröstelnd durch die Glieder gefahren, und es hatte ihm fast das Herz erkältet, als der Mönch, der ihm das Fährgeld gereicht, seine Hand berührte; die Finger des Mönches waren eiskalt. Diesen Umstand konnte der Fischer einige Tage lang gar nicht vergessen. Doch die Jugend schlägt sich endlich alles Unheimliche aus dem Sinn, und der Fischer dachte nicht mehr an jenes Ereignis, als im folgenden Jahr, gleichfalls um die Zeit der Tagesgleiche, gegen Mitternacht, an das Fenster der Fischerhütte geklopft wurde und wieder mit großer Hast die drei vermummten Mönche erschienen, welche wieder den Kahn verlangten. Der Fischer überließ ihnen denselben diesmal mit weniger Besorgnis, und als sie nach einigen Stunden zurückkehrten und ihm einer der Mönche eilig das Fahrgeld in die Hand drückte, fühlte er wieder mit Schaudern die eiskalten Finger. Dasselbe Ereignis wiederholte sich jedes Jahr um dieselbe Zeit in derselben Weise, und endlich, als der siebente Jahrestag herannahte, ergriff den Fischer eine große Begier, das Geheimnis, das sich unter jenen drei Kutten verbarg, um jeden Preis zu erfahren. Er legte eine Menge Netzwerke in den Kahn, dass dieselben ein Versteck bildeten, wo er hineinschlüpfen konnte, während die Mönche das Fahrzeug besteigen würden. Die erwarteten dunklen Kunden kamen wirklich um die bestimmte Zeit, und es gelang dem Fischer, sich unversehens unter die Netze zu verstecken und an der Überfahrt teilzunehmen. Zu seiner Verwunderung dauerte diese nur kurze Zeit, während er sonst mehr als eine Stunde brauchte, ehe er ans entgegengesetzte Ufer gelangen konnte, und noch größer war sein Erstaunen, als er hier, wo die Gegend ihm so gut bekannt war, jetzt einen weiten offenen Waldesplatz sah, den er früher noch nie erblickt und der mit Bäumen umgeben war, die einer ihm ganz fremden Vegetation angehörten. Die Bäume waren behängt mit unzähligen Lampen, auch Vasen mit loderndem Waldharz standen auf hohen Postamenten, und dabei schien der Mond so hell, dass der Fischer die dort versammelte Menschenmenge so genau betrachten konnte wie am hellen Tage. Es waren viele hundert Personen, junge Männer und junge Frauen, meistens bildschön, obgleich ihre Gesichter alle so weiß wie Marmor waren, und dieser Umstand, verbunden mit der Kleidung, die in weißen, sehr weit aufgeschürzten Tuniken mit Purpursaum bestand, gab ihnen das Aussehn von wandelnden Statuen. Die Frauen trugen auf den Häuptern Kränze von natürlichem oder auch aus Gold und Silberdraht verfertigtem Weinlaub, und das Haar war zum Teil auf dem Scheitel in eine Krone geflochten, zum Teil auch ringelte dasselbe aus dieser Krone wildlockig hinab in den Nacken. Die jungen Männer trugen ebenfalls auf den Häuptern Kränze von Weinlaub. Männer und Weiber aber, in den Händen goldene Stäbe schwingend, die mit Weinlaub umrankt, kamen jubelnd herangeflogen, um die drei Ankömmlinge zu begrüßen. Einer derselben warf jetzt seine Kutte von sich, und zum Vorschein kam ein impertinenter Geselle von gewöhnlichem Mannesalter, der ein widerwärtig lüsternes, ja unzüchtiges Gesicht hatte, mit spitzen Bocksohren begabt war und eine lächerlich übertriebene Geschlechtlichkeit, eine höchst anstößige Hyperbel, zur Schau trug. Der andere Mönch warf ebenfalls seine Kutte von sich, und man sah einen nicht minder nackten Dickwanst, auf dessen kahlen Glatzkopf die mutwilligen Weiber einen Rosenkranz pflanzten. Beider Mönche Antlitz war schneeweiß, wie das der übrigen Versammlung. Schneeweiß war auch das Gesicht des dritten Mönchs, der schier lachend die Kapuze vom Haupte streifte. Als er den Gürtelstrick seiner Kutte losband und das fromme schmutzige Gewand nebst Kreuz und Rosenkranz mit Ekel von sich warf, erblickte man in einer von Diamanten glänzenden Tunika eine wunderschöne Jünglingsgestalt vom edelsten Ebenmaß, nur dass die runden Hüften und die schmächtige Taille etwas Weibisches hatten. Auch die zärtlich gewölbten Lippen und die verschwimmend weichen Züge verliehen dem Jüngling ein etwas weibisches Aussehen; doch sein Gesicht trug gleichwohl einen gewissen kühnen, fast übermütig heroischen Ausdruck. Die Weiber liebkosten ihn mit wilder Begeisterung, setzten ihm einen Efeukranz aufs Haupt und warfen auf seine Schulter ein prachtvolles Leopardenfell. In demselben Augenblick kam, bespannt mit zwei Löwen, ein goldener zweirädriger Siegeswagen herangerollt, auf den sich der junge Mensch mit Herrscherwürde, aber doch heitern Blickes hinaufschwang. Er leitete an purpurnen Zügeln das wilde Gespann. An der rechten Seite seines Wagens schritt der eine seiner entkutteten Gefährten, dessen geile Gebärden und obenerwähnte unanständige Übertriebenheit das Publikum ergötzte, während sein Genosse, der kahlköpfige Dickwanst, den die lustigen Frauen auf einen Esel gehoben hatten, an der linken Seite des Wagens einherritt, in der Hand einen goldnen Pokal haltend, der ihm beständig mit Wein gefüllt wurde. Langsam bewegte sich der Wagen, und hinter ihm wirbelte die tanzende Ausgelassenheit der weinlaubgekrönten Männer und Weiber. Dem Wagen voran ging die Hofkapelle des Triumphators: der hübsche bausbäckige Junge mit der Doppelflöte im Maule; dann die hochgeschürzte Tamburinschlägerin, die mit den Knöcheln der umgekehrten Hand auf das klirrende Fell lostrommelte; dann die ebenso holdselige Schöne mit dem Triangel; dann die Hornisten, bocksfüßige Gesellen mit schönen, aber lasziven Gesichtern, welche auf wunderlich geschwungenen Tierhörnern oder Seemuscheln ihre Fanfaren bliesen; dann die Lautenspieler –

Doch, lieber Leser, ich vergesse, dass du ein sehr gebildeter und wohlunterrichteter Leser bist, der schon lange gemerkt hat, dass hier von einem Bacchanal die Rede ist, von einem Fest des Dionysos. Du hast oft genug auf alten Basreliefen oder Kupferstichen archäologischer Werke die Triumphzüge gesehen, die jenen Gott verherrlichen, und wahrlich, bei deinem klassisch gebildeten Sinn würdest du nimmermehr erschrecken, wenn dir einmal plötzlich in der mitternächtlichen Abgeschiedenheit eines Waldes der schöne Spuk eines solchen Bacchuszuges nebst dem dazugehörigen betrunkenen Personale leiblich vor Augen träte – Höchstens würdest du einen leisen lüsternen Schauer, ein ästhetisches Gruseln empfinden beim Anblick dieser bleichen Versammlung, dieser anmutigen Phantome, die den Sarkophagen ihrer Grabmäler oder den Verstecken ihrer Tempelruinen entstiegen sind, um den alten fröhlichen Gottesdienst noch einmal zu begehen, um noch einmal mit Spiel und Reigen die Siegesfahrt des göttlichen Befreiers, des Heilandes der Sinnenlust, zu feiern, um noch einmal den Freudentanz des Heidentums, den Cancan der antiken Welt, zu tanzen, ganz ohne hypokritische Verhüllung, ganz ohne Dazwischenkunft der Sergeants de ville einer spiritualistischen Moral, ganz mit dem ungebundenen Wahnsinn der alten Tage, jauchzend, tobend, jubelnd: »Evoe Bacche!« Aber ach! lieber Leser, der arme Fischer, von welchem wir berichten, war keineswegs wie du in der Mythologie bewandert, er hatte gar keine archäologischen Studien gemacht, und er war von Schrecken und Angst ergriffen bei dem Anblick jenes schönen Triumphators mit seinen zwei wunderlichen Akoluthen, als sie ihrer Mönchstracht entsprungen; er schauderte ob der unzüchtigen Gebärden und Sprünge der Bacchanten, der Faunen, der Satyre, die ihm durch ihre Bocksfüße und Hörner ganz besonders diabolisch erschienen, und die gesamte Sozietät hielt er für einen Kongress von Gespenstern und Dämonen, welche durch ihre Malefizien allen Christenmenschen Verderben zu bereiten suche. Das Haar sträubte sich auf seinem Haupt, als er die halsbrechend unmögliche Positur einer Mänade sah, die mit flatterndem Haar das Haupt zurückwarf und sich nur durch den Thyrsus im Gleichgewicht erhielt. Ihm selber, dem armen Schiffer, ward es wirr im Hirn, als er hier Korybanten erblickte, die mit den kurzen Schwertern ihrem eigenen Leibe Wunden beibrachten, tobsüchtig die Wollust suchend in dem Schmerze selbst. Die weichen, zärtlichen und doch zugleich grausamen Töne der Musik, die er vernahm, drangen in sein Gemüt wie Flammen, lodernd, verzehrend, grauenhaft. Aber als der arme Mensch jenes verrufene ägyptische Symbol erblickte, das in übertriebener Größe und bekränzt mit Blumen von einem schamlosen Weibe auf einer hohen Stange herumgetragen wurde: da verging ihm Hören und Sehen – und er stürzte nach seinem Kahne zurück und verkroch sich unter die Netze, zähneklappernd und zitternd, als hielte ihn Satan bereits an einem Fuße fest. Nicht lange darauf kamen die drei Mönche ebenfalls nach dem Kahne zurück und stießen ab. Als sie endlich am andern Seeufer landeten und ausstiegen, wusste der Fischer so geschickt seinem Versteck zu entschlüpfen, dass die Mönche meinten, er habe hinter den Weiden ihrer geharrt, und indem ihm einer von ihnen wieder mit eiskalten Fingern den Fährlohn in die Hand drückte, eilten sie stracks von hinnen.

Sowohl seines eigenen Seelenheils wegen, das er gefährdet glaubte, als auch, um andere Christenmenschen vor Verderben zu bewahren, hielt sich der Fischer für verpflichtet, das unheimliche Begebnis dem geistlichen Gericht anzuzeigen, und da der Superior eines nahe gelegenen Franziskanerklosters als Vorsitzer eines solchen Gerichtes und ganz besonders als gelahrter Exorzist in großem Ansehen stand, beschloss er, sich unverzüglich zu ihm zu begeben. Die Frühsonne fand daher den Fischer schon auf dem Wege nach dem Kloster, und demütigen Blickes stand er bald vor Seiner Hochwürden, dem Superior, der in seiner Bücherei, die Kapuze weit übers Gesicht gezogen, in einem Lehnsessel saß und in dieser nachdenklichen Positur sitzen blieb, während ihm der Fischer die grausenhafte Historie erzählte. Als derselbe mit dieser Relation zu Ende war, erhob der Superior sein Haupt, und indem die Kapuze zurückfiel, sah der Fischer mit Bestürzung, dass Seine Hochwürden einer von den drei Mönchen war, die jährlich über den See fuhren, und er erkannte in ihm eben denjenigen, den er diese Nacht als heidnischen Dämon auf dem Siegeswagen mit dem Löwengespann gesehen: es war dasselbe marmorblasse Gesicht, dieselben regelmäßig schönen Züge, derselbe Mund mit den zärtlich gewölbten Lippen – Und um diese Lippen schwebte ein wohlwollendes Lächeln, und diesem Munde entquollen jetzt die sanftklingenden salbungsreichen Worte: »Geliebter Sohn in Christo! wir glauben herzlich gern, dass Ihr diese Nacht in der Gesellschaft des Gottes Bacchus zugebracht habt, und Eure phantastische Spukgeschichte gibt dessen hinlänglich Kunde. Wir wollen beileibe nichts Unliebiges von diesem Gotte sagen, er ist gewiss manchmal ein Sorgenbrecher und erfreut des Menschen Herz, aber er ist sehr gefährlich für diejenigen, die nicht viel vertragen können, und zu diesen scheint Ihr zu gehören. Wir raten Euch daher, hinfüro nur mit Maß des goldenen Rebensaftes zu genießen und mit den Hirngeburten der Trunkenheit die geistlichen Obrigkeiten nicht mehr zu behelligen und auch von Eurer letzten Vision zu schweigen, ganz das Maul zu halten, widrigenfalls Euch der weltliche Arm des Büttels fünfundzwanzig Peitschenhiebe aufzählen soll. Jetzt aber, geliebter Sohn in Christo, geht in die Klosterküche, wo Euch der Bruder Kellermeister und der Bruder Küchenmeister einen Imbiss vorsetzen sollen.« – Hiermit gab der geistliche Herr dem Fischer seinen Segen, und als sich dieser verblüfft nach der Küche trollte und den Frater Küchenmeister und den Frater Kellermeister erblickte, fiel er fast zu Boden vor Schrecken – denn diese beiden waren die zwei nächtlichen Gefährten des Superiors, die zwei Mönche, die mit demselben über den See gefahren, und der Fischer erkannte den Dickwanst und die Glatze des einen ebenso wie die grinsend geilen Gesichtszüge nebst den Bocksohren des andern. Doch hielt er reinen Mund, und erst in spätern Jahren erzählte er die Geschichte seinen Angehörigen.

Alte Chroniken, welche ähnliche Sagen erzählen, verlegen den Schauplatz nach Speyer am Rhein.

An der ostfriesischen Küste herrscht eine analoge Tradition, worin die altheidnischen Vorstellungen von der Überfahrt der Toten nach dem Schattenreich, welche allen jenen Sagen zugrunde liegen, am deutlichsten hervortreten. Von einem Charon, der die Barke lenkt, ist zwar nirgends darin die Rede, wie denn überhaupt dieser alte Kauz sich nicht in der Volkssage, sondern nur im Puppenspiel erhalten hat; aber eine weit wichtigere mythologische Personnage erkennen wir in dem sogenannten Spediteur, der die Überfahrt der Toten besorgt und der dem Fährmann, welcher des Charons Amt verrichtet und ein gewöhnlicher Fischer ist, das herkömmliche Fährgeld auszahlt. Trotz ihrer barocken Vermummung werden wir den wahren Namen jener Person bald erraten, und ich will daher die Tradition selbst so getreu als möglich hier mitteilen:

In Ostfriesland, an der Küste der Nordsee, gibt es Buchten, die gleichsam kleine Hafen bilden und Siele heißen. An den äußersten Vorsprüngen derselben steht das einsame Haus irgendeines Fischers, der hier mit seiner Familie ruhig und genügsam lebt. Die Natur ist dort traurig, kein Vogel pfeift, außer den Seemöwen, welche manchmal mit einem fatalen Gekreische aus den Sandnestern der Dünen hervorfliegen und Sturm verkünden. Das monotone Geplätscher der brandenden See passt sehr gut zu den düstern Wolkenzügen. Auch die Menschen singen hier nicht, und an dieser melancholischen Küste hört man nie die Strophe eines Volksliedes. Die Menschen hierzulande sind ernst, ehrlich, mehr vernünftig als religiös und stolz auf den kühnen Sinn und auf die Freiheit ihrer Altvorderen. Solche Leute sind nicht phantastisch aufregbar und grübeln nicht viel. Die Hauptsache für den Fischer, der auf seinem einsamen Siel wohnt, ist der Fischfang und dann und wann das Fährgeld der Reisenden, die nach einer der umliegenden Inseln der Nordsee übergesetzt sein wollen. Zu einer bestimmten Zeit des Jahres, heißt es, just um die Mittagsstunde, wo eben der Fischer mit seiner Familie, das Mittagsmahl verzehrend, zu Tische sitzt, tritt ein Reisender in die große Wohnstube und bittet den Hausherrn, ihm einige Augenblicke zu vergönnen, um ein Geschäft mit ihm zu besprechen. Der Fischer, nachdem er den Gast vergeblich gebeten, vorher an der Mahlzeit teilzunehmen, erfüllt am Ende dessen Begehr, und beide treten beiseite an ein Erkertischchen. Ich will das Aussehen des Fremden nicht lange beschreiben in müßiger Novellistenweise; bei der Aufgabe, die ich mir gestellt, genügt ein genaues Signalement. Ich bemerke also folgendes: Der Fremde ist ein schon bejahrtes, aber doch wohlkonserviertes Männchen, ein jugendlicher Greis, behäbig, aber nicht fett, die Wänglein rot wie Borsdorfer Äpfel, die Äuglein lustig nach allen Seiten blinzelnd, und auf dem gepuderten Köpfchen sitzt ein dreieckiges Hütlein. Unter einer hellgelben Houppelande mit unzähligen Krägelchen trägt der Mann die altmodische Kleidung, die wir auf Porträts holländischer Kaufleute finden und welche eine gewisse Wohlhabenheit verrät: ein seidenes papageigrünes Röckchen, blumengestickte Weste, kurze schwarze Höschen, gestreifte Strümpfe und Schnallenschuhe; letztere sind so blank, dass man nicht begreift, wie jemand durch den Schlamm der Sielwege zu Fuße so unbeschmutzt hergelangen konnte. Seine Stimme ist asthmatisch, feindrähtig und manchmal ins Greinende überschlagend, doch der Vortrag und die Haltung des Männleins ist gravitätisch gemessen, wie es einem holländischen Kaufmann ziemt. Diese Gravität scheint jedoch mehr erkünstelt als natürlich zu sein, und sie kontrastiert manchmal mit dem forschsamen Hin- und Herlugen der Äuglein sowie auch mit der schlecht unterdrückten flatterhaften Beweglichkeit der Beine und Arme. Dass der Fremde ein holländischer Kaufmann ist, bezeugt nicht bloß seine Kleidung, sondern auch die merkantilische Genauigkeit und Umsicht, womit er das Geschäft so vorteilhaft als möglich für seinen Kommittenten abzuschließen weiß. Er ist nämlich, wie er sagt, Spediteur und hat von einem seiner Handelsfreunde den Auftrag erhalten, eine bestimmte Anzahl Seelen, soviel in einer gewöhnlichen Barke Raum fänden, von der ostfriesischen Küste nach der Weißen Insel zu fördern; zu diesem Behufe nun, fährt er fort, möchte er wissen, ob der Schiffer diese Nacht die erwähnte Ladung mit seiner Barke nach der erwähnten Insel übersetzen wolle, und für diesen Fall sei er erbötig, ihm das Fährgeld gleich vorauszuzahlen, zuversichtlich hoffend, dass er aus christlicher Bescheidenheit seine Forderung recht billig stellen werde. Der holländische Kaufmann (dieses ist eigentlich ein Pleonasmus, da jeder Holländer Kaufmann ist) macht diesen Antrag mit der größten Unbefangenheit, als handle es sich um eine Ladung Käse und nicht um Seelen der Verstorbenen. Der Fischer stutzt einigermaßen bei dem Wort Seelen, und es rieselt ihm ein bisschen kalt über den Rücken, da er gleich merkt, dass von den Seelen der Verstorbenen die Rede sei und dass er den gespenstischen Holländer vor sich habe, der so manchen seiner Kollegen die Überfahrt der verstorbenen Seelen anvertraute und gut dafür bezahlte. Wie ich jedoch oben bemerkt, diese ostfriesischen Küstenbewohner sind mutig und gesund und nüchtern, und es fehlt ihnen jene Kränklichkeit und Einbildungskraft, welche uns für das Gespenstische und Übersinnliche empfänglich macht: unsres Fischers geheimes Grauen dauert daher nur einen Augenblick; seine unheimliche Empfindung unterdrückend, gewinnt er bald seine Fassung, und mit dem Anschein des größten Gleichmuts ist er nur darauf bedacht, das Fährgeld so hoch als möglich zu steigern. Doch nach einigem Feilschen und Dingen verständigen sich beide Kontrahenten über den Fährlohn, sie geben einander den Handschlag zur Bekräftigung der Übereinkunft, und der Holländer, welcher einen schmutzigen ledernen Beutel hervorzieht, angefüllt mit lauter ganz kleinen Silberpfennigen, den kleinsten, die je in Holland geschlagen worden, zahlt die ganze Summe des Fährgelds in dieser putzigen Münzsorte. Indem er dem Fischer noch die Instruktion gibt, gegen Mitternacht, zur Zeit, wo der Mond aus den Wolken hervortreten würde, sich an einer bestimmten Stelle der Küste mit seiner Barke einzufinden, um die Ladung in Empfang zu nehmen, verabschiedet er sich bei der ganzen Familie, welche vergebens ihre Einladung zum Mitspeisen wiederholte, und die eben noch so gravitätische Figur trippelt mit leichtfüßigen Schritten von dannen.

Um die bestimmte Zeit befindet sich der Schiffer an dem bestimmten Ort mit seiner Barke, die anfangs von den Wellen hin und her geschaukelt wird; aber nachdem der Vollmond sich gezeigt, bemerkt der Schiffer, dass sein Fahrzeug sich minder leicht bewegt und immer tiefer in die Flut einsinkt, sodass am Ende das Wasser nur noch eine Handbreit vom Rand entfernt bleibt. Dieser Umstand belehrt ihn, dass seine Passagiere, die Seelen, jetzt an Bord sein müssen, und er stößt ab mit seiner Ladung. Er mag noch so sehr seine Augen anstrengen, doch bemerkt er im Kahne nichts als einige Nebelstreifen, die sich hin und her bewegen, aber keine bestimmte Gestalt annehmen und ineinander verquirlen. Er mag auch noch so sehr horchen, so hört er doch nichts als ein unsäglich leises Zirpen und Knistern. Nur dann und wann schießt schrillend eine Möwe über sein Haupt, oder es taucht neben ihm aus der Flut ein Fisch hervor, der ihn blöde anglotzt. Es gähnt die Nacht, und frostiger weht die Seeluft. Überall nur Wasser, Mondschein und Stille; und schweigsam, wie seine Umgebung, ist der Schiffer, der endlich an der Weißen Insel anlangt und mit seinem Kahne stillhält. Auf dem Strand sieht er niemand, aber er hört eine schrille, asthmatisch keuchende und greinende Stimme, worin er die des Holländers erkennt; derselbe scheint ein Verzeichnis von lauter Eigennamen abzulesen, in einer gewissen verifizierenden, monotonen Weise; unter diesen Namen sind dem Fischer manche bekannt und gehören Personen, die in demselben Jahr verstorben. Während dem Ablesen dieses Namenverzeichnisses wird der Kahn immer leichter, und lag er eben noch so schwer im Sande des Ufers, so hebt er sich jetzt plötzlich leicht empor, sobald die Ablesung zu Ende ist; und der Schiffer, welcher daran merkt, dass seine Ladung richtig in Empfang genommen ist, fährt wieder ruhig zurück zu Weib und Kind, nach seinem lieben Hause am Siel. – So geht es jedes Mal mit dem Überschiffen der Seelen nach der Weißen Insel. Als einen besondern Umstand bemerkte einst der Schiffer, dass der unsichtbare Kontrolleur im Ablesen des Namenverzeichnisses plötzlich innehielt und ausrief: »Wo ist aber Pitter Jansen? Das ist nicht Pitter Jansen.« Worauf ein feines, wimmerndes Stimmchen antwortete: »Ik bin Pitter Jansens Mieke un häb mi op mines Manns Noame inskreberen laten.« (Ich bin Pitter Jansens Mieke und habe mich auf meines Mannes Namen einschreiben lassen.)

Ich habe mich oben vermessen, trotz der pfiffigen Vermummung die wichtige mythologische Person zu erraten, die in obiger Tradition zum Vorschein kommt. Dieses ist keine geringere als der Gott Mercurius, der ehemalige Seelenführer, Hermes Psychopompos. Ja, unter jener schäbigen Houppelande und in jener nüchternen Krämergestalt verbirgt sich der brillanteste jugendliche Heidengott, der kluge Sohn der Maja. Auf jenem dreieckigen Hütchen steckt auch nicht der geringste Federwisch, der an die Fittiche der göttlichen Kopfbedeckung erinnern könnte, und die plumpen Schuhe mit den stählernen Schnallen mahnen nicht im Mindesten an beflügelte Sandalen; dieses holländisch schwerfällige Blei ist so ganz verschieden von dem beweglichen Quecksilber, dem der Gott sogar seinen Namen verliehen: aber eben der Kontrast verrät die Absicht, und der Gott wählte diese Maske, um sich desto sicherer verstellt zu halten. Vielleicht aber wählte er sie keineswegs aus willkürlicher Laune: Merkur war, wie ihr wisst, zu gleicher Zeit der Gott der Diebe und der Kaufleute, und es lag nahe, dass er bei der Wahl einer Maske, die ihn verbergen, und eines Gewerbes, das ihn ernähren könnte, auf seine Antezedenzien und Talente Rücksicht nahm. Letztere waren erprobt: er war der erfindungsreichste der Olympier, er hatte die Schildkrötenlyra und das Sonnengas erfunden, er bestahl Menschen und Götter, und schon als Kind war er ein kleiner Calmonius, der seiner Wiege entschlüpfte, um ein paar Rinder zu stibitzen. Er hatte zu wählen zwischen den zwei Industrien, die im Wesentlichen nicht sehr verschieden, da bei beiden die Aufgabe gestellt ist, das fremde Eigentum so wohlfeil als möglich zu erlangen; aber der pfiffige Gott bedachte, dass der Diebesstand in der öffentlichen Meinung keine so hohe Achtung genießt wie der Handelsstand, dass jener von der Polizei verpönt, während dieser von den Gesetzen sogar privilegiert ist, dass die Kaufleute jetzt auf der Leiter der Ehre die höchste Staffel erklimmen, während die vom Diebesstand manchmal eine minder angenehme Leiter besteigen müssen, dass sie Freiheit und Leben aufs Spiel setzen, während der Kaufmann nur seine Kapitalien oder nur die seiner Freunde einbüßen kann, und der pfiffigste der Götter ward Kaufmann, und um es vollständig zu sein, ward er sogar Holländer. Seine lange Praxis als ehemaliger Psychopompos, als Schattenführer, machte ihn besonders geeignet für die Spedition der Seelen, deren Transport nach der Weißen Insel, wie wir sahen, durch ihn betrieben wird.

Die Weiße Insel wird zuweilen auch Brea oder Britinia genannt. Denkt man vielleicht an das weiße Albion, an die Kalkfelsen der englischen Küste? Es wäre eine humoristische Idee, wenn man England als ein Totenland, als das plutonische Reich, als die Hölle bezeichnen wollte. England mag in der Tat manchem Fremden in solcher Gestalt erscheinen.

In einem Versuche über die Faustlegende habe ich den Volksglauben in Bezug auf das Reich des Pluto und diesen selbst hinlänglich besprochen. Ich habe dort gezeigt, wie das alte Schattenreich eine ausgebildete Hölle und der alte finstere Beherrscher desselben ganz diabolisiert wurde. Aber nur durch den Kanzeleistil der Kirche klingen die Dinge so grell; trotz dem christlichen Anathema blieb die Position des Pluto wesentlich dieselbe. Er, der Gott der Unterwelt, und sein Bruder Neptunus, der Gott des Meeres, diese beiden sind nicht emigriert wie andre Götter, und auch nach dem Sieg des Christentums blieben sie in ihren Domänen, in ihrem Element. Mochte man hier oben auf Erden das Tollste von ihm fabeln, der alte Pluto saß unten warm bei seiner Proserpina. Weit weniger Verunglimpfungen als sein Bruder Pluto hatte Neptunus zu erdulden, und weder Glockengeläut noch Orgelklänge konnten sein Ohr verletzen da unten in seinem Ozean, wo er ruhig saß bei seiner weißbusigen Frau Amphitrite und seinem feuchten Hofstaat von Nereiden und Tritonen. Nur zuweilen, wenn irgendein junger Seemann zum ersten Male die Linie passierte, tauchte er empor aus seiner Flut, in der Hand den Dreizack schwingend, das Haupt mit Schilf bekränzt und der silberne Wellenbart herabwallend bis zum Nabel. Er erteilte alsdann dem Neophyten die schreckliche Seewassertaufe und hielt dabei eine lange, salbungsreiche Rede, voll von derben Seemannswitzen, die er nebst der gelben Lauge des gekauten Tabaks mehr ausspuckte als sprach, zum Ergötzen seiner beteerten Zuhörer. Ein Freund, welcher mir ausführlich beschrieb, wie ein solches Wassermysterium von den Seeleuten auf den Schiffen tragiert wird, versicherte, dass eben jene Matrosen, welche am tollsten über die drollige Fastnachtsfratze des Neptuns lachten, dennoch keinen Augenblick an der Existenz eines solchen Meergottes zweifelten und manchmal in großen Gefahren zu ihm beteten.

Neptunus blieb also der Beherrscher des Wasserreichs, wie Pluto trotz seiner Diabolisierung der Fürst der Unterwelt blieb. Ihnen ging es besser als ihrem Bruder Jupiter, dem dritten Sohn des Saturn, welcher nach dem Sturz seines Vaters die Herrschaft des Himmels erlangt hatte und sorglos als König der Welt im Olymp mit seinem glänzenden Tross von lachenden Göttern, Göttinnen und Ehrennymphen sein ambrosisches Freudenregiment führte. Als die unselige Katastrophe hereinbrach, als das Regiment des Kreuzes, des Leidens, proklamiert ward, emigrierte auch der große Kronide, und er verschwand im Tumult der Völkerwanderung. Seine Spur ging verloren, und ich habe vergebens alte Chroniken und alte Weiber befragt, niemand wusste mir Auskunft zu geben über sein Schicksal. Ich habe in derselben Absicht viele Bibliotheken durchstöbert, wo ich mir die prachtvollsten Codices, geschmückt mit Gold und Edelsteinen, wahre Odalisken im Harem der Wissenschaft, zeigen ließ, und ich sage den gelehrten Eunuchen für die Unbrummigkeit und sogar Affabilität, womit sie mir jene leuchtenden Schätze erschlossen, hier öffentlich den üblichen Dank. Es scheint, als hätten sich keine volkstümlichen Traditionen über einen mittelalterlichen Jupiter erhalten, und alles, was ich aufgegabelt, besteht in einer Geschichte, welche mir einst mein Freund Niels Andersen erzählte.

Ich habe soeben Niels Andersen genannt, und die liebe drollige Figur steigt wieder lebendig in meiner Erinnerung herauf. Ich will ihm hier einige Zeilen widmen. Ich gebe gern meine Quellen an, und ich erörtere ihre Eigenschaften, damit der geneigte Leser selbst beurteile, inwieweit sie sein Vertrauen verdienen. Also einige Worte über meine Quelle.

Niels Andersen, geboren zu Drontheim in Norwegen, war einer der größten Walfischjäger, die ich kennenlernte. Ich bin ihm sehr verpflichtet. Ihm verdanke ich alle meine Kenntnisse in Bezug auf den Walfischfang. Er machte mich bekannt mit allen Finten, die das kluge Tier anwendet, um dem Jäger zu entrinnen; er vertraute mir die Kriegslisten an, womit man seine Finten vereitelt. Er lehrte mich die Handgriffe beim Schwingen der Harpune, zeigte mir, wie man mit dem Knie des rechten Beines sich gegen den Vorderrand des Kahnes stemmen muss, wenn man die Harpune nach dem Walfisch wirft, und wie man mit dem linken Bein einen gesalzenen Fußtritt dem Matrosen versetzt, der das Seil, das an der Harpune befestigt ist, nicht schnell genug nachschießen ließ. Ihm verdanke ich alles, und wenn ich kein großer

Walfischjäger geworden, so liegt die Schuld weder an Niels Andersen noch an mir, sondern an meinem bösen Schicksal, das mir nicht vergönnte, auf meinen Lebensfahrten irgendeinen Walfisch anzutreffen, mit welchem ich einen würdigen Kampf bestehen konnte. Ich begegnete nur gewöhnlichen Stockfischen und lausigen Heringen. Was hilft die beste Harpune gegen einen Hering? Jetzt muss ich allen Jagdhoffnungen entsagen, meiner gesteiften Beine wegen. Als ich Niels Andersen zu Ritzebüttel bei Cuxhaven kennenlernte, war er ebenfalls nicht mehr gut auf den Füßen, da am Senegal ein junger Haifisch, der vielleicht sein rechtes Bein für ein Zuckerstängelchen ansah, ihm dasselbe abbiss und der arme Niels seitdem auf einem Stelzfuß herumhumpeln musste. Sein größtes Vergnügen war damals, auf einer hohen Tonne zu sitzen und auf dem Bauche derselben mit seinem hölzernen Bein zu trommeln. Ich half ihm oft die Tonne erklettern, aber ich wollte ihm manchmal nicht wieder hinunterhelfen, ehe er mir eine seiner wunderlichen Fischersagen erzählte.

Wie Muhamet Eben Mansur seine Lieder immer mit einem Lob des Pferdes anfing, so begann Niels Andersen alle seine Geschichten mit einer Apologie des Walfisches. Auch die Legende, die wir ihm hier nacherzählen, ermangelt nicht einer solchen Lobspende. Der Walfisch, sagte Niels Andersen, sei nicht bloß das größte, sondern auch das schönste Tier. Aus den zwei Naslöchern auf seinem Kopfe sprängen zwei kolossale Wasserstrahlen, die ihm das Ansehen eines wunderbaren Springbrunnens gäben und gar besonders des Nachts im Mondschein einen magischen Effekt hervorbrächten. Dabei sei er gutmütig, friedliebig und habe viel Sinn für stilles Familienleben. Es gewähre einen rührenden Anblick, wenn Vater Walfisch mit den Seinen auf einer ungeheuern Eisscholle sich hingelagert und jung und alt sich um ihn her in Liebesspielen und harmlosen Neckereien überböten. Manchmal springen sie alle auf einmal ins Wasser, um zwischen den großen Eisblöcken Blindekuh zu spielen. Die Sittenreinheit und die Keuschheit der Walfische wird weit mehr gefördert durch das Eiswasser, worin sie beständig mit den Flossen herumschwänzeln, als durch moralische Prinzipien. Es sei auch leider nicht zu leugnen, dass sie keinen religiösen Sinn haben, dass sie ganz ohne Religion sind – »Ich glaube, das ist ein Irrtum« – unterbrach ich meinen Freund –, »ich habe jüngst den Bericht eines holländischen Missionars gelesen, worin dieser die Herrlichkeit der Schöpfung beschreibt, die sich in den hohen Polargegenden offenbare, wenn des Morgens die Sonne aufgegangen und das Tageslicht die abenteuerlichen, riesenhaften Eismassen bestrahlt. Diese, sagte er, welche alsdann an diamantne Märchenschlösser erinnern, geben von Gottes Allmacht ein so imposantes Zeugnis, dass nicht bloß der Mensch, sondern sogar die rohe Fischkreatur, von solchem Anblick ergriffen, den Schöpfer anbete – mit seinen eigenen Augen, versichert der Domine, habe er mehrere Walfische gesehen, die, an einer Eiswand gelehnt, dort aufrecht standen und sich mit dem Oberteil auf und nieder bewegten, wie Betende.«

Niels Andersen schüttelte sonderbar den Kopf; er leugnete nicht, dass er selber zuweilen gesehen, wie die Walfische, an einer Eiswand stehend, solche Bewegungen machten, nicht unähnlich denjenigen, die wir in den Betstuben mancher Glaubenssekten bemerken; aber er wollte solches keineswegs irgendeiner religiösen Andacht zuschreiben. Er erklärte die Sache physiologisch: er bemerkte, dass der Walfisch, der Chimborasso der Tiere, unter seiner Haut eine so ungeheuer tiefe Schichte von Fett besitze, dass oft ein einziger Walfisch hundert bis hundertundfünfzig Fässer Talg und Tran gebe. Jene Fettschicht sei so dick, dass sich viele hundert Wasserratten darin einnisten können, während das große Tier auf einer Eisscholle schliefe, und diese Gäste, unendlich größer und bissiger als unsre Landratten, führen dann ein fröhliches Leben unter der Haut des Walfisches, wo sie Tag und Nacht das beste Fett verschmausen können, ohne das Nest zu verlassen. Diese Schmausereien mögen wohl am Ende dem unfreiwilligen Wirt etwas überlästig, ja unendlich schmerzhaft werden; da er nun keine

Hände hat, wie der Mensch, der sich gottlob kratzen kann, wenn es ihn juckt, so sucht er die innere Qual dadurch zu lindern, dass er sich an die scharfen Kanten einer Eiswand stellt und daran den Rücken durch Auf- und Niederbewegungen recht inbrünstiglich reibt, ganz wie bei uns die Hunde sich an einer Bettstelle zu scheuern pflegen, wenn sie mit zu viel Flöhen behaftet sind. Diese Bewegungen hat nun der ehrliche Domine für die eines Beters gehalten und sie der religiösen Andacht zugeschrieben, während sie doch nur durch die Rattenorgien hervorgebracht wurden. »Der Walfisch, so viel Tran er auch enthält«, schloss Niels Andersen, »ist doch ohne den mindesten religiösen Sinn. Er ehrt weder die Heiligen noch die Propheten, und sogar den kleinen Propheten Jonas, den solch ein Walfisch einmal aus Versehen verschluckte, konnte er nimmermehr verdauen, und nach dreien Tagen spuckte er ihn wieder aus. Das vortreffliche Ungeheuer hat leider keine Religion, und so ein Walfisch verehrt unseren wahren Herrgott, der droben im Himmel wohnt, ebenso wenig wie den falschen Heidengott, der fern am Nordpol auf der Kanincheninsel sitzt, wo er denselben zuweilen besucht.«

»Was ist das für ein Ort, die Kanincheninsel?« fragte ich unsern Niels Andersen. Dieser aber trommelte mit seinem Holzbein auf der Tonne und erwiderte: »Das ist eben die Insel, wo die Geschichte passiert, die ich zu erzählen habe. Die eigentliche Lage der Insel kann ich nicht genau angeben. Niemand konnte, seit sie entdeckt worden, wieder zu ihr gelangen; solches verhinderten die ungeheuren Eisberge, die sich um die Insel türmen und vielleicht nur selten eine Annäherung erlauben. Nur die Schiffsleute eines russischen Walfischjägers, welche einst die Nordstürme so hoch hinauf verschlugen, betraten den Boden der Insel, und seitdem sind schon hundert Jahre verflossen. Als jene Schiffsleute mit einem Kahn dort landeten, fanden sie die Insel ganz wüst und öde. Traurig bewegten sich die Halme des Ginsters über dem Flugsand; nur hie und da standen einige Zwergtannen, oder es krüppelte am Boden das unfruchtbarste Buschwerk. Eine Menge Kaninchen sahen sie umherspringen, weshalb sie dem Ort den Namen Kanincheninsel erteilten. Nur eine einzige ärmliche Hütte gab Kunde, dass ein menschliches Wesen dort wohnte. Als die Schiffer hineintraten, erblickten sie einen uralten Greis, der, kümmerlich bekleidet mit zusammengeflickten Kaninchenfellen, auf einem Steinstuhl vor dem Herd saß und an dem flackernden Reisig seine mageren Hände und schlotternden Knie wärmte. Neben ihm zur Rechten stand ein ungeheuer großer Vogel, der ein Adler zu sein schien, den aber die Zeit so unwirsch gemausert hatte, dass er nur noch die langen struppigen Federkiele seiner Flügel behalten, was dem nackten Tier ein höchst närrisches und zugleich grauenhaft hässliches Aussehen verlieh. Zur linken Seite des Alten kauerte am Boden eine außerordentlich große, haarlose Ziege, die sehr alt zu sein schien, obgleich noch volle Milcheutern mit rosig frischen Zitzen an ihrem Bauch hingen.

Unter den russischen Seeleuten, welche auf der Kanincheninsel landeten, befanden sich mehrere Griechen, und einer derselben glaubte nicht von dem Hausherrn der Hütte verstanden zu werden, als er in griechischer Sprache zu einem Kameraden sagte: ›Dieser alte Kauz ist entweder ein Gespenst oder ein böser Dämon.‹ Aber bei diesen Worten erhub sich der Alte plötzlich von seinem Steinsitz, und mit großer Verwunderung sahen die Schiffer eine hohe, stattliche Gestalt, die sich trotz dem hohen Alter mit gebietender, schier königlicher Würde aufrecht hielt und beinahe die Balken des Gesimses mit dem Haupte berührte; auch die Züge desselben, obgleich verwüstet und verwittert, zeugten von ursprünglicher Schönheit, sie waren edel und streng gemessen, sehr spärlich fielen einige Silberhaare auf die von Stolz und Alter gefurchte Stirn, die Augen blickten bleich und stier, aber doch stechend, und dem hoch aufgeschürzten Munde entquollen in altertümlich griechischem Dialekt die wohllautenden und klangvollen Worte: ›Ihr irrt Euch, junger Mensch, ich bin weder ein Gespenst noch ein böser Dämon; ich bin ein Unglücklicher, welcher einst bessere Tage gesehen. Wer aber seid Ihr?‹

Die Schiffer erzählten nun dem Manne das Missgeschick ihrer Fahrt und verlangten Auskunft über alles, was die Insel beträfe. Die Mitteilungen fielen aber sehr dürftig aus. Seit undenklicher Zeit, sagte der Alte, bewohne er die Insel, deren Bollwerke von Eis ihm gegen seine unerbittlichen Feinde eine sichere Zuflucht gewährten. Er lebe hauptsächlich vom Kaninchenfang, und alle Jahr, wenn die treibenden Eismassen sich gesetzt, kämen auf Schlitten einige Haufen Wilde, denen er seine Kaninchenfelle verkaufe und die ihm als Zahlung allerlei Gegenstände des unmittelbarsten Bedürfnisses überließen. Die Walfische, welche manchmal an die Insel heranschwämmen, seien seine liebste Gesellschaft. Dennoch mache es ihm Vergnügen, jetzt wieder seine Muttersprache zu reden, denn er sei ein Grieche; er bat auch seine Landsleute, ihm einige Nachrichten über die jetzigen Zustände Griechenlands zu erteilen. Dass von den Zinnen der Türme der griechischen Städte das Kreuz abgebrochen worden, verursachte dem Alten augenscheinlich eine boshafte Freude; doch war es ihm nicht ganz recht, als er hörte, dass an seiner Stelle der Halbmond jetzt aufgepflanzt steht. Sonderbar war es, dass keiner der Schiffer die Namen der Städte kannte, nach welchen der Alte sich erkundigte und die nach seiner Versicherung zu seiner Zeit blühend gewesen; in gleicher Weise waren ihm die Namen fremd, die den heutigen Städten und Dörfern Griechenlands von den Seeleuten erteilt wurden. Der Greis schüttelte deshalb oft wehmütig das Haupt, und die Schiffer sahen sich verwundert an. Sie merkten, dass er alle Örtlichkeiten Griechenlands ganz genau kannte, und in der Tat, er wusste die Buchten, die Erdzungen, die Vorsprünge der Berge, oft sogar den geringsten Hügel und die kleinsten Felsengruppen so bestimmt und anschaulich zu beschreiben, dass seine Unkenntnis der gewöhnlichsten Ortsnamen die Schiffer in das größte Erstaunen setzte. So befrug er sie mit besonderem Interesse, ja mit einer gewissen Ängstlichkeit, nach einem alten Tempel, der, wie er versicherte, zu seiner Zeit der schönste in ganz Griechenland gewesen sei. Doch keiner der Zuhörer kannte den Namen, den er mit Zärtlichkeit aussprach, bis endlich, nachdem der Alte die Lage des Tempels wieder ganz genau geschildert hatte, ein junger Matrose nach der Beschreibung den Ort erkannte, wovon die Rede war.

Das Dorf, wo er geboren, sagte der junge Mensch, sei eben an jenem Orte gelegen, und als Knabe habe er auf dem beschriebenen Platz lange Zeit die Schweine seines Vaters gehütet. Auf jener Stelle, sagt er, fänden sich wirklich die Trümmer uralter Bauwerke, welche von untergegangener Pracht zeugten; nur hie und da ständen noch aufrecht einige große Marmorsäulen, entweder einzeln oder oben verbunden durch die Quadern eines Giebels, aus dessen Brüchen blühende Ranken von Geißblatt und roten Glockenblumen, wie Haarflechten, herabfielen. Andere Säulen, darunter manche von rosigem Marmor, lägen gebrochen auf dem Boden, und das Gras wuchere über die kostbaren Knäufe, die aus schön gemeißeltem Blätter und Blumenwerk beständen. Auch große Marmorplatten, viereckige Wand- oder dreieckige Dachstücke steckten dort halbversunken in der Erde, überragt von einem ungeheuer großen wilden Feigenbaum, der aus dem Schutt hervorgewachsen. Unter dem Schatten dieses Baumes, fuhr der Bursche fort, habe er oft ganze Stunden zugebracht, um die sonderbaren Figuren zu betrachten, die auf den großen Steinen in runder Bildhauerarbeit konterfeit waren und allerlei Spiele und Kämpfe vorstellten, gar lieblich und lustig anzusehen, aber leider auch vielfach zerstört von der Witterung oder überwachsen von Moos und Efeu. Sein Vater, den er um die geheimnisvolle Bedeutung jener Säulen und Bildwerke befragte, sagte ihm einst, dass dieses die Trümmer eines alten Tempels wären, worin ehemals ein verruchter Heidengott gehaust, der nicht bloß die nackteste Liederlichkeit, sondern auch unnatürliche Laster und Blutschande getrieben; die blinden Heiden hätten aber dennoch, ihm zu Ehren, vor seinem Altar manchmal hundert Ochsen auf einmal geschlachtet; der ausgehöhlte Marmorblock, worin das Blut der Opfer geflossen, sei dort noch vorhanden, und es sei eben jener Steintrog, den er, sein Sohn, zuweilen dazu benutze, mit dem darin gesammelten Regenwasser seine Schweine zu tränken oder darin allerlei Abfall für ihre Atzung aufzubewahren.

So sprach der junge Mensch. Aber der Greis stieß jetzt einen Seufzer aus, der den ungeheuersten Schmerz verriet; gebrochen sank er nieder auf seinen Steinstuhl, bedeckte sein Gesicht mit beiden Händen und weinte wie ein Kind. Der große Vogel kreischte entsetzlich, spreizte weit aus seine ungeheuern Flügel und bedrohte die Fremden mit Krallen und Schnabel. Die alte Ziege jedoch leckte ihres Herrn Hände und meckerte traurig und wie besänftigend.

Ein unheimliches Missbehagen ergriff die Schiffer bei diesem Anblick, sie verließen schleunig die Hütte und waren froh, als sie das Geschluchze des Greises, das Gekreisch des Vogels und das Ziegengemecker nicht mehr vernahmen. Zurückgekehrt an Bord des Schiffes, erzählten sie dort ihr Abenteuer. Aber unter der Schiffsmannschaft befand sich ein russischer Gelehrter, Professor bei der Philosophischen Fakultät der Universität zu Kasan, und dieser erklärte die Begebenheit für höchst wichtig; den Zeigefinger pfiffig an die Nase legend, versicherte er den Schiffern: Der Greis auf der Kanincheninsel sei unstreitig der alte Gott Jupiter, Sohn des Saturn und der Rhea, der ehemalige König der Götter. Der Vogel an seiner Seite sei augenscheinlich der Adler, der einst die fürchterlichen Blitze in seinen Krallen trug. Und die alte Ziege könne, aller Wahrscheinlichkeit nach, keine andre Person sein als die Althea, die alte Amme, die den Gott bereits auf Kreta säugte und jetzt im Exil wieder mit ihrer Milch ernähre.«

So erzählte Niels Andersen, und ich gestehe, diese Mitteilung erfüllte meine Seele mit Wehmut. Schon die Aufschlüsse über das geheime Leid der Walfische erregte mein Mitgefühl. Arme große Bestie! Gegen das schnöde Rattengesindel, das sich bei dir eingenistet und unaufhörlich an dir nagt, gibt es keine Hilfe, und du musst es lebenslang mit dir schleppen; und rennst du auch verzweiflungsvoll vom Nordpol zum Südpol und reibst dich an seinen Eiskanten – es hilft dir nichts, du wirst sie nicht los, die schnöden Ratten, und dabei fehlt dir der Trost der Religion! An jeder Größe auf dieser Erde nagen die heimlichen Ratten, und die Götter selbst müssen am Ende schmählich zugrunde gehen. So will es das eiserne Gesetz des Fatums, und selbst der Höchste der Unsterblichen muss demselben schmachvoll sein Haupt beugen. Er, den Homer besungen und Phidias abkonterfeit in Gold und Elfenbein; er, der nur mit den Augen zu zwinkern brauchte, um den Erdkreis zu erschüttern; er, der Liebhaber von Leda, Alkmene, Semele, Danae, Kallisto, Jo, Leto, Europa etc. – er muss am Ende am Nordpol sich hinter Eisbergen verstecken und, um sein elendes Leben zu fristen, mit Kaninchenfellen handeln wie ein schäbiger Savoyarde!

Ich zweifle nicht, dass es Leute gibt, die sich schadenfroh an solchem Schauspiel laben. Diese Leute sind vielleicht die Nachkommen jener unglücklichen Ochsen, die als Hekatomben auf den Altären Jupiters geschlachtet wurden – Freut euch, gerächt ist das Blut eurer Vorfahren, jener armen Schlachtopfer des Aberglaubens! Uns aber, die wir von keinem Erbgroll befangen sind, uns erschüttert der Anblick gefallener Größe, und wir widmen ihr unser frömmigstes Mitleid. Diese Empfindsamkeit verhinderte uns vielleicht, unsrer Erzählung jenen kalten Ernst zu verleihen, der eine Zierde des Geschichtschreibers ist; nur einigermaßen vermochten wir uns jener Gravität zu befleißen, die man nur in Frankreich erlangen kann. Bescheidentlich empfehlen wir uns der Nachsicht des Lesers, für welchen wir immer die höchste Ehrfurcht bezeugten, und somit schließen wir hier die erste Abteilung unserer Geschichte der Götter im Exil.

Über den Denunzianten

Eine Vorrede zum dritten Teile des »Salons«

[Hoffmann und Campe, Hamburg 1837]

Ich habe diesem Buch einige sehr unerfreuliche Bemerkungen voranzuschicken und viel mehr über das, was es nicht enthält, als über den Inhalt selbst mich auszusprechen. Was letzteren betrifft, so steht zu berichten, dass ich von den »Florentinischen Nächten« die Fortsetzung, worin mancherlei Tagesinteressen ihr Echo fanden, nicht mitteilen konnte. Die »Elementargeister« sind nur die deutsche Bearbeitung eines Kapitels aus meinem Buche »De l'Allemagne«; alles, was ins Gebiet der Politik und der Staatsreligion hinüberspielte, ward gewissenhaft ausgemerzt, und nichts blieb übrig als eine Reihe harmloser Märchen, die, gleich den Novellen des »Decamerone«, dazu dienen könnten, jene pestilenzielle Wirklichkeit, die uns dermalen umgibt, für einige Stunden zu vergessen. Das Gedicht, welches am Schluss des Buches, habe ich selber verfasst, und ich denke, es wird meinen Feinden viel Vergnügen machen; ich habe kein besseres geben können. Die Zeit der Gedichte ist überhaupt bei mir zu Ende, ich kann wahrhaftig kein gutes Gedicht mehr zutage fördern, und die Kleindichter in Schwaben, statt mir zu grollen, sollten sie mich vielmehr brüderlichst in ihre Schule aufnehmen ... Das wird auch wohl das Ende des Spaßes sein, dass ich in der schwäbischen Dichterschule, mit Fallhütchen auf dem Kopf, neben den andern auf das kleine Bänkchen zu sitzen komme und das schöne Wetter besinge, die Frühlingssonne, die Maienwonne, die Gelbveiglein [Cheiranthus cheiri; Goldlack] und die Quetschenbäume. Ich hatte längst eingesehen, dass es mit den Versen nicht mehr recht vorwärtsging, und deshalb verlegte ich mich auf gute Prosa. Da man aber in der Prosa nicht ausreicht mit dem schönen Wetter, Frühlingssonne, Maienwonne, Gelbveiglein und Quetschenbäumen, so musste ich auch für die neue Form einen neuen Stoff suchen; dadurch geriet ich auf die unglückliche Idee, mich mit Ideen zu beschäftigen, und ich dachte nach über die innere Bedeutung der Erscheinungen, über die letzten Gründe der Dinge, über die Bestimmung des Menschengeschlechts, über die Mittel, wie man die Leute besser und glücklicher machen kann, usw. Die Begeisterung, die ich von Natur für diese Stoffe empfand, erleichterte mir ihre Behandlung, und ich konnte bald in einer äußerst schönen, vortrefflichen Prosa meine Gedanken darstellen ... Aber ach! als ich es endlich im Schreiben soweit gebracht hatte, da ward mir das Schreiben selber verboten. Ihr kennt den Bundestagsbeschluss vom Dezember 1835, wodurch meine ganze Schriftstellerei mit dem Interdikt belegt ward. Ich weinte wie ein Kind! Ich hatte mir so viel Mühe gegeben mit der deutschen Sprache, mit dem Akkusativ und Dativ, ich wusste die Worte so schön aneinanderzureihen, wie Perl' an Perl', ich fand schon Vergnügen an dieser Beschäftigung, sie verkürzte mir die langen Winterabende des Exils, ja, wenn ich deutsch schrieb, so konnte ich mir einbilden, ich sei in der Heimat, bei der Mutter ... Und nun ward mir das Schreiben verboten! Ich war sehr weich gestimmt, als ich an den Bundestag jene Bittschrift schrieb, die ihr ebenfalls kennt und die von manchem unter euch als gar zu untertänig getadelt worden. Meine Konsulenten, deren Responsa ich bei diesem Ereignis einholte, waren alle der Meinung, ich müsse ein groß Spektakel erheben, große Memoiren anfertigen, darin beweisen, »dass hier ein Eingriff in Eigentumsrechte stattfände, dass man mir nur durch richterlichen Urteilsspruch die Ausbeutung meiner Besitztümer, meiner schriftstellerischen Fähigkeiten, untersagen könne, dass der Bundestag kein Gerichtshof und zu richterlichen Erkenntnissen nicht befugt sei, dass ich protestieren, künftigen Schadenersatz verlangen, kurz, Spektakel machen müsse«. Zu dergleichen fühlte ich mich aber keineswegs aufgelegt, ich hege die größte Abneigung gegen alle deklamatorische Rechthaberei, und ich kannte zu gut den Grund der Dinge, um durch die Dinge selbst aufgebracht zu sein. Ich wusste im Herzen, dass es durchaus nicht darauf abgesehen war, durch jenes Interdikt mich persönlich zu kränken; ich wusste, dass der Bundestag, nur die Beruhigung Deutschlands beabsichtigend, aus bester Vorsorge für das Gesamtwohl, gegen den Einzelnen mit Härte verfuhr; ich wusste, dass es der schnödesten Angeberei gelungen war, einige Mitglieder der erlauchten Versammlung, handelnde Staatsmänner, die sich mit der Lektüre meiner neueren Schriften gewiss wenig beschäftigen konnten, über den Inhalt derselben irrezuleiten und ihnen glauben zu machen, ich sei das Haupt einer Schule, welche sich zum Sturze aller bürgerlichen und moralischen Institutionen verschworen habe ... Und in diesem Bewusstsein schrieb ich nicht eine Protestation, sondern eine Bittschrift an den Bundestag, worin ich, weit entfernt, seine oberrichtlichen Befugnisse in Abrede zu stellen, den betrübsamen Beschluss als ein Kontumazialurteil [Entscheid gegen Abwesende] betrachtete und, auf alten Präzedenzien fußend, demütigst bat, mich gegen die im Beschluss angeführten Beschuldigungen vor den Schranken der erlauchten Versammlung verteidigen zu dürfen. Von der Gefährdung meiner pekuniären Interessen tat ich keine Erwähnung. Eine gewisse Scham hielt mich davon ab. Nichtsdestoweniger haben viele edle Menschen in Deutschland, wie ich aus manchen errötenden Stellen ihrer Trostbriefe ersah, aufs Tiefste gefühlt, was ich verschwieg. Und in der Tat, wenn es schon hinlänglich betrübsam ist, dass ich, ein Dichter Deutschlands, fern vom Vaterland, im Exil leben muss, so wird es gewiss jeden fühlenden Menschen doppelt schmerzen, dass ich jetzt noch obendrein meines literarischen Vermögens beraubt werde, meines geringen Poetenvermögens, das mich in der Fremde wenigstens gegen physisches Elend schützen konnte. – Ich sage dieses mit Kummer, aber nicht mit Unmut. Denn wen sollte ich anklagen? Nicht die Fürsten; denn, ein Anhänger des monarchischen Prinzips, ein Bekenner der Heiligkeit des Königtums, wie ich mich seit der Juliusrevolution, trotz dem bedenklichsten Gebrülle meiner Umgebung, gezeigt habe, möchte ich wahrlich nicht mit meinen besonderen Beklagnissen dem verwerflichen Jakobinismus einigen Vorschub leisten. Auch nicht die Räte der Fürsten kann ich anklagen; denn, wie ich aus den sichersten Quellen erfahren, haben viele der höchsten Staatsmänner den exzeptionellen Zustand, worin man mich versetzt, mit würdiger Teilnahme bedauert und baldigste Abhilfe versprochen; ja, ich weiß es, nur wegen der Langsamkeit des Geschäftsgangs ist die Abhilfe noch nicht gesetzlich an den Tag getreten, und vielleicht, während ich diese Zeilen schreibe, wird dergleichen in Deutschland zu meinen Gunsten promulgiert. Selbst entschiedenste Gegner unter den deutschen Staatsmännern haben mich wissen lassen, dass die Strenge des erwähnten Bundestagsbeschlusses nicht den ganzen Schriftsteller treffen sollte, sondern nur den politischen und religiösen Teil desselben, der poetische Teil desselben dürfe sich unverhindert aussprechen, in Gedichten, Dramen, Novellen, in jenen schönen Spielen der Phantasie, für welche ich so viel Genie besitze ... Ich könnte fast auf den Gedanken geraten, man wolle mir einen Dienst leisten und mich zwingen, meine Talente nicht für undankbare Themata zu vergeuden ... In der Tat, sie waren sehr undankbar, haben mir nichts als Verdruss und Verfolgung zugezogen ... Gottlob! ich werde mit Gendarmen auf den besseren Weg geleitet, und bald werde ich bei euch sein, ihr Kinder der schwäbischen Schule, und wenn ich nicht auf der Reise den Schnupfen bekomme, so sollt ihr euch freuen, wie fein meine Stimme, wenn ich mit euch das schöne Wetter besinge, die Frühlingssonne, die Maienwonne, die Gelbveiglein, die Quetschenbäume.

Dieses Buch diene schon als Beweis meines Fortschreitens nach hinten. Auch hoffe ich, die Herausgabe desselben wird weder oben noch unten zu meinem Nachteil missdeutet werden. Das Manuskript war zum größten Teil schon seit einem Jahre in den Händen meines Buchhändlers, ich hatte schon seit anderthalb Jahren mit demselben über die Herausgabe stipuliert, und es war mir nicht möglich, diese zu unterlassen. – Ich werde zu einer anderen Zeit mich ausführlicher über diesen Umstand aussprechen; er steht nämlich in einiger Verbindung mit jenen Gegenständen, die meine Feder nicht berühren soll. Dieselbe Rücksicht verhindert mich, mit klaren Worten das Gespinst von Verleumdungen zu beleuchten, womit es einer in den Annalen deutscher Literatur unerhörten Angeberei gelungen ist, meine Meinungen als staatsgefährlich zu denunzieren und das erwähnte Interdikt gegen mich zu veranlassen. Wie und in welcher Weise dieses geschehen, ist notorisch, auch ist der Denunziant, der literarische Mouchard [Spitzel], schon längst der öffentlichen Verachtung verfallen; es ist purer Luxus, wenn, nach so vielen edlen Stimmen des Unwillens, auch ich noch hinzutrete, um über das klägliche Haupt des Herrn Wolfgang Menzel in Stuttgart die Ehrlosigkeit, die Infamia, auszusprechen. Nie hat deutsche Jugend einen ärmeren Sünder mit witzigeren Ruten gestrichen und mit glühenderem Hohn gebrandmarkt! Er dauert mich wahrlich, der Unglückliche, dem die Natur ein kleines Talent und Cotta ein großes Blatt anvertraut hatten und der beides so schmutzig, so miserabel missbrauchte!

Ich lasse es dahingestellt sein, ob es das Talent oder das Blatt war, wodurch die Stimme des Herrn Menzel so weitreichend gewesen, dass seine Denunziation so betrübsam wirken konnte, dass beschäftigte Staatsmänner, die eher Literaturblätter als Bücher lesen, ihm aufs Wort glaubten. Soviel weiß ich, sein Wort musste umso lauter erschallen, je ängstlichere Stille damals in Deutschland herrschte ... Die Stimmführer der Bewegungspartei hielten sich in einem klugen Schweigen versteckt oder saßen in wohlvergittertem Gewahrsam und harrten ihres Urteils, vielleicht des Todesurteils ... Höchstens hörte man manchmal das Schluchzen einer Mutter, deren Kind in Frankfurt die Konstablerwache mit dem Bajonett eingenommen hatte und nicht mehr hinauskonnte, ein Staatsverbrechen, welches gewiss ebenso unbesonnen wie strafwürdig war und den feinöhrigsten Argwohn der Regierungen überall rechtfertigte ... Herr Menzel hatte sehr gut seine Zeit gewählt zur Denunziation jener großen Verschwörung, die, unter dem Namen »das Junge Deutschland«, gegen Thron und Altar gerichtet ist und in dem Schreiber dieser Blätter ihr gefährlichstes Oberhaupt verehrt.

Sonderbar! Und immer ist es die Religion und immer die Moral und immer der Patriotismus, womit alle schlechten Subjekte ihre Angriffe beschönigen! Sie greifen uns an, nicht aus schäbigen Privatinteressen, nicht aus Schriftstellerneid, nicht aus angeborenem Knechtssinn, sondern um den lieben Gott, um die guten Sitten und das Vaterland zu retten. Herr Menzel, welcher jahrelang, während er mit Herrn Gutzkow befreundet war, mit kummervollem Stillschweigen zugesehen, wie die Religion in Lebensgefahr schwebte, gelangt plötzlich zur Erkenntnis, dass das Christentum rettungslos verloren sei, wenn er nicht schleunigst das Schwert ergreift und dem Gutzkow von hinten ins Herz stößt. Um das Christentum selber zu retten, muss er freilich ein bisschen unchristlich handeln; doch die Engel im Himmel und die Frommen auf der Erde werden ihm die kleinen Verleumdungen und sonstigen Hausmittelchen, die der Zweck heiligt, gern zugute halten. – Wenn einst das Christentum wirklich zugrunde ginge (vor welchem Unglück uns die ewigen Götter bewahren wollen!), so würden es wahrlich nicht seine Gegner sein, denen man die Schuld davon zuschreiben müsste. Auf jeden Fall hat sich unser Herr und Heiland, Jesus Christus, nicht bei Herrn Menzel und dessen bayrischen Kreuzbrüdern zu bedanken, wenn seine Kirche auf ihrem Felsen stehenbleibt! Und ist Herr Menzel wirklich ein guter Christ, ein besserer Christ als Gutzkow und das sonstige Junge Deutschland? Glaubt er alles, was in der Bibel steht? Hat er immer die Lehren des Bergpredigers streng befolgt? Hat er immer seinen Feinden verziehen, nämlich allen denen, die in der Literatur eine glänzendere Rolle spielten als er? Hat Herr Menzel seine linke Wange sanftmütig hingehalten, als ihm der Buchhändler Franckh auf die rechte Wange eine Ohrfeige oder, schwäbisch zu sprechen, eine Maulschelle gegeben? Hat Herr Menzel Witwen und Waisen immer gut rezensiert? War er jemals ehrlich, war sein Wort immer »Ja« oder »Nein«? Wahrlich nein, nächst einer geladenen Pistole hat Herr Menzel nie etwas mehr gescheut als die Ehrlichkeit der Rede, er war immer ein zweideutiger Duckmäuser, halb Hase, halb Wetterfahne, grob und windig zu gleicher Zeit, wie ein Polizeidiener. Hätte er in jenen ersten Jahrhunderten gelebt, wo ein Christ mit seinem Blute Zeugnis geben musste für die Wahrheit des Evangeliums, da wäre er wahrlich nicht als Verteidiger desselben aufgetreten, sondern vielmehr als der Ankläger derer, die sich zum Christentum bekannten und die man damals des Atheismus und der Immoralität beschuldigte. Wohnte Herr Menzel in Peking statt in Stuttgart, so schriebe er jetzt vielleicht lange delatorische Artikel gegen »das junge China«, welches, wie aus den jüngsten Dekreten der chinesischen Regierung hervorgeht, eine Rotte von Bösewichtern zu sein scheint, die durch Schrift und Wort das Christentum verbreiten und deshalb von den Mandarinen des himmlischen Reiches für die gefährlichsten Feinde der bürgerlichen Ordnung und der Moral erklärt werden.

Ja, nächst der Religion ist es die Moral, für deren Untergang Herr Menzel zittert. Ist er vielleicht wirklich so tugendhaft, der unerbittliche Sittenwart von Stuttgart? Eine gewisse physische Moralität will ich Herrn Menzel keinesweges absprechen. Es ist schwer, in Stuttgart *nicht* moralisch zu sein. In Paris ist es schon leichter, das weiß Gott! Es ist eine eigene Sache mit dem Laster. Die Tugend kann jeder allein üben, er hat niemand dazu nötig als sich selber; zu dem Laster aber gehören immer zwei. Auch wird Herr Menzel von seinem Äußern aufs Glänzendste unterstützt, wenn er das Laster fliehen will. Ich habe eine zu vorteilhafte Meinung von dem guten Geschmacke des Lasters, als dass ich glauben dürfte, es würde jemals einem Menzel nachlaufen. Der arme Goethe war nicht so glücklich begabt, und es war ihm nicht vergönnt, immer tugendhaft zu bleiben. Die schwäbische Schule sollte ihrem nächsten Musenalmanach das Bildnis des Herrn Menzel voransetzen; es wäre sehr belehrsam. Das Publikum würde gleich bemerken: er sieht gar nicht aus wie Goethe. Und mit noch größerer Verwunderung würde man bemerken: dieser Held des Deutschtums, dieser Vorkämpe des Germanismus, sieht gar nicht aus wie ein Deutscher, sondern wie ein Mongole ... jeder Backenknochen ein Kalmuck!

Dieses ist nun freilich verdrießlich für einen Mann, der beständig auf Nationalität pocht, gegen alles Fremdländische unaufhörlich loszieht und unter lauter Teutomanen lebt, die ihn nur als einen nützlichen Verbündeten, jedoch keineswegs als einen reinen Stammgenossen betrachten. Wir aber sind keine altdeutsche Rassenmäkler, wir betrachten die ganze Menschheit als eine große Familie, deren Mitglieder ihren Wert nicht durch Hautfarbe und Knochenbau, sondern durch die Triebe ihrer Seele, durch ihre Handlungen offenbaren. Ich würde gern, wenn es Herrn Menzel Vergnügen machte, ihm zugestehen, dass er ein makelloser Abkömmling Teuts, wo nicht gar ein legitimer Enkel Hermanns und Thusneldens sei, wenn nur sein Inneres, sein Charakter, seine Handlungen eine solche Annahme rechtfertigen könnten; aber diese widersprechen seinem Germanentum noch weit bedenklicher als sein Gesicht.

Die erste Tugend der Germanen ist eine gewisse Treue, eine gewisse schwerfällige, aber rührend großmütige Treue. Der Deutsche schlägt sich selbst für die schlechteste Sache, wenn er einmal Handgeld empfangen oder auch nur im Rausche seinen Beistand versprochen; er schlägt sich alsdann mit seufzendem Herzen, aber er schlägt sich; wie auch die bessere Überzeugung in seiner Brust murre, er kann sich doch nicht entschließen, die Fahne zu verlassen, und er verlässt sie am allerwenigsten, wenn seine Partei in Gefahr oder vielleicht gar von feindlicher Übermacht umzingelt ist ... Dass er alsdann zu den Gegnern überliefe, ist weder dem deutschen Charakter angemessen noch dem Charakter irgendeines anderen Volkes ... Aber in diesem Falle noch gar als Denunziant zu agieren, das kann nur ein Schurke.

Und auch eine gewisse Scham liegt im Wesen der Germanen; gegen den Schwächeren oder Wehrlosen wird er nimmermehr das Schwert ziehen, und den Feind, der gebunden und geknebelt am Boden liegt, wird er nicht antasten, bis derselbe seiner Bande entledigt und wieder auf freien Füßen steht. Herr Menzel aber schwang seinen Flamberg am liebsten gegen Weiber, er hat sie zu Dutzenden niedergesäbelt, die deutschen Schriftstellerinnen, arme Wesen, die, um Brot für ihre Kinder zu erwerben, zur Feder gegriffen und der rohen öffentlichen Verspottung nichts als heimliche Tränen entgegensetzen konnten! Er hat gewiss uns Männern einen wichtigen Dienst geleistet, indem er uns von der Konkurrenz der weiblichen Schriftsteller befreite, er hat vielleicht auch der Literatur dadurch genützt, aber ich möchte in einem solchen Feldzug meine Sporen nimmermehr erworben haben. Auch gegen Herrn Gutzkow, und wäre Gutzkow ein Vatermörder gewesen, hätte ich nicht meine Philippika donnern mögen, während er im Kerker lag oder gar vor Gericht stand. Und ich bin weit davon entfernt, auf alle germanischen Tugenden Anspruch zu machen, vielleicht am wenigsten auf eine gewisse Ehrlichkeit, die ebenfalls als ein besonderes Kennzeichen des Germanentums zu betrachten ist. Ich habe manchem Toren ins Gesicht gesagt, er sei ein Weiser, aber ich tat es aus Höflichkeit. Ich habe manchen Verständigen einen Esel gescholten, aber ich tat es aus Hass. Niemals habe ich mich der Zweideutigkeit beflissen, ängstlich die Ereignisse abwartend, in der Politik wie im Privatleben, und gar niemals lag meinen Worten ein erbärmlicher Eigennutz zugrunde. Von der Menzelschen Politik in der Politik darf ich hier nicht reden, wegen der Politik. Übrigens ist das öffentliche Leben des Herrn Menzel sattsam bekannt, und jeder weiß, dass sein Betragen als württembergischer Deputierter ebenso heuchlerisch wie lächerlich. Über sein Privatschelmenleben kann ich, schon wegen Mangel an Raum, ebenfalls nicht reden. Auch seiner literarischen Gaunerstreiche will ich hier nicht erwähnen; es wäre zu langweilig, wenn ich ausführlich zeigen müsste, wie Herr Menzel, der ehrliche Mann, von den Autoren, die er kritisiert, ganz andere Dinge zitiert, als in ihren Büchern stehn, wie er statt der Originalworte lauter sinnverfälschende Synonyme liefert usw. Nur die kleine humoristische Anekdote, wie nämlich Herr Menzel dem alten Baron Cotta seine »Deutsche Literatur« zum Verlag anbot, kann ich, des Spaßes wegen, nicht unerwähnt lassen. Das Manuskript dieses Buches enthielt am Schluss die großartigsten Lobsprüche auf Cotta, die jedoch keineswegs denselben verleiteten, das geforderte Honorar dafür zu bewilligen. Es schmeichelte aber immerhin dem seligen Baron, sich mal recht tüchtig gelobt zu sehen, und als bald darauf das Buch bei Gebrüder Franckh herauskam, sprach er freudig zu seinem Sohn: »Georg, lies das Buch, darin wird mein Verdienst anerkannt, darin werde ich mal nach Gebühr gelobt!« Georg aber fand, dass in dem Buche alle Lobsprüche ausgestrichen und im Gegenteil die derbsten Seitenhiebe auf seinen Vater eingeschaltet worden. Der Alte war zum Küssen liebenswürdig, wenn er diese Anekdote erzählte.

Und noch eine Tugend gibt es bei den Germanen, die wir bei Herren Menzel vermissen: die Tapferkeit. Herr Menzel ist feige. Ich sage dieses beileibe nicht, um ihn als Mensch herabzuwürdigen: man kann ein guter Bürger sein und doch den Tabaksrauch mehr lieben als den Pulverdampf und gegen bleierne Kugeln eine größere Abneigung empfinden als gegen schwäbische Mehlklöße; denn letztere können zwar schwer im Magen lasten, sind aber lange nicht so unverdaulich. Auch ist Morden eine Sünde, und gar das Duell! wird es nicht aufs Bestimmteste verboten durch die Religion, durch die Moral und durch die Philosophie? Aber will man beständig mit deutscher Nationalität bramarbasieren, will man für einen Helden des Deutschtums gelten, so muss man tapfer sein, so muss man sich schlagen, sobald ein beleidigter Ehrenmann Genugtuung fordert, so muss man mit dem Leben einstehen für das Wort, das man gesprochen. Das tapferste Volk sind die Deutschen. Auch andere Völker schlagen sich gut, aber ihre Schlachtlust wird immer unterstützt durch allerlei Nebengründe. Der Franzose schlägt sich gut, wenn sehr viele Zuschauer dabei sind oder irgendeine seiner Lieblingsmarotten, z. B. Freiheit und Gleichheit, Ruhm und dgl. m., auf dem Spiele steht. Die Russen haben sich gegen die Franzosen sehr gut geschlagen, weil ihre Generäle ihnen versicherten, dass diejenigen unter ihnen, welche auf deutschem oder französischem Boden fielen, unverzüglich hinten in Russland wieder auferstünden; und um nur geschwind wieder nach Hause zu kommen, nach Juchtenheim, stürzten sie sich mutig in die französischen Bajonette; es ist nicht wahr, dass damals bloß der Stock und der Branntwein sie begeistert habe. Die Deutschen aber sind tapfer ohne Nebengedanken, sie schlagen sich, um sich zu schlagen, wie sie trinken, um zu trinken. Der deutsche Soldat wird weder durch Eitelkeit noch durch Ruhmsucht, noch durch Unkenntnis der Gefahr in die Schlacht getrieben, er stellt sich ruhig in Reih und Glied und tut seine Pflicht; kalt, unerschrocken, zuverlässig. Ich spreche hier von der rohen Masse, nicht von der Elite der Nation, die auf den Universitäten, jenen hohen Schulen der Ehre, wenn auch selten in der Wissenschaft, doch desto öfter in den Gefühlen der Manneswürde die feinste Ausbildung erlangt hat. Ich habe fast sieben Jahre, studierenshalber, auf deutschen Universitäten zugebracht, und deutsche Schlaglust wurde für mich ein so gewöhnliches Schauspiel, dass ich an Feigheit kaum mehr glaubte. Diese Schlaglust fand ich besonders bei meinen speziellen Landsleuten, den Westfalen, die, von Herzen die gutmütigsten Kinder, aber bei vorfallenden Missverständnissen den langen Wortwechsel nicht liebend, gewöhnlich geneigt sind, den Streit auf einem natürlichen, sozusagen freundschaftlichen Weg, nämlich durch die Entscheidung des Schwertes, schleunigst zu beendigen. Deshalb haben die Westfalen auf den Universitäten die meisten Duelle. Herr Menzel aber ist kein Westfale, ist kein Deutscher, Herr Menzel ist eine Memme. Als er mit den frechsten Worten die bürgerliche Ehre des Herrn Gutzkow angetastet, die persönlichsten Verleumdungen gegen denselben losgegeifert und der Beleidigte, nach Sitte und Brauch deutscher Jugend, die geziemende Genugtuung forderte, da griff der germanische Held zu der kläglichen Ausflucht, dass dem Herrn Gutzkow ja die Feder zu Gebote stünde, dass er ja ebenfalls gegen ihn drucken lassen könne, was ihm beliebe, dass er ihm nicht im stillen Wald mit materiellen Waffen, sondern öffentlich, auf dem Streitplatz der Journalistik, mit geistigen Waffen, die geforderte Genugtuung geben werde ... Und der germanische Held zog es vor, in seinem Klatschblatte wie ein altes Weib zu keifen, statt auf der Walstätte der Ehre wie ein Mann sich zu schlagen.

Es ist betrübsam, es ist jammervoll, aber dennoch wahr, Herr Menzel ist feige. Ich sage es mit Wehmut, aber es ist für höhere Interessen notwendig, dass ich es öffentlich ausspreche: Herr Menzel ist feige. Ich bin davon überzeugt. Will Herr Menzel mich vom Gegenteil überzeugen, so will ich ihm gerne auf halbem Weg entgegenkommen. Oder wird er auch mir anbieten, mittelst der Druckerpresse, durch Journale und Broschüren, mich gegen die Insinuationen zu verteidigen, die er seiner ersten Denunziation zugrunde gelegt, die er seitdem noch fortgesetzt und die er jetzt gewiss noch verdoppeln wird? Diese Ausflucht konnte damals gegen Herrn Gutzkow angewendet werden; denn damals war das bekannte Dekret des Bundestags noch nicht erschienen, und Herr Gutzkow ward auch seitdem von der Schwere desselben nicht so sehr niedergehalten wie ich. Auch waren in der Polemik desselben, da er Privatverleumdungen, Angriffe auf die Person, abzuwehren hatte, die Persönlichkeiten vorherrschend. Ich aber hätte mehr die Verleumdung meines Geistes, meiner Gefühls- und Denkweise zu besprechen, und ich könnte mich nicht verteidigen, ohne meine Ansichten von Religion und Moral unumwunden darzustellen; nur durch positive Bekenntnisse kann ich mich von den angeschuldigten Negationen, Atheismus und Immoralität, vollständigst reinigen. Und ihr wisst, wie beschränkt das Feld ist, das jetzt meine Feder beackern darf.

Wie gesagt, Herr Menzel hat mich nicht persönlich angegriffen, und ich habe wahrlich gegen ihn keinen persönlichen Groll. Wir waren sogar ehemals gute Freunde, und er hat mich oft genug wissen lassen, wie sehr er mich liebe. Er hat mir nie vorgeworfen, dass ich ein schlechter Dichter sei, und auch ich habe ihn gelobt. Ich hatte meine Freude an ihm, und ich lobte ihn in einem Journal, welches dieses Lob nicht lange überlebte. Ich war damals ein kleiner Junge, und mein größter Spaß bestand darin, dass ich Flöhe unter ein Mikroskop setzte und die Größe derselben den Leuten demonstrierte. Herr Menzel hingegen setzte damals den Goethe unter ein Verkleinerungsglas, und das machte mir ebenfalls ein kindisches Vergnügen. Die Späße des Herrn Menzel missfielen mir nicht; er war damals witzig, und ohne just einen Hauptgedanken zu haben, eine Synthese, konnte er seine Einfälle sehr pfiffig kombinieren und gruppieren, dass es manchmal aussah, als habe er keine losen Streckverse, sondern ein Buch geschrieben. Er hatte auch einige wirkliche Verdienste um die deutsche Literatur; er stand vom Morgen bis Abend im Kote, mit dem Besen in der Hand, und fegte den Unrat, der sich in der deutschen Literatur angesammelt hatte. Durch dieses unreinliche Tagwerk aber ist er selber so schmierig und anrüchig geworden, dass man am Ende seine Nähe nicht mehr ertragen konnte; wie man den Latrinenfeger zur Türe hinausweist, wenn sein Geschäft vollbracht, so wird Herr Menzel jetzt selber zur Literatur hinausgewiesen. Zum Unglück für ihn hat das mistduftige Geschäft so völlig seine Zeit verschlungen, dass er unterdessen gar nichts Neues gelernt hat. Was soll er jetzt beginnen? Sein früheres Wissen war kaum hinreichend für den literarischen Hausbedarf; seine Unwissenheit war immer eine Zielscheibe der Mokerie für seine näheren Bekannten; nur seine Frau hatte eine große Meinung von seiner Gelehrsamkeit. Auch imponierte er ihr nicht wenig! Der Mangel an Kenntnissen und das Bedürfnis, diesen Mangel zu verbergen, hat vielleicht die meisten Irrtümer oder Schelmereien des Herrn Menzel hervorgebracht. Hätte er Griechisch verstanden, so würde es ihm nie in den Sinn gekommen sein, gegen Goethe aufzutreten. Zum Unglück war auch das Lateinische nicht seine Sache, und er musste sich mehr ans Germanische halten, und täglich stieg seine Neigung für die Dichter des deutschen Mittelalters, für die edle Turnkunst und für Jakob Böhme, dessen deutscher Stil sehr schwer zu verstehen ist und den er auch in wissenschaftlicher Form herausgeben wollte.

Ich sage dieses nur, um die Keime und Ursprünge seiner Teutomanie nachzuweisen, nicht um ihn zu kränken; wie ich denn überhaupt, was ich wiederholen muss, nicht aus Groll oder Böswilligkeit ihn bespreche. Sind meine Worte hart, so ist es nicht meine Schuld. Es gilt, dem Publikum zu zeigen, welche Bewandtnis es hat mit jenem bramarbasierenden Helden der Nationalität, jenem Wächter des Deutschtums, der beständig auf die Franzosen schimpft und uns arme Schriftsteller des Jungen Deutschlands für lauter Franzosen und Juden erklärt hat. Für Juden, das hätte nichts zu bedeuten; wir suchen nicht die Allianz des gemeinen Pöbels, und der Höhergebildete weiß wohl, dass Leute, die man als Gegner des Deismus anklagte, keine Sympathie für die Synagoge hegen konnten; man wendet sich nicht an die überwelken Reize der Mutter, wenn einem die alternde Tochter nicht mehr behagt. Dass man uns aber als die Feinde Deutschlands, die das Vaterland an Frankreich verrieten, darstellen wollte, das war wieder ein ebenso feiges wie hinterlistiges Bubenstück. – Es sind vielleicht einige ehrliche Franzosenhasser unter dieser Meute, die uns ob unserer Sympathie für Frankreich so erbärmlich verkennen und so aberwitzig anklagen. Andere sind alte Rüden, die noch immer bellen wie Anno 1813 und deren Gekläffe eben von unserem Fortschritt zeugt. »Der Hund bellt, die Karawane marschiert«, sagt der Beduine. Sie bellen weniger aus Bosheit denn aus Gewohnheit, wie der alte räudige Hofhund, der ebenfalls jeden Fremden wütend anbelfert, gleichviel ob dieser Böses oder Gutes im Sinne führt. Die arme Bestie benutzt vielleicht diese Gelegenheit, um an ihrer Kette zu zerren und damit bedrohlich zu klirren, ohne dass es ihr der Hausherr übelnehmen darf. Die meisten aber unter jenen Franzosenhassern sind Schelme, die sich diesen Hass absichtlich angelogen, ungetreue, schamlose, unehrliche, feige Schelme, die, entblößt von allen Tugenden des deutschen Volkes, sich mit den Fehlern desselben bekleiden, um sich den Anschein des Patriotismus zu geben und in diesem Gewand die wahren

Freunde des Vaterlandes gefahrlos schmähen zu dürfen. Es ist ein doppelt falsches Spiel. Die Erinnerungen der Napoleonischen Kaiserzeit sind noch nicht ganz erloschen in unserer Heimat, man hat es dort noch nicht ganz vergessen, wie derb unsere Männer und wie zärtlich unsere Weiber von den Franzosen behandelt worden, und bei der großen Menge ist der Franzosenhass noch immer gleichbedeutend mit Vaterlandsliebe: durch ein geschicktes Ausbeuten dieses Hasses hat man also wenigstens den Pöbel auf seiner Seite, wenn man gegen junge Schriftsteller zu Felde zieht, die eine Freundschaft zwischen Frankreich und Deutschland zu vermitteln suchen. Freilich, dieser Hass war einst staatsnützlich, als es galt, die Fremdherrschaft zurückzudrängen; jetzt aber ist die Gefahr nicht im Westen, Frankreich bedroht nicht mehr unsere Selbständigkeit, die Franzosen von heute sind nicht mehr die Franzosen von gestern, sogar ihr Charakter ist verändert, an die Stelle der leichtsinnigen Eroberungslust trat ein schwermütiger, beinah deutscher Ernst, sie verbrüdern sich mit uns im Reich des Geistes, während im Reiche der Materie ihre Interessen mit den unsrigen sich täglich inniger verzweigen: Frankreich ist jetzt unser natürlicher Bundesgenosse. Wer dieses nicht einsieht, ist ein Dummkopf, wer dieses einsieht und dagegen handelt, ist ein Verräter.

Aber was hatte ein Herr Menzel zu verlieren bei dem Untergang Deutschlands? Ein geliebtes Vaterland? Wo ein Stock ist, da ist des Sklaven Vaterland. Seinen unsterblichen Ruhm? Dieser erlischt in derselben Stunde, wo der Kontrakt abläuft, der ihm die Redaktion des Stuttgarter »Literaturblattes« zusichert. Ja, will der Baron Cotta eine kleine Geldsumme als stipulierte Entschädigung springen lassen, so hat die Menzelsche Unsterblichkeit schon heute ein Ende. Oder hätte er etwas für seine Person zu fürchten? Lieber Himmel! wenn die mongolischen Horden nach Stuttgart kommen, lässt Herr Menzel sich aus der Theatergarderobe ein Amorkostüm holen, bewaffnet sich mit Pfeil und Bogen, und die Baschkiren, sobald sie nur sein Gesicht sehen, rufen freudig: »Das ist unser geliebter Bruder!«

Ich habe gesagt, dass bei unseren Teutomanen der affichierte Franzosenhass ein doppelt falsches Spiel ist. Sie bezwecken dadurch zunächst eine Popularität, die sehr wohlfeil zu erwerben ist, da man dabei weder Verlust des Amtes noch der Freiheit zu befürchten hat. Das Losdonnern gegen heimische Gewalten ist schon weit bedenklicher. Aber um für Volkstribunen zu gelten, müssen unsere Teutomanen manchmal ein freiheitliches Wort gegen die deutschen Regierungen riskieren, und in der frechen Zagheit ihres Herzens bilden sie sich ein, die Regierungen würden ihnen gern gelegentlich ein bisschen Demagogismus verzeihen, wenn sie dafür desto unablässiger den Franzosenhass predigten. Sie ahnen nicht, dass unsere Fürsten jetzt Frankreich nicht mehr fürchten, des Nationalhasses nicht mehr als Verteidigungsmittel bedürfen und den König der Franzosen als die sicherste Stütze des monarchischen Prinzips betrachten.

Wer je seine Tage im Exil verbracht hat, die feuchtkalten Tage und schwarzen langen Nächte, wer die harten Treppen der Fremde jemals auf- und abgestiegen, der wird begreifen, weshalb ich die Verdächtigung in Betreff des Patriotismus mit wortreicherem Unwillen von mir abweise als alle andern Verleumdungen, die seit vielen Jahren in so reichlicher Fülle gegen mich zum Vorschein gekommen und die ich mit Geduld und Stolz ertrage. Ich sage mit Stolz: denn ich konnte dadurch auf den hochmütigen Gedanken geraten, dass ich zu der Schar jener Auserwählten des Ruhmes gehörte, deren Andenken im Menschengeschlechte fortlebt und die überall neben den geheiligten Lichtspuren ihrer Fußstapfen auch die langen, kotigen Schatten der Verleumdung auf Erden zurücklassen.

Auch gegen die Beschuldigung des Atheismus und der Immoralität möchte ich nicht mich, sondern meine Schriften verteidigen. Aber dieses ist nicht ausführbar, ohne dass es mir gestattet wäre, von der Höhe einer Synthese meine Ansichten über Religion und Moral zu entwickeln. Hoffentlich wird mir dieses, wie ich bereits erwähnt habe, bald gestattet sein. Bis dahin erlaube ich mir nur eine Bemerkung zu meinen Gunsten. Die zwei Bücher, die eigentlich als Corpora delicti wider mich zeugen sollten und worin man die strafbaren Tendenzen finden will, deren man mich bezichtigt, sind nicht gedruckt, wie ich sie geschrieben habe, und sind von fremder Hand so verstümmelt worden, dass ich zu einer andern Zeit, wo keine Missdeutung zu befürchten gewesen wäre, ihre Autorschaft abgelehnt hätte. Ich spreche nämlich vom zweiten Teil des »Salon« und von der »Romantischen Schule«. Durch die großen, unzähligen Ausscheidungen, die darin stattfanden, ist die ursprüngliche Tendenz beider Bücher ganz verlorengegangen, und eine ganz verschiedene Tendenz ließ sich später hineinlegen. Worin jene ursprüngliche Tendenz bestand, sage ich nicht; aber soviel darf ich behaupten, dass es keine unpatriotische war. Namentlich im zweiten Teil des »Salon« enthielten die ausgeschiedenen Stellen eine glänzendere Anerkennung deutscher Volksgröße, als jemals der forcierte Patriotismus unserer Teutomanen zu Markte gebracht hat; in der französischen Ausgabe, im Buch »De l'Allemagne«, findet jeder die Bestätigung des Gesagten. Die französische Ausgabe der inkulpierten Bücher wird auch jeden überzeugen, dass die Tendenzen derselben nicht im Gebiet der Religion und der Moral lagen. Ja, manche Zungen beschuldigen mich der Indifferenz in Betreff aller Religions- und Moralsysteme und glauben, dass mir jede Doktrin willkommen sei, wenn sie sich nur geeignet zeige, das Völkerglück Europas zu befördern oder wenigstens bei der Erkämpfung desselben als Waffe zu dienen. Man tut mir aber unrecht. Ich würde nie mit der Lüge für die Wahrheit kämpfen.

Was ist Wahrheit? »Holt mir das Waschbecken«, würde Pontius Pilatus sagen.

Ich habe diese Vorblätter in einer sonderbaren Stimmung geschrieben. Ich dachte während dem Schreiben mehr an Deutschland als an das deutsche Publikum, meine Gedanken schwebten um liebere Gegenstände, als die sind, womit sich meine Feder soeben beschäftigte ... ja, ich verlor am Ende ganz und gar die Schreiblust, trat ans Fenster und betrachtete die weißen Wolken, die eben, wie ein Leichenzug, am nächtlichen Himmel dahinziehen. Eine dieser melancholischen Wolken scheint mir so bekannt und reizt mich unaufhörlich zum Nachsinnen, wann und wo ich dergleichen Luftbildung schon früher einmal gesehen. Ich glaube endlich, es war in Norddeutschland, vor sechs Jahren, kurz nach der Juliusrevolution, an jenem schmerzlichen Abend, wo ich auf immer Abschied nahm von dem treuesten Waffenbruder, von dem uneigennützigsten Freunde der Menschheit. Wohl kannte er das trübe Verhängnis, dem jeder von uns entgegenging. Als er mir zum letzten Male die Hand drückte, hub er die Augen gen Himmel, betrachtete lange jene Wolke, deren kummervolles Ebenbild mich jetzt so trübe stimmt, und wehmütigen Tones sprach er: »Nur die schlechten und die ordinären Naturen finden ihren Gewinn bei einer Revolution. Schlimmsten Falles, wenn sie etwa missglückt, wissen sie doch immer noch zeitig den Kopf aus der Schlinge zu ziehen. Aber möge die Revolution gelingen oder scheitern, Männer von großem Herzen werden immer ihre Opfer sein.«

Denen, die da leiden im Vaterlande, meinen Gruß.

Geschrieben zu Paris, den 24. Januar 1837

Ludwig Börne
Eine Denkschrift

[»Heinrich Heine über Ludwig Börne«, Hoffmann und Campe, Hamburg 1839]

Erstes Buch

Es war im Jahr 1815, nach Christi Geburt, dass mir der Name Börne zuerst ans Ohr klang. Ich befand mich mit meinem seligen Vater auf der Frankfurter Messe, wohin er mich mitgenommen, damit ich mich in der Welt einmal umsehe; das sei bildend. Da bot sich mir ein großes Schauspiel. In den sogenannten Hütten, oberhalb der Zeil, sah ich die Wachsfiguren, wilde Tiere, außerordentliche Kunst- und Naturwerke. Auch zeigte mir mein Vater die großen, sowohl christlichen als jüdischen Magazine, worin man die Waren zehn Prozent unter dem Fabrikpreis einkauft und man doch immer betrogen wird. Auch das Rathaus, den Römer, ließ er mich sehen, wo die deutschen Kaiser gekauft wurden, zehn Prozent unter dem Fabrikpreis. Der Artikel ist am Ende ganz ausgegangen. Einst führte mich mein Vater ins Lesekabinett einer der Δ-Logen oder Φ-Logen, wo er oft soupierte, Kaffee trank, Karten spielte und sonstige Freimaurerarbeiten verrichtete. Während ich im Zeitungslesen vertieft lag, flüsterte mir ein junger Mensch, der neben mir saß, leise ins Ohr: »Das ist der Doktor Börne, welcher gegen die Komödianten schreibt!«

Als ich aufblickte, sah ich einen Mann, der, nach einem Journal suchend, mehrmals im Zimmer sich hin und her bewegte und bald wieder zur Tür hinausging. So kurz auch sein Verweilen, so blieb mir doch das ganze Wesen des Mannes im Gedächtnis, und noch heute könnte ich ihn mit diplomatischer Treue abkonterfeien. Er trug einen schwarzen Leibrock, der noch ganz neu glänzte, und blendend weiße Wäsche; aber er trug dergleichen nicht wie ein Stutzer, sondern mit einer wohlhabenden Nachlässigkeit, wo nicht gar mit einer verdrießlichen Indifferenz, die hinlänglich bekundete, dass er sich mit dem Knoten der weißen Krawatte nicht lange vor dem Spiegel beschäftigt und dass er den Rock gleich angezogen, sobald ihn der Schneider gebracht, ohne lange zu prüfen, ob er zu eng oder zu weit.

Er schien weder groß noch klein von Gestalt, weder mager noch dick, sein Gesicht war weder rot noch blass, sondern von einer angeröteten Blässe oder verblassten Röte, und was sich darin zunächst aussprach, war eine gewisse ablehnende Vornehmheit, ein gewisses dédain [Verachtung, Geringschätzung], wie man es bei Menschen findet, die sich besser als ihre Stellung fühlen, aber an der Leute Anerkenntnis zweifeln. Es war nicht jene geheime Majestät, die man auf dem Antlitz eines Königs oder eines Genies, die sich inkognito unter der Menge verborgen halten, entdecken kann; es war vielmehr jener revolutionäre, mehr oder minder titanenhafte Missmut, den man auf den Gesichtern der Prätendenten jeder Art bemerkt. Sein Auftreten, seine Bewegung, sein Gang hatten etwas Sicheres, Bestimmtes, Charaktervolles. Sind außerordentliche Menschen heimlich umflossen von dem Ausstrahlen ihres Geistes? Ahnt unser Gemüt dergleichen Glorie, die wir mit den Augen des Leibes nicht sehen können? Das moralische Gewitter in einem solchen außerordentlichen Menschen wirkt vielleicht elektrisch auf junge, noch nicht abgestumpfte Gemüter, die ihm nahen, wie das materielle Gewitter auf Katzen wirkt? Ein Funken aus dem Auge des Mannes berührte mich, ich weiß nicht wie, aber ich vergaß nicht diese Berührung und vergaß nie den Doktor Börne, welcher gegen die Komödianten schrieb.

Ja, er war damals Theaterkritiker und übte sich an den Helden der Bretterwelt. Wie mein Universitätsfreund Dieffenbach, als wir in Bonn studierten, überall, wo er einen Hund oder eine Katze erwischte, ihnen gleich die Schwänze abschnitt, aus purer Schneidelust, was wir ihm damals, als die armen Bestien gar entsetzlich heulten, so sehr verargten, später aber ihm gern verziehen, da ihn diese Schneidelust zu dem größten Operateur Deutschlands machte: so hat sich auch Börne zuerst an Komödianten versucht, und manchen jugendlichen Übermut, den er damals beging an den Heigeln, Weidnern, Ursprüngen und dergleichen unschuldigen Tieren, die seitdem ohne Schwänze herumlaufen, muss man ihm zugute halten für die besseren Dienste, die er später als großer politischer Operateur mit seiner gewetzten Kritik zu leisten verstand.

Es war Varnhagen von Ense, welcher etwa zehn Jahre nach dem erwähnten Begegnisse den Namen Börne wieder in meiner Erinnerung heraufrief und mir Aufsätze des Mannes, namentlich in der »Waage« und in den »Zeitschwingen«, zu lesen gab. Der Ton, womit er mir diese Lektüre empfahl, war bedeutsam dringend, und das Lächeln, welches um die Lippen der anwesenden Rahel schwebte, jenes wohlbekannte, rätselhaft wehmütige, vernunftvoll mystische Lächeln, gab der Empfehlung ein noch größeres Gewicht. Rahel schien nicht bloß auf literarischem Weg über Börne unterrichtet zu sein, und wie ich mich erinnere, versicherte sie bei dieser Gelegenheit: es existierten Briefe, die Börne einst an eine geliebte Person gerichtet habe und worin sein leidenschaftlicher hoher Geist sich noch glänzender als in seinen gedruckten Aufsätzen ausspräche. Auch über seinen Stil äußerte sich Rahel, und zwar mit Worten, die jeder, der mit ihrer Sprache nicht vertraut ist, sehr missverstehen möchte; sie sagte: »Börne kann nicht schreiben, ebenso wenig wie ich oder Jean Paul.« Unter Schreiben verstand sie nämlich die ruhige Anordnung, sozusagen die Redaktion der Gedanken, die logische Zusammensetzung der Redeteile, kurz, jene Kunst des Periodenbaues, den sie sowohl bei Goethe wie bei ihrem Gemahl so enthusiastisch bewunderte und worüber wir damals fast täglich die fruchtbarsten Debatten führten. Die heutige Prosa, was ich hier beiläufig bemerken will, ist nicht ohne viel Versuch, Beratung, Widerspruch und Mühe geschaffen worden. Rahel liebte vielleicht Börne umso mehr, da sie ebenfalls zu jenen Autoren gehörte, die, wenn sie gut schreiben sollen, sich immer in einer leidenschaftlichen Anregung, in einem gewissen Geistesrausch befinden müssen: Bacchanten des Gedankens, die dem Gotte mit heiliger Trunkenheit nachtaumeln. Aber bei ihrer Vorliebe für wahlverwandte Naturen hegte sie dennoch die größte Bewunderung für jene besonnenen Bildner des Wortes, die all ihr Denken, Fühlen und Anschauen, abgelöst von der gebärenden Seele, wie einen gegebenen Stoff zu handhaben und gleichsam plastisch darzustellen wissen. Ungleich jener großen Frau, hegte Börne den engsten Widerwillen gegen dergleichen Darstellungsart; in seiner subjektiven Befangenheit begriff er nicht die objektive Freiheit, die goethische Weise, und die künstlerische Form hielt er für Gemütslosigkeit: er glich dem Kinde, welches, ohne den glühenden Sinn einer griechischen Statue zu ahnen, nur die marmornen Formen betastet und über Kälte klagt.

Indem ich hier antizipierend von dem Widerwillen rede, welchen die goethische Darstellungsart in Börne aufregte, lasse ich zugleich erraten, dass die Schreibart des letztern schon damals kein unbedingtes Wohlgefallen bei mir hervorrief. Es ist nicht meines Amtes, die Mängel dieser Schreibweise aufzudecken, auch würde jede Andeutung über das, was mir an diesem Stil am meisten missfiel, nur von den wenigsten verstanden werden. Nur so viel will ich bemerken, dass, um vollendete Prosa zu schreiben, unter anderem auch eine große Meisterschaft in metrischen Formen erforderlich ist. Ohne solche Meisterschaft fehlt dem Prosaiker ein gewisser Takt, es entschlüpfen ihm Wortfügungen, Ausdrücke, Zäsuren und Wendungen, die nur in gebundener Rede statthaft sind, und es entsteht ein geheimer Misslaut, der nur wenige, aber sehr feine Ohren verletzt.

Wie sehr ich aber auch geneigt war, an der Außenschale, an dem Stile Börnes zu mäkeln und namentlich, wo er nicht beschreibt, sondern räsoniert, die kurzen Sätze seiner Prosa als eine kindische Unbeholfenheit zu betrachten, so ließ ich doch dem Inhalt, dem Kern seiner Schriften, die reichlichste Gerechtigkeit widerfahren, ich verehrte die Originalität, die Wahrheitsliebe, überhaupt den edlen Charakter, der sich durchgängig darin aussprach, und seitdem verlor ich den Verfasser nicht mehr aus dem Gedächtnis. Man hatte mir gesagt, dass er noch immer zu Frankfurt lebte, und als ich mehre Jahre später, Anno 1827, durch diese Stadt reisen musste, um mich nach München zu begeben, hatte ich mir bestimmt vorgenommen, dem Doktor Börne in seiner Behausung meinen Besuch abzustatten. Dieses gelang mir, aber nicht ohne vieles Umherfragen und Fehlsuchen; überall, wo ich mich nach ihm erkundigte, sah man mich ganz befremdlich an, und man schien in seinem Wohnort ihn entweder wenig zu kennen oder sich noch weniger um ihn zu bekümmern. Sonderbar! Hören wir in der Ferne von einer Stadt, wo dieser oder jener große Mann lebt, unwillkürlich denken wir uns ihn als den Mittelpunkt der Stadt, deren Dächer sogar von seinem Ruhme bestrahlt würden. Wie wundern wir uns nun, wenn wir in der Stadt selbst anlangen und den großen Mann wirklich darin aufsuchen wollen und ihn erst lange erfragen müssen, bis wir ihn unter der großen Menge herausfinden! So sieht der Reisende schon in weitester Ferne den hohen Dom einer Stadt; gelangt er aber in ihr Weichbild selbst, so verschwindet derselbe wieder seinen Blicken, und erst hin und her wandernd durch viele krumme und enge Sträßchen, kommt der große Turmbau wieder zum Vorschein, in der Nähe von gewöhnlichen Häusern und Butiken, die ihn schier verborgen halten.

Als ich bei einem kleinen Brillenhändler nach Börne frug, antwortete er mir mit pfiffig wiegendem Köpfchen: »Wo der Doktor Börne wohnt, weiß ich nicht, aber Madame Wohl wohnt auf dem Wollgraben.« Eine alte rothaarige Magd, die ich ebenfalls ansprach, gab mir endlich die erwünschte Auskunft, indem sie, vergnügt lachend, hinzusetzte: »Ich diene ja bei der Mutter von Madame Wohl.«

Ich hatte Mühe, den Mann wiederzuerkennen, dessen früheres Aussehen mir noch lebhaft im Gedächtnis schwebte. Keine Spur mehr von vornehmer Unzufriedenheit und stolzer Verdüsterung. Ich sah jetzt ein zufriedenes Männchen, sehr schmächtig, aber nicht krank, ein kleines Köpfchen mit schwarzen glatten Härchen, auf den Wangen sogar ein Stück Röte, die lichtbraunen Augen sehr munter, Gemütlichkeit in jedem Blick, in jeder Bewegung, auch im Tone. Dabei trug er ein gestricktes Kamisölchen von grauer Wolle, welches, eng anliegend wie ein Ringpanzer, ihm ein drollig märchenhaftes Ansehen gab. Er empfing mich mit Herzlichkeit und Liebe; es vergingen keine drei Minuten, und wir gerieten ins vertraulichste Gespräch. Wovon wir zuerst redeten? Wenn Köchinnen zusammenkommen, sprechen sie von ihrer Herrschaft, und wenn deutsche Schriftsteller zusammenkommen, sprechen sie von ihren Verlegern. Unsere Konversation begann daher mit Cotta und Campe, und als ich, nach einigen gebräuchlichen Klagen, die guten Eigenschaften des letzteren eingestand, vertraute mir Börne, dass er mit einer Herausgabe seiner sämtlichen Schriften schwanger gehe und für dieses Unternehmen sich den Campe merken wolle. Ich konnte nämlich von Julius Campe versichern, dass er kein gewöhnlicher Buchhändler sei, der mit dem Edlen, Schönen, Großen nur Geschäfte machen und eine gute Konjunktur benutzen will, sondern dass er manchmal das Große, Schöne, Edle unter sehr ungünstigen Konjunkturen druckt und wirklich sehr schlechte Geschäfte damit macht. Auf solche Worte horchte Börne mit beiden Ohren, und sie haben ihn späterhin veranlasst, nach Hamburg zu reisen und sich mit dem Verleger der »Reisebilder« über eine Herausgabe seiner sämtlichen Schriften zu verständigen.

Sobald die Verleger abgetan sind, beginnen die wechselseitigen Komplimente zwischen zwei Schriftstellern, die sich zum ersten Male sprechen. Ich übergehe, was Börne über meine Vorzüglichkeit äußerte, und erwähne nur den leisen Tadel, den er bisweilen in den schäumenden Kelch des Lobes einträpfeln ließ. Er hatte nämlich kurz vorher den zweiten Teil der

»Reisebilder« gelesen und vermeinte, dass ich von Gott, welcher doch Himmel und Erde erschaffen und so weise die Welt regiere, mit zu wenig Reverenz, hingegen von dem Napoleon, welcher doch nur ein sterblicher Despot gewesen, mit übertriebener Ehrfurcht gesprochen habe. Der Deist und Liberale trat mir also schon merkbar entgegen. Er schien den Napoleon wenig zu lieben, obgleich er doch unbewusst den größten Respekt vor ihm in der Seele trug. Es verdross ihn, dass die Fürsten sein Standbild von der Vendômesäule so ungroßmütig herabgerissen.

»Ach!« rief er mit einem bittern Seufzer, »ihr konntet dort seine Statue getrost stehenlassen; ihr brauchtet nur ein Plakat mit der Inschrift ›Achtzehnter Brumaire‹ daran zu befestigen, und die Vendômesäule wäre seine verdiente Schandsäule geworden! Wie liebte ich diesen Mann bis zum achtzehnten Brumaire, noch bis zum Frieden von Campo Formio bin ich ihm zugetan, als er aber die Stufen des Thrones erstieg, sank er immer tiefer im Werte; man konnte von ihm sagen: er ist die rote Treppe hinaufgefallen!

Ich habe noch diesen Morgen«, setzte Börne hinzu, »ihn bewundert, als ich in diesem Buche, das hier auf meinem Tisch liegt« – er zeigte auf Thiers' Revolutionsgeschichte –, »die vortreffliche Anekdote las, wie Napoleon zu Udine eine Entrevue mit Kobentzel hat und im Eifer des Gesprächs das Porzellan zerschlägt, das Kobentzel einst von der Kaiserin Katharina erhalten und gewiss sehr liebte. Dieses zerschlagene Porzellan hat vielleicht den Frieden von Campo Formio herbeigeführt. Der Kobentzel dachte gewiss: ›Mein Kaiser hat so viel Porzellan, und das gibt ein Unglück, wenn der Kerl nach Wien käme und gar zu feurig in Eifer geriete: das Beste ist, wir machen mit ihm Frieden.‹ Wahrscheinlich in jener Stunde, als zu Udine das Porzellanservice von Kobentzel zu Boden purzelte und in lauter Scherben zerbrach, zitterte zu Wien alles Porzellan, und nicht bloß die Kaffeekannen und Tassen, sondern auch die chinesischen Pagoden, sie nickten mit den Köpfen vielleicht hastiger als je, und der Friede wurde ratifiziert. In Bilderläden sieht man den Napoleon gewöhnlich, wie er auf bäumendem Ross den Simplon besteigt, wie er mit hochgeschwungener Fahne über die Brücke von Lodi stürmt usw. Wenn ich aber ein Maler wäre, so würde ich ihn darstellen, wie er das Service von Kobentzel zerschlägt. Das war seine erfolgreichste Tat. Jeder König fürchtete seitdem für sein Porzellan, und gar besondere Angst überkam die Berliner wegen ihrer großen Porzellanfabrik. Sie haben keinen Begriff davon, liebster Heine, wie man durch den Besitz von schönem Porzellan im Zaum gehalten wird. Sehen Sie z. B. mich, der ich einst so wild war, als ich wenig Gepäck hatte und gar kein Porzellan. Mit dem Besitztum, und gar mit gebrechlichem Besitztum, kommt die Furcht und die Knechtschaft. Ich habe mir leider vor kurzem ein schönes Teeservice angeschafft – die Kanne war so lockend prächtig vergoldet –, auf der Zuckerdose war das eheliche Glück abgemalt, zwei Liebende, die sich schnäbeln –, auf der einen Tasse der Katharinenturm, auf einer andern die Konstablerwache, lauter vaterländische Gegenden auf den übrigen Tassen. – Ich habe wahrhaftig jetzt meine liebe Sorge, dass ich in meiner Dummheit nicht zu frei schreibe und plötzlich flüchten müsste. – Wie könnte ich in der Geschwindigkeit all diese Tassen und gar die große Kanne einpacken? In der Eile könnten sie zerbrochen werden, und zurücklassen möchte ich sie in keinem Falle. Ja wir Menschen sind sonderbare Käuze! Derselbe Mensch, der vielleicht Ruhe und Freude seines Lebens, ja das Leben selbst aufs Spiel setzen würde, um seine Meinungsfreiheit zu behaupten, der will doch nicht gern ein paar Tassen verlieren und wird ein schweigender Sklave, um seine Teekanne zu konservieren. Wahrhaftig, ich fühle, wie das verdammte Porzellan mich im Schreiben hemmt, ich werde so milde, so vorsichtig, so ängstlich ... Am Ende glaub ich gar, der Porzellanhändler war ein östreichischer Polizeiagent, und Metternich hat mir das Porzellan auf den Hals geladen, um mich zu zähmen. Ja, ja, deshalb war es so wohlfeil, und der Mann war so beredsam. Ach! die Zuckerdose mit dem ehelichen Glück war eine so süße Lockspeise! Ja, je mehr ich mein Porzellan betrachte, desto wahrscheinlicher wird mir der Gedanke, dass es von Metternich herrührt. Ich verdenke es ihm nicht im Mindesten, dass man mir auf solche Weise beizukommen sucht. Wenn man kluge Mittel gegen mich anwendet, werde ich nie unwirsch; nur die Plumpheit und die Dummheit ist mir unausstehlich. Da ist aber unser Frankfurter Senat – –«

Ich habe meine Gründe, den Mann nicht weitersprechen zu lassen, und bemerke nur, dass er am Ende seiner Rede mit gutmütigem Lachen ausrief: »Aber noch bin ich stark genug, meine Porzellanfesseln zu brechen, und macht man mir den Kopf warm, wahrhaftig, die schöne vergoldete Teekanne fliegt zum Fenster hinaus mitsamt der Zuckerdose und dem ehelichen Glück und dem Katharinenturm und der Konstablerwache und den vaterländischen Gegenden, und ich bin dann wieder ein freier Mann, nach wie vor!«

Börnes Humor, wovon ich eben ein sprechendes Beispiel gegeben, unterschied sich von dem Humor Jean Pauls dadurch, dass letzterer gern die entferntesten Dinge ineinander rührte, während jener, wie ein lustiges Kind, nur nach dem Naheliegenden griff, und während die Phantasie des konfusen Polyhistors von Bayreuth in der Rumpelkammer aller Zeiten herumkramte und mit Siebenmeilenstiefeln alle Weltgegenden durchschweifte, hatte Börne nur den gegenwärtigen Tag im Auge, und die Gegenstände, die ihn beschäftigten, lagen alle in seinem räumlichen Gesichtskreis. Er besprach das Buch, das er eben gelesen, das Ereignis, das eben vorfiel, den Stein, an den er sich eben gestoßen, Rothschild, an dessen Haus er täglich vorbeiging, den Bundestag, der auf der Zeil residiert und den er ebenfalls an Ort und Stelle hassen konnte, endlich alle Gedankenwege führten ihn zu Metternich. Sein Groll gegen Goethe hatte vielleicht ebenfalls örtliche Anfänge; ich sage Anfänge, nicht Ursachen; denn wenn auch der Umstand, dass Frankfurt ihre gemeinschaftliche Vaterstadt war, Börnes Aufmerksamkeit zunächst auf Goethe lenkte, so war doch der Hass, der gegen diesen Mann in ihm brannte und immer leidenschaftlicher entloderte, nur die notwendige Folge einer tiefen, in der Natur beider Männer begründeten Differenz. Hier wirkte keine kleinliche Scheelsucht, sondern ein uneigennütziger Widerwille, der angeborenen Trieben gehorcht, ein Hader, welcher, alt wie die Welt, sich in allen Geschichten des Menschengeschlechts kundgibt und am grellsten hervortrat in dem Zweikampf, welchen der judaische Spiritualismus gegen hellenische Lebensherrlichkeit führte, ein Zweikampf, der noch immer nicht entschieden ist und vielleicht nie ausgekämpft wird: der kleine Nazarener hasste den großen Griechen, der noch dazu ein griechischer Gott war.

Das Werk von Wolfgang Menzel war eben erschienen, und Börne freute sich kindisch, dass jemand gekommen sei, der den Mut zeige, so rücksichtslos gegen Goethe aufzutreten.

»Der Respekt«, setzte er naiv hinzu, »hat mich immer davon abgehalten, dergleichen öffentlich auszusprechen. Der Menzel, der hat Mut, der ist ein ehrlicher Mann und ein Gelehrter; den müssen Sie kennenlernen, an dem werden wir noch viele Freude erleben; der hat viel Courage, der ist ein grundehrlicher Mann und ein großer Gelehrter! An dem Goethe ist gar nichts, er ist eine Memme, ein serviler Schmeichler und ein Dilettant.«

Auf dieses Thema kam er oft zurück; ich musste ihm versprechen, in Stuttgart den Menzel zu besuchen, und er schrieb mir gleich zu diesem Behufe eine Empfehlungskarte, und ich höre ihn noch eifrig hinzusetzen: »Der hat Mut, außerordentlich viel Courage, der ist ein braver, grundehrlicher Mann und ein großer Gelehrter!«

Wie in seinen Äußerungen über Goethe, so auch in seiner Beurteilung anderer Schriftsteller verriet Börne seine nazarenische Beschränktheit. Ich sage nazarenisch, um mich weder des Ausdrucks »jüdisch« noch »christlich« zu bedienen, obgleich beide Ausdrücke für mich synonym sind und von mir nicht gebraucht werden, um einen Glauben, sondern um ein Naturell zu bezeichnen. »Juden« und »Christen« sind für mich ganz sinnverwandte Worte im

Gegensatz zu »Hellenen«, mit welchem Namen ich ebenfalls kein bestimmtes Volk, sondern eine sowohl angeborne als angebildete Geistesrichtung und Anschauungsweise bezeichne. In dieser Beziehung möchte ich sagen: alle Menschen sind entweder Juden oder Hellenen, Menschen mit asketischen, bildfeindlichen, vergeistigungssüchtigen Trieben oder Menschen von lebensheiterem, entfaltungsstolzem und realistischem Wesen. So gab es Hellenen in deutschen Predigerfamilien und Juden, die in Athen geboren und vielleicht von Theseus abstammen. Der Bart macht nicht den Juden, oder der Zopf macht nicht den Christen, kann man hier mit Recht sagen. Börne war ganz Nazarener, seine Antipathie gegen Goethe ging unmittelbar hervor aus seinem nazarenischen Gemüt, seine spätere politische Exaltation war begründet in jenem schroffen Asketismus, jenem Durst nach Märtyrtum, der überhaupt bei den Republikanern gefunden wird, den sie republikanische Tugend nennen und der von der Passionssucht der früheren Christen so wenig verschieden ist. In seiner spätern Zeit wendete sich Börne sogar zum historischen Christentum, er sank fast in den Katholizismus, er fraternisierte mit dem Pfaffen Lamennais und verfiel in den widerwärtigsten Kapuzinerton, als er sich einst über einen Nachfolger Goethes, einen Pantheisten von der heitern Observanz, öffentlich aussprach. – Psychologisch merkwürdig ist die Untersuchung, wie in Börnes Seele allmählich das eingeborene Christentum emporstieg, nachdem es lange niedergehalten worden von seinem scharfen Verstand und seiner Lustigkeit. Ich sage Lustigkeit, gaité, nicht Freude, joie; die Nazarener haben zuweilen eine gewisse springende gute Laune, eine witzige eichkätzchenhafte Munterkeit, gar lieblich kapriziös, gar süß, auch glänzend, worauf aber bald eine starre Gemütsvertrübung folgt: es fehlt ihnen die Majestät der Genussseligkeit, die nur bei bewussten Göttern gefunden wird.

Ist aber in unserem Sinn kein großer Unterschied zwischen Juden und Christen, so existiert dergleichen desto herber in der Weltbetrachtung Frankfurter Philister; über die Missstände, die sich daraus ergeben, sprach Börne sehr viel und sehr oft während den drei Tagen, die ich ihm zuliebe in der freien Reichs- und Handelsstadt Frankfurt am Main verweilte.

Ja, mit drolliger Güte rang er mir das Versprechen ab, ihm drei Tage meines Lebens zu schenken, er ließ mich nicht mehr von sich, und ich musste mit ihm in der Stadt herumlaufen, allerlei Freunde besuchen, auch Freundinnen, z. B. Madame Wohl auf dem Wollgraben. Diese Madame Wohl auf dem Wollgraben ist die bekannte Freiheitsgöttin, an welche späterhin die »Briefe aus Paris« adressiert wurden. Ich sah eine magere Person, deren gelblichweißes, pockennarbiges Gesicht einem alten Matzekuchen glich. Trotz ihrem Äußern, und obgleich ihre Stimme kreischend war, wie eine Tür, die sich auf rostigen Angeln bewegt, so gefiel mir doch alles, was die Person sagte; sie sprach nämlich mit großem Enthusiasmus von meinen Werken. Ich erinnere mich, dass sie ihren Freund in große Verlegenheit setzte, als sie ausplaudern wollte, was er ihr bei unserem Eintritt ins Ohr geflüstert; Börne ward rot wie ein Mädchen, als sie, trotz seiner Bitten, mir verriet, er habe sich geäußert: mein Besuch sei für ihn eine größere Ehre, als wenn ihn Goethe besucht hätte. Wenn ich jetzt bedenke, wie schlecht er schon damals von Goethe dachte, so darf ich mir jene Äußerung nicht als ein allzu großes Kompliment anrechnen.

Über das Verhältnis Börnes zu der erwähnten Dame erfuhr ich damals ebenso wenig Bestimmtes wie andere Leute. Auch war es mir gleichgültig, ob jenes Verhältnis warm oder kühl, feucht oder trocken war. Die böse Welt behauptete, Herr Börne säße bei Madame Wohl auf dem Wollgraben so recht in der Wolle; die ganz böse Welt zischelte, es herrsche zwischen beiden nur eine abstrakte Seelenverbindung, ihre Liebe sei platonisch.

Was mich betrifft, so interessiert mich bei ausgezeichneten Leuten der Gegenstand ihrer Liebesgefühle immer weniger als das Gefühl der Liebe selbst. Letzteres aber – das weiß ich – muss bei Börne sehr stark gewesen sein. Wie später bei der Lektüre seiner gesammelten

Schriften, so schon in Frankfurt durch manche hingeworfene Äußerung merkte ich, dass Börne zu verschiedenen Jahreszeiten seines Lebens von den Tücken des kleinen Gottes weidlich geplagt worden. Namentlich von den Qualen der Eifersucht weiß er viel zu sagen, wie denn überhaupt die Eifersucht in seinem Charakter lag und ihn, im Leben wie in der Politik, alle Erscheinungen durch die gelbe Lupe des Misstrauens betrachten ließ. Ich erwähnte, dass Börne zu verschiedenen Zeiten seines Lebens von Liebesleiden heimgesucht worden. – »Ach«, seufzte er einmal wie aus der Tiefe schmerzlicher Erinnerungen, »in spätern Jahren ist diese Leidenschaft noch weit gefährlicher als in der Jugend. Man sollte es kaum glauben, da sich doch mit dem Alter auch unsere Vernunft entwickelt hat und diese uns unterstützen könnte im Kampf mit der Leidenschaft. Saubere Unterstützung! Merken Sie sich das: die Vernunft hilft uns nur jene kleinen Kapricen zu bekämpfen, die wir auch ohne ihre Intervention bald überwinden würden. Aber sobald sich eine große wahre Leidenschaft unseres Herzens bemächtigt hat und unterdrückt werden soll, wegen des positiven Schadens, der uns dadurch bedroht, alsdann gewährt uns die Vernunft wenig Hilfe, ja, die Kanaille, sie wird alsdann sogar eine Bundesgenossin des Feindes, und anstatt unsere materiellen oder moralischen Interessen zu vertreten, leiht sie dem Feind, der Leidenschaft, alle ihre Logik, alle ihre Syllogismen, alle ihre Sophismen, und dem stummen Wahnsinn liefert sie die Waffe des Wortes. Vernünftig, wie sie ist, schlägt sich die Vernunft immer zur Partei des Stärkern, zur Partei der Leidenschaft, und verlässt sie wieder, sobald die Force derselben durch die Gewalt der Zeit oder durch das Gesetz der Reaktion gebrochen wird. Wie verhöhnt sie alsdann die Gefühle, die sie kurz vorher so eifrig rechtfertigte! Misstrauen Sie, lieber Freund, in der Leidenschaft immer der Sprache der Vernunft, und ist die Leidenschaft erloschen, so misstrauen Sie ihr ebenfalls, und seien Sie nicht ungerecht gegen Ihr Herz!«

Nachdem Börne mir Madame Wohl auf dem Wollgraben gezeigt, wollte er mich auch die übrigen Merkwürdigkeiten Frankfurts sehen lassen, und vergnügt, im gemütlichsten Hundetrapp, lief er mir zur Seite, als wir durch die Straßen wanderten. Ein wunderliches Ansehen gab ihm sein kurzes Mäntelchen und sein weißes Hütchen, welches zur Hälfte mit einem schwarzen Flor umwickelt war. Der schwarze Flor bedeutete den Tod seines Vaters, welcher ihn bei Lebzeiten sehr knapp gehalten, ihm jetzt aber auf einmal viel Geld hinterließ. Börne schien damals die angenehmen Empfindungen solcher Glücksveränderungen noch in sich zu tragen und überhaupt im Zenit des Wohlbehagens zu stehen. Er klagte sogar über seine Gesundheit, d. h. er klagte, er werde täglich gesünder und mit der zunehmenden Gesundheit schwänden seine geistigen Fähigkeiten. »Ich bin zu gesund und kann nichts mehr schreiben«, klagte er im Scherz, vielleicht auch im Ernst, denn bei solchen Naturen ist das Talent abhängig von gewissen krankhaften Zuständen, von einer gewissen Reizbarkeit, die ihre Empfindungs- und Ausdrucksweise steigert und die mit der eintretenden Gesundheit wieder verschwindet. »Er hat mich bis zur Dummheit kuriert«, sagte Börne von seinem Arzt, zu welchem er mich führte und in dessen Haus ich auch mit ihm speiste.

Die Gegenstände, womit Börne in zufällige Berührung kam, gaben seinem Geiste nicht bloß die nächste Beschäftigung, sondern wirkten auch unmittelbar auf die Stimmung seines Geistes, und mit ihrem Wechsel stand seine gute oder böse Laune in unmittelbarer Verbindung. Wie das Meer von den vorüberziehenden Wolken, so empfing Börnes Seele die jedesmalige Färbung von den Gegenständen, denen er auf seinem Weg begegnete. Der Anblick schöner Gartenanlagen oder eine Gruppe schäkernder Mägde, die uns entgegenlachte, warfen gleichsam Rosenlichter über Börnes Seele, und der Widerschein derselben gab sich kund in sprühenden Witzen. Als wir aber durch das Judenquartier gingen, schienen die schwarzen Häuser ihre finstern Schatten in sein Gemüt zu gießen. – »Betrachten Sie diese Gasse«, sprach er seufzend, »und rühmen Sie mir alsdann das Mittelalter! Die Menschen sind tot, die hier gelebt und geweint haben, und können nicht widersprechen, wenn unsere verrückten Poeten und noch verrückteren Historiker, wenn Narren und Schälke von der alten Herrlichkeit ihre Entzückungen drucken lassen; aber wo die toten Menschen schweigen, da sprechen desto lauter die lebendigen Steine.«

In der Tat, die Häuser jener Straße sahen mich an, als wollten sie mir betrübsame Geschichten erzählen, Geschichten, die man wohl weiß, aber nicht wissen will oder lieber vergäße, als dass man sie ins Gedächtnis zurückriefe. So erinnere ich mich noch eines giebelhohen Hauses, dessen Kohlenschwärze um so greller hervorstach, da unter den Fenstern eine Reihe kreideweißer Talglichter hingen; der Eingang, zur Hälfte mit rostigen Eisenstangen vergittert, führte in eine dunkle Höhle, wo die Feuchtigkeit von den Wänden herabzurieseln schien, und aus dem Innern tönte ein höchst sonderbarer, näselnder Gesang. Die gebrochene Stimme schien die eines alten Mannes, und die Melodie wiegte sich in den sanftesten Klagelauten, die allmählich bis zum entsetzlichsten Zorn anschwollen. »Was ist das für ein Lied?« frug ich meinen Begleiter. »Es ist ein gutes Lied«, antwortete dieser mit einem mürrischen Lachen, »ein lyrisches Meisterstück, das im diesjährigen Musenalmanach schwerlich seinesgleichen findet ... Sie kennen es vielleicht in der deutschen Übersetzung: ›Wir saßen an den Flüssen Babels, unsere Harfen hingen an den Trauerweiden‹ usw. Ein Prachtgedicht! und der alte Rabbi Chayim singt es sehr gut mit seiner zittrigen, abgemergelten Stimme; die Sontag sänge es vielleicht mit größerem Wohllaut, aber nicht mit so viel Ausdruck, mit so viel Gefühl ... Denn der alte Mann hasst noch immer die Babylonier und weint noch täglich über den Untergang Jerusalems durch Nebukadnezar ... Dieses Unglück kann er gar nicht vergessen, obgleich soviel Neues seitdem passiert ist und noch jüngst der zweite Tempel durch Titus, den Bösewicht, zerstört worden. Ich muss Ihnen nämlich bemerken, der alte Rabbi Chayim betrachtet den Titus keineswegs als ein delicium generis humani, er hält ihn für einen Bösewicht, den auch die Rache Gottes erreicht hat ... Es ist ihm nämlich eine kleine Mücke in die Nase geflogen, die, allmählich wachsend, mit ihren Klauen in seinem Gehirn herumwühlte und ihm so grenzenlose Schmerzen verursachte, dass er nur dann einige Erholung empfand, wenn in seiner Nähe einige hundert Schmiede auf ihre Ambosse loshämmerten. Das ist sehr merkwürdig, dass alle Feinde der Kinder Israel ein so schlechtes Ende nehmen. Wie es dem Nebukadnezar gegangen ist, wissen Sie, er ist in seinen alten Tagen ein Ochs geworden und hat Gras essen müssen. Sehen Sie den persischen Staatsminister Haman, ward er nicht am Ende gehenkt zu Susa, in der Hauptstadt? Und Antiochus, der König von Syrien, ist er nicht bei lebendigem Leib verfault, durch die Läusesucht? Die spätern Bösewichter, die Judenfeinde, sollten sich in acht nehmen ... Aber was hilft's, es schreckt sie nicht ab, das furchtbare Beispiel, und dieser Tage habe ich wieder eine Broschüre gegen die Juden gelesen, von einem Professor der Philosophie, der sich magis amica nennt. Er wird einst Gras essen, ein Ochs ist er schon von Natur, vielleicht gar wird er mal gehenkt, wenn er die Sultanin Favorite des Königs von Flachsenfingen beleidigt, und Läuse hat er gewiss auch schon wie der Antiochus. Am liebsten wär mir's, er ginge zur See und machte Schiffbruch an der nordafrikanischen Küste. Ich habe nämlich jüngst gelesen, dass die Mahometaner, die dort wohnen, sich durch ihre Religion berechtigt glauben, alle Christen, die bei ihnen Schiffbruch erleiden und in ihre Hände fallen, als Sklaven zu behandeln. Sie verteilen unter sich diese Unglücklichen und benutzen jeden derselben nach seinen Fähigkeiten. So hat nun jüngst ein Engländer, der jene Küsten bereiste, dort einen deutschen Gelehrten gefunden, der Schiffbruch gelitten und Sklave geworden, aber zu gar nichts anderem zu gebrauchen war, als dass man ihm Eier zum Ausbrüten unterlegte; er gehörte nämlich zur theologischen Fakultät. Ich wünsche nun, der Doktor magis amica käme in eine solche Lage; wenn er auf seinen Eiern drei Wochen unaufstehlich sitzen müsste (sind es Enteneier, sogar vier Wochen), so kämen ihm gewiss allerlei Gedanken in den Sinn, die ihm bisher nie eingefallen, und ich wette, er verwünscht den Glaubensfanatismus, der in Europa die Juden und in Afrika die Christen herabwürdigt und sogar einen Doktor der Theologie bis zur Bruthenne entmenscht ... Die Hühner, die er ausgebrütet, werden sehr tolerant schmecken, besonders wenn man sie mit einer Sauce à la Marengo verzehrt.«

Aus leicht begreiflichen Gründen übergehe ich die Bemerkungen, die mein Begleiter in bitterster Fülle losließ, als wir auf unserer Wanderung im Weichbilde Frankfurts dem Hause vorübergingen, wo der Bundestag seine Sitzungen hält. Die Schildwache hielt ihr Mittagsschläfchen in aufrechter Stellung, und die Schwalben, die an den Fliesen der Fenster ihre friedlichen Nester gebaut, flogen seelenruhig auf und nieder. Schwalben bedeuten Glück, behauptete meine Großmutter; sie war sehr abergläubisch.

Von der Ecke der Schnurgasse bis zur Börse mussten wir uns durchdrängen; hier fließt die goldene Ader der Stadt, hier versammelt sich der edle Handelsstand und schachert und mauschelt ... Was wir nämlich in Norddeutschland Mauscheln nennen, ist nichts anderes als die eigentliche Frankfurter Landessprache, und sie wird von der unbeschnittenen Population ebenso vortrefflich gesprochen wie von der beschnittenen. Börne sprach diesen Jargon sehr schlecht, obgleich er, ebenso wie Goethe, den heimatlichen Dialekt nie ganz verleugnen konnte. Ich habe bemerkt, dass Frankfurter, die sich von allen Handelsinteressen entfernt hielten, am Ende jene Frankfurter Aussprache, die wir, wie gesagt, in Norddeutschland Mauscheln nennen, ganz verlernten.

Eine Strecke weiter, am Ausgang der Saalgasse, erfreuten wir uns einer viel angenehmeren Begegnung. Wir sahen nämlich ein Rudel Knaben, welche aus der Schule kamen, hübsche Jungen mit rosigen Gesichtchen, einen Pack Bücher unterm Arm.

»Weit mehr Respekt«, rief Börne, »weit mehr Respekt habe ich für diese Buben als für ihre erwachsenen Väter. Jener Kleine mit der hohen Stirn denkt vielleicht jetzt an den zweiten Punischen Krieg, und er ist begeistert für Hannibal, und als man ihm heute erzählte, wie der große Karthager schon als Knabe den Römern Rache schwur ..., ich wette, da hat sein kleines Herz mitgeschworen ... Hass und Untergang dem bösen Rom! Halte deinen Eid, mein kleiner Waffenbruder. Ich möchte ihn küssen, den vortrefflichen Jungen! Der andere Kleine, der so pfiffig hübsch aussieht, denkt vielleicht an den Mithridates und möchte ihn einst nachahmen ... Das ist auch gut, ganz gut, und du bist mir willkommen. Aber, Bursche, wirst du auch Gift schlucken können, wie der alte König des Pontus? Übe dich frühzeitig. Wer mit Rom Krieg führen will, muss alle möglichen Gifte vertragen können, nicht bloß plumpen Arsenik, sondern auch einschläferndes phantastisches Opium und gar das schleichende Aqua Tofana [Arsenik + Antimon + Bleioxid; vielleicht + Belladonna] der Verleumdung! Wie gefällt Ihnen der Knabe, der so lange Beine hat und ein so unzufrieden aufgestülptes Näschen? Den juckt es vielleicht, ein Catilina zu werden, er hat auch lange Finger, und er wird einmal den Ciceros unserer Republik, den gepuderten Vätern des Vaterlandes, eine Gelegenheit geben, sich mit langen schlechten Reden zu blamieren. Der dort, der arme kränkliche Bub, möchte gewiss weit lieber die Rolle des Brutus spielen ... Armer Junge, du wirst keinen Cäsar finden und musst dich begnügen, einige alte Perücken mit Worten zu erstechen, und wirst dich endlich nicht in dein Schwert, sondern in die Schellingsche Philosophie stürzen und verrückt werden! Ich habe Respekt für diese Kleinen, die sich den ganzen Tag für die hochherzigsten Geschichten der Menschheit interessieren, während ihre Väter nur für das Steigen oder Fallen der Staatspapiere Interesse fühlen und an Kaffeebohnen und Cochenille und Manufakturwaren denken! Ich hätte nicht übel Lust, dem kleinen Brutus dort eine Tüte mit Zuckerkringeln zu kaufen ... Nein, ich will ihm lieber Branntwein zu trinken geben, damit er klein bleibe ... Nur solange wir klein sind, sind wir ganz uneigennützig, ganz heldenmütig, ganz heroisch ... Mit dem wachsenden Leib schrumpft die Seele immer mehr ein ... Ich fühle es an mir selber ... Ach, ich bin ein großer Mann gewesen, als ich noch ein kleiner Junge war!«

Als wir über den Römerberg kamen, wollte Börne mich in die alte Kaiserburg hinaufführen, um dort die Goldene Bulle zu betrachten.

»Ich habe sie noch nie gesehen«, seufzte er, »und seit meiner Kindheit hegte ich immer eine geheime Sehnsucht nach dieser Goldenen Bulle. Als Knabe machte ich mir die wunderlichste Vorstellung davon, und ich hielt sie für eine Kuh mit goldenen Hörnern; später bildete ich mir ein, es sei ein Kalb, und erst als ich ein großer Junge ward, erfuhr ich die Wahrheit, dass sie nämlich nur eine alte Haut sei, ein nichtsnutzig Stück Pergament, worauf geschrieben steht, wie Kaiser und Reich sich einander wechselseitig verkauften. Nein, lasst uns diesen miserablen Kontrakt, wodurch Deutschland zugrunde ging, nicht betrachten; ich will sterben, ohne die Goldene Bulle gesehen zu haben.«

Ich übergehe hier ebenfalls die bitteren Nachbemerkungen. Es gab ein Thema, das man nur zu berühren brauchte, um die wildesten und schmerzlichsten Gedanken, die in Börnes Seele lauerten, hervorzurufen; dieses Thema war Deutschland und der politische Zustand des deutschen Volkes. Börne war Patriot vom Wirbel bis zur Zehe, und das Vaterland war seine ganze Liebe.

Als wir denselben Abend wieder durch die Judengasse gingen und das Gespräch über die Insassen derselben wieder anknüpften, sprudelte die Quelle des Börneschen Geistes umso heiterer, da auch jene Straße, die am Tag einen düsteren Anblick gewährte, jetzt aufs Fröhlichste illuminiert war und die Kinder Israel an jenem Abend, wie mir mein Cicerone erklärte, ihr lustiges Lampenfest feierten. Dieses ist einst gestiftet worden zum ewigen Andenken an den Sieg, den die Makkabäer über den König von Syrien so heldenmütig erfochten haben.

»Sehen Sie«, sagte Börne, »das ist der achtzehnte Oktober der Juden, nur dass dieser makkabäische achtzehnte Oktober mehr als zwei Jahrtausende alt ist und noch immer gefeiert wird, statt dass der Leipziger achtzehnte Oktober noch nicht das fünfzehnte Jahr erreicht hat und bereits in Vergessenheit geraten. Die Deutschen sollten bei der alten Madame Rothschild in die Schule gehen, um Patriotismus zu lernen. Sehen Sie hier, in diesem kleinen Hause wohnt die alte Frau, die Lätitia, die so viele Finanzbonaparten geboren hat, die große Mutter aller Anleihen, die aber trotz der Weltherrschaft ihrer königlichen Söhne noch immer ihr kleines Stammschlösschen in der Judengasse nicht verlassen will und heute wegen des großen Freudenfestes ihre Fenster mit weißen Vorhängen geziert hat. Wie vergnügt funkeln die Lämpchen, die sie mit eigenen Händen anzündete, um jenen Siegestag zu feiern, wo Judas Makkabäus und seine Brüder ebenso tapfer und heldenmütig das Vaterland befreiten wie in unseren Tagen Friedrich Wilhelm, Alexander und Franz II. Wenn die gute Frau diese Lämpchen betrachtet, treten ihr die Tränen in die alten Augen, und sie erinnert sich mit wehmütiger Wonne jener jüngeren Zeit, wo der selige Mayer Amschel Rothschild, ihr teurer Gatte, das Lampenfest mit ihr feierte und ihre Söhne noch kleine Bübchen waren und kleine Lichtchen auf den Boden pflanzten und in kindischer Lust darüber hin und her sprangen, wie es Brauch und Sitte ist in Israel!

Der alte Rothschild«, fuhr Börne fort, »der Stammvater der regierenden Dynastie, war ein braver Mann, die Frömmigkeit und Gutherzigkeit selbst. Es war ein mildtätiges Gesicht mit einem spitzigen Bärtchen, auf dem Kopf ein dreieckig gehörnter Hut und die Kleidung mehr als bescheiden, fast ärmlich. So ging er in Frankfurt herum, und beständig umgab ihn, wie ein Hofstaat, ein Haufen armer Leute, an die er Almosen verteilte oder mit gutem Rat zusprach; wenn man auf der Straße eine Reihe von Bettlern antraf mit getrösteten und vergnügten Mienen, so wusste man, dass hier eben der alte Rothschild seinen Durchzug gehalten. Als ich noch ein kleines Bübchen war und eines Freitags abends mit meinem Vater durch die Judengasse ging, begegneten wir dem alten Rothschild, welcher eben aus der Synagoge kam; ich erinnere mich, dass er, nachdem er mit meinem Vater gesprochen, auch mir einige liebreiche Worte sagte und dass er endlich die Hand auf meinen Kopf legte, um mich zu segnen. Ich bin fest überzeugt, diesem Rothschildschen Segen verdanke ich es, dass späterhin, obgleich ich ein deutscher Schriftsteller wurde, doch niemals das bare Geld in meiner Tasche ganz ausging.«

Ich kann nicht umhin, hier die Zwischenbemerkung einzuschalten, dass Börne immer im behaglichen Wohlstand lebte und sein späterer Ultraliberalismus keineswegs, wie bei vielen Patrioten, dem verbissenen Ingrimm der eigenen Armut beizumessen war. Obgleich er selber reich war, ich sage reich nach dem Maßstab seiner Bedürfnisse, so hegte er doch einen unergründlichen Groll gegen die Reichen. Obgleich der Segen des Vaters auf seinem Haupt ruhte, so hasste er doch die Söhne, Mayer Amsel Rothschilds Söhne.

Wieweit die persönlichen Eigenschaften dieser Männer zu jenem Hass berechtigen, will ich hier nicht untersuchen; es wird an einem anderen Ort ausführlich geschehen. Hier möchte ich nur der Bemerkung Raum geben, dass unsere deutschen Freiheitsprediger ebenso ungerecht wie töricht handeln, wenn sie das Haus Rothschild wegen seiner politischen Bedeutung, wegen seiner Einwirkung auf die Interessen der Revolution, kurz, wegen seines öffentlichen Charakters mit so viel Grimm und Blutgier anfeinden. Es gibt keine stärkeren Beförderer der Revolution als eben die Rothschilde ... und, was noch befremdlicher klingen mag, diese Rothschilde, die Bankiers der Könige, diese fürstlichen Säckelmeister, deren Existenz durch einen Umsturz des europäischen Staatensystems in die ernsthaftesten Gefahren geraten dürfte, sie tragen dennoch im Gemüt das Bewusstsein ihrer revolutionären Sendung. Namentlich ist dies der Fall bei dem Mann, der unter dem unscheinbaren Namen Baron James bekannt ist und in welchem sich jetzt, nach dem Tod seines erlauchten Bruders von England, die ganze politische Bedeutung des Hauses Rothschild resümiert. Dieser Nero der Finanz, der sich in der Rue Laffitte seinen goldenen Palast erbaut hat und von dort aus als unumschränkter Imperator die Börsen beherrscht, er ist, wie weiland sein Vorgänger, der römische Nero, am Ende ein gewaltsamer Zerstörer des bevorrechteten Patriziertums und Begründer der neuen Demokratie. Einst, vor mehreren Jahren, als er in guter Laune war und wir Arm in Arm, ganz famillionär, wie Hirsch Hyazinth sagen würde, in den Straßen von Paris umherflanierten, setzte mir Baron James ziemlich klar auseinander, wie eben er selber, durch sein Staatspapiersystem, für den gesellschaftlichen Fortschritt in Europa überall die ersten Bedingnisse erfüllt, gleichsam Bahn gebrochen habe.

»Zu jeder Begründung einer neuen Ordnung von Dingen« – sagte er mir – »gehört ein Zusammenfluss von bedeutenden Menschen, die sich mit diesen Dingen gemeinsam zu beschäftigen haben. Dergleichen Menschen lebten ehemals vom Ertrag ihrer Güter oder ihres Amtes und waren deshalb nie ganz frei, sondern immer an einen entfernten Grundbesitz oder an irgendeine örtliche Amtsverwaltung gefesselt; jetzt aber gewährt das Staatspapiersystem diesen Menschen die Freiheit, jeden beliebigen Aufenthalt zu wählen, überall können sie von den Zinsen ihrer Staatspapiere, ihres portativen Vermögens, geschäftslos leben, und sie ziehen sich zusammen und bilden die eigentliche Macht der Hauptstädte. Von welcher Wichtigkeit aber eine solche Residenz der verschiedenartigsten Kräfte, eine solche Zentralisation der Intelligenzen und sozialen Autoritäten, das ist hinlänglich bekannt. Ohne Paris hätte Frankreich nie seine Revolution gemacht; hier hatten so viele ausgezeichnete Geister Weg und Mittel gefunden, eine mehr oder minder sorglose Existenz zu führen, miteinander zu verkehren und so weiter. Jahrhunderte haben in Paris einen solchen günstigen Zustand allmählich herbeigeführt. Durch das Rentensystem wäre Paris weit schneller Paris geworden, und die Deutschen, die gern eine ähnliche Hauptstadt hätten, sollten nicht über das Rentensystem klagen: es zentralisiert, es macht vielen Leuten möglich, an einem selbstgewählten Orte zu leben und von dort aus der Menschheit jeden nützlichen Impuls zu geben ...«

Von diesem Standpunkt aus betrachtet Rothschild die Resultate seines Schaffens und Treibens. Ich bin mit dieser Ansicht ganz einverstanden, ja ich gehe noch weiter, und ich sehe in Rothschild einen der größten Revolutionäre, welche die moderne Demokratie begründeten. Richelieu, Robespierre und Rothschild sind für mich drei terroristische Namen, und sie bedeuten die graduelle Vernichtung der alten Aristokratie. Richelieu, Robespierre und Rothschild sind die drei furchtbarsten Nivelleurs Europas. Richelieu zerstörte die Souveränität des Feudaladels und beugte ihn unter jene königliche Willkür, die ihn entweder durch Hofdienst herabwürdigte oder durch krautjunkerliche Untätigkeit in der Provinz vermodern ließ. Robespierre schlug diesem unterwürfigen und faulen Adel endlich das Haupt ab. Aber der Boden blieb, und der neue Herr desselben, der neue Gutsbesitzer, ward ganz wieder ein Aristokrat, wie seine Vorgänger, deren Prätentionen er unter anderem Namen fortsetzte. Da kam Rothschild und zerstörte die Oberherrschaft des Bodens, indem er das Staatspapiersystem zur höchsten Macht emporhob, dadurch die großen Besitztümer und Einkünfte mobilisierte und gleichsam das Geld mit den ehemaligen Vorrechten des Bodens belehnte. Er stiftete freilich dadurch eine neue Aristokratie, aber diese, beruhend auf dem unzuverlässigsten Element, auf dem Geld, kann nimmermehr so nachhaltig misswirken wie die ehemalige Aristokratie, die im Boden, in der Erde selber, wurzelte. Geld ist flüssiger als Wasser, windiger als Luft, und dem jetzigen Geldadel verzeiht man gern seine Impertinenzen, wenn man seine Vergänglichkeit bedenkt ... er zerrinnt und verdunstet, ehe man sich dessen versieht.

Indem ich oben die Namen Richelieu, Robespierre und Rothschild zusammenstellte, drängte sich mir die Bemerkung auf, dass diese drei größten Terroristen noch mancherlei andere Ähnlichkeiten bieten. Sie haben zum Beispiel miteinander gemein eine gewisse unnatürliche Liebe zur Poesie: Richelieu schrieb schlechte Tragödien, Robespierre machte erbärmliche Madrigale, und James Rothschild, wenn er lustig wird, fängt er an zu reimen ...

Doch das gehört nicht hierher, diese Blätter haben sich zunächst mit einem kleineren Revolutionär, mit Ludwig Börne, zu beschäftigen. Dieser hegte, wie wir mit Bedauern bemerken, den höchsten Hass gegen die Rothschilde, und in seinem Gespräch, als wir zu Frankfurt dem Stammhaus derselben vorübergingen, äußerte sich jener Hass bereits ebenso grell und giftig wie in seinen späteren Pariser Briefen. Nichtsdestoweniger ließ er doch den persönlichen Eigenschaften dieser Leute manche Gerechtigkeit widerfahren, und er gestand mir ganz naiv, dass er sie nur hassen könne, dass es ihm aber trotz aller Mühe nicht möglich sei, sie verächtlich oder gar lächerlich zu finden.

»Denn sehen Sie« – sprach er –, »die Rothschilde haben so viel Geld, eine solche Unmasse von Geld, dass sie uns einen fast grauenhaften Respekt einflößen; sie identifizierten sich sozusagen mit dem Begriff des Geldes überhaupt, und Geld kann man nicht verachten. Auch haben diese Leute das sicherste Mittel angewendet, um jenem Ridikül zu entgehen, dem so manch andere baronisierten Millionärsfamilien des Alten Testaments verfallen sind: sie enthalten sich des christlichen Weihwassers. Die Taufe ist jetzt bei den reichen Juden an der Tagesordnung, und das Evangelium, das den Armen Judäas vergebens gepredigt worden, ist jetzt in floribus bei den Reichen. Aber da die Annahme desselben nur Selbstbetrug, wo nicht gar Lüge ist, und das angeheuchelte Christentum mit dem alten Adam bisweilen recht grell kontrastiert, so geben diese Leute dem Witz und dem Spott die bedenklichsten Blößen. Oder glauben Sie, dass durch die Taufe die innere Natur ganz verändert worden? Glauben Sie, dass man Läuse in Flöhe verwandeln kann, wenn man sie mit Wasser begießt?« – »Ich glaube nicht.« – »Ich glaub's auch nicht, und ein ebenso melancholischer wie lächerlicher Anblick ist es für mich, wenn die alten Läuse, die noch aus Ägypten stammen, aus der Zeit der pharaonischen Plage, sich plötzlich einbilden, sie wären Flöhe, und christlich zu hüpfen beginnen. In Berlin habe ich auf der Straße alte Töchter Israels gesehen, die am Halse lange Kreuze trugen, Kreuze, die noch länger als ihre Nasen und bis an den Nabel reichten; in den Händen hielten sie ein evangelisches Gesangbuch, und sie sprachen von der prächtigen Predigt, die sie eben in der Dreifaltigkeitskirche gehört. Die eine frug die andere, bei wem sie das heilige Abendmahl genommen, und beide rochen dabei aus dem Halse. Widerwärtiger war mir noch der Anblick von schmutzigen Bartjuden, die aus ihren polnischen Kloaken kamen, von der Bekehrungsgesellschaft in Berlin für den Himmel angeworben, und in ihrem mundfaulen Dialekt das Christentum predigten und so entsetzlich dabei stanken. Es wäre jedenfalls wünschenswert, wenn man dergleichen polnisches Läusevolk nicht mit gewöhnlichem Wasser, sondern mit Eau de Cologne taufen ließe.«

»Im Haus des Gehängten«, unterbrach ich diese Rede, »muss man nicht von Stricken sprechen, lieber Doktor, sagen Sie mir vielmehr: wo sind jetzt die großen Ochsen, die, wie mein Vater mir einst erzählte, auf dem jüdischen Kirchhof hier zu Frankfurt herumliefen und in der Nacht so entsetzlich brüllten, dass die Ruhe der Nachbarn dadurch gestört wurde?«

»Ihr Herr Vater«, rief Börne lachend, »hat Ihnen in der Tat keine Unwahrheit gesagt. Es existierte früherhin der Gebrauch, dass die jüdischen Viehhändler die männliche Erstgeburt ihrer Kühe nach biblischer Vorschrift dem lieben Gott widmeten und in dieser Absicht, aus allen Gegenden Deutschlands, hierher nach Frankfurt brachten, wo man jenen Ochsen Gottes den jüdischen Kirchhof zum Grasen anwies und wo sie bis an ihr seliges Ende sich herumtrieben und wirklich oft entsetzlich brüllten. Aber die alten Ochsen sind jetzt tot, und das heutige Rindvieh hat nicht mehr den rechten Glauben, und ihre Erstgeburten bleiben ruhig daheim, wenn sie nicht gar zum Christentum übergehen. Die alten Ochsen sind tot.«

Ich kann nicht umhin, bei dieser Gelegenheit zu erwähnen, dass mich Börne während meines Aufenthalts in Frankfurt einlud, bei einem seiner Freunde zu Mittag zu speisen, und zwar weil derselbe, in getreuer Beharrnis an jüdischen Gebräuchen, mir die berühmte Schaletspeise [Tscholent, Tschulent; Eintopf der aschkenasischen jüdischen Küche für die Mittagsmahlzeit am Sabbat] vorsetzen werde; und in der Tat, ich erfreute mich dort jenes Gerichtes, das vielleicht noch ägyptischen Ursprungs und alt wie die Pyramiden ist. Ich wundre mich, dass Börne späterhin, als er scheinbar in humoristischer Laune, in der Tat aber aus plebejischer Absicht, durch mancherlei Erfindungen und Insinuationen, wie gegen Kronenträger überhaupt, so auch gegen ein gekröntes Dichterhaupt den Pöbel verhetzte ... ich wundere mich, dass er in seinen Schriften nie erzählt hat, mit welchem Appetit, mit welchem Enthusiasmus, mit welcher Andacht, mit welcher Überzeugung ich einst beim Doktor St..... das altjüdische Schaletessen verzehrt habe! Dieses Gericht ist aber auch ganz vortrefflich, und es ist schmerzlichst zu bedauern, dass die christliche Kirche, die dem alten Judentum so viel Gutes entlehnte, nicht auch den Schalet adoptiert habe. Vielleicht hat sie sich dieses für die Zukunft noch vorbehalten, und wenn es ihr mal ganz schlecht geht, wenn ihre heiligsten Symbole, sogar das Kreuz, seine Kraft verloren, greift die christliche Kirche zum Schaletessen, und die entwischten Völker werden sich wieder mit neuem Appetit in ihren Schoß hineindrängen. Die Juden wenigstens werden sich alsdann auch mit Überzeugung dem Christentume anschließen ... denn, wie ich klar einsehe, es ist nur der Schalet, der sie zusammenhält in ihrem alten Bunde. Börne versicherte mir sogar, dass die Abtrünnigen, welche zum neuen Bunde übergegangen, nur den Schalet zu riechen brauchen, um ein gewisses Heimweh nach der Synagoge zu empfinden, dass der Schalet sozusagen der Kuhreigen der Juden sei.

Auch nach Bornheim sind wir miteinander hinausgefahren, am Sabbat, um dort Kaffee zu trinken und die Töchter Israels zu betrachten ... Es waren schöne Mädchen und rochen nach Schalet, allerliebst. Börne zwinkerte mit den Augen. In diesem geheimnisvollen Zwinkern, in diesem unsicher lüsternen Zwinkern, das sich vor der inneren Stimme fürchtet, lag die ganze Verschiedenheit unserer Gefühlsweise. Börne nämlich war, wenn auch nicht in seinen Gedanken, doch desto mehr in seinen Gefühlen, ein Sklave der nazarenischen Abstinenz; und wie es allen Leuten seinesgleichen geht, die zwar die sinnliche Enthaltsamkeit als höchste Tugend anerkennen, aber nicht vollständig ausüben können, so wagte er es nur im Verborgenen, zitternd und errötend, wie ein genäschiger Knabe, von Evas verbotenen Äpfeln zu kosten. Ich weiß nicht, ob bei diesen Leuten der Genuss intensiver ist als bei uns, die wir dabei den Reiz des geheimen Unterschleifs, der moralischen Konterbande, entbehren; behauptet man doch, dass Mahomet seinen Türken den Wein verboten hat, damit er ihnen desto süßer schmecke.

In großer Gesellschaft war Börne wortkarg und einsilbig, und dem Fluss der Rede überließ er sich nur im Zwiegespräch, wenn er glaubte, sich neben einem gleichgesinnten Menschen zu befinden. Dass Börne mich für einen solchen ansah, war ein Irrtum, der späterhin für mich sehr viele Verdrießlichkeiten zur Folge hatte. Schon damals in Frankfurt harmonierten wir nur im Gebiet der Politik, keineswegs in den Gebieten der Philosophie oder der Kunst oder der Natur – die ihm sämtlich verschlossen waren. Vielleicht entfallen mir späterhin in dieser Beziehung einige charakteristische Züge. Wir waren überhaupt von entgegengesetztem Wesen, und diese Verschiedenheit wurzelte am Ende vielleicht nicht bloß in unserer moralischen, sondern auch physischen Natur.

Es gibt im Grunde nur zwei Menschensorten, die mageren und die fetten, oder vielmehr Menschen, die immer dünner werden, und solche, die aus schmächtigen Anfängen allmählich zur rundlichsten Korpulenz übergehen. Die ersteren sind eben die gefährliche Sorte, die Cäsar so sehr fürchtete – »ich wollte, er wäre fetter«, sagt er von Cassius. Brutus war von einer ganz anderen Sorte, und ich bin überzeugt, wenn er nicht die Schlacht bei Philippi verloren und sich bei dieser Gelegenheit erstochen hätte, wäre er ebenso dick geworden wie der Schreiber dieser Blätter. – »Und Brutus war ein braver Mann.«

Da ich hier an Shakespeare erinnert werde, so ergreife ich die Gelegenheit, mich für eine alte Lesart zu erklären, die den Hamlet »fett« nennt. – Bedauernswürdiger Prinz von Dänemark! Die Natur hatte dich dazu bestimmt, in glücklichster Wohlbeleibtheit deine Tage zu verschlendern, und da fällt auf einmal die Welt aus ihren Angeln, und du sollst sie wieder einrahmen! Armer dicker Dänenprinz! – – –

Die drei Tage, welche ich in Frankfurt in Börnes Gesellschaft zubrachte, verflossen in fast idyllischer Friedsamkeit. Er bestrebte sich angelegentlichst, mir zu gefallen. Er ließ die Raketen seines Witzes so heiter als möglich aufleuchten, und wie bei chinesischen Feuerwerken am Ende der Feuerwerker selbst unter sprühendem Flammengeprassel in die Luft steigt, so schlossen die humoristischen Reden des Mannes immer mit einem tollen Brillantfeuer, worin er sich selbst aufs Keckste preisgab. Er war harmlos wie ein Kind. Bis zum letzten Augenblick meines Aufenthalts in Frankfurt lief er gemütlich neben mir einher, mir an den Augen ablauschend, ob er mir vielleicht noch irgendeine Liebe erweisen könne. Er wusste, dass ich auf Veranlassung des alten Baron Cotta nach München reiste, um dort die Redaktion der »Politischen Annalen« zu übernehmen und auch einigen projektierten literarischen Instituten meine Tätigkeit zu widmen. Es galt damals, für die liberale Presse jene Organe zu schaffen, die späterhin so heilsamen Einfluss üben könnten; es galt, die Zukunft zu säen, eine Aussaat, für welche in der Gegenwart nur die Feinde Augen hatten, sodass der arme Sämann schon gleich nur Ärger und Schmähung einerntete. Männiglich bekannt sind die giftigen Jämmerlichkeiten, welche die ultramontane aristokratische Propaganda in München gegen mich und meine Freunde ausübte. – »Hüten Sie sich, in München mit den Pfaffen zu kollidieren«, waren die letzten Worte, welche mir Börne beim Abschied ins Ohr flüsterte. Als ich schon im

Coupé des Postwagens saß, blickte er mir noch lange nach, wehmütig wie ein alter Seemann, der sich aufs feste Land zurückgezogen hat und sich von Mitleid bewegt fühlt, wenn er einen jungen Fant sieht, der sich zum ersten Mal aufs Meer begibt ... Der Alte glaubte damals, dem tückischen Element auf ewig Valet gesagt zu haben und den Rest seiner Tage im sichern Hafen beschließen zu können! Armer Mann! Die Götter wollten ihm diese Ruhe nicht gönnen! Er musste bald wieder hinaus auf die hohe See, und dort begegneten sich unsere Schiffe, während jener furchtbare Sturm wütete, worin er zugrunde ging. Wie das heulte! wie das krachte! Beim Licht der gelben Blitze, die aus dem schwarzen Gewölk herabschossen, konnte ich genau sehen, wie Mut und Sorge auf dem Gesicht des Mannes schmerzlich wechselten! Er stand am Steuer seines Schiffes und trotzte dem Ungestüm der Wellen, die ihn manchmal zu verschlingen drohten, manchmal ihn nur kleinlich bespritzten und durchnässten, was einen so kummervollen und zugleich komischen Anblick gewährte, dass man darüber weinen und lachen konnte. Armer Mann! Sein Schiff war ohne Anker und sein Herz ohne Hoffnung ... Ich sah, wie der Mast brach, wie die Winde das Tauwerk zerrissen ... Ich sah, wie er die Hand nach mir ausstreckte ...

Ich durfte sie nicht erfassen, ich durfte die kostbare Ladung, die heiligen Schätze, die mir anvertraut, nicht dem sicheren Verderben preisgeben ... Ich trug an Bord meines Schiffes die Götter der Zukunft.

Zweites Buch

Helgoland, den 1. Julius 1830

Ich selber bin dieses Guerillakrieges müde und sehne mich nach Ruhe, wenigstens nach einem Zustand, wo ich mich meinen natürlichen Neigungen, meiner träumerischen Art und Weise, meinem phantastischen Sinnen und Grübeln ganz fessellos hingeben kann. Welche Ironie des Geschickes, dass ich, der ich mich so gern auf die Pfühle des stillen beschaulichen Gemütslebens bette, dass eben ich dazu bestimmt war, meine armen Mitdeutschen aus ihrer Behaglichkeit hervorzugeißeln und in die Bewegung hineinzuhetzen! Ich, der ich mich am liebsten damit beschäftige, Wolkenzüge zu beobachten, metrische Wortzauber zu erklügeln, die Geheimnisse der Elementargeister zu erlauschen und mich in die Wunderwelt alter Märchen zu versenken ... ich musste politische Annalen herausgeben, Zeitinteressen vortragen, revolutionäre Wünsche anzetteln, die Leidenschaften aufstacheln, den armen deutschen Michel beständig an der Nase zupfen, dass er aus seinem gesunden Riesenschlaf erwache ... Freilich, ich konnte dadurch bei dem schnarchenden Giganten nur ein sanftes Niesen, keineswegs aber ein Erwachen bewirken ... Und riss ich auch heftig an seinem Kopfkissen, so rückte er es sich doch wieder zurecht mit schlaftrunkener Hand ... Einst wollte ich aus Verzweiflung seine Nachtmütze in Brand stecken, aber sie war so feucht von Gedankenschweiß, dass sie nur gelinde rauchte ... und Michel lächelte im Schlummer ...

Ich bin müde und lechze nach Ruhe. Ich werde mir ebenfalls eine deutsche Nachtmütze anschaffen und über die Ohren ziehen. Wenn ich nur wüsste, wo ich jetzt mein Haupt niederlegen kann. In Deutschland ist es unmöglich. Jeden Augenblick würde ein Polizeidiener herankommen und mich rütteln, um zu erproben, ob ich wirklich schlafe; schon diese Idee verdirbt mir alles Behagen. Aber in der Tat, wo soll ich hin? Wieder nach Süden? Nach dem Lande, wo die Zitronen blühen und die Goldorangen? Ach! vor jedem Zitronenbaum steht dort eine östreichische Schildwache und donnert dir ein schreckliches »Werda!« entgegen. Wie die Zitronen, so sind auch die Goldorangen jetzt sehr sauer. Oder soll ich nach Norden? Etwa nach Nordosten? Ach, die Eisbären sind jetzt gefährlicher als je, seitdem sie sich zivilisieren und Glacéhandschuh' tragen. Oder soll ich wieder nach dem verteufelten England, wo ich nicht in effigie hängen, wie viel weniger in Person leben möchte! Man sollte einem noch Geld dazugeben, um dort zu wohnen, und statt dessen kostet einem der Aufenthalt in England doppelt so viel wie an anderen Orten. Nimmermehr nach diesem schnöden Lande, wo die Maschinen sich wie Menschen und die Menschen wie Maschinen gebärden. Das schnurrt und schweigt so beängstigend. Als ich dem hiesigen Gouverneur präsentiert wurde und dieser Stockengländer mehrere Minuten, ohne ein Wort zu sprechen, unbeweglich vor mir stand, kam es mir unwillkürlich in den Sinn, ihn einmal von hinten zu betrachten, um nachzusehen, ob man etwa dort vergessen habe, die Maschine aufzuziehen. Dass die Insel Helgoland unter britischer Herrschaft steht, ist mir schon hinlänglich fatal. Ich bilde mir manchmal ein, ich röche jene Langeweile, welche Albions Söhne überall ausdünsten. In der Tat, aus jedem Engländer entwickelt sich ein gewisses Gas, die tödliche Stickluft der Langeweile, und dieses habe ich mit eigenen Augen beobachtet, nicht in England, wo die Atmosphäre ganz davon geschwängert ist, aber in südlichen Ländern, wo der reisende Brite isoliert umherwandert und die graue Aureole der Langeweile, die sein Haupt umgibt, in der sonnig blauen Luft recht schneidend sichtbar wird. Die Engländer freilich glauben, ihre dicke Langeweile sei ein Produkt des Ortes, und um derselben zu entfliehen, reisen sie durch alle Lande, langweilen sich überall und kehren heim mit einem Diary of an ennuyé. Es geht ihnen wie dem Soldaten, dem seine Kameraden, als er schlafend auf der Pritsche lag, Unrat unter die Nase rieben; als er erwachte, bemerkte er, es röche schlecht in der Wachtstube, und er ging hinaus, kam aber bald zurück und behauptete, auch draußen röche es übel, die ganze Welt stänke.

Einer meiner Freunde, welcher jüngst aus Frankreich kam, behauptete, die Engländer bereitsten den Kontinent aus Verzweiflung über die plumpe Küche ihrer Heimat; an den französischen Tables d'hôte sähe man dicke Engländer, die nichts als Vol-au-Vents, Crème, Suprêmes, Ragouts, Gelees und dergleichen luftige Speisen verschluckten, und zwar mit jenem kolossalen Appetit, der sich daheim an Roastbeefmassen und Yorkshire Plumpudding geübt hatte und wodurch am Ende alle französischen Gastwirte zugrunde gehen müssen. Ist etwa wirklich die Exploitation der Tables d'hôte der geheime Grund, weshalb die Engländer herumreisen? Während wir über die Flüchtigkeit lächeln, womit sie überall die Merkwürdigkeiten und Gemäldegalerien ansehen, sind sie es vielleicht, die uns mystifizieren, und ihre belächelte Neugier ist nichts als ein pfiffiger Deckmantel für ihre gastronomischen Absichten?

Aber wie vortrefflich auch die französische Küche ist, in Frankreich selbst soll es jetzt schlecht aussehen, und die große Retirade hat noch kein Ende. Die Jesuiten florieren dort und singen Triumphlieder. Die dortigen Machthaber sind dieselben Toren, denen man bereits vor fünfzig Jahren die Köpfe abgeschlagen ... Was half's! sie sind dem Grabe wieder entstiegen, und jetzt ist ihr Regiment törichter als früher; denn als man sie aus dem Totenreich ans Tageslicht heraufließ, haben manche von ihnen, in der Hast, den ersten besten Kopf aufgesetzt, der ihnen zur Hand lag, und da ereigneten sich gar heillose Missgriffe: die Köpfe passen manchmal nicht zu dem Rumpf und zu dem Herzen, das darin spukt. Da ist mancher, welcher wie die Vernunft selbst auf der Tribüne sich ausspricht, so dass wir den klugen Kopf bewundern, und doch lässt er sich gleich darauf von dem unverbesserlich verrückten Herzen zu den dümmsten Handlungen verleiten ... Es ist ein grauenhafter Widerspruch zwischen den Gedanken und Gefühlen, den Grundsätzen und Leidenschaften, den Reden und den Taten dieser Revenants!

Oder soll ich nach Amerika, nach diesem ungeheuren Freiheitsgefängnis, wo die unsichtbaren Ketten mich noch schmerzlicher drücken würden als zu Hause die sichtbaren und wo der widerwärtigste aller Tyrannen, der Pöbel, seine rohe Herrschaft ausübt! Du weißt, wie ich über dieses gottverfluchte Land denke, das ich einst liebte, als ich es nicht kannte. Und doch muss ich es öffentlich loben und preisen, aus Metierpflicht ... Ihr lieben deutschen Bauern!

Geht nach Amerika! Dort gibt es weder Fürsten noch Adel, alle Menschen sind dort gleich, gleiche Flegel ... mit Ausnahme freilich einiger Millionen, die eine schwarze oder braune Haut haben und wie die Hunde behandelt werden! Die eigentliche Sklaverei, die in den meisten nordamerikanischen Provinzen abgeschafft, empört mich nicht so sehr wie die Brutalität, womit dort die freien Schwarzen und die Mulatten behandelt werden. Wer auch nur im entferntesten Grade von einem Neger stammt und wenn auch nicht mehr in der Farbe, sondern nur in der Gesichtsbildung eine solche Abstammung verrät, muss die größten Kränkungen erdulden, Kränkungen, die uns in Europa fabelhaft dünken. Dabei machen diese Amerikaner großes Wesen von ihrem Christentum und sind die eifrigsten Kirchgänger. Solche Heuchelei haben sie von den Engländern gelernt, die ihnen übrigens ihre schlechtesten Eigenschaften zurückließen. Der weltliche Nutzen ist ihre eigentliche Religion, und das Geld ist ihr Gott, ihr einziger, allmächtiger Gott. Freilich, manches edle Herz mag dort im Stillen die allgemeine Selbstsucht und Ungerechtigkeit bejammern. Will es aber gar dagegen ankämpfen, so harrt seiner ein Martyrtum, das alle europäischen Begriffe übersteigt. Ich glaube, es war in New York, wo ein protestantischer Prediger über die Misshandlung der farbigen Menschen so empört war, dass er, dem grausamen Vorurteil trotzend, seine eigene Tochter mit einem Neger verheiratete. Sobald diese wahrhaft christliche Tat bekannt wurde, stürmte das Volk nach dem Hause des Predigers, der nur durch die Flucht dem Tode entrann; aber das Haus ward demoliert, und die Tochter des Predigers, das arme Opfer, ward vom Pöbel ergriffen und musste seine Wut entgelten. She was flinshed, d. h., sie ward splitternackt ausgekleidet, mit Teer bestrichen, in den aufgeschnittenen Federbetten herumgewälzt, in solcher anklebenden Federhülle durch die ganze Stadt geschleift und verhöhnt ... O Freiheit! du bist ein böser Traum!

Helgoland, den 8. Julius

Da gestern Sonntag war und eine bleierne Langeweile über der ganzen Insel lag und mir fast das Haupt eindrückte, griff ich aus Verzweiflung zur Bibel ... und ich gestehe es Dir, trotzdem dass ich ein heimlicher Hellene bin, hat mich das Buch nicht bloß gut unterhalten, sondern auch weidlich erbaut. Welch ein Buch! groß und weit wie die Welt, wurzelnd in den Abgründen der Schöpfung und hinaufragend in die blauen Geheimnisse des Himmels ... Sonnenaufgang und Sonnenuntergang, Verheißung und Erfüllung, Geburt und Tod, das ganze Drama der Menschheit, alles ist in diesem Buche ... Es ist das Buch der Bücher, Biblia. Die Juden sollten sich leicht trösten, dass sie Jerusalem und den Tempel und die Bundeslade und die goldenen Geräte und Kleinodien Salomonis eingebüßt haben ... solcher Verlust ist doch nur geringfügig in Vergleichung mit der Bibel, dem unzerstörbaren Schatz, den sie gerettet. Wenn ich nicht irre, war es Mahomet, welcher die Juden »das Volk des Buches« nannte, ein Name, der ihnen bis heutigen Tag im Orient verblieben und tiefsinnig bezeichnend ist. Ein Buch ist ihr Vaterland, ihr Besitz, ihr Herrscher, ihr Glück und ihr Unglück. Sie leben in den umfriedeten Marken dieses Buches, hier üben sie ihr unveräußerliches Bürgerrecht, hier kann man sie nicht verjagen, nicht verachten, hier sind sie stark und bewunderungswürdig. Versenkt in der Lektüre dieses Buches, merkten sie wenig von den Veränderungen, die um sie her in der wirklichen Welt vorfielen; Völker erhuben sich und schwanden, Staaten blühten empor und erloschen, Revolutionen stürmten über den Erdboden ... sie aber, die Juden, lagen gebeugt über ihrem Buche und merkten nichts von der Wilden Jagd der Zeit, die über ihre Häupter dahinzog!

Wie der Prophet des Morgenlandes sie »das Volk des Buches« nannte, so hat sie der Prophet des Abendlands in seiner Philosophie der Geschichte als »das Volk des Geistes« bezeichnet. Schon in ihren frühesten Anfängen, wie wir im Pentateuch bemerken, bekunden die

Juden ihre Vorneigung für das Abstrakte, und ihre ganze Religion ist nichts als ein Akt der Dialektik, wodurch Materie und Geist getrennt und das Absolute nur in der alleinigen Form des Geistes anerkannt wird. Welche schauerlich isolierte Stellung mussten sie einnehmen unter den Völkern des Altertums, die, dem freudigsten Naturdienst ergeben, den Geist vielmehr in den Erscheinungen der Materie, in Bild und Symbol, begriffen! Welche entsetzliche Opposition bildeten sie deshalb gegen das buntgefärbte, hieroglyphenwimmelnde Ägypten, gegen Phönizien, den großen Freudetempel der Astarte, oder gar gegen die schöne Sünderin, das holde, süßduftige Babylon, und endlich gar gegen Griechenland, die blühende Heimat der Kunst!

Es ist ein merkwürdiges Schauspiel, wie das Volk des Geistes sich allmählich ganz von der Materie befreit, sich ganz spiritualisiert. Moses gab dem Geist gleichsam materielle Bollwerke, gegen den realen Andrang der Nachbarvölker: rings um das Feld, wo er Geist gesät, pflanzte er das schroffe Zeremonialgesetz und eine egoistische Nationalität als schützende Dornhecke. Als aber die heilige Geistpflanze so tiefe Wurzel geschlagen und so himmelhoch emporgeschossen, dass sie nicht mehr ausgereutet werden konnte, da kam Jesus Christus und riss das Zeremonialgesetz nieder, das fürder keine nützliche Bedeutung mehr hatte, und er sprach sogar das Vernichtungsurteil über die jüdische Nationalität ... Er berief alle Völker der Erde zur Teilnahme an dem Reiche Gottes, das früher nur einem einzigen auserlesenen Gottesvolk gehörte, er gab der ganzen Menschheit das jüdische Bürgerrecht ... Das war eine große Emanzipationsfrage, die jedoch weit großmütiger gelöst wurde wie die heutigen Emanzipationsfragen in Sachsen und Hannover ... Freilich, der Erlöser, der seine Brüder vom Zeremonialgesetz und der Nationalität befreite und den Kosmopolitismus stiftete, ward ein Opfer seiner Humanität, und der Stadtmagistrat von Jerusalem ließ ihn kreuzigen, und der Pöbel verspottete ihn ...

Aber nur der Leib ward verspottet und gekreuzigt, der Geist ward verherrlicht, und das Martyrtum des Triumphators, der dem Geist die Weltherrschaft erwarb, ward Sinnbild dieses Sieges, und die ganze Menschheit strebte seitdem, in imitationem Christi, nach leiblicher Abtötung und übersinnlichem Aufgehen im absoluten Geiste ...

Wann wird die Harmonie wieder eintreten, wann wird die Welt wieder gesunden von dem einseitigen Streben nach Vergeistigung, dem tollen Irrtum, wodurch sowohl Seele wie Körper erkrankten! Ein großes Heilmittel liegt in der politischen Bewegung und in der Kunst. Napoleon und Goethe haben trefflich gewirkt. Jener, indem er die Völker zwang, sich allerlei gesunde Körperbewegung zu gestatten; dieser, indem er uns wieder für griechische Kunst empfänglich machte und solide Werke schuf, woran wir uns, wie an marmornen Götterbildern, festklammern können, um nicht unterzugehen im Nebelmeer des absoluten Geistes ...

Helgoland, den 18. Julius

Im Alten Testament habe ich das erste Buch Mosis ganz durchgelesen. Wie lange Karawanenzüge zog die heilige Vorwelt durch meinen Geist. Die Kamele ragen hervor. Auf ihrem hohen Rücken sitzen die verschleierten Rosen von Kanaan. Fromme Viehhirten, Ochsen und Kühe vor sich hin treibend. Das zieht über kahle Berge, heiße Sandflächen, wo nur hie und da eine Palmengruppe zum Vorschein kommt und Kühlung fächelt. Die Knechte graben Brunnen. Süßes, stilles, hellsonniges Morgenland! Wie lieblich ruht es sich unter deinen Zelten! O Laban, könnte ich deine Herden weiden! Ich würde dir gerne sieben Jahre dienen um Rahel und noch andere sieben Jahre für die Lea, die du mir in den Kauf gibst! Ich höre, wie sie blöken, die Schafe Jakobs, und ich sehe, wie er ihnen die geschälten Stäbe vorhält, wenn sie in der Brunstzeit zur Tränke gehn. Die gesprenkelten gehören jetzt uns. Unterdessen kommt Ruben nach Hause und bringt seiner Mutter einen Strauß Dudaim [Alraunen], die er auf dem Felde gepflückt. Rahel verlangt die Dudaim, und Lea gibt sie ihr mit der Bedingung, dass Jakob dafür die nächste Nacht bei ihr schlafe. Was sind Dudaim? Die Kommentatoren haben sich vergebens darüber den Kopf zerbrochen. Luther weiß sich nicht besser zu helfen, als dass er diese Blumen ebenfalls Dudaim nennt. Es sind vielleicht schwäbische Gelbveiglein. Die Liebesgeschichte von der Dina und dem jungen Sichem hat mich sehr gerührt. Ihre Brüder Simeon und Levy haben jedoch die Sache nicht so sentimentalisch aufgefasst. Abscheulich ist es, dass sie den unglücklichen Sichem und alle seine Angehörigen mit grimmiger Hinterlist erwürgten, obgleich der arme Liebhaber sich anheischig machte, ihre Schwester zu heiraten, ihnen Länder und Güter zu geben, sich mit ihnen zu einer einzigen Familie zu verbünden, obgleich er bereits in dieser Absicht sich und sein ganzes Volk beschneiden ließ. Die beiden Burschen hätten froh sein sollen, dass ihre Schwester eine so glänzende Partie machte, die angelobte Verschwägerung war für ihren Stamm von höchstem Nutzen, und dabei gewannen sie, außer der kostbarsten Morgengabe, auch eine gute Strecke Land, dessen sie eben sehr bedurften ... Man kann sich nicht anständiger aufführen wie dieser verliebte Sichemprinz, der am Ende doch nur aus Liebe die Rechte der Ehe antizipiert hatte. Aber das ist es, er hatte ihre Schwester geschwächt, und für dieses Vergehen gibt es bei jenen ehrstolzen Brüdern keine andere Buße als den Tod ... und wenn der Vater sie ob ihrer blutigen Tat zur Rede stellt und die Vorteile erwähnt, die ihnen die Verschwägerung mit Sichem verschafft hätte, antworten sie: »Sollten wir etwa Handel treiben mit der Jungferschaft unserer Schwester?«

Störrige, grausame Herzen, diese Brüder. Aber unter dem harten Stein duftet das zarteste Sittlichkeitsgefühl. Sonderbar, dieses Sittlichkeitsgefühl, wie es sich noch bei anderen Gelegenheiten im Leben der Erzväter äußert, ist nicht Resultat einer positiven Religion oder einer politischen Gesetzgebung – nein, damals gab es bei den Vorfahren der Juden weder positive Religion noch politisches Gesetz, beides entstand erst in späterer Zeit. Ich glaube daher behaupten zu können, die Sittlichkeit ist unabhängig von Dogma und Legislation, sie ist ein reines Produkt des gesunden Menschengefühls, und die wahre Sittlichkeit, die Vernunft des Herzens, wird ewig fortleben, wenn auch Kirche und Staat zugrunde gehen.

Ich wünschte, wir besäßen ein anderes Wort zur Bezeichnung dessen, was wir jetzt Sittlichkeit nennen. Wir könnten sonst verleitet werden, die Sittlichkeit als ein Produkt der Sitte zu betrachten. Die romanischen Völker sind in demselben Falle, indem ihr morale von mores abgeleitet worden. Aber wahre Sittlichkeit ist, wie von Dogma und Legislation, so auch von den Sitten eines Volks unabhängig. Letztere sind Erzeugnisse des Klimas, der Geschichte, und aus solchen Faktoren entstandenen Legislation und Dogmatik. Es gibt daher eine indische, eine chinesische, eine christliche Sitte, aber es gibt nur eine einzige, nämlich eine menschliche Sittlichkeit. Diese lässt sich vielleicht nicht im Begriff erfassen, und das Gesetz der Sittlichkeit, das wir Moral nennen, ist nur eine dialektische Spielerei. Die Sittlichkeit offenbart sich in Handlungen, und nur in den Motiven derselben, nicht in ihrer Form und Farbe, liegt die sittliche Bedeutung. Auf dem Titelblatt von Golowins »Reise nach Japan« stehen als Motto die schönen Worte, welche der russische Reisende von einem vornehmen Japaner vernommen: »Die Sitten der Völker sind verschieden, aber gute Handlungen werden überall als solche anerkannt werden.«

Solange ich denke, habe ich über diesen Gegenstand, die Sittlichkeit, nachgedacht. Das Problem über die Natur des Guten und Bösen, das seit anderthalb Jahrtausenden alle großen Gemüter in quälende Bewegung gesetzt, hat sich bei mir nur in der Frage von der Sittlichkeit geltend gemacht – – – Aus dem Alten Testament springe ich manchmal ins Neue, und auch hier überschauert mich die Allmacht des großen Buches. Welchen heiligen Boden betritt hier dein Fuß! Bei dieser Lektüre sollte man die Schuhe ausziehen, wie in der Nähe von Heiligtümern.

Die merkwürdigsten Worte des Neuen Testaments sind für mich die Stelle im Evangelium Johannis, Kap. 16, 12. 13 »Ich habe euch noch viel zu sagen, aber ihr könnt es jetzt nicht tragen. Wenn aber jener, der Geist der Wahrheit, kommen wird, der wird euch in alle Wahrheit leiten. Denn er wird nicht von sich selbst reden, sondern was er hören wird, das wird er reden, und was zukünftig ist, wird er euch verkünden.« Das letzte Wort ist also nicht gesagt worden, und hier ist vielleicht der Ring, woran sich eine neue Offenbarung knüpfen lässt. Sie beginnt mit der Erlösung vom Wort, macht dem Martyrtum ein Ende und stiftet das Reich der ewigen Freude: das Millennium. Alle Verheißungen finden zuletzt die reichste Erfüllung.

Eine gewisse mystische Doppelsinnigkeit ist vorherrschend im Neuen Testament. Eine kluge Abschweifung, nicht ein System sind die Worte: »Gib Cäsars, was des Cäsars, und Gott, was Gottes ist.« So auch, wenn man Christum frägt: »Bist du König der Juden?«, ist die Antwort ausweichend. Ebenfalls auf die Frage, ob er Gottes Sohn sei. Mahomet zeigt sich weit offener, bestimmter. Als man ihn mit einer ähnlichen Frage anging, nämlich, ob er Gottes Sohn sei, antwortete er: »Gott hat keine Kinder.«

Welch ein großes Drama ist die Passion! Und wie tief ist es motiviert durch die Prophezeiungen des Alten Testamentes! Sie konnte nicht umgangen werden, sie war das rote Siegel der Beglaubnis. Gleich den Wundern, so hat auch die Passion als Annonce gedient ... Wenn jetzt ein Heiland aufsteht, braucht er sich nicht mehr kreuzigen zu lassen, um seine Lehre eindrücklich zu veröffentlichen ... er lässt sie ruhig drucken und annonciert das Büchlein in der »Allgemeinen Zeitung« mit sechs Kreuzern die Zeile Inserationsgebühr.

Welche süße Gestalt, dieser Gottmensch! Wie borniert erscheint in Vergleichung mit ihm der Heros des Alten Testaments! Moses liebt sein Volk mit einer rührenden Innigkeit; wie eine Mutter sorgt er für die Zukunft dieses Volks. Christus liebt die Menschheit, jene Sonne umflammte die ganze Erde mit den wärmenden Strahlen seiner Liebe. Welch ein lindernder Balsam für alle Wunden dieser Welt sind seine Worte! Welch ein Heilquell für alle Leidenden war das Blut, welches auf Golgatha floss! ... Die weißen marmornen Griechengötter wurden bespritzt von diesem Blut und erkrankten vor innerem Grauen und konnten nimmermehr genesen! Die meisten freilich trugen schon längst in sich das verzehrende Siechtum, und nur der Schreck beschleunigte ihren Tod. Zuerst starb Pan. Kennst Du die Sage, wie Plutarch sie erzählt? Diese Schiffersage des Altertums ist höchst merkwürdig. – Sie lautet folgendermaßen: Zur Zeit des Tiberius fuhr ein Schiff nahe an den Inseln Parä, welche an der Küste von Ätolien liegen, des Abends vorüber. Die Leute, die sich darauf befanden, waren noch nicht schlafen gegangen, und viele saßen nach dem Nachtessen beim Trinken, als man auf einmal von der Küste her eine Stimme vernahm, welche den Namen des Thamus (so hieß nämlich der Steuermann) so laut rief, dass alle in die größte Verwunderung gerieten. Beim ersten und zweiten Ruf schwieg Thamus, beim dritten antwortete er; worauf dann die Stimme mit noch verstärktem Tone diese Worte zu ihm sagte: »Wenn du auf die Höhe von Palodes anlangst, so verkündige, dass der große Pan gestorben ist!« Als er nun diese Höhe erreichte, vollzog Thamus den Auftrag und rief vom Heck des Schiffes nach dem Lande hin: »Der große Pan ist tot!« Auf diesen Ruf erfolgten von dort her die sonderbarsten Klagetöne, ein Gemisch von Seufzen und Geschrei der Verwunderung, und wie von vielen zugleich erhoben. Die Augenzeugen erzählten dies Ereignis in Rom, wo man die wunderlichsten Meinungen darüber äußerte. Tiberius ließ die Sache näher untersuchen und zweifelte nicht an der Wahrheit.

Helgoland, den 29. Julius

Ich habe wieder im Alten Testament gelesen. Welch ein großes Buch! Merkwürdiger noch als der Inhalt ist für mich diese Darstellung, wo das Wort gleichsam ein Naturprodukt ist, wie ein Baum, wie eine Blume, wie das Meer, wie die Sterne, wie der Mensch selbst. Das sprosst, das fließt, das funkelt, das lächelt, man weiß nicht wie, man weiß nicht warum, man findet alles ganz natürlich. Das ist wirklich das Wort Gottes, statt dass andere Bücher nur von Menschenwitz zeugen. Im Homer, dem anderen großen Buch, ist die Darstellung ein Produkt der Kunst, und wenn auch der Stoff immer, ebenso wie in der Bibel, aus der Realität aufgegriffen ist, so gestaltet er sich doch zu einem poetischen Gebilde, gleichsam umgeschmolzen im Tiegel des menschlichen Geistes; er wird geläutert durch einen geistigen Prozess, welchen wir Kunst nennen. In der Bibel erscheint auch keine Spur von Kunst; das ist der Stil eines Notizbuchs, worin der absolute Geist, gleichsam ohne alle individuelle menschliche Beihilfe, die Tagesvorfälle eingezeichnet, ungefähr mit derselben tatsächlichen Treue, womit wir unsere Waschzettel schreiben. Über diesen Stil lässt sich gar kein Urteil aussprechen, man kann nur seine Wirkung auf unser Gemüt konstatieren, und nicht wenig mussten die griechischen Grammatiker in Verlegenheit geraten, als sie manche frappanten Schönheiten in der Bibel nach hergebrachten Kunstbegriffen definieren sollten. Longinus spricht von Erhabenheit. Neuere Ästhetiker sprechen von Naivität. Ach! wie gesagt, hier fehlen alle Maßstäbe der Beurteilung, die Bibel ist das Wort Gottes. – Nur bei einem einzigen Schriftsteller finde ich etwas, was an jenen unmittelbaren Stil der Bibel erinnert. Das ist Shakespeare. Auch bei ihm tritt das Wort manchmal in jener schauerlichen Nacktheit hervor, die uns erschreckt und erschüttert; in den Shakespeareschen Werken sehen wir manchmal die leibhaftige Wahrheit ohne Kunstgewand. Aber das geschieht nur in einzelnen Momenten; der Genius der Kunst, vielleicht seine Ohnmacht fühlend, überließ hier der Natur sein Amt auf einige Augenblicke und behauptet hernach um so eifersüchtiger seine Herrschaft in der plastischen Gestaltung und in der witzigen Verknüpfung des Dramas. Shakespeare ist zu gleicher Zeit Jude und Grieche, oder vielmehr beide Elemente, der Spiritualismus und die Kunst, haben sich in ihm versöhnungsvoll durchdrungen und zu einem höheren Ganzen entfaltet.

Ist vielleicht solche harmonische Vermischung der beiden Elemente die Aufgabe der ganzen europäischen Zivilisation? Wir sind noch sehr weit entfernt von einem solchen Resultat. Der Grieche Goethe und mit ihm die ganze poetische Partei hat in jüngster Zeit seine Antipathie gegen Jerusalem fast leidenschaftlich ausgesprochen. Die Gegenpartei, die keinen großen Namen an ihrer Spitze hat, sondern nur einige Schreihälse, wie z. B. der Jude Pustkuchen, der Jude Wolfgang Menzel, der Jude Hengstenberg, diese erheben ihr pharisäisches Zetern um so krächzender gegen Athen und den großen Heiden.

Mein Stubennachbar, ein Justizrat aus Königsberg, der hier badet, hält mich für einen Pietisten, da er immer, wenn er mir seinen Besuch abstattet, die Bibel in meinen Händen findet. Er möchte mich deshalb gern ein bisschen prickeln, und ein kaustisch ostpreußisches Lächeln beflimmert sein mageres hagestolzes Gesicht jedes Mal, wenn er über Religion mit mir sprechen kann. Wir disputierten gestern über die Dreieinigkeit. Mit dem Vater ging es noch gut; das ist ja der Weltschöpfer, und jedes Ding muss seine Ursache haben. Es haperte schon bedeutend mit dem Glauben an den Sohn, den sich der kluge Mann gern verbitten möchte, aber jedoch am Ende, mit fast ironischer Gutmütigkeit, annahm. Jedoch die dritte Person der Dreieinigkeit, der Heilige Geist, fand den unbedingtesten Widerspruch. Was der Heilige Geist ist, konnte er durchaus nicht begreifen, und plötzlich auflachend, rief er: »Mit dem Heiligen Geist hat es wohl am Ende dieselbe Bewandtnis wie mit dem dritten Pferd, wenn man Extrapost reist; man muss immer dafür bezahlen und bekommt es doch nie zu sehen, dieses dritte Pferd.«

Mein Nachbar, der unter mir wohnt, ist weder Pietist noch Rationalist, sondern ein Holländer, indolent und ausgebuttert wie der Käse, womit er handelt. Nichts kann ihn in Bewegung setzen, er ist das Bild der nüchternsten Ruhe, und sogar wenn er sich mit meiner Wirtin über sein Lieblingsthema, das Einsalzen der Fische, unterhält, erhebt sich seine Stimme nicht aus der plattesten Monotonie. Leider, wegen des dünnen Bretterbodens, muss ich manchmal dergleichen Gespräche anhören, und während ich hier oben mit dem Preußen über die Dreieinigkeit sprach, erklärte unten der Holländer, wie man Kabeljau, Laberdan und Stockfisch voneinander unterscheidet; es sei im Grunde ein und dasselbe.

Mein Hauswirt ist ein prächtiger Seemann, berühmt auf der ganzen Insel wegen seiner Unerschrockenheit in Sturm und Not, dabei gutmütig und sanft wie ein Kind. Er ist eben von einer großen Fahrt zurückgekehrt, und mit lustigem Ernst erzählte er mir von einem Phänomen, welches er gestern, am 28. Juli, auf der hohen See wahrnahm. Es klingt drollig: mein Hauswirt behauptet nämlich, die ganze See roch nach frischgebackenem Kuchen, und zwar sei ihm der warme delikate Kuchenduft so verführerisch in die Nase gestiegen, dass ihm ordentlich weh ums Herz ward. Siehst Du, das ist ein Seitenstück zu dem neckenden Lustbild, das dem lechzenden Wanderer in der arabischen Sandwüste eine klare erquickende Wasserfläche vorspiegelt. Eine gebackene Fata Morgana.

Helgoland, den 1. August

Du hast keinen Begriff davon, wie das Dolcefarniente mir hier behagt. Ich habe kein einziges Buch, das sich mit den Tagesinteressen beschäftigt, hierher mitgenommen. Meine ganze Bibliothek besteht aus Paul Warnefrieds »Geschichte der Langobarden«, der Bibel, dem Homer und einigen Scharteken über Hexenwesen. Über letzteres möchte ich gern ein interessantes Büchlein schreiben. Zu diesem Behufe beschäftigte ich mich jüngst mit Nachforschungen über die letzten Spuren des Heidentums in der getauften modernen Zeit. Es ist höchst merkwürdig, wie lange und unter welchen Vermummungen sich die schönen Wesen der griechischen Fabelwelt in Europa erhalten haben. – Und im Grunde erhielten sie sich ja bei uns bis auf heutigen Tag, bei uns, den Dichtern. Letztere haben, seit dem Sieg der christlichen Kirche, immer eine stille Gemeinde gebildet, wo die Freude des alten Bilderdienstes, der jauchzende Götterglaube sich fortpflanzte von Geschlecht auf Geschlecht, durch die Tradition der heiligen Gesänge ... Aber ach! die Ecclesia pressa, die den Homeros als ihren Propheten verehrt, wird täglich mehr und mehr bedrängt, der Eifer der schwarzen Familiaren wird immer bedenklicher angefacht. Sind wir bedroht mit einer neuen Götterverfolgung?

Furcht und Hoffnung wechseln ab in meinem Geiste, und mir wird sehr ungewiss zumute.

– – Ich habe mich mit dem Meere wieder ausgesöhnt (Du weißt, wir waren en délicatesse), und wir sitzen wieder des Abends beisammen und halten geheime Zwiegespräche. Ja, ich will die Politik und die Philosophie an den Nagel hängen und mich wieder der Naturbetrachtung und der Kunst hingeben. Ist doch all dieses Quälen und Abmühen nutzlos, und obgleich ich mich marterte für das allgemeine Heil, so wird doch dieses wenig dadurch gefördert. Die Welt bleibt, nicht im starren Stillstand, aber im erfolglosesten Kreislauf. Einst, als ich noch jung und unerfahren, glaubte ich, dass, wenn auch im Befreiungskampfe der Menschheit der einzelne Kämpfer zugrunde geht, dennoch die große Sache am Ende siege ... Und ich erquickte mich an jenen schönen Versen Byrons: »Die Wellen kommen eine nach der andern herangeschwommen, und eine nach der anderen zerbrechen sie und zerstieben sie auf dem Strande, aber das Meer selber schreitet vorwärts – –«

Ach! wenn man dieser Naturerscheinung länger zuschaut, so bemerkt man, dass das vorwärtsgeschrittene Meer, nach einem gewissen Zeitlauf, sich wieder in sein voriges Bett zurückzieht, später aufs Neue daraus hervortritt, mit derselben Heftigkeit das verlassene Terrain wiederzugewinnen sucht, endlich kleinmütig wie vorher die Flucht ergreift und, dieses Spiel beständig wiederholend, dennoch niemals weiterkommt ... Auch die Menschheit bewegt sich nach den Gesetzen von Ebb' und Flut, und vielleicht auch auf die Geisterwelt übt der Mond seine siderischen Einflüsse. – –

Es ist heute junges Licht, und trotz aller wehmütigen Zweifelsucht, womit sich meine Seele hin und her quält, beschleichen mich wunderliche Ahnungen ... Es geschieht jetzt etwas Außerordentliches in der Welt ... Die See riecht nach Kuchen, und die Wolkenmönche sahen vorige Nacht so traurig aus, so betrübt ...

Ich wandelte einsam am Strand in der Abenddämmerung. Ringsum herrschte feierliche Stille. Der hochgewölbte Himmel glich der Kuppel einer gotischen Kirche. Wie unzählige Lampen hingen darin die Sterne; aber sie brannten düster und zitternd. Wie eine Wasserorgel rauschten die Meereswellen; stürmische Choräle, schmerzlich verzweiflungsvoll, jedoch mitunter auch triumphierend. Über mir ein luftiger Zug von weißen Wolkenbildern, die wie Mönche aussahen, alle gebeugten Hauptes und kummervollen Blickes dahinziehend, eine traurige Prozession ... Es sah fast aus, als ob sie einer Leiche folgten ... ›Wer wird begraben? Wer ist gestorben?‹ sprach ich zu mir selber. ›Ist der große Pan tot?‹

Helgoland, den 6. August

Während sein Heer mit den Langobarden kämpfte, saß der König der Heruler ruhig in seinem Zelt und spielte Schach. Er bedrohte mit dem Tode denjenigen, der ihm eine Niederlage melden würde. Der Späher, der, auf einem Baum sitzend, dem Kampfe zuschaute, rief immer: »Wir siegen, wir siegen!« – bis er endlich laut aufseufzte: »Unglücklicher König! Unglückliches Volk der Heruler!« Da merkte der König, dass die Schlacht verloren, aber zu spät! Denn die Langobarden drangen zu gleicher Zeit in sein Zelt und erstachen ihn ...

Eben diese Geschichte las ich, im Paul Warnefried, als das dicke Zeitungspaket mit den warmen, glühend heißen Neuigkeiten vom festen Lande ankam. Es waren Sonnenstrahlen, eingewickelt in Druckpapier, und sie entflammten meine Seele, bis zum wildesten Brand. Mir war, als könnte ich den ganzen Ozean bis zum Nordpol anzünden mit den Gluten der Begeisterung und der tollen Freude, die in mir loderten. Jetzt weiß ich auch, warum die ganze See nach Kuchen roch. Der Seinefluss hatte die gute Nachricht unmittelbar ins Meer verbreitet, und in ihren Kristallpalästen haben die schönen Wasserfrauen, die von jeher allem Heldentum hold, gleich einen thé dansant gegeben, zur Feier der großen Begebenheiten, und deshalb roch das ganze Meer nach Kuchen. Ich lief wie wahnsinnig im Hause herum und küsste zuerst die dicke Wirtin und dann ihren freundlichen Seewolf, auch umarmte ich den preußischen Justizkommissarius, um dessen Lippen freilich das frostige Lächeln des Unglaubens nicht ganz verschwand. Sogar den Holländer drückte ich an mein Herz ... Aber dieses indifferente Fettgesicht blieb kühl und ruhig, und ich glaube, wär ihm die Juliussonne in Person um den Hals gefallen, Mynheer würde nur in einen gelinden Schweiß, aber keineswegs in Flammen geraten sein. Diese Nüchternheit inmitten einer allgemeinen Begeisterung ist empörend. Wie die Spartaner ihre Kinder vor der Trunkenheit bewahrten, indem sie ihnen als warnendes Beispiel einen berauschten Heloten zeigten, so sollten wir in unseren Erziehungsanstalten einen Holländer füttern, dessen sympathielose, gehäbige Fischnatur den Kindern einen Abscheu vor der Nüchternheit einflößen möge. Wahrlich, diese holländische Nüchternheit ist ein weit fataleres Laster als die Besoffenheit eines Heloten. Ich möchte Mynheer prügeln ...

Aber nein, keine Exzesse! Die Pariser haben uns ein so brillantes Beispiel von Schonung gegeben. Wahrlich, ihr verdient es, frei zu sein, ihr Franzosen, denn ihr tragt die Freiheit im

Herzen. Dadurch unterscheidet ihr euch von euren armen Vätern, welche sich aus jahrtausendlicher Knechtschaft erhoben und bei allen ihren Heldentaten auch jene wahnsinnige Gräuel ausübten, worüber der Genius der Menschheit sein Antlitz verhüllte. Die Hände des Volks sind diesmal nur blutig geworden im Schlachtgewühl gerechter Gegenwehr, nicht nach dem Kampf. Das Volk verband selbst die Wunden seiner Feinde, und als die Tat getan war, ging es wieder ruhig an seine Tagesbeschäftigung, ohne für die große Arbeit auch nur ein Trinkgeld verlangt zu haben!

Den Sklaven, wenn er die Kette bricht,
Den freien Mann, den fürchte nicht!

Du siehst, wie berauscht ich bin, wie außer mir, wie allgemein ... ich zitiere Schillers »Glocke«.

Und den alten Knaben, dessen unverbesserliche Torheit so viel Bürgerblut gekostet, haben die Pariser mit rührender Schonung behandelt. Er saß wirklich beim Schachspiel, wie der König der Heruler, als die Sieger in sein Zelt stürzten. Mit zitternder Hand unterzeichnete er die Abdankung. Er hat die Wahrheit nicht hören wollen. Er behielt ein offnes Ohr nur für die Lüge der Höflinge. Diese riefen immer: »Wir siegen! wir siegen!« Unbegreiflich war diese Zuversicht des königlichen Toren ... Verwundert blickte er auf, als das »Journal des débats« wie einst der Wächter während der Langobardenschlacht plötzlich ausrief: »Malheureux roi! malheureuse France!«

Mit ihm, mit Karl X., hat endlich das Reich Karls des Großen ein Ende, wie das Reich des Romulus sich endigte mit Romulus Augustulus. Wie einst ein neues Rom, so beginnt jetzt ein neues Frankreich.

Es ist mir alles noch wie ein Traum; besonders der Name Lafayette klingt mir wie eine Sage aus der frühesten Kindheit. Sitzt er wirklich jetzt wieder zu Pferd, kommandierend die Nationalgarde? Ich fürchte fast, es sei nicht wahr, denn es ist gedruckt. Ich will selbst nach Paris gehen, um mich mit leiblichen Augen davon zu überzeugen ... Es muss prächtig aussehen, wenn er dort durch die Straßen reitet, der Bürger beider Welten, der göttergleiche Greis, die silbernen Locken herabwallend über die heilige Schulter ... Er grüßt mit den alten lieben Augen die Enkel jener Väter, die einst mit ihm kämpften für Freiheit und Gleichheit ... Es sind jetzt sechzig Jahr, dass er aus Amerika zurückgekehrt mit der Erklärung der Menschheitsrechte, den zehn Geboten des neuen Weltglaubens, die ihm dort offenbart wurden unter Kanonendonner und Blitz ... Dabei weht wieder auf den Türmen von Paris die dreifarbige Fahne, und es klingt die Marseillaise!

Lafayette, die dreifarbige Fahne, die Marseillaise ... Ich bin wie berauscht. Kühne Hoffnungen steigen leidenschaftlich empor, wie Bäume mit goldenen Früchten und wilden, wachsenden Zweigen, die ihr Laubwerk weit ausstrecken bis in die Wolken ... Die Wolken aber im raschen Flug entwurzeln diese Riesenbäume und jagen damit von dannen. Der Himmel hängt voller Violinen, und auch ich rieche es jetzt, die See duftet nach frischgebackenen Kuchen. Das ist ein beständiges Geigen da droben in himmelblauer Freudigkeit, und das klingt aus den smaragdenen Wellen wie heiteres Mädchengekicher. Unter der Erde aber kracht es und klopft es, der Boden öffnet sich, die alten Götter strecken daraus ihre Köpfe hervor, und mit hastiger Verwunderung fragen sie: »Was bedeutet der Jubel, der bis ins Mark der Erde drang? Was gibt's Neues? dürfen wir wieder hinauf?« – Nein, ihr bleibt unten in Nebelheim, wo bald ein neuer Todesgenosse zu euch hinabsteigt ... – »Wie heißt er?« – Ihr kennt ihn gut, ihn, der euch einst hinabstieß in das Reich der ewigen Nacht ...

Pan ist tot!

Lafayette, die dreifarbige Fahne, die Marseillaise ...

Fort ist meine Sehnsucht nach Ruhe. Ich weiß jetzt wieder, was ich will, was ich soll, was ich muss ... Ich bin der Sohn der Revolution und greife wieder zu den gefeiten Waffen, worüber meine Mutter ihren Zaubersegen ausgesprochen ... Blumen! Blumen! Ich will mein Haupt bekränzen zum Todeskampf. Und auch die Leier, reicht mir die Leier, damit ich ein Schlachtlied singe ... Worte gleich flammenden Sternen, die aus der Höhe herabschießen und die Paläste verbrennen und die Hütten erleuchten ... Worte gleich blanken Wurfspeeren, die bis in den siebenten Himmel hinaufschwirren und die frommen Heuchler treffen, die sich dort eingeschlichen ins Allerheiligste ... Ich bin ganz Freude und Gesang, ganz Schwert und Flamme!

Vielleicht auch ganz toll ... Von jenen wilden, in Druckpapier gewickelten Sonnenstrahlen ist mir einer ins Hirn geflogen, und alle meine Gedanken brennen lichterloh. Vergebens tauche ich den Kopf in die See. Kein Wasser löscht dieses griechische Feuer. Aber es geht den anderen nicht viel besser. Auch die übrigen Badegäste traf der Pariser Sonnenstich, zumal die Berliner, die dieses Jahr in großer Anzahl hier befindlich und von einer Insel zur anderen kreuzen, sodass man sagen konnte, die ganze Nordsee sei überschwemmt von Berlinern. Sogar die armen Helgoländer jubeln vor Freude, obgleich sie die Ereignisse nur instinktmäßig begreifen. Der Fischer, welcher mich gestern nach der kleinen Sandinsel, wo man badet, überfuhr, lachte mich an mit den Worten: »Die armen Leute haben gesiegt!« Ja, mit seinem Instinkt begreift das Volk die Ereignisse vielleicht besser als wir mit allen unseren Hilfskenntnissen. So erzählte mir einst Frau v. Varnhagen: als man den Ausgang der Schlacht bei Leipzig noch nicht wusste, sei plötzlich die Magd ins Zimmer gestürzt, mit dem Angstschrei: »Der Adel hat gewonnen.«

Diesmal haben die armen Leute den Sieg erfochten. »Aber es hilft ihnen nichts, wenn sie nicht auch das Erbrecht besiegen!« Diese Worte sprach der ostpreußische Justizrat in einem Ton, der mir sehr auffiel. Ich weiß nicht, warum diese Worte, die ich nicht begreife, mir so beängstigend im Gedächtnis bleiben. Was will er damit sagen, der trockene Kauz?

Diesen Morgen ist wieder ein Paket Zeitungen angekommen. Ich verschlinge sie wie Manna. Ein Kind, wie ich bin, beschäftigen mich die rührenden Einzelheiten noch weit mehr als das bedeutungsvolle Ganze. Oh, könnte ich nur den Hund Medor sehen! Dieser interessiert mich weit mehr als die anderen, die dem Philipp von Orleans mit schnellen Sprüngen die Krone apportiert haben. Der Hund Medor apportierte seinem Herrn Flinte und Patronentasche, und als sein Herr fiel und samt seinen Mithelden auf dem Hof des Louvre begraben wurde, da blieb der arme Hund, wie ein Steinbild der Treue, regungslos auf dem Grab sitzen, Tag und Nacht, von den Speisen, die man ihm bot, nur wenig genießend, den größten Teil derselben in die Erde verscharrend, vielleicht als Atzung für seinen begrabenen Herrn!

Ich kann gar nicht mehr schlafen, und durch den überreizten Geist jagen die bizarrsten Nachtgesichte. Wachende Träume, die übereinander hinstolpern, so dass die Gestalten sich abenteuerlich vermischen und wie im chinesischen Schattenspiel sich jetzt zwergenhaft verkürzen, dann wieder gigantisch verlängern; zum Verrücktwerden. In diesem Zustand ist mir manchmal zu Sinne, als ob meine eignen Glieder ebenfalls sich kolossal ausdehnten und dass ich, wie mit ungeheuer langen Beinen, von Deutschland nach Frankreich und wieder zurück liefe. Ja, ich erinnere mich, vorige Nacht lief ich solchermaßen durch alle deutsche Länder und Ländchen und klopfte an den Türen meiner Freunde und störte die Leute aus dem Schlaf ... Sie glotzten mich manchmal an mit verwunderten Glasaugen, sodass ich selbst erschrak und nicht gleich wusste, was ich eigentlich wollte und warum ich sie weckte! Manche dicke

Philister, die allzu widerwärtig schnarchten, stieß ich bedeutungsvoll in die Rippen, und gähnend frugen sie: »Wie viel Uhr ist es denn?« In Paris, liebe Freunde, hat der Hahn gekräht; das ist alles, was ich weiß. – Hinter Augsburg, auf dem Weg nach München, begegneten mir eine Menge gotischer Dome, die auf der Flucht zu sein schienen und ängstlich wackelten. Ich selber, des vielen Umherlaufens satt, ich gab mich endlich ans Fliegen, und so flog ich von einem Stern zum andern. Sind aber keine bevölkerte Welten, wie andere träumen, sondern nur glänzende Steinkugeln, öde und fruchtlos. Sie fallen nicht herunter, weil sie nicht wissen, worauf sie fallen können. Schweben dort oben auf und ab, in der größten Verlegenheit. Kam auch in den Himmel. Tür und Tor stand offen. Lange, hohe, weithallende Säle, mit altmodischen Vergoldungen, ganz leer, nur dass hie und da, auf einem samtnen Armsessel, ein alter gepuderter Bedienter saß, in verblichen roter Livree und gelinde schlummernd. In manchen Zimmern waren die Türflügel aus ihren Angeln gehoben, an anderen Orten waren die Türen fest verschlossen und obendrein mit großen runden Amtssiegeln dreifach versiegelt, wie in Häusern, wo ein Bankrott oder ein Todesfall eingetreten. Kam endlich in ein Zimmer, wo an einem Schreibpult ein alter dünner Mann saß, der unter hohen Papierstößen kramte. War schwarz gekleidet, hatte ganz weiße Haare, ein faltiges Geschäftsgesicht und frug mich mit gedämpfter Stimme, was ich wolle. In meiner Naivität hielt ich ihn für den lieben Herrgott, und ich sprach zu ihm ganz zutrauungsvoll: »Ach, lieber Herrgott, ich möchte donnern lernen, blitzen kann ich ... ach, lehren Sie mich auch donnern!« – »Sprechen Sie nicht so laut«, entgegnete mir heftig der alte dünne Mann, drehte mir den Rücken und kramte weiter unter seinen Papieren. »Das ist der Herr Registrator«, flüsterte mir einer von den roten Bedienten, der von seinem Schlafsessel sich erhob und sich gähnend die Augen rieb ...

Pan ist tot!

Cuxhaven, den 19. August

Unangenehme Überfahrt, in einem offenen Kahn, gegen Wind und Wetter; so dass ich, wie immer in solchen Fällen, unter der Seekrankheit zu leiden hatte. Auch das Meer, wie andere Personen, lohnt meine Liebe mit Ungemach und Quälnissen. Anfangs geht es gut, da lass ich mir das neckende Schaukeln gern gefallen. Aber allmählich schwindelt es mir im Kopf, und allerlei fabelhafte Gesichte umschwirren mich. Aus den dunkeln Meerstrudeln steigen die alten Dämonen hervor, in scheußlicher Nacktheit bis an die Hüften, und sie heulen schlechte, unverständliche Verse und spritzen mir den weißen Wellenschaum ins Antlitz. Zu noch weit fataleren Fratzenbildern gestalten sich droben die Wolken, die so tief herabhängen, dass sie fast mein Haupt berühren und mir mit ihren dummen Fistelstimmchen die unheimlichsten Narreteien ins Ohr pfeifen. Solche Seekrankheit, ohne gefährlich zu sein, gewährt sie dennoch die entsetzlichsten Missempfindungen, unleidlich bis zum Wahnsinn. Am Ende, im fieberhaften Katzenjammer, bildete ich mir ein, ich sei ein Walfisch und ich trüge im Bauche den Propheten Jonas.

Der Prophet Jonas aber rumorte und wütete in meinem Bauche und schrie beständig:

»O Ninive! O Ninive! Du wirst untergehen! In deinen Palästen werden Bettler sich lausen, und in deinen Tempeln werden die babylonischen Kürassiere ihre Stuten füttern. Aber euch, ihr Priester Baals, euch wird man bei den Ohren fassen und eure Ohren festnageln an die Pforte der Tempel! Ja, an die Türen eurer Läden wird man euch mit den Ohren annageln, ihr Leibbäcker Gottes! Denn ihr habt falsches Gewicht gegeben, ihr habt leichte betrügerische Brote dem Volk verkauft! Oh, ihr geschorenen Schlauköpfe! wenn das Volk hungerte, reichtet ihr ihm eine dünne homöopathische Scheinspeise, und wenn es dürstete, tranket ihr statt seiner; höchstens den Königen reichtet ihr den vollen Kelch. Ihr aber, ihr assyrischen Spießbürger und Grobiane, ihr werdet Schläge bekommen mit Stocken und Ruten, und auch Fußtritte werdet ihr bekommen und Ohrfeigen, und ich kann es euch voraussagen mit Bestimmtheit, denn erstens werde ich alles Mögliche tun, damit ihr sie bekommt, und zweitens bin ich Prophet, der Prophet Jonas, Sohn Amithai ... O Ninive, o Ninive, du wirst untergehn!«

So ungefähr predigte mein Bauchredner, und er schien dabei so stark zu gestikulieren und sich in meinen Gedärmen zu verwickeln, dass sich mir alles kullernd im Leibe herumdrehte ... bis ich es endlich nicht länger ertragen konnte und den Propheten Jonas ausspuckte.

Solcherweise ward ich erleichtert und genas endlich ganz und gar, als ich landete und im Gasthof eine gute Tasse Tee bekam. – Hier wimmelt's von Hamburgern und ihren Gemahlinnen, die das Seebad gebrauchen. Auch Schiffskapitäne aus allen Ländern, die auf guten Fahrwind warten, spazieren hier hin und her, auf den hohen Dämmen, oder sie liegen in den Kneipen und trinken sehr starken Grog und jubeln über die drei Julitage. In allen Sprachen bringt man den Franzosen ihr wohlverdientes Vivat, und der sonst so wortkarge Brite preist sie ebenso redselig wie jener geschwätzige Portugiese, der es bedauerte, dass er seine Ladung Orangen nicht direkt nach Paris bringen könne, um das Volk zu erfrischen nach der Hitze des Kampfes. Sogar in Hamburg, wie man mir erzählt, in jenem Hamburg, wo der Franzosenhass am tiefsten wurzelte, herrscht jetzt nichts als Enthusiasmus für Frankreich ... Alles ist vergessen, Davoust, die beraubte Bank, die füsilierten Bürger, die altdeutschen Röcke, die schlechten Befreiungsverse, Vater Blücher, »Heil dir im Siegerkranze«, alles ist vergessen ... In Hamburg flattert die Trikolore, überall erklingt dort die Marseillaise, sogar die Damen erscheinen im Theater mit dreifarbigen Bandschleifen auf der Brust, und sie lächeln mit ihren blauen Augen, roten Mündlein und weißen Näschen ... Sogar die reichen Bankiers, welche infolge der revolutionären Bewegung an ihren Staatspapieren sehr viel Geld verlieren, teilen großmütig die allgemeine Freude, und jedes Mal, wenn ihnen der Makler meldet, dass die Kurse noch tiefer gefallen, schauen sie desto vergnügter und antworten: »Es ist schon gut, es tut nichts, es tut nichts!« –

Ja, überall, in allen Landen, werden die Menschen die Bedeutung dieser drei Julitage sehr leicht begreifen und darin einen Triumph der eigenen Interessen erkennen und feiern. Die große Tat der Franzosen spricht so deutlich zu allen Völkern und allen Intelligenzen, den höchsten und den niedrigsten, und in den Steppen der Baschkiren werden die Gemüter ebenso tief erschüttert werden wie auf den Höhen Andalusiens ... Ich sehe schon, wie dem Neapolitaner die Makkaroni und dem Irländer seine Kartoffel im Munde steckenbleibt, wenn die Nachricht bei ihnen anlangt ... Pulischinell ist kapabel, zum Schwert zu greifen, und Paddy wird vielleicht einen Bull machen, worüber den Engländern das Lachen vergeht.

Und Deutschland? Ich weiß nicht. Werden wir endlich von unseren Eichenwäldern den rechten Gebrauch machen, nämlich zu Barrikaden für die Befreiung der Welt? Werden wir, denen die Natur so viel Tiefsinn, so viel Kraft, so viel Mut erteilt hat, endlich unsere Gottesgaben benutzen und das Wort des großen Meisters, die Lehre von den Rechten der Menschheit, begreifen, proklamieren und in Erfüllung bringen?

Es sind jetzt sechs Jahre, dass ich, zu Fuß das Vaterland durchwandernd, auf die Wartburg ankam und die Zelle besuchte, wo Doktor Luther gehaust. Ein braver Mann, auf den ich keinen Tadel kommen lasse; er vollbrachte ein Riesenwerk, und wir wollen ihm immer dankbar die Hände küssen für das, was er tat. Wir wollen nicht mit ihm schmollen, dass er unsere Freunde allzu unhöflich anließ, als sie in der Exegese des göttlichen Wortes etwas weiter gehen wollten als er selber, als sie auch die irdische Gleichheit der Menschen in Vorschlag brachten ... Ein solcher Vorschlag war freilich damals noch unzeitgemäß, und Meister Hemling, der dir dein Haupt abschlug, armer Thomas Münzer, er war in gewisser Hinsicht wohl berechtigt zu solchem Verfahren: denn er hatte das Schwert in Händen, und sein Arm war stark!

Auf der Wartburg besuchte ich auch die Rüstkammer, wo die alten Harnische hängen, die alten Pickelhauben, Tartschen, Hellebarden, Flamberge, die eiserne Garderobe des Mittelalters. Ich wandelte nachsinnend im Saale herum mit einem Universitätsfreund, einem jungen Herrn vom Adel, dessen Vater damals einer der mächtigsten Viertelfürsten in unserer Heimat war und das ganze zitternde Ländchen beherrschte. Auch seine Vorfahren sind mächtige Barone gewesen, und der junge Mann schwelgte in heraldischen Erinnerungen beim Anblick der Rüstungen und der Waffen, die, wie ein angehefteter Zettel meldete, irgendeinem Ritter seiner Sippschaft gehört hatten. Als er das lange Schwert des Ahnherrn von dem Haken herablangte und aus Neugier versuchte, ob er es wohl handhaben könnte, gestand er, dass es ihm doch etwas zu schwer sei, und er ließ entmutigt den Arm sinken. Als ich dieses sah, als ich sah, wie der Arm des Enkels zu schwach für das Schwert seiner Väter, da dachte ich heimlich in meinem Sinn: Deutschland könnte frei sein.

Neun Jahre später

Zwischen meinem ersten und meinem zweiten Begegnis mit Ludwig Börne liegt jene Juliusrevolution, welche unsere Zeit gleichsam in zwei Hälften auseinandersprengte. Die vorstehenden Briefe mögen Kunde geben von der Stimmung, in welcher mich die große Begebenheit antraf, und in gegenwärtiger Denkschrift sollen sie als vermittelnde Brücke dienen, zwischen dem ersten und dem dritten Buch. Der Übergang wäre sonst zu schroff. Ich trug Bedenken, eine größere Anzahl dieser Briefe mitzuteilen, da in den nächstfolgenden der zeitliche Freiheitsrausch allzu ungestüm über alle Polizeiverordnungen hinaustaumelte, während späterhin allzu ernüchterte Betrachtungen eintreten und das enttäuschte Herz in mutlose, verzagende und verzweifelnde Gedanken sich verliert! Schon die ersten Tage meiner Ankunft in der Hauptstadt der Revolution merkte ich, dass die Dinge in der Wirklichkeit ganz andere Farben trugen, als ihnen die Lichteffekte meiner Begeisterung in der Ferne geliehen hatten. Das Silberhaar, das ich um die Schulter Lafayettes, des Helden beider Welten, so majestätisch flattern sah, verwandelte sich bei näherer Betrachtung in eine braune Perücke, die einen engen Schädel kläglich bedeckte. Und gar der Hund Medor, den ich auf dem Hofe des Louvre besuchte und der, gelagert unter dreifarbigen Fahnen und Trophäen, sich ruhig füttern ließ: er war gar nicht der rechte Hund, sondern eine ganz gewöhnliche Bestie, die sich fremde Verdienste anmaßte, wie bei den Franzosen oft geschieht, und ebenso wie viele andre exploitierte er den Ruhm der Juliusrevolution ... Er ward gehätschelt, gefördert, vielleicht zu den höchsten Ehrenstellen erhoben, während der wahre Medor, einige Tage nach dem Siege, bescheiden davongeschlichen war, wie das wahre Volk, das die Revolution gemacht ...

Armes Volk! Armer Hund! sic.

Es ist eine schon ältliche Geschichte. Nicht für sich, seit undenklicher Zeit, nicht für sich hat das Volk geblutet und gelitten, sondern für andere. Im Juli 1830 erfocht es den Sieg für jene Bourgeoisie, die ebenso wenig taugt wie jene Noblesse, an deren Stelle sie trat, mit demselben Egoismus ... Das Volk hat nichts gewonnen durch seinen Sieg als Reue und größere Not. Aber seid überzeugt, wenn wieder die Sturmglocke geläutet wird und das Volk zur Flinte greift, diesmal kämpft es für sich selber und verlangt den wohlverdienten Lohn. Diesmal wird der wahre, echte Medor geehrt und gefüttert werden ... Gott weiß, wo er jetzt herumläuft, verachtet, verhöhnt und hungernd ...

Doch still, mein Herz, du verrätst dich zu sehr ...

Es war im Herbst 1831, ein Jahr nach der Juliusrevolution, als ich zu Paris den Doktor Ludwig Börne wiedersah. Ich besuchte ihn im Gasthof Hôtel de Castille, und nicht wenig wunderte ich mich über die Veränderung, die sich in seinem ganzen Wesen aussprach. Das bisschen Fleisch, das ich früher an seinem Leibe bemerkt hatte, war jetzt ganz verschwunden, vielleicht geschmolzen von den Strahlen der Juliussonne, die ihm leider auch ins Hirn gedrungen. Aus seinen Augen leuchteten bedenkliche Funken. Er saß oder vielmehr er wohnte in einem großen, buntseidenen Schlafrock, wie eine Schildkröte in ihrer Schale, und wenn er manchmal argwöhnisch sein dünnes Köpfchen hervorbeugte, ward mir unheimlich zumute. Aber das Mitleid überwog, wenn er aus dem weiten Ärmel die arme abgemagerte Hand zum Gruße oder zum freundschaftlichen Händedruck ausstreckte. In seiner Stimme zitterte eine gewisse Kränklichkeit, und auf seinen Wangen grinsten schon die schwindsüchtig roten Streiflichter. Das schneidende Misstrauen, das in allen seinen Zügen und Bewegungen lauerte, war vielleicht eine Folge der Schwerhörigkeit, woran er früher schon litt, die aber seitdem immer zunahm und nicht wenig dazu beitrug, mir seine Konversation zu verleiden.

»Willkommen in Paris!« rief er mir entgegen. – »Das ist brav! Ich bin überzeugt, die Guten, die es am besten meinen, werden alle bald hier sein. Hier ist der Konvent der Patrioten von ganz Europa, und zu dem großen Werke müssen sich alle Völker die Hände reichen. Sämtliche Fürsten müssen in ihren eigenen Ländern beschäftigt werden, damit sie nicht in Gemeinschaft die Freiheit in Deutschland unterdrücken. Ach Gott! ach Deutschland! Es wird bald sehr betrübt bei uns aussehen und sehr blutig. Revolutionen sind eine schreckliche Sache, aber sie sind notwendig, wie Amputationen, wenn irgendein Glied in Fäulnis geraten. Da muss man schnell zuschneiden und ohne ängstliches Innehalten. Jede Verzögerung bringt Gefahr, und wer aus Mitleid oder aus Schrecken, beim Anblick des vielen Blutes, die Operation nur zur Hälfte verrichtet, der handelt grausamer als der schlimmste Wüterich. Hol' der Henker alle weichherzigen Chirurgen und ihre Halbheit! Marat hatte ganz recht, il faut faire saigner le genre humain, und hätte man ihm die 300 000 Köpfe bewilligt, die er verlangte, so wären Millionen der besseren Menschen nicht zugrunde gegangen, und die Welt wäre auf immer von dem alten Übel geheilt!

Die Republik« – ich lasse den Mann ausreden, mit Übergehung mancher schnörkelhaften Absprünge –, »die Republik muss durchgesetzt werden. Nur die Republik kann uns retten. Der Henker hole die sogenannten konstitutionellen Verfassungen, wovon unsere deutschen Kammerschwätzer alles Heil erwarten. Konstitutionen verhalten sich zur Freiheit wie positive Religionen zur Naturreligion: sie werden durch ihr stabiles Element ebenso viel Unheil anrichten wie jene positiven Religionen, die, für einen gewissen Geisteszustand des Volkes berechnet, im Anfang sogar diesem Geisteszustand überlegen sind, aber späterhin sehr lästig werden, wenn der Geist des Volkes die Satzung überflügelt. Die Konstitutionen entsprechen einem politischen Zustand, wo die Bevorrechteten von ihren Rechten einige abgeben und die armen Menschen, die früher ganz zurückgesetzt waren, plötzlich jauchzen, dass sie ebenfalls Rechte erlangt haben ... Aber diese Freude hört auf, sobald die Menschen durch ihren freieren Zustand für die Idee einer vollständigen, ganz ungeschmälerten, ganz gleichheitlichen Freiheit empfänglich geworden sind; was uns heute die herrlichste Akquisition dünkt, wird unseren Enkeln als ein kümmerliches Abfinden erscheinen, und das geringste Vorrecht, das die ehemalige Aristokratie noch behielt, vielleicht das Recht, ihre Röcke mit Petersilie zu schmücken, wird alsdann ebenso viel Bitterkeit erregen wie einst die härteste Leibeigenschaft, ja eine noch tiefere Bitterkeit, da die Aristokratie mit ihrem letzten Petersilienvorrecht um so hochmütiger prunken wird! ... Nur die Naturreligion, nur die Republik kann uns retten.

Aber die letzten Reste des alten Regiments müssen vernichtet werden, ehe wir daran denken können, das neue bessere Regiment zu begründen. Da kommen die untätigen Schwächlinge und Quietisten und schniffeln [tadeln, nörgeln], wir Revolutionäre rissen alles nieder, ohne imstande zu sein, etwas an die Stelle zu setzen! Und sie rühmen die Institutionen des Mittelalters, worin die Menschheit so sicher und ruhig gesessen habe. Und jetzt, sagen sie, sei alles so kahl und nüchtern und öde, und das Leben sei voll Zweifel und Gleichgültigkeit.

Ehemals wurde ich immer wütend über diese Lobredner des Mittelalters. Ich habe mich aber an diesen Gesang gewöhnt, und jetzt ärgere ich mich nur, wenn die lieben Sänger in eine andere Tonart übergehen und beständig über unser Niederreißen jammern. Wir hätten gar nichts anderes im Sinn, als alles niederzureißen. Und wie dumm ist diese Anklage! Man kann ja nicht eher bauen, ehe das alte Gebäude niedergerissen ist, und der Niederreißer verdient ebenso viel Lob als der Aufbauende, ja noch mehr, da sein Geschäft noch viel wichtiger ... Zum Beispiel in meiner Vaterstadt, auf dem Dreifaltigkeitsplatz, stand eine alte Kirche, die so morsch und baufällig war, dass man fürchtete, durch ihren Einsturz würden einmal plötzlich viele Menschen getötet oder verstümmelt werden. Man riss sie nieder, und die Niederreißer verhüteten ein großes Unglück, statt dass die ehemaligen Erbauer der Kirche nur ein großes Glück beförderten ... Und man kann eher ein großes Glück entbehren, als ein großes Unglück ertragen! Es ist wahr, viel gläubige Herrlichkeit blühte einst in den alten Mauern, und sie waren späterhin eine fromme Reliquie des Mittelalters, gar poetisch anzuschauen, des Nachts, im Mondschein ... Wem aber, wie meinem armen Vetter, als er mal vorbeiging, einige Steine dieses übriggebliebenen Mittelalters auf den Kopf fielen (er blutete lange und leidet noch heute an der Wunde), der verwünscht die Verehrer alter Gebäude und segnet die tapferen Arbeitsleute, die solche gefährliche Ruinen niederreißen ... Ja, sie haben sie niedergerissen, sie haben sie dem Boden gleichgemacht, und jetzt wachsen dort grüne Bäumchen und spielen kleine Kinder, des Mittags, im Sonnenlicht.«

In solchen Reden gab's keine Spur der früheren Harmlosigkeit, und der Humor des Mannes, worin alle gemütliche Freude erloschen, ward mitunter gallenbitter, blutdürstig und sehr trocken. Das Springen von einem Gegenstand zum anderen entstand nicht mehr durch tolle Laune, sondern durch launische Tollheit und war wohl zunächst der buntscheckigen Zeitungslektüre beizumessen, womit sich Börne damals Tag und Nacht beschäftigte. Inmitten seiner terroristischen Expektorationen griff er plötzlich zu einem jener Tagesblätter, die in großen Haufen vor ihm ausgestreut lagen, und rief lachend: »Hier können Sie's lesen, hier steht's gedruckt: ›Deutschland ist mit großen Dingen schwanger!‹ Ja, das ist wahr, Deutschland geht schwanger mit großen Dingen; aber das wird eine schwere Entbindung geben. Und hier bedarf's eines männlichen Geburtshelfers, und der muss mit eisernen Instrumenten agieren. Was glauben Sie?« – »Ich glaube, Deutschland ist gar nicht schwanger.« –

»Nein, nein, Sie irren sich. Es wird vielleicht eine Missgeburt zur Welt kommen, aber Deutschland wird gebären. Nur müssen wir uns der geschwätzigen alten Weiber entledigen, die sich herandrängen und ihren Hebammendienst anbieten. Da ist z. B. so eine Vettel von Rotteck. Dieses alte Weib ist nicht einmal ein ehrlicher Mann. Ein armseliger Schriftsteller, der ein bisschen liberalen Demagogismus treibt und den Tagesenthusiasmus ausbeutet, um die große Menge zu gewinnen, um seinen schlechten Büchern Absatz zu verschaffen, um sich überhaupt eine Wichtigkeit zu geben. Der ist halb Fuchs, halb Hund und hüllt sich in ein Wolfsfell, um mit den Wölfen zu heulen. Da ist mir doch tausendmal lieber der dumme Kerl von Raumer – soeben lese ich seine ›Briefe aus Paris‹ –, der ist ganz Hund, und wenn er liberal knurrt, täuscht er niemand und jeder weiß, er ist ein untertäniger Pudel, der niemand beißt! Das läuft beständig herum und schnopert an allen Küchen und möchte gern einmal in unsere Suppe seine Schnauze stecken, fürchtet aber die Fußtritte der hohen Gönner. Und sie geben ihm wirklich Fußtritte und halten das arme Vieh für einen Revolutionär. Lieber Himmel, es verlangt nur ein bisschen Wedelfreiheit, und wenn man ihm diese gewährt, so leckt es dankbar die goldenen Sporen der uckermärkischen Ritterschaft. Nichts ist ergötzlicher als solche unermüdliche Beweglichkeit neben der unermüdlichen Geduld. Dieses tritt recht hervor in jenem Briefen, wo der arme Laufhund auf jeder Seite selbst erzählt, wie er vor den Pariser Theatern ruhig Queue machte ... Ich versichere Sie, er machte ruhig Queue mit dem großen Tross und ist so einfältig, es selbst zu erzählen. Was aber noch weit stärker, was die Gemeinheit seiner Seele ganz zur Anschauung bringt, ist das Geständnis, dass er, wenn er vor Ende der Vorstellung das Theater verließ, jedes Mal seine Kontermarke verkaufte. Es ist wahr, als Fremder braucht er nicht zu wissen, dass solcher Verkauf einen ordentlichen Menschen herabwürdigt; aber er hätte nur die Leute zu betrachten brauchen, denen er seine Kontermarke verhandelte, um von selbst zu merken, dass sie nur der Abschaum der Gesellschaft sind, Diebesgesindel und Maquereaus, kurz, Leute, mit denen ein ordentlicher Mensch nicht gern spricht, viel weniger ein Handelsgeschäft treibt. Der muss von Natur sehr schmutzig sein, wer aus diesen schmutzigen Händen Geld nimmt!«

Damit man nicht wähne, als stimme ich in dem Urteil über den Herrn Professor Friedrich von Raumer ganz mit Börne überein, so bemerkte ich zu seinem Vorteil, dass ich ihn zwar für schmutzig halte, aber nicht für dumm. Das Wort schmutzig, wie ich ebenfalls ausdrücklich bemerken will, muss hier nicht im materiellen Sinn genommen werden ... Die Frau Professorin würde sonst Zeter schreien und alle ihre Waschzettel drucken lassen, worin verzeichnet steht, wie viel reine Unterhemden und Chemisettchen ihr liebes Männlein ihn Laufe des Jahres angezogen ... und ich bin überzeugt, die Zahl ist groß, da der Herr Professor Raumer im Laufe des Jahres so viel läuft und folglich schwitzt und folglich viel Wäsche nötig hat. Es kommt ihm nämlich nicht der gebratene Ruhm ins Haus geflogen, er muss vielmehr beständig auf den Beinen sein, um ihn aufzusuchen, und wenn er ein Buch schreibt, so muss er erst von Pontio nach Pilato rennen, um die Gedanken zusammenzukriegen und endlich dafür zu sorgen, dass das mühsam zusammengestoppelte Opus auch von der literarischen Claque hinlänglich unterstützt wird. Das bewegliche süßhölzerne Männchen ist ganz einzig in dieser Betriebsamkeit, und nicht mit Unrecht bemerkte einst eine geistreiche Frau: »Sein Schreiben ist eigentlich ein Laufen.« Wo was zu machen ist, da ist es, das Raumerchen aus Anhalt-Dessau. Jüngst lief es nach London; vorher sah man es während drei Monaten überall hin und her laufen, um die dazu nötigen Empfehlungsschreiben zu betteln, und nachdem es in der englischen Gesellschaft ein bisschen herumgeschnopert und ein Buch zusammengelaufen, erläuft es auch einen Verleger für die englische Übersetzung, und Sarah Austin, meine liebenswürdige Freundin, muss notgedrungen ihre Feder dazu hergeben, um das saure fließpapierne Deutsch in velinschönes Englisch zu übersetzen und ihre Freunde anzutreiben, das übersetzte Produkt in den verschiedenen englischen Revues zu rezensieren ... und diese erlaufenen englischen Rezensionen lässt dann Brockhaus zu Leipzig wieder ins Deutsche übersetzen, unter dem Titel »Englische Stimmen über Fr. v. Raumer«!

Ich wiederhole, dass ich mit dem Urteil Börnes über Herrn v. Raumer nicht übereinstimme, er ist ein schmutziger, aber kein dummer Kerl, wie Börne meinte, der, vielleicht weil er ebenfalls »Briefe aus Paris« drucken ließ, den armen Nebenbuhler so scharf kritisierte und bei jeder Gelegenheit eine Lauge des boshaftesten Spottes über ihn ausgoss.

Ja, lacht nicht, Herr von Raumer war damals ein Nebenbuhler von Börne, dessen »Briefe aus Paris« fast gleichzeitig mit den erwähnten Briefen erschienen, worin es, das Raumerchen, mit der Madame Crelinger und ihrem Gatten aus Paris korrespondierte.

Diese Briefe sind längst verschollen, und wir erinnern uns nur noch des spaßhaften Eindrucks, den sie hervorbrachten, als sie gleichzeitig mit den »Pariser Briefen« von Börne auf dem literarischen Markt erschienen. Was letztere betrifft, so gestehe ich, die zwei ersten Bände, die mir in jener Periode zu Gesicht kamen, haben mich nicht wenig erschreckt. Ich war überrascht von diesem ultraradikalen Ton, den ich am wenigsten von Börne erwartete. Der Mann, der sich, in seiner anständigen, geschniegelten Schreibart, immer selbst inspizierte und kontrollierte und der jede Silbe, ehe er sie niederschrieb, vorher abwog und abmaß ... der Mann, der in seinem Stil immer etwas beibehielt von der Gewöhnung seines reichsstädtischen Spießbürgertums, wo nicht gar von den Ängstlichkeiten seines früheren Amtes ... der ehemalige Polizeiaktuar von Frankfurt am Main stürzte sich jetzt in einen Sansculottismus des Gedankens und des Ausdrucks, wie man dergleichen in Deutschland noch nie erlebt hat. Himmel! welche entsetzliche Wortfügung; welche hochverräterische Zeitwörter! welche majestätsverbrecherische Akkusative! welche Imperative! welche polizeiwidrige Fragezeichen! welche Metaphern, deren bloßer Schatten schon zu zwanzig Jahr Festungsstrafe berechtigte! Aber trotz des Grauens, den mir jene Briefe einflößten, weckten sie in mir eine Erinnerung, die sehr komischer Art, die mich fast bis zum Lachen erheiterte und die ich hier durchaus nicht verschweigen kann. Ich gestehe es, die ganze Erscheinung Börnes, wie sie sich in jenen Briefen offenbarte, erinnerte mich an den alten Polizeivogt, der, als ich ein kleiner Knabe war, in meiner Vaterstadt regierte. Ich sage regierte, da er, mit unumschränktem Stock die öffentliche Ruhe verwaltend, uns kleinen Buben einen ganz majestätischen Respekt einflößte und uns schon durch seinen bloßen Anblick gleich auseinanderjagte, wenn wir auf der Straße gar zu lärmige Spiele trieben. Dieser Polizeivogt wurde plötzlich wahnsinnig und bildete sich ein, er sei ein kleiner Gassenjunge, und zu unserer unheimlichsten Verwunderung sahen wir, wie er, der allmächtige Straßenbeherrscher, statt Ruhe zu stiften, uns zu dem lautesten Unfug aufforderte. »Ihr seid viel zu zahm«, rief er, »ich aber will euch zeigen, wie man Spektakel machen muss!« Und dabei fing ich an, wie ein Löwe zu brüllen oder wie ein Kater zu miauen, und er klingelte an den Häusern, dass die Türglocke abriss, und er warf Steine gegen die klirrenden Fensterscheiben, immer schreiend: »Ich will euch lehren, Jungens, wie man Spektakel macht!« Wir kleinen Buben amüsierten uns sehr über den Alten und liefen jubelnd hinter ihm drein, bis man ihn ins Irrenhaus abführte.

Während der Lektüre der Börneschen Briefe dachte ich wahrhaftig immer an den alten Polizeivogt, und mir war oft, als hörte ich wieder seine Stimme: »Ich will euch lehren, wie man Spektakel macht!«

In den mündlichen Gesprächen Börnes war die Steigerung seines politischen Wahnsinns minder auffallend, da sie im Zusammenhang blieb mit den Leidenschaften, die in seiner nächsten Umgebung wüteten, sich beständig schlagfertig hielten und nicht selten auch tatsächlich zuschlugen. Als ich Börne zum zweiten Male besuchte, in der Rue de Provence, wo er sich definitiv einquartiert hatte, fand ich in seinem Salon eine Menagerie von Menschen, wie man sie kaum im Jardin des Plantes finden möchte. Im Hintergrund kauerten einige deutsche Eisbären, welche Tabak rauchten, fast immer schwiegen und nur dann und wann einige vaterländische Donnerworte im tiefsten Brummbass hervorfluchten. Neben ihnen hockte auch ein polnischer Wolf, welcher eine rote Mütze trug und manchmal die süßlich-fadesten Bemerkungen mit heiserer Kehle heulte. Dann fand ich dort einen französischen Affen, der zu den hässlichsten gehörte, die ich jemals gesehen; er schnitt beständig Gesichter, damit man sich das schönste darunter aussuchen möge ... Das unbedeutendste Subjekt in jener Börneschen Menagerie war ein Herr *, der Sohn des alten *, eines Weinhändlers in Frankfurt am Main, der ihn gewiss in sehr nüchterner Stimmung gezeugt ... eine lange, hagere Gestalt, die wie der Schatten einer Eau-de-Cologne-Flasche aussah, aber keineswegs wie der Inhalt derselben roch. Trotz seines dünnen Aussehens trug er, wie Börne behauptete, zwölf wollene Unterjacken; denn ohne dieselben würde er gar nicht existieren. Börne machte sich beständig über ihn lustig: »Ich präsentiere Ihnen hier einen *, es ist freilich kein * erster Größe, aber er ist doch mit der Sonne verwandt, er empfängt von derselben sein Licht ... er ist ein untertäniger Verwandter der Herrn von Rothschild ... Denken Sie sich, Herr *, ich habe diese Nacht im Traum den Frankfurter Rothschild hängen sehen, und Sie waren es, welcher ihm den Strick um den Hals legte ...«

Herr * erschrak bei diesen Worten, und wie in Todesangst rief er: »Herr Berne, ich bitte Ihnen, sagen Sie das nicht weiter ... ich hab Grind ...« – »Ich hab Grind« – wiederholte mehrmals der junge Mensch, und indem er sich gegen mich wandte, bat er mich mit leiser Stimme, ihm in eine Ecke des Zimmers zu folgen, um mir seine delikate »Posiziaun« anzuvertrauen. »Sehen Sie«, flüsterte er heimlich, »ich habe eine delikate Posiziaun. Von der einen Seite ist Madame Wohl auf dem Wollgraben meine Tante, und auf der anderen Seite ist die Frau von Herrn von Rothschild auch sozusagen meine Tante. Ich bitte Ihnen, erzählen Sie nicht im Hause des Herrn Baron v. Rothschild, dass Sie mich hier bei Berne gesehen haben ... ich hab Grind.«

Börne machte sich über diesen Unglücklichen beständig lustig, und besonders hechelte er ihn durch wegen der mundfaulen und kauderwelschen Art, wie er das Französische aussprach. »Mein lieber Landsmann«, sagte er, »die Franzosen haben unrecht, über Sie zu lachen; sie offenbaren dadurch ihre Unwissenheit. Verständen sie Deutsch, so würden sie einsehen, wie richtig Ihre Redensarten konstruiert sind, nämlich vom deutschen Standpunkt aus ... Und warum sollen Sie Ihre Nationalität verleugnen? Ich bewundere sogar, mit welcher Gewandtheit Sie Ihre Muttersprache, das Frankfurter Mauscheln, ins Französische übertragen ... Die Franzosen sind ein unwissendes Volk und werden es nie dahin bringen, ordentlich Deutsch zu lernen. Sie haben keine Geduld ... Wir Deutschen sind das geduldigste und gelehrigste Volk ... Wie viel müssen wir schon als Knaben lernen! wie viel Latein! wie viel Griechisch, wie viel persische Könige und ihre ganze Sippschaft bis zum Großvater! ... ich wette, so ein unwissender Franzose weiß sogar in seinen alten Tagen noch nicht, dass die Mutter des Cyrus Frau Mandane geheißen und eine geborne Astyages war. Auch haben wir die besten Handbücher für alle Wissenschaften herausgegeben. Neanders Kirchengeschichte und Meyer Hirschs Rechenbuch sind klassisch. Wir sind ein denkendes Volk, und weil wir so viele Gedanken hatten, dass wir sie nicht alle aufschreiben konnten, haben wir die Buchdruckerei erfunden, und weil wir manchmal vor lauter Denken und Bücherschreiben oft das liebe Brot nicht hatten, erfanden wir die Kartoffel.«

»Das deutsche Volk«, brummte der deutsche Patriot aus seiner Ecke, »hat auch das Pulver erfunden.«

Börne wandte sich rasch zu dem Patrioten, der ihn mit dieser Bemerkung unterbrochen hatte, und sprach sarkastisch lächelnd: »Sie irren sich, mein Freund, man kann nicht so eigentlich behaupten, dass das deutsche Volk das Pulver erfunden habe. Das deutsche Volk besteht aus dreißig Millionen Menschen. Nur einer davon hat das Pulver erfunden ... die übrigen, 29 999 999 Deutsche, haben das Pulver nicht erfunden. – Übrigens ist das Pulver eine gute Erfindung, ebenso wie die Druckerei, wenn man nur den rechten Gebrauch davon macht. Wir Deutschen aber benutzen die Presse, um die Dummheit, und das Pulver, um die Sklaverei zu verbreiten –«

Einlenkend, als man ihm diese irrige Behauptung verwies, fuhr Börne fort: »Je nun, ich will eingestehen, dass die deutsche Presse sehr viel Heil gestiftet, aber es wird überwogen von dem gedruckten Unheil. Jedenfalls muss man dieses einräumen, in Beziehung auf bürgerliche Freiheit ... Ach! wenn ich die ganze deutsche Geschichte durchgehe, bemerke ich, dass die Deutschen für bürgerliche Freiheit wenig Talent besitzen, hingegen die Knechtschaft, sowohl theoretisch als praktisch, immer leicht erlernten und diese Disziplin nicht bloß zu Hause, sondern auch im Ausland mit Erfolg dozierten. Die Deutschen waren immer die ludi magistri der Sklaverei, und wo der blinde Gehorsam in die Leiber oder in die Geister eingeprügelt werden sollte, nahm man einen deutschen Exerziermeister. Auch haben wir die Sklaverei über ganz Europa verbreitet, und als Denkmäler dieser Sündflut sitzen deutsche Fürstengeschlechter auf allen Thronen Europas, wie, nach uralten Überschwemmungen, auf den höchsten Bergen die Reste versteinerter Seeungeheuer gefunden werden ... Und noch jetzt, kaum wird ein Volk frei, so wird ihm ein deutscher Prügel auf den Rücken gebunden ... und sogar in der heiligen Heimat des Harmodios und Aristogeitons, im wiederbefreiten Griechenland, wird jetzt deutsche Knechtschaft eingesetzt, und auf der Akropolis von Athen fließt bayersches Bier und herrscht der bayersche Stock ... Ja, es ist erschrecklich, dass der König von Bayern, dieser kleine Tyrannos und schlechte Poet, seinen Sohn auf den Thron jenes Landes setzen durfte, wo einst die Freiheit und die Dichtkunst geblüht, jenes Landes, wo es eine Ebene gibt, welche Marathon, und einen Berg, welcher Parnass heißt! Ich kann nicht daran denken, ohne dass mir das Gehirn zittert ... Wie ich in der heutigen Zeitung gelesen, haben wieder drei Studenten in München, vor dem Bild des König Ludwigs, niederknien und Abbitte tun müssen. Niederknien vor dem Bilde eines Menschen, der noch dazu ein schlechter Poet ist! Wenn ich ihn in meiner Macht hätte, dieser schlechte Dichter sollte niederknien vor dem Bilde der Musen und Abbitte tun, wegen seiner schlechten Verse, wegen beleidigter Majestät der Poesie! Sprecht mir jetzt noch von römischen Kaisern, welche so viel Tausende von Christen hinrichten ließen, weil diese nicht vor ihrem Bilde knien wollten ... Jene Tyrannen waren wenigstens Herrn der ganzen Welt, von Aufgang bis zum Niedergang, und, wie wir an ihren Statuen noch heute sehen, wenn auch keine Götter, so waren sie doch schöne Menschen. Man beugt sich am Ende leicht vor Macht und Schönheit. Aber niederknien vor Ohnmacht und Hässlichkeit – – –«

– – Es bedarf wohl keines besonderen Winks für den scharfsinnigen Leser, aus welchen Gründen ich den Frevler nicht weitersprechen lasse. Ich glaube, die angeführten Phrasen sind hinreichend, um die damalige Stimmung des Mannes zu bekunden; sie war im Einklang mit dem hitzigen Treiben jener deutschen Tumultuanten, die, seit der Juliusrevolution, in wilden Schwärmen nach Paris kamen und sich schon gleich um Börne sammelten. Es ist kaum zu begreifen, wie dieser sonst so gescheite Kopf sich von der rohesten Tobsucht beschwatzen und zu den gewaltsamsten Hoffnungen verleiten lassen konnte! Zunächst geriet er in den Kreis jenes Wahnsinnes, als dessen Mittelpunkt der berühmte Buchhändler F. zu betrachten war. Dieser F., man sollte es kaum glauben, war ganz der Mann nach dem Herzen Börnes. Die rote Wut, die in der Brust des einen kochte, das dreitägige Juliusfieber, das die Glieder des einen rüttelte, der jakobinische Veitstanz, worin der eine sich drehte, fand den entsprechenden Ausdruck in den »Pariser Briefen« des anderen. Mit dieser Bemerkung will ich aber nur einen Geistesirrtum, keineswegs einen Herzensirrtum andeuten, bei dem einen wie bei dem andern. Denn auch F. meinte es gut mit dem deutschen Vaterland, er war aufrichtig, heldenmütig, jeder Selbstopferung fähig, jedenfalls ein ehrlicher Mann, und zu solchem Zeugnis glaube ich mich um so mehr verpflichtet, da, seit er in strenger Haft schweigen muss, die servile Verleumdung an seinem Leumund nagt. Man kann ihn mancher unklugen, aber keiner zweideutigen Handlung beschuldigen; er zeigte namentlich im Unglück sehr viel Charakter, er war durchglüht von reinster Bürgertugend, und um die Schellenkappe, die sein Haupt umklingelt, müssen wir einen Kranz von Eichenlaub flechten. Der edle Narr, er war mir tausendmal lieber als jener andere Buchhändler, der ebenfalls nach Paris gekommen, um eine deutsche Übersetzung der französischen Revolution zu besorgen, jener leise Schleicher, welcher matt und menschenfreundlich wimmerte und wie eine Hyäne aussah, die zur Abführung eingenommen ... Übrigens rühmte man auch letztern als einen ehrlichen Mann, der sogar seine Schulden bezahlte, wenn er das Große Los in der Lotterie gewinnt, und wegen solcher Ehrlichkeitsverdienste ward er zum Finanzminister des erneuten Deutschen Reichs vorgeschlagen ... Im Vertrauen gesagt, er musste sich mit den Finanzen begnügen, denn die Stelle eines Ministers des Innern hatte F. schon vorweg vergeben, nämlich an Garnier, wie er auch die deutsche Kaiserkrone dem Hauptmann S. bereits zugesagt ...

Garnier freilich behauptete, der Buchhändler F. wolle den Hauptmann S. zum deutschen Kaiser machen, weil dieser Lump ihm Geld schuldig sei und er sonst nicht zu seinem Geld kommen könne ... Das ist aber unrichtig und zeugt nur von Garniers Medisance [boshaften Bemerkung, üblen Nachrede]; F. hat vielleicht aus republikanischer Arglist eben das kläglichste Subjekt zum Kaiser gewählt, um dadurch das Monarchentum herabzuwürdigen und lächerlich zu machen ...

Der Einfluss des F. war indessen bald beendigt, als derselbe, ich glaube im November, Paris verließ und an die Stelle des großen Agitators einige neue Oberhäupter emporstiegen; unter diesen waren die bedeutendsten der schon erwähnte Garnier und ein gewisser Wolfrum. Ich darf sie wohl mit Namen nennen, da der eine tot ist und dem andern, welcher sich im sicheren England befindet, durch die Hindeutung auf seine ehemalige Wichtigkeit ein großer Gefallen erzeigt wird; beide aber, Garnier zum Teil, Wolfrum aber ganz, schöpften ihre Inspirationen aus dem Munde Börnes, der von nun an als die Seele der Pariser Propaganda zu betrachten war. Der Wahnsinn blieb derselbe, aber, um mit Polonius zu reden, es kam Methode hinein.

Ich habe mich eben des Wortes »Propaganda« bedient; aber ich gebrauche dasselbe in einem anderen Sinn als gewisse Delatoren [Denunzianten, Verräter], die unter jenem Ausdruck eine geheime Verbrüderung verstehen, eine Verschwörung der revolutionären Geister in ganz Europa, eine Art blutdürstiger, atheistischer und regizider Maçonnerie [Freimaurerei]. Nein, jene Pariser Propaganda bestand viel mehr aus rohen Händen als aus feinen Köpfen; es waren Zusammenkünfte von Handwerkern deutscher Zunge, die in einem großen Saal der Passage du Saumon oder in den Faubourgs sich versammelten, wohl vornehmlich, um in der lieben Sprache der Heimat über vaterländische Gegenstände miteinander zu konversieren, hier wurden nun, durch leidenschaftliche Reden, im Sinne der rheinbayrischen »Tribüne«, viele Gemüter fanatisiert, und da der Republikanismus eine so grade Sache ist und leichter begreifbar als z. B. die konstitutionelle Regierungsform, wobei schon mancherlei Kenntnisse vorausgesetzt werden, so dauerte es nicht lange, und Tausende von deutschen Handwerksgesellen wurden Republikaner und predigten die neue Überzeugung. Diese Propaganda war weit gefährlicher als alle jene erlogenen Popanze, womit die erwähnten Delatoren unsere deutschen Regierungen schreckten, und vielleicht weit mächtiger als Börnes geschriebene Reden war Börnes mündliches Wort, welches er an Leute richtete, die es mit deutschem Glauben einsogen und mit apostolischem Eifer in der Heimat verbreiteten. Ungeheuer groß ist die Anzahl deutscher Handwerker, welche ab und zu nach Frankreich auf die Wanderschaft gehen. Wenn ich daher las, wie norddeutsche Blätter sich darüber lustig machten, dass Börne mit sechshundert Schneidergesellen auf den Montmartre gestiegen, um ihnen eine Bergpredigt zu halten, musste ich mitleidig die Achsel zucken, aber am wenigsten über Börne, der eine Saat ausstreute, die früh oder spät die furchtbarsten Früchte hervorbringt. Er sprach sehr gut, bündig, überzeugend, volksmäßig; nackte, kunstlose Rede, ganz im Bergpredigerton. Ich habe ihn freilich nur ein einziges Mal reden hören, nämlich in der Passage Saumon, wo Garnier der »Volksversammlung« präsidierte ... Börne sprach über den Presseverein, welcher sich vor aristokratischer Form zu bewahren habe; Garnier donnerte gegen Nikolas, den Zar von Russland; ein verwachsener, krummbeinichter Schustergeselle trat auf und behauptete, alle Menschen seien gleich ... Ich ärgerte mich nicht wenig über diese Impertinenz ... Es war das erste und letzte Mal, dass ich der Volksversammlung beiwohnte. – Dieses eine Mal war aber auch hinreichend ... Ich will dir gern, lieber Leser, bei dieser Gelegenheit ein Geständnis machen, das du eben nicht erwartest. Du meinst vielleicht, der höchste Ehrgeiz meines Lebens hätte immer darin bestanden, ein großer Dichter zu werden, etwa gar auf dem Kapitol gekrönt zu werden, wie weiland Messer Francesco Petrarcha ... Nein, es waren vielmehr die großen Volksredner, die ich immer beneidete, und ich hätte für mein Leben gern auf öffentlichem Markte, vor einer bunten Versammlung, das große Wort erhoben, welches die Leidenschaften aufwühlt oder besänftigt und immer eine augenblickliche Wirkung hervorbringt. Ja, unter vier Augen will ich es dir gern eingestehen, dass ich in jener unerfahrenen Jugendzeit, wo uns die komödiantenhaften Gelüste anwandeln, mich oft in eine solche Rolle hineindachte. Ich wollte durchaus ein großer Redner werden, und wie Demosthenes deklamierte ich zuweilen am einsamen Meeresstrand, wenn Wind und Wellen brausten und heulten; so übt man seine Lungen und gewöhnt sich dran, mitten im größten Lärm einer Volksversammlung zu sprechen. Nicht selten sprach ich auch auf freiem Feld vor einer großen Anzahl Ochsen und Kühe, und es gelang mir, das versammelte Rindviehvolk zu überbrüllen. Schwerer schon ist es, vor Schafen eine Rede zu halten. Bei allem, was du ihnen sagst, diesen Schafsköpfen, wenn du sie ermahnst, sich zu befreien, nicht wie ihre Vorfahren geduldig zur Schlachtbank zu wandern ... sie antworten dir, nach jedem Satz, mit einem so unerschütterlich gelassenen »Mäh! Mäh!«, dass man die Kontenance verlieren kann. Kurz, ich tat alles, um, wenn bei uns einmal eine Revolution aufgeführt werden möchte, als deutscher Volksredner auftreten zu können. Aber ach! schon gleich bei der ersten Probe merkte ich, dass ich in einem solchen Stück meine Lieblingsrolle nimmermehr tragieren kann. Und lebten sie noch, weder Demosthenes noch Cicero noch Mirabeau könnten in einer deutschen Revolution als Sprecher auftreten: denn bei einer deutschen Revolution wird geraucht. Denkt euch meinen Schreck, als ich in Paris der obenerwähnten Volksversammlung beiwohnte, fand ich sämtliche Vaterlandsretter mit Tabakspfeifen im Maul, und der ganze Saal war so erfüllt von schlechtem Knasterqualm, dass er mir gleich auf die Brust schlug und es mir platterdings unmöglich gewesen wäre, ein Wort zu reden ...

Ich kann den Tabaksqualm nicht vertragen, und ich merkte, dass in einer deutschen Revolution die Rolle eines Großsprechers in der Weise Börnes und Konsorten nicht für mich passte. Ich merkte überhaupt, dass die deutsche Tribunalkarriere nicht eben mit Rosen und am allerwenigsten mit reinlichen Rosen bedeckt. So z. B. musst du allen diesen Zuhörern, »lieben Brüdern und Gevattern«, recht derb die Hand drücken. Es ist vielleicht metaphorisch gemeint, wenn Börne behauptet: im Fall ihm ein König die Hand gedrückt, würde er sie nachher ins Feuer halten, um sie zu reinigen; es ist aber durchaus nicht bildlich, sondern ganz buchstäblich gemeint, dass ich, wenn mir das Volk die Hand gedrückt, sie nachher waschen werde.

Man muss in wirklichen Revolutionszeiten das Volk mit eignen Augen gesehen, mit eigner Nase gerochen haben, man muss mit eigenen Ohren anhören, wie dieser souveräne Rattenkönig sich ausspricht, um zu begreifen, was Mirabeau andeuten will mit den Worten: »Man macht keine Revolution mit Lavendelöl.« Solange wir die Revolution in den Büchern lesen, sieht das alles sehr schön aus, und es ist damit wie mit jenen Landschaften, die, kunstreich gestochen auf dem weißen Velinpapier, so rein, so freundlich aussehen, aber nachher, wenn man sie in natura betrachtet, vielleicht an Grandiosität gewinnen, doch einen sehr schmutzigen und schäbigen Anblick in den Einzelheiten gewähren; die in Kupfer gestochenen Misthaufen riechen nicht, und der in Kupfer gestochene Morast ist leicht mit den Augen zu durchwaten! – – – War es Tugend oder Wahnsinn, was den Ludwig Börne dahin brachte, die schlimmsten Mistdüfte mit Wonne einzuschnaufen und sich vergnüglich im plebejischen Kot zu wälzen? – – Wer löst uns das Rätsel dieses Mannes, der in weichlichster Seide erzogen worden, späterhin in stolzen Anflügen seine innere Vornehmheit bekundete und gegen das Ende seiner Tage plötzlich überschnappte in pöbelhafte Töne und in die banalen Manieren eines Demagogen der untersten Stufe? Stachelten ihn etwa die Nöte des Vaterlandes bis zum entsetzlichsten Grade des Zorns, oder ergriff ihn der schauerliche Schmerz eines verlorenen Lebens? ... Ja, das war es vielleicht; er sah, wie er dieses ganze Leben hindurch mit all seinem Geist und all seiner Mäßigung nichts ausgerichtet hatte, weder für sich noch für andere, und er verhüllte sein Haupt, oder, um bürgerlich zu reden, er zog die Mütze über die Ohren und wollte fürder weder sehen noch hören und stürzte sich in den heulenden Abgrund ... Das ist immer eine Ressource, die uns übrigbleibt, wenn wir angelangt bei jenen hoffnungslosen Marken, wo alle Blumen verwelkt sind, wo der Leib müde und die Seele verdrießlich ... Ich will nicht dafür stehen, dass ich nicht einst unter denselben Umständen dasselbe tue ... Wer weiß, vielleicht am Ende meiner Tage überwinde ich meinen Widerwillen gegen den Tabaksqualm und lerne rauchen und halte die ungewaschensten Reden vor dem ungewaschensten Publikum ...

Blätternd in Börnes »Pariser Briefen«, stieß ich jüngst auf eine Stelle, welche mit den Äußerungen, die mir oben entschlüpft, einen sonderbaren Zusammenklang bildet. Sie lautet folgendermaßen: »Vielleicht fragen Sie mich verwundert, wie ich Lump dazu komme, mich mit Byron zusammenzustellen? Darauf muss ich Ihnen erzählen, was Sie noch nicht wissen. Als Byrons Genius, auf seiner Reise durch das Firmament, auf der Erde ankam, eine Nacht dort zu verweilen, stieg er zuerst bei mir ab. Aber das Haus gefiel ihm gar nicht, er eilte schnell wieder fort und kehrte in das Hotel Byron ein. Viele Jahre hat mich das geschmerzt, lange hat es mich betrübt, dass ich so wenig geworden, gar nichts erreicht. Aber jetzt ist es vorüber, ich habe es vergessen und lebe zufrieden in meiner Armut. Mein Unglück ist, dass ich im Mittelstand geboren bin, für den ich gar nicht passe. Wäre mein Vater Besitzer von Millionen oder ein Bettler gewesen, wäre ich der Sohn eines vornehmen Mannes oder eines Landstreichers, hätte ich es gewiss zu etwas gebracht. Der halbe Weg, den andere durch ihre Geburt voraushatten, entmutigte mich; hätten sie den ganzen Weg vorausgehabt, hätte ich sie gar nicht gesehen und sie eingeholt. So aber bin ich der Perpendikel einer bürgerlichen Stubenuhr geworden, schweifte rechts, schweifte links aus und musste immer zur Mitte zurückkehren.«

Dieses schrieb Börne den 20. März 1831. Wie über andere, hat er auch über sich selber schlecht prophezeit. Die bürgerliche Stubenuhr wurde eine Sturmglocke, deren Geläut Angst und Schrecken verbreitete. Ich habe bereits gezeigt, welche ungestümen Glöckner an den Strängen rissen, ich habe angedeutet, wie Börne den zeitgenossenschaftlichen Passionen als Organ diente und seine Schriften nicht als das Produkt eines Einzelnen, sondern als Dokument unserer politischen Sturm-und-Drang-Periode betrachtet werden müssen. Was in jener Periode sich besonders geltend machte und die Gärung bis zur kochenden Sud steigerte, waren die polnischen und rheinbayrischen Vorgänge, und diese haben auf den Geist Börnes den mächtigsten Einfluss geübt. Ebenso glühend wie einseitig war sein Enthusiasmus für die Sache Polens, und als dieses mutige Land unterlag, trotz der wunderbarsten Tapferkeit seiner Helden, da brachen bei Börne alle Dämme der Geduld und Vernunft. Das ungeheure Schicksal so vieler edlen Märtyrer der Freiheit, die, in langen Trauerzügen Deutschland durchwandernd, sich in Paris versammelten, war in der Tat geeignet, ein edel gefühlvolles Herz bis in seine Tiefen zu bewegen. Aber was brauch ich dich, teurer Leser, an diese Betrübnisse zu erinnern, du hast in Deutschland den Durchzug der Polen mit eigenen tränenden Augen angesehen, und du weißt, wie das ruhige, stille deutsche Volk, das die eigenen Landesnöte so geduldig erträgt, bei dem Anblick der unglücklichen Sarmaten von Mitleid und Zorn so gewaltig erschüttert wurde und so sehr außer Fassung kam, dass wir nahe daran waren, für jene Fremden das zu tun, was wir nimmermehr für uns selber täten, nämlich die heiligsten Untertanspflichten beiseite zu setzen und eine Revolution zu machen ... zum Besten der Polen.

Ja, mehr als alle obrigkeitliche Plackereien und demagogische Schriften hat der Durchzug der Polen den deutschen Michel revolutioniert, und es war ein großer Fehler der respektiven deutschen Regierungen, dass sie jenen Durchzug in der bekannten Weise gestatteten. Der größere Fehler freilich bestand darin, dass sie die Polen nicht längere Zeit in Deutschland verweilen ließen; denn diese Ritter der Freiheit hätten bei verlängertem Aufenthalt jene bedenkliche, höchst bedrohliche Sympathie, die sie den Deutschen einflößten, selber wieder zerstört. Aber sie zogen rasch durchs Land, hatten keine Zeit, durch Dichtung und Wahrheit einer den anderen zu diskreditieren, und sie hinterließen die staatsgefährlichste Aufregung.

Ja, wir Deutschen waren nahe daran, eine Revolution zu machen, und zwar nicht aus Zorn und Not, wie andere Völker, sondern aus Mitleid, aus Sentimentalität, aus Rührung für unsere armen Gastfreunde, die Polen. Tatsüchtig schlugen unsere Herzen, wenn diese uns am Kamin erzählten, wie viel sie ausgestanden von den Russen, wie viel Elend, wie viel Knutenschläge ... bei den Schlägen horchten wir noch sympathetischer, denn eine geheime Ahnung sagte uns, die russischen Schläge, welche jene Polen bereits empfangen, seien dieselben, die wir in der Zukunft noch zu bekommen haben. Die deutschen Mütter schlugen angstvoll die Hände über den Kopf, als sie hörten, dass der Kaiser Nikolas, der Menschenfresser, alle Morgen drei kleine Polenkinder verspeise, ganz roh, mit Essig und Öl. Aber am tiefsten erschüttert waren unsere Jungfrauen, wenn sie im Mondschein an der Heldenbrust der polnischen Märtyrer lagen und mit ihnen jammerten und weinten über den Fall von Warschau und den Sieg der russischen Barbaren ... Das waren keine frivolen Franzosen, die bei solchen Gelegenheiten nur schäkerten und lachten ... nein, diese larmoyanten Schnurrbärte gaben auch etwas fürs Herz, sie hatten Gemüt und nichts gleicht der holden Schwärmerei, womit deutsche Mädchen und Frauen ihre Bräutigame und Gatten beschworen, so schnell als möglich eine Revolution zu machen ... zum Besten der Polen..

Eine Revolution ist ein Unglück, aber ein noch größeres Unglück ist eine verunglückte Revolution; und mit einer solchen bedrohte uns die Einwanderung jener nordischen Freunde, die in unsere Angelegenheiten alle jene Verwirrung und Unzuverlässigkeit gebracht hätte, wodurch sie selber daheim zugrunde gegangen. Ihre Einmischung wäre uns um so verderblicher geworden, da die deutsche Unerfahrenheit sich von den Ratschlägen jener kleinen polnischen Schlauheit, die sich für politische Einsicht ausgibt, gern leiten ließ und gar die deutsche Bescheidenheit, bestochen von jener flinken Ritterlichkeit, die den Polen eigen ist, diesen letztern die wichtigsten Führerstellen vertraut hätte. – Ich habe mich damals, in dieser Beziehung, über die Popularität der Polen nicht wenig geängstigt. Es hat sich vieles seitdem geändert, und gar für die Zukunft, für die deutschen Freiheitsinteressen einer späteren Zeit, braucht man die Popularität der Polen wenig zu fürchten. Ach nein, wenn einst Deutschland sich wieder rüttelt, und diese Zeit wird dennoch kommen, dann werden die Polen kaum noch dem Namen nach existieren, sie werden ganz mit den Russen verschmolzen sein, und als solche werden wir uns auf donnernden Schlachtfeldern wieder begegnen ... und sie werden für uns minder gefährlich sein als Feinde denn als Freunde. Der einzige Vorteil, den wir ihnen verdanken, ist jener Russenhass, den sie bei uns gesät und der, still fortwuchernd im deutschen Gemüt, uns mächtig vereinigen wird, wenn die große Stunde schlägt, wo wir uns zu verteidigen haben gegen jenen furchtbaren Riesen, der jetzt noch schläft und im Schlafe wächst, die Füße weitausstreckend in die duftigen Blumengärten des Morgenlands, mit dem Haupt anstoßend an den Nordpol, träumend ein neues Weltreich ... Deutschland wird einst mit diesem Riesen den Kampf bestehen müssen, und für diesen Fall ist es gut, dass wir die Russen schon früh hassen lernten, dass dieser Hass in uns gesteigert wurde, dass auch alle anderen Völker daran teilnehmen ... das ist ein Dienst, den uns die Polen leisten, die jetzt als Propaganda des Russenhasses in der ganzen Welt umherwandern. Ach, diese unglücklichen Polen! sie selber werden einst die nächsten Opfer unseres blinden Zornes sein, sie werden einst, wenn der Kampf beginnt, die russische Avantgarde bilden, und sie genießen alsdann die bitteren Früchte jenes Hasses, den sie selber gesät. Ist es der Wille des Schicksals oder ist es glorreiche Beschränktheit, was die Polen immer dazu verdammte, sich selber die schlimmste Falle und endlich die Todesgrube zu graben ... seit den Tagen Sobieskis, der die Türken schlug, Polens natürliche Alliierte, und die Östreicher rettete ... der ritterliche Dummkopf!

Ich habe oben von der »kleinen polnischen Schlauheit« gesprochen. Ich glaube, dieser Ausdruck wird keiner Missdeutung anheimfallen; kommt er doch aus dem Mund eines Mannes, dessen Herz am frühesten für Polen schlug und der lange schon vor der polnischen Revolution für dieses heldenmütige Volk sprach und litt. Jedenfalls will ich jenen Ausdruck noch dahin mildern, dass ich nachträglich bemerke, er bezieht sich hier auf die Jahre 1831 und 1832, wo die Polen von der großen Wissenschaft der Freiheit nicht einmal die ersten Elementarkenntnisse besaßen und die Politik ihnen nichts anderes dünkte als eben ein Gewebe von Weiberkniffen und Hinterlist, kurz, als eine Manifestation jener »kleinen polnischen Schlauheit«, für welche sie sich ein ganz besonderes Talent zutrauten.

Diese Polen waren gleichsam ihrem heimatlichen Mittelalter entsprungen, und ganze Urwälder von Unwissenheit im Kopfe tragend, stürmten sie nach Paris, und hier warfen sie sich entweder in die Sektionen der Republikaner oder in die Sakristeien der katholischen Schule: denn um Republikaner zu sein, dazu braucht man wenig zu wissen, und um Katholik zu sein, braucht man gar nichts zu wissen, sondern braucht man nur zu glauben. Die Gescheitesten unter ihnen begriffen die Revolution nur in der Form der Emeute, und sie ahnten nimmermehr, dass namentlich in Deutschland durch Tumult und Straßenauflauf wenig gefördert wird. Ebenso unheilvoll wie spaßhaft war das Manöver, womit einer ihrer größten Staatsmänner gegen die deutschen Regierungen verfuhr. Er hatte nämlich bei dem Durchzug der Polen bemerkt, wie ein einziger Pole hinreichend war, um eine stille deutsche Stadt in Bewegung zu setzen, und da er der gelehrteste Litauer war und aus der Geographie ganz genau wusste, dass Deutschland aus einigen dreißig Staaten besteht, schickte er von Zeit zu Zeit einen Polen nach der Hauptstadt eines dieser Staaten ... er setzte gleichsam einen Polen auf irgendeinen jener dreißig deutschen Staaten, wie auf die Nummern eines Rouletts, wahrscheinlich ohne große Hoffnung des Gelingens, aber ruhig berechnend: an einem einzigen Polen ist nicht viel verloren, verursacht er jedoch wirklich eine Emeute, gewinnt meine Nummer, so kommt vielleicht eine ganze Revolution dabei heraus!

Ich spreche von 1831 und 1832. Seitdem sind acht Jahre verflossen, und ebenso gut wie die Helden deutscher Zunge haben auch die Polen manche bittere, aber nützliche Erfahrung gemacht, und viele von ihnen konnten die schreckliche Muße des Exils zum Studium der Zivilisation benutzen. Das Unglück hat sie ernsthaft geschult, und sie haben etwas Tüchtiges lernen können. Wenn sie einst in ihr Vaterland zurückkehren, werden sie dort die heilsamste Saat ausstreuen, und wo nicht ihre Heimat, doch gewiss die Welt wird die Früchte ihrer Aussaat ernten. Das Licht, das sie einst mit nach Hause bringen, wird sich vielleicht weit verbreiten nach dem fernsten Nordosten und die dunkeln Föhrenwälder in Flammen setzen, sodass bei der auflodernden Helle unsere Feinde sich einander beschauen und voreinander entsetzen werden ... sie würgen sich alsdann untereinander in wahnsinnigem Wechselschreck und erlösen uns von aller Gefahr ihres Besuches. Die Vorsehung vertraut das Licht zuweilen den ungeschicktesten Händen, damit ein heilsamer Brand entstehe in der Welt ... Nein, Polen ist noch nicht verloren ... Mit seiner politischen Existenz ist sein wirkliches Leben noch nicht abgeschlossen. Wie einst Israel nach dem Falle Jerusalems, so vielleicht nach dem Falle Warschaus erhebt Polen sich zu den höchsten Bestimmungen. Es sind diesem Volke vielleicht noch Taten vorbehalten, die der Genius der Menschheit höher schätzt als die gewonnenen Schlachten und das rittertümliche Schwertergeklirre nebst Pferdegetrampel seiner nationalen Vergangenheit! Und auch ohne solche nachblühende Bedeutung wird Polen nie ganz verloren sein ... Es wird ewig leben auf den rühmlichsten Blättern der Geschichte!!!

Nächst dem Durchzug der Polen habe ich die Vorgänge in Rheinbayern als den nächsten Hebel bezeichnet, welcher nach der Juliusrevolution die Aufregung in Deutschland bewirkte und auch auf unsere Landsleute in Paris den größten Einfluss ausübte. Die hiesige Volksversammlung war im Anfang nichts anderes als eine Filialgesellschaft des Pressevereins von Zweibrücken. Einer der gewaltigsten Redner der Bipontiner [Societas Bipontina] kam hierher; ich habe ihn nie in der Volksversammlung sprechen gehört, sah ihn damals nur zufällig einmal im Kaffeehaus, wo er mit hoher Stirn das neue Reich verkündete und die gemäßigten Verräter, namentlich die Redaktoren der Augsburger »Allgemeinen Zeitung«, mit dem Strang bedrohte ... (Ich wundre mich, dass ich damals noch den Mut hatte, als Redakteur der »Allgemeinen Zeitung« tätig zu sein ... Jetzt sind die Zeiten minder gefährlich ... Es sind seitdem acht Jahre verflossen, und der damalige Schreckensmann, der Tribun aus Zweibrücken, ist in diesem Augenblick einer der schreibseligsten Mitarbeiter der »Allgemeinen Zeitung« ...)

Von Rheinbayern sollte die deutsche Revolution ausgehen. Zweibrücken war das Bethlehem, wo die junge Freiheit, der Heiland, in der Wiege lag und welterlösend greinte. Neben dieser Wiege brüllte manches Öchslein, das späterhin, als man auf seine Hörner zählte, sich als ein sehr gemütliches Rindvieh erwies. Man glaubte ganz sicher, dass die deutsche Revolution in Zweibrücken beginnen würde, und alles war dort reif zum Ausbruch. Aber, wie gesagt, die Gemütlichkeit einiger Personen vereitelte jenes polizeiwidrige Unterfangen. Da war z. B. unter den verschworenen Bipontinern ein gewaltiger Bramarbas, der immer am lautesten wütete, der von Tyrannenhass am tollsten übersprudelte, und dieser sollte, mit der ersten Tat vorangehend, eine Schildwache, die einen Hauptposten bewachte, gleich niederstechen ... »Was!« rief der Mann, als man ihm diese Ordre gab, »was! mir, mir konntet ihr eine so schauderhafte, so abscheuliche, so blutdürstige Handlung zumuten? Ich, ich soll eine unschuldige Schildwache umbringen? Ich, der ich ein Familienvater bin! Und diese Schildwache ist vielleicht ebenfalls ein Familienvater. Ein Familienvater soll einen Familienvater ermorden! ja töten! umbringen!«

Da der Dr. Pistor, einer der Zweibrücker Helden, welcher mir diese Geschichte erzählte, jetzt dem Bereich jeder Verantwortlichkeit entsprungen ist, darf ich ihn wohl als Gewährsmann nennen. Er versicherte mir, dass die deutsche Revolution durch die erwähnte Sentimentalität des Familienvaters vorderhand ajourniert wurde. Und doch war der Moment ziemlich günstig. Nur damals und während den Tagen des Hambacher Festes hätte mit einiger Aussicht guten Erfolges die allgemeine Umwälzung in Deutschland versucht werden können. Jene Hambacher Tage waren der letzte Termin, den die Göttin der Freiheit uns gewährte; die Sterne waren günstig; seitdem erlosch jede Möglichkeit des Gelingens. Dort waren sehr viele Männer der Tat versammelt, die selber von ernstem Willen glühten und auf die sicherste Hilfe rechnen konnten. Jeder sah ein, es sei der rechte Moment zu dem großen Wagnis, und die meisten setzten gerne Glück und Leben aufs Spiel ... Wahrlich, es war nicht die Furcht, welche damals nur das Wort entzügelte und die Tat zurückdämmte. – Was war es aber, was die Männer von Hambach abhielt, die Revolution zu beginnen?

Ich wage es kaum zu sagen, denn es klingt unglaublich, aber ich habe die Geschichte aus authentischer Quelle, nämlich von einem Mann, der als wahrheitsliebender Republikaner bekannt und selber zu Hambach in dem Komitee saß, wo man über die anzufangende Revolution debattierte; er gestand mir nämlich im Vertrauen: Als die Frage der Kompetenz zur Sprache gekommen, als man darüber stritt, ob die zu Hambach anwesenden Patrioten auch wirklich kompetent seien, im Namen von ganz Deutschland eine Revolution anzufangen, da seien diejenigen, welche zur raschen Tat rieten, durch die Mehrheit überstimmt worden, und die Entscheidung lautete: man sei nicht kompetent.

O Schilda, mein Vaterland!

Venedey möge es mir verzeihen, wenn ich diese geheime Kompetenzgeschichte ausplaudre und ihn selber als Gewährsmann nenne; aber es ist die beste Geschichte, die ich auf dieser Erde erfahren habe. Wenn ich daran denke, vergesse ich alle Kümmernisse dieses irdischen Jammertals, und vielleicht einst, nach dem Tode, in der neblichten Langeweile des Schattenreichs wird die Erinnerung an diese Kompetenzgeschichte mich aufheitern können ... Ja, ich bin überzeugt, wenn ich sie dort Proserpinen erzähle, der mürrischen Gemahlin des Höllengotts, so wird sie lächeln, vielleicht laut lachen ...

O Schilda, mein Vaterland!

Ist diese Geschichte nicht wert, mit goldenen Buchstaben auf Samt gestickt zu werden, wie die Gedichte des Mollakat, welche in der Moschee von Mekka zu schauen sind? Ich möchte sie jedenfalls in Verse bringen und in Musik setzen lassen, damit sie großen Königskindern als Wiegenlied vorgesungen werde ... Ihr könnt ruhig schlafen, und zur Belohnung für das furchtheilende Lied, das ich euch gesungen, ihr großen Königskinder, ich bitte euch, öffnet die Kerkertüren der gefangenen Patrioten ... Ihr habt nichts zu riskieren, die deutsche Revolution ist noch weit von euch entfernt, gut Ding will Weile, und die Frage der Kompetenz ist noch nicht entschieden ...

O Schilda, mein Vaterland!

Wie dem aber auch sei, das Fest von Hambach gehört zu den merkwürdigsten Ereignissen der deutschen Geschichte, und wenn ich Börne glauben soll, der diesem Fest beiwohnte, so gewährte dasselbe ein gutes Vorzeichen für die Sache der Freiheit. Ich hatte Börne lange aus den Augen verloren, und es war bei seiner Rückkehr von Hambach, dass ich ihn wiedersah, aber auch zum letzten Mal in diesem Leben. Wir gingen miteinander in den Tuilerien spazieren, er erzählte mir viel von Hambach und war noch ganz begeistert von dem Jubel jener großen Volksfeier. Er konnte nicht genug die Eintracht und den Anstand rühmen, die dort herrschten. Es ist wahr, ich habe es auch aus anderen Quellen erfahren, zu Hambach gab es durchaus keine äußeren Exzesse, weder betrunkene Tobsucht noch pöbelhafte Rohheit, und die Orgie, der Kirmestaumel, war mehr in den Gedanken als in den Handlungen. Manches tolle Wort wurde laut ausgesprochen in jenen Reden, die zum Teil späterhin gedruckt erschienen. Aber der eigentliche Wahnwitz ward bloß geflüstert. Börne erzählte mir: Während er mit Siebenpfeiffer redete, nahte sich demselben ein alter Bauer und raunte ihm einige Worte ins Ohr, worauf jener verneinend den Kopf schüttelte. »Aus Neugier«, setzte Börne hinzu, »frug ich den Siebenpfeiffer, was der Bauer gewollt, und jener gestand mir, dass der alte Bauer ihm mit bestimmten Worten gesagt habe: ›Herr Siebenpfeiffer, wenn Sie König sein wollen, wir machen Sie dazu!‹

Ich habe mich sehr amüsiert« – fuhr Börne fort –, »wir waren dort alle wie Blutsfreunde, drückten uns die Hände, tranken Brüderschaft, und ich erinnere mich besonders eines alten Mannes, mit welchem ich eine ganze Stunde geweint habe, ich weiß gar nicht mehr warum. Wir Deutschen sind ein ganz prächtiges Volk und gar nicht mehr so unpraktisch wie sonst. Wir hatten in Hambach auch das lieblichste Maiwetter, wie Milch und Rosen, und ein schönes Mädchen war dort, die mir die Hand küssen wollte, als wär ich ein alter Kapuziner; ich habe das nicht gelitten, und Vater und Mutter befahlen ihr, mich auf den Mund zu küssen, und versicherten mir, dass sie mit dem größten Vergnügen meine sämtlichen Schriften gelesen. Ich habe mich sehr amüsiert. Auch meine Uhr ist mir gestohlen worden. Aber das freut mich ebenfalls, das ist gut, das gibt mir Hoffnung. Auch wir, und das ist gut, auch wir haben Spitzbuben unter uns und werden daher desto leichter reüssieren. Da ist der verwünschte Kerl von Montesquieu, welcher uns eingeredet hatte, die Tugend sei das Prinzip der Republikaner! Und ich ängstigte mich schon, dass unsere Partei aus lauter ehrlichen Leuten bestehen und deshalb nichts ausrichten würde. Es ist durchaus nötig, dass wir, ebenso gut wie unsere Feinde, auch Spitzbuben unter uns haben. Ich hätte gerne den Patrioten entdeckt, der mir zu Hambach meine Uhr gemaust; ich würde ihm, wenn wir zur Regierung kommen, sogleich die Polizei übertragen und die Diplomatie. Ich kriege ihn aber heraus, den Dieb. Ich werde nämlich im ›Hamburger Korrespondenten‹ annoncieren, dass ich dem ehrlichen Finder meiner Uhr die Summe von hundert Louisdor auszahle. Die Uhr ist es wert, schon als Kuriosität: es ist nämlich die erste Uhr, welche die deutsche Freiheit gestohlen hat. Ja, auch wir, Germaniens Söhne, wir erwachen aus unserer schläfrigen Ehrlichkeit ... Tyrannen zittert, wir stehlen auch!«

Der arme Börne konnte nicht aufhören, von Hambach zu reden und von dem Pläsier, das er dort genossen. Es war, als ob er ahnte, dass er zum letzten Mal in Deutschland gewesen, zum letzten Mal deutsche Luft geatmet, deutsche Dummheiten eingesogen mit durstigen Ohren – »Ach!« seufzte er, »wie der Wanderer im Sommer nach einem Labetrunk schmachtet, so schmachte ich manchmal nach jenen frischen erquicklichen Dummheiten, wie sie nur auf dem Boden unseres Vaterlands gedeihen. Diese sind so tiefsinnig, so melancholisch lustig, dass einem das Herz dabei jauchzt. Hier bei den Franzosen sind die Dummheiten so trocken, so oberflächlich, so vernünftig, dass sie für jemand, der an Besseres gewohnt, ganz ungenießbar sind. Ich werde deshalb in Frankreich täglich vergrämter und bitterer und sterbe am Ende. Das Exil ist eine schreckliche Sache. Komme ich einst in den Himmel, ich werde mich gewiss auch dort unglücklich fühlen, unter den Engeln, die so schön singen und so gut riechen ... sie sprechen ja kein Deutsch und rauchen keinen Knaster ... Nur im Vaterland ist mir wohl! Vaterlandsliebe! Ich lache über dieses Wort im Munde von Leuten, die nie im Exil gelebt ... Sie könnten ebenso gut von Milchbreiliebe sprechen. Milchbreiliebe! In einer afrikanischen Sandwüste hat das Wort schon seine Bedeutung. Wenn ich je so glücklich bin, wieder nach dem lieben Deutschland zurückzukehren, so nennen Sie mich einen Schurken, wenn ich dort gegen irgendeinen Schriftsteller schreibe, der im Exile lebt. Wäre nicht die Furcht vor den Schändlichkeiten, die man einen im Gefängnis aussagen lässt, ich wäre nicht mehr fortgegangen, hätte mich ruhig festsetzen lassen, wie der brave Wirth und die anderen, denen ich ihr Schicksal voraussagte, ja denen ich alles voraussagte, wie ich es im Traum gesehen ...

Ja, das war ein närrischer Traum« – rief Börne plötzlich mit lautem Lachen und aus der düsteren Stimmung in die heitere überspringend, wie es seine Gewohnheit war –, »das war ein närrischer Traum! Die Erzählungen des Handwerksburschen, der in Amerika gewesen, hatten mich dazu vorbereitet. Dieser erzählte mir nämlich, in den nordamerikanischen Städten sähe man auf der Straße sehr große Schildkröten herumkriechen, auf deren Rücken mit Kreide geschrieben steht, in welchem Gasthaus und an welchem Tag sie als Tortulsuppe [turtle soup] verspeist werden. Ich weiß nicht, warum mich diese Erzählung so sehr frappierte, warum ich den ganzen Tag an die armen Tiere dachte, die so ruhig durch die Straßen von Boston umherkriechen und nicht wissen, dass auf ihrem Rücken ganz bestimmt der Tag und der Ort ihres Untergangs geschrieben steht ... Und nachts, denken Sie sich, im Traume, sehe ich meine Freunde, die deutschen Patrioten, in lauter solche Schildkröten verwandelt, ruhig herumkriechen, und auf dem Rücken eines jeden steht mit großen Buchstaben ebenfalls Ort und Datum, wo man ihn einstecken werde in den verdammten Suppentopf ... Ich habe des andern Tags die Leute gewarnt, durfte ihnen aber nicht sagen, was mir geträumt: denn sie hätten's mir übelgenommen, dass sie, die Männer der Bewegung, mir als langsame Schildkröten erschienen ... Aber das Exil, das Exil, das ist eine schreckliche Sache ... Ach! wie beneide ich die französischen Republikaner! Sie leiden aber im Vaterlande. Bis zum Augenblick des Todes steht ihr Fuß auf dem geliebten Boden des Vaterlandes. Und gar die Franzosen, welche hier in Paris kämpfen und alle jene teuren Denkmäler vor Augen haben, die ihnen von den Großtaten ihrer Väter erzählen und sie trösten und aufmuntern! Hier sprechen die Steine und singen die Bäume, und so ein Stein hat mehr Ehrgefühl und predigt Gottes Wort, nämlich die Märtyrergeschichte der Menschheit, weit eindringlicher als alle Professoren der Historischen Schule zu Berlin und Göttingen. Und diese Kastanienbäume, hier in den Tuilerien, ist es nicht, als sängen sie heimlich die Marseillaise mit ihren tausend grünen Zungen? ... Hier ist heiliger Boden, hier sollte man die Schuhe ausziehen, wenn man spazierengeht ... Hier links ist die Terrasse der Feuillants; dort rechts, wo sich jetzt die Rue Rivoli hinzieht, hielt der Klub der Jakobiner seine Sitzungen ... Hier vor uns, im Tuileriengebäude, donnerte der Konvent, die Titanenversammlung, wogegen Bonaparte mit seinem Blitzvogel nur wie ein kleiner Jupiter erscheint ... dort gegenüber grüßt uns die Place Louis XVI, wo das große Exempel statuiert wurde ... Und zwischen beiden, zwischen Schloss und Richtplatz, zwischen Feuillants- und Jakobinerklub, in der Mitte, der heilige Wald, wo jeder Baum ein blühender Freiheitsbaum ...«

An diesen alten Kastanienbäumen in dem Tuileriengarten sind aber mitunter sehr morsche Äste, und eben in dem Augenblicke, wo Börne die obige Phrase schließen wollte, brach mit lautem Gekrach ein Ast jener Bäume, und mit voller Wucht aus bedeutender Höhe herunterstürzend, hätte er uns beide schier zerschmettert, wenn wir nicht hastig zur Seite sprangen. Börne, welcher nicht so schnell wie ich sich rettete, ward von einem Zweige des fallenden Astes an der Hand verletzt und brummte verdrießlich: »Ein böses Zeichen!«

Viertes Buch

Und dennoch beurkundete das Fest von Hambach einen großen Fortschritt, zumal wenn man es mit jenem anderen Fest vergleicht, das einst ebenfalls zur Verherrlichung gemeinsamer Volksinteressen auf der Wartburg stattfand. Nur in Außendingen, in Zufälligkeiten, sind sich beide Bergfeiern sehr ähnlich; keineswegs ihrem tieferen Wesen nach. Der Geist, der sich auf Hambach aussprach, ist grundverschieden von dem Geist oder vielmehr von dem Gespenst, das auf der Wartburg seinen Spuk trieb. Dort, auf Hambach, jubelte die moderne Zeit ihre Sonnenaufgangslieder, und mit der ganzen Menschheit ward Brüderschaft getrunken; hier aber, auf der Wartburg, krächzte die Vergangenheit ihren obskuren Rabengesang, und bei Fackellicht wurden Dummheiten gesagt und getan, die des blödsinnigsten Mittelalters würdig waren! Auf Hambach hielt der französische Liberalismus seine trunkensten Bergpredigten, und sprach man auch viel Unvernünftiges, so ward doch die Vernunft selber anerkannt als jene höchste Autorität, die da bindet und löset und den Gesetzen ihre Gesetze vorschreibt; auf der Wartburg hingegen herrschte jener beschränkte Teutomanismus, der viel von Liebe und Glaube greinte, dessen Liebe aber nichts anderes war als Hass des Fremden und dessen Glaube nur in der Unvernunft bestand und der in seiner Unwissenheit nichts Besseres zu erfinden wusste, als Bücher zu verbrennen! Ich sage Unwissenheit, denn in dieser Beziehung war jene frühere Opposition, die wir unter dem Namen »die Altdeutschen« kennen, noch großartiger als die neuere Opposition, obgleich diese nicht gar besonders durch Gelehrsamkeit glänzt. Eben derjenige, welcher das Bücherverbrennen auf der Wartburg in

Vorschlag brachte, war auch zugleich das unwissendste Geschöpf, das je auf Erden turnte und altdeutsche Lesarten herausgab: wahrhaftig, dieses Subjekt hätte auch Bröders lateinische Grammatik ins Feuer werfen sollen!

Sonderbar! trotz ihrer Unwissenheit hatten die sogenannten Altdeutschen von der deutschen Gelahrtheit einen gewissen Pedantismus geborgt, der ebenso widerwärtig wie lächerlich war. Mit welchem kleinseligen Silbenstechen und Auspünkteln diskutierten sie über die Kennzeichen deutscher Nationalität! Wo fängt der Germane an? Wo hört er auf? Darf ein Deutscher Tabak rauchen? Nein, behauptete die Mehrheit. Darf ein Deutscher Handschuhe tragen? Ja, jedoch von Büffelhaut. (Der schmutzige Maßmann wollte ganz sichergehen und trug gar keine.) Aber Biertrinken darf ein Deutscher, und er soll es als echter Sohn Germanias; denn Tacitus spricht ganz bestimmt von deutscher Cerevisia. Im Bierkeller zu Göttingen musste ich einst bewundern, mit welcher Gründlichkeit meine altdeutschen Freunde die Proskriptionslisten anfertigten, für den Tag, wo sie zur Herrschaft gelangen würden. Wer nur im siebenten Glied von einem Franzosen, Juden oder Slawen abstammte, ward zum Exil verurteilt. Wer nur im Mindesten etwas gegen Jahn oder überhaupt gegen altdeutsche Lächerlichkeiten geschrieben hatte, konnte sich auf den Tod gefasst machen, und zwar auf den Tod durchs Beil, nicht durch die Guillotine, obgleich diese ursprünglich eine deutsche Erfindung und schon im Mittelalter bekannt war, unter dem Namen »die welsche Falle«. Ich erinnere mich bei dieser Gelegenheit, dass man ganz ernsthaft debattierte, ob man einen gewissen Berliner Schriftsteller, der sich im ersten Band seines Werkes gegen die Turnkunst ausgesprochen hatte, bereits auf die erwähnte Proskriptionsliste setzen dürfe: denn der letzte Band seines Buches sei noch nicht erschienen, und in diesem letzten Bande könne der Autor vielleicht Dinge sagen, die den inkriminierten Äußerungen des ersten Bandes eine ganz andere Bedeutung erteilen.

Sind diese dunklen Narren, die sogenannten Deutschtümler, ganz vom Schauplatz verschwunden? Nein. Sie haben bloß ihre schwarzen Röcke, die Livree ihres Wahnsinns, abgelegt. Die meisten entledigten sich sogar ihres weinerlich brutalen Jargons, und vermummt in den Farben und Redensarten des Liberalismus, waren sie der neuen Opposition desto gefährlicher während der politischen Sturm-und-Drang-Periode nach den Tagen des Julius. Ja, im Heer der deutschen Revolutionsmänner wimmelte es von ehemaligen Deutschtümlern, die mit sauren Lippen die moderne Parole nachlallten und sogar die Marseillaise sangen ... sie schnitten dabei die fatalsten Gesichter ... Jedoch, es galt einen gemeinschaftlichen Kampf für ein gemeinschaftliches Interesse, für die Einheit Deutschlands, der einzigen Fortschrittsidee, die jene frühere Opposition zu Markte gebracht. Unsere Niederlage ist vielleicht ein Glück ... Man hätte als Waffenbrüder treulich nebeneinander gefochten, man wäre sehr einig gewesen während der Schlacht, sogar noch in der Stunde des Sieges ... aber den andern Morgen wäre eine Differenz zur Sprache gekommen, die unausgleichbar und nur durch die ultima ratio populorum zu schlichten war, nämlich durch die welsche Falle. Die Kurzsichtigen freilich unter den deutschen Revolutionären beurteilten alles nach französischen Maßstäben, und sie sonderten sich schon in Konstitutionelle und Republikaner und wiederum in Girondisten und Montagnards, und nach solchen Einteilungen hassten und verleumdeten sie sich schon um die Wette: aber die Wissenden wussten sehr gut, dass es im Heere der deutschen Revolution eigentlich nur zwei grundverschiedene Parteien gab, die keiner Transaktion fähig und heimlich dem blutigsten Hader entgegenzürnten. Welche von beiden schien die überwiegende? Die Wissenden unter den Liberalen verhehlten einander nicht, dass ihre Partei, welche den Grundsätzen der französischen Freiheitslehre huldigte, zwar an Zahl die stärkere, aber an Glaubenseifer und Hilfsmitteln die schwächere sei. In der Tat, jene regenerierten Deutschtümler bildeten zwar die Minorität, aber ihr Fanatismus, welcher mehr religiöser Art, überflügelte leicht einen Fanatismus, den nur die Vernunft ausgebrütet hat; ferner stehen ihnen jene mächtigen Formeln zu Gebot, womit man den rohen Pöbel beschwört, die Worte »Vaterland, Deutschland, Glauben der Väter« usw. elektrisieren die unklaren Volksmassen noch immer weit sicherer als die Worte »Menschheit, Weltbürgertum, Vernunft der Söhne, Wahrheit ...!« Ich will hiermit andeuten, dass jene Repräsentanten der Nationalität im deutschen Boden weit tiefer wurzeln als die Repräsentanten des Kosmopolitismus und dass letztere im Kampf mit jenen wahrscheinlich den Kürzeren ziehen, wenn sie ihnen nicht schleunigst zuvorkommen ... durch die welsche Falle.

In Revolutionszeiten bleibt uns nur die Wahl zwischen Töten und Sterben.

Man hat keinen Begriff von solchen Zeiten, wenn man nicht etwas gekostet hat von dem Fieber, das alsdann die Menschen schüttelt und ihnen eine ganz eigene Denk- und Gefühlsweise einhaucht. Es ist unmöglich, die Worte und Taten solcher Zeiten während der Windstille einer Friedensperiode, wie die jetzige, zu beurteilen.

Ich weiß nicht, inwieweit obige Andeutungen einem stillen Verständnis begegnen. Unsere Nachfolger erben vielleicht unsere geheimen Übel, und es ist Pflicht, dass wir sie darauf hinweisen, welches Heilmittel wir für probat hielten. Zugleich habe ich hier oben insinuiert, inwiefern zwischen mir und jenen Revolutionären, die den französischen Jakobinismus auf deutsche Verhältnisse übertrugen, eine gewisse Verbündung stattfinden musste ... Trotzdem dass mich meine politischen Meinungen von ihnen schieden im Reich des Gedankens, würde ich mich doch jederzeit denselben angeschlossen haben auf den Schlachtfeldern der Tat ... Wir hatten ja gemeinschaftliche Feinde und gemeinschaftliche Gefahren!

Freilich, in ihrer trüben Befangenheit haben jene Revolutionäre nie die positiven Garantien dieser natürlichen Allianz begriffen. Auch war ich ihnen so weit vorausgeschritten, dass sie mich nicht mehr sahen, und in ihrer Kurzsichtigkeit glaubten sie, ich wäre zurückgeblieben.

Es ist weder hier der Ort, noch ist es jetzt an der Zeit, ausführlicher über die Differenzen zu reden, die sich bald nach der Juliusrevolution zwischen mir und den deutschen Revolutionären in Paris kundgeben mussten. Als der bedeutendste Repräsentant dieser letzteren muss unser Ludwig Börne betrachtet werden, zumal in den letzten Jahren seines Lebens, als, infolge der republikanischen Niederlagen, die zwei tätigsten Agitatoren, Garnier und Wolfrum, vom Schauplatz abtraten.

Von ersterem ist bereits Erwähnung geschehn. Er war einer der rüstigsten Umtriebler, und man muss ihm das Zeugnis geben, dass er alle demagogische Talente im höchsten Grade besaß. Ein Mensch von vielem Geiste, auch vielen Kenntnissen und großer Beredsamkeit. Aber ein Intrigant. In den Stürmen einer deutschen Revolution hätte Garnier gewiss eine Rolle gespielt; da aber das Stück nicht aufgeführt wurde, ging es ihm schlecht. Man sagt, er musste von Paris flüchten, weil sein Gastwirt ihm nach dem Leben trachtete, nicht, indem er ihm die Speisen zu vergiften drohte, sondern indem er ihm gar keine Speisen mehr ohne bare Bezahlung verabreichen wollte. Der andere der beiden Agitatoren, Wolfrum, war ein junger Mensch aus Altbayern, wenn ich nicht irre aus Hof, der hier als Kommis in einem Handlungshause konditionierte, aber seine Stelle aufgab, um den ausbrechenden Freiheitsideen, die auch ihn ergriffen hatten, seine ganze Tätigkeit zu widmen. Es war ein braver, uneigennütziger, von reiner Begeisterung getriebener Mensch, und ich halte mich umso mehr verpflichtet, dieses auszusprechen, da sein Andenken noch nicht ganz gereinigt ist von einer schauderhaften Verleumdung. Als er nämlich aus Paris verwiesen wurde und der General Lafayette den Grafen d'Argout, damaliger Minister des Innern, ob dieser Willkür in der Kammer zur Rede stellte, schneuzte d'Argout seine lange Nase und behauptete, der Verwiesene sei ein Agent der bayerischen Jesuiten gewesen und unter seinen Papieren habe man die Beweisstücke gefunden. Als Wolfrum, welcher sich in Belgien aufhielt, von dieser schnöden

Beschuldigung durch die Tagesblätter Kunde empfing, wollte er auf der Stelle hierher zurückeilen, konnte aber wegen mangelnder Barschaft nur zu Fuße reisen, und erkrankt durch Übermüdung und innere Aufregung, musste er bei seiner Ankunft zu Paris im Hôtel de Dieu einkehren; hier starb er unter fremdem Namen.

Wolfrum und Garnier waren immer Börnes treue Anhänger, aber sie behaupteten ihm gegenüber eine gewisse Unabhängigkeit, und nicht selten schöpften sie ihre Inspirationen aus ganz andern Quellen. Seitdem aber diese beiden verschwanden, trat Börne unter den Revolutionären zu Paris unmittelbar persönlich hervor, er herrschte nicht mehr durch Agenten seines Willens, sondern in eigenem Namen, und es fehlte ihm nicht an einem Hofstaat von beschränkten und erhitzten Köpfen, die ihm mit blinder Verehrung huldigten. Unter diesen lieben Getreuen saß er in aller Majestät seines buntseidenen Schlafrocks und hielt Gericht über die Großen dieser Erde, und neben dem Zaren aller Reußen war es wohl der Schreiber dieser Blätter, den sein rhadamantischer Zorn am stärksten traf ... Was in seinen Schriften nur halbwegs angedeutet wurde, fand im mündlichen Vortrag die grellste Ergänzung, und der argwöhnische Kleingeist, der ihn bemeisterte, und eine gewisse infame Tugend, die für die heilige Sache sogar die Lüge nicht verschmäht, kurz, Beschränktheit und Selbsttäuschung, trieben den Mann bis in die Moräste der Verleumdung.

Der Vorwurf in den Worten »argwöhnischer Kleingeist« soll hier weniger das Individuum als vielmehr die ganze Gattung treffen, die in Maximilian Robespierre, glorreichen Andenkens, ihren vollkommensten Repräsentanten gefunden. Mit diesem hatte Börne zuletzt die größte Ähnlichkeit: im Gesicht lauerndes Misstrauen, im Herz eine blutdürstige Sentimentalität, im Kopf nüchterne Begriffe ... Nur stand ihm keine Guillotine zu Gebot, und er musste zu Worten seine Zuflucht nehmen und bloß verleumden. Auch dieser Vorwurf trifft mehr die Gattungen; denn sonderbar! ebenso wie die Jesuiten haben die Jakobiner das Lügen als ein erlaubtes Kriegsmittel adoptiert, vielleicht weil sich beide der höchsten Zwecke bewusst waren: jene stritten für die Sache Gottes, diese für die Sache der Menschheit ... Wir wollen ihnen daher ihre Verleumdungen verzeihen!

Ob aber bei Ludwig Börne nicht manchmal ein geheimer Neid im Spiel war? Er war ja ein Mensch, und während er glaubte, er ruiniere den guten Leumund eines Andersgesinnten nur im Interesse der Republik, während er sich vielleicht noch etwas darauf zugute tat, dieses Opfer gebracht zu haben, befriedigte er unbewusst die versteckten Gelüste der eigenen bösen Natur, wie einst Maximilian Robespierre, glorreichen Andenkens!

Und namentlich in Betreff meiner hat der Selige sich solchen Privatgefühlen hingegeben, und alle seine Anfeindungen waren am Ende nichts anderes als der kleine Neid, den der kleine Tambourmaître gegen den großen Tambourmajor empfindet: er beneidete mich ob des großen Federbusches, der so keck in die Lüfte hineinjauchzt, ob meiner reichgestickten Uniform, woran mehr Silber, als er, der kleine Tambourmaître, mit seinem ganzen Vermögen bezahlen konnte, ob der Geschicklichkeit, womit ich den großen Stock balanciere, ob der Liebesblicke, die mir die jungen Dirnen zuwerfen und die ich vielleicht mit etwas Koketterie erwidere!

Der Umgebung Börnes mag ebenfalls vieles von den angedeuteten Verirrungen zur Last fallen; er ward von den lieben Getreuen zu mancher schlimmen Äußerung angestachelt, und das mündlich Geäußerte ward noch bösartiger aufgestutzt und zu wunderlichen Privatzwecken verarbeitet. Bei all seinem Misstrauen war er leicht zu betrügen, er ahnte nie, dass er ganz fremden Leidenschaften diente und nicht selten sogar den Einflüsterungen seiner Gegner gehorchte. Man versicherte mir, einige von den Spionen, die für Rechnung gewisser Regierungen hier herumschnüffeln, wussten sich so patriotisch zu gebärden, dass Börne ihnen sein ganzes Vertrauen schenkte und Tag und Nacht mit ihnen zusammenhockte und konspirierte. – Und doch wusste er, dass er von Spionen umgeben war, und einst sagte er mir: »Da geht beständig ein Kerl hinter mir her, der mich auf allen Straßen verfolgt, vor allen Häusern stehenbleibt, wo ich hineingehe, und gewiss von irgendeiner Regierung teuer dafür bezahlt wird. Wüsste ich nur, welche Regierung, ich würde ihr schreiben, dass ich das Geld selbst verdienen möchte, dass ich selber ihr täglich einen gewissenhaften Rapport abstatten wolle, wie ich den ganzen Tag zugebracht, mit wem ich gesprochen, wohin ich gegangen: ja, ich bin erbötig, diesen Rapport zu weit wohlfeilerem Preise, ja für die Hälfte des Geldes zu liefern, das dieser Kerl, der beständig hinter mir einhergeht, sich zahlen lässt; denn ich muss ja alle diese Gänge ohnedies machen. Ich könnte vielleicht davon leben, dass ich mein eigner Spion werde.«

Einen großen, vielleicht den größten Einfluss übte damals auf Börne die sogenannte Madame Wohl, eine bereits in diesen Blättern erwähnte zweideutige Dame, wovon man nicht genau wusste, zu welchem Titel ihr Verhältnis zu Börne sie berechtigte, ob sie seine Geliebte oder bloß seine Gattin. Die nächsten Freunde behaupteten lange Zeit steif und fest, dass Madame Wohl ihm heimlich angetraut sei und eines frühen Morgens als Frau Doktorin Börne ihre Aufwartung machen werde. Andere meinten, es herrsche zwischen beiden nur eine platonische Liebe, wie einst zwischen Messer Francesco und Madonna Laura, und sie fanden gewiss auch eine große Ähnlichkeit zwischen Petrarchas Sonetten und Börnes »Pariser Briefen«. Letztere waren nämlich nicht an eine erdichtete Luftgestalt, sondern an Madame Wohl gerichtet, was gewiss zu ihrem Werte beitrug, indem es ihnen jene bestimmte Physiognomie und jenes Individuelle erteilte, was keine Kunst nachahmen kann. Wenn sich in Briefen nicht bloß der Charakter des Schreibers, sondern auch des Empfängers abspiegelt, so ist Madame Wohl eine höchst respektable Person, die für Freiheit und Menschenrechte glüht, ein Wesen voll Gemüt, voll Begeisterung ... Und in der Tat, wir müssen dieser Ansicht Glauben schenken, wenn wir vernehmen, mit welcher Hingebung die Dame in bitterer Zeit an Börne festhielt, wie sie ihm ihr ganzes Leben weihte und wie sie jetzt, nach seinem Tod, in trostlosem Kummer verharrt, sich in der Einsamkeit nur noch mit dem Verstorbenen beschäftigend. Unstreitbar herrschte zwischen beiden die innigste Zuneigung, aber während das Publikum zweifelhaft war, welche sinnliche Tatsachen daraus entsprungen sein möchten, überraschte uns einst die plötzliche Nachricht, dass Madame Wohl sich nicht mit Börne, sondern mit einem jungen Kaufmann aus Frankfurt vermählt habe ... Die Verwunderung hierüber ward noch dadurch gesteigert, dass die Neuvermählte nebst ihrem Gatten hierherkam, mit Börne ein und dieselbe Wohnung bezog und alle drei einen einzigen Haushalt bildeten. Ja, es hieß, der junge Gatte habe die Frau nur deshalb geheiratet, um mit Börne in nähere Berührung zu kommen, er habe sich ausbedungen, dass zwischen beiden das frühere Verhältnis unverändert fortwalte. Wie man mir sagt, spielte er im Hause nur die dienende Person, verrichtete die roheren Geschäfte und ward ein sehr nützlicher Laufbursche für Börne, mit dessen Ruhm er hausieren ging und gegen dessen Gegner er unerbittlich Gift und Galle geiferte.

In der Tat, jener Gatte der Madame Wohl gehört nicht zu der guten Sorte, die mit der Toleranz in der Ehe eine gewisse Harmlosigkeit verbindet und dadurch allen Spott entwaffnet. Nein, er erinnerte vielmehr an jene böse Gattung, wovon in den indischen Geschichten des Ktesias Erwähnung geschieht. Dieser Autor berichtet nämlich: in Indien gäbe es gehörnte Esel, und während alle anderen Esel gar keine Galle haben, hätten jene gehörnten Esel einen solchen Überfluss an Galle, dass ihr Fleisch dadurch ganz bitter schmecke.

Ich hoffe, es wird niemand missdeuten, weshalb ich obige Partikularitäten aus Börnes Privatleben hervorhebe. Sie sollen nur zeigen, dass es noch ganz besondere Missstände gab, die mir geboten, mich von ihm entfernt zu halten. Das ganze Reinlichkeitsgefühl meiner Seele sträubte sich in mir bei dem Gedanken, mit seiner nächsten Umgebung in die mindeste Berührung zu geraten. Soll ich die Wahrheit gestehen, so sah ich in Börnes Haushalt eine Immoralität, die mich anwiderte. Dieses Geständnis mag befremdlich klingen im Munde eines Mannes, der nie ins Zelotengeschrei sogenannter Sittenprediger einstimmte und selber hinlänglich von ihnen verketzert wurde. Verdiente ich wirklich diese Verketzerungen? Nach tiefster Selbstprüfung kann ich mir das Zeugnis geben, dass niemals meine Gedanken und Handlungen in Widerspruch geraten mit der Moral, mit jener Moral, die meiner Seele eingeboren, die vielleicht meine Seele selbst ist, die beseelende Seele meines Lebens. Ich gehorche fast passiv einer sittlichen Notwendigkeit und mache deshalb keine Ansprüche auf Lorbeerkränze und sonstige Tugendpreise. Ich habe jüngst ein Buch gelesen, worin behauptet wird, ich hätte mich gerühmt, es liefe keine Phryne über die Pariser Boulevards, deren Reize mir unbekannt geblieben. Gott weiß, welchem ehrwürdigen Korrespondenzler solche sauberen Anekdoten nachgesprochen wurden, ich kann aber dem Verfasser jenes Buches die Versicherung geben, dass ich, selbst in meiner tollsten Jugendzeit, nie ein Weib erkannt habe, wenn ich nicht dazu begeistert ward durch ihre Schönheit, die körperliche Offenbarung Gottes, oder durch die große Passion, jene große Passion, die ebenfalls göttlicher Art, weil sie uns von allen selbstsüchtigen Kleingefühlen befreit und die eiteln Güter des Lebens, ja das Leben selbst, hinopfern lässt! Was aber unseren Ludwig Börne betrifft, so dürfen wir kühn behaupten, dass es keineswegs die Begeisterung für Schönheit war, die ihn zu seiner Madame Wohl hinzog. Ebenso wenig findet das Verhältnis dieser beiden Personen seine moralische Rechtfertigung in der großen Passion. Beherrscht von der großen Passion, würden beide keinen Anstand genommen haben, selbst ohne den Segen der Kirche und der Mairie, beieinander zu wohnen; das kleine Bedenken über das Kopfschütteln der Welt hätte sie nicht davon abgehalten ... Und die Welt ist am Ende gerecht, und sie verzeiht die Flammen, wenn nur der Brand stark und echt ist und schön lodert und lange ...

Gegen eitel verpuffendes Strohfeuer ist sie hart, und sie verspottet jede ängstliche Halbglut ... Die Welt achtet und ehrt jede Leidenschaft, sobald sie sich als eine wahre erprobt, und die Zeit erzeugt auch in diesem Fall eine gewisse Legitimität ... Aber Madame Wohl tat sich mit Börne zusammen unter dem Deckmantel der Ehe mit einem lächerlichen Dritten, dessen bitteres Fleisch ihr vielleicht manchmal mundete, während ihr Geist sich weidete am süßen Geiste Börnes ... Selbst in diesem anständigsten Falle, selbst im Fall dem idealischen Freund nur das reine, schöne Gemüt und dem rohen Gatten die nicht sehr schöne und nicht sehr reinliche Hülle gewidmet ward, beruhte der ganze Haushalt auf der schmutzigsten Lüge, auf entweihter Ehe und Heuchelei, auf Immoralität.

Zu dem Ekel, der mich bei dem Zusammentreffen mit Börne von Seiten seiner Umgebung bedrohte, gesellte sich auch das Missbehagen, womit mich sein beständiges Kannegießern [politisches Geschwätz] erfüllte. Immer politisches Räsonieren und wieder Räsonieren, und sogar beim Essen, wo er mich aufzusuchen wusste. Bei Tisch, wo ich so gern alle Misere der Welt vergesse, verdarb er mir die besten Gerichte, durch seine patriotische Galle, die er gleichsam wie eine bittere Sauce darüber hinschwatzte. Kalbsfüße à la Maître d'hôtel, damals meine harmlose Lieblingsspeise, er verleidete sie mir durch Hiobsposten aus der Heimat, die er aus den unzuverlässigsten Zeitungen zusammengegabelt hatte. Und dann seine verfluchten Bemerkungen, die einem den Appetit verdarben. So z. B. kroch er mir mal nach ins Restaurant der Rue Lepelletier, wo damals nur politische Flüchtlinge aus Italien, Spanien, Portugal und Polen zu Mittag speisten. Börne, welcher sie alle kannte, bemerkte mit freudigem Händereiben: wir beide seien von der ganzen Gesellschaft die Einzigen, die nicht von ihrer respektiven Regierung zum Tode verurteilt worden. »Aber ich habe«, setzte er hinzu, »noch nicht alle Hoffnung aufgegeben, es ebenso weit zu bringen. Wir werden am Ende alle gehenkt, und Sie ebenso gut wie ich.« Ich äußerte bei dieser Gelegenheit, dass es in der Tat für die Sache der deutschen Revolution sehr fördersam wäre, wenn unsere Regierungen etwas rascher verführen und einige Revolutionäre wirklich aufhingen, damit die übrigen sähen, dass die Sache gar kein Spaß und alles an alles gesetzt werden müsse ... »Sie wollen gewiss«, fiel mir Börne in die Rede, »dass wir nach dem Alphabet gehenkt werden, und da wäre ich einer der ersten und käme schon im Buchstaben B, man mag mich nun als Börne oder als Baruch hängen; und es hätte dann noch gute Weile, bis man an Sie käme, tief ins H.«

Das waren nun Tischgespräche, die mich nicht sehr erquickten, und ich rächte mich dafür, indem ich für die Gegenstände des Börneschen Enthusiasmus eine übertriebene, fast leidenschaftliche Gleichgültigkeit affektierte. Zum Beispiel Börne hatte sich geärgert, dass ich gleich bei meiner Ankunft in Paris nichts Besseres zu tun wusste, als für deutsche Blätter einen langen Bericht über die damalige Gemäldeausstellung zu schreiben. Ich lasse dahingestellt, ob das Kunstinteresse, das mich zu solcher Arbeit trieb, so ganz unvereinbar war mit den revolutionären Interessen des Tages; aber Börne sah hierin einen Beweis meines Indifferentismus für die heilige Sache der Menschheit, und ich konnte ihm ebenfalls die Freude seines patriotischen Sauerkrauts verleiden, wenn ich bei Tisch von nichts als von Bildern sprach, von Roberts »Schnittern«, von Horaz Vernets »Judith«, von Scheffers »Faust«. »Was taten Sie?« – frug er mich einst – »am ersten Tag Ihrer Ankunft in Paris? Was war Ihr erster Gang?« Er erwartete gewiss, dass ich ihm die Place Louis XVI oder das Pantheon, die Grabmäler Rousseaus und Voltaires, als meine erste Ausflucht nennen würde, und er machte ein sonderbares Gesicht, als ich ihm ehrlich die Wahrheit gestand, dass ich nämlich gleich bei meiner Ankunft nach der Bibliothèque Royale gegangen und mir vom Aufseher der Manuskripte den Manessischen Kodex der Minnesänger hervorholen ließ. Und das ist wahr; seit Jahren gelüstete mich, mit eigenen Augen die teuern Blätter zu sehen, die uns unter anderem die Gedichte Walthers von der Vogelweide, des größten deutschen Lyrikers, aufbewahrt haben. Für Börne war dieses ebenfalls ein Beweis meines Indifferentismus, und er zieh mich des Widerspruchs mit meinen politischen Grundsätzen. Dass ich es nie der Mühe wert hielt, letztere mit ihm zu diskutieren, versteht sich von selbst; und als er einst auch in meinen Schriften einen Widerspruch entdeckt haben wollte, begnügte ich mich mit der ironischen Antwort: »Sie irren sich, Liebster, dergleichen findet sich nie in meinen Büchern, denn jedes Mal, ehe ich schreibe, pflege ich vorher meine politischen Grundsätze in meinen früheren Schriften wieder nachzulesen, damit ich mir nicht widerspreche und man mir keinen Abfall von meinen liberalen Prinzipien vorwerfen könne.« Aber nicht bloß beim Essen, sondern sogar in meiner Nachtsruhe inkommodierte mich Börne mit seiner patriotischen Exaltation. Er kam einmal um Mitternacht zu mir heraufgestiegen in meine Wohnung, weckte mich aus dem süßesten Schlaf, setzte sich vor mein Bett und jammerte eine ganze Stunde über die Leiden des deutschen Volks und über die Schändlichkeiten der deutschen Regierungen, und wie die Russen für Deutschland so gefährlich seien und wie er sich vorgenommen habe, zur Rettung Deutschlands gegen den Kaiser Nikolaus zu schreiben und gegen die Fürsten, die das Volk so misshandelten, und gegen den Bundestag ... Und ich glaube, er hätte bis zum Morgen in diesem Zuge fortgeredet, wenn ich nicht plötzlich, nach langem Schweigen, in die Worte ausbrach: »Sind Sie Gemeindeversorger?« –

Nur zweimal habe ich ihn seitdem wieder gesprochen. Das eine Mal bei der Heirat eines gemeinsamen Freundes, der uns beide als Zeugen gewählt, das andere Mal auf einem Spaziergang in den Tuilerien, dessen ich bereits erwähnte. Bald darauf erschien der dritte und vierte Teil seiner »Pariser Briefe«, und ich vermied nicht bloß jede Gelegenheit des Zusammentreffens, sondern ich ließ ihn auch merken, dass ich ihm geflissentlich auswich, und seit der Zeit bin ich ihm zwar zwei- oder dreimal begegnet, aber nie habe ich seitdem ein einziges Wort mit ihm gesprochen. Bei seiner sanguinischen Art wurmte ihn das bis zur Verzweiflung, und er setzte alle möglichen Erfindungen ins Spiel, um mir wieder freundschaftlich nahen zu dürfen oder wenigstens eine Unterredung mit mir zu bewirken. Ich hatte also nie im Leben mit Börne einen mündlichen Disput, nie sagten wir uns irgendeine schwere Beleidigung; nur aus seinen gedruckten Reden merkte ich die lauernde Böswilligkeit, und nicht verletztes Selbstgefühl, sondern höhere Sorgen und die Treue, die ich meinem Denken und Wollen schuldig bin, bewogen mich, mit einem Mann zu brechen, der meine Gedanken und Bestrebungen kompromittieren wollte. Solches hartnäckige Ablehnen ist aber nicht ganz in meiner Art, und ich wäre vielleicht nachgiebig genug gewesen, mit Börne wieder zu sprechen und Umgang zu pflegen ... zumal, da sehr liebe Personen mich mit vielen Bitten angingen und die gemeinschaftlichen Freunde oft in Verlegenheit gerieten bei Einladungen, deren ich keine annahm, wenn ich nicht vorher die Zusicherung erhielt, dass Herr Börne nicht geladen sei ... noch außerdem rieten mir meine Privatinteressen, den grimmblütigen Mann durch solches strenge Zurückweisen nicht allzu sehr zu reizen ... aber ein Blick auf seine Umgebung, auf seine lieben Getreuen, auf den vielköpfigen und mit den Schwänzen zusammengewachsenen Rattenkönig, dessen Seele er bildete, und der Ekel hielt mich zurück von jeder neuen Berührung mit Börne.

So vergingen mehrere Jahre, drei, vier Jahre, ich verlor den Mann auch geistig aus dem Gesicht, selbst von jenen Artikeln, die er in französischen Zeitschriften gegen mich schrieb und die im ehrlichen Deutschland so verleumderisch ausgebeutet wurden, nahm ich wenig Notiz, als ich eines späten Herbstabends die Nachricht erhielt, Börne sei gestorben.

Wie man mir sagt, soll er seinen Tod selbst verschuldet haben, durch Eigensinn, indem er sich lange weigerte, seinen Arzt, den vortrefflichen Dr. Sichel, rufen zu lassen. Dieser nicht bloß berühmte, sondern auch sehr gewissenhafte Arzt, der ihn wahrscheinlich gerettet hätte, kam zu spät, als der Kranke bereits eine terroristische Selbstkur an sich vorgenommen und seinen ganzen Körper ruiniert hatte.

Börne hatte früher etwas Medizin studiert und wusste von dieser Wissenschaft grade so viel, als man eben braucht, um zu töten. In der Politik, womit er sich später abgab, waren seine Kenntnisse wahrlich nicht viel bedeutender.

Ich habe seinem Begräbnis nicht beigewohnt, was unsere hiesigen Korrespondenzler nicht ermangelten, nach Deutschland zu berichten, und was zu bösen Auslegungen Gelegenheit gab. Nichts ist aber törichter, als in jenem Umstand, der rein zufällig sein konnte, eine feindselige Härte zu erblicken. Die Toren, sie wissen nicht, dass es kein angenehmeres Geschäft gibt, als dem Leichenbegängnis eines Feindes zu folgen!

Ich war nie Börnes Freund, und ich war auch nie sein Feind. Der Unmut, den er manchmal in mir erregen konnte, war nie bedeutend, und er büßte dafür hinlänglich durch das kalte Schweigen, das ich allen seinen Verketzerungen und Nücken [Launen, Schrullen] entgegensetzte. Ich habe, während er lebte, auch keine Zeile gegen ihn geschrieben, ich gedachte seiner nie, ich ignorierte ihn komplett, und das ärgerte ihn über alle Maßen.

Wenn ich jetzt von ihm rede, geschieht es wahrlich weder aus Enthusiasmus noch aus Misstrauen; ich bin mir wenigstens der kältesten Unparteilichkeit bewusst. Ich schreibe hier weder eine Apologie noch eine Kritik, und indem ich nur von der eignen Anschauung ausgehe bei der Schilderung des Mannes, dürfte das Standbild, das ich von ihm liefere, vielleicht als ein ikonisches zu betrachten sein. Und es gebührt ihm ein solches Standbild, ihm, dem großen Ringer, der in der Arena unserer politischen Spiele so mutig rang und, wo nicht den Lorbeer, doch gewiss den Kranz von Eichenlaub ersiegte.

Wir geben sein Standbild mit seinen wahren Zügen, ohne Idealisierung, je ähnlicher, desto ehrender für sein Andenken. Er war ja weder ein Genie noch ein Heros; er war kein Gott des Olymps. Er war ein Mensch, ein Bürger der Erde, er war ein guter Schriftsteller und ein großer Patriot. – Indem ich Ludwig Börne einen guten Schriftsteller genannt und ihm nur das schlichte Beiwort »gut« zuerkenne, möchte ich seinen ästhetischen Wert weder vergrößern noch verkleinern. Ich gebe überhaupt hier, wie ich bereits erwähnt, keine Kritik, ebenso wenig wie eine Apologie seiner Schriften; nur mein unmaßgebliches Dafürhalten darf in diesen Blättern seine Stelle finden. Ich suche dieses Privaturteil so kurz als möglich abzufassen; daher nur wenige Worte über Börne in rein literarischer Beziehung.

Soll ich in der Literatur einen verwandten Charakter aufsuchen, so böte sich zuerst Gotthold Ephraim Lessing, mit welchem Börne sehr oft verglichen worden. Aber diese Verwandtschaft beruht nur auf der inneren Tüchtigkeit, dem edlen Willen, der patriotischen Passion und dem Enthusiasmus für Humanität. Auch die Verstandesrichtung war in beiden dieselbe. Hier aber hört der Vergleich auf. Lessing war groß durch jenen offenen Sinn für Kunst und philosophische Spekulation, welcher dem armen Börne gänzlich abging. Es gibt in der ausländischen Literatur zwei Männer, die mit ihm eine weit größere Ähnlichkeit haben: diese Männer sind William Hazlitt und Paul Courier. Beide sind vielleicht die nächsten literarischen Verwandte Börnes, nur dass Hazlitt ihn ebenfalls an Kunstsinn überflügelt und Courier sich keineswegs zum Börneschen Humor erheben kann. Ein gewisser Esprit ist allen dreien gemeinsam, obgleich er bei jedem eine verschiedene Färbung trägt: er ist trübsinnig bei Hazlitt, dem Briten, wo er wie Sonnenstrahlen aus dicken englischen Nebelwolken hervorblitzt; er ist fast mutwillig heiter bei dem Franzosen Courier, wo er wie der junge Wein der Touraine im Kelter braust und sprudelt und manchmal übermütig emporzischt; bei Börne, dem Deutschen, ist er beides, trübsinnig und heiter, wie der säuerlich ernste Rheinwein und das närrische Mondlicht der deutschen Heimat ... Sein Esprit wird manchmal zum Humor.

Dieses ist nicht so sehr in den früheren Schriften Börnes als vielmehr in seinen »Pariser Briefen« der Fall. Zeit, Ort und Stoff haben hier den Humor nicht bloß begünstigt, sondern ganz eigentlich hervorgebracht. Ich will damit sagen, den Humor in den »Pariser Briefen« verdanken wir weit mehr den Zeitumständen als dem Talent ihres Verfassers. Die Juliusrevolution, dieses politische Erdbeben, hatte dergestalt in allen Sphären des Lebens die Verhältnisse auseinandergesprengt und so buntscheckig die verschiedenartigsten Erscheinungen zusammengeschmissen, dass der Pariser Revolutionskorrespondent nur treu zu berichten brauchte, was er sah und hörte, und er erreichte von selbst die höchsten Effekte des Humors. Wie die Leidenschaft manchmal die Poesie ersetzt und z. B. die Liebe oder die Todesangst in begeisterte Worte ausbricht, die der wahre Dichter nicht besser und schöner zu erfinden weiß, so ersetzen die Zeitumstände manchmal den angeborenen Humor, und ein ganz prosaisch begabter, sinnreicher Autor liefert wahrhaft humoristische Werke, indem sein Geist die spaßhaften und kummervollen, schmutzigen und heiligen, grandiosen und winzigen Kombinationen einer umgestülpten Weltordnung treu abspiegelt. Ist der Geist eines solchen Autors noch obendrein selbst in bewegtem Zustand, ist dieser Spiegel verschoben oder grell gefärbt von eigener Leidenschaft, dann werden tolle Bilder zum Vorschein kommen, die selbst alle Geburten des humoristischen Genius überbieten ... Hier ist das Gitter, welches den Humor vom Irrenhaus trennt ... Nicht selten, in den Börneschen Briefen, zeigen sich Spuren eines wirklichen Wahnsinns, und Gefühle und Gedanken grinsen uns entgegen, die man in die Zwangsjacke stecken müsste, denen man die Douche geben sollte ...

In stilistischer Hinsicht sind die »Pariser Briefe« weit schätzbarer als die früheren Schriften Börnes, worin die kurzen Sätze, der kleine Hundetrab, eine unerträgliche Monotonie hervorbringen und eine fast kindische Unbeholfenheit verraten. Diese kurzen Sätze verlieren sich immer mehr und mehr in den »Pariser Briefen«, wo die entzügelte Leidenschaft notgedrungen in weitere, vollere Rhythmen überströmt und kolossale, gewitterschwangere Perioden dahinrollen, deren Bau schön und vollendet ist, wie durch die höchste Kunst.

Die »Pariser Briefe« können in Beziehung auf Börnes Stil dennoch nur als eine Übergangsstufe betrachtet werden, wenn man sie mit seiner letzten Schrift »Menzel der Franzosenfresser« vergleicht. Hier erreicht sein Stil die höchste Ausbildung, und wie in den Worten, so auch in den Gedanken herrscht hier eine Harmonie, die von schmerzlicher, aber erhabener Beruhigung Kunde gibt. Diese Schrift ist ein klarer See, worin der Himmel mit allen Sternen sich spiegelt, und Börnes Geist taucht hier auf und unter, wie ein schöner Schwan, die Schmähungen, womit der Pöbel sein reines Gefieder besudelte, ruhig von sich abspülend. Auch hat man diese Schrift mit Recht Börnes Schwanengesang genannt. Sie ist in Deutschland wenig bekannt worden, und Betrachtungen über ihren Inhalt wären hier gewiss an ihrem Platz. Aber da sie direkt gegen Wolfgang Menzel gerichtet ist und ich bei dieser Gelegenheit denselben wieder ausführlich besprechen müsste, so will ich lieber schweigen. Nur eine Bemerkung kann ich hier nicht unterdrücken, und sie ist glücklicherweise von der Art, dass sie vielmehr von persönlichen Bitternissen ableitet und dem Hader, worin sowohl Börne als die sogenannten Mitglieder des sogenannten Jungen Deutschlands mit Menzeln gerieten, eine generelle Bedeutung zuschreibt, wo Wert oder Unwert der Individuen nicht mehr zur Sprache kommt. Vielleicht sogar liefere ich dadurch eine Justifikation des Menzelschen Betragens und seiner scheinbaren Abtrünnigkeit.

Ja, er wurde nur scheinbar abtrünnig ... nur scheinbar ... denn er hat der Partei der Revolution niemals mit dem Gemüt und mit dem Gedanken angehört. Wolfgang Menzel war einer jener Teutomanen, jener Teutschtümler, die, nach der Sonnenhitze der Juliusrevolution, gezwungen wurden, ihre altdeutschen Röcke und Redensarten auszuziehen und sich geistig wie körperlich in das moderne Gewand zu kleiden, das nach französischem Maße zugeschnitten. Wie ich bereits zu Anfang dieses Buches gezeigt, viele von diesen Teutomanen, um an der allgemeinen Bewegung und den Triumphen des Zeitgeistes teilzunehmen, drängten sich in unsere Reihen, in die Reihen der Kämpfer für die Prinzipien der Revolution, und ich zweifle nicht, dass sie mutig mitgefochten hätten in der gemeinsamen Gefahr. Ich fürchtete keine Untreue von ihnen während der Schlacht, aber nach dem Sieg; ihre alte Natur, die zurückgedrängte Teutschtümelei, wäre wieder hervorgebrochen, sie hätten bald die rohe Masse mit den dunkeln Beschwörungsliedern des Mittelalters gegen uns aufgewiegelt, und diese Beschwörungslieder, ein Gemisch von uraltem Aberglauben und dämonischer Erdkräfte, wären stärker gewesen als alle Argumente der Vernunft ...

Menzel war der erste, der, als die Luft kühler wurde, die altdeutschen Rockgedanken wieder vom Nagel herabnahm und mit Lust wieder in die alten Ideenkreise zurückturnte. Wahrlich, bei dieser Umwendung fiel es mir wie ein Stein vom Herzen, denn in seiner wahren Gestalt war Wolfgang Menzel weit minder gefährlich als in seiner liberalen Vermummung; ich hätte ihm um den Hals fallen mögen und ihn küssen, als er wieder gegen die Franzosen eiferte und auf Juden schimpfte und wieder für Gott und Vaterland, für das Christentum und deutsche Eichen, in die Schranken trat und erschrecklich bramarbasierte! Ich gestehe es, wie wenig Furcht er mir in dieser Gestalt einflößte, so sehr ängstigte er mich einige Jahre früher, als er plötzlich für die Juliusrevolution und die Franzosen in schwärmerische Begeisterung geriet, als er für die Rechte der Juden seine pathetischen, großherzigen, lafayettischen Emanzipationsreden hielt, als er Ansichten über Welt- und Menschenschicksal losließ, worin eine Gottlosigkeit grinste, wie dergleichen kaum bei den entschlossensten Materialisten gefunden wird, Ansichten, die kaum jener Tiere würdig, die sich nähren mit der Frucht der deutschen Eiche. Damals war er gefährlich, damals, ich gestehe es, zitterte ich vor Wolfgang Menzeln!

Börne, in seiner Kurzsichtigkeit, hatte die wahre Natur des letztern nie erkannt, und da man gegen Renegaten, gegen umgewandelte Gesinnungsgenossen weit mehr Unwillen empfindet als gegen alte Feinde, so loderte sein Zorn am grimmigsten gegen Menzeln. – Was mich anbelangt, der ich fast zu gleicher Zeit eine Schrift gegen Menzeln herausgab, so waren ganz andere Motive im Spiel. Der Mann hatte mich nie beleidigt, selbst seine roheste Verlästerung hat keine verletzbare Stelle in meinem Gemüte getroffen. Wer meine Schrift gelesen, wird übrigens daraus ersehen haben, dass hier das Wort weniger verwunden als reizen sollte und alles dahin zielte, den Ritter des Deutschtums auf ein ganz anderes als ein literarisches Schlachtfeld herauszufordern. Menzel hat meiner loyalen Absicht kein Genüge geleistet. Es ist nicht meine Schuld, wenn das Publikum daraus allerlei verdrießliche Folgerungen zog ... Ich hatte ihm aufs Großmütigste die Gelegenheit geboten, sich durch einen einzigen Akt der Mannhaftigkeit in der öffentlichen Meinung zu rehabilitieren ... Ich setzte Blut und Leben aufs Spiel ... Er hat's nicht gewollt. – Armer Menzel! ich habe wahrlich keinen Groll gegen dich! Du warst nicht der Schlimmste. Die anderen sind weit perfider, sie verharren länger in der liberalen Vermummung oder lassen die Maske nicht ganz fallen ... Ich meine hier zunächst einige schwäbische Kammersänger der Freiheit, deren liberale Triller immer leiser und leiser verklingen und die bald wieder mit der alten Bierstimme die Weisen von Anno 13 und 14 anstimmen werden ... Gott erhalte euch fürs Vaterland! Wenn ihr, um die Fetzen eurer Popularität zu retten, den Menzel, euren vertrautesten Gesinnungsgenossen, sakrifiziert habt, so war das eine sehr verächtliche Handlung.

Und dann muss man bei Menzeln anerkennen, dass er mit bestimmter Mannesunterschrift seine Schmähungen vertrat; er war kein anonymer Skribler und brachte immer die eigne Haut zu Markt. Nach jedem Schimpfwort, womit er uns bespritzte, hielt er fast gutmütig still, um die verdiente Züchtigung zu empfangen. Auch hat's ihm an geschriebenen Schlägen nicht gefehlt, und sein literarischer Rücken ist schwarz gestreift, wie eines Zebras. Armer Menzel! Er zahlte für manchen anderen, dessen man nicht habhaft werden konnte, für die anonymen und pseudonymen Buschklepper, die aus den dunkelsten Schlupfwinkeln der Tagespresse ihre feigen Pfeile abschießen ... Wie willst du sie züchtigen? Sie haben keinen Namen, den du brandmarken könntest, und gelänge es dir sogar, von einem zitternden Zeitungsredakteur die paar leeren Buchstaben zu erpressen, die ihnen als Namen dienen, so bist du dadurch noch nicht sonderlich gefördert ... Du findest alsdann, dass der Verfasser des insolentesten Schmähartikels kein anderer war als jener klägliche Drohbettler, der mit all seiner untertänigen Zudringlichkeit auch keinen Sou von dir erpressen konnte ... Oder, was noch bitterer ist, du erfährst, dass im Gegenteil ein Lumpazius, der dich um zweihundert Francs geprellt, dem du einen Rock geschenkt hast, um seine Blöße zu bedecken, dem du aber keine schriftliche Zeile geben wolltest, womit er sich in Deutschland als deinen Freund und großen Mitdichter herumpräsentieren konnte, dass ein solcher Lumpazius es war, der deinen guten Leumund in der Heimat begeiferte ... Ach, dieses Gesindel ist kapabel, mit vollem Namen gegen dich aufzutreten, und dann bist du erst recht in Verlegenheit! Antwortest du, so verleihst du ihnen eine lebenslängliche Wichtigkeit, die sie auszubeuten wissen, und sie finden eine Ehre darin, dass du sie mit demselben Stocke schlugest, womit ja schon die berühmtesten Männer geschlagen worden ... Freilich, das Beste wäre, sie bekämen ihre Prügel ganz unfigürlich, mit keinem geistigen, sondern mit einem wirklich materiellen Stock, wie einst ihr Ahnherr Thersites ...

Ja, es war ein lehrreiches Beispiel, das du uns gabest, edler Sohn des Laertes, königlicher Dulder Odysseus! Du, der Meister des Wortes, der in der Kunst des Sprechens alle Sterblichen übertrafest! jedem wusstest du Rede zu stehen, und du sprachest ebenso gern wie siegreich: nur an einen klebrichten Thersites wolltest du kein Wort verlieren, einen solchen Wicht hieltest du keiner Gegenrede wert, und als er dich schmähte, hast du ihn schweigend geprügelt ... – – – Wenn mein Vetter in Lüneburg dies liest, erinnert er sich vielleicht unserer dortigen Spaziergänge, wo ich jedem Betteljungen, der uns ansprach, immer einen Groschen gab, mit der ernstlichen Vermahnung: »Lieber Bursche, wenn du dich etwa später auf Literatur legen und Kritiken für die Brockhausischen Literaturblätter schreiben solltest, so reiß mich nicht herunter!« Mein Vetter lachte damals, und ich selber wusste noch nicht, dass der »Groschen, den meine Mutter einer Bettlerin verweigerte«, auch in der Literatur so fatalistisch wirken konnte!

Ich habe oben der Brockhausischen Literaturblätter erwähnt. Diese sind die Höhlen, wo die unglücklichsten aller deutschen Skribler schmachten und ächzen; die hier hinabsteigen, verlieren ihren Namen und bekommen eine Nummer, wie die verurteilten Polen in den russischen Bergwerken, in den Bleiminen von Nowgorod: hier müssen sie, wie diese, die entsetzlichsten Arbeiten verrichten, z. B. Herrn von Raumer als großen Geschichtsschreiber loben oder Ludwig Tieck als Gelehrten anpreisen und als Mann von Charakter usw. ... Die meisten sterben davon und werden namenlos verscharrt als tote Nummer. Viele unter diesen Unglücklichen, vielleicht die meisten, sind ehemalige Teutomanen, und wenn sie auch keine altdeutschen Röcke mehr tragen, so tragen sie doch altdeutsche Unterhosen; – sie unterscheiden sich von den schwäbischen Gesinnungsgenossen durch einen gewissen märkischen Akzent und durch ein weit windigeres Wesen. Die Volkstümelei war von jeher in Norddeutschland mehr Affektation, wo nicht gar einstudierte Lüge, namentlich in Preußen, wo sogar die Championen der Nationalität ihren slawischen Ursprung vergebens zu verleugnen suchten. Da lob ich mir meine Schwaben, die meinen es wenigstens ehrlicher und dürfen mit größerem Recht auf germanische Rassenreinheit pochen. Ihr jetziges Hauptorgan, die Cottasche Dreimonatsrevue, ist beseelt von diesem Stolz, und ihr Redakteur, der Diplomat Kölle (ein geistreicher Mann, aber der größte Schwätzer dieser Erde, und der gewiss nie ein Staatsgeheimnis verschwiegen hat!), der Redakteur jener Revue ist der eingefleischteste Rassenmäkler, und sein drittes Wort ist immer germanische, romanische und semitische Rasse ... Sein größter Schmerz ist, dass der Champion des Germanentums, sein Liebling, Wolfgang Menzel, alle Kennzeichen der mongolischen Abstammung im Gesichte trägt.

Ich finde es für nötig, hier zu bemerken, dass ich den langweilig breiten Schmähartikel, den jüngst die erwähnte Dreimonatsschrift gegen mich auskramte, keineswegs der bloßen Teutomanie, nicht einmal einem persönlichen Groll, beimesse. Ich war lange der Meinung, als ob der Verfasser, ein gewisser G. Pf., durch jenen Artikel seinen Freund Menzel rächen wolle. Aber ich muss der Wahrheit gemäß meinen Irrtum bekennen. Ich ward seitdem verschiedenseitig eines Besseren unterrichtet.

»Die Freundschaft zwischen dem Menzel und dem erwähnten G. Pf.«, sagte mir unlängst ein ehrlicher Schwabe, »besteht nur darin, dass letzterer dem Menzel, der kein Französisch versteht, mit seiner Kenntnis dieser Sprache aushilft. Und was den Angriff gegen Sie betrifft, so ist das gar nicht so böse gemeint; der G. Pf. war früher der größte Enthusiast für Ihre Schriften, und wenn er jetzt so glühend gegen die Immoralität derselben eifert, so geschieht das, um sich das Ansehen von strenger Tugend zu geben und sich gegen den Verdacht der sokratischen Liebe, der auf ihm lastete, etwas zu decken.«

Ich würde den Ausdruck »sokratische Liebe« gern umschrieben haben, aber es sind die eigenen Worte des Dr. D.....r, der mir diese harmlose Konfidenz machte. Dr. D.....r, der gewiss nichts dagegen hätte, wenn ich seinen ganzen Namen mitteilte, ist ein Mann von ausgezeichnetem Geist und von einer Wahrheitsliebe, die sich in seinem ganzen Wesen ausspricht. Da er sich in diesem Augenblick zu London befindet, konnte ich ohne vorläufige Anfrage seinen Namen nicht ganz ausschreiben; er steht aber zu Diensten sowie auch der ganze Name eines der achtungswertesten Pariser Gelehrten, des Pr. D.....g, in dessen Gegenwart mir dieselbe Mitteilung wiederholt ward. – Für das Publikum aber ist es nützlich zu erfahren, welche Motive sich zuweilen unter dem bekannten »sittlich-religiös-patriotischen Bettlermantel« verbergen. – Ich habe mich nur scheinbar von meinem Gegenstand entfernt. Manche Angriffe gegen den seligen Börne finden durch obige Winke ihre teilweise Erklärung. Dasselbe ist der Fall in Beziehung auf sein Buch »Menzel der Franzosenfresser«. Diese Schrift ist eine Verteidigung des Kosmopolitismus gegen den Nationalismus; aber in dieser Verteidigung sieht man, wie der Kosmopolitismus Börnes nur in seinem Kopfe saß, statt dass der Patriotismus tief in seinem Herzen wurzelte, während bei seinem Gegner der Patriotismus nur im Kopfe spukte und die kühlste Indifferenz im Herzen gähnte ... Die listigen Worte, womit Menzel sein Deutschtum wie ein Hausierjude seinen Plunder anpreist, seine alten Tiraden von Hermann dem Cherusker, dem Korsen, dem gesunden Pflanzenschlaf, Martin Luther, Blücher, der Schlacht bei Leipzig, womit er den Stolz des deutschen Volkes kitzeln will, alle diese abgelebten Redensarten weiß Börne so zu beleuchten, dass ihre lächerliche Nichtigkeit aufs Ergötzlichste veranschaulicht wird; und dabei brechen aus seinem eigenen Herzen die rührendsten Naturlaute der Vaterlandsliebe, wie verschämte Geständnisse, die man in der letzten Stunde des Lebens nicht mehr zurückhalten kann, die wir mehr hervorschluchzen als aussprechen ... Der Tod steht daneben und nickt, als unabweisbarer Zeuge der Wahrheit!

Ja, er war nicht bloß ein guter Schriftsteller, sondern auch ein großer Patriot.

In Beziehung auf Börnes schriftstellerischen Wert muss ich hier auch seine Übersetzung der »Paroles d'un croyant« erwähnen, die er ebenfalls in seinem letzten Lebensjahr angefertigt und die als ein Meisterstück des Stils zu betrachten ist. Dass er eben dieses Buch übersetzte, dass er sich überhaupt in die Ideenkreise Lamennais' verlocken ließ, will ich jedoch nicht rühmen. Der Einfluss, den dieser Priester auf ihn ausübte, zeigte sich nicht bloß in der erwähnten Übersetzung der »Paroles d'un croyant«, sondern auch in verschiedenen französischen Aufsätzen, die Börne damals für den »Réformateur« und die »Balance« schrieb, in jenen merkwürdigen Urkunden seines Geistes, wo sich ein Verzagen, ein Verzweifeln an protestantischer Vernunftautorität gar bedenklich offenbart und das erkrankte Gemüt in katholische Anschauungen hinüberschmachtet ...

Es war vielleicht ein Glück für Börne, dass er starb ... Wenn nicht der Tod ihn rettete, vielleicht sähen wir ihn heute römisch-katholisch blamiert.

Wie ist das möglich? Börne wäre am Ende katholisch geworden? Er hätte in den Schoß der römischen Kirche sich geflüchtet und das leidende Haupt durch Orgelton und Glockenklang zu betäuben gesucht? Nun ja, er war auf dem Weg, dasselbe zu tun, was so manche ehrlichen Leute schon getan, als der Ärger ihnen ins Hirn stieg und die Vernunft zu fliehen zwang und die arme Vernunft ihnen beim Abschied nur noch den Rat gab: Wenn ihr doch verrückt sein wollt, so werdet katholisch, und man wird euch wenigstens nicht einsperren, wie andere Monomanen.

»Aus Ärger katholisch werden« – so lautet ein deutsches Sprichwort, dessen verflucht tiefe Bedeutung mir jetzt erst klar wird. – Ist doch der Katholizismus die schauerlich reizendste Blüte jener Doktrin der Verzweiflung, deren schnelle Verbreitung über die Erde nicht mehr als ein großes Wunder erscheint, wenn man bedenkt, in welchem grauenhaft peinlichen Zustand die ganze römische Welt schmachtete ... Wie der einzelne sich trostlos die Adern öffnete und im Tod ein Asyl suchte gegen die Tyrannei der Cäsaren, so stürzte sich die große Menge in die Asketik, in die Abtötungslehre, in die Martyrsucht, in den ganzen Selbstmord der nazarenischen Religion, um auf einmal die damalige Lebensqual von sich zu werfen und den Folterknechten des herrschenden Materialismus zu trotzen ...

Für Menschen, denen die Erde nichts mehr bietet, ward der Himmel erfunden ... Heil dieser Erfindung! Heil einer Religion, die dem leidenden Menschengeschlecht in den bittern Kelch einige süße, einschläfernde Tropfen goss, geistiges Opium, einige Tropfen Liebe, Hoffnung und Glauben!

Ludwig Börne war, wie ich bereits in der ersten Abteilung erwähnte, seiner Natur nach ein geborener Christ, und diese spiritualistische Richtung musste in den Katholizismus überschnappen, als die verzweifelnden Republikaner, nach den schmerzlichsten Niederlagen, sich mit der katholischen Partei verbanden. – Wieweit ist es Ernst mit dieser Verbündung? Ich kann's nicht sagen. Manche Republikaner mögen wirklich aus Ärger katholisch geworden sein. Die meisten jedoch verabscheuen im Herzen ihre neuen Alliierten, und es wird Komödie gespielt von beiden Seiten. Es gilt nur den gemeinschaftlichen Feind zu bekämpfen, und in der Tat, die Verbindung der beiden Fanatismen, des religiösen und des politischen, ist bedrohlich im höchsten Grade. Zuweilen aber geschieht es, dass die Menschen sich in ihrer Rolle verlieren und aus dem listigen Spiel ein plumper Ernst wird; und so mag wohl mancher Republikaner so lange mit den katholischen Symbolen geliebäugelt haben, bis er zuletzt daran wirklich glaubte; und mancher schlaue Pfaffe mag so lange die Marseillaise gesungen haben, bis sie sein Lieblingslied ward und er nicht mehr Messe lesen kann, ohne in die Melodie dieses Schlachtgesanges zu verfallen.

Wir armen Deutschen, die wir leider keinen Spaß verstehen, wir haben das Fraternisieren des Republikanismus und des Katholizismus für baren Ernst genommen, und dieser Irrtum kann uns einst sehr teuer zu stehen kommen. Arme deutsche Republikaner, die ihr Satan bannen wollt durch Beelzebub, ihr werdet, wenn euch solcher Exorzismus gelänge, erst recht aus dem Feuerregen in die Flammentraufe geraten! Wie gar manche deutsche Patrioten, um protestantische Regierungen zu befehden, mit der katholischen Partei gemeinschaftliche Sache treiben, kann ich nicht begreifen. Man wird mir, dem die Preußen bekanntlich so viel Herzeleid bereiteten, man wird mir schwerlich eine blinde Sympathie für Borussia zuschreiben: ich darf daher freimütig gestehen, dass ich in dem Kampfe Preußens mit der katholischen Partei nur ersterem den Sieg wünsche ... Denn eine Niederlage würde hier notwendig zur Folge haben, dass einige deutsche Provinzen, die Rheinlande, für Deutschland verlorengingen. – Was kümmert es aber die frommen Leute in München, ob man am Rhein deutsch oder französisch spricht; für sie ist es hinreichend, dass man dort lateinisch die Messe singt. Pfaffen haben kein Vaterland, sie haben nur einen Vater, einen Papa, in Rom.

Dass aber der Abfall der Rheinlande, ihr Heimfall an das romanische Frankreich, eine ausgemachte Sache ist zwischen den Helden der katholischen Partei und ihren französischen Verbündeten, wird männiglich bekannt sein. Zu diesen Verbündeten gehört seit einiger Zeit auch ein gewisser ehemaliger Jakobiner, der jetzt eine Krone trägt und mit gewissen gekrönten Jesuiten in Deutschland unterhandelt ... Frommer Schacher! scheinheiliger Verrat am Vaterland!

Es versteht sich von selbst, dass unser armer Börne, der sich nicht bloß von den Schriften, sondern auch von der Persönlichkeit Lamennais' ködern ließ und an den Umtrieben der römischen Freiwerber unbewusst teilnahm, es versteht sich von selbst, dass unser armer Börne nimmermehr die Gefahren ahnte, die durch die Verbündung der katholischen und republikanischen Partei unser Deutschland bedrohen. Er hatte hiervon auch nicht die mindeste Ahnung, er, dem die Integrität Deutschlands, ebenso sehr wie dem Schreiber dieser Blätter, immer am Herzen lag. Ich muss ihm in dieser Beziehung das glänzendste Zeugnis erteilen. »Auch keinen deutschen Nachttopf würde ich an Frankreich abtreten«, rief er einst im Eifer des Gesprächs, als jemand bemerkte, dass Frankreich, der natürliche Repräsentant der Revolution, durch den Wiederbesitz der Rheinlande gestärkt werden müsse, um dem aristokratisch absolutistischen Europa desto sicherer widerstehen zu können.

»Keinen Nachttopf tret ich ab«, rief Börne, im Zimmer auf und ab stampfend, ganz zornig.

»Es versteht sich«, bemerkte ein Dritter, »wir treten den Franzosen keinen Fußbreit Land vom deutschen Boden ab; aber wir sollten ihnen einige deutsche Landsleute abtreten, deren wir allenfalls entbehren können. Was dächten Sie, wenn wir den Franzosen z. B. den Raumer und den Rotteck abträten?«

»Nein, nein«, rief Börne, aus dem höchsten Zorn in Lachen übergehend, »auch nicht einmal den Raumer oder den Rotteck trete ich ab, die Kollektion wäre nicht mehr komplett, ich will Deutschland ganz behalten, wie es ist, mit seinen Blumen und seinen Disteln, mit seinen Riesen und seinen Zwergen ... nein, auch die beiden Nachttöpfe trete ich nicht ab!«

Ja, dieser Börne war ein großer Patriot, vielleicht der größte, der aus Germanias stiefmütterlichen Brüsten das glühendste Leben und den bittersten Tod gesogen! In der Seele dieses Mannes jauchzte und blutete eine rührende Vaterlandsliebe, die, ihrer Natur nach verschämt, wie jede Liebe, sich gern unter knurrenden Scheltworten und nörgelndem Murrsinn versteckte, aber in unbewachter Stunde desto gewaltsamer hervorbrach. Wenn Deutschland allerlei Verkehrtheiten beging, die böse Folgen haben konnten, wenn es den Mut nicht hatte, eine heilsame Medizin einzunehmen, sich den Star stechen zu lassen oder sonst eine kleine Operation auszuhalten, dann tobte und schimpfte Ludwig Börne und stampfte und wetterte; – wenn aber das vorausgesehene Unglück wirklich eintrat, wenn man Deutschland mit Füßen trat oder so lange peitschte, bis Blut floss, dann schmollte Börne nicht länger, und er fing an zu flennen, der arme Narr, der er war, und schluchzend behauptete er alsdann, Deutschland sei das beste Land der Welt und das schönste Land, und die Deutschen seien das schönste und edelste Volk, eine wahre Perle von Volk, und nirgends sei man klüger als in Deutschland, und sogar die Narren seien dort gescheit, und die Flegelei sei eigentlich Gemüt, und er sehnte sich ordentlich nach den geliebten Rippenstößen der Heimat, und er hatte manchmal ein Gelüste nach einer recht saftigen deutschen Dummheit, wie eine schwangere Frau nach einer Birne. Auch wurde für ihn die Entfernung vom Vaterland eine wahre Marter, und manches böse Wort in seinen Schriften hat diese Qual hervorgepresst. Wer das Exil nicht kennt, begreift nicht, wie grell es unsere Schmerzen färbt und wie es Nacht und Gift in unsere Gedanken gießt. Dante schrieb seine »Hölle« im Exil. Nur wer im Exil gelebt hat, weiß auch, was Vaterlandsliebe ist, Vaterlandsliebe mit all ihren süßen Schrecken und sehnsüchtigen Kümmernissen! Zum Glück für unsere Patrioten, die in Frankreich leben müssen, bietet dieses Land so viele Ähnlichkeit mit Deutschland; fast dasselbe Klima, dieselbe Vegetation, dieselbe Lebensweise. »Wie furchtbar muss das Exil sein, wo diese Ähnlichkeit fehlt« – bemerkte mir einst Börne, als wir im Jardin des Plantes spazierengingen –, »wie schrecklich, wenn man um sich her nur Palmen und tropische Gewächse sähe und ganz wildfremde Tierarten, wie Känguruhs und Zebras ... Zu unserem Glück sind die Blumen in Frankreich ganz so wie bei uns zu Hause, die Veilchen und Rosen sehen ganz wie deutsche aus, und die Ochsen und Kühe und die Esel sind geduldig und nicht gestreift, ganz wie bei uns, und die Vögel sind gefiedert und singen in Frankreich ganz so wie in Deutschland, und wenn ich gar hier in Paris die Hunde herumlaufen sehe, kann ich mich ganz wieder über den Rhein zurückdenken, und mein Herz ruft mir zu: Das sind ja unsere deutschen Hunde!«

Ein gewisser Blödsinn hat lange Zeit in Börnes Schriften jene Vaterlandsliebe ganz verkannt. Über diesen Blödsinn konnte er sehr mitleidig die Achseln zucken, und über die keuchenden alten Weiber, welche Holz zu seinem Scheiterhaufen herbeischleppten, konnte er mit Seelenruhe ein »Sancta simplicitas!« ausrufen. Aber wenn jesuitische Böswilligkeit seinen Patriotismus zu verdächtigen suchte, geriet er in einen vernichtenden Grimm. Seine Entrüstung kennt alsdann keine Rücksicht mehr, und wie ein beleidigter Titane schleudert er die tödlichsten Quadersteine auf die züngelnden Schlangen, die zu seinen Füßen kriechen. Hier ist er in seinem vollen Recht, hier lodert am edelsten sein Manneszorn. Wie merkwürdig ist folgende Stelle in den »Pariser Briefen«, die gegen Jarcke gerichtet ist, der sich unter den Gegnern Börnes durch zwei Eigenschaften, nämlich Geist und Anstand, einigermaßen auszeichnet: »Dieser Jarcke ist ein merkwürdiger Mensch. Man hat ihn von Berlin nach Wien berufen, wo er die halbe Besoldung von Gentz bekommt. Aber er verdiente nicht deren hundertsten Teil, oder er verdiente eine hundertmal größere – es kommt nur darauf an, was man dem Gentz bezahlen wollte, das Gute oder Schlechte an ihm. Diesen katholisch und toll gewordenen Jarcke liebe ich ungemein, denn er dient mir, wie gewiss auch vielen andern, zum nützlichen Spiel und zum angenehmen Zeitvertreib. Er gibt seit einem Jahr ein ›Politisches Wochenblatt‹ heraus. Das ist eine unterhaltende Camera obscura; darin gehen alle Neigungen und Abneigungen, Wünsche und Verwünschungen, Hoffnungen und Befürchtungen, Freuden und Leiden, Ängste und Tollkühnheiten und alle Zwecke und Mittelchen der Monarchisten und Aristokraten mit ihren Schatten hintereinander vorüber. Der gefällige Jarcke! Er verrät alles, er warnt alle. Die verborgensten Geheimnisse der großen Welt schreibt er auf die Wand meines kleinen Zimmers. Ich erfahre von ihm und erzähle jetzt Ihnen, was sie mit uns vorhaben. Sie wollen nicht allein die Früchte und Blüten und Blätter und Zweige und Stämme der Revolution zerstören, sondern auch ihre Wurzeln, ihre tiefsten, ausgebreitetsten, festesten Wurzeln, und bliebe die halbe Erde daran hängen. Der Hofgärtner Jarcke geht mit Messer und Schaufel und Beil umher, von einem Felde, von einem Lande in das andere, von einem Volke zum andern. Nachdem er alle Revolutionswurzeln ausgerottet und verbrannt, nachdem er die Gegenwart zerstört hat, geht er zur Vergangenheit zurück. Nachdem er der Revolution den Kopf abgeschlagen und die unglückliche Delinquentin ausgelitten hat, verbietet er ihrer längst verstorbenen, längst verwesten Großmutter das Heiraten; er macht die Vergangenheit zur Tochter der Gegenwart. Ist das nicht toll? Diesen Sommer eiferte er gegen das Fest von Hambach. Das unschuldige Fest! Der gute Hammel! Der Wolf von Bundestag, der oben am Flusse soff, warf dem Schafe von deutschem Volke, das weiter unten trank, vor: es trübe ihm das Wasser, und er müsse es auffressen. Herr Jarcke ist Zunge des Wolfes. Dann rottet er die Revolution in Baden, Rheinbayern, Hessen, Sachsen aus; dann die englische Reformbill; dann die polnische, die belgische, die französische Juliusrevolution. Dann verteidigt er die göttlichen Rechte des Don Miguel. So geht er immer weiter zurück. Vor vier Wochen zerstörte er Lafayette, nicht den Lafayette der Juliusrevolution, sondern den Lafayette vor fünfzig Jahren, der für die amerikanische und die erste französische Revolution gekämpft. Jarcke auf den Stiefeln Lafayettes herumkriechen! Es war mir, als sähe ich einen Hund an dem Fuße der größten Pyramide scharren, mit dem Gedanken, sie umzuwerfen! Immer zurück! Vor vierzehn Tagen setzte er seine Schaufel an die hundertundfünfzigjährige englische Revolution, die von 1688. Bald kömmt die Reihe an den älteren Brutus, der die Tarquinier verjagt, und so wird Herr Jarcke endlich zum lieben Gott selbst kommen, der die Unvorsichtigkeit begangen, Adam und Eva zu erschaffen, ehe er noch für einen König gesorgt hatte, wodurch sich die Menschheit in den Kopf gesetzt, sie könne auch ohne Fürsten bestehen. Herr Jarcke sollte aber nicht vergessen, dass, sobald er mit Gott fertig geworden, man ihn in Wien nicht mehr braucht. Und dann adieu Hofrat, adieu Besoldung. Er wird wohl den Verstand haben, diese eine Wurzel des Hambacher Festes stehen zu lassen.

Das ist der nämliche Jarcke, von dem ich in einem früheren Brief Ihnen etwas mitzuteilen versprochen, was er über mich geäußert. Nicht über mich allein, es betraf auch wohl andere; aber an mich gedachte er gewiss am meisten dabei. Im letzten Sommer schrieb er im ›Politischen Wochenblatte‹ einen Aufsatz: ›Deutschland und die Revolution‹. Darin kommt folgende Stelle vor. Ob die artige Bosheit oder die großartige Dummheit mehr zu bewundern sei, ist schwer zu entscheiden. Die Stelle aus Jarckes Artikel lautet folgendermaßen: ›Übrigens ist es vollkommen richtig, dass jene Grundsätze, wie wir sie oben geschildert, niemals schaffend ins wirkliche Leben treten, dass Deutschland niemals in eine Republik nach dem Zuschnitte der heutigen Volksverführer umgewandelt, dass jene Freiheit und Gleichheit selbst durch die

Gewalt des Schreckens niemals durchgesetzt werden könne; ja, es ist zweifelhaft, ob die frechsten Führer der schlechten Richtung nicht selbst bloß ein grauenhaftes Spiel mit Deutschlands höchsten Gütern spielen, ob sie nicht selbst am besten wissen, dass dieser Weg ohne Rettung zum Verderben führt, und bloß deshalb mit kluger Berechnung das Werk der Verführung treiben, um in einem großen welthistorischen Akte Rache zu nehmen für den Druck und die Schmach, den das Volk, dem sie ihrem Ursprung nach angehören, jahrhundertelang von dem unsrigen erduldet.‹ –

Oh, Herr Jarcke, das ist zu arg! Und als Sie dieses schrieben, waren Sie noch nicht österreichischer Rat, sondern nichts weiter als das preußische Gegenteil – wie werden Sie nicht erst rasen, wenn Sie in der Wiener Staatskanzlei sitzen? Dass Sie uns die Ruchlosigkeit vorwerfen, wir wollten das deutsche Volk unglücklich machen, weil es uns selbst unglücklich gemacht – das verzeihen wir dem Kriminalisten und seiner schönen Imputationstheorie. Dass Sie uns die Klugheit zutrauen, unter dem Scheine der Liebe unsere Feinde zu verderben – dafür müssen wir uns bei dem Jesuiten bedanken, der uns dadurch zu loben glaubte. Aber dass Sie uns für so dumm halten, wir würden eine Taube in der Hand für eine Lerche auf dem Dache fliegen lassen – dafür müssen Sie uns Rede stehen, Herr Jarcke. Wie! Wenn wir das deutsche Volk hassten, würden wir mit aller unserer Kraft dafür streiten, es von der schmachvollsten Erniedrigung, in der es versunken, es von der bleiernen Tyrannei, die auf ihm lastet, es von dem Übermut seiner Aristokraten, dem Hochmut seiner Fürsten, von dem Spott aller Hofnarren, den Verleumdungen aller gedungenen Schriftsteller befreien zu helfen, um es den kleinen, bald vorübergehenden und so ehrenvollen Gefahren der Freiheit preiszugeben? Hassten wir die Deutschen, dann schrieben wir wie Sie, Herr Jarcke. Aber bezahlen ließen wir uns nicht dafür; denn auch noch die sündevolle Rache hat etwas, das entheiligt werden kann.«

Die Verdächtigung seines Patriotismus erregte bei Börne, in der angeführten Stelle, eine Misslaune, die der bloße Vorwurf jüdischer Abstammung niemals in ihm hervorzurufen vermochte. Es amüsierte ihn sogar, wenn die Feinde, bei der Fleckenlosigkeit seines Wandels, ihm nichts Schlimmeres nachzusagen wussten, als dass er der Sprössling eines Stammes, der einst die Welt mit seinem Ruhm erfüllte und trotz aller Herabwürdigung noch immer die uralt heilige Weihe nicht ganz eingebüßt hat. Er rühmte sich sogar oft dieses Ursprungs, freilich in seiner humoristischen Weise, und den Mirabeau parodierend, sagte er einst zu einem Franzosen: »Jésus-Christ – qui en parenthèse était mon cousin – a prêché l'égalité« usw. In der Tat, die Juden sind aus jenem Teig, woraus man Götter knetet; tritt man sie heute mit Füßen, fällt man morgen vor ihnen auf die Knie; während die einen im schäbigsten Kot des Schachers herumwühlen, ersteigen die anderen den höchsten Gipfel der Menschheit, und Golgatha ist nicht der einzige Berg, wo ein jüdischer Gott für das Heil der Welt geblutet. Die Juden sind das Volk des Geistes, und jedes Mal, wenn sie zu ihrem Prinzip zurückkehren, sind sie groß und herrlich und beschämen und überwinden ihre plumpen Dränger. Der tiefsinnige Rosenkranz vergleicht sie mit dem Riesen Antäus, nur dass dieser jedes Mal erstarkte, wenn er die Erde berührte, jene aber, die Juden, neue Kräfte gewinnen, sobald sie wieder mit dem Himmel in Berührung kommen. Merkwürdige Erscheinung der grellsten Extreme! Während unter diesen Menschen alle möglichen Fratzenbilder der Gemeinheit gefunden werden, findet man unter ihnen auch die Ideale des reinsten Menschentums, und wie sie einst die Welt in neue Bahnen des Fortschrittes geleitet, so hat die Welt vielleicht noch weitere Initiationen von ihnen zu erwarten ...

»Die Natur«, sagte mir einst Hegel, »ist sehr wunderlich; dieselben Werkzeuge, die sie zu den erhabensten Zwecken gebraucht, benutzt sie auch zu den niedrigsten Verrichtungen, z. B. jenes Glied, welchem die höchste Mission, die Fortpflanzung der Menschheit, anvertraut ist, dient auch zum – – –« – Diejenigen, welche über die Dunkelheit Hegels klagen, werden ihn hier verstehen, und wenn er auch obige Worte nicht eben in Beziehung auf Israel aussprach, so lassen sie sich doch darauf anwenden.

Wie dem auch sei, es ist leicht möglich, dass die Sendung dieses Stammes noch nicht ganz erfüllt, und namentlich mag dies in Beziehung auf Deutschland der Fall sein. Auch letzteres erwartet einen Befreier, einen irdischen Messias – mit einem himmlischen haben uns die Juden schon gesegnet –, einen König der Erde, einen Retter mit Zepter und Schwert, und dieser deutsche Befreier ist vielleicht derselbe, dessen auch Israel harret ...

O teurer, sehnsüchtig erwarteter Messias!

Wo ist er jetzt, wo weilt er? Ist er noch ungeboren, oder liegt er schon seit einem Jahrtausend irgendwo versteckt, erwartend die große rechte Stunde der Erlösung? Ist es der alte Barbarossa, der im Kyffhäuser schlummernd sitzt auf dem steinernen Stuhl und schon so lange schläft, dass sein weißer Bart durch den steinernen Tisch durchgewachsen? ... nur manchmal schlaftrunken schüttelt er das Haupt und blinzelt mit den halbgeschlossenen Augen, greift auch wohl träumend nach dem Schwert ... und nickt wieder ein, in den schweren Jahrtausendschlaf!

Nein, es ist nicht der Kaiser Rotbart, welcher Deutschland befreien wird, wie das Volk glaubt, das deutsche Volk, das schlummersüchtige, träumende Volk, welches sich auch seinen Messias nur in der Gestalt eines alten Schläfers denken kann!

Da machen doch die Juden sich eine weit bessere Vorstellung von ihrem Messias, und vor vielen Jahren, als ich in Polen war und mit dem großen Rabbi Manasse ben Naphtali zu Krakau verkehrte, horchte ich immer mit freudig offenem Herzen, wenn er von dem Messias sprach ... Ich weiß nicht mehr, in welchem Buch des Talmuds die Details zu lesen sind, die mir der große Rabbi ganz treu mitteilte, und überhaupt nur in den Grundzügen schwebt mir seine Beschreibung des Messias noch im Gedächtnis. Der Messias, sagte er mir, sei an dem Tage geboren, wo Jerusalem durch den Bösewicht, Titus Vespasian, zerstört worden, und seitdem wohne er im schönsten Palast des Himmels, umgeben von Glanz und Freude, auch eine Krone auf dem Haupte tragend, ganz wie ein König ... aber seine Hände seien gefesselt mit goldenen Ketten!

»Was«, frug ich verwundert, »was bedeuten diese goldenen Ketten?«

»Die sind notwendig« – erwiderte der große Rabbi, mit einem schlauen Blick und einem tiefen Seufzer –, »ohne diese Fessel würde der Messias, wenn er manchmal die Geduld verliert, plötzlich herabeilen und zu früh, zur unrechten Stunde, das Erlösungswerk unternehmen. Er ist eben keine ruhige Schlafmütze. Er ist ein schöner, sehr schlanker, aber doch ungeheuer kräftiger Mann; blühend wie die Jugend. Das Leben, das er führt, ist übrigens sehr einförmig. Den größten Teil des Morgens verbringt er mit den üblichen Gebeten oder lacht und scherzt mit seinen Dienern, welche verkleidete Engel sind und hübsch singen und die Flöte blasen. Dann lässt er sein langes Haupthaar kämmen, und man salbt ihn mit Narden und bekleidet ihn mit seinem fürstlichen Purpurgewand. Den ganzen Nachmittag studiert er die Kabbala. Gegen Abend lässt er seinen alten Kanzler kommen, der ein verkleideter Engel ist, ebenso wie die vier starken Staatsräte, die ihn begleiten, verkleidete Engel sind. Aus einem großen Buch muss alsdann der Kanzler seinem Herrn vorlesen, was jeden Tag passierte ... Da kommen allerlei Geschichten vor, worüber der Messias vergnügt lächelt oder auch missmutig den Kopf schüttelt ... Wenn er aber hört, wie man unten sein Volk misshandelt, dann gerät er in den furchtbarsten Zorn und heult, dass die Himmel erzittern ... Die vier starken Staatsräte müssen dann den Ergrimmten zurückhalten, dass er nicht herabeile auf die Erde, und sie würden ihn wahrlich nicht bewältigen, wären seine Hände nicht gefesselt mit den goldenen Ketten ... Man beschwichtigt ihn auch mit sanften Reden, dass jetzt die Zeit noch nicht gekommen sei, die rechte Rettungsstunde, und er sinkt am Ende aufs Lager und verhüllt sein Antlitz und weint ...«

So ungefähr berichtete mir Manasse ben Naphtali zu Krakau, seine Glaubwürdigkeit mit Hinweisung auf den Talmud verbürgend. Ich habe oft an seine Erzählungen denken müssen, besonders in den jüngsten Zeiten, nach der Juliusrevolution. Ja, in schlimmen Tagen glaubt ich manchmal mit eignen Ohren ein Gerassel zu hören, wie von goldenen Ketten, und dann ein verzweifelndes Schluchzen ...

O verzage nicht, schöner Messias, der du nicht bloß Israel erlösen willst, wie die abergläubischen Juden sich einbilden, sondern die ganze leidende Menschheit! Oh, zerreißt nicht, ihr goldenen Ketten! Oh, haltet ihn noch einige Zeit gefesselt, dass er nicht zu früh komme, der rettende König der Welt!

Fünftes Buch

» ... Die politischen Verhältnisse jener Zeit [1799] haben eine gar betrübende Ähnlichkeit mit den neuesten Zuständen in Deutschland, nur dass damals der Freiheitssinn mehr unter Gelehrten, Dichtern und sonstigen Literaten blühte, heutigentags aber unter diesen viel minder, sondern weit mehr in der großen aktiven Masse, unter Handwerkern und Gewerbsleuten, sich ausspricht. Während zur Zeit der ersten Revolution die bleiern deutscheste Schlafsucht auf dem Volk lastete und gleichsam eine brutale Ruhe in ganz Germanien herrschte, offenbarte sich in unserer Schriftwelt das wildeste Gären und Wallen. Der einsamste Autor, der in irgendeinem abgelegenen Winkelchen Deutschlands lebte, nahm teil an dieser Bewegung; fast sympathetisch, ohne von den politischen Vorgängen genau unterrichtet zu sein, fühlte er ihre soziale Bedeutung und sprach sie aus in seinen Schriften. Dieses Phänomen mahnt mich an die großen Seemuscheln, welche wir zuweilen als Zierrat auf unsere Kamine stellen und die, wenn sie auch noch so weit vom Meer entfernt sind, dennoch plötzlich zu rauschen beginnen, sobald dort die Flutzeit eintritt und die Wellen gegen die Küste heranbrechen. Als hier in Paris, in dem großen Menschenozean, die Revolution losflutete, als es hier brandete und stürmte, da rauschten und brausten jenseits des Rheins die deutschen Herzen ... Aber sie waren so isoliert, sie standen unter lauter fühllosem Porzellan, Teetassen und Kaffeekannen und chinesischen Pagoden, die mechanisch mit dem Kopfe nickten, als wüssten sie, wovon die Rede sei. Ach! unsere armen Vorgänger in Deutschland mussten für jene Revolutionssympathie sehr arg büßen. Junker und Pfäffchen übten an ihnen ihre plumpsten und gemeinsten Tücken. Einige von ihnen flüchteten nach Paris und sind hier in Armut und Elend verkommen und verschollen. Ich habe jüngst einen blinden Landsmann gesehen, der noch seit jener Zeit in Paris ist; ich sah ihn im Palais Royal, wo er sich ein bisschen an der Sonne gewärmt hatte. Es war schmerzlich anzusehen, wie er blass und mager war und sich seinen Weg an den Häusern weiterfühlte. Man sagte mir, es sei der alte dänische Dichter Heiberg. Auch die Dachstube habe ich jüngst gesehen, wo der Bürger Georg Forster gestorben. Den Freiheitsfreunden, die in Deutschland blieben, wäre es aber noch weit schlimmer ergangen, wenn nicht bald Napoleon und seine Franzosen uns besiegt hätten. Napoleon hat gewiss nie geahnt, dass er selber der Retter der Ideologie gewesen. Ohne ihn wären unsere Philosophen mitsamt ihren Ideen durch Galgen und Rad ausgerottet worden. Die deutschen Freiheitsfreunde jedoch, zu republikanisch gesinnt, um dem Napoleon zu huldigen, auch zu großmütig, um sich der Fremdherrschaft anzuschließen, hüllten sich seitdem in ein tiefes Schweigen. Sie gingen traurig herum mit gebrochenen Herzen, mit geschlossenen Lippen. Als Napoleon fiel, da lächelten sie, aber wehmütig, und schwiegen; sie nahmen fast gar keinen Teil an dem patriotischen Enthusiasmus, der damals, mit allerhöchster Bewilligung, in Deutschland emporjubelte. Sie wussten, was sie wussten, und schwiegen. Da diese Republikaner eine sehr keusche, einfache Lebensart führen, so werden sie gewöhnlich sehr alt, und als die Juliusrevolution ausbrach, waren noch viele von ihnen am Leben, und nicht wenig wunderten wir uns, als die alten Käuze, die wir sonst immer so gebeugt und fast blödsinnig schweigend umherwandeln gesehen, jetzt plötzlich das Haupt erhoben und uns Jungen freundlich entgegenlachten und die Hände drückten und lustige Geschichten erzählten. Einen von ihnen hörte ich sogar singen; denn im Kaffeehause sang er uns die Marseiller Hymne vor, und wir lernten da die Melodie und die schönen Worte, und es dauerte nicht lange, so sangen wir sie besser als der Alte selbst, denn der hat manchmal in der besten Strophe wie ein Narr gelacht oder geweint wie ein Kind. Es ist immer gut, wenn so alte Leute leben bleiben, um den Jungen die Lieder zu lehren. Wir Jungen werden sie nicht vergessen, und einige von uns werden sie einst jenen Enkeln einstudieren, die jetzt noch nicht geboren sind. Viele von uns werden aber unterdessen verfault sein, daheim im Gefängnisse oder auf einer Dachstube in der Fremde … «

Obige Stelle [siehe S. 151 f.; Anm. d. Hrsg.], aus meinem Buch »De l'Allemagne« (sie fehlt in der deutschen Ausgabe), schrieb ich vor etwa sechs Jahren, und indem ich sie heute wieder überlese, lagern sich über meine Seele, wie feuchte Schatten, alle jene trostlosen Betrübnisse, wovon mich damals nur die ersten Ahnungen anwehten. Es rieselt mir wie Eiswasser durch die glühendsten Empfindungen, und mein Leben ist nur ein schmerzliches Erstarren. O kalte Winterhölle, worin wir zähneklappernd leben! ... O Tod, weißer Schneemann im unendlichen Nebel, was nickst du so verhöhnend! ...

Glücklich sind die, welche in den Kerkern der Heimat ruhig hinmodern ... denn diese Kerker sind eine Heimat mit eisernen Stangen, und deutsche Luft weht hindurch, und der Schlüsselmeister, wenn er nicht ganz stumm ist, spricht er die deutsche Sprache! ... Es sind heute über sechs Monde, dass kein deutscher Laut an mein Ohr klang, und alles, was ich dichte und trachte, kleidet sich mühsam in ausländische Redensarten ... Ihr habt vielleicht einen Begriff vom leiblichen Exil, jedoch vom geistigen Exil kann nur ein deutscher Dichter sich eine Vorstellung machen, der sich gezwungen sähe, den ganzen Tag französisch zu sprechen, zu schreiben und sogar des Nachts am Herzen der Geliebten französisch zu seufzen! Auch meine Gedanken sind exiliert, exiliert in eine fremde Sprache.

Glücklich sind die, welche in der Fremde nur mit der Armut zu kämpfen haben, mit Hunger und Kälte, lauter natürlichen Übeln ... Durch die Luken ihrer Dachstuben lacht ihnen der Himmel und alle seine Sterne ... Oh, goldenes Elend mit weißen Glacéhandschuhen, wie bist du unendlich qualsamer! ... Das verzweifelnde Haupt muss sich frisieren lassen, wo nicht gar parfümieren, und die zürnenden Lippen, welche Himmel und Erde verfluchen möchten, müssen lächeln und immer lächeln ...

Glücklich sind die, welche, über das große Leid, am Ende ihr letztes bisschen Verstand verloren und ein sicheres Unterkommen gefunden in Charenton oder in Bicêtre, wie der arme F., wie der arme B., wie der arme L. und so manche andere, die ich weniger kannte ... Die Zelle ihres Wahnsinns dünkt ihnen eine geliebte Heimat, und in der Zwangsjacke dünken sie sich Sieger über allen Despotismus, dünken sie sich stolze Bürger eines freien Staates ... Aber das alles hätten sie zu Hause ebenso gut haben können!

Nur der Übergang von der Vernunft zur Tollheit ist ein verdrießlicher Moment und grässlich ... Mich schaudert, wenn ich daran denke, wie der F. zum letzten Male zu mir kam, um ernsthaft mit mir zu verhandeln, dass man auch die Mondmenschen und die entferntesten Sternenbewohner in den großen Völkerbund aufnehmen müsse. Aber wie soll man ihnen unsere Vorschläge ankündigen? Das war die große Frage. Ein anderer Patriot hatte in ähnlicher Absicht eine Art kolossaler Spiegel erdacht, womit man Proklamationen mit Riesenbuchstaben in der Luft abspiegelt, so dass die ganze Menschheit sie auf einmal lesen könnte, ohne dass Zensor und Polizei es zu verhindern vermöchten ... Welches staatsgefährliche Projekt! – Und doch geschieht dessen keine Erwähnung in dem Bundestagsbericht über die revolutionäre Propaganda!

Am glücklichsten sind wohl die Toten, die im Grab liegen, auf dem Père-Lachaise, wie du, armer Börne!

Ja, glücklich sind diejenigen, welche in den Kerkern der Heimat, glücklich die, welche in den Dachstuben des körperlichen Elends, glücklich die Verrückten im Tollhaus, am glücklichsten die Toten! Was mich betrifft, den Schreiber dieser Blätter, ich glaube mich am Ende gar nicht so sehr beklagen zu dürfen, da ich des Glückes aller dieser Leute gewissermaßen teilhaft werde, durch jene wunderliche Empfänglichkeit, jene unwillkürliche Mitempfindung, jene Gemütskrankheit, die wir bei den Poeten finden und mit keinem rechten Namen zu bezeichnen wissen. Wenn ich auch am Tage wohlbeleibt und lachend dahinwandle durch die funkelnden Gassen Babylons, glaubt mir's! sobald der Abend herabsinkt, erklingen die melancholischen Harfen in meinem Herzen, und gar des Nachts erschmettern darin alle Pauken und Zimbeln des Schmerzes, die ganze Janitscharenmusik der Weltqual, und es steigt empor der entsetzlich gellende Mummenschanz ...

O welche Träume! Träume des Kerkers, des Elends, des Wahnsinns, des Todes! Ein schrillendes Gemisch von Unsinn und Weisheit, eine bunte vergiftete Suppe, die nach Sauerkraut schmeckt und nach Orangenblüten riecht! Welch ein grauenhaftes Gefühl, wenn die nächtlichen Träume das Treiben des Tages verhöhnen und aus den flammenden Mohnblumen die ironischen Larven hervorgucken und Rübchen schaben und die stolzen Lorbeerbäume sich in graue Disteln verwandeln und die Nachtigallen ein Spottgelächter erheben ...

Gewöhnlich, in meinen Träumen, sitze ich auf einem Eckstein der Rue Laffitte an einem feuchten Herbstabend, wenn der Mond auf das schmutzige Boulevardpflaster herabstrahlt mit langen Streiflichtern, so dass der Kot vergoldet scheint, wo nicht gar mit blitzenden Diamanten übersät ... Die vorübergehenden Menschen sind ebenfalls nur glänzender Kot: Stockjobbers, Spieler, wohlfeile Skribenten, Falschmünzer des Gedankens, noch wohlfeilere Dirnen, die freilich nur mit dem Leibe zu lügen brauchen, satte Faulbäuche, die im Café de Paris gefüttert worden und jetzt nach der Académie de musique hinstürzen, nach der Kathedrale des Lasters, wo Fanny Elßler tanzt und lächelt ... Dazwischen rasseln auch die Karossen und springen die Lakaien, die bunt wie Tulpen und gemein wie ihre gnädige Herrschaft ... Und wenn ich nicht irre, in einer jener frechen goldenen Kutschen sitzt der ehemalige Zigarrenhändler Aguado, und seine stampfenden Rosse bespritzen von oben bis unten meine rosaroten Trikotkleider ... Ja, zu meiner eigenen Verwunderung bin ich ganz in rosaroten Trikot gekleidet, in ein sogenanntes fleischfarbiges Gewand, da die vorgerückte Jahreszeit und auch das Klima keine völlige Nacktheit erlaubt wie in Griechenland, bei den Thermopylen, wo der König Leonidas mit seinen dreihundert Spartanern, am Vorabend der Schlacht, ganz nackt tanzte, ganz nackt, das Haupt mit Blumen bekränzt ... Eben wie Leonidas auf dem Gemälde von David bin ich kostümiert, wenn ich in meinen Träumen auf dem Eckstein sitze, an der Rue Laffitte, wo der verdammte Kutscher von Aguado mir meine Trikothosen bespritzt ... Der Lump, er bespritzt mir sogar den Blumenkranz, den schönen Blumenkranz, den ich auf meinem Haupte trage, der aber, unter uns gesagt, schon ziemlich trocken und nicht mehr duftet ... Ach! es waren frische, freudige Blumen, als ich mich einst damit schmückte, in der Meinung, den anderen Morgen ginge es zur Schlacht, zum heiligen Todessieg für das Vaterland – – – Das ist nun lange her, mürrisch und müßig sitze ich an der Rue Laffitte und harre des Kampfes, und unterdessen welken die Blumen auf meinem Haupt, und auch meine Haare färben sich weiß, und mein Herz erkrankt mir in der Brust ... Heiliger Gott! was wird einem die Zeit so lange bei solchem tatenlosen Harren, und am Ende stirbt mir noch der Mut ... Ich sehe, wie die Leute vorbeigehen, mich mitleidig anschauen und einander zuflüstern: »Der arme Narr!«

Wie die Nachtträume meine Tagesgedanken verhöhnen, so geschieht es auch zuweilen, dass die Gedanken des Tages über die unsinnigen Nachtträume sich lustig machen, und mit Recht, denn ich handle im Traum oft wie ein wahrer Dummkopf. Jüngst träumte mir, ich machte eine große Reise durch ganz Europa, nur dass ich mich dabei keines Wagens mit Pferden, sondern eines gar prächtigen Schiffes bediente. Das ging gut, wenn ein Fluss oder ein See sich auf meinem Wege befand. Solches war aber der seltenere Fall, und gewöhnlich musste ich über festes Land, was für mich sehr unbequem, da ich alsdann mein Schiff über weite Ebenen, Waldstege, Moorgründe und sogar über sehr hohe Berge fortschleppen musste, bis ich wieder an einen Fluss oder See kam, wo ich gemächlich segeln konnte. Gewöhnlich aber, wie gesagt, musste ich mein Fahrzeug selber fortschleppen, was mir sehr viel Zeitverlust und nicht geringe Anstrengung kostete, so dass ich am Ende vor Überdruss und Müdigkeit erwachte. Nun aber, des Morgens, beim ruhigen Kaffee, machte ich die richtige Bemerkung, dass ich weit schneller und bequemer gereist wäre, wenn ich gar kein Schiff besessen hätte und wie ein gewöhnlicher armer Teufel immer zu Fuß gegangen wäre.

Am Ende kommt es auf eins heraus, wie wir die große Reise gemacht haben, ob zu Fuß oder zu Pferd oder zu Schiff ... Wir gelangen am Ende alle in dieselbe Herberge, in dieselbe schlechte Schenke, wo man die Türe mit einer Schaufel aufmacht, wo die Stube so eng, so kalt, so dunkel, wo man aber gut schläft, fast gar zu gut ...

Ob wir einst auferstehen? Sonderbar! meine Tagesgedanken verneinen diese Frage, und aus reinem Widerspruchsgeist wird sie von meinen Nachtträumen bejaht. So z. B. träumte mir unlängst: ich sei in der ersten Morgenfrühe nach dem Kirchhof gegangen, und dort, zu meiner höchsten Verwunderung, sah ich, wie bei jedem Grab ein Paar blankgewichster Stiefel stand, ungefähr wie in den Wirtshäusern vor den Stuben der Reisenden ... Das war ein wunderlicher Anblick, es herrschte eine sanfte Stille auf dem ganzen Kirchhof, die müden Erdenpilger schliefen, Grab neben Grab, und die blankgewichsten Stiefel, die dort in langen Reihen standen, glänzten im frischen Morgenlicht, so hoffnungsreich, so verheißungsvoll, wie ein sonnenklarer Beweis der Auferstehung.

Ich vermag den Ort nicht genau zu bezeichnen, wo auf dem Père-Lachaise sich Börnes Grab befindet. Ich bemerke dieses ausdrücklich. Denn während er lebte, ward ich nicht selten von reisenden Deutschen besucht, die mich frugen, wo Börne wohne, und jetzt werde ich sehr oft mit der Anfrage behelligt, wo Börne begraben läge. Soviel man mir sagt, liegt er unten auf der rechten Seite des Kirchhofs, unter lauter Generälen aus der Kaiserzeit und Schauspielerinnen des Théâtre Français ... unter toten Adlern und toten Papageien.

In der »Zeitung für die elegante Welt« las ich jüngst, dass das Kreuz auf dem Grab Börnes vom Sturm niedergebrochen worden. Ein jüngerer Poet besang diesen Umstand in einem schönen Gedicht, wie denn überhaupt Börne, der im Leben so oft mit den faulsten Äpfeln der Prosa beschmissen worden, jetzt nach seinem Tod mit den wohlduftigsten Versen beräuchert wird. Das Volk steinigt gern seine Propheten, um ihre Reliquien desto inbrünstiger zu verehren; die Hunde, die uns heute anbellen, morgen küssen sie gläubig unsere Knochen! – – –

Wie ich bereits gesagt habe, ich liefere hier weder eine Apologie noch eine Kritik des Mannes, womit sich diese Blätter beschäftigen. Ich zeichne nur sein Bild, mit genauer Angabe des Ortes und der Zeit, wo er mir saß. Zugleich verhehle ich nicht, welche günstige oder ungünstige Stimmung mich während der Sitzung beherrschte. Ich liefere dadurch den besten Maßstab für den Glauben, den meine Angaben verdienen.

Ist aber einerseits dieses beständige Konstatieren meiner Persönlichkeit das geeignetste Mittel, ein Selbsturteil des Lesers zu fördern, so glaube ich andererseits zu einem Hervorstellen meiner eigenen Person in diesem Buche besonders verpflichtet zu sein, da, durch einen Zusammenfluss der heterogensten Umstände, sowohl die Feinde wie die Freunde Börnes nie aufhörten, bei jeder Besprechung desselben über mein eigenes Dichten und Trachten mehr oder minder wohlwollend oder böswillig zu räsonieren. Die aristokratische Partei in Deutschland, wohl wissend, dass ihr die Mäßigung meiner Rede weit gefährlicher sei als die Berserkerwut Börnes, suchte mich gern als einen gleichgesinnten Kumpan desselben zu verschreien, um mir eine gewisse Solidarität seiner politischen Tollheiten aufzubürden. Die radikale Partei, weit entfernt, diese Kriegslist zu enthüllen, unterstützte sie vielmehr, um mich in den Augen der Menge als ihren Genossen erscheinen zu lassen und dadurch die Autorität meines Namens auszubeuten. Gegen solche Machinationen öffentlich aufzutreten war unmöglich; ich hätte nur den Verdacht auf mich geladen, als desavouierte ich Börne, um die Gunst seiner Feinde zu gewinnen. Unter diesen Umständen tat mir Börne wirklich einen Gefallen, als er nicht bloß in kurz hingeworfenen Worten, sondern auch in erweiterten Auseinandersetzungen mich öffentlich angriff und über die Meinungsdifferenz, die zwischen uns herrschte, das Publikum selber aufklärte. Das tat er namentlich im sechsten Band seiner »Pariser Briefe« und in zwei Artikeln, die er in der französischen Zeitschrift »Le Réformateur« abdrucken ließ. Diese Artikel, worauf ich, wie bereits erwähnt worden, nie antwortete, gaben wieder Gelegenheit, bei jeder Besprechung Börnes auch von mir zu reden, jetzt freilich in einem ganz anderen Ton wie früher. Die Aristokraten überhäuften mich mit den perfidesten Lobsprüchen, sie priesen mich fast zugrunde: ich wurde plötzlich wieder ein großer Dichter, nachdem ich ja eingesehen hätte, dass ich meine politische Rolle, den lächerlichen Radikalismus, nicht weiterspielen könne. Die Radikalen hingegen fingen nun an, öffentlich gegen mich loszuziehen – privatim taten sie es zu jeder Zeit –, sie ließen kein gutes Haar an mir, sie sprachen mir allen Charakter ab und ließen nur noch den Dichter gelten. – Ja, ich bekam sozusagen meinen politischen Abschied und wurde gleichsam in Ruhestand nach dem Parnassus versetzt. Wer die erwähnten zwei Parteien kennt, wird die Großmut, womit sie mir den Titel eines Poeten ließen, leicht würdigen. Die einen sehen in einem Dichter nichts anderes als einen träumerischen Höfling müßiger Ideale. Die anderen sehen in dem Dichter gar nichts; in ihrer nüchternen Hohlheit findet Poesie auch nicht den dürftigsten Widerklang.

Was ein Dichter eigentlich ist, wollen wir dahingestellt sein lassen. Doch können wir nicht umhin, über die Begriffe, die man mit dem Worte »Charakter« verbindet, unsere unmaßgebliche Meinung auszusprechen.

Was versteht man unter dem Wort »Charakter«?

Charakter hat derjenige, der in den bestimmten Kreisen einer bestimmten Lebensanschauung lebt und waltet, sich gleichsam mit derselben identifiziert und nie in Widerspruch gerät mit seinem Denken und Fühlen. Bei ganz ausgezeichneten, über ihr Zeitalter hinausragenden Geistern kann daher die Menge nie wissen, ob sie Charakter haben oder nicht, denn die große Menge hat nicht Weitblick genug, um die Kreise zu überschauen, innerhalb derselben sich jene hohen Geister bewegen. Ja, indem die Menge nicht die Grenzen des Wollens und Dürfens jener hohen Geister kennt, kann es ihr leicht begegnen, in den Handlungen derselben weder Befugnis noch Notwendigkeit zu sehen, und die geistig Blöd- und Kurzsichtigen klagen dann über Willkür, Inkonsequenz, Charakterlosigkeit. Minder begabte Menschen, deren oberflächlichere und engere Lebensanschauung leichter ergründet und überschaut wird und die gleichsam ihr Lebensprogramm in populärer Sprache ein für allemal auf öffentlichem Markte proklamiert haben, diese kann das verehrungswürdige Publikum immer im Zusammenhang begreifen, es besitzt einen Maßstab für jede ihrer Handlungen, es freut sich dabei über seine eigene Intelligenz, wie bei einer aufgelösten Scharade, und jubelt: »Seht, das ist ein Charakter!«

Es ist immer ein Zeichen von Borniertheit, wenn man von der bornierten Menge leicht begriffen und ausdrücklich als Charakter gefeiert wird. Bei Schriftstellern ist dies noch bedenklicher, da ihre Taten eigentlich in Worten bestehen, und was das Publikum als Charakter in ihren Schriften verehrt, ist am Ende nichts anderes als knechtische Hingebung an den Moment, als Mangel an Bildnerruhe, an Kunst.

Der Grundsatz, dass man den Charakter eines Schriftstellers aus seiner Schreibweise erkenne, ist nicht unbedingt richtig; er ist bloß anwendbar bei jener Masse von Autoren, denen beim Schreiben nur die augenblickliche Inspiration die Feder führt und die mehr dem Worte gehorchen als befehlen. Bei Artisten ist jener Grundsatz unzulässig, denn diese sind Meister des Wortes, handhaben es zu jedem beliebigen Zweck, prägen es nach Willkür, schreiben objektiv, und ihr Charakter verrät sich nicht in ihrem Stil.

Ob Börne ein Charakter ist, während andere nur Dichter sind, diese unfruchtbare Frage können wir nur mit dem mitleidigsten Achselzucken beantworten.

»Nur Dichter« – wir werden unsere Gegner nie so bitter tadeln, dass wir sie in eine und dieselbe Kategorie setzen mit Dante, Milton, Cervantes, Camões, Philipp Sidney, Friedrich Schiller, Wolfgang Goethe, welche nur Dichter waren ... Unter uns gesagt, diese Dichter, sogar der letztere, zeigten manchmal Charakter!

»Sie haben Augen und sehen nicht, sie haben Ohren und hören nicht, sie haben sogar Nasen und riechen nichts.« – Diese Worte lassen sich sehr gut anwenden auf die plumpe Menge, die nie begreifen wird, dass ohne innere Einheit keine geistige Größe möglich ist und dass, was eigentlich Charakter genannt werden muss, zu den unerlässlichsten Attributen des Dichters gehört.

Die Distinktion zwischen Charakter und Dichter ist übrigens zunächst von Börne selbst ausgegangen, und er hatte selber schon allen jenen schnöden Folgerungen vorgearbeitet, die seine Anhänger später gegen den Schreiber dieser Blätter abhaspelten. In den »Pariser Briefen« und den erwähnten Artikeln des »Réformateurs« wird bereits von meinem charakterlosen Poetentum und meiner poetischen Charakterlosigkeit hinlänglich gezüngelt, und es winden und krümmen sich dort die giftigsten Insinuationen. Nicht mit bestimmten Worten, aber mit allerlei Winken werde ich hier der zweideutigsten Gesinnungen, wo nicht gar der gänzlichen Gesinnungslosigkeit, verdächtigt! Ich werde in derselben Weise nicht bloß des Indifferentismus, sondern auch des Widerspruchs mit mir selber bezichtigt. Es lassen sich hier sogar einige Zischlaute vernehmen, die – können die Toten im Grabe erröten? –, ja, ich kann dem Verstorbenen diese Beschämung nicht ersparen: er hat sogar auf Bestechlichkeit hingedeutet.

Schöne, süße Ruhe, die ich in diesem Augenblick in tiefster Seele empfinde! Du belohnst mich hinreichend für alles, was ich getan, und für alles, was ich verschmäht ... Ich werde mich weder gegen den Vorwurf der Indifferenz noch gegen den Verdacht der Feilheit verteidigen. Ich habe es vor Jahren, bei Lebzeiten der Insinuanten, meiner unwürdig gehalten; jetzt fordert Schweigen sogar der Anstand. Das gäbe ein grauenhaftes Schauspiel ... Polemik zwischen dem Tod und dem Exil! – Du reichst mir aus dem Grabe die bittende Hand? ... Ohne Groll reiche ich dir die meinige ... Sieh, wie schön ist sie und rein! Sie ward nie besudelt von dem Händedruck des Pöbels, ebenso wenig wie vom schmutzigen Golde der Volksfeinde ... Im Grunde hast du mich ja nie beleidigt ... In allen deinen Insinuationen ist auch für keinen Louisdor Wahrheit!

Die Stelle in Börnes »Pariser Briefen«, wo er am unumwundensten mich angriff, ist zugleich so charakteristisch zur Beurteilung des Mannes selbst, seines Stiles, seiner Leidenschaft und seiner Blindheit, dass ich nicht umhinkann, sie hier mitzuteilen. Trotz des bittersten Wollens war er nie imstande, mich zu verletzen, und alles, was er hier sowie auch in den erwähnten Artikeln des »Réformateurs« zu meinem Nachteil vorbrachte, konnte ich mit einem Gleichmut lesen, als wäre es nicht gegen mich gerichtet, sondern etwa gegen Nebukodonosor, König von Babylon, oder gegen den Kalifen Harun al Raschid oder gegen Friedrich den Großen, welcher die Pasquille auf seine Person, die an den Berliner Straßenecken etwas zu hoch hingen, viel niedriger anzuheften befahl, damit das Publikum sie besser lesen könne. Die erwähnte Stelle ist datiert von Paris, den 25. Februar 1833, und lautet folgendermaßen:

»Soll ich über Heines ›Französische Zustände‹ ein vernünftiges Wort versuchen? Ich wage es nicht. Das fliegenartige Missbehagen, das mir beim Lesen des Buchs um den Kopf summte und sich bald auf diese, bald auf jene Empfindung setzte, hat mich so ärgerlich gestimmt, dass ich mich nicht verbürge – ich sage nicht für die Richtigkeit meines Urteils, denn solche anmaßliche Bürgschaft übernehme ich nie –, sondern nicht einmal für die Aufrichtigkeit meines Urteils. Dabei bin ich aber besonnen genug geblieben, um zu vermuten, dass diese Verstimmung meine, nicht Heines Schuld ist. Wer so große Geheimnisse wie er besitzt, als wie: in der dreihundertjährigen Unmenschlichkeit der österreichischen Politik eine erhabene Ausdauer zu finden und in dem König von Bayern einen der edelsten und geistreichsten Fürsten, die je einen Thron geziert; den König der Franzosen, als hätte er das kalte Fieber, an dem einen Tage für gut, an dem andern für schlecht, am dritten Tage wieder für gut, am vierten wieder für schlecht zu erklären; wer es kühn und großartig findet, dass die Herrn von Rothschild während der Cholera ruhig in Paris geblieben, aber die unbezahlten Mühen der deutschen Patrioten lächerlich findet; und wer bei aller dieser Weichmütigkeit sich selbst noch für einen gefesteten Mann hält – wer so große Geheimnisse besitzt, der mag noch größere haben, die das Rätselhafte seines Buches erklären; ich aber kenne sie nicht. Ich kann mich nicht bloß in das Denken und Fühlen jedes andern, sondern auch in sein Blut und seine Nerven versetzen, mich an die Quellen aller seiner Gesinnungen und Gefühle stellen und ihrem Laufe nachgehen mit unermüdlicher Geduld. Doch muss ich dabei mein eigenes Wesen nicht aufzuopfern haben, sondern nur zu beseitigen auf eine Weile. Ich kann Nachsicht haben mit Kinderspielen, Nachsicht mit den Leidenschaften eines Jünglings. Wenn aber an einem Tage des blutigsten Kampfes ein Knabe, der auf dem Schlachtfelde nach Schmetterlingen jagt, mir zwischen die Beine kommt, wenn an einem Tage der höchsten Not, wo wir heiß zu Gott beten, ein junger Geck uns zur Seite in der Kirche nichts sieht als die schönen Mädchen und mit ihnen liebäugelt und flüstert – so darf uns das, unbeschadet unserer Philosophie und Menschlichkeit, wohl ärgerlich machen.

Heine ist ein Künstler, ein Dichter, und zur allgemeinsten Anerkennung fehlt ihm nur noch seine eigne. Weil er oft noch etwas anders sein will als ein Dichter, verliert er sich oft. Wem, wie ihm, die Form das Höchste ist, dem muss sie auch das Einzige bleiben; denn sobald er den Rand übersteigt, fließt er ins Schrankenlose hinab, und es trinkt ihn der Sand. Wer die Kunst als seine Gottheit verehrt und je nach Laune auch manches Gebet an die Natur richtet, der frevelt gegen Kunst und Natur zugleich. Heine bettelt der Natur ihren Nektar und Blütenstaub ab und baut mit bildendem Wachse der Kunst ihre Zellen, aber er bildet die Zelle nicht, dass sie den Honig bewahre, sondern sammelt den Honig, damit die Zelle auszufüllen. Darum rührt er auch nicht, wenn er weint; denn man weiß, dass er mit den Tränen nur seine Nelkenbeete begießt. Darum überzeugt er nicht, wenn er auch die Wahrheit spricht; denn man weiß, dass er an der Wahrheit nur das Schöne liebt. Aber die Wahrheit ist nicht immer schön, sie bleibt es nicht immer. Es dauert lange, bis sie in Blüte kommt, und sie muss verblühen, ehe sie Früchte trägt. Heine würde die deutsche Freiheit anbeten, wenn sie in voller Blüte stände; da sie aber, wegen des rauen Winters, mit Mist bedeckt ist, erkennt er sie nicht und verachtet sie. Mit welcher schönen Begeisterung hat er nicht von dem Kampfe der Republikaner in der St. Mery Kirche und von ihrem Heldentode gesprochen! Es war ein glücklicher Kampf, es war ihnen vergönnt, den schönen Trotz gegen die Tyrannei zu zeigen und den schönen Tod für die Freiheit zu sterben. Wäre der Kampf nicht schön gewesen, und dazu hätte es nur einer andern Örtlichkeit bedurft, wo man die Republikaner hätte zerstreuen und fangen können – hätte sich Heine über sie lustig gemacht. Was Brutus getan, würde Heine verherrlichen, so schön er nur vermag; würde aber ein Schneider den blutigen Dolch aus dem Herzen einer entehrten jungen Näherin ziehen, die gar Bärbelchen hieße, und damit die dummträgen Bürger zu ihrer Selbstbefreiung stacheln – er lachte darüber. Man versetze Heine in das Ballhaus zu jener denkwürdigen Stunde, wo Frankreich aus seinem tausendjährigen Schlafe erwachte und schwur, es wolle nicht mehr träumen – er wäre der tollheißeste Jakobiner, der wütendste Feind der Aristokraten und ließe alle Edelleute und Fürsten mit Wonne an einem Tage niedermetzeln. Aber sähe er aus der Rocktasche des feuerspeienden Mirabeau auf deutsche Studentenart eine Tabakspfeife mit rotschwarzgoldener Quaste hervorragen – dann pfui, Freiheit! Und er ginge hin und machte schöne Verse auf Marie Antoinettens schöne Augen. Wenn er in seinem Buche die heilige Würde des Absolutismus preist, so geschah es, außer dass es eine Redeübung war, die sich an dem Tollsten versuchte, nicht darum, weil er politisch reinen Herzens ist, wie er sagt; sondern er tat es, weil er atemreines Mundes bleiben möchte und er wohl an jenem Tage, als er das schrieb, einen deutschen Liberalen Sauerkraut mit Bratwurst essen gesehen.

Wie kann man je dem glauben, der selbst nichts glaubt? Heine schämt sich so sehr, etwas zu glauben, dass er Gott den ›Herrn‹ mit lauter Initialbuchstaben drucken lässt, um anzuzeigen, dass es ein Kunstausdruck sei, den er nicht zu verantworten habe. Den verzärtelten Heine, bei seiner sybaritischen Natur, kann das Fallen eines Rosenblattes im Schlafe stören; wie sollte er behaglich auf der Freiheit ruhen, die so knorrig ist? Er bleibe fern von ihr. Wen jede Unebenheit ermüdet, wen jeder Widerspruch verwirrt macht, der gehe nicht, denke nicht, lege sich in sein Bett und schließe die Augen. Wo gibt es denn eine Wahrheit, in der nicht etwas Lüge wäre? Wo eine Schönheit, die nicht ihre Flecken hätte? Wo ein Erhabenes, dem nicht eine Lächerlichkeit zur Seite stünde? Die Natur dichtet selten und reimt niemals; wem ihre Prosa und ihre Ungereimtheiten nicht behagen, der wende sich zur Poesie. Die Natur regiert republikanisch, sie lässt jedem Dinge seinen Willen, bis zur Reife der Missetat, und straft dann erst. Wer schwache Nerven hat und Gefahren scheut, der diene der Kunst, der absoluten, die jeden rauen Gedanken ausstreicht, ehe er zur Tat wird, und an jeder Tat feilt, bis sie zu schmächtig wird zur Missetat.

Heine hat in meinen Augen so großen Wert, dass es ihm nicht immer gelingen wird, sich zu überschätzen. Also nicht diese Selbstüberschätzung mache ich ihm zum Vorwurf, sondern dass er überhaupt die Wirksamkeit einzelner Menschen überschätzt, ob er es zwar in seinem eigenen Buche so klar und schön dargetan, dass heute die Individuen nichts mehr gelten, dass selbst Voltaire und Rousseau von keiner Bedeutung wären, weil jetzt die Chöre handelten und die Personen sprächen. Was sind wir denn, wenn wir viel sind? Nichts als die Herolde des Volks. Wenn wir verkündigen, und mit lauter vernehmlicher Stimme, was uns, jedem von seiner Partei, aufgetragen, werden wir gelobt und belohnt; wenn wir unvernehmlich sprechen oder gar verräterisch eine falsche Botschaft bringen, werden wir getadelt und gezüchtigt. Das vergisst eben Heine, und weil er glaubt, er wie mancher andere auch könnte eine Partei zugrunde richten oder ihr aufhelfen, hält er sich für wichtig; sieht umher, wem er gefalle, wem nicht; träumt von Freunden und Feinden, und weil er nicht weiß, wo er geht und wohin er will, weiß er weder, wo seine Freunde, noch, wo seine Feinde stehen, sucht sie bald hier, bald dort und weiß sie weder hier noch dort zu finden. Uns anderen miserablen Menschen hat die Natur zum Glücke nur *einen* Rücken gegeben, so dass wir die Schläge des Schicksals nur von *einer* Seite fürchten; der arme Heine aber hat zwei Rücken, er fürchtet die Schläge der Aristokraten und die Schläge der Demokraten, und um beiden auszuweichen, muss er zugleich vorwärts und rückwärts gehen. – Um den Demokraten zu gefallen, sagt Heine, die jesuitisch-aristokratische Partei in Deutschland verleumde und verfolge ihn, weil er dem Absolutismus kühn die Stirne biete. Dann, um den Aristokraten zu gefallen, sagt er, er habe dem Jakobinismus kühn die Stirne geboten; er sei ein guter Royalist und werde ewig monarchisch gesinnt bleiben; in einem Pariser Putzladen, wo er vorigen Sommer bekannt war, sei er unter den acht Putzmachermädchen mit ihren acht Liebhabern – alle sechzehn von höchst gefährlicher republikanischer Gesinnung – der einzige Royalist gewesen, und darum stünden ihm die Demokraten nach dem Leben. Ganz wörtlich sagt er: ›Ich bin, bei Gott! kein Republikaner, ich weiß, wenn die Republikaner siegen, so schneiden sie mir die Kehle ab.‹ Ferner: ›Wenn die Insurrektion vom 5. Juni nicht scheiterte, wäre es ihnen leicht gelungen, mir den Tod zu bereiten, den sie mir zugedacht: ich verzeihe ihnen gerne diese Narrheit.‹ Ich nicht. Republikaner, die solche Narren wären, dass sie Heine glaubten aus dem Wege räumen zu müssen, um ihr Ziel zu erreichen, die gehörten in das Tollhaus.

Auf diese Weise glaubt Heine bald dem Absolutismus, bald dem Jakobinismus kühn die Stirne zu bieten. Wie man aber einem Feinde die Stirne bieten kann, indem man sich von ihm abwendet, das begreife ich nicht. Jetzt wird, zur Wiedervergeltung, der Jakobinismus durch eine gleiche Wendung auch Heine kühn die Stirne bieten. Dann sind sie quitt, und so hart sie auch aufeinanderstoßen mögen, können sie sich nie sehr wehe tun. Diese weiche Art, Krieg zu führen, ist sehr löblich, und an einem blasenden Herolde, die Heldentaten zu verkündigen, kann es keiner der kämpfenden Stirnen in diesem Falle fehlen.

Gab es je einen Menschen, den die Natur bestimmt hat, ein ehrlicher Mann zu sein, so ist es Heine, und auf diesem Wege könnte er sein Glück machen. Er kann keine fünf Minuten, keine zwanzig Zeilen heucheln, keinen Tag, keinen halben Bogen lügen. Wenn es eine Krone gälte, er kann kein Lächeln, keinen Spott, keinen Witz unterdrücken; und wenn er, sein eigenes Wesen verkennend, doch lügt, doch heuchelt, ernsthaft scheint, wo er lachen, demütig, wo er spotten möchte, so merkt es jeder gleich, und er hat von solcher Verstellung nur den Vorwurf, nicht den Gewinn. Er gefällt sich, den Jesuiten des Liberalismus zu spielen. Ich habe es schon einmal gesagt, dass dieses Spiel der guten Sache nützen kann; aber weil es eine einträgliche Rolle ist, darf sie kein ehrlicher Mann selbst übernehmen, sondern muss sie andern überlassen. So, seiner bessern Natur zum Spott, findet Heine seine Freude daran, zu diplomatisieren und seine Zähne zum Gefängnisgitter seiner Gedanken zu machen, hinter welchem sie jeder ganz deutlich sieht und dabei lacht. Denn zu verbergen, dass er etwas zu verbergen habe, so weit bringt er es in der Verstellung nie. Wenn ihn der Graf Moltke in einen Federkrieg über den Adel zu verwickeln sucht, bittet er ihn, es zu unterlassen; ›denn es schien mir gerade damals bedenklich, in meiner gewöhnlichen Weise ein Thema öffentlich zu erörtern, das die Tagesleidenschaften so furchtbar ansprechen müsste‹. Diese Tagesleidenschaft gegen den Adel, die schon fünfzigmal dreihundertfünfundsechzig Tage dauert, könnte weder Herr von Moltke noch Heine noch sonst einer noch furchtbarer machen, als sie schon ist. Um von etwas warm zu sprechen, soll man also warten, bis die Leidenschaft, der er Nahrung geben kann, gedämpft ist, um sie dann von neuem zu entzünden? Das ist freilich die Weisheit der Diplomaten. Heine glaubt etwas zu wissen, das Lafayette gegen die Beschuldigung der Teilnahme an der Juni-Insurrektion verteidigen kann; aber ›eine leicht begreifliche Diskretion‹ hält ihn ab, sich deutlich auszusprechen. Wenn Heine auf diesem Wege Minister wird, dann will ich verdammt sein, sein geheimer Sekretär zu werden und ihn von Morgen bis Abend anzusehen, ohne zu lachen.«

Ich möchte herzlich gern auch die erwähnten zwei Artikel des »Réformateur« hier mitteilen, aber drei Schwierigkeiten halten mich davon ab; erstens würden diese Artikel zu viel Raum einnehmen, zweitens, da sie auf französisch geschrieben, müsste ich sie selber übersetzen, und drittens, obgleich ich schon in zehn Cabinets de lecture nachgefragt, habe ich nirgends mehr ein Exemplar des bereits eingegangenen »Réformateur« auftreiben können. Doch der Inhalt dieser Artikel ist mir noch hinlänglich bekannt: sie enthielten die maliziösesten Insinuationen über Abtrünnigkeit und Inkonsequenz, allerlei Anschuldigung von Sinnlichkeit, auch wird darin der Katholizismus gegen mich in Schutz genommen usw. – Von Verteidigung dagegen kann hier nicht die Rede sein; diese Schrift, welche weder eine Apologie noch eine Kritik des Verstorbenen sein soll, bezweckt auch keine Justifikation des Überlebenden. Genug, ich bin mir der Redlichkeit meines Willens und meiner Absichten bewusst, und werfe ich einen Blick auf meine Vergangenheit, so regt sich in mir ein fast freudiger Stolz über die gute Strecke Weges, die ich bereits zurückgelegt. Wird meine Zukunft von ähnlichen Fortschritten zeugen?

Aufrichtig gesagt, ich zweifle daran. Ich fühle eine sonderbare Müdigkeit des Geistes; wenn er auch in der letzten Zeit nicht viel geschaffen, so war er doch immer auf den Beinen. Ob das, was ich überhaupt schuf in diesem Leben, gut oder schlecht war, darüber wollen wir nicht streiten. Genug, es war groß; ich merkte es an der schmerzlichen Erweiterung der Seele, voraus diese Schöpfungen hervorgingen ... und ich merke es auch an der Kleinheit der Zwerge, die davorstehen und schwindlicht hinaufblinzeln ... Ihr Blick reicht nicht bis zur Spitze, und sie stoßen sich nur die Nasen an dem Piedestal jener Monumente, die ich in der Literatur Europas aufgepflanzt habe, zum ewigen Ruhm des deutschen Geistes. Sind diese Monumente ganz makellos, sind sie ganz ohne Fehl und Sünde? Wahrlich, ich will auch hierüber nichts Bestimmtes behaupten. Aber was die kleinen Leute daran auszusetzen wissen, zeugt nur von ihrer eigenen putzigen Beschränktheit. Sie erinnern mich an die kleinen Pariser Badauds [Schaulustigen], die bei der Aufrichtung des Obelisk auf der Place Louis XVI über den Wert oder die Nützlichkeit dieses großen Sonnenzeigers ihre respektiven Ansichten austauschten. Bei dieser Gelegenheit kamen die ergötzlichsten Philistermeinungen zum Vorschein. Da war ein schwindsüchtig dünner Schneider, welcher behauptete, der rote Stein sei nicht hart genug, um dem nordischen Klima lange zu widerstehen, und das Schneewasser werde ihn bald zerbröckeln und der Wind ihn niederstürzen. Der Kerl hieß Petit Jean und machte sehr schlechte Röcke, wovon kein Fetzen auf die Nachwelt kommen wird, und er selbst liegt schon verscharrt auf dem Père-Lachaise. Der rote Stein aber steht noch immer fest auf der Place Louis XVI und wird noch Jahrhunderte dort stehenbleiben, trotzend allem Schneewasser, Wind und Schneidergeschwätz!

Das Spaßhafteste bei der Aufrichtung des Obelisken war folgendes Ereignis: Auf der Stelle, wo der große Stein gelegen, ehe man ihn aufrichtete, fand man einige kleine Skorpione, wahrscheinlich entsprungen aus etwelchen Skorpioneneiern, die in der Emballage des Obelisken aus Ägypten mitgebracht und hier zu Paris von der Sonnenhitze ausgebrütet wurden. Über diese Skorpione erhuben nun die Badauds ein wahres Zetergeschrei, und sie verfluchten den großen Stein, dem Frankreich jetzt die giftigen Skorpione verdanke, eine neue Landplage, woran noch Kinder und Kindeskinder leiden würden ... Und sie legten die kleinen Ungetüme in eine Schachtel und brachten sie zum Commissaire de Police des Madeleineviertels, wo gleich procès verbal darüber aufgenommen wurde ... und Eile tat Not, da die armen Tierchen einige Stunden nachher starben ...

Auch bei der Aufrichtung großer Geistesobelisken können allerlei Skorpione zum Vorschein kommen, kleinliche Gifttierchen, die vielleicht ebenfalls aus Ägypten stammen und bald sterben und vergessen werden, während das große Monument erhaben und unzerstörbar stehenbleibt, bewundert von den spätesten Enkeln. – – –

Es ist doch eine sonderbare Sache mit dem Obelisken von Luxor, welchen die Franzosen aus dem alten Mizraim [Ägypten] herübergeholt und als Zierrat aufgestellt haben, inmitten jenes grauenhaften Platzes, wo sie mit der Vergangenheit den entsetzlichen Bruch gefeiert, am 21. des Januar 1793. Leichtsinnig wie sie sind, die Franzosen, haben sie hier vielleicht einen Denkstein aufgepflanzt, der den Fluch ausspricht über jeden, welcher Hand legt an das heilige Haupt Pharaos!

Wer enträtselt diese Stimme der Vorzeit, diese uralten Hieroglyphen? Sie enthalten vielleicht keinen Fluch, sondern ein Rezept für die Wunde unserer Zeit! O wer lesen könnte! Wer sie ausspräche, die heilenden Worte, die hier eingegraben ... Es steht hier vielleicht geschrieben, wo die verborgene Quelle rieselt, woraus die Menschheit trinken muss, um geheilt zu werden, wo das geheime Wasser des Lebens, wovon uns die Amme in den alten Kindermärchen so viel erzählt hat und wonach wir jetzt schmachten als kranke Greise. – Wo fließt das Wasser des Lebens? Wir suchen und suchen ...

Ach, es wird noch eine gute Weile dauern, ehe wir das große Heilmittel ausfindig machen; bis dahin muss noch eine lange schmerzliche Zeit dahingesiecht werden, und allerlei Quacksalber werden auftreten, mit Hausmittelchen, welche das Übel nur verschlimmern. Da kommen zunächst die Radikalen und verschreiben eine Radikalkur, die am Ende doch nur äußerlich wirkt, höchstens den gesellschaftlichen Grind vertreibt, aber nicht die innere Fäulnis. Gelänge es ihnen auch, die leidende Menschheit auf eine kurze Zeit von ihren wildesten Qualen zu befreien, so geschähe es doch nur auf Kosten der letzten Spuren von Schönheit, die dem Patienten bis jetzt geblieben sind; hässlich wie ein geheilter Philister wird er aufstehen von seinem Krankenlager, und in der hässlichen Spitaltracht, in dem aschgrauen Gleichheitskostüm, wird er sich all sein Lebtag herumschleppen müssen. Alle überlieferte Heiterkeit, alle Süße, aller Blumenduft, alle Poesie wird aus dem Leben herausgepumpt werden, und es wird davon nichts übrigbleiben als die Rumfordsche Suppe der Nützlichkeit. – Für die Schönheit und das Genie wird sich kein Platz finden in dem Gemeinwesen unserer neuen Puritaner, und beide werden fletriert und unterdrückt werden, noch weit betrübsamer als unter dem älteren Regiment. Denn Schönheit und Genie sind ja auch eine Art Königtum, und sie passen nicht in eine Gesellschaft, wo jeder, im Missgefühl der eigenen Mittelmäßigkeit, alle höhere Begabnis herabzuwürdigen sucht, bis aufs banale Niveau.

Die Könige gehen fort, und mit ihnen gehen die letzten Dichter. »Der Dichter soll mit dem König gehen«, diese Worte dürften jetzt einer ganz anderen Deutung anheimfallen. Ohne Autoritätsglauben kann auch kein großer Dichter emporkommen. Sobald sein Privatleben von dem unbarmherzigsten Lichte der Presse beleuchtet wird und die Tageskritik an seinen Worten würmelt und nagt, kann auch das Lied des Dichters nicht mehr den nötigen Respekt finden. Wenn Dante durch die Straßen von Verona ging, zeigte das Volk auf ihn mit Fingern und flüsterte: »Der war in der Hölle!« Hätte er sie sonst mit allen ihren Qualen so treu schildern können? Wie weit tiefer, bei solchem ehrfurchtsvollen Glauben, wirkte die Erzählung der Francesca von Rimini, des Ugolino und aller jener Qualgestalten, die dem Geiste des großen Dichters entquollen ...

Nein, sie sind nicht bloß seinem Geiste entquollen, er hat sie nicht gedichtet, er hat sie gelebt, er hat sie gefühlt, er hat sie gesehen, betastet, er war wirklich in der Hölle, er war in der Stadt der Verdammten ... er war im Exil! – – –

Die öde Werkeltagsgesinnung der modernen Puritaner verbreitet sich schon über ganz Europa, wie eine graue Dämmerung, die einer starren Winterzeit vorausgeht ... Was bedeuten die armen Nachtigallen, die plötzlich schmerzlicher, aber auch süßer als je ihr melodisches Schluchzen erheben im deutschen Dichterwald? Sie singen ein wehmütiges Ade! Die letzten Nymphen, die das Christentum verschont hat, sie flüchten ins wildeste Dickicht. In welchem traurigen Zustand habe ich sie dort erblickt, jüngste Nacht! – – – Als ob die Bitternisse der Wirklichkeit nicht hinreichend kummervoll wären, quälen mich noch die bösen Nachtgesichte ... In greller Bilderschrift zeigt mir der Traum das große Leid, das ich mir gern verhehlen möchte und das ich kaum auszusprechen wage in den nüchternen Begriffslauten des hellen Tages – – – Jüngste Nacht träumte mir von einem großen wüsten Walde und einer verdrießlichen Herbstnacht. In dem großen wüsten Walde zwischen den himmelhohen Bäumen kamen zuweilen lichte Plätze zum Vorschein, die aber von einem gespenstisch weißen Nebel gefüllt waren. Hie und da, aus dem dicken Nebel, grüßte ein stilles Waldfeuer. Auf eines derselben hinzuschreitend, bemerkte ich allerlei dunkle Schatten, die sich rings um die Flammen bewegten; doch erst in der unmittelbarsten Nähe konnte ich die schlanken Gestalten und ihre melancholisch holden Gesichter genau erkennen. Es waren schöne, nackte Frauenbilder, gleich den Nymphen, die wir auf den lüsternen Gemälden des Giulio Romano sehen und die, in üppiger Jugendblüte, unter sommergrünem Laubdach, sich anmutig lagern und erlustigen ... Ach! kein so heiteres Schauspiel bot sich hier meinem Anblick! Die Weiber meines Traumes, obgleich noch immer geschmückt mit dem Liebreiz ewiger Jugend, trugen dennoch eine geheime Zerstörnis an Leib und Wesen; die Glieder waren noch immer bezaubernd durch süßes Ebenmaß, aber etwas abgemagert und wie überfröstelt von kaltem Elend, und gar in den Gesichtern, trotz des lächelnden Leichtsinns, zuckten die Spuren eines abgrundtiefen Grams. Auch statt auf schwelenden Rasenbänken, wie die Nymphen des Giulio, kauerten sie auf dem harten Boden, unter halbentlaubten Eichenbäumen, wo, statt der verliebten Sonnenlichter, die quirlenden Dünste der feuchten Herbstnacht auf sie herabsinterten ... Manchmal erhob sich eine dieser Schönen, ergriff aus dem Reisig einen lodernden Brand, schwang ihn über ihr Haupt, gleich einem Thyrsus, und versuchte eine jener unmöglichen Tanzposituren, die wir auf etruskischen Vasen gesehen ... aber traurig lächelnd, wie bezwungen von Müdigkeit und Nachtkälte, sank sie wieder zurück ans knisternde Feuer. Besonders eine unter diesen Frauen bewegte mein ganzes Herz mit einem fast wollüstigen Mitleid. Es war eine hohe Gestalt, aber noch weit mehr als die anderen abgemagert an Armen, Beinen, Busen und Wangen, was jedoch, statt abstoßend, vielmehr zauberhaft anziehend wirkte. Ich weiß nicht, wie es kam, aber ehe ich mich dessen versah, saß ich neben ihr am Feuer, beschäftigt, ihre frostzitternden Hände und Füße an meinen brennenden Lippen zu wärmen; auch spielte ich mit ihren schwarzen, feuchten Haarflechten, die über das griechisch gradnäsige Gesicht und den rührend kalten, griechisch kargen Busen herabhingen ... Ja, ihr Haupthaar war von einer fast strahlenden Schwärze, so wie auch ihre Augenbrauen, die üppig schwarz zusammenflossen, was ihrem Blick einen sonderbaren Ausdruck von schmachtender Wildheit erteilte. »Wie alt bist du, unglückliches Kind«, sprach ich zu ihr. »Frag mich nicht nach meinem Alter« – antwortete sie mit einem halb wehmütig, halb frevelhaften Lachen –, »wenn ich mich auch um ein Jahrtausend jünger machte, so blieb' ich doch noch ziemlich bejahrt! Aber es wird jetzt immer kälter, und mich schläfert, und wenn du mir dein Knie zum Kopfkissen borgen willst, so wirst du deine gehorsame Dienerin sehr verpflichten ...«

Während sie nun auf meinen Knien lag und schlummerte und manchmal, wie eine Sterbende, im Schlafe röchelte, flüsterten ihre Gefährtinnen allerlei Gespräche, wovon ich nur sehr wenig verstand, da sie das Griechische ganz anders aussprachen, als ich es in der Schule und später auch beim alten Wolf gelernt hatte ... Nur soviel begriff ich, dass sie über die schlechte Zeit klagten und noch eine Verschlimmerung derselben befürchteten und sich vornahmen, noch tiefer waldeinwärts zu flüchten ... Da plötzlich, in der Ferne, erhob sich ein Geschrei von rohen Pöbelstimmen ... Sie schrien, ich weiß nicht mehr, was ... Dazwischen kicherte ein katholisches Mettenglöckchen ... Und meine schönen Waldfrauen wurden sichtbar noch blasser und magerer, bis sie endlich ganz in Nebel zerflossen und ich selber gähnend erwachte.

Der Schwabenspiegel

[Jahrbuch für Literatur, Band. 1, Hamburg 1839]

Vorbemerkung

Die hier mitgeteilten Blätter wurden im Beginn des Frühlings, als Nachrede zum zweiten Teil des »Buchs der Lieder« und mit der Bitte um schleunigsten Abdruck, nach Deutschland gesendet. Ich dachte nun, das Buch sei dort längst erschienen, als mir vor ein paar Wochen mein Verleger meldete, in einem süddeutschen Staate, wo er das Manuskript zur Zensur gegeben, habe man ihn während der ganzen Zeit mit dem Imprimatur hingehalten, und er schlüge mir vor, die Nachrede als besonderen Artikel in einer periodischen Publikation vorweg abdrucken zu lassen. Indem ich sie also in solcher Weise dem verehrungswürdigen Leser mitteile, glaube ich, dass er, ohne große Anstrengung seines Scharfsinns, erraten wird, warum ich seit zweiundeinhalb Jahren so vielen Schlichen und Ränken begegne, wenn ich jene Denunziatoren besprechen will, die ihrerseits, ganz ohne alle Zensur- und Redaktionsbeschränkung, den größten Teil der deutschen Pressen missbrauchen dürfen.

Paris, im Spätherbst 1838

Nach Brauch und Sitte deutscher Dichterschaft sollte ich meiner Gedichtsammlung, die den Titel »Buch der Lieder« führt und jüngst in erneutem Abdruck erschienen ist, auch die nachfolgenden Blätter einverleiben. Aber es wollte mich bedünken, als klänge in dem »Buch der Lieder« ein Grundton, der durch Beimischung späterer Erzeugnisse seine schöne Reinheit einbüßen möchte. Diese späteren Produktionen übergebe ich daher dem Publikum als besonderen Nachtrag, und indem ich bescheidentlich fühle, dass an dem Grundton dieser zweiten Sammlung wenig zu stören ist, füge ich ein dramatisches Gedicht hinzu, welches, in einer frühesten Periode entstanden, zu einer Reihe von Dichtungen gehört, die seitdem, durch betrübsames Missgeschick, unwiederbringlich verlorengegangen sind. Dieses dramatische Gedicht (»Ratcliff«) kann vielleicht in der Sammlung meiner poetischen Werke eine Lakune füllen und Zeugnis geben von Gefühlen, die in jenen verlorenen Dichtungen flammten oder wenigstens knisterten.

Etwas Ähnliches möchte ich in Beziehung auf das »Lied vom Tannhäuser« andeuten. Es gehört einer Periode meines Lebens, wovon ich ebenfalls wenige schriftliche Urkunden dem Publikum mitteilen kann oder vielmehr mitteilen darf.

Der Einfall, dieses Buch mit einem Konterfei meines Antlitzes zu schmücken, ist nicht von mir ausgegangen. Das Porträt des Verfassers vor den Büchern erinnert mich unwillkürlich an Genua, wo vor dem Narrenhospital die Bildsäule des Stifters aufgestellt ist. Es war mein Verleger, welcher auf die Idee geraten ist, dem Nachtrag zum »Buch der Lieder«, diesem gedruckten Narrenhaus, worin meine verrückten Gedanken eingesperrt sind, mein Bildnis voranzukleben. Mein Freund Julius Campe ist ein Schalk und wollte gewiss den lieben Kleinen von der schwäbischen Dichterschule, die sich gegen mein Gesicht verschworen haben, einen Schabernack spielen ... Wenn sie jetzt an meinen Liedern klauben und knuspern und die Tränen zählen, die darin vorkommen, so können sie nicht umhin, manchmal meine Züge zu betrachten. Aber warum grollt ihr mir so unversöhnbar, ihr guten Leutchen? Warum zieht ihr gegen mich los in weitschweifigen Artikeln, woran ich mich zu Tode langweilen könnte? Was habt ihr gegen mein Gesicht? Beiläufig will ich hier bemerken, dass das Porträt im »Musenalmanach« gar nicht getroffen ist. Das Bild, welches ihr heute schaut, ist weit besser, besonders der Oberteil des Gesichtes; der untere Teil ist viel zu schmächtig. Ich bin nämlich seit einiger Zeit sehr dick und wohlbeleibt geworden, und ich fürchte, ich werde bald wie ein Bürgermeister aussehn; – ach, die schwäbische Schule macht mir so viel Kummer!

Ich sehe, wie der geneigte Leser mit verwunderten Augen um Erklärung bittet, was ich unter dem Namen »schwäbische Schule« eigentlich verstehe. Was ist das, die schwäbische Schule? Es ist noch nicht lange her, dass ich selber an mehrere reisende Schwaben diese Frage richtete und um Auskunft bat. Sie wollten lange nicht mit der Sprache heraus und lächelten sehr sonderbar, etwa wie die Apotheker lächeln, wenn frühmorgens am ersten April eine leichtgläubige Magd zu ihnen in den Laden kommt und für zwei Kreuzer Mückenhonig verlangt. In meiner Einfalt glaubte ich anfangs, unter dem Namen schwäbische Schule verstünde man jenen blühenden Wald großer Männer, der dem Boden Schwabens entsprossen, jene Rieseneichen, die bis in den Mittelpunkt der Erde wurzeln und deren Wipfel hinaufragt bis an die Sterne ... Und ich frug: »Nicht wahr, Schiller gehört dazu, der wilde Schöpfer, der die ›Räuber‹ schuf? ...« – »Nein«, lautete die Antwort, »mit dem haben wir nichts zu schaffen, solche Räuberdichter gehören nicht zur schwäbischen Schule; bei uns geht's hübsch ordentlich zu, und der Schiller hat auch früh aus dem Land hinaus müssen.« – »Gehört denn Schelling zur schwäbischen Schule, Schelling, der irrende Weltweise, der König Artus der Philosophie, welcher vergeblich das absolute Montsalwatsch [Gralsburg in der Gralsdichtung] aufsucht und verschmachten muss in der mystischen Wildnis?« – »Wir verstehen das nicht«, antwortete man mir, »aber soviel können wir Ihnen versichern, der Schelling gehört nicht zur schwäbischen Schule.« – »Gehört Hegel dazu, der Geistesweltumsegler, der unerschrocken vorgedrungen bis zum Nordpol des Gedankens, wo einem das Gehirn einfriert im abstrakten Eis? ...« – »Den kennen wir gar nicht.« – »Gehört denn David Strauß dazu, der David mit der tödlichen Schleuder? ...« – »Gott bewahre uns vor dem, den haben wir sogar exkommuniziert, und wollte der sich in die schwäbische Schule aufnehmen lassen, so bekäme er gewiss lauter schwarze Kugeln.«

»Aber um Himmels willen« – rief ich aus, nachdem ich fast alle große Namen Schwabens aufgezählt hatte und bis auf alte Zeiten zurückgegangen war, bis auf Kepler, den großen Stern, der den ganzen Himmel verstanden, ja, bis auf die Hohenstaufen, die so herrlich auf Erden leuchteten, irdische Sonnen im deutschen Kaisermantel –, »wer gehört denn eigentlich zur schwäbischen Schule?«

»Wohlan«, antwortete man mir, »wir wollen Ihnen die Wahrheit sagen: die Renommees, die Sie eben aufgezählt, sind viel mehr europäisch als schwäbisch, sie sind gleichsam ausgewandert und haben sich dem Ausland aufgedrungen, statt dass die Renommees der schwäbischen Schule jenen Kosmopolitismus verachten und hübsch patriotisch und gemütlich zu Hause bleiben bei den Gelbveiglein und Metzelsuppen des teuren Schwabenlandes.« – Und nun kam ich endlich dahinter, von welcher bescheidenen Größe jene Berühmtheiten sind, die sich seitdem als schwäbische Schule aufgetan, in demselben Gedankenkreise umherhüpfen, sich mit denselben Gefühlen schmücken und auch Pfeifenquäste von derselben Farbe tragen.

Der Bedeutendste von ihnen ist der evangelische Pastor Gustav Schwab. Er ist ein Hering in Vergleichung mit den anderen, die nur Sardellen sind; versteht sich, Sardellen ohne Salz. Er hat einige schöne Lieder gedichtet, auch etwelche hübsche Balladen; freilich, mit einem Schiller, mit einem großen Walfisch, muss man ihn nicht vergleichen. Nach ihm kommt der Doktor Justinus Kerner, welcher Geister und vergiftete Blutwürste sieht und einmal dem Publikum aufs Ernsthafteste erzählt hat, dass ein Paar Schuhe, ganz allein, ohne menschliche Hilfe, langsam durch das Zimmer gegangen sind, bis zum Bett der Seherin von Prevorst. Das fehlt noch, dass man seine Stiefel des Abends festbinden muss, damit sie einem nicht des Nachts trapp! trapp! vors Bett kommen und mit lederner Gespensterstimme die Gedichte des

Herrn Justinus Kerner vordeklamieren! Letztere sind nicht ganz und gar schlecht, der Mann ist überhaupt nicht ohne Verdienst, und von ihm möchte ich dasselbe sagen, was Napoleon von Murat gesagt hat, nämlich: »Er ist ein großer Narr, aber der beste General der Kavallerie.« Ich sehe schon, wie sämtliche Insassen von Weinsberg über dieses Urteil den Kopf schütteln und mit Befremden mir entgegnen: »Unser teurer Landsmann, Herr Justinus, ist freilich ein großer Narr, aber keineswegs der beste General der Kavallerie!« Nun, wie ihr wollt, ich will euch gern einräumen, dass er kein vorzüglicher Kavalleriegeneral ist.

Herr Karl Mayer, welcher auf Latein Carolus Magnus heißt, ist ein anderer Dichter der schwäbischen Schule, und man versichert, dass er den Geist und den Charakter derselben am treuesten offenbare; er ist eine matte Fliege und besingt Maikäfer. Er soll sehr berühmt sein in der ganzen Umgegend von Waiblingen, vor dessen Toren man ihm eine Statue setzen will, und zwar eine Statue von Holz und in Lebensgröße. Dieses hölzerne Ebenbild des Sängers soll alle Jahr mit Ölfarbe neu angestrichen werden, alle Jahr, im Frühling, wenn die Gelbveiglein duften und die Maikäfer summen. Auf dem Piedestal wird die Inschrift zu lesen sein: »Dieser Ort darf nicht verunreinigt werden!«

Ein ganz ausgezeichneter Dichter der schwäbischen Schule, versichert man mir, ist Herr *** – er sei erst kürzlich zum Bewusstsein, aber noch nicht zur Erscheinung gekommen; er habe nämlich seine Gedichte noch nicht drucken lassen. Man sagt mir, er besinge nicht bloß Maikäfer, sondern sogar Lerchen und Wachteln, was gewiss sehr löblich ist. Lerchen und Wachteln sind wahrhaftig wert, dass man sie besinge, nämlich wenn sie gebraten sind. Über den Charakter und respektiven Wert der ***schen Dichtungen kann ich, solange sie noch nicht zur äußeren Erscheinung gekommen sind, gar kein Urteil fällen, ebenso wenig wie über die Meisterwerke so vieler anderen großen Unbekannten der schwäbischen Schule.

Die schwäbische Schule hat wohl gefühlt, dass es ihrem Ansehen nicht schaden würde, wenn sie neben ihren großen Unbekannten, die uns nur vermittels eines Hydrogasmikroskops sichtbar werden, auch einige kleine Bekannte, einige Renommees, die nicht bloß in der umfriedeten Heimlichkeit schwäbischer Gauen, sondern auch im übrigen Deutschland einige Geltung erworben, zu den Ihrigen zählen könnte. Sie schrieben daher an den König Ludwig von Bayern, den gekrönten Sänger, welcher aber absagen ließ. Übrigens ließ er sie freundlich grüßen und schickte ihnen ein Prachtexemplar seiner Poesien mit Goldschnitt und Einband von rotem Maroquinpapier. Hierauf wandten sich die Schwaben an den Hofrat Winkler, welcher unter dem Namen Theodor Hell seinen Dichterruhm verbreitet hat; dieser aber antwortete, seine Stellung als Herausgeber der »Abendzeitung« erlaube ihm nicht, sich in die schwäbische Schule aufnehmen zu lassen, dazu komme, dass er selber eine sächsische Schule stiften wolle, wozu er bereits eine bedeutende Anzahl poetischer Landsleute engagiert habe. In ähnlicher Weise haben auch einige berühmte Oberlausitzer und Hinterpommern die Anträge der schwäbischen Schule abgewiesen.

In dieser Not begingen die Schwaben einen wahren Schwabenstreich, sie nahmen nämlich zu Mitgliedern ihrer schwäbischen Schule einen Ungar und einen Kaschuben. Ersterer, der Ungar, nennt sich Nikolaus Lenau und ist, seit der Juliusrevolution, durch seine liberalen Bestrebungen, auch durch den anpreisenden Eifer meines Freundes Laube, zu einem Renommee gekommen, die er bis zu einem gewissen Grade verdient. Die Ungarn haben jedenfalls viel dadurch verloren, dass ihr Landsmann Lenau unter die Schwaben gegangen ist; indessen, solange sie ihren Tokaier behalten, können sie sich über diesen Verlust trösten.

Die andere Akquisition der schwäbischen Schule ist minder brillant; sie besteht nämlich in der Person des gefeierten Wolfgang Menzel, welcher unter den Kaschuben das Licht erblickt, an den Marken Polens und Deutschlands, an jener Grenze, wo der germanische Flegel den slawischen Flegel versteht, wie der alte Voß sagen würde, der alte Johann Heinrich Voß, der ungeschlachte, aber ehrliche sächsische Bauer, der, wie in seiner Gesichtsbildung, so auch in seinem Gemüte, die Merkmale des Deutschtums trug. Dass dieses bei Herrn Wolfgang Menzel nicht der Fall ist, dass er weder dem Äußeren noch dem Inneren nach ein Deutscher ist, habe ich in der kleinen allerliebsten Schrift »Über den Denunzianten« gehörig bewiesen. Ich hätte, beiläufig gestanden, diese kleine Schrift nicht herausgegeben, wenn mir die Abhandlungen über denselben Gegenstand, die großen Bomben von Ludwig Börne und David Strauß, vorher zu Gesicht gekommen wären. Aber dieser kleinen Schrift, welche die Vorrede zum dritten Teile des »Salons« bilden sollte, ward von dem Zensor dieses Buches das Imprimatur verweigert – »aus Pietät gegen Wolfgang Menzel« –, und das arme Ding, obgleich in politischer und religiöser Beziehung zahm genug abgefasst, musste während sieben Monaten von einem Zensor zum anderen wandern, bis es endlich notdürftig unter die Haube kam. Wenn du, geneigter Leser, das Büchlein in der Buchhandlung von Hoffmann und Campe zu Hamburg selber holst, so wird dir dort mein Freund Julius Campe bereitwillig erzählen, wie schwer es war, den »Denunzianten« in die Presse zu bringen, wie das Ansehen desselben durch gewisse Autoritäten geschützt werden sollte und wie endlich durch unableugbare Urkunden, durch ein Autograph des Denunzianten, das sich in den Händen von Theodor Mundt befindet, der Titel meiner Schrift aufs Glänzendste gerechtfertigt wird. Was der Gefeierte dagegen vorgebracht hat, ist dir vielleicht bekannt, mein teurer Leser. Als ich ihm, Stück für Stück, die Fetzen des falschen Patriotismus und der erlogenen Moral vom Leibe riss – da erhub er wieder ein ungeheures Geschrei: die Religion sei in Gefahr, die Pfeiler der Kirche brächen zusammen, Heinrich Heine richte das Christentum zugrunde! Ich habe herzlich lachen müssen, denn dieses Zetergeschrei erinnerte mich an einen anderen armen Sünder, der auf dem Marktplatz zu Lübeck mit Staupenschlag und Brandmark abgestraft wurde und plötzlich, als das rote Eisen seinen Rücken berührte, ein entsetzliches Mordio erhob und beständig schrie: »Feuer! Feuer! Es brennt, es brennt, die Kirche steht in Flammen!« Die alten Weiber erschraken auch diesmal über solchen Feuerlärm, vernünftige Leute aber lachten und sprachen: »Der arme Schelm! nur sein eigner Rücken ist entzündet, die Kirche steht sicher auf ihrem alten Platze, auch hat dort die Polizei, aus Furcht vor Brandstiftung, noch einige Spritzen aufgestellt, und aus frommer Vorsorge darf jetzt in der Nähe der Religion nicht einmal eine Zigarre geraucht werden!« Wahrlich, das Christentum ward nie ängstlicher geschützt als eben jetzt.

Bei dieser Gelegenheit kann ich nicht umhin, dem Gerüchte zu widersprechen, als habe Herr Wolfgang Menzel, auf Andrang seiner Kollegen, sich endlich entschlossen, jene Großmut zu benutzen, womit ich ihm gestattete, sich wenigstens von dem Vorwurf der persönlichen Feigheit zu reinigen. Ehrlich gestanden, ich war immer darauf gefasst, dass mir Ort und Zeit anberaumt würde, wo der Ritter der Vaterlandsliebe, des Glaubens und der Tugend sich bewähren wolle in all seiner Mannhaftigkeit. Aber leider bis auf diese Stunde wartete ich vergebens, und die Witzlinge in deutschen Blättern mokierten sich obendrein über meine Leichtgläubigkeit. Spottvögel haben sich sogar den Spaß erlaubt, mir im Namen der unglücklichen Gattin des Denunzianten einen Brief zu schreiben, worin die arme Frau sich über die häuslichen Nöte, die sie seit dem Erscheinen meiner kleinen Schrift zu erdulden habe, schmerzlich beklagt. Jetzt sei gar kein Auskommen mehr mit ihrem Mann, der zu Hause zeigen wolle, dass er ein Held sei. Die geringste Anspielung auf Feigheit brächte ihn in Wut. Eines Abends habe er das kleine Kind geprügelt, weil es »Häschen an der Wand« spielte. Jüngst sei er wie rasend aus der Ständekammer gekommen und habe wie ein Ajax getobt, weil dort alle Blicke auf ihn gerichtet gewesen, als die Gesetzesfrage, »ob man jemanden ungestraft dem öffentlichen Gelächter preisgeben dürfe«, diskutiert wurde. Ein andermal habe er bitterlich geweint, als einer von den undankbaren Juden, die er emanzipieren wolle, ihm ins Gesicht gemauschelt: »Sie sind doch kein Patriot, Sie tun nichts fürs Volk, Sie sind nicht der Ätte, sondern die Memme des Vaterlandes.« Aber gar des Nachts beginne der rechte Jammer, und dann seufze er und wimmere und stöhne, dass sich ein Stein drob erbarmen könnte. Das sei nicht länger zum Aushalten, schloss der angebliche Brief der armen Frau, sie wolle lieber sterben als diesen Zustand länger ertragen, und um der Sache ein Ende zu machen, sei sie erbötig, statt ihres furchtsamen Gemahls sich selber mit mir zu schlagen. Gehorsame Dienerin.

Als ich diesen Brief las und in meiner Einfalt die offenbare Mystifikation nicht gleich merkte, rief ich mit Begeisterung: »Edles Weib! würdige Schwäbin! würdig deiner Mütter, die einst zu Weinsberg ihre Männer huckepack trugen!«

Die Weiber im Schwabenlande scheinen überhaupt mehr Energie zu besitzen als ihre Männer, die nicht selten nur auf Geheiß ihrer Ehehälften zum Schwert greifen. Weiß ich doch eine schöne Schwäbin, die mir seit Jahren wütender als zwanzig Teufel den Krieg macht und mich mit unversöhnlicher Feindschaft verfolgt.

Ein Naturforscher hat ganz richtig die Bemerkung gemacht, dass im Sommer, besonders in den Hundstagen, weit mehr gegen mich geschrieben wird als im Winter.

Dass es nicht die altpoetische Vornehmigkeit ist, welche mich davon abhält, dergleichen Angriffe zu besprechen, habe ich bereits an einem anderen Ort erwähnt. Einesteils liegt mir ein gewisser Knebel im Mund, sobald ich mich gegen Anschuldigung von Immoralität oder irreligiöser Frivolität oder gar politischer Inkonsequenz, durch Erörterung der letzten Gründe von all meinem Dichten und Trachten, verteidigen wollte. Anderenteils befinde ich mich meinen Widersachern gegenüber in derselben Lage, die Freund Semilasso irgendwo in seiner afrikanischen Reisebeschreibung mit der richtigen Empfindung erwähnt. Er erzählt uns nämlich, dass, als er in einem Beduinenlager übernachtete, rings um sein Zelt eine große Menge Hunde unaufhörlich bellten und heulten und winselten, was ihn aber am Schlafen gar nicht gehindert habe; »wär es nur ein einziger Kläffer gewesen«, setzt er hinzu, »so hätte ich die ganze Nacht kein Auge zutun können.« Das ist es: weil der Kläffer so viele sind und weil der Mops den Spitz, dieser wieder den gemütlichen Dachs, letzterer das edle Windspiel oder die fromme Dogge überbellt und die schnöden Laute der verschiedenen Bestien im Gesamtgeheul verlorengehen, kann mir ein ganzer Hundelärm wenig anhaben.

Nein, Herr Gustav Pfizer ebenso wenig wie die anderen hat mich jemals den Schlaf gekostet, und man darf es mir aufs Wort glauben, dass bei Erwähnung dieses Dichterlings auch nicht die mindeste Bitterkeit in meiner Seele waltet. Aber ich kann ihn, der Vollständigkeit wegen, nicht unerwähnt lassen; die schwäbische Schule zählt ihn nämlich zu den Ihrigen, was mir sonderbar genug dünkt, da er, im Gegensatz zu dieser Genossenschaft, mehr als reflektierende Fledermaus denn als gemütlicher Maikäfer umherflattert und viel mehr nach der Schillerschen Totengruft als nach Gelbveiglein riecht. Mir wurden mal seine Gedichte aus Stuttgart zugeschickt, und die freundlichen Begleitungszeilen veranlassten mich, einen flüchtigen Blick hineinzuwerfen; ich fand sie herzlich schlecht. Dasselbe kann ich auch von seiner Prosa sagen; sie ist herzlich schlecht. Ich gestehe freilich, dass ich nichts anderes von ihm gelesen habe als eine Abhandlung, die er gegen mich geschrieben. Sie ist geistlos und unbeholfen und miserabel stilisiert; letzteres ist um so unverzeihlicher, da die ganze Schule die Materialien dazu kotisiert. Das Beste in der ganzen Abhandlung ist der wohlbekannte Kniff, womit man verstümmelte Sätze aus den heterogensten Schriften eines Autors zusammenstellt, um demselben jede beliebige Gesinnung oder Gesinnungslosigkeit aufzubürden. Freilich, der Kniff ist nicht neu, doch bleibt er immer probat, da von Seiten des angefochtenen Autors keine Widerlegung möglich ist, wenn er nicht etwa ganze Folianten schreiben wollte, um zu beweisen, dass der eine von den angeführten Sätzen humoristisch gemeint, der andere zwar ernst gemeint sei, aber sich auf einen Vordersatz beziehe, der ihm eben seine richtige Bedeutung verleiht; dass ferner die aneinandergereihten Sätze nicht bloß aus ihrem logischen, sondern auch aus ihrem chronologischen Zusammenhang gerissen worden, um einige scheinbare Widersprüche hervorzuklauben; dass aber eben diese Widersprüche von der höchsten Konsequenz zeugen würden, wenn man Zeitfolge, Zeitumstände, Zeitbedingungen bedächte – ach! wenn man bedächte, wie die Strategie eines Autors, der für die Sache der europäischen Freiheit kämpft, wunderlich verwickelt ist, wie seine Taktik allen möglichen Veränderungen unterworfen, wie er heute etwas als äußerst wichtig verfechten muss, was ihm morgen ganz gleichgültig sein kann, wie er heute diesen Punkt, morgen einen andern zu beschützen oder anzugreifen hat, je nachdem es die Stellung der Gegenpartei, die wechselnden Allianzen, die Siege oder die Niederlagen des Tages erfordern!

Das einzige Neue und Eigentümliche, was ich in der obenerwähnten Abhandlung des Herrn Gustav Pfizer gefunden habe, war hie und da nicht bloß eine listige Verkehrung des Wortsinnes meiner Schriften, sondern sogar die Fälschung meiner Worte selbst – dieses ist neu, ist eigentümlich, wenigstens bis jetzt hat man in Deutschland noch nicht einen Autor mit verfälschten Worten zitiert. Doch Herr Gustav Pfizer scheint noch ein junger Anfänger zu sein, es juckt ihm zwar die Begabnis des Fälschens in den Fingern, doch merkt man an ihm noch eine gewisse Befangenheit in der Ausübung, und wenn er z. B. »Hostien« zitiert statt der gewöhnlichen »Oblaten« des Originaltextes oder mehrmals »göttlich« zitiert statt des ursprünglichen »vortrefflich« – so weiß er doch noch nicht recht, welchen Gebrauch er von solcher Fälschung machen kann. Er ist ein junger Anfänger. Aber sein Talent ist unleugbar, er hat es hinlänglich offenbart, die geziemendste Anerkennung darf ihm nicht verweigert werden, er verdient, dass ihm Wolfgang Menzel, mit der tapferen Hand, seinen schäbigsten Lorbeerkranz aufs Haupt drückt.

Indessen, ehrlich gestanden, ich rate ihm, sein Talent nicht bedeutender auszubilden. Es könnte ihn einst das Gelüst anwandeln, jenes edle Talent auch auf außerliterarische Gegenstände anzuwenden. Es gibt Länder, wo dergleichen mit einem Halsband von Hanf belohnt wird. Ich sah zu Old Bailey in London jemanden hängen, der ein falsches Zitat unter einen Wechsel geschrieben hatte – und der arme Schelm mochte es wohl aus Hunger getan haben, nicht aus Büberei oder aus eitel Neid oder gar, um eine kleine Lobspende im Stuttgarter »Literaturblatt«, ein literarisches Trinkgeld, zu verdienen. Ich hatte deshalb Mitleid mit dem armen Schelm, bei dessen Exekution sehr viele Zögerungen vorfielen. Es ist ein Irrtum, wenn man glaubt, dass das Hängen in England so schnell vonstatten gehe. Die Zubereitungen dauerten fast eine Viertelstunde. Ich ärgere mich noch heute, wenn ich daran denke, mit welcher Langsamkeit dem armen Menschen die Schlinge um den Hals gelegt und die weiße Nachtmütze über die Augen gezogen wurde. Neben ihm standen seine Freunde, vielleicht die Genossen der Schule, wozu er gehörte, und harrten des Augenblicks, wo sie ihm den Liebesdienst erweisen konnten; dieser Liebesdienst besteht darin, dass sie den gehenkten Freund, um seine zuckende Todesqual abzukürzen, so stark als möglich an den Beinen ziehen.

Ich habe von Herrn Gustav Pfizer geredet, weil ich ihn, bei Besprechung der schwäbischen Schule, nicht füglich übergehen konnte. Soviel darf ich versichern, dass ich in der Heiterkeit meines Herzens nicht den mindesten Unmut wider Herrn Pfizer empfinde. Im Gegenteil, sollte ich je imstande sein, ihm einen Liebesdienst zu erweisen, so werde ich ihn gewiss nicht lange zappeln lassen.

Und nun lass uns ernsthaft reden, lieber Leser; was ich dir jetzt noch zu sagen habe, verträgt sich nicht mit dem scherzenden Ton, mit der leichtsinnig guten Laune, die mich beseelte, während ich diese Blätter schrieb. Es liegt mir drückend etwas im Sinn, was ich nicht mit ganz freier Zunge zu erörtern vermag und worüber dennoch das unzweideutigste Geständnis nötig wäre. Ich hege nämlich eine wahre Scheu, bei Gelegenheit – der schwäbischen Schule auch von Ludwig Uhland zu sprechen, von dem großen Dichter, den ich schier zu beleidigen fürchte, wenn ich seiner in so kläglicher Gesellschaft gedenke. Und dennoch, da die erwähnten Dichterlinge den Ludwig Uhland zu den Ihrigen zählen oder gar für ein Haupt ihrer Genossen ausgeben, so könnte man hier jedes Verschweigen seines Namens als eine Unredlichkeit betrachten. Weit entfernt, an seinem Werte zu mäkeln, möchte ich vielmehr die Verehrung, die ich seinen Dichtungen zolle, mit den volltönendsten Worten an den Tag geben. Es wird sich mir bald dazu eine passendere Gelegenheit bieten. Ich werde alsdann zur Genüge zeigen, dass sich in meiner früheren Beurteilung des trefflichen Sängers zwar einige grämliche Töne, einige zeitliche Verstimmungen einschleichen konnten, dass ich aber nie die Absicht hegte, an seinem inneren Werte, an seinem Talente selbst, eine Ungerechtigkeit zu begehen. Nur über die literarhistorischen Beziehungen, über die äußeren Verhältnisse seiner Muse, habe ich unumwunden eine Ansicht, die vielleicht seinen Freunden missfällig, aber darum dennoch nicht minder wahr ist, aussprechen müssen. Als ich nämlich Ludwig Uhland im Zusammenhang mit der »Romantischen Schule« in dem Buch, welches ebendiesen Namen führt, flüchtig beurteilte, habe ich deutlich genug nachgewiesen, dass der vortreffliche Sänger nicht eine neue, eigentümliche Sangesart aufgebracht hat, sondern nur die Töne der romantischen Schule gelehrig nachsprach; dass, seitdem die Lieder seiner Schulgenossen verschollen sind, Uhlands Gedichtsammlung als das einzig überlebende lyrische Denkmal jener Töne der romantischen Schule zu betrachten ist; dass aber der Dichter selbst, ebenso gut wie die ganze Schule, längst tot ist. Ebenso gut wie Schlegel, Tieck, wie Fouqué ist auch Uhland längst verstorben und hat vor jenen edlen Leichen nur das größere Verdienst, dass er seinen Tod wohl begriffen und seit zwanzig Jahren nichts mehr geschrieben hat. Es ist wahrlich ein ebenso widerwärtiges wie lächerliches Schauspiel, wenn jetzt meine schwäbischen Dichterlinge den Uhland zu den Ihrigen zählen, wenn sie den großen Toten aus seinem Grabmal hervorholen, ihm ein Fallhütchen aufs Haupt stülpen und ihn in ihr niedriges Schulstübchen hereinzerren – oder wenn sie gar den erblichenen Helden, wohlgeharnischt, aufs hohe Pferd packen, wie einst die Spanier ihren Cid, und solchermaßen gegen die Ungläubigen, gegen die Verächter der schwäbischen Schule, losrennen lassen!

Das fehlt mir noch, dass ich auch im Gebiete der Kunst mit Toten zu kämpfen hätte! Leider muss ich es oft genug in anderen Gebieten, und ich versichere euch, bei allen Schmerzen meiner Seele, solcher Kampf ist der fatalste und verdrießlichste. Da ist keine glühende Ungeduld, die da hetzt Hieb auf Hieb, bis die Kämpfer wie trunken hinsinken und verbluten. Ach, die Toten ermüden uns mehr, als sie uns verwunden, und der Streit verwandelt sich am Ende in eine fechtende Langeweile. Kennst du die Geschichte von dem jungen Ritter, der in den Zauberwald zog? Sein Haar war goldig, auf seinem Helm wehten die kecken Federn, unter dem Gitter des Visiers glühten die roten Wangen, und unter dem blanken Harnisch pochte der frischeste Mut. In dem Walde aber flüsterten die Winde sehr sonderbar. Gar unheimlich schüttelten sich die Bäume, die manchmal, hässlich verwachsen, an menschliche Missbildungen erinnerten. Aus dem Laubwerk guckte hie und da ein gespenstisch weißer Vogel, der fast verhöhnend kicherte und lachte. Allerlei Fabelgetier huschte schattenhaft durch die Büsche. Mitunter freilich zwitscherte auch mancher harmlose Zeisig und nickte aus den breitblättrigen Schlingpflanzen manch stille schöne Blume. Der junge Fant aber, immer weiter vordringend, rief endlich mit Übertrotz: »Wann erscheint denn der Kämpe, der mich besiegen kann?« Da kam, nicht eben rüstig, aber doch nicht allzu schlotterig, herangezogen ein langer, magerer Ritter mit geschlossenem Visier und stellte sich zum Kampfe. Sein Helmbusch war geknickt, sein Harnisch war eher verwittert als schlecht, sein Schwert war schartig, aber vom besten Stahl, und sein Arm war stark. Ich weiß nicht, wie lange die beiden miteinander fochten, doch es mag wohl geraume Zeit gedauert haben, denn die Blätter fielen unterdessen von den Bäumen, und diese standen lange kahl und frierend, und dann knospeten sie wieder aufs Neue und grünten im Sonnenschein, und so wechselten die Jahreszeiten – ohne dass sie es merkten, die beiden Kämpfer, die beständig aufeinander loshieben, anfangs unbarmherzig wild, später minder heftig, dann sogar etwas phlegmatisch, bis sie endlich ganz und gar die Schwerter sinken ließen und erschöpft ihre Helmgitter aufschlossen – das gewährte einen betrübenden Anblick! Der eine Ritter, der herausgeforderte Kämpe, war ein Toter, und aus dem geöffneten Visier grinste ein fleischloser Schädel. Der andere Ritter, der als junger Fant in den Wald gezogen, trug jetzt ein verfallen fahles Greisenantlitz, und sein Haar war schneeweiß. – Von den hohen Bäumen herab, wie verhöhnend, kicherte und lachte das gespenstisch weiße Gevögel.

Geschrieben zu Paris, im Wonnemond 1838

Schriftstellernöte

Offener Brief des Dr. Heine an Herrn Julius Campe,
Inhaber der Hoffmann und Campeschen Buchhandlung zu Hamburg

[Zeitung für die elegante Welt, Leipzig 1839]

Mein liebster Campe!

Wenn Sie oder andere darauf gerechnet haben, dass mir der »Telegraph« des Herrn Gutzkow hier nicht zu Gesicht komme, irrten Sie sich. Dasselbe ist der Fall, wenn Sie sicher darauf bauten, dass ich auf die darin abgedruckte Erklärung in Betreff des »Schwabenspiegels«, aus persönlichen Rücksichten, nichts erwidern würde. Enthielte jene Erklärung nur eine rohe Beleidigung, so würde ich gewiss schweigen, alter Freundschaft willen, auch aus angeborener Milde die aufbrausenden Misslaunen des Gemütes gern entschuldigend, zumal in dieser schweren Zeit, wo so viel Widerwärtigkeiten wie auf den Schriftsteller, so auch auf den Buchhändler eindringen und einer dem anderen, wenigstens der Vernünftigere dem Leidenschaftlicheren, manche Unbill verzeihen sollte ... Aber, liebster Freund, wenn ich auch, alle Empfindlichkeit besiegend, die rohe Beleidigung ruhig hinnähme, so ist doch Ihre Erklärung von der Art, dass sie allerlei bedenkliche Interpretationen zulässt, die das Ansehen meines Wortes und also auch jene heiligen Interessen, denen mein Wort gewidmet ist, gefährden können. Nur als Abwehr jener Interpretationen schreibe ich Ihnen diesen offenen Brief.

Ich machte in der »Zeitung für die elegante Welt« dem Publikum die Anzeige, das bei Ihnen erschienene »Jahrbuch der Literatur« enthalte einen Aufsatz von mir, betitelt »Schwabenspiegel«, welcher im Interesse der darin besprochenen Personnagen, durch die heimlichen Umtriebe ihrer Wahlverwandten, dergestalt verstümmelt worden, dass ich die Autorschaft desselben nicht mehr vertreten könne. – Hierauf, liebster Campe, ließen Sie im »Telegraphen« des Herrn Gutzkow die Erklärung drucken, jene Verstümmelungen fielen lediglich der königlich sächsischen Zensur zur Last!, und Sie setzten hinzu die Worte: »Wir bemerken dies deswegen, um den Gegnern Heinrich Heines deutlich zu machen, was sie unter der heimlichen Betriebsamkeit ihrer Wahlverwandten zu verstehen haben.«

Zunächst also widersprechen Sie mir, und zwar ganz apodiktisch, von oben herab, ohne Angabe irgendeines Beweises, der etwa Ihre Aussage bestätige. Ich könnte nun Ihrem kargen Nein ein ebenso kurzes Ja entgegensetzen, und es käme alsdann darauf an, wessen Wort in Deutschland den meisten Glauben fände. Aber, wie ich schon erwähnt habe, ich will zu der rohen Beleidigung kein Seitenstück liefern, ich will Sie nicht der Unwahrheit, sondern nur des Irrtums zeihen, und bei diesem betrübsamen Geschäft stütze ich mich nicht auf meine individuelle Glaubwürdigkeit, sondern nur auf Tatsachen, die Sie selbst anerkannt, und auf die allerhöchste Autorität der Logik. Das Faktum der erwähnten Umtriebe steht daher nicht direkt in Frage; später, wenn die Einmischung mancher Personen weniger indiskret und meine Furcht vor einer gewissen roten Kreide weniger hemmend sein wird, werde ich auf jenes Faktum zurückkehren. Heute beschränke ich mich auf einige Erörterungen, wonach das Publikum selbst beurteilen möge, ob Sie, teurer Freund, hinlänglich berechtigt waren, meinen Worten in der erwähnten inoffiziösen Weise zu widersprechen.

Ich gestehe Ihnen, ich wollte kaum meinen Augen trauen, als mir im »Telegraphen« die besagte Erklärung zu Gesicht kam. Hätte ich nicht längst gewusst, unter welchen Einflüssen Sie stehen, wahrhaftig, die größten Besorgnisse für die Gesundheit Ihres Hauptes wären in mir aufgestiegen. Armer Freund! als Sie jene Erklärung schrieben oder unterschrieben, litten Sie jedenfalls an einer entsetzlichen Untreue des Gedächtnisses, Sie hatten ganz vergessen, was in Ihren jüngsten Briefen steht, und am allerwenigsten erinnerten Sie sich dessen, was Sie mir zu anderen Zeiten schrieben, wo ich ebenfalls über Verstümmelung meiner Schriften Klage führte. In der Tat, es war Ihre Schuld, wenn solche Klagen sich mehrmals wiederholten, wenn ich, getränkt von diesen Bitternissen, alle Lust und Freude an der leidigen Schriftstellerei einbüßte, wenn ich lieber mit verbissenen Lippen ganz schwieg, als dass ich mein gefälschtes Wort den schmählichsten Missverständnissen bloßstellte. Das fing an mit den »Französischen Zuständen«. Milde und billigdenkend, wie ich bin, verzieh ich Ihnen gern die ungeheuren Verwüstungen in der Vorrede; Sie gestanden mir, dass Sie letztere, um großen Ungelegenheiten vorzubeugen, der Zensur überliefert, obgleich das Buch über zwanzig Druckbogen enthielt ... Sie waren damals eben in den heiligen Ehestand getreten, hatten jetzt Frau und Kind, und ich konnte Sie nicht geradezu verdammen. Ich berücksichtigte auch bei meiner nächsten Publikation diese veränderte Lage des vermählten Verlegers, und den ersten Teil des »Salons« konnten Sie getrost ohne die Vorsichtsmaßregel der Zensur in Druck geben. Sie hatten mich sicher gemacht, und vertrauungsvoll schickte ich Ihnen den zweiten Teil des »Salons«, der ebenfalls über zwanzig Bogen stark und keiner Zensur unterworfen war; auch hatten Sie damals wieder so viel Keckes in die Welt hineingedruckt, z. B. Börnes Briefe, dass ich meinte, der Campe sei wieder der alte Campe ... Aber ich verrechnete mich, eben weil Sie so viele ultraliberale Bücher und Büchlein verlegt hatten, glaubten Sie bedeutend einlenken zu müssen, und es war eben mein armer zweiter Band des »Salons«, den Sie sakrifizierten, den Sie auf den Altar der Zensur niederlegten, als Sühnopfer für Ihre Pressesünden. Das Buch wurde gehörig abgeschlachtet und dergestalt vermetzgert, dass seine ganze patriotische Bedeutung verlorenging, dass man eine gewisse theologische Polemik, die bittere Schale, für den eigentlichen Kern desselben halten konnte, dass dadurch zur Verkennung und zur Verleumdung meines Strebens vollauf Gelegenheit gegeben ward. In der Anzeige, die ich deshalb publizierte, mochte ich vielleicht zu weit gehen, indem ich das mir widerfahrene Missgeschick Ihnen allein zur Last legte; aber ganz konnte ich Sie niemals von aller Schuld freisprechen. Wir brouillierten uns damals und versöhnten uns wieder, flickten das geborstene Zutrauen, und bald darauf sandte ich Ihnen »Die romantische Schule«, die Sie ebenfalls druckten ... nachdem Sie dieselbe aus plötzlicher Angst, Gott weiß an welchem Orte, wieder zur Zensur geliefert und an Leib und Leben verstümmeln ließen! Diesmal brauchte ich mich etwas weniger zu ärgern, da unter dem Titel »Zur Geschichte der neueren schönen Literatur« in einer hier zu Paris erschienenen Ausgabe der unverstümmelte Text jenes Buches zum größten Teil enthalten und ich mich also vor boshaften Missdeutungen einigermaßen geschützt glaubte. Auch war Ihre Furcht vor greller Verantwortlichkeit damals nicht ungegründet, eine gewisse Schwüle verkündigte das Gewitter, welches bald darauf, als Bundestagsbeschluss gegen das Junge Deutschland, bei uns einschlug. Während es schon donnerte und gelinde blitzte, reichte ich Ihnen die versöhnliche Hand, zuckte die Achsel, unterwarf mich den regierenden Sternen, der fatalen Notwendigkeit, und beschloss, hinfüro nur leichte Phantasiespiele drucken zu lassen, die, aller politischen Beziehungen bar, überall die Zensur passieren würden ...

Mit solcher Resignation schickte ich Ihnen den dritten Teil des »Salons«, welcher eine harmlose Märchensammlung und eine literarisch wilde, doch politisch sehr zahme Vorrede enthielt; das Buch erlangte wirklich das volle Imprimatur, bis auf die Vorrede, womit sich sonderbare Dinge zutrugen. Diese war nämlich gegen den Stuttgarter Denunzianten gerichtet, und derselbe, wie ich erst später erfuhr, genoss damals bei gewissen Behörden eines außerordentlichen Schutzes. Freilich, der Angeber muss vom Staat geschützt werden, wenn er auch der erbärmlichste Schuft ist; sonst ist keine Polizei möglich. Zum Unglück für meine arme Vorrede ward dem erwähnten Denunzianten noch außerdem, durch die heimlichen Umtriebe seiner Wahlverwandten, überall Vorschub geleistet. Er stand nicht allein; so wie seine Denunziationen nicht bloß öffentlicher Art waren, so hatte er auch eine Menge im Dunkel einherschleichender Gehilfen. Ja, jene Denunziationen waren nicht bloß öffentlicher Art, bestanden nicht bloß in gedruckten Artikeln; vielleicht erinnern Sie sich, dass Sie sich damals erboten, mir einen eigenhändigen Brief zu verschaffen, den Herr Wolfgang Menzel kurz vor dem Erscheinen der Bundestagsbeschlüsse an Theodor Mundt geschrieben und worin er blödsinnigerweise seine häscherlichen Schelmereien selber verriet.

Aber Sie vergessen alles, lieber Campe, Sie vergessen sogar, dass Sie selber, bei Gelegenheit der Vorrede zum dritten Teile des »Salons«, gegen die geheimen Umtriebe der Menzelschen Wahlverwandten mit aller Macht zu kämpfen hatten und dergleichen nur durch Gegenlist vereiteln konnten. Namentlich beklagten Sie sich damals über einen gewissen Dr. Adrian, Zensor in Gießen, wohin Sie das Buch zum Druck gegeben; auf ihn warfen Sie die Schuld, dass der Inhalt, der bis zum Erscheinen desselben ein Geheimnis bleiben sollte, schon gleich in Stuttgart bekannt wurde. In Ihrem Brief vom 21. Oktober 1836 schrieben Sie mir: »Gesagt habe ich Ihnen, dass *Adrian* Ihr Zensor in Gießen ist, derselbe, der ›Bilder aus England‹ schrieb. *Dieser* gab in den ›Phönix‹ eine Notiz, dass der ›Salon‹ III mit hessischer Zensur in Gießen gedruckt würde. Ich mittelte das aus und habe durch den Redakteur Duller den Beweis in Händen, dass *er* es mitteilte. Diese Notiz ging in andre Blätter über und könnte so die Konfiskation *des Ganzen* zur Folge haben. *Die Absicht dieser Insinuation liegt nicht tief.*«

In einem späteren Brief klagten Sie, dass man Sie mit dem Imprimatur monatelang hinhalte – (in der Tat, es verflossen über neun Monate, ehe das Buch erschien) –, und Ihr Verdacht steigerte sich. Endlich, nachdem man Sie lange an der Nase herumgeführt, schrieben Sie mir folgendes in Ihrem Brief vom 5. April 1837: »Denken Sie, Adrian will das Imprimatur nicht für die Vorrede erteilen. Der Drucker hat an das Ministerium requiriert. Die Minister haben *gelacht*, aber so ein H......tt, der ›Skizzen aus England‹ schreibt, ist auf *seinem* Posten allmächtig, *sein Rezensent Menzel* gilt ihm mehr als Heine, er will also Pietät üben.«

Diese Erinnerungen mögen Ihnen einen ungefähren Begriff davon geben, was ich unter dem Ausdruck *»die geheimen Umtriebe der Wahlverwandten«* eigentlich verstehe. Eine präzise Definition ist hier unmöglich. Das sind Dinge, die weit eher gerochen als gesehen und betastet werden. Sie könnten mir ebenso gut zumuten, den Wind mit fester Hand zu erfassen oder die Dunkelheit zu beleuchten ... Es kann mir da wohl begegnen, dass, sowie ich mit der Laterne herankomme, die Schatten, die ich jedem zeigen wollte, spurlos verschwunden sind.

Polemische Arbeiten, wobei das Interesse des Augenblicks in Anspruch genommen wird, verlieren durch Verzögerung des Drucks den besten Teil ihres Wertes; nichtsdestoweniger dankte ich Ihnen, dass Sie unter dem Titel »Über den Denunzianten« die erwähnte Vorrede des dritten »Salon«-Teils als Broschüre unverstümmelt herausgaben. Ich schöpfte wieder neuen Glauben an Ihren Druckmut, ich ward wieder sicher. Nicht wenig musste ich mich daher verwundern, als ich, bei Ihnen anfragend, wie es mit dem Druck des zweiten Bandes des »Buchs der Lieder« aussehe, die Antwort erhielt: Nicht so dumm, diesmal sei das Manuskript nicht nach Gießen zur Zensur geschickt worden, sondern nach Darmstadt, und von dort wäre noch keine Nachricht angelangt. Ich musste herzlich lachen, dass der heldenmütige Verleger der Börneschen Schriften jetzt sogar meine harmlosen Liebeslieder zur Zensur gibt ... Aber meine gute Laune schwand, als ich, der ich nichts von Geographie verstehe, mich bei einem ehemaligen deutschen Lohnkutscher näher erkundigte und den Bescheid empfing: Darmstadt und Gießen, das sei wie Speck und Schweinefleisch, da sei kein Unterschied, ein Torzettel aus Darmstadt gelte auch in Gießen, und der Gießener Gassenvogt sei ein leiblicher Vetter des Herrn Zollinspektors zu Darmstadt. Ich ward daher nicht sonderlich überrascht, als ich nach mehreren Monaten von Ihnen den Klagebrief erhielt, man habe wieder Sie an der Nase herumgeführt und das Imprimatur verweigert. Da ich zu diesem Buche eine Nachrede geschrieben, die, polemischen Inhalts, durch solche Druckverzögerung das Interesse der Aktualität schon ein bisschen eingebüßt hatte, gab ich gern Ihrem Vorschlage Gehör, diese Nachrede in einem »Jahrbuch der Literatur«, welches Sie im Oktober auszugeben versprachen, gleich abdrucken zu lassen. Leider besitze ich den hier erwähnten Brief nur zum Teil, da ich mich bei Empfang desselben in der Bretagne befand und eine Stelle des Briefes, welche Herrn D. betraf, ausschnitt und demselben nach Paris zuschickte; es befindet sich daher im Brief eine Lücke, was mir sehr leid ist; denn ich möchte gern die Originalworte anführen, womit Sie mir den treuesten Abdruck meiner Nachrede versprachen und mir zugleich über Herrn Gutzkow ein sehr naives Geständnis machten. Der Brief ist vom 9. August 1838, und folgende Worte haben sich darin erhalten: »Mit Gutzkow habe ich heute Abend ein Unternehmen ausgeheckt, das für die Interessen der Literatur von Wichtigkeit sein wird; nämlich ein ›Jahrbuch der *Literatur*‹, das im Oktober dieses Jahrs ausgegeben werden soll und künftig alle Jahre folgen wird. Wir haben Journale, Monats- und Quartalschriften genug – Was diese sich erlauben, wissen die zur Fahne Gehörenden zur Genüge. Das Jahrbuch soll in letzter Instanz entscheiden, die Akten mustern. Ihre Nachrede würde hierin ganz am richtigen Platz sich befinden. Gutzkow trug mir auf, das Ihnen zu sagen. Rosenkranz, Jung, König, Riedel, Daumer, Schücking, Dingelstedt etc. geben Beiträge. Die übersichtlichen Artikel von 1830 an gibt Gutzkow. Der sogenannten jungen Literatur wird Nutzen daraus werden. Wienbarg wird was geben. Ihren Aufsatz hätte Gutzkow dafür gar gern. Oder wollen Sie einen anderen geben? Falls Sie den Nachtrag gedruckt wissen wollen ...«

Bei diesen Worten beginnt die erwähnte Lücke. Ich erhielt zu gleicher Zeit einen Brief von Herrn Gutzkow, worin er sich mir freundlich und liebevoll nahte, was er wahrlich guten Fuges tun konnte, da ich schon frühzeitig in meinen Schriften seinen Genius mit gehöriger Würdigung begrüßt hatte und ich auch späterhin, in bedrängtester Zeit, als die Genossen ihn gleichsam im Wettlauf desavouierten, unumwunden meine Sympathie für ihn aussprach. Sie wissen, wie ich sein Vertrauen ehrte, und sehr gern überließ ich dem »Jahrbuch der Literatur« die erwähnte Nachrede, für welche Herr Gutzkow mir den Titel »Schwabenspiegel« vorschlug.

Sie können sich nun leicht eine Vorstellung davon machen, wie schmerzlich, widerwärtig schmerzlich mein Gemüt berührt wurde, als nach solchen Vorgängen Ende Dezember das »Jahrbuch der Literatur« mir zu Händen kam und ich meine arme Nachrede, die jetzt einen prätentiösen Titel trug, so gründlich verstümmelt fand, dass ich nicht nur um meine Genugtuung an den darin besprochenen Personnagen geprellt schien, sondern dass, durch Verfälschung der Beiwörter, Ausmerzung der Übergänge und sonstige Entstellung der Form, auch mein artistisches Ansehen bloßgestellt worden. Das hat wahrlich kein Zensor getan, denn auch nicht eine Silbe war in dem Aufsatz, die nach Politik oder Staatsreligion roch, und wenn ich ihn später in seiner ursprünglichen Gestalt abdrucke, wird jedem einleuchten, dass die schäbigen Finger, die hier ihr dunkles Werk vollbracht, zugleich die Spur ihrer Absichten zurückgelassen haben. Sie sind unschuldig daran, liebster Campe, ich bin davon überzeugt; denn als ich Ihnen über diesen Frevel gleich schrieb, antworteten Sie mir mit Verwunderung, und aus Ihrem Brief vom 25. Dezember 1838 will ich nur die Worte anführen: » … Mir schien es auch, dass etwas fehlte; ich verlangte daher das Manuskript zur Vergleichung, wie Sie aus dem Fragment des Briefes vom Faktor der Druckerei sehen. Zuvor schrieb mir P.(der Schriftsteller und Buchdruckereibesitzer), Ihr Aufsatz *allein* fände Anstand beim Zensor. Ich hatte befohlen, und meine Briefe an die Druckerei bezeugen es, wenn Sie sie sehen wollen, dass ich erklärte: *wenn etwas gestrichen würde*, worauf ich nicht gefasst war, solle *der* Artikel wegbleiben.«

Eingeständlich hatten Sie also bestimmten Befehl gegeben, im Fall die Zensur an meinem Artikel streichen wolle, ihn lieber gar nicht zu drucken ... Wie kommt es nun, dass der Artikel dennoch, trotz diesem Befehl, so entsetzlich zusammengestrichen und dennoch gedruckt wurde? Oder gibt es Befehle, die höher geachtet werden als die Ihrigen und denen Sie selbst nur blindlings gehorchen? Sie erregen jedenfalls die bedenklichsten Zweifel an Ihrer Selbständigkeit, wenn Sie die Verstümmelung meines Artikels lediglich der königlich sächsischen Zensur zur Last legen.

Nein, diesmal will ich mich nicht auf die Zensur verweisen lassen und am allerwenigsten auf die königlich sächsische Zensur, die mir eben damals, als Ihr »Jahrbuch« erschien, einen glänzenden Beweis ihrer Milde und Liberalität gegeben hat; weil nämlich jedes Buch, das im Auslande gedruckt worden, in Deutschland die Zensur passieren muss, ehe es in den deutschen Bundesstaaten verkauft werden darf, ließ ich »Shakespeares Mädchen und Frauen« in Leipzig zensieren, und siehe! in diesem Buche, welches doch manche politisch und theologisch anzügliche Stelle enthielt, hat die königlich sächsische Zensur kein einziges Wort gestrichen! Warum soll nun in Grimma dieselbe Zensurbehörde ein weit harmloseres Opus verstümmelt haben? Gewöhnlich kann man an kleineren Orten weit eher durch freundliche Vorstellungen der Zensurstrenge etwas abgewinnen, man gibt den unwichtigen Teil eines Buches preis, um das Bedeutendere zu retten, man vermittelt ... Kurz, liebster Campe, alles, was Sie mir erwiderten, sprach mehr gegen Sie als für Sie; im Gegenteil, Sie selbst lieferten mir neue Gründe zum Argwohn; der angebliche Zensurbogen, den Sie gleichzeitig einschickten, war nichts weniger als ein mit Imprimatur versehener Zensurbogen; dabei suchten Sie mich auf allerlei fremde Fährten zu bringen, und z. B. in Ihrem Brief vom 10. Januar schrieben Sie mir: » … Den Zensurbogen vom ›Schwabenspiegel‹ habe ich Ihnen vor acht Tagen gesandt, und werden Sie daraus die Überzeugung gewonnen haben, in welchem schändlichen Verdacht Sie Gutzkow und mich hielten! Leider ist es sündlich, wie der Zensor gehandelt hat, und man sieht, *dass es reine Fraubasereien sind*, die er in Schutz nimmt, z. B. für Theodor Hell! Der Zensor ist ein Dresdner. Früher war es Gehe, der ist jetzt in Paris … «

Nein, liebster Campe, Theodor Hell ist unschuldig; auch stand in meinem Artikel kein einziges Wort, das nur im Mindesten denselben verletzen konnte. Auch Gutzkow, auf den, ich weiß nicht warum, Sie mich so gern anrennen lassen möchten, ist unschuldig. Er ist unschuldig wie Sie. Wenn ich vielleicht in meinem Brief an Sie etwas unwirsch von Gutzkow sprach, so geschah es zunächst, weil ich übel gelaunt war, und dann auch, weil ich ihn auf keinen Fall von einer levissima culpa freisprechen konnte. Sie sagten mir nämlich in Ihrem Brief, dass der Zensor in Gutzkows Aufsatz gar nichts gestrichen habe, und doch in Vergleichung mit letzterem, welcher politisch-philosophisch so viele Zeitinteressen diskutierte, war mein Aufsatz nur ein armer harmloser Schwabenspiegel. Aber Herr Gutzkow, welcher dafür sorgte, dass sein Aufsatz bei der Zensur keinen Schaden litt – warum übte er für meinen Aufsatz, den ich ihm gewissermaßen anvertraut hatte, nicht dieselbe Sorgfalt? Da Sie, liebster Campe, keine juristischen Bücher verlegen, so wollte ich Ihnen deutlich machen, was ich unter levissima culpa verstehe.

Wenn ich aber überhaupt gegen Herrn Gutzkow unmutig war, so haben Sie selbst, lieber Campe, durch eine gewisse kindliche Redseligkeit am meisten dazu beigetragen. Wer hat mich zuerst darauf aufmerksam gemacht, dass manche Schmähartikel, die ihr Material augenscheinlich aus Hamburg bezogen, ganz sicher aus der Feder jenes edlen Beurmann geflossen, der am Ende doch nichts anders ist als eine von den dienenden Seelen des Herrn Gutzkow? Warum in Ihrem Briefe vom 5. Februar 1839 stecken Sie mir, dass ein Herr Wihl keine Zeile schreibe, die nicht Gutzkow revidiert habe? Warum belasten Sie letztern mit der Verantwortlichkeit für alles, was jener schreibt? Und wenn jener, in einer Zeitschrift meinen »Schwabenspiegel« besprechend, die Schwaben und sogar das Menzelsche Heldentum gegen mich in Schutz nimmt, muss ich alsdann nicht über Gutzkow misslaunig werden, der seinem Bedienten vielmehr Ordre geben sollte, meinen Aufsatz untertänigst zu respektieren, schon aus Gründen der Delikatesse? Und wer, liebster Campe, lieferte mir eine Charakteristik des besagten Herrn Wihl, dem Sie, wie aus Ihrem Brief vom 21. Junius 1838 hervorgeht, das Manuskript des »Schwabenspiegels«, ohne mein Vorwissen, anvertraut und wochenlang in Händen ließen? Wer schrieb mir in dem schon erwähnten Brief vom 25. Dezember 1838 die folgenden Worte: »Wihl ist eine Klatsche. Vor vierzehn Tagen habe ich ihn gehörig in der Kur gehabt, weil der Mensch, der mit dem ganzen schreibenden Unrat hier frère et compagnie ist, sich erdreistete, mich in eine Klatscherei zu bringen, wo ich eine Figur spielen sollte, die sich am Gängelbande *Gutzkows* und *Wihls* leiten ließe! – Es war ein dicker Knäul – – – – Nach dieser Sage aber, ›dass ich vom 'Telegraphen' *abhängig; – dass ich tun* müsse, *was Gutzkow wolle*‹ – sprach ich mich gegen Gutzkow so ungefähr aus, dass ich vor vier Monaten ihn bei Gelegenheit seiner Klatscherei bei Wienbarg gebeten, den Wihl als Handlanger in seine Arbeiten, aber nicht in *unsere* Verhältnisse, Vorhaben und dergleichen blicken zu lassen; er könne das Maul nicht halten und würde uns kompromittieren und Pläne, die mühevoll entworfen worden, dadurch zuschanden machen. Gutzkow habe nicht gefolgt – – – – Wihl ist der *klebrigste und eitelste* Mensch, den ich kenne. Wie oft habe ich ihn auf solcher Fährte ertappt und ausgelacht! Alle unsere erbärmlichen Winkelblätter lobhudeln ihn auf eine ungeheure Weise. Er ist *Dichter!* – steht durch Gutzkow mit allen Reputationen in Verkehr, die unsere Mauer betreten – Gleichwohl verkehrt er in der Unterwelt; der Redakteur des Neuigkeitsträgers und aufwärts bis zum Runkel sind seine Gönner und – loben ihn. Dabei ist er ohne Menschen- und Weltkunde, sündigt aus Dummheit wie aus bösem Willen – – –«

Ich habe diese Stelle aus Ihrem Brief in der besonderen Absicht zitiert, um Sie fühlen zu lassen, wie wenig Sie für die literarische Zuverlässigkeit einer Person stehen können, die das Manuskript meines Aufsatzes wochenlang in Händen hatte ...

Wer aber hat meinen »Schwabenspiegel« verstümmelt im Interesse der Schwaben oder, um mich genauer auszudrücken, im Interesse einiger Redakteure Cottascher Zeitschriften? Wäre Sarras, Ihr zottiger Jagdgenosse, noch am Leben, auf ihn würde mein Verdacht fallen, denn er fuhr mir oft nach den Beinen, wenn ich in Ihren Laden kam, und bellte immer verdrießlich, wenn man ein Exemplar der »Reisebilder« verlangte. Aber Sarras, wie Sie mir längst anzeigten, ist krepiert, und Sie haben sich seitdem ganz andere Hunde angeschafft, die ich nicht persönlich kenne und die gewiss, was Sie bei Ihnen erschnüffelt, schnurstracks den

Schwaben apportierten, um dafür ein Brosämchen des Lobes im »Morgenblatte« zu erschnappen!

Wüssten Sie, lieber Campe, wie freundlich mir in diesem Augenblick die Sonne aufs Papier scheint, wie heiter mein Gemüt, wie schön der Namenstag, der heute gefeiert werden soll, ach! Sie würden mich bedauern, dass ich die holden Morgenstunden mit obigen Erläuterungen vertrödeln musste! Und doch waren sie nötig, da ich Ihnen kein verletzend kurzes Dementi geben wollte. Und schweigen konnte ich auf keinen Fall, worüber Sie sich vielleicht wundern, da ich doch auf die schnödesten Beschuldigungen in öffentlichen Blättern, auf dicke Broschüren voll bösen Leumunds, ja auf ganze Mistkarren voll Verleumdung mit keiner Silbe geantwortet habe. Aber mit einem Verleger ist es eine besondere Sache. Man traut sehr wenig den Behauptungen von Leuten, die dem Schriftsteller fernestehen, denen seine Türe verschlossen ist und die nur durch die Ritzen gucken; der Verleger hingegen wird gleichsam als unser intimer Hausfreund betrachtet, man denkt, er kenne ganz genau unsere Wirtschaft; er habe überall hinter die Gardine geschaut, und man leiht seinen Aussagen ein willigeres Gehör. Ich musste daher, um Ihre Erklärung zu entkräften, weitläufig auseinandersetzen, wie wenig Sie berechtigt waren, wo von Verstümmelung meiner Schriften die Rede ist, mit Keckheit gegen mich aufzutreten; wie wenig Sie mit Bestimmtheit meinen Behauptungen widersprechen konnten; wie unsicher der Boden, auf dem Ihre Gründe umherschwanken; und wie endlich Ihre Glaubwürdigkeit da aufhört, wo der fremde Einfluss anfängt. Wäre es mir bloß darum zu tun gewesen, den letzteren zu konstatieren und zu beweisen, dass Ihre Erklärung nur ein Produkt der Unfreiheit sei, wahrlich, zu solcher Beweisführung brauchte ich keines anderen Aktenstücks als eben jener Erklärung selbst. Denn ich frage Sie: was ist der Zweck dieser Erklärung? Hegten Sie etwa die Besorgnis, dass man die Verstümmelung meines Aufsatzes Ihnen zuschreiben könnte? In diesem Falle war die erste Hälfte der Erklärung hinreichend, und es bedurfte nicht des Zusatzes: »Wir bemerken dieses deswegen, um den Gegnern Heinrich Heines deutlich zu machen, *was* sie unter der ›heimlichen Betriebsamkeit ihrer Wahlverwandten‹ zu verstehen haben.« Oder, lieber Campe, sind Sie von meinen Gegnern so hart bedrängt worden, dass Sie ihnen durch jenen Zusatz eine persönliche Genugtuung geben mussten? Das ist auch nicht der Fall, denn Sie sind ja der große Schütz; auch hätten Sie zu viel Mut, um sich eine Erklärung abdrohen zu lassen; und am allerwenigsten würden Sie sich vor Maikäfern fürchten und vor Wolfgang Menzel, dem Achilles! Oder schrieben Sie jene Erklärung aus geheimem Hass gegen mich, um mir in der öffentlichen Meinung zu schaden? Nein, wir sind die besten Freunde, und es wäre schändlich von mir, wenn ich Ihnen die Tücke zutraute, im Mantel der Freundschaft einen meuchelnden Dolch zu verbergen! Oder erzielten Sie durch jene Erklärung irgendeinen irdischen Vorteil, und, vielleicht mit blutendem Herzen, opferten Sie den Freund einem höheren, nämlich einem merkantilischen Interesse? Nein, das kann es auch nicht sein; aus jener Erklärung dürfte Ihnen vielmehr ein pekuniärer Schaden erblühen ... Mein Grundsatz: »Je mehr wir den Menschen kosten, desto mehr lieben sie uns!« könnte mich nämlich auf den Gedanken führen, Ihre Freundschaftsgefühle indirekt zu steigern und für meine nächsten Werke das doppelte Honorar zu fordern.

Wenn also weder Delikatesse noch Furcht noch Hass noch Vorteil bei Ihrer Erklärung im Spiel sein konnte, so wird jene Erklärung nur erklärlich durch die geheimen Umtriebe jener schwäbischen Wahlverwandten, denen Sie, liebster Campe, unbewusst als Werkzeug dienen, und eben die Worte, womit Sie mir widersprachen, enthalten eine Bestätigung meiner Angaben.

Paris, den 3. April 1839

Erklärung

[Zeitung für die elegante Welt, Leipzig 1839]

Es ist mir leid, durch Hrn. Heine in Paris, der sich einen unerhörten Missbrauch mit ihm anvertrauten Briefgeheimnissen in den neuesten Nummern der »Zeitung für die elegante Welt« erlaubt hat, zu folgender Erklärung aufgefordert zu werden. Herr Heine (dessen seit einigen Jahren verbleichter Ruhm von jeher weniger in dichterischer Größe und Charakterfestigkeit als in einer ihm ganz eigentümlichen Keckheit Nahrung gefunden hat) erweist mir – ich möchte fast sagen – die Ehre, mich, Ludwig Wihl und Karl Gutzkow auf die gehässigste Weise anzutasten. Wie dieser den Neid des Herrn Heine auf seine seit dem Erscheinen des »Blasedow« immer fester im Herzen der Nation wurzelnde Stellung, den Neid auf das frische, lebenskräftige Gedeihen des »Telegraphen«, den Neid auf dichterische Entwicklungen, die der Protektion des Hrn. Heine in Paris nicht bedürfen, entlarvt hat, zeigen die neuesten Nummern jener trefflichen Zeitschrift. Ich für mein Teil würde jene Befleckung meiner Ehre, wie die gefeierten Namen Platen, Tieck, Schlegel, Schelling, Hegel und Ludwig Wihl, die Hr. Heine beschmutzte, mit derselben ruhigen Verachtung über mich ergehen lassen, könnte ich mich vor der Welt auch nur im Entferntesten ähnlicher Taten, wie jene, rühmen. Ja, nicht einmal einem Ludwig Wihl darf ich mich gleichstellen; denn ich bin nur ein Hund im wirklichen Sinne des Worts, ich bin nämlich der geschmähte Nachfolger jenes Sarras, jenes ehrlichen, treuen, tugendhaften Pudels, der freilich Herrn Heines Immoralität verabscheute, aber keineswegs Gelegenheit gab, ihn des hämischen Anbellens zu beschuldigen. Hr. Heine entblödete sich in seinem offenen Brief an meinen Herrn Julius Campe folgende Schandworte auszusprechen: »Wer aber hat meinen ›Schwabenspiegel‹ verstümmelt im Interesse der Schwaben oder, um mich genauer auszudrücken, im Interesse einiger Redakteure Cottascher Zeitschriften? Wäre Sarras, Ihr zottiger Jagdgenosse, noch am Leben, auf ihn würde mein Verdacht fallen, denn er fuhr mir oft nach den Beinen, wenn ich in Ihren Laden kam, und bellte immer verdrießlich, wenn man ein Exemplar der ›Reisebilder‹ verlangte. Aber Sarras, wie Sie mir längst anzeigten, ist krepiert, und Sie haben sich seitdem ganz andere Hunde angeschafft, die ich nicht persönlich kenne und die gewiss, was sie bei Ihnen erschnüffelt, schnurstracks den Schwaben apportierten, um dafür ein Brosämchen des Lobes im ›Morgenblatte‹ zu erschnappen!« – – Tief verachte ich einen Menschen, der selbst die Ruhe der Toten nicht schont, der mit frecher Hand die Gräber der Verstorbenen aufwühlt, der sich durch unerlaubte Mitteilung von Privatansichten entwürdigt – und obgleich ich nur ein Hund bin, *ein ganz gemeiner Hund*, so wage ich es dennoch, denjenigen Lügen zu strafen, der mich zu einem Handlanger der Zensur macht, der mich für fähig hält, aus Vorliebe für die bei mir allerdings *unendlich höher* als Hr. Heine stehenden *schwäbischen Dichter* in seinem Manuskripte auch nur eine Zeile zu entstellen. – Ich bitte Sie, diese Erklärung schleunigst abzudrucken, denn wenn Campe von der Leipziger Messe zurückkehrt, muss ich kuschen. Fußtritte krieg ich auf jeden Fall.

Hektor,
Jagdhund bei Hoffmann u. Campe
in Hamburg

Biographischer Abriss Heinrich Heines

In seinem nicht allzu langen Leben wird er wechselhaft geprägt von der Spätaufklärung, der französischen Revolution und ihren Wirkungen, französischer Herrschaft und Liberalität, Restauration, preußischer und klerikaler Enge und Strenge, Zensur, Verboten, Deutschtümelei, antisemitischer Zurückweisung, Julirevolution 1830 und Februarrevolution 1848, ihren Vor- und Nachspielen sowie schließlich dem Siechtum, Leiden und Todgeweihtsein seiner letzten acht Jahre.

Heinrich (Christian Johann; bis 1825 Harry) Heine erblickt am 13. Dezember 1797 in Düsseldorf als ältester Sohn (drei Geschwister) des jüdischen Textilkaufmanns Samson Heine und seiner Ehefrau Betty (Peire), geborene van Geldern, das Licht der Welt. Kindheit und wesentliche Jugendzeit im jüdischen, bürgerlich offenen und freien Elternhaus, als das Rheinland (seit 1795 ist die andere Rheinseite ein Stück Frankreich) unter der antifeudalen Herrschaft (1806-1813) Napoleons steht. 1807-1814 besucht er das vom spätaufklärerisch-französischem Geist geprägte Düsseldorfer Lyzeum, wechselt dann ohne Reifezeugnis auf die Handelsschule, während eine Welle religiösen Nationalismus' Heines Heimat 1814 überschwemmt, als die preußische Verwaltung beginnt. 1815 kaufmännische Lehre bei Bankier Rindskopf in Frankfurt am Main, 1816 fortgesetzt im Bankhaus seines Onkels Salomon Heine in Hamburg. Unerwiderte Liebe zu seiner Cousine Amalie (später zu Cousine Therese, der jüngeren Schwester Amalies). Herkömmliche und schauerromantische Lyrik. 1817 Gedichte unter Pseudonym in »Hamburgs Wächter«. 1818 Gründung des Hamburger Manufakturwarengeschäfts »Harry Heine und Comp.«, welches schon im Folgejahr in Konkurs geht. Jurastudium in Bonn. Besuch von philosophischen, philologischen und historischen Vorlesungen August Wilhelm Schlegels und Ernst Moritz Arndts. 1820 Abhandlung »Die Romantik« im »Rheinisch-Westfälischen Anzeiger«. Wechsel an die Universität Göttingen. Burschenschaft, aus der er als Jude (sein Deutschtum wird ihm abgesprochen) alsbald ausgeschlossen wird. 1821 Duell und nachfolgend halbjährige Relegation.

Immatrikulation an der Universität Berlin; Vorlesungen bei Georg Wilhelm Friedrich Hegel (Weltgeschichte unter dem Horizont von Notwendigkeit und Übergang auf dem Weg des Fortschritts), Franz Bopp (Indien) und Friedrich August Wolf (Altphilologie; Homer, Aristophanes). Verkehr mit Adelbert von Chamisso, Friedrich de la Motte Fouqué, Rahel und Karl August Varnhagen von Ense (literarischer Salon). Teile aus »Almansor« (historische Tragödie in acht Bildern), werden in »Der Gesellschafter« (hrsg. von Friedrich Wilhelm Gubitz, 1786-1870) abgedruckt. 1822 Mitglied im »Verein für Kultur und Wissenschaft der Juden« (nationaljüdische Geschichtsschreibung und Ziele). Reise nach Polen. Bekanntschaft mit Christian Dietrich Grabbe. Besuch bei Hegel. 1823 Publikation »Über Polen« im »Gesellschafter«. Sammlung »Tragödien nebst einem lyrischen Intermezzo« (»William Ratcliff«, »Almansor«). Freundschaft mit Karl Immermann (1796-1840; Münchhausen, 1838 f.). Reisen nach Lüneburg, Hamburg, Cuxhaven, Ritzebüttel. Braunschweiger Uraufführung des »Almansor«. 1824 wieder Immatrikulation an der Universität Göttingen. Berliner Reise. Wanderung durch den Harz (»Die Harzreise«, in »Der Gesellschafter«, 1826). Besuch bei Goethe in Weimar. 1825 Konversion zum evangelischen Glauben, Taufe in Heiligenstadt. Promotion zum Dr. iur. in Göttingen. Ferien auf Norderney. Übersiedlung nach Hamburg. 1826 wird Julius Campe sein Verleger. »Reisebilder. Erster Teil« wird veröffentlicht. 1827 Englandreise. »Reisebilder. Zweiter Teil« und »Briefe aus Berlin« erscheinen. »Buch der Lieder« (Gedichte, 13 Auflagen zu Heines Lebzeiten). Reise über Frankfurt am Main (Treffen mit Ludwig Börne), Heidelberg, Stuttgart nach München. Mitherausgeber der »Neuen allgemeinen politischen Annalen«. Heines Aussichten auf einen Lehrstuhl für Literaturgeschichte werden vom katholischen Klerus vereitelt. 1828 nac Italien (Mailand, Genua, Lucca, Florenz, Venedig). Sein Vater stirbt in Hamburg. 1829 Umzu nach Berlin, dann Potsdam. 1830 »Reisebilder. Dritter Teil«. Ferien auf Helgoland. Als Hei ne von der Pariser Julirevolution erfährt, kommentiert er die Vorgänge in »Briefe aus Helgo land«. 1831 Übersiedlung nach Paris, dem Mekka des Liberalismus, wo er innerhalb vo zehn Jahren zur anerkannten Persönlichkeit des dortigen künstlerischen und politisch-gesell schaftlichen Lebens wird. Korrespondent für deutsche Zeitungen und Zeitschriften. Geistige Vermittler zwischen Deutschland und Frankreich; Verkehr mit Meyerbeer, V. Hugo, Dumas Börne, Béranger, G. Sand und Balzac. 1832 im Kreis der Saint-Simonisten (Abschaffung de »Ausbeutung des Menschen durch den Menschen«, »Verbesserung des moralischen, physischen un geistigen Loses« der Arbeiterklasse). Artikelserie »Französische Zustände« in der Augsburge »Allgemeinen Zeitung«, die ebenso wie deren Buchausgabe verboten wird. 1833 »État actue de la littérature en Allemagne. De l'Allemagne depuis Madame de Staël« in der Pariser Zeit schrift »L'Europe littéraire«. Der erste von vier Sammelbänden »Salon« (»Französische Maler« Gedichtzyklus »Verschiedene«, »Aus den Memoiren des Herren von Schnabelewopski«) wird publi ziert. 1834 »De l'Allemagne depuis Luther« in der Zeitschrift »Revue des deux mondes« 1835 zweiter Band des »Salon«, »Die romantische Schule« (überarbeitete Fassung von »État ac tuel de la littérature en Allemagne«). In Preußen werden die Werke Heines verboten, und di Deutsche Bundesversammlung ächtet im Dezember die Schriften des sogenannten Junge Deutschland, darunter die Heines.

Daraufhin gewährt die Französische Regierung Heine 1836 als politischem Emigranten e ne Pension. Gelbsucht. 1837 Augenerkrankung. Dritter Band des »Salon« (»Florentinisch Nächte«, »Elementargeister«). 1838 »Schwabenspiegel«, »Shakespeares Mädchen und Frauen« 1840 »Heinrich Heine über Ludwig Börne«. Vierter Band des »Salon« (»Briefe über die franzö sische Bühne«, »Der Rabbi von Bacherach«, Gedichte und Romanzen). 1841 Begegnung mit Ri chard Wagner. Im Sommer katholische Hochzeit (schon seit Oktober 1834 intime Beziehung) mi Mathilde (Crescence Eugénie Mirat, gestorben am 19. Februar 1883, Passy bei Paris) in Saint-Sulpi ce. Duell mit dem Frankfurter Kaufmann Salomon Strauß wegen seiner Denkschrift übe Börne; Heine wird in der Seite verletzt. 1842 Aufenthalt in Boulogne-sur-Mer. 1843 »Att Troll. Ein Sommernachtstraum« in der »Zeitung für die elegante Welt« (Buchausgabe 1847) »Nachtgedanken«. Aufenthalt in Trouville. Bekanntschaft mit Arnold Ruge und Friedric Hebbel. Im Herbst Reise nach Hamburg. In Paris Bekanntschaft mit Karl Marx. 184 »Deutschland. Ein Wintermärchen«, »Neue Gedichte«. Bekanntschaft mit Ferdinand Las salle. Mitarbeit an von Marx und Ruge herausgegebenen »Deutsch-Französischen Jahrbü chern«. Erbschaftsstreitigkeiten nach dem Tod des Oheims Salomon Heine; Heines Familien pension wird davon abhängig gemacht, dass er in seinen Werken keine Familienangehörige erwähne. 1845 sich verschlechternde Gesundheit. Aufenthalt in Montmorency. 1846 Besuc von Friedrich Engels in Paris.

1848 Korrespondent für die Augsburger »Allgemeine Zeitung« über die Pariser Februarre volution. Heine erleidet einen Schwächeanfall im Louvre: Diagnose *Rückenmarkschwind sucht.* »Matratzengruft« (Heines Krankenlager) in der Pariser Avenue Matignon bis zu seinen Tode. 1851 »Romanzero« (Gedichte), »Der Doktor Faust« (Tanzpoem). 1854 »Vermischt Schriften« (3 Bände; »Lutetia«, »Die Götter im Exil«). 1855 Besuche seiner letzten Liebe Elis Krinitz (»Mouche«) und seiner Geschwister Charlotte und Gustav. Am 17. Februar 1856 stirb Heinrich Heine, er wird beerdigt auf dem Friedhof Montmartre.

Joerg K. Sommermeyer, Berlin, im Mai 201

B u c h a n z e i g e

Joerg K. Sommermeyer (Hg.)

Johann Wolfgang von Goethes
Reineke Fuchs

Durchgesehen, revidiert und mit einem Nachwort
herausgegeben von Joerg K. Sommermeyer
Reihe alte Tradition Azurcelesteblueoscuro / RAT ACBO 10
Exemplarische Werke der Weltliteratur
Orlando Syrg Taschenbuch, 1. Aufl., OrSyTa 142018, Berlin 2018

Joerg K. Sommermeyer (Hg.)

Heinrich Heines Romanzero nebst Lieblingsballaden
von Goethe, Schiller und anderen

Ausgewählt, durchgesehen, revidiert und mit einem Nachwort
herausgegeben von Joerg K. Sommermeyer
Reihe alte Tradition Azurcelesteblueoscuro / RAT ACBO 11
Exemplarische Werke der Weltliteratur
Orlando Syrg Taschenbuch, 1. Aufl., OrSyTa 152018, Berlin 2018

Joerg K. Sommermeyer (Hg.)

Johann Wolfgang von Goethes Prosa
Ausgewählte Werke I

Die Leiden des jungen Werther, Briefe aus der Schweiz,
Die Wahlverwandtschaften, Novelle

Durchgesehen, revidiert und mit einem Nachwort
herausgegeben von Joerg K. Sommermeyer
Reihe alte Tradition Azurcelesteblueoscuro / RAT ACBO 14
Exemplarische Werke der Weltliteratur
Orlando Syrg Taschenbuch, 1. Aufl., OrSyTa 12019, Berlin 2019

Joerg K. Sommermeyer (Hg.)

Johann Wolfgang von Goethes Prosa
Ausgewählte Werke II

Wilhelm Meisters Lehrjahre

Durchgesehen, revidiert und herausgegeben
von Joerg K. Sommermeyer
Reihe alte Tradition Azurcelesteblueoscuro / RAT ACBO 15
Exemplarische Werke der Weltliteratur
Orlando Syrg Taschenbuch, 1. Aufl., OrSyTa 22019, Berlin 2019

Joerg K. Sommermeyer (Hg.)

Gustav Sacks Romane

Ein verbummelter Student, Paralyse, Ein Namenloser

Durchgesehen, revidiert und mit einem Nachwort
herausgegeben von Joerg K. Sommermeyer
Reihe alte Tradition Azurcelesteblueoscuro / RAT ACBO 19
Orlando Syrg Taschenbuch, 1. Aufl., OrSyTa 62019, Berlin 2019

Joerg K. Sommermeyer (Hg.)

Heinrich Heines Versepen, Erzählprosa und Memoiren
Ausgewählte Werke I

Atta Troll, Deutschland. Ein Wintermärchen,
Aus den Memoiren des Herren von Schnabelewopski,
Florentinische Nächte, Der Rabbi von Bacherach,
Geständnisse, Memoiren

Durchgesehen, revidiert und mit einem Nachwort
herausgegeben von Joerg K. Sommermeyer
Reihe alte Tradition Azurcelesteblueoscuro / RAT ACBO 22
Exemplarische Werke der Weltliteratur
Orlando Syrg Taschenbuch, 1. Aufl., OrSyTa 102019, Berlin 2019

Joerg K. Sommermeyer (Hg.)

Heinrich Heines Reisebilder
Ausgewählte Werke II

Briefe aus Berlin, Über Polen, Reisebilder I-IV

Durchgesehen, revidiert und mit einem biographischen Abriss
herausgegeben von Joerg K. Sommermeyer
Reihe alte Tradition Azurcelesteblueoscuro / RAT ACBO 23
Exemplarische Werke der Weltliteratur
Orlando Syrg Taschenbuch, 1. Aufl., OrSyTa 112019, Berlin 2019

Joerg K. Sommermeyer (Hg.)

Heinrich Heines Gedichte
Ausgewählte Werke III

Buch der Lieder, Neue Gedichte,
Aus den Jahren 1853 und 1854, Sonstiges / Posthum

Durchgesehen, revidiert und mit einem Biographischen Abriss
herausgegeben von Joerg K. Sommermeyer
Reihe alte Tradition Azurcelesteblueoscuro / RAT ACBO 24
Exemplarische Werke der Weltliteratur
Orlando Syrg Taschenbuch, 1. Aufl., OrSyTa 122019, Berlin 2019